Perfezionamento del russo

di Victoria Melnikova-Suchet

Adattamento italiano
di Elena Treu
e Mario Altare

Revisione grammaticale integrale dell'opera
e Lessico russo-italiano a cura di Elena Treu

Illustrazioni di J.-L. Goussé

Il dono delle lingue

C.P. 80 - Chivasso Centro
10034 Chivasso (TO)
Tel.: +39.011.91.31.965   www.assimil.it

© ASSIMIL ITALIA 2017
ISBN 978-88-96715-59-8

Tutti i metodi

sono accompagnati da registrazioni su CD audio o file Mp3

Collane Assimil

Senza Sforzo
Americano, Arabo, Brasiliano, Cinese, Ebraico, Francese, Giapponese, Greco Moderno, Greco Antico, Inglese, Latino, Neerlandese, Persiano, Polacco, Portoghese, Romeno, Russo, Spagnolo, Svedese, Tedesco

Perfezionamenti
Francese, Inglese, Russo, Spagnolo, Tedesco

Guide di conversazione
Giapponese, Greco, Russo

Quaderni
Arabo, Cinese, Francese, Giapponese, Inglese, Spagnolo, Tedesco

Evasioni
Brasiliano, Catalano, Cinese, Croato, Francese, Friulano, Genovese, Inglese, Piemontese, Portoghese, Romeno, Sloveno, Spagnolo, Tedesco, Wolof

KIT di conversazione
Brasiliano, Croato, Francese, Inglese, Romeno, Spagnolo, Tedesco, Wolof

Titolo originale: "Perfectionnement Russe" © Assimil France 2014

Sommario

Introduzione VII
Come è organizzato questo libro? VII

Lezioni da 1 a 70

1	Точный расчёт 1
2	Виза 7
3	Виды транспорта 15
4	В аэропорту 21
5	Вылазка 29
6	Обед 35
7	*Повторение* 43
8	Лень 49
9	Авария 55
10	Особенности национального юмора 61
11	Смекалка 69
12	Моль 75
13	Настоящий друг 83
14	*Повторение* 89
15	Российское очарование 99
16	Как ваше самочувствие? 107
17	Добрый доктор Айболит 117
18	Яблоко от яблони недалеко падает 125
19	Паникёр 133
20	Стратегия 141
21	*Повторение* 149
22	Всемирная паутина 155
23	Электронка 167
24	Сохраняйте хладнокровие! 175
25	Служба технической поддержки 185
26	Неудавшийся сюрприз 193

27	«Game over» или игра окончена	201
28	*Повторение*	211
29	Фотосессия	219
30	Хитрый, как лиса	227
31	Свободная вакансия	237
32	Резюме	245
33	Кинолюбители	255
34	Голубой экран	263
35	*Повторение*	275
36	Попытка не пытка	281
37	Из песни слов не выкинешь	289
38	В Рождество на крылечке, на Пасху у печки	297
39	Где наша не пропадала!	305
40	Краткий экскурс в историю	315
41	Наполеоновские планы	327
42	*Повторение*	337
43	Роды	343
44	Горящая путёвка	353
45	Дизайн интерьера	363
46	Информационный выпуск	371
47	Москва златоглавая	381
48	По залам Третьяковки	389
49	*Повторение*	401
50	Любовь зла, полюбишь и козла	409
51	Музей музею рознь	421
52	Искусство xx века	433
53	Меньше знаешь, лучше спишь!	445
54	Ученье – свет	455
55	Неделя моды	463
56	*Повторение*	473
57	Всякий кулик своё болото хвалит	479
58	В здоровом теле здоровый дух	489
59	Детективный роман (часть первая)	497
60	Детективный роман (часть вторая)	505
61	Дачники	513
62	Милые ругаются – только тешатся	523
63	*Повторение*	531

64	Фокус-покус!	537
65	Попробуй спеть вместе со мной	545
66	Ворона и лисица	555
67	Одна книга тысячи людей учит	561
68	Незнание закона не освобождает от ответственности	569
69	Гимн	577
70	Теперь – дело за вами	583

Appendice grammaticale 590
Lessico delle espressioni 616
Bibliografia 620
Lessico russo-italiano..624

Ringraziamenti

L'editore e gli adattatori desiderano ringraziare sentitamente la dott.ssa Elena Bologova per aver contribuito alla revisione del Lessico russo-italiano.

Introduzione

Desiderate perfezionare la vostra conoscenza della lingua russa? Indipendentemente dal fatto che l'abbiate studiata sui banchi di scuola o con il manuale Assimil *Il Russo, Collana Senza Sforzo*, questo corso di perfezionamento è quello che fa per voi: con il nostro aiuto potrete infatti osare lanciarvi a parlare e leggere in russo fluentemente e comprendere meglio i film russi in versione originale.

La lingua che avete studiato finora è prevalentemente letteraria, con rare incursioni nell'ambito del parlato, limitate peraltro alle basi del registro colloquiale, ma grazie al *Perfezionamento del Russo* approfondirete questo e altri aspetti della lingua di tutti i giorni e scoprirete altri stili e registri, completando il vostro apprendimento. Nei film, nelle serie TV o nella vita quotidiana si parla un russo ben diverso da quello che trovate nei dialoghi dei manuali scolastici o accademici: non solo l'accento, ma anche la cadenza e le espressioni idiomatiche utilizzate possono rendere ardua la comprensione.

Con il nostro metodo vi proponiamo di soffermarvi su questi aspetti per far sì che possiate sentirvi a vostro agio in qualsiasi situazione linguistica. Vi sottoporremo inoltre testi di carattere specialistico, tipici di alcune attività o di determinati settori, come ad esempio quello commerciale o informatico, e vi daremo dei consigli per la stesura di testi scritti.

Parlare di "perfezionamento del russo" significa anche parlare di padronanza dei casi e degli aspetti verbali: nel manuale tratteremo a più riprese questi argomenti complessi e, vedrete, riuscirete a comprendere tutto senza neanche rendervene conto. Nel corso delle lezioni approfondiremo alcune nozioni grammaticali che vi sono già familiari e ne affronteremo di nuove, talora un po' complesse, con la dovuta attenzione, senza però rinunciare al tipico humour dei dialoghi Assimil e a un'immersione totale nella vita russa di tutti i giorni e in tutte le sue sfaccettature (professionale, culturale e pratica).

Come è organizzato questo libro?

Il nostro metodo si basa sull'"apprendimento intuitivo" e vi permetterà di approfondire la vostra conoscenza del russo nel giro di pochi mesi soltanto e senza dover imparare nulla a memoria.

Seguite i nostri consigli e dedicate un po' di tempo ogni giorno allo studio del russo: la regolarità sarà l'unica condizione e il solo segreto del successo. Se le lezioni vi appaiono difficili o vi manca il tempo, rileggete quelle che avete già studiato o le relative note, ma non interrompete il ritmo di una lezione al giorno.

I **dialoghi** si basano su situazioni reali della vita quotidiana e non contengono solo nozioni di grammatica, fonetica e sintassi, ma anche delle informazioni di carattere culturale. Non sforzatevi di impararli a memoria, ascoltate l'intonazione e la pronuncia, assimilate le frasi e ripetetele: in questo modo memorizzerete il lessico e le strutture senza accorgervene nemmeno.

Le osservazioni sulla pronuncia che seguono i dialoghi sono di due tipi: il paragrafo "**Pronuncia**" vi indica la pronuncia figurata (trascrizione fonetica) delle parole complicate o atipiche, mentre il paragrafo "**Osservazioni sulla pronuncia**" vi fornisce alcune regole di pronuncia e spiegazioni dettagliate sulle particolarità fonetiche di certe parole.

L'**accento tonico** è indicato in grassetto nei dialoghi e nelle trascrizioni fonetiche delle osservazioni sulla pronuncia, mentre nelle tabelle delle lezioni di ripasso è contrassegnato da un accento acuto.

Le **note** vi aiuteranno a capire le nozioni di grammatica e sintassi presenti nei dialoghi e contengono degli esempi per chiarire ulteriormente le spiegazioni fornite, perciò sono particolarmente importanti e vi consigliamo di leggerle con molta attenzione. Le **note culturali** vi permetteranno invece di comprendere meglio alcune caratteristiche della vita o della mentalità russa. A volte queste note sono sostituite da barzellette per alleggerire lo studio.

Ricapitolando: ascoltate attentamente le registrazioni dei dialoghi tenendo il libro chiuso e poi ripetete le frasi una per una a voce alta più volte possibile. Le osservazioni sulla pronuncia potranno esservi utili per venire a capo di una parola difficile.

Non cercate di tradurre le frasi letteralmente: spesso ciò risulterà impossibile e talora rischiereste solo di travisarne il senso. Fate riferimento alla **traduzione in italiano** e confidate nel vostro livello di conoscenza della lingua e vi accorgerete di riuscire a comprendere facilmente diverse strutture anche senza l'ausilio della traduzione letterale.

In molti casi la traduzione a fronte riporta comunque anche il significato letterale delle parole russe, indicato in corsivo tra parentesi tonde *( )*. Per contro le parole assenti in russo, ma presenti nella traduzione, allo scopo di renderla più fluida e naturale, sono inserite tra parentesi quadre [ ].

Vi consigliamo inoltre, dopo aver letto e ripetuto una lezione, una volta confrontata la traduzione italiana e studiate le particolarità grammaticali con l'aiuto delle note, di svolgere l'esercizio di traduzione e quello di riempimento per verificare i vostri progressi. Se qualcosa non vi sembra sufficientemente chiaro, non preoccupatevi e tornate alla lezione precedente, rileggetela e ascoltate di nuovo il dialogo, se necessario: prendetevi tutto il tempo per assaporare la lingua russa e finirete per assimilare tutto!

Ogni sette lezioni consoliderete le nozioni acquisite con una lezione di ripasso in cui verranno rivisti, schematizzati e ulteriormente chiariti tutti i punti più importanti che riguardano la grammatica, il lessico o la fonetica.

Alla fine del libro troverete un'**appendice grammaticale** che riassume gli argomenti trattati, escludendo tuttavia le nozioni grammaticali di base, che dovreste avere già perfettamente acquisito.

A partire dalla metà del corso, se volete, potrete cominciare la fase attiva, a partire dal testo italiano, provando a tradurre in russo il dialogo o l'esercizio di traduzione, come forse avete già fatto con *Il Russo, Collana Senza Sforzo*, riprendendo, oltre alla lezione del giorno, una delle prime lezioni. Dopodiché, confrontate la vostra traduzione con quella della registrazione: avrete un'altra opportunità per ascoltare la melodia della lingua e abituarvi alla costruzione delle frasi in russo; questo esercizio supplementare vi consentirà, per così dire, di consolidare i risultati conseguiti sotto ogni punto di vista (grammaticale, lessicale e fonetico) e di tornare su alcuni aspetti della lingua che avrebbero potuto sfuggirvi.

Il *Perfezionamento del Russo* è stato concepito affinché possiate imparare il russo in modo divertente e senza stress. Con questo spirito otterrete i migliori progressi.

Infine, affinché tutta questa avventura vi risulti di una qualche utilità e il vostro apprendimento vi sembri più efficace, dopo aver terminato tutte le lezioni non esitate a immergervi di nuovo nel nostro metodo e a rileggere qualche pagina di tanto in tanto. L'apprendimento di una lingua straniera è simile alla pratica di uno sport: per mantenere il livello conseguito e avanzare oltre bisogna allenarsi regolarmente!

А теперь – вперёд!

1 Первый урок

Точный расчёт

1 — Всё, решено: еду в ① Россию!
2 Я уже упаковал вещи, заказал билеты и забронировал ② гостиницу.
3 — Супер! Когда едешь?
4 — На ③ следующей неделе.
5 Я всё рассчитал, всё продумал, одним словом – досконально подготовился ④.
6 — Знаешь, а мой муж в прошлом году ⑤ ездил в Москву в командировку.

Osservazioni sulla pronuncia
Titolo Il gruppo consonantico **сч** si legge come la lettera **щ** *[ssh]*: **расчёт** *[rassh'ot]*.

Note

① Di norma, come sapete, il complemento di moto a luogo è espresso dal caso accusativo, mentre quello di stato in luogo è espresso dal prepositivo. Qui il verbo imperfettivo **ехать**, seguito dalla preposizione **в**, regge un complemento di moto a luogo e vuole dunque l'accusativo: **Сначала мы едем в гостиницу, а потом сразу в аэропорт**, *Prima andiamo in albergo e poi diritti* (lett. "poi subito") *all'aeroporto*.

② Al passato il verbo russo concorda nel genere e nel numero col soggetto cui si riferisce: **он упакова**л (m. sing.), *(lui) ha impacchettato/imballato*; **она заказа**ла (f. sing.), *(lei) ha ordinato*; **мы забронирова**ли (pl.), *abbiamo prenotato*.

Prima lezione   1

Un calcolo esatto

1 – Basta, ho *(è)* deciso: vado in Russia!
2   Ho già fatto le valigie *(impacchettato le cose)*, ordinato i biglietti e prenotato l'albergo.
3 – Fantastico! Quando parti *(vai-con-mezzo-di-trasporto)*?
4 – La prossima settimana.
5   Ho calcolato tutto e pensato a tutto, insomma *(con-una parola)*: mi sono preparato per bene.
6 – Sai, l'anno scorso anche *(e)* mio marito è andato *(andato-e-tornato-con-mezzo)* a Mosca in trasferta.

▶ ③ La parola **неделя**, *settimana*, è preceduta dalla preposizione **на** nel complemento di tempo determinato (**когда?**) e va declinata al caso prepositivo: **на следующей неделе**, *la prossima settimana*.

④ **подготовился** è la 3ª persona maschile singolare del passato del verbo perfettivo riflessivo **подготовиться**, *prepararsi*. Al passato il verbo concorda nel genere e nel numero col soggetto: **Вика подготови**лась **к экзамену**, *Vika si è preparata per l'esame*; **Сергей тоже подготови**лся, *Anche Sergej si è preparato*; **Они оба хорошо подготови**лись, *Si sono preparati bene tutti e due* (lett. "entrambi").

⑤ Ecco un'altra espressione di tempo determinato (**когда?**). Con **год**, *anno,* si usa la preposizione **в** seguita dal prepositivo in **-у**: **в прошлом год**у, *l'anno scorso*; **в следующем год**у, *l'anno prossimo*.

1   **7**   Если хо́чешь, мо́жешь ⑥ с ним ⑦ посове́товаться.
   8 – То́лько мне и не хвата́ло кого́-нибудь со свои́ми сове́тами…
   9   Я сам зна́ю, что мне ну́жно! Да́же с ру́сским пробле́м не бу́дет:
   10   у меня́ оста́лось во́семь дней, что́бы вы́учить са́мые ну́жные слова́ и фра́зы,
   11   а пото́м – хоть куда́ ⑧, нигде́ не пропаду́!
   12 – Так ты оди́н е́дешь?
   13 – Коне́чно! Мне никто́ не ну́жен.
   14 – Одному́ скучнова́то ⑨…
   15 – Лу́чше быть одному́, чем в плохо́й компа́нии!
   16 – Ну, смотри́ сам. А почему́ у тебя́ тако́й большо́й чемода́н?

7 Ricordate che la **я** si legge *[a]* nel suffisso -**ться** *[tsa]*: **посове́товаться** *[passavjetavatsa]*.
13 коне́чно *[kanjeshna]*: confrontate la pronuncia di questa parola con la seguente.

Note

⑥ **хо́чешь** è la 2ª persona singolare del verbo **хоте́ть**, *volere*, mentre **мо́жешь** è la 2ª persona singolare del verbo **мочь**, *potere*. Entrambi i verbi sono irregolari: in questi dialoghi e negli esercizi ripasseremo quelli principali, rivedendo la coniugazione di tanto in tanto.

⑦ **с ним**: il pronome personale **он**, *lui*, declinato allo strumentale diventa **им**, ma sapete già che questa forma vuole una **н** davanti quando segue una preposizione: **с ним**. Lo stesso discorso vale anche per gli altri pronomi personali di 3ª persona: **Я ви́дел их вчера́**, *Li ho visti ieri* (pronome personale di 3ª persona plurale senza preposizione); **Был у роди́телей, взял у них книг**, *Sono stato dai miei genitori e ho preso da loro* (lett. "presso di loro") (pron. pers. di 3ª pers. pl. preceduto da preposizione) *dei libri*. ▶

7   Se vuoi, puoi chiedergli dei consigli *(con lui consigliarti)*.

8 –   Ci manca solo qualcuno che mi dia dei consigli *(Solo a-me e non bastava qualcuno con i suoi consigli)*…

9   So io *(stesso)* di che cosa ho bisogno! Anche col russo non ci sarà [nessun] problema:

10   ho ancora *(presso di-me è-rimasto)* otto giorni per imparare le parole e le frasi più necessarie

11   e poi, ovunque [io vada], me la caverò *(da-nessuna-parte non mi-perderò)*!

12 –   Allora ci vai da solo?

13 –   Certo! Non ho bisogno di nessuno.

14 –   [Però andarci] da solo *(a-solo)* è noiosetto…

15 –   Meglio soli che male accompagnati *(che in cattiva compagnia)*!

16 –   Beh, fai un po' tu *(guarda da-solo)*. Ma perché hai una valigia così grossa?

14 скучнова́то *[skučnavata]* o *[skushnavata]*: entrambe le pronunce sono ammesse; approfondiremo la pronuncia del gruppo consonantico **чн** nella lezione 7.

▸ ⑧ Espressione difficile da tradurre, **хоть куда** appartiene al registro parlato e in genere significa *benissimo*, *alla grande*, ma può avere anche funzione di aggettivo. Osservate gli esempi: **гостиница хоть куда**, *un ottimo albergo*; **вино хоть куда**, *un vino di prima qualità*, *un vino eccellente*; **парень хоть куда**, *un ragazzo bravissimo, un ragazzo in gamba*. Qui però, dato il contesto, ha valore di avverbio indefinito ("ovunque io vada…").

⑨ **скучновато**, *noiosetto*, deriva chiaramente dall'avverbio **скучно**, *noiosamente*. Il suffisso **-оват-** ha valore attenuativo e mitiga dunque il senso di **скучно**, conferendogli una sfumatura più colloquiale. Confrontate queste coppie di avverbi: **плохо**, *male* – **плоховато**, *maluccio*; **длинно**, *lungo* – **длинновато**, *lunghino, lunghetto*. Questo suffisso è sempre tonico (l'accento cade fisso sulla **a**).

1
17 – Так я положил в него шубу и сапоги ⑩ на меху.
18   Я ведь серьёзно подготовился!
19 – Шубу, говоришь? Июль на дворе!
20   И... так, к сведению ⑪: в новостях показывали,
21   что в России ⑫ сейчас страшная засуха и 35 градусов... в тени!

Note

⑩ **него**, **шубу** e **сапоги** sono tutte parole declinate all'accusativo: la prima perché si parla di uno spostamento verso l'interno della valigia (moto a luogo), le altre due perché sono entrambe dei complementi oggetti. Un altro esempio: **Он взял со стола паспорт и очки**, *Ha preso dal tavolo il passaporto e gli occhiali* (anche in questo caso abbiamo due complementi oggetti, **паспорт** e **очки**). Le desinenze dell'accusativo vi saranno ormai familiari, ma le rivedremo in ogni caso nelle prossime lezioni.

⑪ **к сведению** è un'altra espressione che si può rendere in numerosi modi, secondo il contesto: *perché tu / Lei lo sappia, per tua / Sua norma e regola, ti / La informo*, ecc. Per questo negli esercizi diamo una traduzione diversa rispetto al dialogo. Può esprimere anche irritazione, come nella 3ª frase del 2° esercizio. ▸

***

Упражнение 1 – Читайте и переводите
Esercizio 1 – Leggete e traducete

❶ Я надеюсь, ты всё просчитала. – Конечно! ❷ К сведению: на следующей неделе я буду в Москве. ❸ Вчера моего соседа показывали в новостях. ❹ Он парень – хоть куда, нигде не пропадёт. ❺ Мне никто не нужен, я всё сделаю сам.

17 – Ebbene, ho messo dentro *(in essa)* la pelliccia e gli stivali impellicciati *(su pelliccia)*.
18 [Se ti dico che] mi sono preparato come si deve *(io in-effetti seriamente mi-sono-preparato)*!
19 – La pelliccia, dici? Ma se è luglio! *(Luglio in cortile)*!
20 E tanto perché tu lo sappia *(per [tua] informazione)*, al telegiornale *(nelle notizie)* hanno fatto vedere
21 che adesso in Russia c'è una siccità tremenda e [si toccano i] 35 gradi... all'ombra!

▶ ⑫ **России** è il prepositivo di **Россия**, *Russia*. Confrontate la frase 21 con la frase 1: se diciamo **в Россию** parliamo di un movimento (**еду в Россию**, *vado in Russia*; si tratta dunque di un moto a luogo), mentre con **в России** indichiamo un complemento di stato in luogo (**в России сейчас страшная засуха**, *adesso in Russia c'è una siccità tremenda*): in italiano le due espressioni si traducono allo stesso modo, pur essendo il complemento diverso.

Soluzione dell'esercizio 1

❶ Spero che tu abbia calcolato tutto. – Certo! ❷ T'informo che la prossima settimana sarò a Mosca. ❸ Ieri han fatto vedere il mio vicino al telegiornale. ❹ È un ragazzo bravissimo, se la cava sempre. ❺ Non ho bisogno di nessuno, farò tutto da solo.

2

Упражнение 2 – Восстановите текст
Esercizio 2 – Completate

(Ogni punto corrisponde a una lettera.)

❶ Sei ancora in ferie? – Sì, mi restano *(mi è-rimasto)* cinque giorni.
Ты ещё . . . . ? – Да, . меня . . . . пять . . . . .

❷ L'anno scorso in questo Paese c'è stata una siccità tremenda.
В . . . . в этой . . . . . . была . . . .

❸ Per tua norma e regola, sappiamo ben noi di cosa abbiamo bisogno.
. . . . : мы . . . . хорошо . . . . . , что . . . нужно.

---

2   Второй урок

Ви́за

1 – Посо́льство Росси́йской Федера́ции. До́брый день!
2 – Здра́вствуйте! Скажи́те, пожа́луйста, нужна́ ли ви́за для пое́здки ① в Росси́ю?
3 – Смотря́ кому́. Како́е у вас гражда́нство?

Note

① Ripassiamo il genitivo dei nomi femminili al singolare: di norma la desinenza è **-ы** per i sostantivi della declinazione dura e **-и** per quelli della declinazione molle. Alcuni esempi: **мама**, *mamma* → **для мамы**, *per la mamma* (decl. dura); **квитанция**, *ricevuta, scontrino* → **без квитанции**, *senza ricevuta, senza scontrino* (decl. molle in **-ия**); ▶

❹ Vai al mare da sola? – No, [ci vado] con [mio] marito e probabilmente coi [miei] figli.
Ты ..... на море ....? – Нет, ... и, наверно, с ....

❺ Hanno già prenotato l'albergo e ordinato i biglietti, devono *(a-loro è-rimasto)* solo fare le valigie *(impacchettare le cose)*.
Они уже .... и .... билеты, .. осталось только ....

Soluzione dell'esercizio 2

❶ – в отпуске – у – осталось – дней ❷ – прошлом году – стране – страшная засуха ❸ К сведению – сами – знаем – нам – ❹ – едешь – одна – с мужем – детьми ❺ – забронировали гостиницу – заказали – им – упаковать вещи

Seconda lezione   2

Il visto

1 – Ambasciata della Federazione Russa. Buongiorno!
2 – Buongiorno *(Salve)*! Mi sa dire *(Dite)*, per cortesia, se occorre il visto per andare *(per un-viaggio)* in Russia?
3 – Dipende da chi [ci va] *(Guardando a-chi [farlo])*. Qual è la Sua cittadinanza?

▸ **тётя**, *zia* → **у тёти**, *dalla zia* (decl. molle in **-я**). Attenti però ai sostantivi che seguono: pur non appartenendo alla declinazione molle, fanno il genitivo in **-и** perché l'ortografia russa non permette di scrivere una **-ы** dopo la lettera **к**: **поездка**, *viaggio* → **для поездки**, *per il viaggio*; **рубашка**, *camicia* → **без рубашки**, *senza camicia*; **девочка**, *bambina* → **у девочки**, *presso la bambina*.

2
4 – Ой ②, вы знаете, у нас тут целая группа:
5   есть и французы, и немцы, и американцы, и англичане.
6   Мы – студенты, учимся вместе.
7 – Понятно ③. Всем в вашей ④ группе нужна виза.
8 – Вы не подскажете ⑤, какие ⑥ документы необходимы для визы?
9 – Список всех нужных для визы документов вы найдёте на нашем ⑦ интернет-сайте.
10   Там подробно описана процедура оформления краткосрочной туристической визы ⑧.

Note

② **Ой** può esprimere sorpresa o dolore, secondo il contesto: **Ой, это ты? Я не знала, что ты уже приехал**, *Ah, sei tu? Non sapevo che fossi già arrivato*; **Ой! Что ты делаешь? Мне больно…**, *Ahia! Cosa fai? Mi fai male…*

③ **Понятно** letteralmente vuol dire *[è] comprensibile*, qui nel senso di *Capito, Ho capito*.

④ **вашей** è il prepositivo femm. sing. dell'aggettivo possessivo **ваша**, *vostra, Sua*.

⑤ Per fare una domanda si ricorre spesso alla forma retorica negativa: **Не подскажете, где туалет?**, *Potrebbe dirmi* (lett. "Non suggerirete") *dov'è la toilette?*; **Не знаешь, как у него дела?**, *Sai mica* (lett. "Non sai") *come sta?*

⑥ L'aggettivo interrogativo **какой** appartiene alla declinazione dura, ma al plurale vuole la desinenza **-ие** e non **-ые** per lo stesso motivo che abbiamo visto alla nota 1: dopo la **к** non ci vuole la **ы**.

⑦ **нашем** è un altro aggettivo possessivo al prepositivo masch. sing.; il nominativo è **наш**, *nostro*.

4 – Oh, sa, qui siamo un gruppo *(presso di-noi qui un-intero gruppo)*:
5 ci sono dei francesi, dei tedeschi, degli americani e degli inglesi.
6 Siamo degli studenti, studiamo insieme.
7 – Ho capito *([È] comprensibile)*. Devono fare il visto tutte le persone del Suo gruppo *(A-tutti nel vostro gruppo è-necessario il visto)*.
8 – Mi può dire *(non suggerirete)*, [per cortesia], quali documenti sono necessari per il visto?
9 – L'elenco di tutti i documenti necessari per il visto si trova *(troverete)* sul nostro sito Internet,
10 dove *(là)* è descritta nel dettaglio la procedura per richiedere un visto turistico a breve termine *(la procedura di-espletamento-delle-formalità di-breve-durata turistico visto)*.

▶ ⑧ Ecco quattro parole di fila declinate tutte al genitivo: **оформления краткосрочной туристической визы**. Una bella occasione per ripassare, vero? La prima parola è un sostantivo neutro col nominativo in **-ие**, la seconda e la terza sono due aggettivi femminili sing. della declinazione dura (col nominativo in **-ая**) e l'ultima è un sostantivo femminile sing. della declinazione dura in **-а**.

11 – Спасибо. А то мне всё говорили ⑨, что для путешествия в Киев визы не надо ⑩…

12 – В Киев?.. В таком случае, вам надо обратиться в ⑪ посольство Украины!

13 Киев уже очень давно является ⑫ столицей Украины, а не России.

14 – Ничего не понимаю: ведь ⑬ во всех учебниках истории говорят о Киевской Руси…

15 Ну вот, стоит несколько дней новости не посмотреть

16 и уже не в курсе таких глобальных изменений!

17 Когда это случилось?

Osservazioni sulla pronuncia
13 Non dimenticate che, all'inizio di una parola, la **я** che precede la sillaba tonica si pronuncia *[ji]*: **является** *[jivljajetsa]*.

Note

⑨ L'uso della 3ª persona plurale senza il soggetto indica che la frase è impersonale: **Говорят, не повезёт, если чёрный кот перейдёт вам дорогу**, *Si dice che un gatto nero che attraversa la strada porti sfortuna* (lett. "Dicono, non andrà bene, se un nero gatto attraverserà a voi la strada"). Osservate anche le frasi 14 e 20. Ci sono anche altri modi per formulare frasi impersonali: li vedremo e li segnaleremo di volta in volta.

⑩ **не надо визы**: in strutture in cui si nega la presenza o il possesso, la negazione richiede l'uso del genitivo della cosa o persona negata. Altri esempi: **У них нет друзей**, *Non hanno amici*; **Её не было**, *Lei non c'era*; **Кажется, дождя завтра не будет**, *Sembra che domani non pioverà* (lett. "di pioggia domani non sarà").

⑪ Il verbo perfettivo **обратиться**, *rivolgersi*, può essere seguito dalla preposizione **в** (che qui regge l'accusativo) quando si tratta ▸

11 — Grazie. Però ho sempre sentito dire *(a-me tutto dicevano)* che per andare *(per un-viaggio)* a Kiev non c'è bisogno del visto…

12 — A Kiev?… Allora *(In tal caso)* deve rivolgersi all'ambasciata ucraina *(dell'Ucraina)*!

13 È già da un bel pezzo *(molto da-tempo)* che Kiev è la capitale dell'Ucraina e non [più] della Russia.

14 — Non [ci] capisco [più] niente: eppure in tutti i manuali di storia si parla *(parlano)* della Rus' di Kiev…

15 E poi *(Beh)* ecco, basta che uno non veda il telegiornale *(le notizie)* [per] qualche giorno…

16 e già si perde *(non [è] al corrente di)* questi sviluppi internazionali *(tali globali cambiamenti)*!

17 Quando *(questo)* è successo?

---

16 таки́х глоба́льных *[takiH gLabal'nyH]*: ascoltate e pronunciate queste parole a voce alta: è un ottimo esercizio per imparare a distinguere la **л** *[L]* dura da quella molle *[l]* e allenarsi ad aspirare bene la **х** *[H]*.

▸ di luoghi, ma anche da **к**, che regge il dativo, quando si tratta di persone: **Мы уже обратились в отделение полиции, но нам сказали, что они ничем не могут помочь**, *Ci siamo già rivolti alla stazione di polizia, ma ci hanno detto che non possono proprio aiutarci*; **Можно в этом случае обратиться к вам?**, *In questo caso è possibile contattarLa* (lett. "rivolgersi a voi")?

⑫ Nella lingua ufficiale il verbo imperfettivo **являться**, *essere*, *rappresentare*, sostituisce spesso **быть** e si può utilizzare al presente (mentre **быть**, com'è noto, al presente è generalmente sottinteso). Si noti che **являться** regge il caso strumentale: **Он является главным юристом в их офисе**, *È l'avvocato principale della loro azienda* (lett. "ufficio").

⑬ La congiunzione e particella **ведь** introduce una causa oppure rafforza ciò che segue. Spesso non viene tradotta, ma qui si può rendere con *eppure*, dal momento che sottolinea la frase successiva in contrasto con quello che l'interlocutore ha appena detto.

18 – Думаю, стоит перечитать ⑭ ваш учебник.
19 Случилось это в начале XIII века, если не ошибаюсь.
20 – Странно, а в новостях всё ещё не передали!
21 А вы говорите, свобода слова… □

***

Упражнение 1 – Читайте и переводите
Esercizio 1 – Leggete e traducete

❶ Как! Вы не в курсе таких глобальных изменений? ❷ Этот депутат всегда был за свободу слова. ❸ Правильно вам говорили: нельзя столько есть перед сном. ❹ Ты куда? – В посольство: оказалось, что мне нужна виза. ❺ Вы не подскажете, где я могу найти список гостей?

***

Упражнение 2 – Восстановите текст
Esercizio 2 – Completate

❶ Vi hanno detto bene *(giusto)*, avete tutti bisogno di aiuto.
  ……… вам ………, вам всем ………… .

❷ Se non sbaglio, lo conosciamo molto bene: abbiamo studiato insieme.
  Если не ………, мы ……… очень хорошо: мы вместе ……… .

❸ Nel loro gruppo ci sono dei francesi, dei russi, dei tedeschi, degli americani e degli inglesi.
  В ……… есть ………, ………, немцы, американцы и ……… .

18 – Credo [che] Lei debba *(vale-la-pena)* rileggere il Suo manuale.
19 È successo all'inizio del XIII secolo, se non *(mi-)*sbaglio.
20 – [Che] strano, eppure al telegiornale non l'hanno ancora detto *(e nelle notizie tutto ancora non hanno-trasmesso)*!
21 E poi dicono *(E voi dite)* [che c'è] libertà di parola…

Note

⑭ Il prefisso verbale **пере-** può indicare, come in questo caso, ripetizione: **пере**читать, *rileggere*; **пере**строить, *ricostruire*; **пере**заказать, *ordinare di nuovo / un'altra volta*.

Soluzione dell'esercizio 1

❶ Come! Lei non è al corrente di questi sviluppi internazionali? ❷ Questo deputato è sempre stato a favore della libertà di parola. ❸ Le hanno detto bene *(giusto)*: non bisogna mangiare tanto prima di coricarsi *(prima del-sonno)*. ❹ Dove [vai]? – All'ambasciata: sembra che io debba fare il visto *(a-me [è] necessario il visto)*. ❺ Mi saprebbe dire *(non suggerirete)* dove posso trovare la lista degli invitati?

***

❹ Mosca è la capitale di un Paese enorme che si chiama Russia.

Москва ………… ………. огромной ……,
………… ……….. Россия.

❺ Ma ancora non lo sai *(E tu ancora non [sei] al corrente)*? È successo la settimana scorsa.

А ты … не в …..? Это …………
прошлой …….

Soluzione dell'esercizio 2

❶ Правильно – говорили – нужна помощь ❷ – ошибаюсь – его знаем – учились ❸ – их группе – французы, русские – англичане ❹ – является столицей – страны, которая называется – ❺ – ещё – курсе – случилось на – неделе

3 Третий урок

Виды транспорта

1 В городском транспорте всегда что-нибудь происходит ①.
2 Может быть, именно потому, что в автобусах, троллейбусах и трамваях
3 всегда много ② самых разных людей, это целый маленький мир.
4 Во всяком случае, мне часто приходится ③ быть свидетелем ④ забавных ситуаций.
5 Едет мужчина в автобусе и ругается:

Osservazioni sulla pronuncia
5 мужчи́на *[musshina]*: attenti alla pronuncia di questa parola; il gruppo consonantico жч si legge щ.

Note

① **происходит** è la 3ª persona singolare del verbo imperfettivo **происходить**, *accadere, succedere*. Questo verbo si usa spesso per domandare cosa stia succedendo al proprio interlocutore: **Что с тобой происходит?**, *Cos'hai? Che ti succede?* Attenzione all'accento tonico: all'infinito cade sull'ultima sillaba (**происходи́ть**), alla 3ª persona singolare del presente cade invece sulla penultima (**происхо́дит**).

② Gli avverbi di quantità sono seguiti da sostantivi declinati al genitivo. Quando **много** precede un nome concreto, quest'ultimo va al genitivo plurale, mentre un nome astratto andrà al genitivo singolare: **много машин**, *molte auto* (nome concreto); **много счастья**, *molta fortuna* (nome astratto).

③ Nella scorsa lezione abbiamo accennato alle frasi impersonali. Eccone un altro esempio: **мне приходится**, *mi capita / devo /* ▸

Terza lezione 3

Mezzi *(Tipi)* di trasporto

1   Sui mezzi di trasporto urbani succede sempre qualcosa,
2   forse proprio perché sugli autobus, sui filobus e sui tram
3   c'è sempre un sacco di gente di ogni tipo *(molto delle-più differenti persone)*, è un intero microcosmo *(piccolo mondo)*.
4   In ogni caso mi capita spesso di assistere a *(essere testimone di-)*scene *(situazioni)* divertenti.
5   Un uomo è *(va)* in autobus e brontola:

▸ *mi tocca (fare qualcosa)*. Il soggetto logico va al dativo, ma si può anche omettere: **Раньше мне приходилось часто летать в Россию**, *Prima mi capitava spesso di andare in Russia in aereo*; **Ты рыбу ешь?**, *Mangi del pesce?*; **Приходится... жена больше ничего не умеет готовить**, *Mi tocca... mia moglie non sa cucinare altro* (lett. "più niente non sa cucinare").

④ Piccolo promemoria: in generale il predicato nominale di **быть**, *essere*, va declinato al caso strumentale, eccetto quando il verbo è (sottinteso) al presente: **Он всегда был учителем**, *Ha fatto sempre l'insegnante* (lett. "sempre è stato insegnante").

3

6 — Что за молодёжь ⑤ пошла! Наглые, невоспитанные!

7 Сами сидя ⑥ едут, места уступить не могут!

8 Пассажир, стоящий ⑦ рядом, замечает:

9 — Что вы возмущаетесь? Вы же ⑧ сидите…

10 — А жена-то ⑨ моя стоит!

11 — Скажите, на какой остановке мне надо выйти, чтобы попасть на площадь Ленина?

12 — Следите за мной и выходите на одну остановку раньше!

13 Ну, а есть истории, о которых ⑩ мы знаем только понаслышке…

8, 10, 11, 21 Dopo la **ж** la **и** si pronuncia dura *[y]*: **скажи́те** *[skažytje]*, **пассажи́ров** *[passažyraf]*. Dopo la **ж** si pronuncia così anche la **e** atona: **жена́** *[žyna]*.
10 Attenti all'accento tonico, che qualche volta può anche

Note

⑤ **молодёжь**, *gioventù*, è un sostantivo femminile. Vi consigliamo di memorizzare il genere dei nomi in segno molle **-ь**, in quanto questa desinenza è comune a entrambi i generi (m. e f.): **боль** (f.), *dolore*, ma **гель** (m.), *gel*.

⑥ **сидя**: questa forma verbale (lett. "sedendo") può fungere sia da gerundio presente sia da avverbio. Qui ha funzione di avverbio e lo traduciamo con *seduto*.

⑦ **стоящий**: ed eccoci al participio presente attivo. Il participio, usato soprattutto nella lingua scritta, mantiene l'aspetto del verbo (imperfettivo o perfettivo), può essere presente o passato, attivo o passivo e ha le stesse desinenze degli aggettivi, concordando nel genere, nel numero e nel caso con il nome cui si riferisce. Eccone alcuni esempi: **стоящий мальчик**, *un ragazzo* (lett. "stante") *in piedi*; **стоящая дама**, *una signora* (lett. "stante") *in piedi*; **стоящее рядом кресло**, *una poltrona* (lett. "stante") *accanto*; ▸

6 – Che razza di gioventù *(Che-cosa per gioventù è-andata)*! [Che] sfacciati, [che] maleducati!
7 *(Loro-stessi)* Viaggiano seduti, mica lo cedono il posto, [loro] *(di-posto cedere non possono)*!
8 Un passeggero *(che sta)* in piedi [lì] vicino commenta *(osserva)*:
9 – Perché *(che)* si scandalizza? Ma se Lei è seduto...
10 – [Già], ma mia moglie è in piedi!
11 – Scusi *(Dite)*, a quale fermata devo scendere *(uscire-a-piedi)* per andare *(capitare)* in piazza Lenin?
12 – Mi segua e scenda una fermata prima di me *(uscite per una fermata prima)*!
13 Beh, ci sono anche delle storie che conosciamo solo per sentito dire...

cambiare il significato di una parola: **он стои́т** *[stait]*, *lui è in piedi*, ma **он сто́ит** *[stoit]*, *costa*.
11 пло́щадь *[pLosshit']*, ma può anche capitare di sentir pronunciare questa parola *[pLossh'at']*.

▸ **стоя́щие в ко́мнате столы́**, *i tavoli* (lett. "stanti") *nella stanza*.

⑧ La particella rafforzativa **же**, a volte abbreviata **ж**, non ha un senso proprio: serve a sottolineare la frase, conferendole una sfumatura d'irritazione e di stizza perché ciò che si afferma è evidente o è già stato detto: **Мы же бы́ли там вме́сте!**, *Ma se ci siamo stati insieme!* Notate che **же** non si mette mai all'inizio di una frase.

⑨ **то** e **нибудь** (frase 1) sono preceduti da un trattino quando sono uniti a un'altra parola, ad esempio nella formazione dei pronomi indefiniti: **кто́-то**, **кто́-нибудь**, *qualcuno*; **что́-то**, **что́-нибудь**, *qualcosa*. Qui **то** funge invece da particella rafforzativa, tipica del parlato.

⑩ Il pronome relativo **кото́рый**, **-ая**, **-ое**, **-ые**, *che / il quale, la quale*, ecc., presenta le stesse desinenze degli aggettivi di declinazione dura. Ricordate che la desinenza del prepositivo plurale per questo tipo di declinazione è **-ых**.

3	**14**	Да ⑪ и тем лучше ⑫!
	15	Стюардесса:
	16	– Ну, что вы раскричались, что разнервничались!
	17	Подумаешь, тряхнуло три раза.
	18	Обыкновенная воздушная яма, турбулентная зона.
	19	С кем не бывает. Ну, всё, всё, успокаиваемся.
	20	Всё хорошо? Ну, и ладненько ⑬…
	21	Пойду теперь пассажиров успокою.

17 тряхнýло *[triHnuLa]*: nella sillaba che precede la tonica la **я** si pronuncia *[i]*.

Note

⑪ A seconda del contesto, **да** può avere lo stesso significato di **и**, *e*, *anche*, *inoltre*, oppure **но**, *ma*, *però*: si tratta di un uso tipico della lingua parlata e del genere folclorico.

⑫ Ricordatevi che il comparativo che si forma tramite il suffisso **-е** spesso presenta delle irregolarità nel tema: **большой**, ▸

***

Упражнение 1 – Читайте и переводите

❶ Он очень подозрительный тип. Следите за ним! ❷ Скажите, как попасть в театр оперы? – Выходите на этой остановке. ❸ Ну, успокаиваемся. Теперь всё будет хорошо. ❹ Есть вещи, о которых мы никогда не слышали. ❺ Что за люди пошли! Никто места уступить не может.

14 Ed è meglio così *(Inoltre e tanto meglio)*!
15 Una hostess:
16 – Via, cos'ha [tanto] da sbraitare *(che voi vi-siete-messi-a-gridare-sempre-più-forte)*, perché si è innervosito?
17 Cosa vuole che siano tre scossoni *(Penserai, ha scosso tre volte)*!
18 È un normale vuoto *(abituale buca)* d'aria, una zona di turbolenza *(turbolenta zona)*.
19 Sono cose che capitano *(Con chi non capita)*. Su, basta, basta, si calmi *(tutto, tutto, ci calmiamo)*.
20 Tutto a posto *(bene)*? Oh, benone…
21 Ora vado a tranquillizzare i passeggeri *(Andrò ora i passeggeri tranquillizzerò)*.

▸ *grande* → **больше**, *più grande, maggiore*; **маленький**, *piccolo* → **меньше**, *più piccolo*; **хороший**, *buono*, **хорошо**, *bene* → **лучше**, *migliore, meglio*.

⑬ Conoscerete sicuramente l'avverbio **ладно**, *(va) bene, d'accordo*. **Ладненько** è un suo derivato ed è una forma tipica della lingua parlata. Il suffisso diminutivo o vezzeggiativo **-еньк-** è molto diffuso in russo.

***

Soluzione dell'esercizio 1

❶ È un tipo molto sospetto. Seguitelo! ❷ Scusi *(Dite)*, come si arriva *(capita)* al teatro dell'opera? – Scenda *(Uscite)* a questa fermata. ❸ Su, si calmi *(ci-calmiamo)*. Ora andrà tutto bene. ❹ Ci sono cose di cui non abbiamo mai sentito [parlare]. ❺ Che razza di gente! Nessuno che ceda il posto *(di-posto cedere non può)*.

4 Упражнение 2 – Восстановите текст

❶ Sugli autobus, sui filobus e sui tram il biglietto ha lo stesso prezzo *(costa ugualmente)*.

В ...., троллейбусах и .... билет ....

❷ Vado a tranquillizzare *(Andrò tranquillizzerò)* [mio] fratello: i [nostri] genitori stanno benissimo.

.... брата: у .... всё отлично.

❸ Signore *(Uomo)*, perché si scandalizza? – *(E)* non voglio assistere a una cosa del genere *(essere testimone di-questo)*!

......., что вы ....? – А я не .... быть .... этого!

---

4 Четвёртый урок

В аэропорту́

1 – Нас кто́-нибудь встре́тит?
2 – Нет, к сожале́нию, мне никого́ не удало́сь предупреди́ть о ① на́шем приле́те.
3 – Я так и зна́ла, что ты забу́дешь ②...
4 – Я не забы́л, про́сто ни с ке́м не успе́л договори́ться.
5 – Ну что, берём ③ такси́?

Note

① Il verbo perfettivo **предупреди́ть** regge due casi: **предупреди́ть кого́-то** (accusativo) **о чём-то** (prepositivo), *avvertire qualcuno di qualcosa*; **никого́** è l'accusativo di **никто́**, *nessuno*.

② Avete notato il tempo utilizzato in questa frase? È il futuro (2ᵃ pers. sing.) del verbo perfettivo **забы́ть**, *dimenticare*. In russo la concordanza dei tempi è molto più semplice che in italiano: se l'azione della frase subordinata è anteriore, contemporanea o ▸

④ In ogni caso lui è arrivato prima di te, non ti lamentare *(scandalizzare)*!

.. всяком ......, он пришёл ......, так что не ....!

⑤ Amico, mi sono sposato! – Sono cose che capitano... Scherzo! Auguri *(Mi-congratulo)*!

Друг, я ......! – С ... не .... Шучу! ....!

Soluzione dell'esercizio 2

❶ – автобусах – трамваях – стоит одинаково ❷ Пойду успокою – родителей – ❸ Мужчина – возмущаетесь – хочу – свидетелем – ❹ Во – случае – до тебя – возмущайся ❺ – женился – кем – бывает – Поздравляю

Quarta lezione 4

All'aeroporto

1 – Ci viene a prendere qualcuno *(Noi qualcuno incontrerà)*?
2 – No, purtroppo *(per dispiacere)* non sono riuscito ad avvertire nessuno del nostro arrivo *(-in-aereo)*.
3 – Lo sapevo io che te ne saresti dimenticato *(dimenticherai)*...
4 – Non me ne sono dimenticato, semplicemente non ho fatto in tempo a mettermi d'accordo con nessuno.
5 – Allora prendiamo un taxi?

▸ posteriore rispetto a quella della principale, il verbo che la indica va coniugato rispettivamente al passato, al presente o al futuro.

③ **берём** è la 1ª pers. plur. del pres. di **брать**, *prendere, portare* (verbo imperfettivo irregolare). Esempio: **Почему ты никогда не берёшь меня с собой?**, *Perché non mi porti mai con te?*

4

6 – Да ну, перестань: мы поедем ④ на автобусе.

7 – На автобусе мы будем добираться до города два часа.

8 Давай, может, хотя бы на маршрутке?

9 – Ну ладно, если тебе так хочется ⑤, давай на маршрутке.

10 Так… а где же остановка?

11 – Спроси у кого-нибудь ⑥, чтоб не терять время на поиски.

12 – У кого бы спросить?

13 О, смотри, вот у этого ⑦ человека.

14 Сразу видно, что он здешний ⑧, да и вид у него очень милый.

15 Простите, вы не подскажете, где останавливается маршрутка номер 30?

Osservazioni sulla pronuncia
7 часá *[čissa]*: la **a** atona preceduta da **ч** si pronuncia *[i]*.

Note

④ I verbi indicanti spostamento, per esempio **поехать** (frase 6) e **добираться** (frase 7), reggono la preposizione **на** + caso prepositivo quando si specifica il mezzo di trasporto: **ехать на машине**, *andare in auto*; **поехать на поезде**, *andare in treno*; **лететь на самолёте**, *andare* (lett. "volare") *in aereo*; **добираться на маршрутке**, *arrivare in navetta*, ecc.

⑤ Qui abbiamo un'altra struttura impersonale, che si forma con la 3ª persona singolare del verbo imperfettivo **хотеть** (lett. "volere") seguito dalla particella **-ся**. Il soggetto logico dell'azione è al dativo anche in questo caso (v. lez. 3, nota 3), come avviene in genere in questo tipo di frasi: **тебе так хочется**, *ne hai proprio voglia* (lett. "a te così si vuole").

6 – Ma no, lascia stare *(Ma allora, smetti)*: andremo in autobus.
7 – In autobus ci metteremo due ore per arrivare in città *(arriveremo fino-alla città due ore)*.
8 E se prendessimo la navetta *(Dai, può-darsi, almeno in maršrutka)*?
9 – Va bene, se proprio vuoi, prendiamo la navetta *(se a-te così si-vuole, dai in maršrutka)*.
10 Allora *(Così)*… ma dov'è la fermata?
11 – Chiedi a qualcuno, per non perdere tempo a cercarla *(su ricerche)*.
12 – A chi potremmo chiedere?
13 Oh, guarda, a quel tipo *(ecco presso quella persona)*.
14 Si vede subito che è di qui e poi ha un'aria *(aspetto)* molto gentile.
15 Mi scusi, mi saprebbe dire *(voi non suggerirete)* dove si ferma la navetta numero 30?

▶ ⑥ **кого-нибудь** è il genitivo del pronome indefinito **кто-нибудь**, *qualcuno, uno qualunque*. La particella **-нибудь** si aggiunge sia a pronomi sia ad avverbi interrogativi: **когда**, *quando* → **когда-нибудь**, *un giorno, in un qualsiasi momento*; **где**, *dove* (stato in luogo) → **где-нибудь**, *da qualche parte, in un posto qualsiasi* (stato in luogo); **куда**, *dove* (moto a luogo) → **куда-нибудь**, *da qualche parte, in un posto qualsiasi* (moto a luogo); **кто**, *chi* → **кто-нибудь**, *qualcuno, uno qualunque*; **что**, *che cosa* → **что-нибудь**, *qualcosa, una cosa qualsiasi*, ecc.

⑦ **этого** è il genitivo dell'aggettivo dimostrativo **этот**, *questo*. Ricorderete certamente la sua declinazione, ma in caso di dubbio vi invitiamo a consultare la lezione 7.

⑧ **здешний**, *di qui, del posto*: indovinate un po' la parola da cui deriva? Chiaro: è **здесь**, *qui*.

4

16 – Откуда я знаю? У меня что, на лбу написано «справочное бюро»?

17 – Нет, у вас на лбу написано «грубиян»…

18 – Мне кажется, уже поздно, и маршрутки больше не ходят.

19 Ну надо же ⑨! За разговорами ⑩ мы последнюю маршрутку прозевали!

20 – У меня гениальная идея: давай возьмём такси ⑪!…

---

18 уже́ *[uže]*: ricordate che in russo l'accento è importantissimo e, spostandosi, può cambiare il senso di una parola: **уже́** *[uže]*, *già*, ma **у́же** *[užy]*, *più stretto*.

18 по́здно *[pozna]*: nel gruppo consonantico здн la д non si pronuncia.

Note

⑨ L'esclamazione **Ну надо же!** è tipica del parlato e può esprimere secondo il contesto stupore, ammirazione o rabbia: va dunque tradotta di volta in volta con *Però!*, *Accidenti!*, *Maledizione!*, *Porca miseria!*, *Mannaggia!*, ecc.

⑩ La preposizione **за** (lett. "dietro"), seguita dallo strumentale, può significare anche *durante*: **за чаем**, *durante il tè, durante l'ora del tè*; **за обедом**, *durante il pranzo, a pranzo*.

***

Упражнение 1 – Читайте и переводите

❶ Спроси у кого-нибудь, куда нам идти. ❷ Смотри, по-моему, это справочное бюро. ❸ Ну надо же, он всё-таки сдал экзамен. ❹ Да ну, перестань, она не обиделась. ❺ О, смотри, у этого человека есть спички.

16 – Che ne so *(Da-dove io [lo] so)*? Ho forse scritto in fronte *(Presso di-me che-cosa, sulla fronte [è] scritto)* "ufficio informazioni"?
17 – No, lei in fronte ha scritto "cafone"…
18 – Mi sembra che ormai *(già)* sia tardi e che le navette non passino più *(più non vanno)*.
19 Maledizione! A forza di chiacchierare *(Dietro le conversazioni)* ci siamo fatti scappare l'ultima navetta!
20 – Ho un'idea geniale: prendiamo *(dai prenderemo)* un taxi!

▶ ⑪ **такси** (n.) è invariabile come in italiano: **Он приехал на такси**, *È arrivato in taxi* (prepositivo); **Ты пришла пешком? – Нет, я взяла такси**, *Sei arrivata a piedi? – No, ho preso il taxi* (accusativo).

***

Soluzione dell'esercizio 1

❶ Chiedi a qualcuno dove dobbiamo andare *(dove a-noi andare)*. ❷ Guarda, secondo me questo è l'ufficio informazioni. ❸ Però! È riuscito lo stesso a passare *(comunque ha-dato)* l'esame. ❹ Ma no, lascia stare *(smettila)*, non si è offesa. ❺ Oh, guarda, quell'uomo ha dei fiammiferi.

4 Упражнение 2 – Восстановите текст

❶ Che ne so *(Da-dove io [lo] so)*? Non sono di qui. – Allora chiedilo a qualcuno!

Откуда я ....? Я не .... – Так ...... у кого- ......!

❷ Se proprio ti va *(Se a-te così si-vuole)*, andiamo in città con la navetta.

Если тебе так ...., давай добираться .. города на ....

❸ Bisogna chiedere dove si trova la fermata del tram. – Ma no, lascia stare *(smettila)*, la troveremo da soli!

Надо ...., где находится .... трамвая. – Да ну, ..., сами ......!

***

> *La* **маршрутка**, navetta, *è una sorta di minibus, detto anche taxi a itinerario fisso (traduzione quasi letterale del suo nome completo,* **маршрутное такси**). *È un mezzo di trasporto molto diffuso che trasporta fino a 12-13 persone, ma può essere anche di dimensioni maggiori e in tal caso appartiene a una compagnia privata o a un proprietario titolare di una licenza. Come detto, la* **маршрутка** *ha un itinerario fisso, che spesso riprende e prolunga il percorso di un mezzo pubblico, permettendo così di raggiungere posti che non sono ben serviti dalla rete municipale e di scendere, a richiesta*

❹ Allora, prendiamo un taxi o andiamo in macchina? – Prendiamo la *(Dai in)* macchina.

Ну что, ... такси или едем .... ? – ..... на машине.

❺ Chiediamo [a qualcuno]: non voglio perdere tempo a cercare *(su ricerche)*. – Purtroppo qui non c'è nessuno…

Давай .... : не .... терять ..... на .... – ...., здесь никого нет…

Soluzione dell'esercizio 2

❶ – знаю – здешний – спроси – нибудь ❷ – хочется – до – маршрутке ❸ – спросить – остановка – перестань – найдём ❹ – берём – на машине – Давай – ❺ – спросим – хочу – время – поиски – К сожалению –

***

dei passeggeri, anche quando la fermata non è prevista. Per salire a bordo basta alzare il braccio quando li vedete arrivare, anche se non vi trovate in corrispondenza di una fermata "ufficiale". È probabilmente il mezzo più rapido per spostarsi all'interno delle città russe. Il prezzo è in genere un po' più alto rispetto a quello dei mezzi pubblici, varia da città a città e dipende dalle dimensioni del veicolo: il biglietto di un minibus costa più caro rispetto a un bus più grande perché, rispetto a quest'ultimo, è più rapido. Spesso la tariffa cambia dopo le 22.

двадцать восемь • 28

5 Пятый урок

Oggi non aggiungeremo osservazioni sulla pronuncia perché abbiamo già ricordato tutti gli aspetti più importanti nelle lezioni precedenti. Per non dimenticarveli, potete mettervi alla prova con un piccolo esercizio: cercate nel testo le parole cui si applicano le norme generali della pronuncia russa (consonanti sonore che si assordano in fine di parola o a contatto con consonanti sorde, pronuncia delle vocali atone, incompatibilità ortografiche e loro conseguenze sulla pronuncia, ecc.). Ricordatevi di rispettate anche l'accento tonico. Siete pronti? Contiamo su di voi!

Вы́лазка

1 – Саш ①, я видела в прихожей твой походный рюкзак.
2   Ты куда-то собираешься?
3 – Вот решили с ребятами на вылазку рвануть.
4 – Правильно, что дома в такую жару сидеть!
5   Лучше на природу, в лес или на речку.
6 – Ну, мы, Кать, собственно, так и подумали.
7   Берём взаймы палатку у Таниного ② деда.

Note

① **Саша** e **Катя** (v. frase 6) sono rispettivamente i diminutivi di **Александр** (o **Александра**) e **Екатерина**. I russi vanno pazzi per i diminutivi, li usano spesso e altrettanto spesso li abbreviano ulteriormente, negli appellativi (funzione vocativa), facendo scomparire la **a** finale, quando si rivolgono a qualcuno che conoscono: **Мам (мама), это ты?**, *Mamma, sei tu?*; **Саш (Саша), подожди меня!**, *Saša, aspettami!* Se il diminutivo finisce per **я**, questa vocale di per sé molle è ▸

Quinta lezione 5

Una scampagnata

1 – Saša, ho visto nell'ingresso il tuo zaino da campeggio.
2   Stai per *(ti-appresti-a)* andare da qualche parte?
3 – *(Ecco)* Io e i ragazzi abbiamo deciso di fare una scampagnata *(su una-scampagnata partire-di-scatto)*.
4 – Fate bene, a casa fa così caldo *(Giusto, che a-casa in tale caldo sedere)*!
5   È meglio [andare] all'aperto *(natura)*, nel bosco o al fiume *(fiumicello)*.
6 – Beh, Katja, noi pensavamo proprio di fare così.
7   Ci faremo prestare *(prendiamo in-prestito)* una tenda dal nonno di Tanja.

▶ sostituita dal segno molle: **Кать (Катя), дай, пожалуйста, воды**, *Katja, dammi dell'acqua, per favore.*

② **Танин** è un aggettivo maschile di appartenenza che indica che il possessore è una persona (in questo caso **Таня**, diminutivo di **Татьяна**). Deriva dal nome proprio e si forma col suffisso **-ин** che si aggiunge alla sua radice (**Тан-**). Questo aggettivo concorda col sostantivo cui si riferisce come se fosse un aggettivo ordinario e mantiene la lettera maiuscola: **Тан- + -ин → Танин**, *di Tanja* (maschile). Le altre forme del nominativo sono **Танина** (femminile), **Танино** (neutro), **Танины** (plurale). Trovate qualche esempio alla lezione 7, § 3.2.

тридцать • 30

5

8 Кстати, палатка у него добротная: он ведь ③ профессиональный геолог.

9 Ему в палатке ночевать – не привыкать ④, поэтому она у него – то, что надо.

10 Олегов ⑤ отец обещал дать удочки и резиновую лодку.

11 – Прихватите и мой надувной матрас! Глядишь – пригодится.

12 Да не забудьте термос и спички ⑥.

13 По-моему ⑦, в походе это самое важное.

14 – Да-да… всё это я уже взял…

15 – А что ты ищешь ⑧?

16 – Да вот никак не могу найти ключи от машины.

Note

③ Riecco la particella **ведь**, che qui ha valore esplicativo: *dopotutto*, *del resto* (v. anche lez. 2, nota 13).

④ Quando il soggetto e il predicato nominale di una frase sono costituiti entrambi da un verbo all'infinito, occorre separarli con una lineetta, che corrisponde all'italiano *è, significa, vuol dire, rappresenta*, ecc.: **Быть матерью – всё время переживать за своих детей**, *Essere madre <u>significa</u> essere in ansia continuamente per i propri figli*.

⑤ **Олегов** è un altro aggettivo maschile di appartenenza (v. nota 2), costruito però su un nome proprio non diminutivo e per questo, a differenza di **Танин**, si forma col suffisso **-ов**. Concorda nel genere e nel numero col sostantivo cui si riferisce: **Олег** + **-ов** → **Олегов**, *di Oleg*. Le altre forme del nominativo sono **Олегова** (femminile), **Олегово** (neutro) e **Олеговы** (plurale).

⑥ **спички** è l'accusativo plurale del sostantivo femminile inanimato **спичка**, *fiammifero*. Ormai vi è noto che, nonostante ▶

8 A proposito, lui ha una tenda di buona qualità, del resto è un geologo di professione.
9 Per lui passare la notte in tenda è un'abitudine *(A-lui in tenda pernottare – non [è-necessario] abituarsi)*, perciò la sua tenda è fantastica *(quello che occorre)*!
10 Il padre di Oleg ha promesso che [ci] darà *(dare)* le canne da pesca e il gommone *(di-gomma barca)*.
11 – Portatevi dietro anche *(Prendete-con-voi e)* il mio materasso gonfiabile! Chissà, potrebbe servire *(Guardi – servirà)*.
12 E *(Inoltre)* non dimenticate il thermos e i fiammiferi.
13 Secondo me, nelle gite sono le cose più importanti *(in gita questo [è] il-più importante)*.
14 – Sì sì… Ho già preso tutto…
15 – E [allora] cosa stai cercando?
16 – Vedi, non riesco proprio *(Ma ecco in-nessun-modo non riesco)* a trovare le chiavi dell'auto.

▸ questo nome appartenga alla declinazione dura, la presenza della **к** al termine della radice impone di sostituire la normale desinenza **-ы** con una **-и** per incompatibilità ortografica.

⑦ **по-моему**, *secondo me*, ma anche *a modo mio*: **По-моему, здесь жарко**, *Secondo me, qui fa caldo*; **А как по-вашему?**, *E secondo Lei?*; **Он всё делает по-своему**, *Lui fa tutto a modo suo* (lett. "per suo").

⑧ **ищешь** è la 2ª persona singolare del verbo imperfettivo **искать**, *cercare*. La sua coniugazione presenta un fenomeno di alternanza consonantica **ск / щ** che certamente già conoscete: si tratta, più precisamente, di una palatalizzazione con cui la radice del verbo si modifica in tutte le forme (trattandosi di 1ª coniugazione) del presente imperfettivo: **ищу, ищешь, ищет, ищем, ищете, ищут**.

5 **17** – Я бы одолжила тебе свой велосипед, но на нём вы с ребятами ⑨ далеко не уедете ⑩...

Note

⑨ Ecco una parola particolare a voi ben nota. Il sostantivo maschile **ребёнок**, *bambino*, ha due plurali: **дети** e **ребята**, *bambini*. Il primo plurale, che significa anche *figli*, presenta una radice del tutto differente ed è quello "ufficiale", mentre il secondo, più colloquiale e tipico del parlato, ha anche il significato di *ragazzi* (pure nel senso generico di *amici*), al di là dell'età.

⑩ **уедете** è la 2ᵃ persona plurale del futuro perfettivo del verbo **уехать**, *partire, andare via (con un mezzo di trasporto)*. Si tratta di un verbo di moto e, come ricorderete, in russo i verbi di moto costituiscono un gruppo a sé: senza prefissi possono essere monodirezionali o non monodirezionali e sono organizzati in 14 coppie, ciascuna delle quali indica un mezzo di spostamento preciso (a piedi, in auto, in aereo, ecc.). La distinzione tra verbi monodirezionali e non monodirezionali decade nel momento in cui i verbi di moto assumono dei prefissi spaziali, dando luogo a semplici coppie aspettuali: un prefisso spaziale premesso a un verbo monodirezionale gli conferisce aspetto perfettivo e lo stesso prefisso premesso al corrispettivo verbo non monodirezionale gli conferisce aspetto imperfettivo (e insieme ▸

***

Упражнение 1 – Читайте и переводите

❶ Дай мне, пожалуйста, взаймы денег. ❷ Что вы ищете? – Ключи от квартиры. ❸ На этой машине он далеко не уедет. ❹ Мы едем на вылазку. Купили рюкзак, удочки и резиновую лодку. ❺ Я одолжила термос брату. – Я так и подумал: никак не могу его найти.

17 – Ti presterei la mia bici, ma con i ragazzi non andresti troppo lontano *(ma su esso voi con i ragazzi lontano non andrete-via)*…

▸ costituiscono la coppia aspettuale di uno stesso verbo lessicale di moto). In particolare, nella coppia aspettuale derivata **уезжать** / **уехать** il prefisso spaziale **y-** esprime un'assenza, un "andare via" duraturo o definitivo, talora anche una partenza: **Ты знаешь, куда она уехала? – По-моему, в Москву**, *Sai dove sia andata? – Secondo me, a Mosca*. Qui il verbo *andare* non rende con la dovuta precisione il verbo **уехать**: sarebbe più corretto (ma meno naturale) dire *Sai per dove sia partita?* Per approfondimenti v. Appendice grammaticale, § 3.3.

***

Soluzione dell'esercizio 1

❶ Prestami dei soldi, per favore. ❷ Cosa cerca? – Le chiavi di casa *(dell'appartamento)*. ❸ Con quell'auto non andrà lontano. ❹ Andiamo a fare una scampagnata. Abbiamo comprato lo zaino, le canne da pesca e il gommone. ❺ Ho prestato il thermos a mio fratello. – Lo immaginavo *(Io così e pensavo)*: non riesco proprio a trovarlo.

6 Упражнение 2 – Восстановите текст

❶ Come si fa a starsene a casa con questo caldo *(Come non si vuole in tale caldo sedere a-casa)*!
Как не .... в такую .... дома!

❷ Mi avevate promesso di darmi un thermos e una tenda. – Sì, certamente, non ce ne siamo dimenticati.
Вы .... дать мне ...... и .... – Да, ..., мы не ....

❸ Io e i ragazzi abbiamo deciso di fare un giro all'aperto *(andare nella natura)*.
Мы с .... поехать ....

---

6 Шестой урок

Обéд

1 – Добрый день! Вы заказывали столик?
2 – Нет, понадеялся на удачу. У вас ещё есть места?
3 – Вы один ①?
4   Тогда следуйте за мной, вот сюда ②, к окошку.
5 – У вас есть бизнес-ланч?

Note

① Il numerale cardinale **один** concorda nel genere e nel numero col sostantivo; l'accento cade sull'ultima sillaba in tutte le sue forme: **одúн**, *uno, (uno) solo* (m.); **однá**, *una, (una) sola* (f.); **однó**, *uno, (uno) solo* (neutro); **однú**, *soli* (plurale per tutti i generi).

❹ Stai per *(ti-appresti-a)* andare da qualche parte? – Sì, ho un appuntamento tra un'ora.

Ты .... собираешься? – Да, у меня
.... час.

❺ Papà, per caso hai visto *(tu non hai-visto)* il mio zaino da campeggio? – Si, l'ho visto, è nell'ingresso.

Папа, ты не ..... мой ....? – Да, видел, он в ....

Soluzione dell'esercizio 2

❶ – хочется – жару сидеть – ❷ – обещали – термос – палатку – конечно – забыли ❸ – ребятами решили – на природу ❹ – куда-то – встреча через – ❺ – видел – походный рюкзак – прихожей

Sesta lezione   6

Un pranzo

1 – Buongiorno! Ha prenotato un tavolo *(tavolino)*?
2 – No, speravo di essere fortunato *(ho-sperato sulla fortuna)*. Avete ancora dei posti?
3 – È da solo?
4   Allora mi segua, da questa parte *(ecco qui)*, verso la finestra *(finestrino)*.
5 – Servite *(avete)* un "business-lunch"?

▶ ② La differenza tra **сюда** e **здесь**, *qui*, *qua*, è la presenza o meno di movimento. Il primo avverbio esprime un moto a luogo, il secondo lo stato in luogo: **Ты где?**, *Dove sei?*; **Я здесь. И ты иди сюда!**, *Sono qui. Vieni qua anche tu!* (lett. "E tu vieni qui!").

6 – Сегодня мы предлагаем вам великолепный комплексный обед ③,
7 составленный ④ по советам врачей-диетологов.
8 – Впечатляет! Что ж, с удовольствием попробую ваш комплексный обед.
9 – На первое: лёгкий салат из свежих овощей с оливковым маслом.
10 На второе: окрошка мясная на квасе или кефире.
11 Горячее – любимое блюдо шеф-повара: пельмени со ⑤ сметаной.
12 Думаю, не стоит уточнять, что пельмени у нас ручной работы.
13 На горячее может быть предложено также вегетарианское ⑥ блюдо:

Osservazioni sulla pronuncia

8 Un trucco per pronunciare bene l'espressione **с удовольствием**: scomponetela e allenatevi a leggerne prima le singole parti, poi a dirla per intero: **с удовóльствием** [sudavol'- st - vi - jem].

Note

③ **предлагаем** è la 1ª pers. plur. del verbo imperfettivo **предлагать**, *proporre*, che regge il complemento oggetto (espresso nel dialogo da un nome maschile inanimato). Ricordate che l'accusativo di un sostantivo maschile inanimato coincide col suo nominativo; lo stesso discorso vale per gli aggettivi che si riferiscono al sostantivo in questione: **великолепный комплексный обед**, *un menù straordinario, un menù coi fiocchi* (nom. inan. maschile); **мне предлагают великолепный комплексный обед**, *mi propongono un menù coi fiocchi* (acc. inan. maschile).

④ **составленный**: questo è un participio passato passivo (v. lez. 3, nota 7 sul participio presente attivo). Si tratta di un aggettivo ▸

6 –	[Sì,] oggi Le proponiamo un menù coi fiocchi *(splendido complesso pranzo)*
7	basato sui *(redatto secondo i)* consigli dei dietologi.
8 –	Ottimo *(Impressiona)*! Beh, lo *(il vostro complesso pranzo)* proverò con piacere.
9 –	Per primo [abbiamo] un'insalata leggera di verdura fresca all'*(con)* olio d'oliva.
10	Per secondo [c'è] una minestra fredda *(okroška)* di carne a base di kvas o di kefir.
11	Il piatto caldo è la specialità *([Quello] caldo [è] il preferito piatto)* dello chef: pel'meni alla *(con)* panna acida.
12	Penso sia inutile dire *(precisare)* che i nostri pel'meni sono fatti in casa *(manuale lavoro)*.
13	In alternativa Le possiamo proporre *(Per [piatto] caldo può essere proposto)* anche un piatto vegetariano:

▸ a tutti gli effetti e come tale va declinato: **великолепный комплексный обед, составленный врачами**, *un menù* (lett. "complesso pranzo") *straordinario ideato dai medici*. Ricordate che il participio, quando segue il sostantivo cui si riferisce, va preceduto da una virgola.

⑤ **со сметаной**: si aggiunge una **о** alla preposizione **с** (**со**) per agevolare la pronuncia della parola successiva quando questa comincia con **с** seguita da altra consonante.

⑥ L'accusativo dei sostantivi neutri e dei loro aggettivi, analogamente ai maschili inanimati, coincide col loro nominativo: **Вегетарианское блюдо было вкусным**, *Il piatto vegetariano* (nominativo neutro) *era delizioso*; **Ты уже попробовал это вегетарианское блюдо?**, *Hai già provato questo piatto vegetariano* (accusativo neutro)?

тридцать восемь • 38

14 гречка с луком, грибами и кедровыми орешками.
15 На десерт: блинчики с начинкой ⑦, на ваш выбор.
16 Напитки: морс, квас или сок.
17 – Смотрю ⑧ я в меню на ваши порции…
18 Видно, что без врачей-диетологов здесь не обошлось.
19 А знаете что… Дайте-ка ⑨ мне два бизнес-ланча!
20 – Я думала, вы один. Так вы кого-то ждёте?
21 – Нет-нет, я один.
22 Просто, понимаете, я не на диете и одним вашим бизнес-ланчем явно не наемся ⑩!

Note

⑦ In generale la preposizione **с** regge il caso strumentale: **начинкой** è dunque lo strumentale del sostantivo femminile **начинка**, *ripieno*: **блинчики с начинкой**, *crêpe con ripieno*.

⑧ Il verbo imperfettivo **смотреть**, *guardare*, vuole il caso accusativo, ma può essere seguito sia da un complemento oggetto diretto sia dalle preposizioni **в** o **на** seguite da accusativo. Il senso però cambia: **он смотрит книгу**, *sta guardando un libro* (lo esamina, guarda com'è, magari sfogliandolo); **он смотрит в книгу**, *sta consultando, consulta un libro* (lett. "lui guarda nel libro"); **он смотрит на книгу**, *sta osservando, fissando un libro*, nel senso che sta guardando solo la copertina, come se fosse un quadro (lett. "lui guarda sul libro").

⑨ La particella **-ка** si usa per attenuare un comando espresso con l'imperativo. Di solito non si traduce, ma rende più educata una richiesta: **Давайте-ка мы пойдём туда вместе**, *Andiamoci insieme, E se ci andassimo insieme?*; **Сделай-ка сначала то, о чём я тебя попросила**, *Prima fai (un po') quello che ti ho chiesto*.

14 grano saraceno con cipolle, funghi e pinoli.
15 Per dessert [abbiamo] crêpe con ripieno a Sua scelta.
16 Da bere [abbiamo] *(Bevande:)* succo ai frutti di bosco diluito *(mors)*, kvas o succo [di frutta].
17– Guardo le vostre porzioni sul menù…
18 Si vede bene che qui ci sono di mezzo i dietologi *(senza medici-dietologi qui non si-è-fatto-a-meno)*.
19 Sa una cosa? Mi porti pure *(Date-un-po')* due business lunch!
20 – Pensavo che Lei fosse solo. Allora aspetta qualcuno?
21 – No no, sono solo.
22 È solo [che], capisce, non sono a dieta e uno solo dei vostri business lunch non mi basta di sicuro *(con-un vostro business lunch chiaramente non mi-sazierò)*!

▶ ⑩ **наемся** è la 1ᵃ persona singolare del verbo perfettivo **наесться**, *mangiare a sazietà, fare una scorpacciata*. Particella a parte, si coniuga come **есть**, di cui è un derivato: **наемся, наешься, наестся, наедимся, наедитесь, наедятся**.

Упражнение 1 – Читайте и переводите

❶ Думаю, не стоит уточнять, что после 11 часов маршрутки не ходят. ❷ Следуйте за мной: мне надо проверить ваши документы. ❸ Впечатляет! Ты всё сама приготовила? ❹ Простите, мест нет. – Но я заказывал столик! ❺ Сегодня мы предлагаем великолепные вегетарианские блюда.

***

Упражнение 2 – Восстановите текст

❶ Propongo di ordinare un'insalata leggera di verdura fresca e poi un piatto caldo.

Предлагаю .... лёгкий ..... из свежих ......, а потом ....

❷ Miša non ha passato l'esame: come sempre non ha studiato niente e sperava di essere fortunato *(sulla fortuna)*.

Миша не .... экзамен: как ...... ничего не .... и .... на ....

❸ Che ripieno hanno le vostre *(Con quale ripieno presso di-voi)* crêpes? – Cipolle *(Con cipolla)* e funghi.

С .... у вас блинчики? – С ..... и ....

***

La cucina russa non è solo caviale, vodka, bliny e pirožki. Anche aggiungendo a queste specialità il **борщ***, borsch, piatto d'origine ucraina che viene preparato in ogni regione della Russia con qualche piccola variante, non si può certo dire di avere un quadro completo della gastronomia russa. Nessuna cucina nazionale ha infatti tante zuppe come questa (basti pensare, oltre al* **борщ***, agli* **щи***, al* **рассольник***, all'***уха***...): nel caso degli* **щи***, per esempio, ci sono più di 60 varianti possibili! Inoltre, i piatti appena citati sono tutte minestre calde, ma ce ne sono anche di fredde come l'***окрошка** *a base di* **квас** *(bevanda preparata con cereali fermen-*

Soluzione dell'esercizio 1

❶ Credo che sia inutile dire *(precisare)* che dopo le 11 le navette non passano più. **❷** Mi segua: devo controllare i Suoi documenti. **❸** Però *(Impressiona)*! Hai cucinato tutto da sola? **❹** Mi scusi, non c'è più posto. – Ma ho prenotato un tavolo *(tavolino)*! **❺** Oggi proponiamo dei magnifici piatti vegetariani.

***

❹ Aspetta qualcuno? Ci dobbiamo vedere nel pomeriggio *(Forse, a-noi incontrarsi dopo di-pranzo)*?

Вы .... ? ....., ... встретиться после ..... ?

❺ I vostri pel'meni sono freschi? – Che domande *(che-cosa per domanda)*! Certo!

.... у вас ...... ? – Что .... ? Конечно!

Soluzione dell'esercizio 2

❶ – заказать – салат – овощей – горячее блюдо **❷** – сдал – всегда – учил – понадеялся – удачу **❸** – какой начинкой – луком – грибами **❹** – кого-то ждёте – Может, нам – обеда **❺** пельмени – свежие – за вопрос –

***

tati) o il **холодник**, a base di kefir. Non dimentichiamo poi che i russi mangiano anche carne e pesce con tutte le salse possibili. I **пельмени**, *deliziosi* ravioli di carne, *di origine siberiana, sono un piatto russo che ormai si trova surgelato in tutti i supermercati, né si può immaginare un pasto russo senza pane nero né* **закуски** *(stuzzichini) e nemmeno senza prodotti marinati come cavoli, cetrioli, pomodori, funghi, aringhe o insalate come il* **винегрет**, la vinaigrette, *la* **селёдка под шубой**, *l'*aringa in pelliccia *(lett. "aringa sotto la pelliccia"), o ancora l'***оливье**, *che poi è quella che noi chiamiamo* insalata russa! *Come vedete, l'appetito vien leggendo...*

7 Седьмой урок

Повторение - Ripasso

1 Pronuncia

Rivediamo le regole principali della pronuncia russa:
• Le consonanti sonore si assordano in fine di parola e davanti alle consonanti sorde. Confrontate le differenze relative alla pronuncia nelle seguenti coppie di parole con la stessa radice: **площадь** [pL**o**sshit'], *piazza*, ma **площади** [pL**o**sshidi], *piazze*; **чтоб** [sht**o**p], *affinché*, ma **чтобы** [sht**o**by], *affinché*; **всё** [fsj**o**], *tutto* (n.), ma **весь** [vjes'], *tutto* (m.).
• Le vocali atone hanno generalmente un suono ridotto rispetto alle vocali toniche e possono anche cambiare di qualità. Vediamo alcuni esempi con parole appartenenti alla stessa radice: **два часа** [dva čissa], *due ore*, ma **час** [čjas], *ora*; **тряхнуть** [triHnut'], *scuotere*, ma **тряс** [trjas], *(lui) scuoteva*.
• Non dimenticate le norme di incompatibilità ortografica: dopo le consonanti dure **ж** e **ш** non si scrive mai la **ы**, bensì la **и**, anche se quest'ultima si pronuncia come se fosse una **ы**: **пассажир** [passažyr], *passeggero*; **скажите** [skažytje], *dite, dica*; **машина** [mashyna], *auto, macchina*; **ошибаться** [ashybatsa], *sbagliarsi*… Ricordate inoltre la regola che i bambini russi imparano sin dalla prima elementare: **жи и ши пиши с буквой и!**, *Scrivi* **жи** *e* **ши** *con la lettera* **и**! E in generale, ricordate che dopo le consonanti **к, г, х, ш, щ, ж, ч** (dette "proibitive") non si possono mai scrivere (eccetto che per parole di origine straniera, come **жюри**, *giuria*) le vocali **я, ю, ы**, ma vanno scritte rispettivamente le vocali **а, у, и**.
• Il gruppo consonantico **чн** si può pronunciare [shn] oppure [čn]: **скучно** [skushna] o [skučna]. Tuttavia si pronuncia sempre [shn] in alcune parole come, per esempio, **конечно** [kanjeshna], *certo, naturalmente*. Tenete però presente che la pronuncia [shn] sta cedendo gradualmente il passo a [čn], anche in quelle parole in cui in precedenza il gruppo consonantico si pronunciava obbligatoriamente [shn].

2 Sostantivi

Come sapete, il russo ha tre generi (maschile, femminile e neutro). Ha anche i casi e questa è una delle difficoltà maggiori per gli stranieri. Per il momento limitiamoci a ripassare il caso più semplice, il <u>nominativo</u>:

Settima lezione 7

Maschile	I nomi maschili finiscono per: – consonante (maschili della declinazione dura, propriamente a desinenza zero): **термос**, *thermos*; **транспорт**, *trasporto*; **обед**, *pranzo*; – -**й** o -**ий** (maschili della declinazione molle): **трамвай**, *tram*; **пролетарий**, *proletario*; – vocale (nomi in -а o -я che indicano persone di sesso maschile): **папа**, *papà*; **дедушка**, *nonno*; **дядя**, *zio*.
Femminile	I nomi femminili finiscono per: – -**а** (femminili della declinazione dura): **палатка**, *tenda*; **шуба**, *pelliccia*; – -**я** o -**ия** (femminili della declinazione molle): **неделя**, *settimana*; **федерация**, *federazione*.
Neutro	I nomi neutri finiscono per: – -**о** (neutri della declinazione dura): **слово**, *parola*; – -**е** o -**ие** (neutri della declinazione molle): **море**, *mare*; **изменение**, *cambiamento*.

Attenzione: i nomi che finiscono per <u>segno molle</u> (-**ь**) possono essere maschili o femminili. Purtroppo non sempre se ne può stabilire a priori il genere e occorre dunque impararlo a memoria: **словарь** (m.), *dizionario*; **тетрадь** (f.), *quaderno*; **день** (m.), *giorno*. Tenete presente, però, che i nomi che finiscono per -**шь**, -**щь**, -**жь**, -**чь** e -**ость** sono tutti femminili, mentre quelli che finiscono in -**тель** e i nomi dei mesi sono tutti maschili: **новость** (f.), *novità*; **вещь** (f.), *cosa*; **апрель** (m.), *aprile*; **свидетель** (m.), *testimone*.

3 Aggettivi

Rinfreschiamoci le idee sugli aggettivi con qualche promemoria.

3.1 Gli aggettivi qualificativi

Anche gli aggettivi possono essere maschili, femminili o neutri. Si declinano e concordano nel genere, nel numero e nel caso con il nome cui si riferiscono: **невоспитанная девочка** (nominativo femminile singolare), *una ragazza maleducata*; **Я вижу невоспитанную девочку** (accusativo femminile singolare), *Vedo una ragazza maleducata*; **Она идёт к своей лучшей подруге**

сорок четыре • 44

(dativo femminile singolare), *Va dalla sua migliore amica*; **Вот лучшие сапоги в этом магазине** (nominativo plurale), *Ecco i migliori stivali di (in) questo negozio*.

Gli aggettivi possono avere due forme (lunga, in genere in funzione attributiva, o breve, in genere in funzione predicativa): **готовый суп**, *una zuppa pronta* / **Суп готов**, *La zuppa è pronta*; **милая девочка**, *una ragazza gentile* / **Как она мила!**, *Com'è gentile!*

Nelle prossime lezioni riparleremo della declinazione degli aggettivi, della loro forma breve o lunga e della loro concordanza rispetto ai nomi.

3.2 Gli aggettivi di appartenenza

Indicano l'appartenenza a una persona o a un animale e rispondono alla domanda **чей? (чья? чьё? чьи?)**, *di chi?* Quando l'aggettivo indica l'appartenenza a un nome proprio di persona (si tratta in genere della sua forma diminutiva) o a un nome di parentela (**бабушка, папа, мама**, ecc.), si forma con l'aiuto del suffisso **-ин** (se il nome proprio termina per vocale) o del suffisso **-ов** (se il nome termina per consonante) o **-ев** (se il nome termina per **-й**). Questi suffissi si aggiungono alla radice del nome del possessore e l'aggettivo che ne risulta concorda nel genere, nel numero e nel caso con il sostantivo cui si riferisce: **Саша**, *Saša* → **Сашин стол (чей?)**, *la tavola di Saša*; **Сашина мама (чья?)**, *la mamma di Saša*; **Сашино дело (чьё?)**, *l'affare di Saša*; **Сашины дети (чьи?)**, *i figli di Saša*; **Отец**, *il padre* → **отцов телевизор (чей?)**, *il televisore del padre*; **отцова семья (чья?)**, *la famiglia del padre*; **отцово слово (чьё?)**, *la parola del padre*; **отцовы друзья (чьи?)**, *gli amici del padre*; **Сергий**, *Sergio* (variante arcaica) → **Сергиев Посад**, *Villaggio San Sergio*.

Gli aggettivi di appartenenza seguono una declinazione dura di tipo misto, ovvero come aggettivi e/o sostantivi. Al nominativo hanno le stesse desinenze degli aggettivi di forma breve (v. lez. 14, § 2.2): **Танин** (m.), **Танина** (f.), **Танино** (n.), **Танины** (pl.); al genitivo e dativo sing. maschile e neutro si possono declinare sia come sostantivi sia come aggettivi: **у Танина брата** oppure **у Таниного брата**, *presso il fratello di Tanja*; l'accusativo sing. femminile si comporta, invece, come un sostantivo: **Мы видели Танину маму**, *Abbiamo visto la mamma di Tanja*. Per quanto riguarda le altre desinenze, per tutti i casi, per tutti i generi (m., f., n.) e per entrambi i numeri (sing. e pl.), esse coincidono con quelle correnti per gli aggettivi duri.

4 Aggettivi e pronomi dimostrativi

Come vi avevamo promesso (lez. 4, nota 7), torniamo sulla declinazione dell'aggettivo dimostrativo **этот**, *questo*. Ricordate che l'accento cade sempre sulla vocale э. L'accusativo maschile coincide con il nominativo quando si riferisce a un sostantivo inanimato. Se si riferisce invece a un sostantivo animato, la forma dell'accusativo coincide con quella del genitivo. L'accusativo neutro, invece, coincide sempre col nominativo.

	Maschile e neutro	Femminile	Plurale
N	этот, это	эта	эти
G	этого	этой	этих
D	этому	этой	этим
A	N o G	эту	N o G
S	этим	этой	этими
P	этом	этой	этих

5 Verbi

Dopo il verbo **являться**, *essere*, *rappresentare*, sempre, e dopo il verbo **быть**, *essere*, al passato, al futuro e all'infinito, il predicato nominale va al caso strumentale: **Он всегда был продавцом**, *Ha sempre fatto il commesso / venditore*. Con **быть**, tuttavia, il predicato nominale può andare al nominativo anche al passato, al futuro e all'infinito per indicare caratteristiche permanenti, mentre lo strumentale si usa in genere per indicare una caratteristica o una qualità transitoria: **Если ты будешь хорошим мальчиком, я подарю тебе велосипед**, *Se farai il bravo, ti regalerò una bici*. Il verbo **являться**, invece, regge il caso strumentale sempre, anche al presente: **Этот день является главным праздником в их стране**, *Questo giorno è la festa principale nel loro Paese*.

6 Preposizioni

• Come ricorderete, le preposizioni **в** e **на** reggono il caso accusativo se esprimono il complemento di moto a luogo (che risponde alla domanda **куда?**) e il caso prepositivo se esprimono il complemento di stato in luogo (che risponde alla domanda **где?**): **Дети идут в школу**, *I bambini vanno a scuola* (**Куда идут дети?**,

Dove vanno i bambini?); **Дети уже в школе**, *I bambini sono già a scuola* (**Где дети?** *Dove sono i bambini?*).

- La preposizione **для**, *per*, regge invece il caso genitivo: **Для тебя я могу сделать всё**, *Per te posso fare tutto*.
- Nelle espressioni di tempo determinato (**когда**, *quando*) si usa **на** con la parola **неделя**, *settimana*, che va declinata al caso prepositivo: **на прошлой / следующей неделе**, *la settimana scorsa / prossima*.

Con **год**, invece, si usa la preposizione **в** (il caso è sempre prepositivo): **в прошлом году**, *l'anno scorso*. Ricordatevi che **год** ha il prepositivo in **-у**.

- La preposizione **без**, *senza*, regge il genitivo: **Я ничего не понимаю без словаря**, *Non capisco niente senza il dizionario*.
- La preposizione **за** seguita dallo strumentale può significare *durante*: **за нашим разговором**, *durante la nostra conversazione*; **за ужином**, *durante la cena / a cena*.

Заключительный диалог - Dialogo di ripasso

1 – Ничего не понимаю: уже давно всё решено,
2 а ты ещё не заказал билеты…
3 Опять понадеялся на удачу?
4 – Я еду только на следующей неделе.
5 У меня осталось целых 8 дней, чтобы купить билеты на поезд.
6 Если не куплю, поеду на велосипеде!
7 – Всё шутишь! Так ты далеко не уедешь.
8 У меня гениальная идея: давай возьмём такси!
9 – Думаю, не стоит уточнять, что у меня нет денег?
10 – Ну перестань! Если тебе так хочется, поедем на автобусе,
11 но будем добираться шесть часов.
12 Слушай, а почему ты не хочешь ехать на машине?
13 – Я никак не могу найти ключи.
14 – Да… с тобой всегда что-нибудь происходит!
15 Думаю, стоит ещё поискать ключи от твоей машины.

• La preposizione **до** è seguita dal genitivo. In senso spaziale vuol dire *fino a*: **до города**, *fino alla città*; **до нас**, *fino a noi*; **до школы**, *fino a scuola*. In senso temporale vuol dire *prima di*: **до обеда**, *prima di pranzo*.

• La preposizione **на** seguita dal caso prepositivo si usa anche per dire su quale mezzo di trasporto si viaggia: **на такси**, *in taxi*; **на велосипеде**, *in bici*; **на автобусе**, *in autobus*.

• **с**, *con*, regge lo strumentale quando introduce un complemento di compagnia o unione: **С кем ты идёшь в цирк? – С родителями**, *Con chi vai al circo? – Con i [miei] genitori*; **чай с лимоном**, *tè col limone*.

Quando la parola seguente comincia con **с** seguita da altra consonante, si aggiunge una **о** dopo la preposizione **с** per facilitare la pronuncia: **со сметаной**, *con la panna acida*.

• Con la preposizione **по**, seguita da un trattino e da un pronome possessivo al dativo, si possono formare delle espressioni avverbiali: **По-моему, здесь жарко**, *Secondo me qui fa caldo*; **А как по-вашему?**, *E secondo Lei?*; **Он всё делает по-своему**, *Fa tutto a modo suo*.

Traduzione

1 Non [ci] capisco niente: tutto è già deciso da un pezzo, **2** ma tu non hai ancora ordinato i biglietti… **3** Speri ancora di farcela *(Di nuovo hai-sperato sulla fortuna)*? **4** Ci vado solo la prossima settimana. **5** Mi restano ben *(interi)* 8 giorni per comprare i biglietti del *(per)* treno. **6** Se non riuscirò a comprarli *(comprerò)*, andrò in bici! **7** Hai sempre voglia di scherzare *(Tutto scherzi)*! Così non andrai [troppo] lontano. **8** Ho un'idea geniale: prendiamo *(dai prenderemo)* un taxi! **9** Penso che sia inutile dire *(non vale-la-pena precisare)* che non ho soldi. **10** Lascia stare *(Smettila)*! Se proprio vuoi, prenderemo l'autobus, **11** ma ci metteremo sei ore per arrivare. **12** Senti, perché non ci andiamo *(non vuoi andare)* in macchina? **13** Non riesco a *(in-nessun-modo non posso)* trovare le chiavi. **14** Certo… Ti succede sempre qualcosa *(Sì, con te sempre qualcosa succede)*! **15** Credo che sia necessario *(vale-la-pena-di)* cercare ancora le chiavi della tua macchina.

Allora, come vi è sembrata la lezione di ripasso? Complicata? Forse bisognerà rivedere qualche argomento grammaticale importante, ma non è il caso di preoccuparsi: una lingua non si dimentica mai del tutto e le nozioni che avete già acquisito vi torneranno presto in mente, prima di quanto non pensiate.

8 Восьмой урок

Лень

1 — Мы уже целую неделю в круизе, расслабляемся, загораем, ничего не делаем,
2   а у тебя такой вид, будто ты чем-то недоволен.
3 — В том-то и дело, что на этом корабле совершенно нечем заняться.
4 — Как это нечем?
5   Хочешь ① – иди в сауну, а вот на верхней палубе джакузи…
6 — Что за ② идея, в такую погоду в сауну. Скажешь тоже!
7 — Не хочешь в сауну, иди в бассейн, там свежо.
8 — Там всегда так много народу ③.
9 — Тебе не угодишь!
10   А может, тебе сходить в спортзал ④?

Note

① Nello stile del parlato è possibile omettere la congiunzione **если**, *se*, cominciando la frase ipotetica direttamente col verbo (v. anche la frase 7).

② Tipica della lingua parlata, l'espressione **что за** o **что это за**, seguita stranamente dal nominativo, equivale a *cos'è* oppure *qual è, quale sarebbe, che genere / razza di...*: **Что это за книга такая важная?**, *Quale sarebbe questo libro così importante?*; **Спроси, что там за фильм сегодня**, *Chiedi che genere di film [danno] oggi*. Può esprimere anche irritazione: **Что за глупости?**, *Che [razza di] sciocchezze sono queste?*

Ottava lezione 8

Pigrizia

1 – Siamo in crociera già da una *(intera)* settimana, ci rilassiamo, ci abbronziamo, non facciamo niente,
2   ma tu hai un'aria, come dire, insoddisfatta *(e presso di-te tale aspetto, come-se tu di-qualche-cosa insoddisfatto)*.
3 – Ma è proprio questo il punto: *(In questo-appunto il fatto, che)* su questa nave non c'è assolutamente niente da fare *(di-che occuparsi)*.
4 – Come sarebbe a dire *(Come questo)*, niente?
5   [Se] vuoi puoi fare la sauna *(Vuoi – vai in sauna)*, e poi *(ecco)* sul ponte di coperta *(superiore)* c'è la jacuzzi...
6 – Che [razza di] idea, fare la *([andare] in)* sauna con questo tempo! Ma dai *(Dirai anche)*!
7 – [Se] non vuoi [andare] alla sauna, va' in piscina, [che] lì [fa] fresco.
8 – *(Là)* c'è sempre troppa *(così molto di-)*gente.
9 – Non sei mai contento *(A-te non accontenterai)*!
10   E se andassi *(E forse a-te andare)* in palestra?

▶ ③ Alcuni nomi come **народ**, *popolo, gente*, possono essere sia concreti sia astratti. Notate la differenza: **В мире много народов**, *Nel mondo ci sono molti popoli*, ma **Здесь много народа / народу**, *Qui c'è molta gente*. Nel secondo caso il termine è astratto, è impossibile enumerare le singole presenze, per cui useremo un genitivo singolare (v. lez. 3, nota 2). Notate, infine, che quando **народ** è posto al genitivo di quantità è preferibile la variante in **-у**: **много народу**, *molta gente*, ma **история народа**, *la storia del popolo*.

④ **спортзал** è la contrazione di due parole: **спортивный зал**, *palestra* (lett. "sportiva sala").

8 **11** Я заходила ⑤ туда, у них прекрасные тренажёры, тренер всегда к твоим услугам,
12 да и много групповых занятий: йога, степ, аэробика, стретчинг, фитнес…
13 – Да, сейчас всё брошу и пойду качаться!
14 Я у тебя прошу ⑥ развлечений, а ты хочешь, чтобы я трудился в поте ⑦ лица!
15 Нет уж, я лучше ещё спокойненько ⑧ посижу ⑨ в баре и почитаю свежую прессу.
16 Полезная интеллектуальная разминка, так сказать,

Note

⑤ **заходила** è il passato femminile singolare del verbo imperfettivo **заходить**, *fare un salto (a piedi)*, *passare (da qualcuno)*. È costruito sul verbo di moto non monodirezionale **ходить**, *andare a piedi, camminare* (che con un prefisso spaziale perde, però, il significato originario di "andare senza una direzione specifica", v. lez. 5, nota 10). Il prefisso **за-** esprime l'idea di una visita rapida o di moto strada facendo, la cui meta è altrove: **Я заходила к тебе вчера, но тебя не было**, *Ieri sono passata a trovarti, ma non c'eri*; **По дороге домой они зашли в бар**, *Mentre andavano a casa* (lett. "Sulla strada a casa") *hanno fatto un salto al bar*.

⑥ Ecco un altro esempio di alternanza consonantica dopo quello incontrato nella lezione 5, frase 15. Si tratta di un fenomeno molto importante che riguarda casi limitati e regolari. Di norma, se il verbo è della 1ª coniugazione, l'alternanza consonantica si estende a tutte e sei le persone verbali. Se il verbo è della 2ª coniugazione tale fenomeno riguarda, invece, solo la 1ª pers. sing. Nel verbo **просить** (della 2ª coniugazione), *chiedere, domandare per ottenere*, la **с** diventa **ш** solo alla 1ª pers. sing.: **я прошу**, *io chiedo*. Nelle altre forme la **с** non cambia: **ты просишь, он просит, мы просим, вы просите, они просят**. Invece, nel verbo **писать** (della 1ª coniugazione), la **с** diventa **ш** in tutte le persone.

⑦ Alcuni sostantivi hanno il prepositivo locativo in **-у** in senso concreto (es. **весь в поту**, *tutto sudato*, lett. "tutto nel sudore") e in **-е** in senso figurato (**трудиться в поте лица**, *ammazzarsi di fatica*). ▶

11 Ho fatto un salto *(là)*, hanno degli ottimi attrezzi sportivi, il trainer è sempre a tua disposizione *(ai tuoi servizi)*

12 e poi ci sono tanti corsi di gruppo: yoga, step, aerobica, stretching, fitness…

13 – Certo, [come no,] ora mollo tutto e vado *(getterò tutto e andrò)* a farmi i muscoli *(pomparmi)*!

14 Io ti chiedo come divertirmi *(dei-divertimenti)* e tu vuoi che io mi ammazzi di fatica *(che io fatichi nel sudore del-viso)*!

15 No, no, [grazie,] è meglio che me ne stia ancora un po' seduto *(siederò-un-po')* tranquillamente al bar a leggere *(e leggerò-un-po')* le ultime notizie *(la fresca stampa)*.

16 È, come dire, un utile esercizio di riscaldamento intellettuale,

▶ ⑧ **спокойн**еньк**о**, *tranquillamente*: abbiamo già incontrato questo suffisso per formare diminutivi sia di aggettivi sia di avverbi, molto diffuso nella lingua parlata (v. lez. 3, nota 13). Un altro esempio: **Не волнуйтесь, мы сейчас всё быстр**еньк**о (быстро) сделаем**, *Non preoccupatevi, faremo tutto in un attimo* (lett. "velocemente").

⑨ Come **просить**, che abbiamo appena visto, anche il verbo **посидеть** (della 2ª coniugazione), *(re)stare seduto per un po'*, presenta un'alternanza consonantica, con la **д** che diventa **ж** alla 1ª pers. sing.: **я посижу, ты посидишь, они посидят**.

8 **17** да и коктейли у них, надо признать ⑩, неплохие ⑪!

Note

⑩ Spesso un inciso può rivelarci il parere di chi parla su ciò che sta dicendo. Nella lingua scritta è separato dal resto della frase con una virgola: **У них, надо признать, хорошие дети**, *Bisogna riconoscerlo, hanno dei bravi figli*; **К сожалению, я не могу вам помочь**, *Purtroppo non La posso aiutare*.

Упражнение 1 – Читайте и переводите

❶ Я хожу в спортзал рядом с домом, там прекрасные тренажёры. ❷ Она трудится в поте лица, а он никогда ничего не делает. ❸ Надо признать, всё здесь хорошо, но детям совершенно нечем заняться. ❹ Он сидит в баре, пьёт коктейли, расслабляется, так сказать. ❺ Они всей семьёй уехали в круиз по Чёрному морю.

***

Упражнение 2 – Восстановите текст

❶ Non so dove andare: sauna o piscina? – In piscina, naturalmente *(Va')*: lì fa fresco.

Не знаю, ... : в . . . . . или в . . . . – Конечно иди в . . . . , ...

❷ Oggi il trainer è arrivato in ritardo al nostro corso, perciò abbiamo fatto gli esercizi di riscaldamento senza di lui.

Сегодня . . . . на наше . . . . , поэтому . . . . мы делали . . . .

❸ Non sei mai contento *(A-te non accontenterai)*! Qualunque cosa io faccia, hai sempre qualcosa da ridire *(tu sempre di-qualche-cosa insoddisfatto)*.

. . . . не . . . . ! Что . . . я не . . . . . . , ты всегда . . . .

17 e poi, va detto *(bisogna riconoscere)*, fanno dei cocktail [che non sono] niente male!

▸ ⑪ La particella negativa **не** (che in genere non va attaccata ai verbi) può comparire invece attaccata agli aggettivi, agli avverbi e ai participi. La regola comporta che la particella negativa vada scritta attaccata quando la parola che si ottiene può essere sostituita con un sinonimo privo di questa particella: **не**плохой, *discreto, mica male* (lett. "non cattivo") = хороший, *buono*; **не**высокий, *non alto* = низкий, *basso*. Approfondiremo l'argomento nella lezione 14.

Soluzione dell'esercizio 1

❶ Vado in una palestra vicino a casa, [hanno] *(là)* degli attrezzi sportivi eccellenti. ❷ Lei si ammazza di fatica *(fatica nel sudore del-viso)* mentre lui non fa mai niente. ❸ Bisogna ammettere [che] qui va tutto bene, ma i bambini non hanno assolutamente niente da fare *(di-che occuparsi)*. ❹ Lui se ne sta seduto al bar, beve cocktail e si rilassa, per così dire. ❺ Sono partiti in crociera sul *(lungo il)* Mar Nero con tutta la famiglia.

***

❹ Non vuoi fare *(occuparti-di)* yoga? – No, preferisco lo stretching.

Не хочешь .... ? – Нет, я ....

❺ A quest'ora in palestra c'è una marea *(così molto)* di gente, soprattutto ai corsi di fitness e di aerobica.

В это время в .... так ...., особенно на .... и ....

Soluzione dell'esercizio 2

❶ – куда сходить – сауну – бассейн – бассейн, там свежо ❷ – тренер опоздал – занятие – разминку – без него ❸ Тебе – угодишь – бы – сделал – чем-то недоволен ❹ – заняться йогой – предпочитаю стретчинг ❺ – спортзале – много народу – фитнесе – аэробике

9   Девятый урок

Авария

1 Женщина, совсем недавно сдавшая ① на права, прибегает ② домой в слезах.
2 – Что с тобой, дорогая? – тревожится муж.
3 – Любимый! Мне так жаль…
4 На твою новенькую ③ машину, которую ты мне одолжил ④, наехал ⑤ огромный грузовик.
5 У неё весь капот помят, крыша гармошкой и все стёкла ⑥ выбиты…

Note

① **сдавшая** è il participio passato attivo femminile del verbo perfettivo **сдать**, *passare, superare (un esame)*.

② Il verbo imperfettivo **прибегать**, *arrivare di corsa*, è formato dal verbo di moto non monodir. **бегать**, *correre* (che con un prefisso spaziale perde, però, questo significato originario: v. lez. 5, nota 10), e dal prefisso spaziale **при-**, che indica presenza nel luogo raggiunto o da raggiungere. Il verbo regge generalmente le preposizioni **в** o **на** seguite dall'accusativo (se si tratta di luogo fisico) o la preposizione **к** seguita dal dativo (se si tratta di persone): **Дети прибегают в школу**, *I bambini arrivano a scuola di corsa*; **Мальчик прибегает на урок**, *Il ragazzo arriva di corsa a lezione*; **Девочка прибегает к бабушке**, *La bambina arriva di corsa dalla nonna*.

③ Qui il suffisso diminutivo **-еньк** rafforza il senso dell'aggettivo di partenza **новый, -ая, -ое**, *nuovo*: **новенькую** si può pertanto tradurre con *nuova nuova* o *nuova di zecca*.

④ Il pronome relativo **который**, *che / il quale, la quale*, ecc., concorda nel genere e nel numero col sostantivo cui fa riferimento, ma va declinato al caso corrispondente alla propria funzione logica nella frase che introduce. Qui, per esempio, si riferisce a **машину**, che è un accusativo femminile singo- ▶

Nona lezione   9

Un incidente stradale

1   Una donna che ha appena preso la patente torna *(del-tutto recentemente avente-passato [l'esame] per la patente arriva)* a casa di corsa piangendo *(in lacrime)*.
2 – Cos'hai, cara? – domanda preoccupato *(si agita)* il marito.
3 – Tesoro *(amato)*! Come mi dispiace…
4   Un camion enorme è andato a sbattere contro l'auto nuova nuova che mi hai prestato.
5   Il cofano è tutto ammaccato, il tettuccio è accartocciato *(come-una-fisarmonica)* e tutti i vetri sono rotti…

▸ lare, ed è declinato anch'esso all'accusativo perché svolge la funzione di complemento oggetto in dipendenza del verbo transitivo nella frase in cui si trova (**которую ты мне одолжил**, *che mi hai prestato*).

⑤ Ricostruiamo l'ordine delle parole in questa frase: **огромный грузовик наехал на твою машину**, *un enorme camion è andato a sbattere contro la tua auto*. Il verbo perfettivo **наехать**, *andare a sbattere contro, urtare, investire (qualcuno)*, è composto dal verbo di moto monodirezionale **ехать**, *andare (con un mezzo)*, e dal prefisso spaziale **на-**, che indica un movimento "sopra" la superficie dell'oggetto. I verbi di moto con questo prefisso spaziale reggono la preposizione **на**, *sopra*, seguita dall'accusativo: **наехать на велосипед**, *urtare una bici*.

⑥ Al singolare, l'accento tonico del sostantivo neutro **стекло**, *vetro*, cade sulla sillaba finale in tutti i casi, mentre al plurale si sposta sempre sulla sillaba precedente a quella della desinenza. Altri sostantivi neutri presentano il fenomeno dell'accento mobile nel corso della declinazione, come vedremo nella lezione 14.

6 — Ну, главное, что с тобой всё в порядке, что ты осталась жива ⑦!
7 Вы оба ехали на большой скорости?
8 — К счастью, нет. Я ехала всего лишь со скоростью 60 километров в час ⑧.
9 — Уверен, что этот проклятый шоферюга ⑨ был пьян!
10 — Гм… даже не знаю…
11 — Как это не знаешь?
12 Вы что, не вызвали полицию и не составили протокол?
13 — Видишь ли ⑩, в грузовике никого не было…
14 Но он так неудачно был припаркован!

Note

⑦ **жива**, *viva, vivente*, è un aggettivo femminile singolare di forma breve. La forma lunga corrispondente è **живая** (che significa, però, *vivace, vispa*). Le altre forme brevi sono **жив** (maschile), **живо** (neutro), **живы** (plurale). Torneremo a occuparci delle forme brevi degli aggettivi nella lezione 14.

⑧ **60 километров в час**: quest'espressione viene in genere abbreviata in **60 км/ч**, il limite di velocità previsto in Russia nei centri abitati.

⑨ Il suffisso peggiorativo **-юга** appartiene alla lingua parlata colloquiale. Esprime disprezzo o disapprovazione morale e spesso rafforza il senso di una parola che può avere già un significato di per sé negativo: **шофёр**, *autista* → **шоферюга**, *autista da strapazzo / della domenica*; **вор**, *ladro* → **ворюга**, *ladro matricolato*.

⑩ Di norma **ли** è una particella interrogativa che si usa frequentemente nel discorso indiretto e corrisponde in italiano alla particella interrogativa *se*: **Они спросили у меня, видел ли я этот фильм**, *Mi hanno chiesto se ho già visto questo*

6 – Beh, l'importante è che tu stia bene e sia ancora viva *(con te tutto in ordine, che tu sei-rimasta viva)*!

7 Andavate tutti e due *(entrambi)* molto veloci *(a grande velocità)*?

8 – Per fortuna no. Andavo solo a *(con una-velocità di-)* 60 km all'ora.

9 – [Sono] sicuro che quel maledetto autista da strapazzo era ubriaco!

10 – Hmm… Non lo so *(persino non so)*…

11 – Come sarebbe a dire *(Come questo)*, non [lo] sai?

12 Ma *(Voi che-cosa,)* non avete chiamato la polizia né compilato il CID *(redatto il verbale)*?

13 – [Ecco], vedi, sul camion non c'era nessuno…

14 Però era parcheggiato così male *(così infelicemente era parcheggiato)*!

▶ *film*. Nella frase 13 del dialogo e negli esempi di seguito riportati, tuttavia, non introduce un'interrogativa indiretta, ma ha una funzione enfatica e in genere non si traduce: **Видите ли, у меня нет часов**, *Vede, non ho l'orologio*; **Видел ли ты Таню?**, *Hai visto Tanja?*

9   **Упражнение 1 – Читайте и переводите**

❶ Проклятый шоферюга! Своим огромным грузовиком он наехал на мою маленькую машину. ❷ Когда мы увидели аварию, мы сразу вызвали полицию и составили протокол. ❸ Твоя машина так неудачно припаркована. – Это не моя машина! ❹ Не тревожься, я буду ехать на маленькой скорости. – Хотелось бы верить. ❺ Я недавно сдал на права, но уже очень неплохо вожу машину.

***

Упражнение 2 – Восстановите текст

❶ Sua sorella mi ha prestato la sua macchina nuova di zecca. – Ma hai già preso *(dato [l'esame] per)* la patente?
Его .... мне .... машину. – А ты уже .... на ..... ?

❷ Ha chiamato la polizia? – Sì, quell'auto nera è parcheggiata davanti a casa nostra *(ecco)* già da una settimana...
Полицию .... ? – Да, ... машина .... перед .... вот уже ....

❸ Che ti è successo *(Che-cosa con te)*? – Contro la mia bici è andato a sbattere un grosso camion e ora [la bici] è tutta accartocciata *(come-una-fisarmonica)*.
Что с ..... ? – На мой велосипед ...... огромный ...., и ...... он весь ....

❹ Perché la tua auto ha il cofano ammaccato e i vetri rotti? – Cosa dici? È nuova di zecca...
Почему у твоей машины .... и .... ? – Что ты говоришь? Она ...... новая...

Soluzione dell'esercizio 1

❶ [Quel] maledetto autista da strapazzo! Con il suo grosso *(enorme)* camion è andato a sbattere contro la mia piccola auto. ❷ Quando abbiamo visto l'incidente abbiamo chiamato subito la polizia e compilato il CID. ❸ La tua auto è parcheggiata proprio male *(così infelicemente)*. – Non è la mia auto! ❹ Non preoccuparti, andrò piano *(a piccola velocità)*. – Vorrei crederlo. ❺ Ho appena preso *(dato [l'esame] per)* la patente, ma guido già molto bene *(già molto non-male porto la macchina)*.

***

❺ Andavamo a 60 km all'ora e il camion *(che veniva)* dietro di noi [andava] ancora più piano.

Мы ехали со .... 60 .... в ...,
а ...., который ехал .. нами, ещё
....

Soluzione dell'esercizio 2

❶ – сестра одолжила – свою новенькую – сдал – права ❷ – вызывали – эта чёрная – припаркована – нашим домом – неделю ❸ – тобой – наехал – грузовик – теперь – гармошкой ❹ – помят капот – выбиты стёкла – совсем – ❺ – скоростью – километров – час – грузовик – за – медленнее

> *Nelle note e nelle lezioni di ripasso classifichiamo le parole in base alla declinazione: si tratta di un metodo necessario per aiutarvi ad acquisire la padronanza della lingua russa. Se avete tempo, preparate delle piccole schede con i casi e le desinenze che incontrate di volta in volta: così, senza neanche accorgervene, una volta terminato questo manuale vi sarete costruiti un pratico schema delle declinazioni russe. Una buona idea, vero?*

10 Десятый урок

Особенности национального юмора

1 — Русские обожают юмор.
2   Зачастую ① они смеются ② над тем ③, что им небезразлично:
3   существует невероятное количество шуток ④ о них самих,
4   о любимых героях фильмов или исторических персонажах.
5   В течение долгих лет люди лишь ⑤ в шутках могли высказать своё мнение о Партии и социалистическом устройстве общества.
6   Отсюда и великое множество шуток про государственное устройство и видных политиков.

Note

① Probabilmente vi sarete accorti che l'avverbio **зачастую**, *spesso*, deriva dall'aggettivo **частый**, tramite l'aggiunta della preposizione **за** (scritta attaccata) alla forma dell'accusativo femminile dell'aggettivo. Ci sono altri avverbi che si formano allo stesso modo, anche se la preposizione (scritta sempre attaccata) cambia: **ручная кладь**, *bagaglio a mano*; **делать вручную**, *fare (qualcosa) a mano, manualmente*.

② **смеются** è la 3ª persona plurale del verbo imperfettivo di 1ª coniugazione **смеяться**, *ridere*. Notate che l'accento cade sulla desinenza in tutte le voci del presente, per cui si ha **ё** anziché **e**: **смеёшься, смеётся, смеёмся, смеётесь**.

③ La preposizione **над**, *al di sopra di*, regge lo strumentale (**тем** è infatti lo strumentale di **то**). Quando è seguita da una parola che comincia per i gruppi consonantici **мн-** e **вс-**, a questa preposizione si aggiunge la vocale **o**: **надо мной**, *sopra di me*. ▸

Decima lezione 10

Caratteristiche dello humour russo *(nazionale)*

1 — I russi adorano l'umorismo.
2 Spesso ridono di *(al-di-sopra-di)* ciò che li riguarda *(a-loro [è] non-indifferente)*:
3 esiste [infatti] una quantità incredibile di barzellette su di loro *(stessi)*,
4 sui [loro] protagonisti preferiti *(amati eroi)* dei film o [su] personaggi storici.
5 Per *(Nel corso di-)*lunghi anni la gente ha potuto esprimere solo nelle barzellette quello che pensava del *(la propria opinione sul)* Partito o dell'ordinamento socialista dello Stato *(struttura socialista della società)*.
6 Per questo c'è *(Da qui [consegue])* anche una grande quantità di barzellette sull'ordinamento statale e [su] politici famosi *(in-vista)*.

▶ ④ Vediamo ora il fenomeno delle vocali mobili, ossia vocali che compaiono o scompaiono in base al caso grammaticale al quale è declinata una parola. Tipico è il caso di quelle parole la cui radice finisce per due consonanti: in **шутка**, per esempio, la vocale mobile compare al genitivo plurale (**шуток**), perché altrimenti il sostantivo finirebbe per **-тк** (per via della cosiddetta desinenza zero) e sarebbe difficile da pronunciare. La vocale mobile è invece assente negli altri casi di questa parola in cui non si presenta questo problema di pronuncia (**шутка, шутки, шутке, шуткам, шутках**, ecc.) Ne riparleremo nella lezione 14.

⑤ La particella **лишь**, *solo, soltanto*, ha lo stesso significato di **только**, ma si usa un po' più raramente. Osservate gli esempi: **Лишь ты можешь мне помочь!**, *Solo tu puoi aiutarmi!*; **У нас осталось лишь пять рублей**, *Ci sono rimasti solo cinque rubli*; **Лишь там он будет счастлив**, *Solo là sarà felice*.

10   **7**   Русские часто смеются над собой, но обычно обижаются, если это делает кто-то другой.

8   Рассказать вам анекдот? Да пожалуйста ⑥!

9 – Человеку на голову упал с крыши кирпич.

10 Он потирает шишку на темени ⑦, а вокруг него уже собралась толпа.

11 – Безобразие ⑧! До чего страну довели: кирпичи с крыш падают.

12 Уже людям и по улице страшно ходить!

13 Кто-то, наклонившись над пострадавшим ⑨, узнаёт его:

14 – О, так это же депутат областной Думы…

15 Все в один голос:

Note

⑥ **Да пожалуйста!** Quest'espressione ha diversi significati a seconda del contesto in cui si trova: *Ma certo!*, *Prego!*, *Si figuri!*, *Non c'è problema!* Come vedete, non sempre **да** si traduce.

⑦ **темени** è il prepositivo di **темя** (lett. "sincipite"). Il termine indica la parte più alta della testa ed è uno dei pochissimi sostantivi di genere neutro che finisce in -**мя** e si declina secondo il modello di **время**, *tempo*.

⑧ **Безобразие**, *schifo*, *porcheria*, *scandalo*, può avere anche altri significati nel parlato: **Что за безобразие!**, **Какое безобразие!**, *Che vergogna!*, *Che schifo!*, *Disgustoso!* Il termine, al pari di **мнение**, *parere*, *opinione* (frase 5), appartiene ▶

7 I russi ridono spesso di *(al-di-sopra-di)* se stessi, ma di solito si offendono se *(questo)* lo fa qualcun altro.

8 [Volete che] vi racconti *(Raccontare a-voi)* una barzelletta? Non c'è problema *(Sì per-favore)*!

9 – Un uomo viene colpito alla testa da una tegola *(A-un-uomo sulla testa è-caduto dal tetto un-mattone)*

10 [e] si tasta *(si-sfrega-un-po')* il bernoccolo sulla cucuzza *(sul sincipite)* mentre intorno a lui si è già radunata una folla.

11 – È uno scandalo *(Schifo)*! Dove andremo a finire *(Fino-a che-cosa il paese hanno-condotto)*: cascano [anche] le tegole dai tetti!

12 Ormai la gente ha persino paura di uscire di casa *(Già alla-gente e per strada [è] terribile camminare)*!

13 Qualcuno si china sulla *(essendosi-chinato al-di-sopra-della)* vittima [e] la riconosce:

14 – Ehi, ma è il deputato della Duma regionale...

15 [Allora] tutti [gridano] all'unisono *(in una voce)*:

▸ al gruppo dei nomi neutri in **-ие** (che hanno la particolarità di avere il genitivo plurale in **-ий** e il prepositivo singolare in **-ии**): Сколько людей, столько и мнений, *Ognuno ha la sua opinione* (lett. "Quanto di persone, tanto di opinioni"); **О каком безобразии вы говорите?**, *Di quale scandalo parla?*

⑨ I participi presentano alcune caratteristiche tipiche dei verbi e altre comuni agli aggettivi: come questi ultimi, infatti, non si coniugano, ma si declinano. In compenso sono sempre formati a partire da un verbo e si riferiscono a un sostantivo, con il quale concordano in genere, numero e caso. Possono, però, essi stessi fungere da sostantivi: **пострадавшим**, per esempio, è il participio passato perfettivo attivo (allo strumentale) di **пострадать**, *soffrire, patire*, qui usato nel significato di *vittima*.

16 – Ну надо же! Сколько депутатов развелось ⑩!

17 Уже и кирпичу из-за ⑪ них негде ⑫ упасть…

Note

⑩ **Сколько депутатов развелось**: il verbo è coniugato al passato neutro singolare perché concorda con l'avverbio (che si considera di genere neutro) **сколько**, *quanto*, nonostante il termine **депутат**, *deputato*, qui sia declinato al plurale. Un altro esempio: **Сколько человек пришло к нам сегодня?**, *Quante persone sono venute da noi oggi?* Notate che **человек** è qui un genitivo plurale a desinenza zero e non un nominativo singolare. Notate, inoltre, che **сколько людей** nell'esempio della nota 8 significa *quante persone* come quantità indeterminata, mentre **сколько человек** significa *quante persone* riferendosi a una quantità determinata.

⑪ La preposizione composta **из-за**, *a causa di, per via di*, regge il genitivo e indica una causa impediente esterna.

⑫ L'avverbio negativo di stato in luogo **негде**, *non c'è / non avere un posto dove*, reca l'accento sulla particella negativa **не-** e precede un verbo posto fisso all'infinito, mentre il soggetto logico della frase va al dativo: **Детям негде полежать**, *I bambini non hanno un posto dove stare sdraiati*.

***

Упражнение 1 – Читайте и переводите

❶ Ты умеешь кататься на лыжах? – Вообще да, но я часто падаю… ❷ Откуда у тебя шишка на голове? – Ну надо же! Я даже не знаю. ❸ Безобразие! Он ехал на огромной скорости совершенно пьяным. ❹ Не смейтесь надо мной, мне это неприятно. – Да пожалуйста! ❺ Мы переводили текст про видных политиков России и её государственное устройство.

16 – Ma tu guarda! Questi deputati sono dappertutto *(Quanto di-deputati si-è-moltiplicato)*!
17 Ormai persino una tegola non ha più un posto dove cadere *(Già e al-mattone a-causa di-loro non-c'è-posto-dove cadere)*...

***

Soluzione dell'esercizio 1

❶ Sai sciare? – Fondamentalmente *(In-generale)* sì, ma cado spesso... ❷ Come ti sei fatto *(Da dove hai)* [quel] bernoccolo sulla testa? – Ma tu guarda! Nemmeno io lo so. ❸ [È una] vergogna! Andava a tutta *(enorme)* velocità [ed era] completamente ubriaco. ❹ Non rida di me, mi dà fastidio *(a-me questo [è] spiacevole)*. – Si figuri! ❺ Abbiamo tradotto un testo sui politici famosi *(in-vista)* della Russia e sul suo ordinamento statale.

10 Упражнение 2 – Восстановите текст

❶ È caduta una tegola sulla testa di sua *(di-lui)* sorella. – Da dove? – Dal tetto. – [È] scandaloso!

... сестре на ...... упал .... – ......? – С ...... – ....!

❷ Per favore, [ci] racconti una barzelletta! Lei ne conosce moltissime *(conosce una-grande moltitudine di barzellette)*.

.........., пожалуйста, ...! Вы ведь ...... великое ....

❸ Ma quanti ratti ci sono *(si-è moltiplicato)* in questa città! Ormai si ha persino paura di uscire di casa *(per strada [è] terribile camminare)*.

Сколько .... в этом ......! Уже и .. улицам .... ходить.

La Federazione Russa è organizzata in modo piuttosto complesso: è suddivisa in 85 "soggetti federali", ossia 22 **автономные республики**, *repubbliche autonome (ivi compresa la recente annessione della Crimea), 9* **края**, *territori, 46* **области**, *regioni; inoltre comprende tre* **города федерального значения**, *città d'importanza federale (***Москва, Санкт-Петербург** *e* **Севастополь**); *4* **автономные округа**, *distretti autonomi, e una* **автономная область**, *regione autonoma. Il russo è la lingua ufficiale di tutto il Paese, ma le repubbliche autonome hanno anche il diritto di introdurre come ufficiale la lingua locale.* **Федеральное собрание**, *l'Assemblea federale, o Parlamento russo, è l'organo*

❹ All'inizio pensava di non conoscere quella persona, ma chinandosi sulla *(chinatosi al-di-sopra-della)* vittima ha riconosciuto il proprio vicino [di casa].

.... она думала, что не знает этого
........, но .... над ...., она
...... своего ....

❺ Noi adoriamo l'umorismo. – Anche noi, ma di solito la gente si offende a causa delle vostre barzellette.

Мы .... – Мы тоже, но ....
ваших ..... люди ....

Soluzione dell'esercizio 2

❶ Его – голову – кирпич – Откуда – крыши – Безобразие
❷ Расскажите – анекдот – знаете – множество анекдотов
❸ – крыс развелось – городе – по – страшно – ❹ Сначала – человека – наклонившись – пострадавшим – узнала – соседа
❺ – обожаем юмор – обычно из-за – шуток – обижаются

rappresentativo e legislativo ed è composto da due Camere: **Совет Федерации**, *il Consiglio federale e* **Государственная Дума**, *la Duma di Stato. Il Consiglio federale è costituito da due rappresentanti per ciascun soggetto federale, mentre la Duma è composta da 450 deputati eletti. Il Presidente della Federazione Russa è il capo dello Stato e nomina il* **Председатель Правительства**, *il Presidente del Governo, con l'approvazione della Duma. Il presidente del Governo propone a sua volta le candidature dei suoi vicepresidenti e dei ministri federali. Le sedi del Governo russo e del Presidente si trovano a Mosca e si chiamano rispettivamente* **Белый дом**, *Casa Bianca e* **Кремль**, *Cremlino.*

11 Одиннадцатый урок

Смекалка

1 Вместо того, чтобы готовиться к экзамену по зоологии, студенты прогуляли ① целую неделю.
2 Из всех экзаменационных билетов хорошо выучили ② только один – про ③ блох.
3 Первый студент вытягивает билет: семейство кошачьих.
4 – Кошачьи – средние и крупные по величине животные ④,
5 представители ⑤ семейства млекопитающих, отряда хищных.

Osservazioni sulla pronuncia
6 шерсть *[shers't']*, **шерсти** *[shers'ti]*: qui, per l'influsso della **т** molle, si ammollisce anche la **с** (schiacciandola dunque contro il palato), come se fosse seguita a sua volta dal segno molle **ь**.

Note

① Il verbo perfettivo **прогулять** è un derivato del verbo imperfettivo **гулять**, *passeggiare*, ma anche *fare baldoria, divertirsi*. Il prefisso di quantità **про-** indica che l'azione dura per un determinato periodo di tempo (soggettivamente molto) ed è sempre accompagnato dal complemento di tempo continuato (accusativo semplice): **прогулять целую неделю**, *far baldoria tutta la settimana* (lett. "un'intera settimana"). **Прогулять** mantiene dunque il senso di **гулять**, ma presenta una sfumatura aggiuntiva particolare che insiste sulla durata e sulla continuità dei festeggiamenti in questione. **Прогулять** nell'uso colloquiale significa anche *saltare* una lezione o *marinare* la scuola.

② Altra frase, altro prefisso verbale: **вы-** può esprimere la compiu-

Undicesima lezione 11

Prontezza d'ingegno

1 Invece di prepararsi all'esame di *(per)* zoologia, gli studenti hanno fatto baldoria tutta la settimana.
2 Di tutti i biglietti [con le domande] d'esame ne hanno studiato bene solo uno: le pulci *(sulle pulci)*.
3 Il primo studente estrae un biglietto: la famiglia dei felidi.
4 – I felidi sono animali di taglia media e grande *(medi e grossi per grandezza animali)*,
5 appartenenti alla classe *(rappresentanti della famiglia)* dei mammiferi e all'ordine dei carnivori *(predatori)*.

▸ tezza di un'azione. **Они выучили урок**, *Hanno imparato la lezione*; **Он выкурил сигарету**, *Ha fumato [tutta] la sigaretta*.

③ La preposizione **про**, *su, di*, introduce il complemento d'argomento e regge l'accusativo: **Никому про меня не рассказывай!**, *Non parlare di me a nessuno!*; **Про что эта книга?**, *Di che parla questo libro* (lett. "Su cosa è questo libro")? È tipica del parlato in alternativa a **о / об** + prepositivo.

④ Molti aggettivi russi si usano anche come sostantivi: **животные**, *animali* (frase 4); **млекопитающие**, *mammiferi* (fr. 5); **хищные**, *carnivori, predatori, rapaci* (fr. 5); **кошачьи**, *felidi* (fr. 3, 4 e 6) sono infatti degli aggettivi e come tali vanno declinati, anche quando sono impiegati come nomi indicanti un gruppo di animali con le stesse caratteristiche. Confrontate gli esempi: **животный** (agg.) **инстинкт**, *istinto animale* / **животное** (sost.), *un animale*; **хищные** (agg.) **глаза**, *occhi rapaci* / **хищные** (sost.), *i carnivori*.

⑤ **Представители** è il plurale del nome maschile in segno molle **представитель**, *rappresentante*: **народные представители**, *i rappresentanti del popolo*.

семьдесят • 70

6 У них есть шерсть ⑥, а в шерсти у кошачьих водятся блохи…
7 И давай рассказывать про блох, после чего ⑦ получает пятёрку ⑧.
8 Второму студенту достаётся ⑨ вопрос про окуня.
9 – Окунь ⑩ – это род рыб семейства окуневых,
10 живущий ⑪, как правило, на небольшой глубине, в местах с тихим течением.
11 У окуня есть плавники, жабры, хвост и чешуя…
12 А вот если бы вместо ⑫ чешуи у него была шерсть,
13 то в ней обязательно завелись бы блохи,
14 а блохи – это…

Note

⑥ **шерсть**, *pelame, pelo*, ma anche *lana*. È un nome femminile in segno molle.

⑦ **чего** è il genitivo (caso retto dalla preposizione **после**) di **что**, *che, (che) cosa*. Il pronome interrogativo **что?** si declina allo stesso modo: **Чего тебе не хватает?**, *Cos'è che ti manca* (lett. "Di cosa a te non basta")? Troverete la declinazione completa di **что** nella lezione 14.

⑧ **пятёрка** è un *cinque*, il voto più alto nelle scuole russe. Si dice **получить пятёрку** o **получить пять**, che in italiano potremmo tradurre *prendere un dieci* o *un trenta*, secondo i casi.

⑨ **достаётся** è il presente del verbo imperfettivo **доставаться**, *toccare (a qualcuno), ricevere (dopo un sorteggio o una distribuzione)*. La coniugazione di **доставать(ся)** è la stessa di molti verbi con l'infisso **-ва-** preceduto da **да-, зна-, ста-**, come **вставать**, *alzarsi*; **сдавать**, *consegnare*; **продавать**, *vendere*, ecc. Anche questo gruppo di verbi sarà uno degli argomenti della lez. 14.

6 Hanno il pelo e nel pelo dei felidi ci sono *(si-riscontrano)* le pulci…

7 E [così] lo studente si mette a parlare *(dai raccontare)* delle pulci [e] alla fine *(dopo diche)* prende un trenta *(ottiene cinque)*.

8 Al secondo studente tocca una domanda sul pesce persico.

9 – Il persico è un pesce *(un genere di-pesci)* [appartenente] alla famiglia dei percidi

10 che vive di norma in acque poco profonde e calme *(vivente, come regola, in non-grande profondità, in posti con tranquilla corrente)*.

11 Il persico ha le pinne, le branchie, la coda e le scaglie *(una-scaglia)*…

12 Ma *(Ed ecco)* se invece delle scaglie avesse il pelo,

13 allora avrebbe *(in esso apparirebbero)* senz'altro le pulci,

14 e le pulci sono…

▶ ⑩ **окунь**, *(pesce) persico*, è un nome maschile in segno molle.

⑪ I participi possono essere presenti o passati, attivi o passivi: **живущий** è il participio presente attivo di **жить**, *vivere*, e si forma a partire dal tema della 3ª persona plurale del presente (**живут**, *vivono*: il tema si ottiene togliendo la desinenza **-ут** dalla voce verbale: **живут - -ут = жив-**); si aggiungono quindi il suffisso **-ущ-** e, nel nostro caso, la desinenza **-ий** dell'aggettivo maschile (non si può usare **-ый** perché, come sapete, dopo la consonante **щ** non si può scrivere la **ы**, v. lez. 7, § 1), visto che **живущий** si riferisce al nome maschile **окунь**, *(pesce) persico*.

⑫ La preposizione **вместо**, *invece di*, *al posto di*, regge il genitivo: **Идите к ним вместо нас**, *Andate a trovarlo al posto nostro* (**нас** = genitivo di **мы**, *noi*); **Вместо яблок они купили винограда**, *Invece delle mele hanno comprato dell'uva* (**яблок** = genitivo plurale di **яблоко**, *mela*).

семьдесят два • 72

11 **Упражнение 1 – Читайте и переводите**

❶ Ему достался вопрос про Партию и социалистическое устройство общества. ❷ Какая красивая шерсть у твоей собаки! – Да, но у неё блохи… ❸ Вместо того, чтобы помогать, ты нам мешаешь! – Понял, я ухожу. ❹ Ты всё выучила? – Из всех билетов я хорошо знаю только один. ❺ Народ, живущий в этой стране, страшно беден. – Да, но эти люди всё равно счастливы.

Упражнение 2 – Восстановите текст

❶ Hai saltato tre lezioni e ora sei preoccupato per l'esame *(sei-in-ansia a-causa dell'esame)*. Dovevi pensarci prima *(Prima occorreva pensare)*!
Ты ……… три ……, а теперь переживаешь ………… …… надо было ……!

❷ Se al posto mio qui ci fosse mio padre, Lei non avrebbe mai detto queste cose *(parole)*!
Если бы ………… здесь … мой …., вы ……. не сказали бы ………!

❸ I pesci hanno le pinne, le branchie, la coda e le scaglie, ma non hanno i peli né *(e)* le pulci.
У … есть ………, жабры, ….. и ……, но нет …… и …..

❹ Che domanda ti hanno fatto *(ti è-toccata)* all'esame? – [Una] molto facile: la *(sulla)* famiglia dei felidi.
Какой …… тебе ……… на экзамене? – Очень ……: про ……… кошачьих.

Soluzione dell'esercizio 1

❶ Gli è toccata una domanda sul Partito e sull'ordinamento socialista dello Stato *(società)*. ❷ Che bel pelo [che] ha il tuo cane! – Sì, ma ha le pulci… ❸ Invece di aiutarci, tu ci disturbi! – Ho capito, me ne vado. ❹ Hai imparato tutto? – Di tutti [gli argomenti de]i biglietti ne so bene solo uno. ❺ La gente *(il popolo)* che vive in questo Paese è terribilmente povera. – Sì, ma è felice lo stesso *(queste persone [sono] tutto ugualmente felici)*.

❺ In questa regione, nei fiumi con acque calme e poco profondi *(con tranquilla corrente e su non-grande profondità)* si trova del pesce piccolo, ma molto gustoso.

В этом районе в ..... с тихим .... и на небольшой .... маленькая, но очень ....

Soluzione dell'esercizio 2

❶ – прогулял – урока – из-за экзамена – Раньше – думать ❷ – вместо меня – был – отец – никогда – этих слов ❸ – рыб – плавники – хвост – чешуя – шерсти – блох ❹ – вопрос – достался – лёгкий – семейство – ❺ – реках – течением – глубине водится – вкусная рыба

12 Двенадцатый урок

Моль

1 Отец ① семейства возвращается с работы, заходит в прихожую ②,
2 разувается, раздевается, вешает своё пальто на вешалку ③.
3 Он целует ④ жену, готовящую ужин, дочку, играющую ⑤ в детской,
4 обувает ⑥ домашние тапочки и переодевается в трико* и футболку.

* Qui sarebbe più corretto usare il termine **треники**, abbreviazione per **тренировочные штаны**, *calzoni della tuta*.

Note

① Ecco, dopo quello incontrato nella lezione 10 (frase 3 e nota 4), un altro sostantivo in cui compare una vocale mobile (per gli stessi motivi già esposti): in questo caso si tratta della **e**, che troviamo al nominativo singolare e sparisce in tutti gli altri casi: **отец**, *padre*, ma **отца, отцу, отцов, отцами**.

② In questa frase e nella frase 3 abbiamo due aggettivi sostantivati; ne avevamo già visti alcuni nella scorsa lezione (nota 4) indicanti gruppi di animali con caratteristiche comuni. È il caso anche di molte parole indicanti stanze o locali: **прихожая**, *ingresso, atrio*; **столовая**, *mensa, sala da pranzo* e **детская**, *stanza dei bambini, cameretta*.

③ **вешалка**, *appendiabiti, attaccapanni* (ma anche *gruccia*) qui è declinato all'accusativo perché l'azione implica un movimento (l'uomo mette infatti il cappotto sull'attaccapanni): **на вешалку**. Se il cappotto si trovasse già sull'attaccapanni, diremmo allora che è **на вешалке** (prepositivo), perché si tratta di un complemento di stato in luogo.

④ **целовать**, *baciare*, è un verbo imperfettivo in **-овать**. Tutti i verbi di questo tipo sono della 1ª coniugazione e perdono ▸

Dodicesima lezione 12

Le tarme *(Una-tarma)*

1 Un padre di famiglia torna dal lavoro, entra in casa *(nell'ingresso)*,
2 si toglie le scarpe e i vestiti *(si-spoglia)* [e] appende il *(suo)* cappotto all'attaccapanni.
3 Bacia la moglie che sta preparando la cena e la figlia che gioca nella sua cameretta *(figlioletta giocante nella stanza-dei-bambini)*,
4 si mette *(calza)* le pantofole *(da-casa scarpette)* e indossa i *(si cambia in)* calzoni della tuta e una maglietta sportiva.

▶ l'infisso -ова-, che viene sostituito con -у-, nel caso della coniugazione del presente o del futuro perfettivo (**целую, целует, целуют**), ma lo mantengono al passato: per esempio, **он целовал**, *baciava*.

⑤ **готовящую** e **играющую** sono dei participi presenti attivi, che, come abbiamo visto nella lezione 11 (nota 11), si formano a partire dal tema della 3ª persona plurale del presente (**готовят**, *cucinano*; **играют**, *giocano*; per ottenere il tema dobbiamo togliere le desinenze, per cui avremo rispettivamente **готовят - -ят = готов-** e **играют - -ют = игра-**), seguito dal suffisso **-ющ- / -ущ-** (per i verbi della 1ª coniugazione) o **-ащ- / -ящ-** (per i verbi della 2ª coniugazione) a seconda della vocale originaria della desinenza. Quindi si fanno seguire da desinenze aggettivali (modello **хороший**) al caso richiesto.

⑥ I verbi imperfettivi **обувать** (frase 4) e **разуваться** (frase 2) si somigliano anche se il primo significa l'esatto contrario dell'altro. Entrambi possono essere riflessivi oppure no: **Я обуваю сына, а потом обуваюсь сама**, *Metto le scarpe a [mio] figlio e poi me le metto io*; **Разувайся! Или ты хочешь, чтобы я тебя разувал?**, *Togliti le scarpe!* (lett. "Scalzati!") *O vuoi che te le tolga io?*

5 Затем он усаживается в кресло, чтобы полистать сегодняшнюю ⑦ газету.

6 Вдруг мимо с жутким душераздирающим воплем проносится ⑧ жена и бросается к шкафу.

7 Следом за женой идёт их пятилетняя дочь.

8 Ошарашенный отец спрашивает у растерянной ⑨ дочери ⑩:

9 – Что случилось? Почему мама в таком состоянии?

10 – Не знаю. Я показала ей, какую замечательную коллекцию бабочек ⑪ я собрала.

11 – Каких бабочек?

12 – Таких маленьких-маленьких. Мама спросила, где я их взяла.

Note

⑦ Il suffisso **-шн-** è tipico di alcuni aggettivi di relazione che indicano una caratteristica relativa a un momento temporale o a un luogo particolare: **сегодня**, *oggi* → **сегодняшний журнал**, *rivista di oggi*; **дом**, *casa* → **домашняя еда**, *cibo fatto in casa*; **завтра**, *domani* → **завтрашнее совещание**, *riunione di domani*. Si noti che questi aggettivi seguono la declinazione molle.

⑧ Il verbo imperfettivo **проноситься**, *sfrecciare, passare di corsa*, è formato dal prefisso spaziale **про-** che in combinazione con un verbo di moto può indicare il passaggio accanto a una persona o a un oggetto. Con questo significato tutti i verbi di moto col suffisso **про-** sono seguiti dalla preposizione **мимо**, *accanto, davanti*: **Пройду мимо него**, *Passerò accanto / davanti a lui*; **Часто проносился мимо дома**, *Spesso passava a tutta velocità accanto / davanti alla casa*.

5	Poi si accomoda in poltrona per sfogliare il giornale *(odierno giornale)*.
6	D'un tratto la moglie gli sfreccia accanto con un urlo straziante *(con un-terrificante anima-lacerante urlo)* e si precipita verso l'armadio.
7	Subito dopo accorre anche la figlia di cinque anni *(Dietro la moglie va la loro cinquenne figlia)*.
8	Sbalordito, il padre domanda alla figlia sconcertata:
9 –	Cos'è successo? Perché la mamma è in questo *(tale)* stato?
10 –	Non lo so. Le ho fatto vedere quant'è bella la mia collezione di farfalle *(quale straordinaria collezione di-farfalle io ho-raccolto)*.
11 –	Quali farfalle?
12 –	Quelle *(Tali)* piccole piccole. La mamma mi ha chiesto dove le ho prese

---

▶ ⑨ **ошарашенный**, *stupefatto*, *sbalordito*, e **растерянной**, *smarrita*, *sconcertata*, (al caso genitivo) sono due participi passati passivi perfettivi. Questo tipo di participi si forma a partire dal tema del passato. I verbi in **-ить** formano in genere il participio passato passivo con il suffisso **-енн-**, con caduta della vocale **-и-** che precede **-ть** (**ошараш-ить** → **ошараш-ил** → **ошараш-** + **-енн-** + la desinenza aggettivale dura). Di norma i verbi in **-ать / -ять** formano invece questo participio con il suffisso **-нн-**, con mantenimento della vocale **-а- / -я-** che precede **-ть** (**растеря-ть** → **растеря-л** → **растеря-** + **-нн-** + la desinenza aggettivale dura).

⑩ **дочери** è il genitivo singolare di **дочь**, *figlia*, che presenta una declinazione irregolare sul modello di **мать**, *madre* → **матери**.

⑪ Dopo le consonanti **ж, ч, ш**, l'eventuale vocale mobile è una **е** se è atona (v. anche lez. 10, nota 4 per la vocale mobile **о**): **ло́жка**, *cucchiaio* → **ло́жек**; **де́вочка**, *bambina* → **де́вочек**; **ба́бушка**, *nonna* → **ба́бушек**.

А я сказала, что в шкафу, куда она повесила ⑫ шубу, их полным-полно ⑬...

Note

⑫ **вешать** (frase 2) e **повесить** (frase 13) significano entrambi *appendere*, ma il primo è imperfettivo e il secondo perfettivo. I verbi imperfettivi hanno tre tempi: il presente (**вешаю**), il passato (**вешал**) e il futuro composto (**буду вешать**); i verbi perfettivi ne hanno solo due, vale a dire il passato (**повесил**) e il futuro semplice (**повешу**). Le coppie aspettuali tra le più numerose sono quelle in cui l'aspetto perfettivo si ricava dall'imperfettivo tramite prefissazione (**писать** + **на-** → **написать**, *scrivere*; **читать** + **про-** → **прочитать**, *leggere*). Ci sono però altre possibilità di formazione delle coppie aspettuali, per cui vi consigliamo di memorizzare l'aspetto di ogni verbo che di volta in volta incontrate. Col tempo imparerete a distinguere automaticamente gli imperfettivi dai perfettivi; per vostra comodità, nel lessico riportato in appendice, per ogni infinito verbale registrato abbiamo indicato il suo correlato di coppia aspettuale.

Упражнение 1 – Читайте и переводите

❶ Почему твоя жена в таком состоянии? – Она не может найти свою шубу. ❷ Усаживайся в кресло, будем смотреть телевизор. – Я лучше полистаю какой-нибудь журнал. ❸ У них пятилетний сын и дочь. – А дочери сколько лет? – Не могу точно сказать. ❹ Заходи, раздевайся, будь, как дома. Пальто вешай вот сюда, в шкаф. ❺ Какая замечательная коллекция! Где вы взяли таких красивых бабочек?

13   e io [le] ho detto che [erano] nell'armadio dove ha messo *(appeso)* la pelliccia: *(ne)* è pieno zeppo…

▶ ⑬ Alcune parole composte della lingua russa, usate tanto nella lingua letteraria quanto in quella parlata, sono caratterizzate dalla ripetizione di una stessa parola, come in questo caso, e dalla presenza del trattino: **маленький-маленький**, *piccolo piccolo*; **чуть-чуть**, *un pochino, appena appena*. Questa ripetizione serve (come in italiano, del resto) a intensificarne il significato. Osservate la differenza tra **В шкафу полно рубашек**, *L'armadio è pieno di camicie* e **В шкафу полным-полно рубашек**, *L'armadio è pieno zeppo di camicie*.

Soluzione dell'esercizio 1

❶ Perché tua moglie è in questo stato? – Non riesce a trovare la sua pelliccia. ❷ Accomodati in poltrona, guardiamo *(guarderemo)* la televisione. – Preferisco sfogliare *(Io meglio sfoglierò-un-po')* una *(qualche)* rivista. ❸ Hanno un figlio di cinque anni e una figlia. – E la figlia quanti anni ha? – Non te lo so dire di preciso *(Non posso precisamente dire)*. ❹ Entra, spogliati e fai come se fossi a casa tua *(sii come a-casa)*. Appendi il cappotto *(ecco)* qui, nell'armadio. ❺ Che splendida collezione! Dove ha preso delle farfalle così belle?

12   Упражнение 2 – Восстановите текст

① A che ora torni dal lavoro? – Oggi è probabile *(piuttosto)* [che torni] tardi: ho un sacco *(moltissimo)* di lavoro.
Во сколько ты .... с ......? – ...... скорее всего ......: у меня очень много ....

② Per favore, non mi seguire, mi dai *(agisci)* sui nervi.
Пожалуйста, не ...... мной ......, ты .... мне ....

③ Per favore, appendimi la giacca alla gruccia. – E dove la trovo *(dove prendere)* una gruccia? – L'armadio *(ne)* è pieno zeppo.
......, пожалуйста, мой ...... на .... – А ... взять ....? – В ..... их полным-.....

I guardaroba dei russi sono tanti almeno quante le stagioni. Quello estivo somiglia al nostro e a quello degli europei in generale, mentre il guardaroba autunnale non è tanto diverso da quello primaverile, in quanto entrambi prevedono dei giubbotti e dei cappotti di mezza stagione (**демисезонное пальто** – *scomponete l'aggettivo e noterete una certa somiglianza con l'espressione francese da cui deriva, ovvero "demi-saison"), scarpe chiuse e maglioni leggeri. In compenso il guardaroba invernale è molto più consistente, come si può ben immaginare. Cappotti e giacconi sono foderati di* **мех**, *pelliccia, o di* **искусственный мех**, *pelliccia ecologica (lett.*

❹ Queste sono le tue pantofole? Che carine… – No, queste sono le pantofole di mia figlia.
Это твои ……? …… милые… – …, … …… ……. …….

❺ Chi preparerà la cena? – Io, naturalmente. Tu intanto *(in questo tempo)* riordina la *(riordinerai nella)* stanza dei bambini.
Кто будет …………? – ……… А ты в это ……. …….. в …….

Soluzione dell'esercizio 2

❶ – возвращаешься – работы – Сегодня – поздно – работы ❷ – ходи за – следом – действуешь – на нервы ❸ Повесь – пиджак – вешалку – где – вешалку – шкафу – полно ❹ – тапочки – Какие – Нет, это тапочки моей дочери ❺ – готовить ужин – Я конечно – время будешь убирать – детской

"pelliccia artificiale"), e sono spesso accompagnati da cappucci, berretti belli spessi o colbacchi, anch'essi sovente di pelo. La pelliccia è infatti onnipresente: a volte ce l'hanno anche gli stivali o gli stivaletti con i tacchi a spillo, per chi vuol essere civettuola anche a 30° sotto zero e con strade e marciapiedi che sembrano una pista di pattinaggio… In qualunque stagione i russi, quando rincasano, si tolgono le scarpe prima di entrare per non sporcare di polvere o di terra i numerosi tappeti che ricoprono il pavimento. Tutto cambia a seconda della stagione: d'inverno anche i guanti sottili cedono il posto a manopole molto calde!

13 Тринадцатый урок

Настоящий друг

1. Двое ① друзей сидят на берегу ② пруда и рыбачат.
2. Внезапно появляется рыбинспектор.
3. Один из сидящих ③ вскакивает и бросается прочь.
4. Рыбинспектор бежит ④ за убегающим человеком.
5. Погоня продолжается более получаса ⑤.
6. Они бегут через лес, пересекая ⑥ лужайки и овраги.

Osservazioni sulla pronuncia

2, 4, 10 рыбинспе́ктор [ryb-ynspjektar]: si tratta di una parola composta e la **б**, nonostante la presenza della **и** (che in teoria dovrebbe ammollirla), si pronuncia dura come se fosse seguita da una **ы**. Ciò si verifica di norma nell'incontro fra una consonante finale di parola di per sé dura con una parola che inizia per **и** molle: **в Италии**, *in Italia* [v-ytalii].

Note

① **Двое**, *due*, è un aggettivo numerale collettivo, un po' diverso dal numerale cardinale **два**, *due*. Dopo **два** si usa il genitivo singolare, mentre dopo **двое** ci vuole il genitivo plurale: **два мальчика**, *due ragazzi*; **двое мальчиков**, *due ragazzi*, per esempio. Non trovate alcuna differenza tra le due espressioni? In italiano in effetti non c'è, ma per sapere quale scegliere, consultate la lezione 14. Per ora limitatevi a sapere che **двое** si declina come un aggettivo plurale di declinazione molle.

② Il nome maschile **берег**, *riva*, ha il prepositivo in **-у**: **на берегу**, *sulla riva, sulla sponda*. Ci sono altri sostantivi che condividono questa caratteristica: **в лесу**, *nel bosco*; **в саду**, *nel giardino*; **в** ▶

Tredicesima lezione 13

Un vero amico

1 Due amici seduti *(siedono)* sulla riva di uno stagno stanno pescando *(e pescano)*.
2 All'improvviso appare il guardapesca.
3 Uno dei due *(dei seduti)* balza in piedi e scappa a gambe levate *(si-lancia via)*.
4 Il guardapesca corre dietro al fuggitivo *(corrente-via uomo)*
5 [e] l'inseguimento dura più di mezzora.
6 Corrono per *(attraverso)* il bosco, attraversando radure e [superando] fossati.

▸ **шкафу**, *nell'armadio*; **в аэропорту**, *all'aeroporto*; **на мосту**, *sul ponte*; **на носу**, *sul naso*; **на полу**, *per terra, sul pavimento*. Questa particolare desinenza del prepositivo è sempre tonica e si usa, però, solo con **в** e **на** (funzione locativa) e non con altre preposizioni: **мечтать о лесе**, *sognare il bosco*, per esempio (qui è complemento di argomento).

③ **один из**, *uno di / dei / delle* (ecc.) è seguito dal genitivo plurale, caso al quale è declinato il participio presente **сидящих**.

④ Il verbo di moto monodir. imperf. **бежать**, *correre*, presenta l'alternanza **ж / г** alla 1ª pers. sing. e alla 3ª pl.: **бегу, бежишь, бегут**. Si noti, inoltre, l'anomalia della desinenza della 3ª pers. plur.: pur essendo un verbo della 2ª coniugaz., fa **-ут** come se fosse della 1ª.

⑤ Nelle parole composte, **пол-** (abbreviazione di **половина**, *metà*) assume la forma **полу-** nei casi obliqui: **Через полчаса** (acc.) **приедет мой муж**, *Mio marito arriverà fra mezzora*; **Давно он ушёл? – Около получаса** (gen.) **назад**, *È da tanto che è partito? – Circa mezzora fa.*

⑥ **пересекая** e **переводя** (frase 9) sono dei gerundi presenti imperfettivi: descrivono azioni simultanee rispetto a quella indicata dal verbo della frase principale. Per saperne di più vi basterà fare riferimento alla lezione 14.

восемьдесят четыре • 84

7   Наконец представитель закона настигает преследуемого ⑦:
8 – Ага! Попался! А ну-ка ⑧ предъявите вашу лицензию на рыбную ловлю.
9   Переводя дух, мужчина спокойно протягивает ему документ.
10 Внимательно изучив ⑨ бумагу, рыбинспектор в недоумении разводит руками ⑩:
11 – Лицензия в полном порядке…
12 Зачем же вы от меня убегали ⑪?
13 – Понимаете, я рыбачил с моим лучшим другом,
14 так вот у него лицензии как раз и нет… □

8 Il segno duro s'incontra piuttosto raramente nelle parole russe: questo è uno di quei pochi casi in cui lo troviamo. Pronunciate bene il termine **предъяви́те**, come se fosse diviso in due parti: *[prid-yivitje]*. Di norma si trova nelle parole composte da un prefisso (qui **пред-**) che finisce per consonante dura e una parola che comincia con le vocali molli **е, я**. Indica che la consonante che lo precede non va in alcun modo pronunciata molle.

Note

⑦ **преследуемого** è il genitivo singolare di **преследуемый**, *fuggitivo* (lett. "che viene inseguito"). Questa parola è formalmente un participio presente passivo, ma qui funge da sostantivo perché manca un nome cui fare riferimento, come nel caso di **пострадавшим**, *vittima*, v. lez. 10, nota 9. Ne riparleremo nella lezione 14.

⑧ Le particelle **-ка, -то, -либо, -нибудь** si attaccano ad altre parole mediante un trattino. Anziché dire **Ну-ка предъявите…**, *Favorisca un po'…* potremmo anche dire **Предъявите-ка…**. Questa particella (v. lez. 6, nota 9) si usa con l'imperativo per rendere più gentile l'ordine impartito da ▸

7	Alla fine il tutore dell'ordine *(rappresentante della-legge)* raggiunge il fuggitivo *(l'inseguito)*:	13
8 –	Aha! Preso! Forza, favorisca un po' *(E su esibite)* la *(vostra)* licenza di pesca.	
9	Riprendendo fiato, l'uomo gli porge *(tende)* tranquillamente il documento.	
10	Dopo averlo esaminato *(avendo-studiato la carta)* attentamente, il guardapesca allarga perplesso le braccia *(in perplessità separa con-le-braccia)*:	
11 –	La licenza è in regola *(in pieno ordine)*…	
12	Ma perché è scappato *(voi da me siete-corso-via)*?	
13 –	Vede *(Comprendete)*, stavo pescando con il mio migliore amico,	
14	ma è lui che non ha la licenza *(così ecco presso di-lui di-licenza appunto e non-c'è)*…	

▸ chi parla: **Давайте-ка мы пойдём туда вместе!**, *E se ci andassimo insieme?*; **Сделай-ка сначала то, о чём я тебя попросила**, *Prima fa' un po' quello che ti ho chiesto, Potresti fare prima quello che ti ho chiesto?*

⑨ **изучив** è un gerundio passato perfettivo che indica che l'azione è avvenuta prima rispetto a quella del verbo della frase principale. Tutti questi participi e gerundi vi confondono? Niente paura, torneremo più avanti su questo tipo di gerundio: per il momento limitatevi a prenderne atto.

⑩ Oltre al senso letterale *(allargare le braccia)*, **разводить руками** significa anche *stupirsi, restare perplesso*.

⑪ **убегали**, **бежит** (fr. 4), **убегающим** (fr. 4) e **бегут** (fr. 6) presentano tutti la stessa radice (**бег**, *corsa*). Poiché la morfologia delle parole può cambiare sensibilmente nel corso della declinazione o della coniugazione (alternanza consonantica), cercate sempre di individuare e riconoscere la radice delle parole che vi sembrano nuove per ricavarne almeno un significato approssimativo.

13

Упражнение 1 – Читайте и переводите

❶ У вас есть лицензия на рыбную ловлю? – Конечно, она в полном порядке. ❷ Пересекая лужайки и овраги, они бежали через лес к морю. ❸ Что ты разводишь руками? Не надо было убегать от полицейского. ❹ Ты вчера рыбачил? – Да, теперь всю неделю будем есть рыбу. ❺ Видишь этих людей на берегу реки? Один из сидящих – мой муж.

Упражнение 2 – Восстановите текст

❶ L'inseguimento è durato quasi due ore e il fuggitivo *(l'inseguito)* ha cominciato a rallentare *(correre più-lentamente)*.

.... почти ......, и .... начал ....

❷ Quando eravamo piccoli *(bambini)*, ci piaceva *(amavamo)* pescare sulla riva del mare con mio fratello.

Когда мы были ......, мы любили .... на берегу .... с моим ....

❸ Dopo essermi avvicinato a *(chinato al-di-sopra-di)* quelli che erano seduti, ho riconosciuto in uno di loro il fratello di mia moglie.

.... сидящими, я ..... в ..... из них ..... моей ..... .

❹ Aha! Preso! Perché stavi scappando *(da me stavi-correndo-via)*? – *(Da voi)* non stavo scappando, stavo solo camminando di fretta *(io semplicemente velocemente andavo)*...

Ага! .... ! Зачем ты ....? – Я .. .., я просто быстро ......

Soluzione dell'esercizio 1

❶ Ha la licenza di pesca? – Certo, è in *(piena)* regola. ❷ Attraversando radure e [superando] fossati, hanno corso per *(attraverso)* il bosco in direzione del *(verso il)* mare. ❸ Perché ti stupisci *(separi con-le-braccia)*? Non c'era bisogno di scappare dal poliziotto. ❹ Ieri sei stato a pesca *(hai-pescato)*? – Sì, ora mangeremo pesce tutta la settimana. ❺ Vedi quella gente sulla riva del fiume? Uno di [quelli] seduti è mio marito.

❺ Dopo aver esaminato *(avendo-esaminato)* attentamente il documento *(la carta)*, ha capito che la licenza che l'uomo gli aveva porto *(tendeva)* era in regola.

.... бумагу, он ....., что
........, ... протягивал ему ...., ...
в ....

Soluzione dell'esercizio 2

❶ Погоня продолжалась – два часа – преследуемый – бежать медленнее ❷ – детьми – рыбачить – моря – братом ❸ Наклонившись над – узнал – одном – брата – жены ❹ – Попался – от меня убегал – от вас не убегал – шёл ❺ Внимательно изучив – понял – лицензия, которую – мужчина, была – порядке

14 Четырнадцатый урок

Повторение - Ripasso

1 Sostantivi

1.1 La vocale mobile

La cosiddetta vocale mobile compare e scompare all'interno della desinenza di alcune parole nel caso della loro declinazione: si tratta di fatto di una vocale (**o**, **e** / **ё** oppure **и**) che s'inserisce tra due consonanti (o che sostituisce il segno molle **ь** e la **й** seguiti in genere da consonante) al caso nominativo singolare dei sostantivi maschili o al genitivo plurale dei neutri e dei femminili per facilitare la pronuncia. Molti sostantivi che presentano questo fenomeno terminano con un suffisso caratteristico: per esempio, i maschili in **-ец**, **-ел** / **-ёл**, e in molti casi quelli in **-ок** (con importanti eccezioni come **урок**), i femminili in **-ка** e i neutri in **-ко**. Esaminiamo più da vicino questo fenomeno, suddividendone la casistica in tre categorie:

• **Vocale mobile al genitivo plurale (o, e)**
È il tipico caso, ad esempio, dei sostantivi femminili in **-ка**, come **перчатка**, *guanto*, per i quali la vocale mobile è la **o**:

Caso	Singolare	Plurale
N	перчатка	перчатки
G	перчатки	перчаток
D	перчатке	перчаткам
A	перчатку	перчатки
P	перчатке	перчатках
S	перчаткой	перчатками

Questa vocale può essere, però, anche una **e** (che sostituisce il segno molle **ь** o la **й**) e riguarda tutti e tre i generi, come in: **друзья** (m.), *amici* → **друзей**; **письмо** (n.), *lettera* → **писем**; **копейка** (f.), *copeco* → **копеек**. Attenzione: la vocale mobile **e** riguarda anche i sostantivi femminili in **-ка** preceduta da **ш**: **девушка**, *ragazza* → **девушек**.

Quattordicesima lezione 14

• **Vocale mobile al nominativo singolare (e)**
Si tratta di sostantivi maschili per i quali la vocale mobile **e** compare solo al nom. sing.:

Caso	Singolare	Plurale
N	от**е**ц	отцы
G	отца	отцов
D	отцу	отцам
A	отца	отцов
P	отце	отцах
S	отцом	отцами

Appartengono a questa categoria i sostantivi maschili tipicamente in **-ец**, **-ел / -ёл**, nonché i sostantivi in **-ень**, come ad esempio **день**, *giorno*. Questi ultimi seguono però una declinazione di tipo molle.

• **Alternanza й / и**
Si tratta di un caso particolare di vocale mobile, che in realtà sostituisce la semivocale **й** (solo al gen. pl.), come avviene in **яйцо**, *uovo*:

Caso	Singolare	Plurale
N	яйцо	яйца
G	яйца	я**и**ц
D	яйцу	яйцам
A	яйцо	яйца
P	яйце	яйцах
S	яйцом	яйцами

1.2 L'accento tonico nei sostantivi neutri

Nella lezione 9 abbiamo incontrato il sostantivo neutro **стекло**, *vetro*, che reca l'accento tonico sulla desinenza al singolare e, invece, sulla radice al plurale, il che comporta la trasformazione di **e** in **ё** (lettera di per sé sempre tonica).

Caso	Singulare	Plurale
N	стекло́	стёкла
G	стекла́	стёкол
D	стеклу́	стёклам
A	стекло́	стёкла
P	стекле́	стёклах
S	стекло́м	стёклами

Nomi neutri come **окно**, *finestra*; **письмо**, *lettera*; **число**, *numero*; **ведро**, *secchio* seguono lo stesso schema di accentazione (**ведро** presenta anche l'alternanza **e** / **ё** al plurale). Attenti, però, alle vocali mobili: al genitivo plurale abbiamo infatti rispettivamente: ок**о**н, пис**е**м, чис**е**л e вёд**е**р.

2 Aggettivi

2.1 Aggettivi numerali collettivi

I numerali collettivi (che si declinano come gli aggettivi deboli al plurale: **двое, двоих, двоим**, ecc.) sono limitati ai concetti numerici di 2 (**двое**), 3 (**трое**), 4 (**четверо**), 5 (**пятеро**), 6 (**шестеро**), 7 (**семеро**), 8 (**восьмеро**). Si usano in alternativa (e preferibilmente) al posto dei corrispettivi cardinali nei casi seguenti:

– con i nomi maschili che indicano gruppi omogenei di persone: **Он разговаривал с двоими студентами**, *Conversava con due studenti*;

– con i nomi che indicano gruppi di persone di sesso maschile o misto come **люди**: **Двое людей сидели у стола**, *Due persone erano sedute al tavolo*;

– con i nomi che indicano bambini, figli o cuccioli di animali: **У них двое детей / трое котят**, *Hanno due figli / tre gattini*;

– con i nomi che indicano oggetti o parti del corpo in coppia: **Одни руки хорошо, а двое** – **лучше!**, *Un paio di braccia va bene, ma due vanno meglio!* (**рук** è sottinteso);

– con i pronomi personali: **Ты был один? – Нет, нас было двое**, *Eri da solo? – No, eravamo in due*;

– con i nomi che hanno solo il plurale (in questo caso il loro uso è obbligatorio): **Она купила часы и брюки**, *Ha comprato un orologio e un paio di calzoni*, ma **Она купила двое часов и двое брюк**, *Ha comprato due orologi e due paia di calzoni*.

Ricordate che dopo qualsiasi numerale collettivo (ivi compresi **двое**, **трое**, **четверо**) si usa il genitivo plurale, mentre i corrispettivi numerali cardinali **два**, **три**, **четыре** reggono il genitivo singolare: **двое сынов**ей, *due figli*, ma **два сын**а.

I collettivi non possono far parte di numeri composti; in tal caso vengono sostituiti da un numerale cardinale seguito dal sostantivo concordato secondo le norme consuete: **Нас было двадцать два человека** (gen. sing.), *Eravamo in ventidue, Eravamo ventidue persone*; **В этом классе тридцать пять ребят** (gen. pl.), *In questa classe ci sono trentacinque bambini*.

2.2 Aggettivi di forma breve

Generalmente, per ottenere la forma breve di un aggettivo qualificativo, occorre:
– togliere la desinenza dell'aggettivo (le ultime due lettere);
– a questo punto avremo la forma breve maschile già pronta;
– per ottenere la forma breve al femminile singolare, dobbiamo aggiungere la desinenza **-а** (o **-я** se l'aggettivo è di declinazione molle);
– per ottenere la forma breve al neutro singolare, aggiungeremo la desinenza **-о** (o **-е** se l'aggettivo è di declinazione molle);
– per ottenere il plurale di tutti i generi, aggiungeremo la desinenza **-ы** (o **-и** per la declinazione molle): **любим**ый, *amato* → **любим, любим**а, **любим**о, **любим**ы.

Spesso la forma maschile singolare presenta una vocale mobile per facilitare la pronuncia, secondo le norme già viste per i sostantivi: **споко**й**ный**, *tranquillo* → **споко**е**н, споко**й**на, споко**й**но, споко**й**ны**.

Naturalmente, in caso di incompatibilità ortografica, le desinenze possono presentarsi miste (dura e molle): **свеж**ий, *fresco* → **свеж, свеж**а, **свеж**о, **свеж**и. Le forme brevi sono utilizzate specie in funzione predicativa: **свежая роза**, *una rosa fresca* (attributo), ma **роза свежа**, *la rosa è fresca* (predicato).

3 Pronomi

3.1 Il pronome relativo *который, -ая, -ое, -ые*

Ed eccoci al pronome relativo russo **который, -ая, -ое, -ые**, che corrisponde al nostro pronome *che* (*il quale, la quale*, ecc.) e che si declina come un aggettivo con desinenze di tipo duro. Esso concorda nel genere e nel numero col nome cui si riferisce, ma si declina al caso corrispondente alla funzione logica che svolge nella frase in cui compare:

– **Вот велосипед, на котором ты ездил к папе**, *Ecco la bici con cui sei andato da papà*; **ездить на** regge il prepositivo, per cui **который** verrà declinato a tale caso e, dal momento che si riferisce al sostantivo masch. sing. **велосипед**, dovrà andare al prep. masch. sing. (**котор**о**м**);

– **Машина, которую ты мне одолжил, припаркована во дворе**, *L'auto che mi hai prestato è parcheggiata in cortile*; il verbo transitivo **одолжил** regge l'accusativo e il nome cui si riferisce **которая** è **машина** (femm. sing.), dunque avremo **котор**у**ю**, vale a dire l'acc. femm. sing. di **которая**.

3.2 Declinazione dei pronomi interrogativi

Come ben sapete, anche i pronomi interrogativi si declinano; eccovi dunque la declinazione completa di **кто**, *chi*, e di **что**, *cosa, che cosa*, che sono quelli più frequenti:

N	кто	что
G	кого	чего
D	кому	чему
A	кого	что
S	кем	чем
P	ком	чём

Il verbo che introducono si coniuga alla 3ª persona singolare maschile dopo **кто** e alla 3ª persona singolare neutra dopo **что**: **Кто пришёл?**, *Chi è venuto?*; **Что случилось?**, *Cos'è successo?*

4 Verbi

4.1 Verbi con gli infissi *-ва-* e *-ова-*

• I verbi con l'infisso -ва- (preceduto da ста-, зна-, да-), come до**ва**ться, *toccare (a qualcuno), ricevere (dopo un sorteggio o una distribuzione)*; в**ва**ть, *alzarsi*; с**ва**ть, *sostenere (un esame)*; про**ва**ть, *vendere*; у**ва**ть, *riconoscere*, ecc. nel corso della coniugazione (1ª coniugazione con desinenza tonica) perdono tale infisso e la **e** tonica diventa **ё**: до**ю**сь, до**ёшь**ся, до**ют**ся. In compenso, l'infisso si conserva al passato: до**ва**лся, до**ва**лась, до**ва**лись.

• Anche i verbi con l'infisso **-ова-**, come **целовать**, *baciare*; **завидовать**, *invidiare*; **паниковать**, *allarmarsi*; **пробовать**, *provare*, ecc. nel corso della coniugazione (1ª coniugazione) perdono l'infisso **-ова-**, sostituito con una **-у-** (**целую, целует, целуют**), ma lo mantengono al passato: **целовал, целовала, целовали**.

4.2 Participi

Un participio è una forma verbale che presenta caratteristiche proprie sia dei verbi (possono essere imperfettivi o perfettivi, attivi o passivi, transitivi o intransitivi, ecc.) sia degli aggettivi (hanno il genere, il numero, il caso e seguono la declinazione aggettivale, ecc.); i participi passivi perfettivi, inoltre, hanno anche la forma breve (in funzione predicativa).

• Il participio presente attivo
Si forma a partire dal tema della 3ª persona plurale del presente dei verbi imperfettivi (ovvero togliendo a questa voce verbale la desinenza del presente), aggiungendo i suffissi **-ущ-, -ющ-** (per i verbi della 1ª coniugazione) e **-ащ-, -ящ-** (per i verbi della 2ª) e le desinenze aggettivali molli (attenzione ai casi di incompatibilità ortografica) a seconda del caso grammaticale richiesto: **идти**, *andare* (*a piedi*), *camminare*: **ид-ут → идущий** *andante, che va*; **делать**, *fare*: **дела-ют → делающий** *facente, che fa*; **потреблять**, *usare, consumare*: **потребля-ют → потребляющий**; **давать**, *dare*: **да-ют → дающий**; **жаловаться**, *lamentarsi*: **жалу-ются → жалующийся**; **говорить**, *parlare*: **говор-ят → говорящий**; **держать**, *tenere*: **держ-ат → держащий**.

• Il participio presente passivo
Si forma a partire dalla 1ª persona plurale del presente, cui va aggiunta direttamente la desinenza aggettivale della declinazione dura: l'esempio della lezione 13, nota 7 (**преследуемый**, *fuggitivo, che viene inseguito*) si ottiene da **преследуем**, 1ª persona plurale di **преследовать**, seguita dalla desinenza **-ый**; così il participio presente passivo di **любить**, *amare*, si otterrà prendendo la 1ª persona plurale del presente, **любим**, e aggiungendo la desinenza **-ый**: **любимый**, *(che è) amato*, o anche *preferito*, usato come aggettivo.

• Il participio passato passivo
È uno dei modi verbali più articolati: si forma a partire dal tema del

passato dei verbi (in genere solo di quelli perfettivi), al quale si aggiungono -**нн**- o -**енн**- / -**ённ**- (variante tonica di -**енн**-) e, in alcuni casi che vedremo successivamente (v. lez. 21, § 3.2), -**т**- (es. **открыл** → **откры**т**ый**). Come sapete, di norma i verbi in -**ать** / -**ять** formano il participio passato passivo col suffisso -**нн**- (con mantenimento della vocale -**а**- / -**я**- che precede -**ть**) seguito dalle desinenze aggettivali della declinazione dura. Es. **прочитал**, *ho letto*: **прочита**- + -**нн**- → **прочита**нн**ый**, *letto*; **написал**, *ho scritto*: **написа**- + -**нн**- → **написа**нн**ый**, *scritto*; **растерял**, *ho smarrito*: **растеря**- + -**нн**- → **растеря**нн**ый**, *smarrito*. I verbi in -**ить** e -**еть** formano invece il participio passato passivo col suffisso -**енн**- / -**ённ**- (con caduta della vocale -**и**- / -**е**- che precede -**ть**), seguito anch'esso dalle desinenze aggettivali della declinazione dura: **ошарашил**, *ho sbalordito*: **ошараш**- + -**енн**- → **ошараш**енн**ый**, *sbalordito*; **решил**, *ho deciso*: **реш**- + -**ённ**- → **реш**ённ**ый**, *deciso*; **посмотрел**, *ho guardato*: **посмотр**- + -**енн**- → **посмотр**енн**ый**, *guardato*.

Che dite? Un po' complicato? Non temete: i participi si usano solo nella lingua scritta… Vedremo più avanti la formazione del participio passato attivo, che fortunatamente è molto più semplice.

4.3 Gerundi

I gerundi hanno una forma invariabile e indicano solitamente contemporaneità o anteriorità rispetto al verbo della frase principale: nel primo caso si tratta di gerundi presenti (ovvero imperfettivi), nel secondo di gerundi passati (ovvero perfettivi). Vediamo per il momento il gerundio presente, che si forma esclusivamente con i verbi imperfettivi.

• **Formazione del gerundio presente**
Il gerundio presente si ottiene a partire dal tema della 3ª persona plurale del presente del verbo (imperfettivo), seguito dal suffisso -**я** (o -**а** in caso d'incompatibilità ortografica) o, se il verbo presenta la particella -**ся**, dal suffisso -**ясь** (o -**ась** in caso d'incompatibilità ortografica): **делать**, *fare*: **дела**-**ют** → **дела**я, *facendo*; **кричать**, *gridare*: **крич**-**ат** → **крич**а, *gridando* (non possiamo aggiungere il suffisso -**я** perché non si può scrivere **я** dopo una **ч**); **находиться**, *trovarsi*: **наход**-**ятся** → **наход**ясь, *trovandosi*.

• **Casi particolari di gerundio presente**
Il verbo **быть**, *essere*, fa il gerundio in **будучи**, *essendo*, mentre i verbi con l'infisso -**ва**- preceduto da **ста**-, **зна**-, **да**- (v. il § 4.1

di questa lezione) fanno eccezione alla regola e formano il gerundio partendo dal tema dell'infinito, per cui l'infisso si mantiene: **продава́ть**, *vendere*: **продава́-ть** → **продава́я**, *vendendo*; **встава́ть**, *alzarsi*: **встава́-ть** → **встава́я**, *alzandosi*.

• **Verbi senza il gerundio presente**
Ci sono alcuni verbi per i quali il gerundio presente manca oppure è ormai desueto:
– i verbi in **-чь**: **мочь**, *potere*; **бере́чь**, *custodire, proteggere*;
– i verbi monosillabici la cui coniugazione non presenta alcuna vocale nel tema: **ждать** → **жду**, *aspettare*; **пить** → **пью**, *bere*; **спать** → **сплю**, *dormire*;
– altri verbi isolati da ricordare: **петь**, *cantare*; **писа́ть**, *scrivere*; **смотре́ть**, *guardare*.
Vedremo più avanti (lez. 42, § 4) anche la formazione del gerundio passato (perfettivo).

5 Prefissi

• **вы-** può indicare la compiutezza di un'azione, uno scopo raggiunto: **Она́ вы́учила все стихи́ в э́той кни́ге**, *Ha imparato (a memoria) tutte le poesie di* (lett. "in") *questo libro*; **Де́ти вы́просили у роди́телей де́нег**, *I bambini hanno ottenuto (a furia di chiedere) dai genitori dei soldi*; **Он вы́курил все сигаре́ты, кото́рые у него́ бы́ли**, *Ha fumato tutte le sigarette che aveva*.
• **за-** (con i verbi di moto) può indicare una visita rapida: **Пойдём в кино́, а по доро́ге зайдём на по́чту**, *Andiamo al cinema e, strada facendo, facciamo un salto alla posta*; **Ты е́хал ко мне с друго́го конца́ го́рода? – Нет, я был ря́дом и реши́л зайти́**, *Sei venuto a trovarmi partendo dall'altro capo della città? – No, ero da queste parti e ho deciso di fare un salto*.
• **на-** può indicare un'azione diretta su qualcosa, su qualcuno o su / contro una superficie. In tal caso il verbo regge la preposizione **на** seguita dal caso accusativo, perché l'azione implica l'idea di un movimento: **нае́хать на прохо́жего**, *investire un passante*.
• **при-**, con i verbi di moto, indica la presenza del soggetto nel luogo raggiunto o da raggiungere. In genere il verbo con questo prefisso è seguito dalle preposizioni **в** o **на** (+ accusativo, con luoghi fisici) oppure **к** (+ dativo, con persone): **Они́ прилета́ют в Москву́ че́рез два часа́**, *Arriveranno a Mosca (in aereo) fra due ore*; **Наконе́ц пришёл Са́ша**, *Saša è finalmente arrivato*; **Приходи́ ко мне за́втра**, *Vieni a trovarmi domani*.

14 • **про-** come prefisso quantitativo indica un'azione che dura per un certo periodo di tempo (soggettivamente molto) ed è sempre accompagnato da un complemento di tempo continuato (accusativo semplice): **проговорить целый час**, *parlare per un'ora intera*.

• **у-**, con i verbi di moto, indica assenza, l'azione di andare via o partire: **Ты уже уходишь?**, *Già te ne vai?*; **Завтра мы улетаем в Казань**, *Domani partiamo (in aereo) per Kazan'*; **Почему вы убегаете от меня?**, *Perché scappate* (lett. "correte") *via da me?*

6 La particella negativa *не* davanti agli aggettivi

• **Quando la particella si attacca agli aggettivi**
In genere la particella **не** si scrive attaccata a un aggettivo:
– se non è attestato il corrispondente aggettivo senza **не**: **нечаянный**, *involontario, imprevisto*;
– se per l'aggettivo con la particella **не** è attestato un sinonimo senza **не**: **неслабый**, *forte* (lett. "non debole") / **сильный**, *forte*; **неплохой**, *non male* / **хороший**, *buono*.

• **Quando la particella è separata dagli aggettivi**
La particella **не** si scrive separata dall'aggettivo cui si riferisce:
– quando si vuole marcare o si sottintende una contrapposizione: **Это задание не простое, а сложное**, *Questo compito non è semplice, anzi è complicato*; **Не всякий человек сделал бы для тебя это**, *Non tutti* (lett. "Non ogni persona") *farebbero questo per te*;
– quando si vuole negare una caratteristica senza indicarne con precisione un'altra: **Сегодня небо не синее**, *Oggi il cielo non è blu* (bensì di un altro colore).

7 Preposizioni con "o" eufonica

Quando sono seguite da parole che cominciano coi gruppi consonantici **мн-** e **вс-**, alcune preposizioni prendono una **о** eufonica finale (per facilitare la pronuncia). Ciò avviene con **в**, *in*; **из**, *da* (moto da luogo), *tra*; **к**, *verso, da* (moto a luogo); **над**, *al di sopra di*; **от**, *da* (moto da luogo), *da parte di*; **перед**, *davanti*; **под**, *sotto*; **с**, *con*.
Esempi: **во всех углах**, *in tutti gli angoli, dappertutto*; **изо всего класса**, *da tutta la classe*; **ко мне**, *da me*; **надо мной**, *al di sopra di me*; **ото многих**, *da parte di molti*; **передо всеми**, *davanti a tutti*; **подо всеми**, *sotto tutti*; **со мной**, *con me*.

Заключительный диалог - Dialogo di ripasso 14

1 – Обожаю отпуск!
2 Ничего не делаем, расслабляемся, ходим в сауну, а мужья наши ходят рыбачить.
3 – Да, правда, дома с работы возвращаешься поздно, потом ещё надо ужин готовить…
4 А мне бы хотелось вместо того, чтобы убирать в детской и стоять на кухне, полистать журнал,
5 посмотреть телевизор или спокойненько посидеть в баре.
6 – Ты слишком много работаешь: я даже и не в отпуске хожу в кино, в бары…
7 – Конечно, у тебя ещё нет детей, а у меня пятилетний сын и взрослая дочь.
8 И работать тебе надо меньше: тебе муж может одолжить свою новенькую машину, а у моего и своей нет.
9 – Это тоже правда, но мне муж потом постоянно говорит, что и как я должна делать:
10 «Ездить надо со скоростью 60 км/ч! Машина припаркована неудачно!»
11 А тебе никто не говорит, как надо жить.
12 – Гм… даже не знаю, что лучше.
13 Я давно сдала на права, машину сама купила, а муж всё равно смеётся над тем, как я вожу.
14 – Ну, по-моему, он только в шутках может высказать своё мнение…
15 – Надо же! Ты за него!
16 – Перестань, я шучу, а ты, как всегда, обижаешься.
17 Давай-ка лучше пойдём на реку.
18 На небольшой глубине там можно увидеть рыб с восхитительной чешуёй, огромными хвостами и маленькими-маленькими плавниками.

Traduzione

1 Adoro le ferie! **2** Non facciamo niente, ci rilassiamo, andiamo alla sauna e i nostri mariti vanno a pescare. **3** Sì, [è] vero, a casa si torna *(torni)* tardi dal lavoro [e] poi bisogna ancora preparare la cena... **4** mentre io, invece di mettere a posto la stanza dei bambini e stare in cucina, avrei voglia di sfogliare una rivista, **5** guardare la televisione o starmene tranquillamente un po' seduta al bar. **6** Tu lavori troppo: io vado al cinema e al bar anche *(persino)* quando non sono in ferie... **7** Certo, tu non hai ancora dei figli, mentre io ho un figlio di cinque anni e una figlia grande *(adulta)*. **8** E devi anche lavorare meno *(lavorare a-te [è] necessario meno)*: tuo marito può prestarti la sua auto nuova di zecca, il mio invece non ce l'ha nemmeno. **9** Anche questo è vero, ma poi mio marito mi dice sempre cosa devo fare e come farlo: **10** "Bisogna andare a *(con la velocità di-)* 60 km all'ora! Hai parcheggiato male *(l'auto [è] parcheggiata infelicemente)*!" **11** A te invece nessuno dice quello che devi fare *(come bisogna vivere)*. **12** Uhm... non so neppure che cosa [sia] meglio. **13** Ho preso la

---

15 Пятнадцатый урок

Российское очарование

1 Российская Федерация – самое большое в мире государство, занимающее ① 1/9 (одну девятую) суши.

2 Россия – государство со сложным административно-политическим устройством.

3 По сравнению с конституцией 1993 (тысяча девятьсот девяносто третьего) года, согласно которой в состав страны входили 89 субъектов федерации,

---

Osservazioni sulla pronuncia
3, 5 Abbiamo visto (osservazione a pag. 85) che il segno duro **ъ** non si usa spesso. Serve a separare le sillabe in modo che la consonante che lo precede, innanzi alle vocali molli **е** о **я**, venga pronunciata dura: **субъектов** *[sub-jektaf]*, **необъятная** *[niab-jatnaja]*. Senza il segno duro, la presenza della **е** e della **я** ammollirebbe la consonante (la **б**, in questo caso).

patente da tempo, ho comprato l'auto da me e mio marito ride sempre *(comunque)* di come *(sopra quello, come)* guido. **14** Beh, mi sa che *(secondo-me)* può dire il suo parere solo scherzando *(negli scherzi)*… **15** Come *(Accidenti)*! Stai dalla sua parte *(tu per lui)*? **16** Dai *(Smettila)*, io scherzo e tu come al solito ti offendi. **17** Andiamo piuttosto al fiume. **18** A poca profondità si possono vedere dei pesci con delle scaglie meravigliose, code enormi e pinne piccole piccole.

Avete incontrato spesso dei verbi simili, che in italiano si traducono allo stesso modo e in russo si differenziano solo per l'aspetto (imperfettivo o perfettivo). L'aspetto verbale è probabilmente una delle difficoltà maggiori del russo; nella prossima serie di lezioni vedremo come si formano le coppie aspettuali e successivamente torneremo a occuparci di questo delicato argomento grammaticale.

Quindicesima lezione 15
Il fascino russo

1 La Federazione Russa è il più grande Stato del mondo [e] occupa *(occupante)* 1/9 delle terre emerse *(terraferma)*.
2 La Russia è un Paese *(Stato)* con una struttura politico-amministrativa complessa.
3 Rispetto alla *(Per confronto con la)* costituzione del 1993, secondo cui lo Stato comprendeva *(nella composizione del Paese entravano)* 89 soggetti federali,

Note

① In genere, nei part. pres. attivi (**-ущий / -ющий**) e (**-ащий / -ящий**) l'accento cade sulla stessa sillaba tonica della 3ª pers. plur. del presente se il verbo è della 1ª coniugaz. o se è della 2ª con accento fisso: **говори́ть**, *parlare,* **говоря́т** → **говоря́щий**; **пережива́ть**, *preoccuparsi, soffrire,* **пережива́ют** → **пережива́ющий**; **занима́ть**, *occupare,* **занима́ют** → **занима́ющий**. Se invece il verbo è della 2ª coniugaz. con accento mobile, in questo participio l'accento si sposta in avanti di una sillaba come nella 1ª pers. sing.: **ходи́ть**, *andare, camminare,* **хожу́**, **хо́дят** → **ходя́щий**; **мочь**, *potere,* **могу́**, **мо́гут** → **могу́щий**.

15   4   их количество уменьшилось в связи с тем, что некоторые из них объединились ②.
   5   Необъятная территория россиян ③ находится в 9 часовых поясах.
   6   Россию очень сложно описать и представить, поэтому советуем вам просто поехать туда и увидеть всё своими глазами.
   7   Как говорится, «лучше один раз увидеть, чем сто раз услышать» ④.
   8   Великий поэт Фёдор Тютчев писал:
   9   «Умом Россию не понять,
   10   Аршином ⑤ общим не измерить:
   11   У ней ⑥ особенная стать –
   12   В Россию можно только верить».
   13   В этом четверостишии заключается смысл «загадочной русской души». Непонятно?
   14   Говорят, что иностранец, проделавший ⑦ большое турне по России, в конце своего путешествия рассказывал друзьям:

Note

② Attualmente sono 85, v. la nota culturale a pag. 67.

③ I nomi maschili in **-ин** perdono questo suffisso al plurale: **россиянин** (nominativo maschile singolare), **россияне** (nominativo maschile plurale), **россиян** (genitivo maschile plurale a desinenza zero). Il femminile di **россиянин**, *un russo*, è **россиянка**, *una russa*, mentre il plurale femminile è **россиянки**, *russe*. Con **россиянин** si intende *russo* dal punto di vista burocratico-amministrativo e giuridico (*cittadino russo*), mentre **русский** significa *russo* dal punto di vista etnolinguistico.

④ Per saperne di più sull'uso delle virgolette a sergente (« »), consultate le note 3, 4 e 7 della lezione 57.

⑤ **аршин** (m.) è un termine antico che indicava l'unità di misura ▶

4 il loro numero *(quantità)* è diminuito poiché *(in relazione con quello, che)* alcuni *(di essi)* si sono unificati.

5 Lo sterminato territorio russo *(dei-russi)* si estende per *(si trova in)* 9 fusi orari *(orarie cinture)*.

6 La Russia è molto difficile [da] descrivere e immaginare, perciò vi consigliamo semplicemente di andarci e vedere tutto con i vostri *(propri)* occhi.

7 Come si suol dire *(si-dice)*, "meglio vedere una volta che sentire cento *(volte)*".

8 Il grande poeta Fëdor Tjutčev scriveva:

9 "Non si può capire la Russia con la ragione *(Con-l'intelletto la Russia non [è-dato] capire)*,

10 non si può misurarla con un metro comune *(Con-aršin comune non [è-dato] misurare)*:

11 ha un carattere *(costituzione-fisica)* particolare:

12 nella Russia si può solo credere".

13 In questa quartina è racchiuso il senso della "misteriosa anima russa". Incomprensibile?

14 Si dice *(Dicono)* che uno straniero che aveva fatto *(effettuato)* una lunga *(grande)* tournée per la Russia, alla fine del suo viaggio raccontasse *(raccontava)* agli amici:

▶ utilizzata in Russia prima che venisse introdotto il sistema metrico decimale; equivaleva a 0,711 m e ha dato origine alla curiosa espressione **аршинными шагами**, *a passi da gigante*.

⑥ **ней** (pronome di 3ª pers. femm. sing. al genitivo con **н** eufonica) è un'antica variante di **неё** ed è tipica del parlato.

⑦ **проделавший** è un participio passato attivo. Si forma dal tema del passato, cui vanno aggiunti il suffisso **-вш-** e le desinenze aggettivali di declinazione debole (attenzione all'incompatibilità ortografica: **-ий** per il maschile, **-ая** per il femminile, **-ее** per il neutro e **-ие** per il plurale al nominativo): **проделал**, *ho fatto / effettuato*, **проделa-** + **-вш-** + **-ий, -ая, -ее, -ие**.

15 15 – Я побывал ⑧ на Байкале… Боже, это такая красотища ⑨!
16 Бывал я в российской глубинке, видел шедевры ⑩ деревянного зодчества рядом с ветхими домишками ⑪.
17 Такого больше нигде не увидишь ⑫! Восхитительно!

> **16** in **шедевры** [shedevry] la seconda **e** si legge [e] aperta; in **зодчества** [zo(t)čistva] la consonante **д**, che in questa posizione si assorda in **т**, non si sente quasi.

Note

⑧ I verbi **побывал** (perfett.) e **бывал** (imperfett., frase 16) possono tradursi allo stesso modo (*sono stato*), ma presentano una piccola differenza: **бывал** significa *capitare*, *accadere* o che l'azione è avvenuta più volte, mentre **побывал** indica che è successa una volta sola. Confrontate: **Ты бывал на Кавказе? – Побывал там лишь один раз, но запомнил на всю жизнь!**, *Sei [già] stato nel Caucaso?* (= ti è già capitato di andarci?) – *Ci sono stato solo una volta, ma me lo ricorderò per tutta la vita!* (lett. "l'ho impresso nella mente per tutta la vita").

⑨ **красот**ища, *bellezza incommensurabile*, *meraviglia*, deriva da **красота**, *bellezza*, e si forma con il suffisso accrescitivo -**ища**, molto usato nella lingua parlata per rendere un termine più espressivo. Al maschile e al neutro questo suffisso ha la forma -**ище**: **дом**, *casa* → **дом**ище, *casona*; **письмо**, *lettera* → **письм**ище, *letterona*, *lettera fiume*. Tuttavia, a volte, l'aggiunta del suffisso modifica il senso della parola: **чудо**, *meraviglia*, *miracolo* → **чуд**ище, *mostro*. Attenzione: i nomi maschili restano di genere maschile, ma si declinano come neutri in tutti i casi.

⑩ Come si può intuire, **шедевр** (m.), *capolavoro*, è un prestito dal francese "chef-d'œuvre".

⑪ **дом**ишко, *casupola*, ovvero **дом**, *casa* + il suffisso diminutivo o spregiativo -**ишко**, usato per i nomi maschili e neutri: **бельё**, *biancheria* → **бель**ишко, *biancheria da buttare* (ma ▸

15 – Sono stato sul [lago] Bajkal… [Mio] Dio, che meraviglia *(questo [è] una-tale bellezza)*!
16 Sono stato nella *(remota)* provincia russa, ho visto i capolavori dell'architettura in legno accanto a casupole decrepite.
17 Non si trova niente di simile da nessuna parte *(Di-tale più da-nessuna-parte non vedrai)*! Stupendo!

▸ anche *biancheria intima*). Per il femminile abbiamo invece il suffisso -**ёнка**: **работа**, *lavoro* → **работёнка**, *lavoretto*. Attenzione: la **ё** diventa **о**, specie dopo **ж** e **ц** (consonanti che si alternano nel tema): **книга**, *libro* → **книжонка**, *libercolo*. Talvolta si ricorre al suffisso diminutivo -**ичка** che, in genere, non ha valore spregiativo: **вещь**, *cosa* → **вещичка**, *cosetta, cosuccia*. Anche in questo caso i nomi derivati formati con questi suffissi mantengono il genere del nome di partenza: **домишко** è dunque maschile come **дом**, parola da cui deriva, e non neutro come potrebbe sembrare. A differenza dei nomi maschili in -**ище** (v. nota 9), i nomi maschili in -**ишко** si declinano come neutri, eccetto al nominativo plurale.

⑫ Uno dei modi più frequenti per formare una coppia aspettuale consiste nell'aggiungere a un verbo imperfettivo un prefisso che non gli conferisce alcuna sfumatura semantica e ne modifica solo l'aspetto in perfettivo. Perciò possiamo tradurre due verbi che formano una coppia aspettuale con un verbo con un unico significato: **писать** (imperfettivo), *scrivere* → **написать** (perfettivo), *scrivere*; **делать** (imperfettivo), *fare* → **сделать** (perfettivo), *fare*. Il verbo resta, per così dire, intatto nella sua "semantica"; cambia solo la "forma" tramite l'aggiunta di un prefisso. Con i verbi di percezione involontaria (come **видеть**, *vedere*; **слышать**, *sentire*) il prefisso **у-** può conferire al perfettivo la sfumatura di azione improvvisa: **увидеть** (perf.), *scorgere*; **услышать** (perf.), *sentire (all'improvviso), venire a sapere per sentito dire*.

18 Я посетил Петербург… Умопомрачительно: Зимний дворец, гранитные набережные Невы, Адмиралтейство!
19 – Скажите, ну а каково ваше общее впечатление от страны?
20 – Ужасающее…

Упражнение 1 – Читайте и переводите

❶ Я не знала, что Россия – такая огромная страна! – Конечно, она занимает 1/9 суши. ❷ Никто не может сказать, в связи с чем уменьшилось количество хороших студентов в нашем университете. ❸ Честно говоря, мне сложно всё это представить. – Советую тебе поехать туда и увидеть всё своими глазами. ❹ Они побывали в российской глубинке, видели там шедевры деревянного зодчества рядом с ветхими домишками. ❺ По-моему, в этой фразе заключается смысл всей философии великого поэта.

18 Ho visitato San Pietroburgo… Fantastica *([è]
sbalorditivo)*: il Palazzo d'Inverno, i lungofiume
di granito della Neva, l'Ammiragliato!
19 – [Dica,] e che impressione ha avuto in generale
del *(dal)* Paese?
20 – Orribile *(Che-spaventa)*…

Soluzione dell'esercizio 1

❶ Non sapevo che la Russia fosse un Paese tanto grande *(così enorme)*! – Certo, occupa 1/9 delle terre emerse. ❷ Nessuno può dire per quale motivo *(in relazione con che-cosa)* sia diminuito il numero *(la quantità)* degli studenti diligenti *(bravi)* nella nostra università. ❸ A dire il vero *(Onestamente parlando)*, faccio fatica a *(mi [è] complicato)* immaginare tutto questo. – Ti consiglio di andarci e vedere tutto coi tuoi occhi. ❹ Sono stati nella provincia russa, dove hanno visto i capolavori dell'architettura in legno accanto a casupole decrepite. ❺ Secondo me, *(in)* questa frase *(si)* racchiude il senso di tutta la filosofia del grande poeta.

16 Упражнение 2 – Восстановите текст

❶ Pronto? Buon anno! – Saša, ma è ancora presto... – Ti sei dimenticato quanti sono i fusi orari nel nostro Paese? Sono a Vladivostok, da noi è già Capodanno!

Алло, с .... ! – Саша, но ещё ....
– А ты ....., ... в ..... стране ....
...... ? Я .. Владивостоке, ... Новый ...!

❷ Bisogna dire che loro figlio mi ha fatto un'impressione orribile *(che-spaventa)*... – Oh! Ma rispetto al nostro è un bambino tranquillissimo *(semplicemente tranquillo)*!

Надо сказать, что .... от их .... у меня .... – О! А по .... с ....., он – просто .... !

❸ Secondo le regole, la loro delegazione è composta necessariamente da *(nella composizione della-loro delegazione necessariamente entrano)* quattro insegnanti e sei allievi.

................., в .... делегации .... четверо .... и шестеро ....

---

16 Шестнадцатый урок

Как ваше самочувствие? ①

1 – Сейчас мы измерим вам давление, а то вид у вас и вправду болезненный:

Note

① **Самочувствие** può indicare sia lo stato d'animo sia lo stato di salute di una persona, come si può intuire anche dal dialogo di questa lezione.

④ Per favore, raccontami come ti sei trovato *(come là)*. – È meglio che ci vada tu stesso *(a-te-stesso là andare)*: meglio vedere una volta che sentire cento.

........, пожалуйста, как там? – Тебе лучше ...... туда ....: ..... один раз ...., чем ... раз ....

⑤ Se per te non è difficile *(complicato)*, descrivi per favore la provincia russa. – Non so neanche da dove *(da cosa)* cominciare.

Если тебе не ......, ..., пожалуйста, ... – .... не знаю, с ....

Soluzione dell'esercizio 2

① – Новым годом – рано – забыл, сколько – нашей – часовых поясов – во – у нас уже – год **②** – впечатление – сына – ужасающее – сравнению – нашим – тихий ребёнок **③** Согласно правилам – состав их – обязательно входят – учителей – учеников **④** Расскажи – самому – сходить – лучше – увидеть – сто – услышать **⑤** – сложно, опиши – российскую глубинку – Даже – чего начать

Sedicesima lezione 16

Come sta *(Come [è] il vostro stato-generale)*?

1 – Ora Le misuriamo *(misureremo)* la pressione, perché ha davvero un aspetto malaticcio:

2   лоб испариной покрылся, подбородок трясётся ②, ладони ③ потные и глаза воспалённо блестят…

3   Дайте-ка ваше запястье, я пощупаю пульс… Так… немного учащённый ④.

4   Дышите ⑤, не дышите, дышите, не дышите. В лёгких хрипов нет.

5   Откройте рот и скажите «а». Так… горло красное, болит?

6 – Да, особенно, когда глотаю.

7 – Понятно. Вытяните руки прямо перед собой.

8   Пальцы немного дрожат, да и ногти ⑥ какого-то странного цвета.

Note

② **трясётся** è la 3ᵃ persona del presente indicativo del verbo imperfettivo **трястись**, *tremare*. A differenza dell'italiano, questo verbo assume la particella **-ся** quando ha significato intransitivo; senza particella significa *scuotere*. È un verbo della 1ᵃ coniugaz. con desinenza tonica (perciò abbiamo la **ё**), mentre al passato perde la **-л** al maschile: **трясся** (m.), **тряслась** (f.), **тряслось** (n.) e **тряслись** (pl.).

③ Quando il genere di un sostantivo non è deducibile dalla sua desinenza, non si può far altro che memorizzarlo: **ладонь**, *palma* o *palmo (della mano)*, è femminile.

④ Di norma i verbi perfettivi in **-еть** e **-ить**, come si è visto (lez. 12, nota 9 e lez. 14, § 4.2), formano il participio passato passivo sul tema del passato con caduta delle vocali **-е-** e **-и-**, che non fanno parte del tema, e con l'aggiunta del suffisso **-енн-** (**-ённ-**, variante tonica) seguito dalle desinenze aggettivali di tipo forte. La consonante finale della radice verbale è soggetta ad alternanza nel caso in cui essa sia presente nella 1ᵃ persona singolare del perfettivo futuro: **куп-ить**, *comprare*, **купл-ю** → **купл-енный**, *comprato*; **участ-ить**, *rendere più* ▸

2 la fronte è madida *(si-è-coperta)* di sudore, [Le] trema il mento, [ha] le mani *(le palme)* sudate e gli occhi arrossati *(infiammatamente splendono)*…
3 [Mi] dia il *(vostro)* polso, [prego], glielo sento *(tasterò il polso)*… Sì *(Così)*… Un po' accelerato *(frequente)*.
4 Respiri, trattenga il respiro *(non respiri)*, respiri, trattenga il respiro *(non respiri)*. Non ci sono rumori polmonari *(Nei polmoni di-rantoli non-c'è)*.
5 Apra la bocca e dica "aaah". Allora *(Così)*… la gola è arrossata *(rossa)*, fa male?
6 – Sì, soprattutto quando deglutisco.
7 – Capito. Tenda le braccia *(diritto)* davanti a sé.
8 Le dita tremano un po' e le unghie sono di uno *(qualche)* strano colore.

▶ *frequente*, infittire, **учащ-у** → **учащ-ённый**, *reso frequente, infittito*. Eccezione: **увид-еть**, *vedere*, **увиж-у**, ma → **увид-енный**, *visto*.

⑤ La 2ª coniugazione è composta soprattutto da verbi in **-ить**, ma ne comprende anche qualcuno in **-еть, -ать** e **-ять**, per esempio **мычать (мычи́т)**, *muggire* e appunto **дыша́ть (дыши́т)**, *respirare*. A differenza della 1ª coniugazione, nella 2ª coniugazione la vocale che precede **-ть** non appartiene mai al tema e quindi nel corso della coniugazione cade. Per contro, ci sono anche dei verbi in **-ить** che fanno parte della 1ª coniugazione: si tratta di alcuni verbi monosillabici (come **пить**, *bere*) che vedremo nella lezione 21.

⑥ In questo sostantivo maschile abbiamo un esempio di vocale mobile che compare solo al nominativo singolare: **ноготь**, *unghia*: **ногтю** (dativo sing.), **ногти** (nominativo pl.), **ногтей** (genitivo pl.), ecc. L'accento tonico cade sulla radice in tutte le forme del singolare, al nominativo e all'accusativo plurale, mentre nei casi obliqui del plurale cade sulla desinenza: **но́гти** (nominativo e accusativo): **ногте́й** (genitivo), **ногтя́м** (dativo), **ногтя́ми** (strumentale), **ногтя́х** (prepositivo).

16   9 – Доктор, а ещё у меня в икрах боль и всё тело ломит, все суставы болят.
    10 – У вас озноб, что совершенно нормально при ангине.
    11 Пальцы ног – ледяные ⑦, вы замёрзли?
    12 Да, меня сильно знобит.
    13 Держите градусник, надо измерить температуру ⑧. 39 и 3… непорядок.
    14 Значит так: посидите ⑨ на больничном до среды, температуру надо сбить, но антибиотики пока прописывать не буду.
    15 Будете ⑩ пить парацетамол, есть мёд, полоскать горло и отдыхать.

Note

⑦ **ледяной**, *ghiacciato*, deriva dal sostantivo **лёд**, *ghiaccio* ed è uno dei tanti aggettivi formati col suffisso **-ян-**.

⑧ Attenti ai falsi amici: **температура** significa *temperatura*, ma anche *febbre*, come in questo caso. Ovviamente il contesto può essere di aiuto per evitare figuracce…

⑨ Abbiamo già visto nella lezione 15, nota 12, un paio di esempi di formazione di coppie aspettuali con l'aiuto di un prefisso che non comporta delle variazioni di significato. Ecco altre coppie, anche se in questo caso il prefisso **по-**, oltre a comportare il passaggio all'aspetto perfettivo, aggiunge una lieve sfumatura "quantitativa" che indica la durata ridotta dell'azione ("un po'") e comunque non stravolge la semantica di base del verbo: **сидеть** (imperf.), *stare seduto* / **посидеть** (perf.), *stare seduto per un po'*; **свистеть** (imperf.), *fischiare* / **посвистеть** (perf.), *fischiare per un po', un pochino*.

9 – Dottore, mi fanno anche male i polpacci *(e ancora presso di-me nei polpacci [c'è] dolore)* e sento fitte in tutto il corpo *(tutto il corpo rompe)*, [mi] fanno male tutte le articolazioni.

10 – Ha i brividi, cosa normalissima *(il-che [è] perfettamente normale)* quando si ha il *(in-presenza-del)* mal di gola.

11 Le dita dei piedi [sono] ghiacciate, ha molto freddo?

12 – Sì, ho la febbre alta *(me fortemente ha-brividi-di-febbre)*.

13 – Ecco *(Tenete)* il termometro, [Glie]la devo misurare *(bisogna misurare la febbre)*. 39 e 3… Non va bene *(disordine)*.

14 Dunque *(Significa così)*: stia a riposo *(state-un-po'-seduti in [certificato di-]malattia)* fino a mercoledì, la febbre deve scendere *(bisogna far-abbassare)*, ma per ora non Le prescrivo *(prescriverò)* antibiotici.

15 Prenda *(Berrete)* del paracetamolo, mangi *(mangerete)* del miele, faccia i gargarismi [per] *(sciacquerete)* la gola e riposi *(riposerete)*.

▶ ⑩ Anche il futuro composto, che si forma solo per i verbi di aspetto imperfettivo, non vi è certamente nuovo: per formarlo basta utilizzare il verbo **быть**, *essere*, coniugato al futuro + l'infinito del verbo imperfettivo interessato. Il futuro imperfettivo si usa frequentemente nel parlato per tastare le intenzioni dell'interlocutore e spesso, nelle risposte, l'infinito del verbo si omette: **Будешь пить чай? – Да, буду**, *Ti va un tè* (lett. "Sarai bere tè")? *– Sì, ok* (lett. "Sì, sarò"); **Он будет играть с нами в футбол? – Конечно будет**, *Giocherà* (lett. "sarà giocare") *a calcio con noi? – Certo che sì* (lett. "Certamente sarà").

16 16 Если не будет температуры, то можете опускать ноги в горячую воду по щиколотку, добавляя ⑪ вот этот лосьон.

17 Он приготовлен из трав, обладает расслабляющими и успокоительными эффектами.

18 Очень неплохо будет поделать ингаляции с этими травяными настоями.

19 А насморка у вас нет? Давайте проверим на всякий пожарный случай ⑫.

20 – Нет, дышу я нормально, а вот голова в висках просто раскалывается.

21 – Ну, не беда, скоро начнёт действовать таблетка, и вам полегчает.

Note

⑪ Dopo aver visto come si forma il gerundio presente (lez. 14, § 4.3), vediamo come si comporta questo modo verbale per quanto riguarda l'accento tonico. La sillaba su cui cade è in genere la stessa della 1ª persona singolare del presente: **добавлять**, *aggiungere*, **добавля́ю** → **добавля́я**, *aggiungendo*; **мяукать**, *miagolare*, **мя́укаю** → **мя́укая**, *miagolando*; **выходить**, *uscire a piedi*, **выхожу́** → **выходя́**, *uscendo a piedi*. Nei verbi con l'infisso **-ва-** (preceduto da **да-**, **зна-**, **ста-**) il gerundio presente si forma sull'infinito e la sillaba tonica è dunque la stessa dell'infinito: **дава́ть**, *dare* → **дава́я**, *dando*; **встава́ть**, *alzarsi* → **встава́я**, *alzandosi*. Eccezioni: **лежать**, *giacere*, **лежу́** → **лёжа**, *giacendo* e **стоять**, *stare in piedi*, **стою́** → **сто́я**, *stando in piedi*; **бояться**, *temere*, **бою́сь** → **бо́ясь**, *temendo*.

16 Se Le passa la febbre *(Se non ci-sarà di-febbre)*, *(allora)* può immergere *(calare)* i piedi nell'acqua calda fino alla caviglia e aggiungere *(aggiungendo ecco)* questa lozione [qui].

17 È a base di erbe *(Esso [è] preparato da erbe)* [e] ha *(possiede)* effetti rilassanti e lenitivi *(calmanti)*.

18 Le farà molto bene *(Molto non-male sarà)* fare un po' di inalazioni con questi infusi alle erbe.

19 È anche raffreddato *(E del-raffreddore presso di-voi non-c'è)*? *(Date)* verifichiamo[lo] per ogni evenienza *(per qualsiasi relativo-a-incendio caso)*.

20 – No, respiro *(io)* normalmente, più che altro è la testa *(ed ecco la testa nelle tempie)* che [mi] scoppia *(si-spacca)*.

21 – Beh, non è grave *(non [è] una-disgrazia)*, presto la compressa comincerà a fare effetto *(agire)* e Lei starà meglio *(a-voi sarà-più-leggero)*.

▶ ⑫ La curiosa espressione **на всякий пожарный случай**, *per ogni evenienza, in caso d'urgenza*, può essere abbreviata nel parlato omettendo il sostantivo: **на всякий пожарный**.

Упражнение 1 – Читайте и переводите

❶ Посидите недельку на больничном, будете отдыхать, пить лекарства и есть мёд. Скоро вам полегчает. ❷ Из чего приготовлен этот настой? – Из трав. Он обладает расслабляющими и успокоительными эффектами. ❸ Давайте измерим давление и пощупаем пульс: у вас болезненный вид... ❹ У меня горло болит, особенно, когда глотаю. – Ну-ка покажи... ну да, красное. У тебя наверное ангина. Тебе лучше сходить к врачу. ❺ Пойдём домой. Я сильно замёрз, у меня пальцы ног ледяные, боль в икрах, и всё тело ломит.

***

Упражнение 2 – Восстановите текст

❶ Hai la febbre? – Sì, quasi 40. – Ehi *(Oh)*, dov'è il termometro? [Me] la misuro anch'io per ogni evenienza.
У тебя есть ....? – Да, почти 40. – Ой, где ....? Я тоже ...... на всякий ....

❷ Lei ha un aspetto malaticcio: ha gli occhi arrossati *(infiammatamente splendono)* e le mani sudate. Mi dia un po' il polso. Infatti: *(il polso)* è accelerato.
У вас .... вид: воспалённо .... глаза, потные .... Дайте-ка ваше .... Ну вот: ..... учащённый.

❸ Cosa ti ha prescritto il medico? Degli antibiotici? – Qualche compressa, ma niente *(non)* antibiotici. Ha detto pure che devo fare i gargarismi [per] la gola e delle inalazioni.
Что тебе .... врач? Антибиотики? – Какие-то ...., но не антибиотики. А ещё он сказал, что мне надо .... и делать ....

Soluzione dell'esercizio 1

❶ Stia a riposo *(state-un-po'-seduti in [certificato di-]malattia)* per una settimana circa *(settimanetta)*, riposi *(riposerete)*, prenda *(berrete)* le medicine e mangi *(mangerete)* miele. Prestò starà meglio *(a-voi sarà-più-leggero)*. ❷ A base di che cosa è *(di che-cosa [è] preparato)* questo infuso? – Di erbe. Ha effetti rilassanti e lenitivi. ❸ Misuriamo la pressione e sentiamo il polso: Lei ha un aspetto malaticcio... ❹ Mi fa male la gola, soprattutto quando deglutisco. – Fa' un po' vedere... beh, sì, è arrossata. Probabilmente hai il mal di gola. Faresti meglio ad andare dal medico. ❺ Andiamo a casa. Ho un freddo cane *(fortemente sono-gelato)*, mi si sono gelate le dita dei piedi, ho male ai polpacci e fitte in tutto il corpo *(tutto il corpo rompe)*.

***

❹ Non ci sono rumori polmonari, ma la febbre è alta. Ecco *(Tenga)* del paracetamolo, lo prenda *(prenderete)* tre volte al giorno.

В .... нет, но температура ....
Держите ...., будете .... три
раза в день.

❺ Dottore, le Sue compresse *(vostra compressa)* non fanno effetto: la testa mi fa sempre male *(presso di-me la testa come faceva-male, così e fa-male)*. – È ancora presto, fra una ventina di minuti starà meglio.

Доктор, ваша .... не ....: у меня
глова как ......, так и ...... – Ещё рано,
минут через 20 вам ....

Soluzione dell'esercizio 2

❶ – температура – градусник – измерю – пожарный
❷ – болезненный – блестят – ладони – запястье – пульс –
❸ – прописал – таблетки – полоскать горло – ингаляции
❹ – лёгких хрипов – высокая – парацетамол – принимать –
❺ – таблетка – действует – болела – болит – полегчает

17 Семнадцатый урок

Добрый доктор Айболит ①

1 Доктора – профессия наиважнейшая ②.
2 Наши отношения с врачами могут быть очень разными: от слепой веры в их рецепты до усмешки по поводу их советов.
3 Вот несколько весёлых историй из жизни медиков, а также об их влиянии на нашу жизнь.
4 – Доктор, неужели ③ моя болезнь так ужасно ④ безнадёжна?
5 – Напрасно вы так мрачно настроены!

Note

① **Доктор Айболит**, il *Dottor Ajbolit*, è un racconto in versi del noto scrittore russo per l'infanzia Kornej Čukovskij (1882-1969) che narra le avventure di un medico che ha aperto una clinica per animali su un'isola. Il nome del medico, lo avrete intuito, è una parola composta da **ай**, *ahi*, e **болит**, *fa male*.

② **наиважнейшая**, *di gran lunga la più importante*, è un superlativo relativo formato dal prefisso intensificativo **наи-**, dalla radice dell'aggettivo **важный** (**важн-**), *importante*, e dal suffisso superlativo **-ейш-** seguito dalla desinenza aggettivale che, nel caso in questione, è femminile. Al maschile avremo invece **наиважнейший**, *di gran lunga il più importante*.

③ **неужели** è una particella interrogativa che esprime incredulità e si può tradurre in vari modi: *è possibile?*, *ma davvero?*. Si usa anche nelle esclamazioni per esprimere grande stupore, *era ora!*, *non è possibile!*: **Я наконец-то закончил убирать в комнате. – Неужели!**, *Finalmente ho rimesso a posto tutta la stanza. – Era ora!*

④ Poiché di norma nelle parole che contengono il gruppo consonantico **стн** la **т** non si pronuncia, capita che questa lettera ▸

Diciassettesima lezione   17

Il bravo dottor Ajbolit *(Ahifamal)*

1   Quella del medico *(Dottori)* è di gran lunga la professione più importante [che esista].
2   I nostri rapporti coi medici possono essere molto diversi: [si va] dalla fede cieca nelle loro ricette fino all'ironia sprezzante *(sogghigno)* nei confronti *(a proposito)* dei loro consigli.
3   Ecco alcune storielle *(allegre storie)* [tratte] dalla vita dei medici che riguardano anche il *(e anche sul)* loro influsso sulla nostra vita.
4 –   Dottore, è possibile che *(davvero)* il mio caso *(la mia malattia)* sia così *(terribilmente)* disperato?
5 –   È inutile che Lei sia così pessimista *(Inutilmente voi così cupamente [siete] predisposti)*!

▸   venga inserita per errore nel gruppo consonantico **сн**, in particolare nei termini **ужасно** (fr. 4), **напрасно** (fr. 5) e **опасности** (fr. 15), anche se una filastrocca che i bambini russi imparano a scuola ammonisce: **Как ужасно и опасно букву т писать напрасно!**, *Com'è brutto* (lett. "orribile") *e pericoloso scrivere la* **т** *quando non ci vuole!*

6 Давайте скажем ⑤ по-другому: если я вас вылечу ⑥, я стану всемирно известен!

7 – Ну-с ⑦, как вы слышите с новым слуховым аппаратом, как уши ⑧?

8 – Намного лучше, доктор. Я уже три раза менял завещание!

9 – Доктор, у меня живот сильно болит, понос и вообще, плохо мне…

10 – А что стряслось?

11 – Ягодок ⑨ в лесу съел…

12 – Каких ягодок?

13 – Да как-то не разглядел…

14 – Ну, это не ко мне, это – к окулисту.

15 – Нервное заболевание вашей жены не представляет опасности.

16 С таким неврозом люди живут очень долго.

17 – А я, доктор, сколько протяну я?

Note

⑤ Notate l'alternanza consonantica з / ж che, trattandosi di verbo della 1ª coniugazione, si verifica in tutte le persone del futuro del verbo perfettivo **сказать**: **скажу, скажешь, скажет, скажем, скажете, скажут**. In un verbo della 2ª coniugazione l'alternanza si presenta solo alla 1ª persona singolare, come ad esempio in **видеть: вижу, видишь, видит**, ecc.

⑥ **Вылечить**, *guarire*, è la controparte perfettiva del verbo imperfettivo **лечить**, *curare*: qui il prefisso **вы-** indica che l'azione si è compiuta con successo: **Врач долго лечил его, но так и не вылечил**, *Il medico l'ha curato a lungo, ma non è [riuscito a] guarirlo*. Questa coppia verbale, a seconda dell'aspetto, viene tradotta in italiano con due verbi ben distinti.

⑦ -**с** è una particella arcaica che si usa per esprimere ironia, ma può anche indicare educazione e rispetto, o ancora stizza: **Да-с**, *Sissignore*; **Ну-с, что расскажешь?**, *Allora, cosa mi racconti* (lett. "racconterai")?; **Позвольте-с!**, *Mi permetta!* (qui, invece, la particella denota rabbia e indignazione). Ve la segnaliamo per ▶

6 Diciamo piuttosto *(altrimenti)*: se riesco a guarirLa *(se io vi guarirò)*, diventerò famoso in tutto il mondo *(universalmente noto)*!

7 – Allora, come [ci] sente col nuovo apparecchio acustico, come [va] l'udito *(le orecchie)*?

8 – Molto meglio, dottore. Ho già cambiato il testamento tre volte!

9 – Dottore, ho un gran mal di pancia, la diarrea e in generale mi sento male *(male [è] a-me)*…

10 – Ma cosa [Le] è successo?

11 – Ho mangiato delle bacche *(piccole-bacche)* nel bosco…

12 – Quali bacche?

13 – Beh, non [le] ho viste bene *(in-qualche-modo non [le] ho-distinte)*…

14 – Allora non deve [venire] da me, [ma andare] dall'oculista.

15 – La malattia nervosa di Sua moglie non è grave *(non rappresenta di-pericolo)*.

16 La gente vive molto a lungo con questo tipo di *(con tale)* nevrosi.

17 – E io, dottore, quanto potrò campare *(quanto tirerò [avanti] io)*?

▸ poterla riconoscere, ma vi sconsigliamo vivamente di usarla.

⑧ Il sostantivo neutro **ухо**, *orecchio*, forma il plurale in modo irregolare, presentando nella radice un'alternanza consonantica **х / ш**: **уши** (nominativo), **ушей** (genitivo), ecc. Notate che il nom. pl. ha la desinenza -**и** come se fosse maschile.

⑨ **Ягодка** deriva da **ягода**, *bacca*, e presenta il suffisso diminutivo -**ка**. A volte l'aggiunta di questo suffisso causa la modifica della radice del sostantivo, secondo le alternanze consonantiche comuni anche ai verbi: **книга**, *libro* → **книжка**, *libretto*. Il suffisso -**ка** non indica sempre un oggetto piccolo: viene usato anche per rendere più gentile (attenuata) una richiesta: **Дай, пожалуйста, сигаретку**, *Per favore, mi daresti una sigaretta?*

17
18 — Как вы себя чувствуете? – осматривает врач больного.
19 — Гораздо ⑩ лучше, доктор, думаю, что мне помогло лекарство, которое вы мне прописали.
20 Я самым тщательным образом следовал ⑪ указаниям, написанным на пузырьке ⑫.
21 — А что там было написано?
22 — «Держать ⑬ плотно закрытым». ☐

> **Osservazioni sulla pronuncia**
> **18** La prima **в** del gruppo consonantico complesso **вств** non si pronuncia mai: **чувствуете** *[čjustvujtje]*.

Note

⑩ Quando accompagna un comparativo, *molto* si traduce di norma con **гораздо** o **намного** e nell'uso colloquiale anche con **куда**.

***

Упражнение 1 – Читайте и переводите

❶ Чувствую себя гораздо лучше: помогло лекарство, которое мне прописал врач. ❷ Что это за усмешка? – По-моему, ты не совсем прав: с таким неврозом люди живут очень долго. ❸ Где же мои очки? Без них я не могу прочитать, что написано на пузырьке. ❹ У него проблемы с ушами, поэтому доктор посоветовал ему купить себе слуховой аппарат. ❺ Я к врачу: у меня болит желудок. – Чему ты удивляешься? Ты столько ешь! Тебе надо просто посидеть на диете.

18 – Come si sente? – [domanda il medico mentre] visita il paziente *(il malato)*.
19 – Molto meglio, dottore, penso che la medicina che mi ha prescritto mi abbia fatto bene *(mi ha-aiutato)*.
20 Ho seguito scrupolosamente *(con-il-più scrupoloso modo)* le indicazioni riportate *(scritte)* sulla boccetta.
21 – E cosa c'era scritto?
22 – "Tenere chiuso ermeticamente *(saldamente)*".

▸ ⑪ Occhio al verbo imperfettivo **следовать**, *seguire*, che regge il dativo anziché, come ci si potrebbe aspettare, l'accusativo: **следовать указаниям**, *seguire le indicazioni*.

⑫ **пузырьке** è il prepositivo di **пузырёк**, *boccetta*, *flacone*, o *bollicina*; avete certamente riconosciuto la vocale mobile **ё** che compare al nominativo e all'accusativo singolare (i due casi hanno la stessa forma perché si tratta di un sostantivo maschile inanimato) ed è assente in tutti gli altri casi, nei quali il segno molle **ь** ne prende il posto per mantenere molle la consonante **р**.

⑬ **держать**, *tenere*, è uno dei (pochi) verbi in **-ать** che appartengono alla 2ª coniugazione (v. lez. 16, nota 5): **держу**, **держишь**, **держат**.

***

Soluzione dell'esercizio 1

❶ Mi sento molto meglio: il farmaco che il medico mi ha prescritto mi ha fatto bene *(mi ha-aiutato)*. ❷ Cos'è quel sogghigno? – Secondo me hai torto *(non del-tutto [sei] giusto)*: con questa nevrosi la gente vive molto a lungo. ❸ Dove mai [sono finiti] i miei occhiali? Senza *(di-loro)* non riesco a leggere quello che c'è scritto sulla boccetta. ❹ Ha dei problemi all'udito *(con le orecchie)*, perciò il medico gli ha consigliato di comprarsi un apparecchio acustico. ❺ [Vado] dal medico: ho mal di stomaco. – Di cosa ti stupisci? Con tutto quello che mangi *(Tu così-tanto mangi)*! Devi semplicemente metterti un po' a dieta *(A-te [è] necessario solo stare-un-po'-seduto a dieta)*.

17 Упражнение 2 – Восстановите текст

① Dottore, è vero che il mio caso è assolutamente disperato *(la mia malattia [è] completamente disperata)*? – Chi Le ha detto un'assurdità simile? Lei ha un comune mal di gola!

Доктор, правда, что моя .... совершенно .... ? – Кто вам ...... такую ...... ? У вас обычная ...... !

② Queste bacche non sono pericolose *(non rappresentano di-pericolo)* e non sono loro che ti han fatto venire la diarrea *(diarrea presso di-te non a-causa di-loro)*. Andiamo dal dottor Ivanov, lui visita sempre i pazienti con la massima attenzione *(con-il-più scrupoloso modo)*, ti guarirà in fretta!

Эти ..... не представляют ...., а ..... у тебя не из-за них. Пойдём к доктору Иванову, он всегда осматривает .... самым тщательным ...., он тебя быстро .... !

③ E [infine] la cosa più importante *(E la-più principale)*: seguite le indicazioni riportate *(scritte)* sulla boccetta!

А самое главное – ...., ... на .... !

④ Come ti senti? – Meglio, ma adesso mi fanno molto male gli *(forte dolore in)* occhi. Lunedì andrò *(all'appuntamento)* dall'oculista.

Как ты себя .... ? – Лучше, но ...... у меня сильная .... в .... В понедельник пойду на ..... к ....

5 Sei troppo pessimista *(così cupamente predisposto)*, mi sembra che tu stia esagerando. – No, io sono ottimista, ma sai, è solo che sono stufo di tutta questa faccenda *(semplicemente a-me tutto questo ha-stufato)*!

Ты так ...., мне кажется, ты преувеличиваешь. – Нет, я ...., ты же знаешь, просто мне всё это надоело!

Soluzione dell'esercizio 2

1 – болезнь – безнадёжна – сказал – ерунду – ангина **2** – ягоды – опасности – понос – больных – образом – вылечит **3** – следуйте указаниям, написанным – пузырьке **4** – чувствуешь – теперь – боль – глазах – приём – окулисту **5** – мрачно настроен – оптимист

***

Ecco uno scioglilingua che vi aiuterà a pronunciare e distinguere meglio la **и** *molle dalla* **ы** *dura:* **Мама мылом Милу мыла, Мила мыло не любила**, La mamma lavava Mila col sapone, Mila non amava il sapone.

18 Восемнадцатый урок

Яблоко от яблони недалеко падает ①

1 Первоклассник ② пришёл домой из школы грустный-грустный.
2 – Что, сын мой, опять двойку ③ получил?
3 – Ага, скорее бы уже выйти на пенсию!
4 – Ну что ты говоришь, бери пример со ④ своего старшего брата:
5 он – труженик, всегда любил школу, хорошо учился, отлично себя вёл.
6 У него по всем предметам были только пятёрки ⑤.

> **Osservazioni sulla pronuncia**
> 1 Nel gruppo consonantico **стн** la **т** non si pronuncia mai: **грустный** *[grussnyj]*.

Note

① Il titolo è un bel proverbio che si può tradurre in vari modi, per esempio *Tale padre, tale figlio* o, restando più fedeli al testo, *La mela non cade lontano dall'albero*.

② **Первоклассник**, *alunno di prima elementare*: notate quant'è sintetico il russo (anche se in italiano, a dire il vero, abbiamo *primino*). Il termine è composto da **первый**, *primo*, e **класс**, *classe*. Il femminile è **первоклассница**.

③ **двойка** è il voto peggiore che si possa prendere a scuola in Russia ed equivale più o meno al nostro *quattro*. Un 3 (**три** o **тройка**) corrisponde a una sufficienza risicata, ed è considerato un voto poco lusinghiero; in compenso è rarissimo che uno studente prenda un 1 (**единица**), ovvero zero.

④ L'espressione **брать пример с**, *prendere esempio da*, regge il genitivo: **Не бери пример со своего брата, он сам ничего не умеет делать!**, *Non prendere esempio da tuo fratello, lui stesso non sa fare niente!*

Diciottesima lezione 18

Tale padre, tale figlio
(La mela dal melo non-lontano cade)

1 Un alunno di prima elementare torna *(è-arrivato-a-piedi)* a casa da scuola tutto triste *(triste-triste)*.
2 – Che c'è, figlio mio, hai preso di nuovo un brutto voto *(due hai-ottenuto)*?
3 – Già, sarebbe meglio che mi ritirassi *(piuttosto già uscire in pensione)*!
4 – Ma cosa dici, prendi esempio da tuo fratello maggiore:
5 lui è uno sgobbone *(faticatore)*, gli è sempre piaciuta *(sempre ha-amato)* la scuola, andava *(studiava)* bene [a scuola], si comportava benissimo *(ottimamente)*.
6 Aveva sempre dieci in tutte le materie *(Presso di-lui per tutte le materie c'erano solo cinque)*.

▸ ⑤ Il massimo dei voti è **пятёрка**, equivalente a *ottimo* o *dieci* anche se letteralmente vuol dire "cinque", mentre un gradino sotto troviamo **четвёрка**, che corrisponde grosso modo a *buono* o a *otto*.

18   **7**   За все эти годы ни один учитель на него не пожаловался ⑥.
    8   На ⑦ летних каникулах, он читал ⑧ книжки, которые ему задали в школе,
    9   а когда расправлялся ⑨ со школьной программой, брался ⑩ за папины книги.
   10   Уже в середине августа он начинал томиться в ожидании первого сентября.
   11   Поэтому сейчас он учится в престижном университете на экономическом факультете.
   12   Держись, сынок, побольше прилежания и ты тоже станешь хорошим учеником.

10 середине si può pronunciare *[siridinje]* o *[sridinje]*.

Note

⑥ Esaminiamo questo verbo perfettivo: **не пожаловался**, *non si è lamentato*. Avremmo potuto anche usare l'imperfettivo, dicendo **не жаловался**, *non si è lamentato*, *non si lamentava*; la frase sarebbe stata comunque corretta, ma il significato sarebbe stato stilisticamente diverso: nel primo caso si afferma infatti che lo studente si è sempre comportato in modo irreprensibile ed esemplare, ovvero non ha mai dato occasione di lamentarsi di lui (si esprime un giudizio globale come risultato finale, dunque perfettivo). Nel secondo caso stiamo invece negando semplicemente un'azione al passato. La negazione in sé di un'azione comporta sempre l'uso dell'imperfettivo.

⑦ La preposizione **на** regge il prepositivo quando introduce un periodo di tempo durante il quale un'azione si è svolta o dovrà svolgersi (complemento di tempo determinato): **на прошлой неделе**, *[durante] la scorsa settimana*.

⑧ **На летних каникулах, он читал книжки, которые ему задали в школе**, *Durante le vacanze estive leggeva i libri che gli avevano assegnato a scuola*. Qui **читал** è usato all'im- ▶

7 In tutti questi anni nessun insegnante si è [mai] lamentato di lui.
8 Durante le *(Nelle)* vacanze estive leggeva i libri che gli avevano assegnato a scuola
9 e quando aveva finito con *(aveva-sbrigato)* il programma scolastico, si metteva a leggere *(si-prendeva dietro-a)* i libri di papà.
10 Già a metà agosto non vedeva l'ora [che arrivasse il] *(cominciava-a tormentarsi in attesa del-)*primo settembre.
11 Perciò ora studia in un'università prestigiosa alla facoltà di economia.
12 Tieni [duro] *(resisti)*, figliolo, applicati un po' di più *(un-po'-più di-applicazione)* e anche tu diventerai un bravo alunno.

▸ perfettivo perché descrive un'abitudine al passato, un po' come facciamo in italiano con l'imperfetto. Nell'esempio che segue, il verbo al perfettivo (**прочитал**) sottolinea invece il conseguimento del risultato atteso e il fatto che si tratti di un atto compiuto nella sua interezza: **На летних каникулах, он прочитал книжки, которые ему задали в школе**, *Durante le vacanze estive ha letto [tutti] i libri che gli hanno assegnato a scuola.*

⑨ Il verbo **расправляться**, qui imperfettivo, ha diversi significati: *finire con, far giustizia di qualcuno, sbarazzarsi di qualcuno,* ma anche *spianarsi, raddrizzarsi, diventare liscio.*

⑩ Avete già visto (lez. 15, nota 12; lez. 16, nota 9) due casi in cui una coppia aspettuale si forma aggiungendo un prefisso a un verbo imperfettivo. Ci sono dei casi, tuttavia, in cui il perfettivo non deriva dall'imperfettivo, ma è un verbo con una radice completamente diversa: per esempio **брать** (imperf.) / **взять** (perf.), *prendere*; **браться** (imperf.) / **взяться** (perf.), *mettersi a fare qualcosa* (lett. "prendersi" + **за**, *dietro*, e acc.); **говорить** (imperf.) / **сказать** (perf.), *dire*. Vedremo anche altri modi di formazione più avanti.

18 13 Терпение и труд всё перетрут!
14 Да что и говорить, мы с папой тоже всегда хорошо учились.
15 Неудивительно, что у твоего старшего брата такие результаты – он весь в нас!
16 Сынок, а зачем ты наклеил на дневник фотографию отца?
17 – Когда учительница ставила мне двойку, она сказала,
18 что хотела бы посмотреть на того идиота, который помогал мне делать домашнее задание...

***

Упражнение 1 – Читайте и переводите

❶ Если у тебя будут хорошие результаты по всем предметам, на летних каникулах мы поедем на море. ❷ Хотелось бы посмотреть на того идиота, который будет помогать тебе в этом деле. ❸ Послушай, сначала надо читать книжки, которые тебе задали в школе, а уж потом можешь браться за книги из папиной библиотеки. ❹ Мой сын пошёл в первый класс, а его старший брат поступил в университет. – Моя младшая дочь теперь тоже первоклассница! ❺ Очень странно: за все эти годы ты на них ни разу не пожаловалась, а вот теперь выясняется, что твои соседи такие неприятные люди...

13 Chi la dura la vince *(Pazienza e fatica tutto spezzeranno-sfregando)*.
14 Che altro *(Ma che-cosa e dire)*? Anche io e papà siamo sempre stati bravi a scuola *(noi con papà pure sempre bene abbiamo-studiato)*.
15 Non c'è da stupirsi *([È] non-sorprendente)* se tuo fratello ottiene questi risultati *(che presso di-tuo fratello maggiore tali risultati)*: ha preso tutto da noi *(lui [è] tutto in noi)*!
16 [Mio caro] figliolo, ma perché hai incollato sul diario la foto di [tuo] padre?
17 – Quando la maestra mi ha dato *(ha-messo)* quattro *(due)*, ha detto
18 che vorrebbe vedere *(guardare-fisso a)* [chi è] quell'idiota che mi ha aiutato a fare i compiti per casa *(casalingo compito)*…

***

Soluzione dell'esercizio 1

❶ Se otterrai buoni voti *(risultati)* in tutte le materie, passeremo le vacanze estive *(durante le vacanze estive andremo)* al mare. ❷ Vorrei vedere [chi sarà] quell'idiota che ti aiuterà in questa faccenda. ❸ Senti, prima devi *(è-necessario)* leggere i libri *(libretti)* che ti hanno assegnato a scuola, e poi potrai passare a *(prenderti dietro-a)* quelli della biblioteca di papà. ❹ Mio figlio è in prima elementare *(è andato in prima classe)* e suo fratello maggiore ha cominciato l'università *(si-è-iscritto-con-esame-di-ammissione all'università)*. – Anche la mia figlia più piccola è in prima *([è] primina)*! ❺ Che strano *([È] molto strano)*: in tutti questi anni non ti sei mai lamentata di loro nemmeno una volta, ed ecco [che] adesso salta fuori *(si-chiarisce)* che i tuoi vicini sono dei pessimi soggetti *(tali spiacevoli persone)*…

18 Упражнение 2 – Восстановите текст

❶ Lei trova tanto difficile *(complicato)* il nuovo programma scolastico, ma non fa niente, chi la dura la vince *(pazienza e fatica tutto spezzeranno-sfregando)*!
Ей так …… с новой ……………… Но
……, ……. и труд всё ……..!

❷ Ma perché sei triste *(ti-tormenti)*? Sei in vacanza… – Aspetto i risultati degli esami, ma usciranno *(ed essi saranno)* solo alla fine del mese. – Su, tieni [duro] *(resisti)*!
Ну что ты ……..? У тебя же …….. …
– Я … результатов ………, а они …..
только в …. …….. – Ну, ……!

❸ Per solidarietà farò anch'io i compiti per casa adesso. – Il nostro obiettivo è [prendere] dieci *(cinque)* in tutte le materie!
Из ………… я тоже …. делать ……..
…… сейчас. …….. – …….. по всем
……….!

***

La scuola dell'obbligo russa comprende tre tappe: la **начальная школа**, *l'equivalente della nostra* scuola primaria *o* elementare; *e l'* **основная средняя школа**, *scuola secondaria di primo grado o* scuola media. *Successivamente c'è la* **полная средняя школа**, *scuola secondaria di secondo grado o* scuola media superiore, *ma si può anche scegliere di seguire una scuola tecnica o professionale che permette successivamente di frequentare l'* **университет**, università.
Per molto tempo il voto più alto che si potesse prendere era **пять**

❹ Suo padre non si applicava mai a scuola *(a suo padre sempre non bastava di-applicazione)*, perciò non c'è da stupirsi se loro figlio ottiene questi risultati: tale padre, tale figlio *(la mela dal melo non-lontano cade)*!

.... всегда не .... в школе, поэтому ...., что у их сына такие ....: ...... от ...... недалеко ....

❺ Non la capisco: dovrebbe già andare *(uscire)* in pensione e lavora continuamente *(tutto [il tempo] lavora)*. – È sempre stata una sgobbona *(Lei sempre è-stata una faticatrice)*. Anche in ferie pensava al lavoro...

Не понимаю я её: ей бы уже ...., а она всё .... – Она всегда .... Даже в .... она думала о ....

Soluzione dell'esercizio 2

❶ – сложно – школьной программой – ничего, терпение – перетрут ❷ – томишься – каникулы – жду – экзаменов – будут – конце месяца – держись ❸ – солидарности – буду – домашнее задание – Наша цель – пятёрки – предметам ❹ Его отцу – хватало прилежания – неудивительно – результаты – яблоко – яблони – падает ❺ – выйти на пенсию – работает – была труженицей – отпуске – работе

***

о **пятёрка**, cinque *(noi lo traduciamo con* dieci*) e la sufficienza corrispondeva a un* **три** *о* **тройка**, tre. *Oggi, però, alcuni istituti scolastici hanno introdotto un sistema di valutazione in decimi o in ventesimi. Oltre all'*экзамен, *esame, ci sono i* **зачёты**, *prove, test, in occasione delle quali il professore esprime dei giudizi anziché dei voti:* **удовлетворительно** *о* **неудовлетворительно**, *sufficiente o insufficiente. In tutti gli istituti l'anno comincia il primo settembre (v. la frase 10 di questa stessa lezione), che è chiamato* **день знаний** *(lett. "giornata dei saperi").*

19 Девятнадцатый урок

Паникёр

1 — В машине душно, а вы ещё гоните ①, мне сейчас станет дурно…
2 Григорий, вы не могли бы включить кондиционер?
3 — Так, Татьяна, что это ты меня на «вы»?
4 Я, вроде бы, ещё не такой старый!
5 — Да что вы… вы меня не так поняли.
6 Я ведь ② это из уважения к вам.
7 — Нет уж ③, давай на «ты». Ты уже взрослая, да и крестница ④ мне всё-таки ⑤!

Note

① **гоните** è la 2ª persona plurale del verbo di moto monodirezionale imperfettivo **гнать**, transitivo, che significa innanzitutto *spingere, inseguire, cacciare via* e quindi *lanciare a tutta velocità un mezzo di trasporto*. È un altro di quei verbi in **-ать** appartenenti alla 2ª coniugazione (v. anche lez. 16, nota 5 e lez. 17, nota 13): **гоню, гонишь, гонят**.

② La particella **ведь** (pron. *[vit']*) spesso non si traduce e corrisponde a espressioni come *il fatto è, è che, dopotutto*, ecc. Come congiunzione in genere si traduce con *poiché, siccome* o *eppure, però*.

③ La particella rafforzativa **уж** esprime dubbio o netta disapprovazione: **Нет уж, спасибо! Я не хочу этим заниматься**, *Ah no, grazie! Non voglio occuparmene* (qui indica chiaramente un rifiuto categorico, come nella frase del nostro dialogo); **Ты уж точно знаешь!**, *Tanto tu lo sai benissimo, no?* (intendendo dire "ho forti dubbi che tu lo sappia").

Diciannovesima lezione 19

Un allarmista

1 – In auto fa un caldo boia, Lei corre pure e mi viene da star male *(In macchina [è] afoso, e voi ancora fate-andare-velocemente [la macchina], a-me ora diventerà male)*…
2 Grigorij, non potrebbe accendere il climatizzatore?
3 – Ma Tat'jana, perché mi dai del "Lei" *(che-cosa questo tu me su "voi")*?
4 Non sono mica ancora *(Io, sembrerebbe, ancora non [sono])* così vecchio!
5 – Ma che dice *(Ma che-cosa voi)*… Non mi ha capito bene *(così)*.
6 È che lo faccio per rispetto nei Suoi confronti *(Io dopotutto questo dal rispetto verso voi)*.
7 – No, no, passiamo al "tu" *(dai su "tu")*. Sei già grande *(adulta)* e poi sei anche la mia figlioccia *(inoltre e figlioccia a-me comunque)*!

▶ ④ Il maschile di **крестница**, *figlioccia*, è **крестник**, *figlioccio*. I due termini sono naturalmente legati al verbo **крестить**, *battezzare*.

⑤ La congiunzione e particella **всё-таки**, *comunque, tuttavia, eppure*, può rafforzare il senso di ciò che è stato appena detto (come in questo caso) oppure introdurre una frase avversativa: **Таня совсем маленькая, и всё-таки она умеет читать**, *Tanja è piccolina, ma sa già leggere*.

8 – Хорошо, крёстный, договорились ⑥! Так что насчёт кондиционера и чтоб скорость сбавить?

9 – Ну, дорогая моя, придётся потерпеть: в моей машине такого люкса нет.

10 Едет – и то слава Богу! Ну, а скорость сброшу: как говорится в пословице, тише едешь, дальше будешь.

11 – Ну ладно, ничего страшного, что нет кондиционера. А что это за странный звук?

12 – Какой звук? Ничего не ⑦ слышу…

13 Чёрт возьми! Сглазил ⑧: точно какой-то странный звук.

14 Вот, только этого нам и не хватало!

Osservazioni sulla pronuncia

8 Il gruppo consonantico **сч** si pronuncia sempre come se fosse una **щ** *[ssh]*: **насчёт** *[nassh'ot]* (v. anche lez. 1).

13 сглазил *[zglazil]*: la **с** sorda diventa sempre sonora a contatto con una sonora (eccetto davanti a **м, н, в, л, р**: **слово** *[sslova]*).

Note

⑥ Il cofisso (prefisso + suffisso) **до-** + **-ся** (che in genere dà luogo a verbi solo perfettivi, senza coppia aspettuale) indica la riuscita di un'azione dopo vari tentativi andati a vuoto: se usiamo per esempio **дождаться** (+ gen.) *aspettare a lungo qualcuno*, intendiamo dire che alla fine la persona attesa è arrivata. Analogamente **дозвониться** significherà *telefonare più volte a qualcuno finché questi non risponde*. Anche l'impiego di **договориться**, di conseguenza, sottintende che è stato necessario parlare e trattare a lungo prima di *mettersi / essere d'accordo*.

⑦ Ricordate sempre che la doppia negazione è d'obbligo in russo, anche quando in italiano non la usiamo: *Non vedo, non sento e non parlo*: **Ничего не вижу, ничего не слышу, ничего не говорю** (lett. "Niente non vedo, niente non sento, niente ▸

8 – Bene, padrino, d'accordo *(ci-siamo-messi-d'accordo)*! Allora, [che ne diresti di accendere] il climatizzatore *(che-cosa a-proposito del-climatizzatore)* e rallentare *(per la velocità abbassare)*?
9 – Beh, mia cara, devi *(toccherà)* avere un po' di pazienza: sulla mia auto questo lusso non ce l'abbiamo.
10 [È già tanto se] va, grazie a Dio *(e quello gloria a-Dio)*! Però la velocità [la] abbasso *(abbasserò)*: come dice il *(si-dice nel)* proverbio, chi va piano, va sano e va lontano *(più-piano vai, più-lontano sarai)*.
11 – Va bene, niente di grave *(terribile)* se *(che)* non c'è il climatizzatore. Ma cos'è questo strano rumore *(suono)*?
12 – Quale *(suono)*? Non sento niente…
13 Maledizione *([Che] il diavolo [ti] prenda)*! Che scalogna: è vero, c'è uno strano rumore *(Ha-portato-iella: esattamente [c'è] qualche strano suono)*.
14 Vai, ci mancava solo questa *(Ecco, solo di-questo a-noi e non bastava)*!

▶ non dico"); **Никто не отвечает**, *Nessuno risponde* o *Non risponde nessuno* (lett. "Nessuno non risponde").

⑧ I russi sono molto superstiziosi, come si può intuire dai tanti piccoli rituali che bisogna rispettare in vista di avvenimenti importanti. Nel verbo perfettivo **сглазить** avrete forse riconosciuto la radice **глаз**, *occhio*: non a caso vuol dire *portare iella, fare il malocchio*. Viene usato anche in formule scaramantiche, augurando a qualcuno buona fortuna o lodandolo. Non c'è da stupirsi se i russi, quando nominano qualcosa di positivo, aggiungono spesso questa frase: **Тьфу-тьфу-тьфу, чтоб не сглазить!**, *Tocchiamo ferro!*, *Corna e bicorna*, ecc., accompagnando queste parole con il gesto di battere tre volte con la nocca dell'indice su una superficie di legno e mimando il gesto di sputare tre volte sopra la spalla sinistra.

15 Сколько раз говорила мне твоя тётя: давно пора новую машину купить,
16 а я ей каждый раз отвечал: «Она ещё десять лет проездит ⑨!»
17 Доездились ⑩! Браво!
18 – Дядь Гриш ⑪, да не паникуй ты ⑫! С машиной всё в порядке.
19 – А звук тогда откуда?
20 – Это из твоего бардачка.
21 Как я понимаю, у тебя там мобильный завибрировал ⑬.

Какой шум? Ничего не слышу...

Note

⑨ Il prefisso quantitativo **про-** indica un'azione che dura per un certo periodo di tempo (soggettivamente lungo), considerata nella sua totalità risultante (azione perfettiva) (v. anche lez. 11, nota 1): **Он проговорил целый час!**, *Ha parlato per un'ora intera!*; **Бабушка прожила 92 года**, *La nonna ha vissuto 92 anni*. Ricordatevi che va obbligatoriamente espresso il complemento di tempo continuato (acc. semplice).

⑩ **Доездились** è una forma perfettiva costruita sul verbo di moto non monodirezionale **ездить** con l'aggiunta del cofisso **до-** + **-ся** (v. nota 6). Qui si tratta, però, di un uso idiomatico: *finire nei guai* (a furia di correre con un mezzo), *sfasciare un mezzo di trasporto* (a furia di usarlo).

15   Quante volte tua zia mi ha detto [che] è da un bel pezzo che bisogna *(è-ora-di)* comprare una macchina nuova,

16   e io ogni volta le rispondevo: "Questa reggerà *(viaggerà-a-lungo)* ancora [per] dieci anni!"

17   E ora siamo giunti al capolinea *(abbiamo-viaggiato-un-sacco-fino-alla-fine)*! Complimenti *(Bravo)*!

18 –   [Su,] zietto *(Zio Griša)*, non farti prendere dal panico! L'auto è perfettamente a posto *(Con la macchina [è] tutto in ordine)*.

19 –   E [quel] rumore, allora, da dove [viene]?

20 –   Dal *(tuo)* vano portaoggetti.

21   A quanto ho capito *(Come io capisco)*, lì [dentro] c'è il tuo telefonino [che] si è messo a vibrare.

---

⑪ Nella lingua parlata capita che, quando ci si rivolge a qualcuno chiamandolo per nome (proprio o di parentela), l'ultima vocale sia elisa: si dice dunque **мам** anziché **мама**, **Кать** invece di **Катя**, **дядь** invece di **дядя**, ecc. È una sorta di caso vocativo a grado zero (v. lez. 5, nota 1). Notate che le consonanti molli restano tali (tramite la sostituzione della vocale finale con **ь**).

⑫ Anziché dire **да не паникуй ты!** si può dire anche **не паникуй**, ma la particella **да** e il pronome personale alla fine della frase rendono l'esclamazione molto più espressiva. L'aggiunta del pronome dopo un imperativo può anche denotare stizza: **уйди ты наконец!**, *Ma vattene una buona volta!*

⑬ Il prefisso verbale **за-** può indicare, specie con i verbi che indicano emissione di suono o rumore, l'inizio di un'azione e, aggiunto a un verbo imperfettivo, lo rende perfettivo: **вибрировать** (imperf.), *vibrare* → **завибрировать** (perf.), *mettersi a vibrare*; **петь** (imperf.), *cantare* → **запеть** (perf.), *mettersi a cantare, intonare*. Questo stesso prefisso può, però, avere anche un significato lessicale (spaziale), ad esempio "dietro, oltre, lontano", con i verbi di moto, ed è presente in entrambe le forme della copia aspettuale: **заходить** / **зайти в лес**, *addentrarsi nel bosco*.

19 Упражнение 1 – Читайте и переводите

❶ На улице совсем нет ветра. Хорошо хоть кондиционер работает! **❷** Почему это вы со мной на «ты»? По-моему, мы с вами ни друзья и ни родня. **❸** Не паникуйте, из уважения к вам я ничего ему не скажу. – Договорились! Спасибо большое. **❹** Сбавь скорость! Ты так гонишь, что мне сейчас станет дурно. – Да, действительно, как говорится в пословице: тише едешь, дальше будешь. **❺** Не могли бы вы открыть окно? В комнате слишком душно. – Нет, не могу: мне холодно.

***

Упражнение 2 – Восстановите текст

❶ Che hai fatto? – Ci mancava solo questa!
. . . . ? Только . . . . . нам и не . . . . !

❷ Lui non mi sembra ancora così vecchio.
Он, ... бы, ещё не . . . .

❸ Non senti niente? – Sì, sento uno strano rumore *(suono)*.
Ты . . . . . . не . . . . ? – Да, я . . . . . какой-то
. . . .

***

In russo si dà del "tu" o del "voi", come in francese. Prima del XVI secolo dare del "tu" era la norma, mentre il "voi" è rimasto a lungo una forma aristocratica e solo nel XVIII secolo è stato reintegrato nell'uso per via dell'influsso delle lingue straniere, anche se alcuni scrittori dell'epoca ne contestavano l'adozione. Eppure proprio in quel periodo la forma di cortesia venne introdotta nelle scuole per rivolgersi a tutti gli studenti. Verso la metà del XIX secolo la distinzione tra il "tu" e il "voi" dipendeva dal ceto sociale, mentre oggi si dà del "voi" per rispetto, per rivolgersi a una persona

Soluzione dell'esercizio 1

❶ Fuori *(In strada)* non c'è un filo *(del-tutto non)* di vento. Per fortuna *(Bene almeno)* il climatizzatore funziona! ❷ Perché mi dà del "tu"? Non credo che ci conosciamo *(Secondo me noi con voi [non siamo] né amici né parenti)*. ❸ Non si allarmi, non gli dirò niente per rispetto nei Suoi confronti. – D'accordo *(Ci-siamo-accordati)*! Grazie mille *(grande)*. ❹ Rallenta *(Abbassa la velocità)*! Corri *(Fai-correre [l'auto])* così tanto che mi viene da star male *(a-me ora diventerà male)*. – Sì, hai ragione *(effettivamente)*, come dice il proverbio: chi va piano, va sano e va lontano. ❺ Non potrebbe aprire la finestra? Nella stanza fa troppo caldo *([è] troppo afoso)*. – No, non posso: ho freddo.

***

❹ Ma che dici! Mi hai frainteso *(non così hai-capito)*.
Да что ты! . . . . . . не так . . . .

❺ Beh, mio caro, devi *(toccherà)* avere pazienza!
Ну, ... мой, ... !

Soluzione dell'esercizio 2

❶ Что ты сделал – этого – хватало ❷ – вроде – такой старый ❸ – ничего – слышишь – слышу – странный звук ❹ – Ты меня – понял(а) ❺ – дорогой – придётся потерпеть

***

sconosciuta o più anziana oppure in un contesto ufficiale. Tuttavia, il russo presenta un ventaglio molto ampio di intonazioni che influiscono considerevolmente sul senso dell'enunciato, rivelando il vero motivo per cui viene usato il "voi". A volte, infatti, questo pronome di cortesia serve più a mantenere le distanze, a sottolineare una certa freddezza o dare un tono scherzoso e ironico alla conversazione. L'espressione seguente dimostra, per esempio, una certa incredulità nei confronti di ciò che è stato appena detto: **Да что вы говорите!***, Ma che dice!, Figurarsi!*

20 Двадцатый урок

Стратегия

1 — Тушь для ресниц, пудра для лица, тени для век, румяна для щёк ①, помада для губ, карандаш для бровей ②…
2 Зачем ты накупила ③ так много макияжа ④?
3 Ты решила ⑤ открыть магазин или салон красоты?
4 — Хватит тебе хихикать.

> **Osservazioni sulla pronuncia**
> **4 Хватит хихикать**: leggete rapidamente queste due parole: è un ottimo esercizio di pronuncia!

Note

① **щека**, *guancia*: la presenza della **ё** nella declinazione di questo sostantivo femminile causa l'arretramento dell'accento tonico, che al singolare cade sulla desinenza, salvo all'accusativo (**щёку**): **щека́** (nominativo), **щеки́** (genitivo), ecc. Al plurale, invece, l'accento cade sulla radice in tre casi su sei: **щёки** (nominativo), **щёк** (genitivo), **щека́м** (dativo), **щёки** (accusativo), **щека́ми** (strumentale), **щека́х** (prepositivo).

② In questa frase abbiamo tre sostantivi in **-ь**, tutti femminili: **тушь**, *inchiostro*, *mascara*; **тень**, *ombra* (al plurale **тени**, *ombre,* ma anche *ombretto*) e **бровь**, *sopracciglio*.

③ Il verbo **накупить**, *comprare un sacco di cose*, deriva dal verbo perfettivo **купить**, *comprare*. Qui il prefisso di quantità **на-** denota abbondanza e il complemento oggetto va espresso al genitivo, detto di "quantità": **Она накупила карандашей на всю школу**, *Ha comprato <u>un sacco di</u> matite per tutta la scuola*; **Дети накупили дисков**, *I bambini hanno comprato <u>una marea di</u> dischi*.

Ventesima lezione 20

Strategia

1 – Mascara *(per le ciglia)*, cipria per il viso, ombretto *(ombre)* per le palpebre, fard per le guance, rossetto per le labbra, matita per le sopracciglia…
2 Perché hai comprato tutti questi trucchi *(così tanto di-trucco)*?
3 Hai deciso di aprire un negozio o un salone di bellezza?
4 – Smettila di ridacchiare *(Basta a-te sghignazzare)*.

▸ ④ макияж, *trucco, trucchi* e, naturalmente, *maquillage*, termine da cui deriva, è un sostantivo che si usa solo al singolare (v. anche la nota 6).

⑤ Ecco un altro modo di formare le coppie aspettuali dei verbi. Alcuni verbi in -ить e in -нуть hanno infatti l'imperfettivo in -ать (il valore semantico del verbo rimane fondamentalmente lo stesso): **решать** (imperfettivo) / **решить** (perfettivo), *decidere*; **бросать** (imperfettivo) / **бросить** (perfettivo), *gettare*; **вздыхать** (imperfettivo) / **вздохнуть** (perfettivo), *sospirare* (notate la modifica della radice); **хихикать** (imperfettivo) / **хихикнуть** (perfettivo), *ridacchiare, sghignazzare*, ecc.

5 У меня просто как-то сразу вся косметика ⑥ закончилась, так что 8 марта – очень кстати.
6 – Неужели всё это – подарок твоего мужа?
7 Он ведь у тебя на чепуху тратить деньги ⑦ не любит.
8 – Ха! Я играючи ⑧ убедила его, что это далеко как не чепуха.
9 И потом, у меня своя тактика.
10 – О! Под маской безобидной простушки скрывается тонкий стратег!
11 Ну-ну, я шучу, поделись, что же у тебя за тактика такая...
12 – Я провела в отделе макияжа больше полутора часов,
13 виновато улыбаясь и объясняя мужу назначение каждого выбранного ⑨ мною предмета.

Note

⑥ **косметика** è un'altra parola che si usa solo al singolare, anche se indica una pluralità di cose (lett. "un insieme di prodotti cosmetici").

⑦ Ecco qui un esempio di parola usata solo al plurale: **деньги**, *soldi, denaro*. L'accento tonico cade sulla desinenza al dativo, allo strumentale e al prepositivo (**деньгáм**, **деньгáми**, **деньгáх**); attenzione inoltre alla vocale mobile del genitivo che prende il posto del segno molle (**денег**). Altre parole usate solo al plurale sono: **брюки**, *calzoni*; **джинсы**, *jeans*; **каникулы**, *vacanze*; **очки**, *occhiali*.

⑧ Alcuni gerundi presenti hanno significato avverbiale: è il caso di **играючи**, *senza fatica, facilmente* (lett. "giocando"), uno dei pochi gerundi in **-ючи (-учи)**, analogamente a **будучи** (da **быть**), che abbiamo incontrato nella lezione 14.

⑨ Come abbiamo visto, il participio passato passivo si forma nor- ▸

5 È solo che di punto in bianco mi *(Presso di-me semplicemente)* sono finiti tutti i cosmetici, perciò l'8 marzo [viene] giusto *(molto)* a proposito.

6 – Com'è possibile che tuo marito ti abbia regalato tutte queste cose *(Davvero tutto questo [è] un-regalo di-tuo marito)*?

7 Eppure non ama spendere i soldi in sciocchezze *(presso di-te su sciocchezza spendere soldi non ama)*.

8 – Figurati *(Ah)*! L'ho convinto senza fatica *(giocando)* che queste non sono affatto *(lontano come non)* sciocchezze.

9 E poi ho una mia *(propria)* tattica.

10 – Oh! Sotto [quella] maschera da santarellina *(di-sempliciotta)* innocua si nasconde un fine stratega!

11 Vabbè, [dai,] scherzo, fammi sapere un po' *(condividi [con me])* quale sarebbe questa tua tattica …

12 – Ho passato più di un'ora e mezza nel reparto dei cosmetici

13 spiegando a [mio] marito con un sorriso birichino la finalità di tutti gli articoli che sceglievo *(con-aria-colpevole sorridendo e spiegando al-marito la destinazione di-ogni scelto da-me oggetto)*.

▶ malmente col suffisso **-енн-** / **-ённ-** o **-нн-** e l'aggiunta della desinenza aggettivale di tipo forte (v. lez. 12, nota 9, lez. 14, § 4.2 e lez. 16, nota 4). L'esempio di questo dialogo conferma quanto abbiamo affermato in precedenza: tema del passato **выбра-л**, *ho scelto* → **выбра-нн-ый**, *scelto*. Come abbiamo detto, però, ci sono anche dei participi passati passivi formati col suffisso **-т-**: **забы-л**, *ho dimenticato* → **забы-т-ый**, *dimenticato*. Come si fa a sapere quando va usato questo suffisso? Lo vedremo meglio nella lezione 21.

20

14 В какой-то момент мне даже показалось, что он начал дремать ⑩!

15 В конце концов он не выдержал, плюнул на всё, дал мне свою кредитку и уехал.

16 Вот тут-то я минут за 10 и набрала всё, что ты видишь перед собой…

17 – М-да.. Ты не только крайне изобретательна, но ещё и шустра ⑪!

18 Держу пари, ты разорила его своим подарком!

19 Тебе не кажется, что ты переборщила?

20 – Да ну, брось. Я к себе требую внимания, но и сама люблю делать шикарные подарки.

21 Между прочим, на 23 февраля я подарила ему машину!

Note

⑩ Il verbo **дремать**, *sonnecchiare*, è della 1ª coniugazione e dunque presenta l'alternanza consonantica **м / мл** in tutte le persone del presente: **дремлю, дремлешь, дремлет, дремлем, дремлете, дремлют**.

***

Anche i russi celebrano l'8 marzo, la Festa della donna, *che loro chiamano* **Международный женский день** *(lett. "Giornata internazionale femminile"). È un giorno in cui tutte le donne ricevono un regalino dal marito, dai figli, dai compagni di classe o dai colleghi di lavoro, e non vengono colmate solo di doni, ma anche di fiori e di attenzioni. Spesso, nelle scuole, gli allievi fanno un regalo collettivo alla maestra e un altro dono (che in genere è lo stesso per tutte) alle ragazze della classe. Perciò, se vi trovate in Russia l'8 marzo, non esitate a fare gli auguri a tutte le donne che incontrate, comprese le commesse dei negozi e i controllori (quelli di sesso*

14 A un certo punto *(In qualche momento)* mi è persino sembrato che cominciasse *(ha-cominciato)* a sonnecchiare!

15 Alla fine *(In fine delle-fini)* non ha retto, ha mollato tutto *(ha-sputato su tutto)*, mi ha dato la sua carta di credito e se n'è andato.

16 Così *(Ecco qui)*, in una decina di minuti, ho arraffato tutto quello che vedi [qui] davanti a te…

17 – Hmm, sì… Non solo sei molto scaltra *(estremamente ingegnosa)*, ma sei pure svelta!

18 Scommetto *(Tengo scommessa)* [che] col tuo regalo l'hai rovinato!

19 Non ti sembra di avere esagerato?

20 – Ma no, dai *(smetti[la])*. Chiedo attenzioni per me *(Io verso sé esigo di-attenzione)*, ma amo fare dei regali sciccosi anch'io *(io-stessa)*.

21 Tra l'altro, per il 23 febbraio gli ho regalato un'auto!

▶ ⑪ Questo aggettivo (del registro colloquiale) di forma breve ha due varianti possibili al maschile: **шустр** e **шустёр**, con tanto di vocale mobile. Il femminile presenta l'accento tonico sull'ultima sillaba, mentre il neutro lo porta sulla prima: **шустра́**, **шу́стро**. Al plurale può capitare di sentir dire sia **шустры́** sia **шу́стры**: la prima forma è tipica del parlato e più diffusa della seconda, che tuttavia è quella corretta.

***

femminile, s'intende) sugli autobus! Come avrete intuito, per i russi questa giornata non è solo un giorno festivo, ma una vera e propria istituzione. Anche gli uomini, però, hanno la loro festa: si tratta del **День защитника отечества** *(lett. "Giornata del difensore della patria"). Si celebra il 23 febbraio (ed ecco spiegato il riferimento a questa data nell'ultima frase del dialogo di oggi) e corrisponde grosso modo alla nostra* Festa del Papà*. In origine era la giornata dei soldati e di chi aveva fatto il servizio militare, ma col tempo si è trasformata in un'occasione per fare dei regali a tutti gli uomini e ai ragazzi.*

20 Упражнение 1 – Читайте и переводите

❶ Что ж ты так долго? – Извини, мне надо было так много всего выбрать, а тратить деньги на чепуху я не хотела. Поэтому и долго. ❷ Сколько лет ты прожила в этом городе? – Около 20... А потом минут за 40 упаковала чемоданы и уехала. ❸ Что за чепуха! Василий – тонкий стратег, он играючи убедит всех следовать его идеям. ❹ Зачем ты накупила столько косметики? – У меня как-то сразу всё закончилось, а тут муж захотел сделать мне подарок... ❺ Ты не мог бы объяснить мне назначение каждого купленного тобою предмета? – Думаю, ты всё равно не поймёшь.

***

Упражнение 2 – Восстановите текст

❶ Com'è possibile che *(Davvero)* mi abbiano rubato la *(mia)* carta di credito? Ce l'avevo in mano *(Io tenevo lei nelle mani)* l'ultima volta che ho comprato dei trucchi.

.... у меня ....? .... раз я .... её в ....., ... покупала макияж.

❷ Ma stai sonnecchiando *(Tu che-cosa, sonnecchi)*? – No, è solo una tua impressione *(ti è-sembrato)*, ti sto ascoltando molto attentamente già da più di un'ora e mezza!

Ты что, ...? – Нет, тебе ...., я очень .... тебя ...... уже больше полутора .....!

❸ Dopo tre ore di conversazione non siamo riusciti a convincerlo. Alla fine ci siamo arresi *(non abbiamo-retto)*, abbiamo mollato *(abbiamo-sputato su)* tutto e ce ne siamo andati.

После трёх часов .... мы так и не .... его. В конце ...... мы не ...., ... на всё и уехали.

Soluzione dell'esercizio 1

20

❶ Ma perché ci hai messo così tanto *(Che-cosa mai tu così a-lungo)*? – Scusa, dovevo scegliere un sacco di cose *(molto di-tutto)* e non volevo spendere soldi in sciocchezze. Per questo c'è voluto tanto. ❷ Quanti anni hai vissuto in questa città? – Circa 20... Poi in una quarantina di minuti ho fatto le valigie e sono partita. ❸ Che sciocchezza! Vasilij è un fine stratega, convincerà tutti facilmente *(giocando)* a seguire le sue idee. ❹ Perché hai comprato tutti questi cosmetici? – Di punto in bianco *(In-qualche-modo subito)* ho finito tutto e allora *(qui)* [mio] marito ha voluto farmi un regalo... ❺ *(Non)* potresti spiegarmi l'utilità *(destinazione)* di ogni articolo *(oggetto)* che hai comprato? – Tanto non capiresti lo stesso *(Penso, tu tutto ugualmente non capirai)*.

***

❹ Cosa posso fare per Lei *(Con-che-cosa posso aiutare)*? – Devo comprare un mascara nero *(per le ciglia)*, una matita marrone per le sopracciglia, un rossetto, della cipria e un ombretto per le palpebre.

Чем могу ......? – Мне надо купить ......
.... для ресниц, ... карандаш для
......, ..., пудру и тени для ....

❺ Ma perché sghignazzi? Ognuno ha la propria tattica, e per di più io sono molto scaltra *(estremamente ingegnosa)*.

Ну что ты ....? У каждого своя ...., а к тому же я ....

Soluzione dell'esercizio 2

❶ Неужели – украли мою кредитку – Последний – держала – руках, когда – ❷ – дремлешь – показалось – внимательно – слушаю – часов ❸ – разговоров – убедили – концов – выдержали, плюнули – ❹ – помочь – чёрную тушь – коричневый – бровей, помаду – век ❺ – хихикаешь – тактика – крайне изобретательна

21 Двадцать первый урок

Повторение - Ripasso

1 Le frazioni

Nella lezione 15, frase 1, abbiamo visto un esempio di frazione (1/9). Vediamo ora le regole grammaticali delle frazioni: il numeratore è un aggettivo numerale cardinale femminile (attenzione alla forma femminile di 1, **одна**, e 2, **две**) in quanto è sottintesa la parola femminile **часть** (*parte*), mentre il denominatore è un aggettivo numerale ordinale (come in italiano, del resto).

• Se il numeratore è pari a 1 o ai suoi composti (21, 41, ecc.) si declinano normalmente, sia il numeratore cardinale sia il denominatore ordinale, al femm. sing. delle rispettive declinazioni secondo il caso previsto: **одну девятую** (*1/9*, acc.), **с одной девятой** (*con 1/9*, strum.).

• Se il numeratore è diverso da 1 (o dai suoi composti), nei casi diretti (nom. e acc.) il numeratore si pone al nominativo e il denominatore al gen. plur.: **две девятых** (*2/9*, nom. o acc.). Nei casi indiretti, invece (gen., dat., strum. e prep.), sia il numeratore sia il denominatore vanno al caso previsto: **двум девятым** (*a 2/9*, dat.), **с двумя девятыми** (*con 2/9*, strum.).

• Se la frazione è seguita da un sostantivo, questo si pone sempre al caso genitivo (di specificazione), indipendentemente dal caso in cui si trova la frazione che lo precede: **две девятых класса** (*2/9 della classe*, nom. o acc.), **с двумя девятыми класса** (*con 2/9 della classe*, strum.).

Gli aggettivi numerali ordinali **третья** e **четвёртая** possono essere sostituiti dai rispettivi sostantivi femminili deboli **треть** e **четверть**: **две третьих** o **две трети**, *due terzi*; **три четвёртых** o **три четверти**, *tre quarti*.

Anziché dire **одна целая (и) одна вторая** (*1 e 1/2, 1,5* o *uno e mezzo*) si può usare il sostantivo **полтора** (lez. 20, frase 12): **полтора литра**, *un litro e mezzo*; al femminile si usa invece **полторы**: **полторы тарелки**, *un piatto e mezzo*. Nei casi indiretti questo sostantivo composto assume una -у- interna: **больше полутора часов**, *più di un'ora e mezza*. Come avrete notato, il sostantivo retto da **полтора**, nei casi indiretti, segue la declinazione corrente del plurale.

Le frazioni si usano anche per indicare i decimali. Il numero intero che precede la virgola è espresso dal numerale cardinale femminile

Ventunesima lezione 21

seguito dall'aggettivo **целая** (lett. "intera", si sottintende di nuovo la parola femminile **часть**, *parte*) e si declina secondo le norme generali sopra esposte per il numeratore e il denominatore. Il numero che segue la virgola si comporta come una normale frazione secondo le regole viste: **одна целая одна десятая** (lett. "una intera [parte] una decima [parte]"), *1,1*; **пять целых три десятых** (lett. "cinque di-intere [parti] tre di-decime [parti]"), *5,3* (nom. e acc.); **шести целым пяти сотым** (lett. "a sei intere [parti] a cinque centesime [parti]"), *6,05* (dat.).

2 Verbi

2.1 Prima e seconda coniugazione

Per stabilire a quale coniugazione appartenga un verbo russo basta vedere le sue desinenze, per esempio alla 3ª pers. sing. al presente imperfettivo o al futuro perfettivo: se la desinenza comincia per -e- (o per -ё-) il verbo è della 1ª coniugazione, se invece comincia per -и- il verbo appartiene alla 2ª. Esempi: **брать**, *prendere*, **берёт**, è della 1ª coniugazione; **говорить**, *dire*, **говорит**, è della 2ª. Non sempre, invece, si possono distinguere le coniugazioni in base alla desinenza dell'infinito.

Quasi tutti i verbi con l'infinito in **-ить** appartengono alla 2ª coniugazione. Tra le eccezioni troviamo: **брить**, *radere* (**брею, бреешь, бреют**); tutti i monosillabi (e i loro composti) in **-ить** che nel corso della coniugazione non presentano alcuna vocale nel tema, come **бить**, *battere, picchiare* (**бью, бьёшь, бьют**); **пить**, *bere* (**пью, пьёшь, пьют**) e alcuni altri (v. anche l'Appendice grammaticale).

In compenso, molti verbi in **-ать** e **-еть** fanno parte della 1ª coniugazione, salvo poche eccezioni tra cui **гнать**, *inseguire, lanciare a tutta velocità un mezzo*; **держать**, *tenere*; **дышать**, *respirare*; **слышать**, *sentire*; **видеть**, *vedere*; **ненавидеть**, *odiare*; **смотреть**, *guardare*; **терпеть**, *sopportare*.

2.2 Coppie aspettuali

Ci sono vari modi per formare le coppie aspettuali. Vediamo quelli di uso più frequente:
• si aggiunge all'imperfettivo <u>un prefisso che non modifica il significato del verbo</u>, bensì soltanto l'aspetto. Ciò avviene con verbi che in origine non hanno alcun prefisso: **знакомиться** (imperf.) / **по**знакомиться

(perf.), *fare conoscenza*; **ломаться** (imperf.) / **с**ломаться (perf.), *rompersi*; **писать** (imperf.) / **на**писать (perf.), *scrivere*.
Ribadiamo che il significato del verbo perfettivo così ottenuto è esattamente lo stesso del verbo imperfettivo da cui è stato formato;
• l'aspetto cambia aggiungendo o modificando un infisso:
доста**ва**ть (imperf.) / достать (perf.), *procurarsi*; мяу**ка**ть (imperf.) / мяук**ну**ть (perf.), *miagolare*; рассказ**ыва**ть (imperf.) / рассказать (perf.), *raccontare*; начи**на**ть (imperf.) / начать (perf.), *cominciare*; дове**ря**ть (imperf.) / дове**ри**ть (perf.), *fidarsi*; удив**ля**ться (imperf.) / удив**и**ться (perf.), *stupirsi*;
• l'imperfettivo e il perfettivo sono due verbi di forma totalmente diversa, ovvero che non hanno la radice in comune:
брать (imperf.) / **взять** (perf.), *prendere*; **говорить** (imperf.) / **сказать** (perf.), *dire*; **класть** (imperf.) / **положить** (perf.), *mettere (in posizione orizzontale)*;
• si aggiunge all'imperfettivo un prefisso che, oltre a far cambiare l'aspetto, modifica lievemente, in senso "quantitativo", il significato del verbo (v. anche lez. 11, nota 1 e lez. 19, nota 9). Questa sfumatura è presente in genere nella sola forma perfettiva:
сидеть (imperf.), *stare seduto* / **по**сидеть (perf.), *stare seduto per un po'* (**по-** = durata); **аплодировать** (imperf.), *applaudire* / **за**аплодировать (perf.), *mettersi ad applaudire* (**за-** = inizio dell'azione);
• si aggiunge un prefisso che muta significativamente la semantica del verbo base. Si ottengono in genere coppie derivate da verbi primitivi, con il prefisso presente in entrambi i correlati di coppia: l'imperfettivo in genere si ricava dal perfettivo con l'inserimento dell'infisso **-ыва-** / **-ива-**: писать, *scrivere*, verbo base → **вы-** (prefisso spaziale che significa *moto fuori da*) → **вы**пис**ыва**ть (imperf.) / **вы**писать (perf.), *estrapolare, copiare da, trascrivere da*.
Una volta acquisita una certa pratica con questi prefissi (la cui utilità è ancora più evidente nel caso dei verbi di moto), potrete formare molte nuove coppie aspettuali derivate.

3 Participi

3.1 Il participio passato attivo

Si forma sia per i verbi imperfettivi sia per quelli perfettivi a partire dal tema del passato aggiungendo il suffisso **-вш-** (se il tema finisce per vocale) o **-ш-** (se il tema finisce per consonante) + le desinenze aggettivali di tipo debole, sul modello di **хороший**, *buono* (attenzione ai casi di incompatibilità ortografica!): **читал**, *leggeva*, **чита-** + **-вш-** + **-ий, -ая, -ее**, *che leggeva*; **терпел**, *sopportava*,

терпе- + **-вш-** + **-ий, -ая, -ее**, *che sopportava*; **вёз**, *trasportava (con mezzo)*, **вёз-** + **-ш-** + **-ий, -ая, -ее**, *che trasportava (con mezzo)*.
Osservate inoltre che:
– il participio passato attivo del verbo **идти**, *andare (a piedi)*, è irregolare (ibrido: radice del passato **шёл** + radice del presente **ид-**): **шедш**ий, **-ая, -ее**, *che andava (a piedi)*;
– nei verbi con la particella **-ся** essa si aggiunge dopo le desinenze: **вернулся**, *sono tornato*, **верну-** + **-вш-** + **-ий, -ая, -ее** + **-ся**, *che era tornato*. Notate che **-ся** resta anche dopo vocale!
Non esiste in italiano un equivalente formale del part. pass. attivo russo, per cui nella traduzione si deve ricorrere a una struttura col pronome relativo: **писавший** (imperf.), *che scriveva*; **написавший** (perf.), *che scrisse, che ha / aveva / ebbe scritto*. Per approfondire l'argomento, consultate l'Appendice grammaticale alla fine del manuale.

3.2 Il participio passato passivo

Abbiamo già visto (v. lez. 14, § 4.2) che il participio passato passivo segue la declinazione dura degli aggettivi e che si forma a partire dal tema del passato dei verbi per lo più perfettivi con l'aiuto dei suffissi **-нн-** e **-енн-** (**-ённ-**), ma ci sono anche dei casi in cui va aggiunto il suffisso **-т-**. Vediamo quali sono:
• i verbi in **-нуть, -уть, -оть** e in **-ыть**: **вернул**, *ho restituito*: **верну-** + **-т-** → **верну**т**ый**, *restituito*; **обул**, *ho calzato*: **обу-** + **-т-** → **обу**т**ый**, *calzato*; **отколол**, *ho staccato*: **отколо-** + **-т-** → **отколо**т**ый**, *staccato*; **закрыл**, *ho chiuso*: **закры-** + **-т-** → **закры**т**ый**, *chiuso*;
• i verbi in **-нять** e in **-ереть**: **понял**, *ho capito*: **поня-** + **-т-** → **поня**т**ый**, *capito*; **запер**, *ho chiuso a chiave*: **запер-** + **-т-** → **запер**т**ый**, *chiuso a chiave*;
• i verbi in **-ать** e in **-ять** che hanno nel tema del futuro perfettivo una **-н-** o una **-м-**: **начал**, *ho cominciato* (fut. perf. **начну**): **нача-** + **-т-** → **нача**т**ый**, *cominciato*; **взял**, *ho preso* (fut. perf. **возьму**): **взя-** + **-т-** → **взя**т**ый**, *preso*;
• i verbi monosillabici in **-ить** e in **-еть** e i loro composti: **бил**, *ho battuto, ho picchiato*: **би-** + **-т-** → **би**т**ый**, *battuto, picchiato*; **убил**, *ho ucciso*: **уби-** + **-т-** → **уби**т**ый**, *ucciso*; **спел**, *ho cantato*: **спе-** + **-т-** → **спе**т**ый**, *cantato*.

4 Prefissi

• **вы-** può esprimere la compiutezza e la riuscita di un'azione: **Наконец его вылечили** (perf.), *Finalmente lo hanno guarito*.
• **до-** + **-ся** è un cofisso (prefisso + suffisso) di quantità che indica

che l'azione ha conseguito uno scopo dopo vari e infruttuosi tentativi: **звонить** (imperf.), *telefonare*→ **дозвониться** (perf.), *aver telefonato più volte a qualcuno (finché non ha risposto)*.
- **за-** come prefisso di quantità esprime l'inizio di un'azione: **дремать** (imperf.), *sonnecchiare* → **задремать** (perf.), *cominciare a sonnecchiare*; **болеть** (imperf.), *essere ammalato* → **заболеть** (perf.), *ammalarsi*; **гавкать** (imperf.), *abbaiare* → **загавкать** (perf.), *mettersi ad abbaiare*.
- **на-** come prefisso di quantità indica abbondanza: **Зачем ты наговорила** (perf.) **ему столько глупостей про меня?**, *Perché gli hai detto tutte quelle sciocchezze su di me?*; **Мы накупили** (perf.) **еды на всю неделю**, *Abbiamo fatto scorta di cibo / Abbiamo comprato un sacco di cibo per tutta la settimana*. Ricordatevi che l'eventuale complemento oggetto si esprime con il genitivo (detto "di quantità").
- **про-** come prefisso di quantità indica che l'azione dura per un certo periodo di tempo (soggettivamente molto) ed è sempre accompagnato dal complemento di tempo continuato (acc. semplice): **спать** (imperf.), *dormire* → **про**спать (perf.) **(весь день)**, *dormire (tutto il giorno)*.

***

Заключительный диалог - Dialogo di ripasso

1 – Я слышала, на твой день рождения тебе подарили столько косметики, что можно открывать салон красоты!

2 – Какая чепуха! Муж сделал подарок: подарил немного макияжа.

3 – Неужели ты не сама выбирала? Уверена, что он следовал твоим указаниям.

4 – Нет, он накупил всё сам: мне было дурно, поэтому я даже в магазин не поехала.

5 – Чёрт возьми! А что с тобой стряслось?

6 – Даже не знаю: болел живот, был понос… Может быть, это ягоды, которые я съела раньше.

7 – А сейчас как твоё самочувствие?

8 – Таблетка, которую мне прописал врач, начала действовать очень быстро, и мне полегчало.
9 И на всякий пожарный случай сегодня утром я выпила парацетамола.
10 Скорее бы уже выйти на пенсию! Мне кажется, я просто слишком много работаю.
11 – Яблоко от яблони недалеко падает: вся в свою мать!
12 Она тоже всё время думала о работе.
13 – Ладно, лучше о себе расскажи. Ты ведь скоро едешь в отпуск?
14 – Да, на Байкал. Мне столько о нём рассказывали, и как говорится,
15 «лучше один раз увидеть, чем сто раз услышать».

Traduzione

1 Ho sentito [dire che] per il tuo compleanno *(giorno di-nascita)* ti hanno regalato tanti di quei cosmetici che potresti *(si-può)* aprire un salone di bellezza! **2** Che sciocchezza! [Mio] marito mi ha [solo] fatto un regalo: *(ha-regalato)* un po' di trucchi. **3** Com'è possibile che non li abbia scelti tu *(stessa)*? Sono sicura che ha seguito le tue indicazioni. **4** No, ha comprato *(-un-sacco)* tutto da solo: io stavo male [e] perciò non sono neppure andata al negozio. **5** Accidenti *([Che] il diavolo [ti] prenda)*! Cosa ti è successo? **6** Non [lo] so nemmeno: avevo il mal di pancia e la diarrea... Forse sono state le bacche che avevo mangiato prima. **7** E ora come ti senti? **8** Le compresse che mi ha prescritto il medico hanno incominciato a fare effetto molto rapidamente e mi sono sentita meglio. **9** E, per ogni evenienza, stamattina ho preso *(bevuto)* del paracetamolo. **10** Ah, magari andassi *(uscissi)* già in pensione! Ho l'impressione *(Mi sembra)* di lavorare troppo. **11** La mela non cade lontano dall'albero: sei tutta tua madre! **12** Anche lei pensava sempre al lavoro. **13** Beh, parla[mi] piuttosto *(meglio)* di te. Andrai *(vai)* presto in ferie, vero? **14** Sì, sul [lago] Bajkal. Me ne hanno parlato molto *(tanto)* e, come si dice, **15** "meglio vedere una volta che sentire cento".

22 *Oltre a un lessico molto utile e attuale, la prossima serie di lezioni vi proporrà uno studio più approfondito sugli aspetti dei verbi. Giunti a questo punto di apprendimento, è estremamente importante che cominciate a riconoscere e ad analizzare l'uso*

22 Двадцать второй урок

In questa lezione incontrerete molti verbi imperfettivi (nel significato di un'azione duratura o reiterata). Dopo avere individuato quelli coniugati, tranne quelli al participio o al gerundio, volgeteli all'infinito (segnando l'accento tonico) e poi consultate la soluzione di questo esercizio al termine della lezione.

Всемирная паутина ①

1 В настоящее время Интернет стал неотъемлемой частью нашей жизни.
2 Мы запросто используем Интернет, даже не задумываясь о том, что ещё относительно недавно его просто не существовало.
3 Для некоторых Интернет является самым важным среди других достижений науки и техники, а многие покупают компьютер в первую очередь для того, чтобы пользоваться Интернетом.
4 Что же такое так называемая «всемирная паутина»?

Osservazioni sulla pronuncia
1 **Интернет**, prestito dall'inglese, si legge *[internet]*; **неотъемлимой** *[niat-jemlimaj]*: data la presenza del segno duro **ъ**, la **т** si pronuncia non palatalizzata (dura).

degli aspetti per evitare di dovere imparare tutto a memoria. In alcune delle prossime lezioni troverete esercizi supplementari appunto per acquisire maggiore dimestichezza con l'uso degli aspetti dei verbi.

Ventiduesima lezione 22

Il Web *(Universale ragnatela)*

1 Al giorno d'oggi *(Nel presente tempo)* Internet è diventato parte integrante *(imprescindibile)* della nostra vita.
2 Lo utilizziamo con estrema naturalezza *(semplicemente utilizziamo Internet)*, senza neanche pensare *(addirittura non riflettendo su quello)* che, in tempi ancora relativamente recenti, semplicemente non esisteva.
3 Per alcuni, Internet rappresenta il progresso scientifico e tecnico più importante *(la più importante tra le altre conquiste della scienza e delle tecnica)* e molti comprano un computer soprattutto *(in primo ordine-di-successione)* per andare in rete *(servirsi di-Internet)*.
4 Ma che cos'è questo cosiddetto "web"?

Note

① **всемирная паутина** è un calco dell'inglese *World Wide Web*, come si deduce dalla sua traduzione letterale.

5 Благодаря Интернету мы получаем доступ не только к большому количеству разнообразных ② ресурсов, но и к неограниченному объёму информации ③.

6 Среди основных услуг, предоставляемых сетью, перечислим ④, такие как электронная почта, потоковое мультимедиа, интернет-радио и интернет-телевидение,

7 серверы FTP (представляющие собой файлообменную сеть, которая обеспечивает хранение и пересылку файлов различных типов),

8 всевозможные интернет-магазины и интернет-аукционы, на которых мы используем электронные платёжные системы и т.п. ⑤

9 – Конечно, нельзя обойти вниманием чаты и мессенджеры, форумы, блоги и социальные сети, которые привлекают невероятное количество пользователей со всей планеты,

7 L'abbreviazione **FTP** si pronuncia come in inglese *[ef-ti-pi]*.

Note

② Dall'aggettivo **разный**, *differente, diverso*, che già conoscete, derivano aggettivi composti che si formano con l'aggiunta della vocale di congiunzione -о-: **разн**о**сторонний**, *molteplice, poliedrico* (lett. "di diversi lati"); **разн**о**типный**, *di vari tipi, di vario tipo*; **разн**о**характерный**, *svariato, di vario genere*; **разн**о**образный**, *svariato* (lett. "di diverse forme"). ▸

5 Grazie a Internet possiamo accedere *(otteniamo l'accesso)* non solo a una grande quantità di risorse disparate, ma anche a una mole sterminata di informazioni *(informazione)*.

6 Tra i servizi di base offerti *(messi-a-disposizione)* dalla rete [ne] figurano alcuni *(elencheremo tali)* come la posta elettronica, lo streaming *(di-flusso multimedia)*, la radio e la televisione via Internet *(Internet-radio e Internet-televisione)*,

7 i server FTP (che costituiscono *(rappresentati da-sé)* una rete per lo scambio di file che garantisce l'archiviazione e il trasferimento di file di vari tipi),

8 negozi e aste online *(Internet-negozi e Internet-aste)* di ogni genere in cui utilizziamo sistemi di pagamento elettronico e così via.

9 – Naturalmente non possiamo dimenticare *(non-si-può aggirare con-l'attenzione)* le chat e i messenger, i forum, i blog e i social network *(sociali reti)*, che attirano una quantità incredibile di utenti in *(da)* tutto il pianeta,

▶ ③ Attenzione: a differenza dell'italiano, in russo la parola **информация** è solo singolare.

④ Nel verbo perfettivo **перечислить**, *elencare, enumerare*, si può riconoscere la radice **числ-** (da **число**, *numero*) e il prefisso **пере-**, che in questo caso indica sequenza ordinata.

⑤ Sinonimo dell'abbreviazione **и т.д.** (**и так далее**, *e così via, e via di seguito*), **и т.п.** sta per **и тому подобное** (lett. "e a questo simile"). Benché le due abbreviazioni abbiano lo stesso significato, spesso i russi le utilizzano insieme: **и т.д. и т.п.** (lett. "eccetera e così via", pron. *[i te-de i te-pe]*, con la *e* aperta), *ecc. ecc.*

10 независимо от их национальной и расовой принадлежности, возраста, рода занятий и социального статуса.

11 Если у вас есть доступ к Интернету, то значит вы заключили договор с интернет-провайдером – компанией, которая позволяет вам подключиться к сети.

12 С момента подключения вы можете быть полноценным пользователем и даже создать свой сайт или блог.

13 Всю нужную информацию о том, как это делается, вы найдёте здесь же, воспользовавшись существующими поисковыми системами.

14 Вряд ли кто-нибудь не согласится с заявлением, что «всемирная паутина» – гениальное изобретение.

15 Благодаря ей мы можем найти практически любую интересующую нас информацию, получить доступ к старинным документам и важным файлам, хранящимся, быть может, на другом конце земли.

16 Многие библиотеки открывают свои архивы в режиме «онлайн», официальные сайты посольств и администраций держат нас в курсе событий и новостей.

10 indipendentemente dalla nazionalità, dalla razza *(dalla loro nazionale e razziale appartenenza)*, dall'età, dalla professione *(genere di-occupazioni)* e dallo status sociale.

11 Se avete accesso a Internet, allora *(significa)* avete sottoscritto *(stipulato)* un contratto con un Internet provider, [ossia] un'azienda che vi permette di connettervi *(collegarsi)* alla rete.

12 Dal momento in cui vi collegate *(della-connessione)* potete essere un utente a tutti gli effetti e persino creare un vostro *(proprio)* sito o [un vostro] blog.

13 Tutte le informazioni necessarie per farlo *(su quello, come questo si-fa)* [le] troverete proprio in Internet *(qui)*, utilizzando *(avendo-utilizzato)* i motori di ricerca esistenti.

14 È difficile [che] qualcuno non concordi sul fatto che *(con la dichiarazione che)* "il Web" *("l'universale ragnatela")* [sia] un'invenzione geniale.

15 Grazie a Internet *(a-essa)* possiamo trovare praticamente qualsiasi informazione che ci interessi *(interessante noi informazione)*, ottenere l'accesso a documenti antichi e a file importanti, che magari *(forse)* si trovano *(conservantisi)* all'altro capo del mondo *(sull'altra fine della terra)*.

16 Molte biblioteche mettono a disposizione online i propri archivi *(aprono i propri archivi in regime "online")* [e] siti ufficiali di ambasciate e amministrazioni ci tengono al corrente di avvenimenti e novità.

22

17 Несмотря на ⑥ все блага ⑦, которые дарит нам мир Интернета, есть и негативные последствия его чрезмерного присутствия в нашей жизни:

18 вас не обойдёт стороной ⑧ интернет-реклама, присутствующая повсеместно на любом сайте и иногда попадающая в рассылку на вашу персональную электронную почту.

19 Подобную нежелаемую информацию мы называем словом спам, пришедшим в русский из английского языка.

20 Ко всему прочему, всё чаще и чаще мы слышим об интернет-зависимости ⑨, особенно среди детей и подростков,

---

18 Nel gruppo consonantico **стн** la **т** non si pronuncia mai: **повсеместно** [*pavsimjessna*].

Note

⑥ Ricordate bene l'ortografia della preposizione **несмотря на** (seguita da acc.), *malgrado, nonostante*, da non confondere con la forma negativa del gerundio presente **смотря**, che si scrive separando il verbo dalla particella negativa: **несмотря на его статус**, *nonostante il suo status*; **Не смотря ни на кого, он вошёл в комнату**, *È entrato nella stanza senza guardare* (lett. "Non guardando") *nessuno*.

⑦ Il sostantivo neutro **благо** è particolarmente interessante perché il suo significato cambia quando viene volto al plurale: il singolare **благо** vuol dire infatti *bene, fortuna, felicità*, ma il plurale **блага** significa *beni (materiali)*. Perciò avremo: **для общего блага**, *per il bene comune*; **на благо кого-либо**, *per il bene di qualcuno*; **ни за какие блага в мире**, *per niente al mondo* (lett. "non per quali beni nel mondo"); **Всех благ!**, *Buona fortuna!, Tanti auguri!* (lett. "Di tutti beni!"). ▶

17 Nonostante tutti i vantaggi *(benefici)* che il mondo di Internet ci offre *(dona)*, la sua invadenza ha anche delle conseguenze negative sulla nostra esistenza *(c'è anche negative conseguenze della-sua eccessiva presenza nella nostra vita)*:

18 è impossibile evitare *(voi non aggirerà da-un-lato)* la pubblicità in rete, che è presente dappertutto su qualunque sito e a volte va a finire *(cadente in invio-plurimo)* nella vostra [casella] personale [di] posta elettronica.

19 Informazioni indesiderate di questo tipo sono dette *(noi chiamiamo con-la-parola)* spam, [parola che è] entrata *(arrivata)* nel russo dall'inglese *(lingua)*.

20 Inoltre *(Verso tutto il resto)*, sentiamo [parlare] sempre più spesso di dipendenza da Internet *(Internet-dipendenza)*, specialmente tra i bambini e gli adolescenti,

▶ ⑧ Il verbo perfettivo **обойти**, *aggirare* (e per traslato *evitare*), ha molti altri significati. Per ora limitatevi a memorizzare le espressioni **обойти вниманием**, *dimenticare, tralasciare*; **обойти стороной**, *evitare, stare alla larga da*, e **обойти молчанием**, *passare sotto silenzio*.

⑨ In questa serie di parole composte – **интернет-радио**, **интернет-телевидение** (frase 6) **интернет-магазины**, **интернет-аукционы** (frase 8), **интернет-реклама** (frase 18) e **интернет-зависимость** (frase 20) – si può osservare che il termine **Интернет** viene unito alla parola che segue con un trattino e si scrive con l'iniziale minuscola, avendo funzione attributiva. Si scrive invece con l'iniziale maiuscola quando è un sostantivo indipendente.

22 21 а также о невозможности контроля над информацией, находящейся в сети.

22 Все эти противоречивые аспекты заставляют нас серьёзно задуматься над тем, чьей ⑩ должна стать функция контроля над информационным потоком.

23 Должно ли государство вмешиваться в обмен информации на сайтах и контролировать её распространение

24 или же это надлежит делать родителям, стремящимся оградить своих чад ⑪ от пагубного влияния некоторых информационных ресурсов?

---

21 Attenti all'accento tonico del sostantivo femminile **сеть**, *rete*: **се́ти** (genitivo e dativo sing.), **(в) сети́** ma **(о) се́ти** (prepositivo sing.), **се́ти** (nominativo pl.), **сете́й** (genitivo pl.), **сетя́м** (dativo pl.), **сетя́ми** (strumentale pl.), **(в) сетя́х** (prepositivo pl.).

***

Упражнение 1 – Читайте и переводите

❶ Несмотря на ваш род занятий и социальный статус, вам нужно серьёзно задуматься над этой проблемой. ❷ Независимо от того, заключила она договор с интернет-провайдером или нет, она не сможет подключиться к нашей сети. ❸ Ты умеешь пользоваться Интернетом? – Конечно, я для этого и компьютер купил. ❹ Для моей работы я использовал архивы английской библиотеки, которая открыла их в режиме «онлайн». ❺ Я был на официальном сайте посольства, но не нашёл интересующей меня информации. – Тебе надо было посмотреть в «событиях и новостях».

21 e anche dell'impossibilità di controllare le informazioni *(del-controllo sull'informazione)* che si trovano *(trovantesi)* in rete.
22 Tutti questi aspetti contraddittori ci fanno *(obbligano-a)* seriamente riflettere su chi debba essere il responsabile del controllo del *(su quello, di-chi deve diventare la funzione di-controllo sul)* flusso di informazioni.
23 Deve [essere] lo Stato [a] interferire nello scambio di informazioni sui siti e controllarne la diffusione
24 oppure devono farlo i genitori *(questo spetta fare ai-genitori)* che cercano di difendere i propri pargoli dall'influsso nefasto di alcune fonti d'informazione *(informative risorse)*?

Note

⑩ **чьей** è lo strumentale femminile singolare (retto dal verbo **стать**, *diventare*) dell'aggettivo interrogativo possessivo **чья**. Ne vedremo la declinazione completa nella lezione 28.

⑪ **чадо** è un termine obsoleto che significa *bambino, pargolo*; al giorno d'oggi si usa spesso con una sfumatura ironica. Attenzione: essendo di genere neutro, anche se si riferisce a esseri animati, all'accusativo resta uguale al nominativo.

***

Soluzione dell'esercizio 1

❶ A prescindere dalla *(nonostante la)* vostra professione *(genere di-occupazioni)* e dallo status sociale, dovete riflettere seriamente su questo problema. ❷ *(Indipendentemente dal fatto)* Che abbia firmato *(stipulato)* un contratto con un Internet provider oppure no, lei non potrà connettersi alla nostra rete. ❸ Sai usare Internet? – Certo, per questo ho comprato un computer. ❹ Per il mio lavoro ho utilizzato gli archivi di una biblioteca inglese che li ha messi a disposizione online *(ha-aperto essi in regime online)*. ❺ Sono stato sul sito ufficiale dell'ambasciata, ma non ho trovato le informazioni che mi interessavano *(interessante me informazione)*. – Dovevi guardare su "avvenimenti e novità".

Упражнение 2 – Восстановите текст

❶ Da quando siamo connessi alla rete *(dal momento della-connessione verso la rete)*, mio figlio passa tutto il tempo davanti *(presso)* al computer… – Ma tu, naturalmente, cerchi di proteggere il tuo bambino dagli effetti nefasti *(dall'influsso nefasto)* di Internet?

С момента ………. к …. мой сын всё время …….. у компьютера… – А ты, конечно же, ……………. своё …. от пагубного ……. Интернета?

❷ Lei ricorre ai *(utilizza)* miei servizi come se niente fosse *(semplicemente)*, senza neppure pensare che in tempi relativamente recenti aveva detto che non voleva il mio aiuto.

Вы …………… моими …….., даже не ………. о том, что ещё ………… недавно вы говорили, что не хотите моей …….

❸ Il loro blog attira una quantità incredibile di utenti. Anch'io mi connetterò a Internet e creerò un mio blog!

Их блог ……………… количество …………. Я тоже ………. Интернету и ……. … блог!

❹ Adoro tutti i tipi di negozi e aste online. – E come fai a pagare *(per essi paghi)*? – [È] molto semplice: uso i sistemi di pagamento elettronici.

……………. интернет-……. и интернет-………. – А как ты .. них …….? – Очень просто: ……… электронные ……… системы.

165 • сто шестьдесят пять

❺ Nonostante il "web" *(universale ragnatela)* sia un'invenzione geniale, è necessario riflettere sulle conseguenze negative della sua presenza invadente *(eccessiva)* nella nostra esistenza *(vita)*.

.... на то, что «всемирная .... » – гениальное ...., необходимо .... о негативных .... её чрезмерного .... в нашей ....

Soluzione dell'esercizio 2

❶ – подключения – сети – проводит – пытаешься оградить – чадо – влияния – ❷ – запросто пользуетесь – услугами – задумываясь – относительно – помощи ❸ – привлекает невероятное – пользователей – подключусь к – создам свой – ❹ Обожаю всевозможные – магазины – аукционы – на – платишь – использую – платёжные – ❺ Несмотря – паутина – изобретение – задуматься – последствиях – присутствия – жизни

***

Ecco i verbi imperfettivi utilizzati in questa lezione (in ordine di apparizione):
Испо́льзовать, заду́мываться, существова́ть, явля́ться, покупа́ть, по́льзоваться, получа́ть, обеспе́чивать, испо́льзовать, привлека́ть, зна́чить, позволя́ть, мочь, быть, де́латься, мочь, открыва́ть, держа́ть, дари́ть, называ́ть, слы́шать, заставля́ть, вме́шиваться, контроли́ровать, надлежа́ть, де́лать.

23 Двадцать третий урок

Nella lezione scorsa vi siete esercitati a trovare i verbi imperfettivi che indicavano un'azione duratura o reiterata. In questa lezione, invece, dovrete volgere all'infinito, indicando l'accento tonico, tre verbi del dialogo (uno imperfettivo e due perfettivi) coniugati all'imperativo. La soluzione di questo esercizio è alla fine della lezione.

Электронка ①

1 Сидит психиатр в кабинете, скучает.
2 Часы как будто остановились: стрелка по циферблату еле ползёт.
3 День выдался тихий, спокойный, пациентов нет, никаких чп ②.
4 Он уже и на столе убрал и расписание пять раз проверил.
5 Компьютер, опять же, ещё не подключили… скукотища!
6 Тут тихонько так открывается дверь, и в кабинет заползает человек,
7 сжимая какой-то провод в зубах, да ещё сзади что-то за ним волочится.
8 Доктор радуется:
9 – Ой, кто это к нам пришёл!

Osservazioni sulla pronuncia
3 L'abbreviazione **чп** si legge *[čipe]* oppure *[čjepe]*.
3, 19 **пациентов** *[patsyentaf]* e **пациентами** *[patsyentami]*: qui la **е** si pronuncia come una **э**.
7 Alla 3ª persona singolare del presente, il verbo **волочится** si può pronunciare sia *[vaLačitsa]* sia *[vaLočitsa]*. Questa duplice possibilità riguarda anche tutte le altre persone, eccetto la 1ª sing. in cui l'accento tonico è sulla desinenza.

Ventitreesima lezione 23

La posta elettronica

1 Uno psichiatra è *(seduto)* nel suo studio e si sta annoiando.
2 Sembra che l'orologio si sia fermato *(L'orologio come se si-è-fermato)*: la lancetta si sposta a fatica sul quadrante *(per il quadrante a-fatica si-trascina)*.
3 La giornata è *(si-è-presentata)* tranquilla, calma, non ci sono pazienti né emergenze *(nessun evento straordinario)*.
4 [Lo psichiatra] *(Lui)* ha già riordinato il tavolo *(e sul tavolo ha-messo-in-ordine)* e ha controllato l'agenda *(l'orario)* cinque volte.
5 Il computer non è stato ancora collegato *(di-nuovo, ancora non hanno-collegato)*… Che noia mortale!
6 A un certo punto *(Qui)* si apre piano piano *(silenziosamente così)* la porta ed entra strisciando nello studio un uomo
7 tenendo stretto fra i denti un *(qualche)* cavo [elettrico]; inoltre [c'è] qualcosa [che] si trascina dietro di lui.
8 Il dottore se [ne] rallegra:
9 – Oh, [guarda un po'] chi è venuto a trovarci *(chi questo da noi è-arrivato)*!

Note

① A volte il sostantivo **электронка**, *posta elettronica*, sostituisce **электронная почта** nel parlato, un po' come avviene in italiano quando usiamo *(e-)mail* anziché *posta elettronica*.

② **чп** è l'acronimo di **чрезвычайное происшествие**, *evento straordinario*.

23   **10**   Ты, наверно, змейка? Заползай ③, змейка, на стул, поговори с дядей ④, дядя тебе поможет.

11   Человек отрицательно качает головой.

12 – А-а, так ты, наверно, черепашка ⑤, в гости к нам пожаловал?

13   Заползай-ка, черепашка, на стул, расскажи дяде доктору, что у тебя случилось.

14   Человек опять головой мотает и дальше ползёт.

15 – Так кто же это у нас? Наверное, маленький червячок ⑥?

16   Человек, вытащив кабель изо ⑦ рта:

17 – Доктор, я – системный администратор, я вам сеть пришёл прокладывать…

Note

③ Il verbo imperfettivo **заползать** compare in due frasi (6 e 10), ed è formato dal prefisso spaziale **за-** (che indica progressivo allontanamento, indipendentemente dalla direzione) e dal verbo di moto non monodirezionale **ползать**, che indica un *movimento raso-terra*, riferito in particolare ad animali senza arti come serpenti o vermi (*strisciare*) o ad animali con zampe corte come tartarughe o coccodrilli. Significa, però, anche *gattonare*, *andare carponi* (altra possibile traduzione della frase 6), *spostarsi lentamente* (detto specie di nuvole o delle lancette dell'orologio, v. frase 2), *passare lentamente* (detto di tempo). La direzione del moto (e quindi il senso più specifico del verbo) è determinata dalla preposizione che segue il verbo: nella frase 6 abbiamo infatti **в**, che indica un movimento verso l'interno (*entrare*), mentre nella frase 10 abbiamo **на**, che conferisce al verbo il senso di *salire, montare*.

④ Qui la parola è usata chiaramente con tono scherzoso e infantile: i bambini chiamano spesso gli adulti, anche quelli che non conoscono, **дядя**, *zio, signore*. Per le donne avremo **тётя**, *zia, signora*. ▸

10 Tu sei *(certamente)* un serpentello, [vero]? Sali sulla sedia, serpentello, parla con lo zio [che] lo zio ti aiuterà.

11 L'uomo fa segno di no con la testa *(negativamente scuote con-la-testa)*.

12 – Aaah, allora sarai certamente una tartarughina [che] ci è venuta a trovare!

13 Dai, tartarughina, monta sulla sedia, racconta al*(lo zio)* dottore cosa ti è successo.

14 L'uomo scuote di nuovo la testa e continua a strisciare *(più-lontano striscia)*.

15 – Ma allora chi è venuto a trovarci *(presso noi)*? [Sei] forse un *(piccolo)* vermicello?

16 L'uomo tira fuori *(avendo-tirato-fuori)* il cavo dalla bocca:

17 – Dottore, sono il tecnico informatico *(del-sistema amministratore)*, sono venuto per effettuare la connessione *(a-voi la rete sono-venuto a posare)*…

▶ ⑤ Vi è già noto che a volte la presenza del suffisso diminutivo femminile **-ка** modifica l'ultima lettera della radice di un sostantivo cui il suffisso si applica: **черепа**х**а**, *tartaruga* → **черепа**ш**ка**, *tartarughina*; **змея**, *serpente* → **зме**й**ка**, *serpentello*; in questo esempio, invece, la caduta della vocale debole **я** comporta l'inserimento di una **й** (anch'essa debole) prima del suffisso.

⑥ Anche nel caso del suffisso diminutivo maschile (**-ок**) si può verificare un'alternanza consonantica nella radice: **червя**к, *verme* → **червя**ч**ок**, *vermicello*. Come noterete, queste alternanze consonantiche non sono diverse da quelle che ricorrono nella coniugazione dei verbi (**х** / **ш**, **к** / **ч**, ecc.) (v. lez. 56, § 3.2).

⑦ La preposizione **из**, *da* o *di*, può indicare il complemento di provenienza o di materia e diventa **изо** davanti ad alcuni gruppi consonantici: **изо рта**, *dalla bocca*; **изо всех стран**, *da tutti i Paesi*; **скульптура изо льда**, *una scultura di ghiaccio*.

23

18 Практически все клиники теперь оснащены современной техникой и работают с различными компьютерными системами.

19 У некоторых врачей ⑧ есть свой адрес электронной почты, что существенно облегчает обмен информацией с пациентами.

20 Посмотрим, как устроен электронный почтовый ящик.

21 В нём есть несколько стандартных разделов, так называемых «папок»: входящие, черновики, отправленные ⑨, спам, корзина.

22 При желании можно даже создать дополнительные личные папки, название которым ⑩ даётся самим пользователем. □

Note

⑧ Ricordate che la desinenza del genitivo plurale dei maschili in -ж, -ч, -ш e -щ è -ей: врач**ей**, муж**ей**, ecc.

⑨ Quando diciamo **входящие** e **отправленные**, sottintendiamo **письма**: dunque si tratta di *posta in entrata* e *posta inviata*. Si tratta di participi (il primo è un presente attivo, il secondo un passato passivo) rispettivamente dei verbi **входить** (imperf.), *entrare*, e **отправить** (perf.), *inviare*.

⑩ Le proposizioni relative introdotte da **который**, *il quale*, sono molto diffuse, al punto da sostituire i participi nella lingua parlata. Il pronome relativo **который** sostituisce un sostantivo della proposizione principale, che viene ripreso nella subordinata relativa, concorda con quel sostantivo nel genere e nel numero, ma va posto al caso previsto secondo la funzione logica che il pronome ha nella secondaria relativa. Qui **которым**, *alle quali*, sostituisce **папки** (acc. pl.) della principale, ma è declinato al caso dativo in quanto retto dal verbo **даётся** della secondaria.

18 Quasi *(Praticamente)* tutte le cliniche sono ora dotate di una moderna tecnologia e lavorano con diversi sistemi informatici *(di-computer)*.

19 Alcuni medici hanno un proprio indirizzo di posta elettronica, il che agevola *(alleggerisce)* considerevolmente lo scambio di informazioni *(con-informazione)* con i pazienti.

20 Vediamo com'è fatta *(strutturata)* una casella di posta elettronica.

21 Essa contiene *(In esso c'è)* alcune sezioni standard *(così)* dette "cartelle": posta in entrata *(entranti)*, bozze, posta inviata *(inviate)*, spam, cestino.

22 Se si vuole è possibile *(In-presenza di-desiderio si-può)* creare anche altre *(supplementari)* cartelle personali, il cui nome viene assegnato *(la denominazione alle-quali si-dà)* dall'utente stesso.

Сидит психиатр в кабинете, скучает.

***

Ecco quali sono i verbi della lezione coniugati all'imperativo.
Imperfettivo: **заползáй** – **заползáть**. Perfettivo: **поговори́** – **поговори́ть**; **расскажи́** – **рассказáть**. L'imperativo imperfettivo indica in genere un invito a compiere un'azione, specie in situazioni di convenevoli (**Входи́те, сади́тесь!**, *Entrate, accomodatevi!*). L'imperativo perfettivo indica, invece, soprattutto richieste, consigli, raccomandazioni.

23

Упражнение 1 – Читайте и переводите

❶ Дай, пожалуйста, названия своим «папкам» в электронном ящике, а то я ничего не понимаю и не могу найти нужную мне информацию. ❷ При желании ты и сам создашь себе новый электронный почтовый ящик, там работы на пять минут! ❸ Не могли бы вы продиктовать мне названия разделов этой книги? – Давайте я лучше отправлю их вам по электронной почте. ❹ Совсем скоро у меня будет Интернет, мне просто ещё не подключили компьютер. ❺ День выдался тихий, в клинике сегодня никого; пока нет никаких чп, убери на столе и проверь расписание.

Упражнение 2 – Восстановите текст

❶ La tua casella di posta elettronica funziona bene? Ti ho inviato alcune mail, ma mi sono tornate tutte [indietro].

У тебя .... всё в порядке? Я послала тебе ...., но они все .... ко ....

❷ Che noia mortale! Non c'è niente da fare *(occuparsi)* e sembra che *(come se)* l'orologio si sia fermato: la lancetta si sposta *(si trascina)* a fatica sul quadrante.

Какая ....! ..... заняться, и часы как будто ....: .... по .... еле ....

❸ Il tecnico informatico doveva venire già ieri da noi per effettuare la connessione a Internet *(posare la rete)*, ma gli è successo qualcosa; perciò potrà [venire] solo la prossima settimana.

К нам ...... был прийти .... администратор .... ещё вчера, но у него что-то ...., ... он сможет только на .... неделе.

Soluzione dell'esercizio 1

❶ Per favore, crea delle cartelle personalizzate *(Da', per favore, una-denominazione alle-tue cartelle)* nella [tua] posta elettronica, altrimenti non ci capisco niente e non posso trovare l'informazione che mi serve. ❷ Se vuoi *(In-presenza di-desiderio)* puoi creare *(creerai)* tu stesso una nuova casella di posta elettronica, [è una cosa che si fa] in cinque minuti *(là di-lavoro per cinque minuti)*! ❸ Non potrebbe dettarmi i nomi delle sezioni di questo libro? – Preferisco inviarGlieli *(date io meglio invierò loro a-voi)* per posta elettronica. ❹ *(Del-tutto)* Presto avrò Internet, *(semplicemente)* non mi hanno ancora connesso il computer. ❺ La giornata è *(si-è-presentata)* tranquilla, oggi in clinica [non c'è] nessuno; per il momento non c'è alcuna emergenza, riordina il tavolo e controlla l'agenda *(orario)*.

***

❹ Scrivimi una mail, arriverà prima rispetto alla *(così sarà più-veloce che per)* posta ordinaria e non bisogna comprare il francobollo!

...... мне ....., так ..... быстрее, ... по ...., да и марку не надо ....!

❺ Hai tantissime *(così-tante)* cartelle nella casella di posta elettronica: posta in entrata, bozze, spam, lavoro, amici, posta inviata, cestino... Non ti *(le)* confondi?

У тебя столько «.....» в электронном .....: ...., ..., спам, работа, друзья, ..., корзина... Ты их не ....?

Soluzione dell'esercizio 2

❶ – с электронной почтой – несколько (и)мейлов – вернулись – мне ❷ – скукотища – Нечем – остановились – стрелка – циферблату – ползёт ❸ – должен – системный – прокладывать сеть – случилось, поэтому – следующей – ❹ Напиши – (и)мейл – будет – чем – обычной почте – покупать ❺ – папок – ящике – входящие, черновики – отправленные – путаешь

24 Двадцать четвёртый урок

Сохраняйте хладнокровие!

1 Для людей, ничего не понимающих в компьютерах и программировании ①, в работе программистов есть много общего с работой шаманов:
2 и те и другие бормочут непонятные слова, совершают непонятные действия и не могут объяснить, как оно работает.
3 Например, непосвящённый человек опишет поломку и починку так:
4 «Не включался ② компьютер, я вызвал мастера.
5 Он пришёл, воздевал руки к небу, шептал невнятные слова,

Note

① I participi vanno preceduti da una virgola quando seguono i sostantivi cui si riferiscono. Confrontate: **Он встретил ничего не понимающих в моде людей** (il participio presente **понимающих** precede il sostantivo cui si riferisce, per cui la virgola non ci vuole), ma **Он встретил людей, ничего не понимающих в моде** (**понимающих** segue il sostantivo cui si riferisce, per cui dopo questo sostantivo la virgola è necessaria). La traduzione non cambia: *Ha incontrato delle persone che non capivano niente di moda.*

② Osservate le differenze di significato tra il verbo perfettivo e imperfettivo: **Я включил** (perf.) **компьютер, но он не включился** (perf.), *Ho acceso il computer (= ho schiacciato il pulsante di accensione del computer), ma non si è avviato* (Ho schiacciato il pulsante una sola volta) ≠ **Я включал** (imperf.) **несколько раз, но компьютер так и не включился**, *Ho provato più volte ad accendere il computer, ma non si è avviato*; nella seconda frase si insiste sul fatto che l'azione sia ▸

Ventiquattresima lezione   24

Calma e *(Mantenete)* **sangue freddo!**

1. Per la gente che non capisce *(non comprendente)* niente di *(in)* computer e [di] programmazione, il lavoro dei programmatori ha molte cose in comune *(nel lavoro dei-programmatori c'è molto di-comune)* con quello *(con il lavoro)* degli sciamani:
2. sia gli uni sia gli altri borbottano parole astruse *(incomprensibili)*, compiono azioni incomprensibili e non riescono a *(non possono)* spiegare come queste cose funzionino *(esso funziona)*.
3. Per esempio, un profano *(non-iniziata persona)* descriverà così un guasto e la [relativa] riparazione:
4. "Il computer non si accendeva [e] ho chiamato un tecnico.
5. È arrivato, ha alzato *(alzava)* le mani al cielo sussurrando *(sussurrava)* parole indistinte,

▸ stata ripetuta più volte (imperf.) e sul suo risultato (negativo) finale (perf.). Con questo verbo e in quest'ultimo contesto l'imperfettivo denota, inoltre, una chiara sfumatura "conativa", ovvero di sforzo reiterato, reso in italiano con il verbo *provare*.

6 повернул мой стул 10 раз вокруг своей оси, потряс ③ удлинитель, пнул компьютер, и он заработал ④!

7 Вновь воздев руки к небу, что-то пробормотал и ушёл.»

8 Специалист же, починивший компьютер, опишет ситуацию так:

9 «Пришёл к юзеру комп ⑤ чинить, срочный вызов, понимаете ли.

10 Этот дурак так на стуле вертелся, что у него шнур питания на ножку ⑥ намотался и из розетки выключился.

11 Ругался про себя ⑦, распутал шнур, запихнул комп ногой подальше под стол, подключил кабель электрического питания и ушёл.»

Osservazioni sulla pronuncia
11 Attenti a **кабель**: se lo pronunciamo *[kabil]'* vuol dire *cavo*, ma se lo pronunciamo *[kabjel']* significa *cane* (*maschio*), si scrive però **кобель**.

Note

③ Il verbo perfettivo **потрясти**, *scuotere*, ha il passato maschile singolare tronco: **потряс, потрясла, потрясли**. Può significare *scuotere*, anche nel senso figurato di *sconvolgere*: **Эта страшная новость просто потрясла его**, *Quella terribile notizia lo ha totalmente / proprio* (lett. "semplicemente") *sconvolto / scosso*.

④ I verbi imperfettivi **воздевал** e **шептал** (frase 5) sottolineano che le azioni in questione sono avvenute più volte, a intervalli, e a lungo durante la riparazione (questa sfumatura si perde in italiano), mentre il perfettivo **повернул** (frase 6) indica un'azione accaduta per 10 volte di seguito, senza intervalli, da intendersi dunque come atto "cumulativo" unico e per questo perfettivo. **Потряс** e **пнул** sono anch'essi verbi perfettivi al ▸

6 ha girato la *(mia)* sedia 10 volte intorno al suo asse, ha dato una scrollata alla *(ha-scosso la)* prolunga, ha tirato un calcio al computer e quello si è [ri]messo a funzionare!

7 Ha alzato di nuovo *(avendo-alzato)* le mani al cielo, ha borbottato qualcosa e se n'è andato."

8 Il tecnico *(Lo specialista)* che ha riparato il computer [invece] descriverà la situazione così:

9 "Sono andato *(Sono-arrivato)* da un utente a riparare il PC, una chiamata urgente, capite.

10 Quello scemo si era rigirato sulla sedia così tanto che il cavo *(cavetto)* di alimentazione si era avvolto attorno a un piede [della sedia] e si era staccato *(disinserito)* dalla presa.

11 Ho imprecato tra me e me, ho districato il cavo, ho cacciato con un piede il PC un po' più in là sotto il tavolo, ho [ri]collegato il cavo dell'alimentazione elettrica e me ne sono andato."

▶ passato che descrivono azioni avvenute una sola volta e con un risultato concreto, espresso da un altro perfettivo (**заработал**, vero e proprio "culmine" della riparazione). Qui il prefisso **за-** ha, inoltre, valore incoativo, cioè di inizio dell'azione: *mettersi a funzionare*. Se ci fossimo limitati a descrivere le azioni in sé, senza insistere sul risultato finale, avremmo potuto volgere tutti i verbi all'imperfettivo.

⑤ **юзер** (calco dall'inglese *user*, utente) e **комп** (abbreviazione di **компьютер**, *computer*) sono entrambi termini che appartengono al gergo informatico dei giovani.

⑥ Notate l'alternanza consonantica che si verifica (per effetto dell'aggiunta del suffisso diminutivo **-ка**) nella radice di **нога**, *piede* → **но́жка**, *piedino, gamba di un tavolo*, oppure *gamba* o *piede di una sedia*.

⑦ Quest'espressione è molto frequente nel parlato. **Про себя** vuol dire *mentalmente, tra sé e sé*: **Читай, пожалуйста, про себя, я смотрю телевизор**, *Leggi mentalmente, per favore, sto guardando la televisione*.

12 Итак мы смотрим на специалистов в области техники, разинув рот, часто переоценивая ⑧ их способности,

13 а они в свою очередь, наоборот смотрят на не специалистов, недооценивая ⑨ их и считая их ну уж слишком некомпетентными:

14 — У меня компьютер сгорел, только вчера купленный…

15 — Значит он на гарантии… Посмотрим, а что у вас сгорело ⑩?

16 — Всё!

17 — Ну, так не бывает. Процессор цел?

18 — Сгорел…

19 — А память?

20 — Сгорела…

21 — Что, весь системный блок сгорел?

22 — Сгорел…

23 — А монитор?

24 — Тоже сгорел…

Note

⑧ Il verbo imperfettivo **переоценивать**, *sopravvalutare*, è composto dal verbo **оценивать**, *stimare, valutare*, e dal prefisso **пере-** che può anche indicare, come in questo caso, azione in eccesso: **солить**, *salare* → **пересолить**, *salare eccessivamente, mettere troppo sale, strasalare*; **есть**, *mangiare* → **переесть**, *mangiare troppo*.

⑨ Il prefisso **недо-**, in antitesi con il prefisso **пере-** (v. nota 8), indica azione in difetto, insufficiente: **недооценивать**, *sottovalutare*; **недоварить**, *lasciare al dente*.

12 Restiamo dunque a bocca aperta di fronte ai tecnici *(guardiamo sugli specialisti nel campo della-tecnica, avendo-spalancato la bocca)* e spesso sopravvalutiamo *(sopravvalutando)* le loro capacità,

13 mentre loro, al contrario, a loro volta *(a proprio turno)* sottovalutano i non esperti *(guardano sui non specialisti, sottovalutando loro)* e li considerano *(considerando)* dei totali *(allora già troppo)* incompetenti:

14 – Mi si è bruciato il computer [che avevo] comprato solo ieri…

15 – Allora *(Significa)* sarà in garanzia… Vediamo *(Guarderemo)*, cos'è che Le si è bruciato?

16 – Tutto!

17 – Beh, non è possibile *(così non capita)*. Il processore è intatto?

18 – [No,] si è bruciato…

19 – E la memoria?

20 – Si è bruciata…

21 – Ma *(Che,)* si è bruciato tutto il case *(del-sistema blocco)*?

22 – Sì *(si-è-bruciato)*…

23 – E il monitor?

24 – Anche *(si-è-bruciato)*…

▸ ⑩ **сгорело** è il passato neutro del verbo perfettivo **сгореть**, *bruciare* (intr.), *fulminarsi, sfinire* (intr.), *rompersi*. Nel dialogo la traduzione corretta sarebbe *rompersi*, ma abbiamo scelto di rendere **сгореть** con *bruciarsi* per mantenere il gioco di parole su cui si basa il colpo di scena finale.

25 – Господи! Что же вы с ним делали?
26 – Да дайте хоть слово вставить ⑪! У меня вчера был пожар…

Note

⑪ Ecco un altro esempio che dimostra quanto siano importanti i prefissi verbali: il verbo **ставить**, *mettere (in posizione verticale)* ne può assumere diversi: **вставить**, *inserire, infilare* (**в-** indica un movimento verso l'interno); **выставить**, *met-*

***

Упражнение 1 – Читайте и переводите

❶ По-моему, вы переоцениваете меня: я не могу починить холодильник. – Знаю, что ты ничего в этом не понимаешь, поэтому я вызвала мастера. ❷ Распутай шнур и не вертись больше на стуле. Ты повернул его вокруг своей оси раз десять, мне сейчас станет плохо! ❸ Не вертись, пожалуйста! Сядь нормально и слушай, тогда я помогу тебе починить твой компьютер. ❹ Сохраняйте хладнокровие и прекратите воздевать руки к небу и шептать невнятные слова. Мне страшно на вас смотреть. ❺ Вчера у моих соседей был пожар, у них всё сгорело. К счастью, их самих не было дома.

25 – Mio Dio *([Oh,] Signore)*! Ma che cosa ci ha fatto *(con esso avete-fatto)*?
26 – Ma mi faccia parlare un secondo *(date almeno una-parola [da] inserire)*! Ieri mi è andata a fuoco la casa *(Presso di-me ieri c'è-stato un-incendio)*…

▸ *tere fuori, esporre, mettere in mostra, estrarre, cacciare (via)* (**вы-** indica un movimento verso l'esterno); **пере**ставить, *spostare* (**пере-** indica in questo caso un movimento da un posto all'altro).

***

Soluzione dell'esercizio 1

❶ Secondo me, voi mi sopravvalutate: non sono in grado di *(posso)* riparare un frigorifero. – Lo so che non ci capisci niente, perciò ho chiamato un tecnico. ❷ Districa il cavo e non rigirarti più sulla sedia. L'hai girato intorno al suo asse una decina di volte, *(ora)* mi viene da star male! ❸ Non ti agitare *(rigirarti)*, per favore! Siediti normalmente e ascolta, *(allora)* ti aiuterò a riparare il tuo computer. ❹ Mantenga la calma *(sangue-freddo)* e smetta di alzare le mani al cielo e di sussurrare parole confuse. Mi fa paura guardarLa *(su voi guardare)*. ❺ Ieri c'è stato un incendio dai miei vicini, gli si è bruciato tutto. Per fortuna *(loro stessi)* non erano a casa.

24 Упражнение 2 – Восстановите текст

❶ Vedo [che] il computer funziona [di nuovo]. L'hai riparato tu *(da-solo)* o hai chiamato un tecnico? – Tu mi sottovaluti: l'ho riparato io o, *(e)* più precisamente, gli ho dato un calcio e lui è ripartito *(ha-ripreso-a-funzionare)*.

Я .... компьютер .... Ты сам его
.... или вызывал ....? – Ты меня
.............: я сам его ...., а точнее
просто .... его, и он ....!

❷ Mio Dio *(Signore)*! Ma perché se n'è andato via? – Non lo so, gli ho dato la tua lettera, lui se l'è cacciata in tasca, ha borbottato qualcosa e se n'è andato.

.......! Да почему же он ушёл? – Не знаю, я
дал ... твоё ......, он .... его ......,
что-то .... и ушёл.

❸ Ok *(Beh)*, d'accordo, sei uno specialista del settore *(in questo campo)*. Spiega allora a un profano come me *(Spiega a-me, uomo non-iniziato)* come funziona.

Ну хорошо, ты – .... этой ....
.... мне, человеку ...., как
оно ....

❹ Ho comprato da voi un computer sei mesi fa e si è rotto *(bruciato)* il monitor. – Allora *(Significa)* è ancora in garanzia.

Я .... у вас компьютер шесть ....,
. у меня .... – ...., он ещё ..
....

5 Sei un perfetto idiota *(Come pieno scemo)*: aspetti il tecnico, ma ti si è solo *(semplicemente)* avvolto il cavo dell'alimentazione intorno a una gamba della sedia e la TV si è staccata dalla presa.

Как полный ..... ты ждёшь ...., а у тебя просто ... . намотался на ...., и телевизор .... из ....

Soluzione dell'esercizio 2

1 – вижу – работает – починил – мастера – недооцениваешь – починил – пнул – заработал **2** Господи – ему – письмо – запихнул – в карман – пробормотал – **3** – специалист в – области – Объясни тогда – непосвящённому – работает **4** – купил – месяцев назад, и – сгорел монитор – Значит – на гарантии **5** – дурак – мастера – шнур питания – ножку стула – выключился – розетки

25 Двадцать пятый урок

Служба технической поддержки

1 — Здравствуйте, у меня компьютер завис ①, я уже его пыталась перезагрузить ②, но он совсем не реагирует.

2 — Нажмите на кнопку пуска и подержите ③, чтобы он выключился; затем снова включайте.

3 Как загрузится, скажите, посмотрим вместе, потестируем посредством ④ кое-каких операций.

4 Проверьте, есть ли звук, изображение, реагируют ли клавиатура и мышка.

5 — Ой, мамочка! У меня заставка исчезла, и пароль с аккаунтом как будто изменены…

Note

① Il verbo perfettivo **зависнуть**, *bloccarsi, impallarsi*, come molti verbi in **-нуть**, ha il passato tronco (cade il suffisso **-нуть** e il masch. sing. non presenta la desinenza **-л**): **завис, зависла, зависли**. Nel parlato vuol dire anche *trattenersi, restare* (a lungo in un posto): **Они вчера так надолго зависли в баре, я думал, вообще домой не пойдут!**, *Ieri si sono trattenuti così a lungo al bar che pensavo che non sarebbero più tornati a casa!*

② Il prefisso verbale **пере-**, come già si è visto, ha diversi significati. Nel verbo perfettivo **пере**загрузить, *riavviare*, indica la ripetizione di un'azione. Come il prefisso italiano *re- / ri-*, può indicare ripetizione sia nel senso di reiterare lo stesso tipo di azione, sia nel senso di rifarla in modo diverso: **Он переписал сочинение**, *Ha riscritto il tema*, può significare sia che lo ha semplicemente ricopiato, sia che lo ha rifatto perché era andato fuori tema.

Venticinquesima lezione 25

*(Servizio di-)*assistenza tecnica

1 – Buon giorno, mi si è impallato il computer. Ho già provato a riavviarlo, ma non dà segni di vita *(affatto non reagisce)*.
2 – Prema il *(sul)* pulsante di avvio e [lo] tenga [premuto] finché il computer non si spegne *(affinché esso si-è-spento)*; poi lo riaccenda di nuovo!
3   Appena si avvia *(Come si-caricherà)* [me lo] dica, gli diamo un'occhiata *(guardiamo)* insieme [e] proviamo un po' *(testeremo-un-po' tramite)* qualche operazione.
4   Controlli se l'audio *(il suono)* e le immagini funzionano *(c'è)* [e] se la tastiera e il mouse reagiscono.
5 – Oh, mamma [mia]! Mi è sparito lo sfondo e sembra che la password e l'account siano *(password con account come se)* cambiati…

▶ ③ Sapete già che il prefisso verbale **по-** può esprimere una durata limitata e si riscontra in genere solo con verbi perfettivi: infatti il verbo perfettivo **подержать**, derivato dall'imperfettivo **держать**, *tenere*, significa *tenere per un po'* (qui *tenere premuto per un certo tempo*).

④ La preposizione **посредством**, *mediante*, *tramite*, *per mezzo di*, regge il genitivo: **Посредством долгих проверок они выяснили, что водительское удостоверение этого человека было ненастоящим**, *Dopo* (lett. "Tramite") *lunghi controlli hanno accertato che la patente di guida di quell'uomo era falsa*.

25   6   У нас ведь было несколько пользователей, а теперь в окошке только один значок ⑤.
   7 – Посмотрите, целы ли ваши файлы, документы там ⑥ разные. У вас Интернет есть?
   8 – Да, wi-fi, вроде работает.
   9 – Отлично, тогда дайте мне адрес вашей электронной почты, я пришлю вам документ, а вы попробуете его открыть.
   10   Он достаточно тяжёлый, поэтому лучше его сохранить на рабочем столе.
   11   Для этого щёлкните правой кнопкой мыши ⑦ и создайте новый файл, куда и поместите мой документ.
   12   Ну что, открывается?
   13 – Нет, говорит, надо какую-то программу установить и что у меня лицензии нет…
   14 – Странно, произошла инициализация системы…

Osservazioni sulla pronuncia
8 wi-fi si legge *[vaifai]*. In genere la **w** di parole di origine inglese in russo si legge *[v]* e si scrive **в**: **виски**, *whisky*; **вестерн**, *western*.

Note

⑤ Come abbiamo già visto, l'ultima lettera della radice del sostantivo maschile **знак**, *segno, icona*, diventa **ч** quando si attacca il suffisso diminutivo: **значок**, *segnetto, iconcina*.

⑥ Qui **там**, *là*, non indica un luogo: nel parlato compare infatti spesso con una sfumatura di familiarità per rafforzare il senso di qualcosa o sottolinearne la futilità. **Что бы ты там про него не говорил, мне он нравится!**, *Di' quel che ti pare* ▸

6 Avevamo *(in-effetti)* diversi utenti e ora sullo schermo *(nella finestrella)* [c'è] solo un'icona *(piccolo-segno)*.

7 – Guardi se ci sono [ancora] tutti i Suoi file e i Suoi documenti *(interi se [sono] i vostri file, documenti là diversi)*. Ha Internet?

8 – Sì, il wi-fi sembra funzionare.

9 – Ottimo, allora mi dia il Suo indirizzo di posta elettronica, io Le invierò un documento e Lei proverà ad aprirlo.

10 È [un file] piuttosto pesante, perciò è meglio salvarlo *(conservarlo)* sul desktop *(di-lavoro tavolo)*.

11 Per farlo *(Per questo)* clicchi sul *(date-un-colpetto con-il-)*pulsante destro del mouse e crei una nuova cartella *(file)* in cui inserirà il mio documento.

12 Allora, si apre?

13 – No, dice [che] bisogna installare un *(qualche)* programma e che non ho la licenza…

14 – Strano, si è riavviato il *(è-avvenuta l'inizializzazione del-)*sistema…

▸ *di lui, tanto mi piace e basta!* (Anche se ne stai dicendo peste e corna); **Как там у вас дела?**, *Come andiamo?* (denota un tono familiare).

⑦ Mentre in italiano usiamo l'inglese *mouse*, in russo per indicare questo dispositivo si usa proprio la parola che corrisponde a *topo* (**мышь**, femminile), senza ricorrere a prestiti. Nella frase 4 vediamo che per dire *mouse* si usa anche il diminutivo **мышка** (lett. "topolino"). Come avrete notato, in questo sostantivo alterato il segno molle scompare.

15 Попробуем следующее: нажмите на кнопку «пуск», на экране высветится главное меню...

16 – У меня уже голова кругом... может, вы приедете и посмотрите?

17 У меня перед этой поломкой ещё и дисковод ⑧ сломался.

18 – Лучше приходите к нам в мастерскую, думаю, целесообразно будет осмотреть ваш компьютер и провести общую диагностику.

19 – Как же я его к вам потащу: он же тяжёлый, да и экран у меня внушительных размеров.

20 – Ну, положим, монитор ваш нам не нужен, привозите только системный блок.

21 А насчёт транспортировки... ну не знаю, такси возьмите.

22 – Ох, мороки с этой техникой! В следующий раз куплю себе лэптоп ⑨, хоть в мастерскую носить будет нетяжело...

Note

⑧ Scomponiamo il sostantivo **дисковод**, *lettore CD*: è formato da **диск**, *disco*, e da **вод**-, radice del verbo **водить**, *condurre, accompagnare*. Il linguaggio informatico è d'altronde ricco sia di prestiti (soprattutto dall'inglese), sia di calchi (come **мышь**, che abbiamo appena visto) e di parole miste, per così dire, come **дисковод**.

⑨ Per indicare un *(computer) portatile*, in russo abbiamo diverse parole: **портативный компьютер**, **ноутбук** oppure **лэптоп**.

15   [Allora] proviamo così *(il seguente)*: faccia clic sull'icona *(premete sul pulsante)* "Start", sullo schermo comparirà *(s'illuminerà)* il menù principale...

16 – Mi gira già la testa *(la testa [va] in-giro)*... non è che può venire a dare un'occhiata Lei *(può, voi verrete e guarderete)*?

17   Prima di questo problema *(guasto)* mi si era già *(ancora e)* rotto il lettore CD.

18 – [È] meglio che passi *(arrivate)* da noi al centro assistenza *(laboratorio)*, penso che sia il caso di *(opportuno sarà)* esaminare il Suo computer e fare *(condurre)* una diagnosi completa *(generale)*.

19 – E come faccio a portarvelo *(a voi trascinerò)*? È pesante e ha uno schermo enorme *(schermo presso di-me [è] di-imponenti dimensioni)*.

20 – Beh, facciamo così *(mettiamo [pure])*: il *(Suo)* monitor non ci serve, porti *(portate-con-mezzo)* solo il case *(di-sistema blocco)*.

21   E quanto al trasporto... Beh, non [lo] so, prenda un taxi.

22 – Uff, che noia con queste macchine *(Ohi, seccature con questa tecnica)*! La prossima volta mi compro *(comprerò a-sé)* un portatile *(laptop)*, almeno non sarà un problema portarlo al centro assistenza *(in laboratorio portare-a-piedi sarà non-pesante)*...

25 Упражнение 1 – Читайте и переводите

❶ Здравствуйте, у вас работает wi-fi? – Да, но это только для клиентов кафе. – Отлично, тогда дайте мне чашку кофе с молоком и два круассана. ❷ Алло, служба технической поддержки? Я хочу, чтобы вы провели общую диагностику моего компьютера. ❸ Где документ, который я прислала тебе на твою электронную почту? – Должен быть на рабочем столе. ❹ У меня голова кругом от ваших советов. Предлагаю создать новый файл и поместить в него этот документ. ❺ У меня завис компьютер, совсем не реагирует. – Ты уже пытался его перезагрузить?

***

Упражнение 2 – Восстановите текст

❶ La nostra TV si è rotta: l'audio funziona *(c'è)*, ma l'immagine è sparita. Uff, che noia *(seccature)* con queste macchine!
У нас .... телевизор: .... есть, но .... Ох, ... с этой ....!

❷ Mi aiuteresti *(aiuterai)* a portare il computer al centro assistenza *(laboratorio)*? È molto pesante e ha uno schermo enorme. – Diavolo, pensavo che tu avessi un portatile!
.... мне отвезти компьютер в ....? Он очень ...... с .... внушительных .... – ...., я думал у тебя ......!

❸ Non spedirmi niente che non siano *(eccetto)* testi normali: né foto né documenti scansionati. Insomma *(con-una-parola)*, niente file pesanti.
Не .... мне ничего, ... обычного ......: ни ...., ни ...., ..., никаких тяжёлых ....

Soluzione dell'esercizio 1

❶ Salve, da voi funziona il wi-fi? – Sì, ma è solo per i clienti del caffè. – Ottimo, allora mi dia una tazza di caffellatte e due croissant. ❷ Pronto, è l'assistenza tecnica? Vorrei *(Voglio)* che mi faceste una diagnosi completa *(generale)* del *(mio)* computer. ❸ Dov'è il documento che ti ho inviato sulla tua posta elettronica? – Dev'essere sul desktop. ❹ Mi gira la testa con tutti i Suoi consigli. Propongo di creare una nuova cartella *(file)* e inserirci questo documento. ❺ Mi si è impallato il computer, non dà segni di vita *(affatto non reagisce)*. – Hai già provato a riavviarlo?

***

❹ Mi sono comprato un nuovo computer [e] ora vendo il mio monitor vecchio. Ti andrebbe *(A-te non è-necessario)*? – No, ma posso comprarti il *(tuo)* vecchio case.

Я .... новый компьютер, ... продаю свой старый .... Тебе не ..... ? – Нет, но могу купить у тебя твой старый ....
.....

❺ Premi il tasto "Start" [e] aspetta un pochino. Cos'è apparso sullo schermo? – Il menù principale.

.... пуска, ... чуть-чуть. Что .... экране? – ....

Soluzione dell'esercizio 2

❶ – сломался – звук – пропало изображение – мороки – техникой ❷ Поможешь – мастерскую – тяжёлый – экраном – размеров – Чёрт – лэптоп ❸ – присылай – кроме – текста – фотографий – сканированных документов, словом – файлов ❹ – купил себе – теперь – монитор – нужен – системный блок ❺ Нажми на кнопку – подожди – высветилось на – Главное меню

26 Двадцать шестой урок

Неудавшийся сюрприз

1 – Дорогая, иди скорее к радиоприёмнику, давай послушаем радио.
2 – Ты что, свихнулся ①? Какое радио? У нас с тобой, между прочим, сегодня юбилей.
3 Я так и знала, что ты забудешь. Как в воду глядела…
4 – Ну, ты явно сегодня не в духе.
5 Не нервничай, лучше расслабься…
6 Сейчас по радио передают радиопередачу про южноамериканский континент, Атлантический и Тихий океаны и Багамские острова ②,
7 потом будет метеосводка ③, а после – музыкальная передача по заявкам радиослушателей ④.

Note

① Il verbo perfettivo **свихнуться** è tipico del parlato e nel senso di *impazzire* è sinonimo dell'espressione **сойти с ума**, *uscire di senno*, che già conoscete. In senso figurato può significare anche *perdere la bussola*, *sbandare*.

② Ricordate che il nome maschile **остров**, *isola*, fa il plurale in -á: **островa**. I plurali maschili in -á sono sempre tonici sulla desinenza stessa.

③ **метеосводка** è una parola composta da una forma abbreviata dell'aggettivo **метеорологический**, *meteorologico*, e da **сводка**, *riassunto*, *bollettino*.

Ventiseiesima lezione 26

Una sorpresa non riuscita

1 – Cara, vieni subito a sentire *(vieni più-presto verso il radioricevitore, dai ascoltiamo)* la radio.
2 – Ma sei fuori *(sei-impazzito)*? Quale radio? E poi oggi è il nostro *(Presso di-noi con te, tra l'altro, oggi)* anniversario [di matrimonio].
3 Lo sapevo che te ne saresti dimenticato *(Io così e sapevo che tu dimenticherai)*. Ci avrei scommesso *(Come nell'acqua ho-visto)*…
4 – Beh, è chiaro che oggi sei di cattivo umore *(tu chiaramente oggi non [sei] in spirito)*.
5 Non essere nervosa, rilassati piuttosto *(meglio)*…
6 Ora danno *(trasmettono)* alla radio una *(radio-)* trasmissione sul continente sudamericano, sull'Oceano Atlantico, sul Pacifico e sulle Bahamas *(delle-Bahamas isole)*,
7 poi ci sarà il meteo *(meteobollettino)* e dopo una trasmissione di musica *(musicale)* con *(secondo)* le richieste degli ascoltatori *(radioascoltatori)*.

▸ ④ Ecco un'altra parola composta, stavolta con l'ausilio del termine **радио**, *radio*, che dà vita a moltissimi altri sostantivi: **радиоприёмник**, *radio* (**радио** + **приёмник**, *ricevitore*); **радиопередача**, *trasmissione radiofonica* (**радио** + **передача**, *trasmissione. trasferimento, comunicazione*); **радиослушатель**, *(radio)ascoltatore* (**радио** + **слушатель**, *ascoltatore*); **радиостанция**, *stazione radio* (**радио** + **станция**, *stazione*); **радиосвязь**, *collegamento radio, comunicazione via radio* (**радио** + **связь**, *collegamento*, femm.); **радиоволна**, *onda radio* (**радио** + **волна**, *onda*).

8 В ней всегда такой прикольный ⑤ диджей...

9 — Нет, всё-таки время от времени ты меня поражаешь.

10 Острова твои и континенты, дорогой мой, мне до лампочки!

11 О погоде я могу узнать в Интернете, если возникнет такая надобность.

12 А если ты такой меломан, то поставь какой-нибудь стоящий CD или старую кассету.

13 Нет, я просто не могу поверить, что ты снова забыл о нашей годовщине свадьбы!

14 А я помню даже песню, которая играла по радио в том кафе, когда мы встретились ⑥ с тобой...

15 — «А сейчас, по просьбе любящего супруга, мы посвящаем эту песню любимой жене,

Osservazioni sulla pronuncia
12 CD si pronuncia come in inglese: *[sidi]*.
14 In **кафе** la **e** si pronuncia come una *[e]* aperta: *[kafe]*.

Note

⑤ L'aggettivo **прикольный**, *spassoso, divertente*, è un termine colloquiale, caratteristico della lingua parlata: **Очень прикольный анекдот!**, *Molto divertente questa barzelletta!*

⑥ Il verbo imperfettivo **играла** indica qui un'azione duratura sulla quale si innesta un'azione puntuale, momentanea e dunque perfettiva: **встретились**. Anche in italiano c'è una distinzione netta tra il tempo del primo verbo (imperfetto) e quello del secondo (passato prossimo). Se avessimo utilizzato il perfettivo in entrambi i casi, il senso della frase sarebbe ▸

8 C'è *(In essa)* sempre un DJ così spassoso...

9 – No, davvero, a volte *(comunque tempo da tempo)* mi sorprendi.

10 Sai cosa può fregarmene delle tue isole e dei continenti, caro mio *(isole tue e continenti, caro mio, a-me fino-alla lampadina)*?

11 Il meteo posso vederlo su *(Sul tempo-atmosferico posso informarmi in)* Internet, casomai ne sentissi il bisogno *(se insorgerà tale necessità)*.

12 E se proprio sei un *(tale)* melomane, allora metti [su] un *(qualsiasi)* bel *(valido)* CD o una vecchia cassetta.

13 No, non riesco proprio a *(semplicemente non posso)* credere che tu ti sia di nuovo dimenticato del nostro anniversario di matrimonio!

14 E io [che] mi ricordo persino la canzone che suonava[no] alla radio in quel caffè quando ci siamo incontrati *(con te)*...

15 – "E ora, su *(secondo la)* richiesta di un marito affettuoso *(amante coniuge)*, dedichiamo questa canzone alla [sua] cara *(amata)* moglie,

▸ stato diverso: **Я помню песню, которая заиграла в том кафе, когда мы встретились с тобой**, *Mi ricordo la canzone che si sono messi a suonare in quel caffè* (lett. "che ha cominciato a suonare", perché con questo verbo il prefisso **за-** ha valore incoativo, ossia indica l'inizio dell'azione) *alla radio nel momento in cui ci siamo incontrati* (si tratta di due azioni istantanee e simultanee), mentre **Я помню песню, которая играла в том кафе, когда мы встречались с тобой**, *Mi ricordo la canzone che suonavano in quel caffè quando ci siamo incontrati*, indica azioni contemporanee in corso (mentre suonavano la canzone noi stavamo facendo conoscenza).

16 которая ра́дует ⑦ его́ уже́ 20 лет свои́м оптими́змом и хоро́шим настрое́нием».
17 — Везёт же лю́дям!
18 — «Хо́чется пожела́ть вам, Верони́ка и Оле́г, до́лгих лет бра́ка ⑧ и согла́сия во всём!»
19 — Ой, Олёж ⑨, э́то же про нас... Так вот почему́ ты к ра́дио прикле́ился...
20 Ми́лый, дорого́й, хоро́ший... Я так тебя́ люблю́!

Note

⑦ Il verbo imperfettivo **ра́довать**, *rallegrare, allietare*, regge l'accusativo (che indica il complemento oggetto dell'azione) e lo strumentale (che ne indica il complemento di mezzo): **Де́ти ра́дуют ба́бушку** (accusativo) **свои́ми успе́хами** (strumen- ▸

Упражне́ние 1 — Чита́йте и переводи́те

❶ Что по програ́мме по́сле новосте́й и метеосво́дки? — По-мо́ему, како́й-то фильм. Я не зна́ю, где програ́мма, прове́рь в Интерне́те. ❷ Наде́жда — оди́н из на́ших са́мых це́нных сотру́дников. Она́ ра́дует нас уже́ мно́го лет свои́м оптими́змом и хоро́шим настрое́нием. ❸ У мое́й сестры́ така́я прико́льная соба́ка: она́ уме́ет счита́ть до пяти́ и танцева́ть! — Как ей повезло́! ❹ Ты что, свихну́лся? Ско́ро уже́ го́сти прие́дут, а ты всё ещё сиди́шь в хала́те и та́почках пе́ред телеви́зором! — Мне твои́ го́сти до ла́мпочки. ❺ Кака́я прия́тная му́зыка! Э́то CD? — Нет, э́то по ра́дио передаю́т. Переда́ча про музыка́льные тради́ции наро́дов южноамерика́нского контине́нта.

16 che lo allieta già da 20 anni con il suo ottimismo e il suo buonumore."
17 – Beati loro *(Porta [fortuna] alla-gente)*!
18 – "Veronika e Oleg, vi auguriamo *(si-vuole augurare a-voi)* lunghi anni di matrimonio e di armonia *(concordia in tutto)*!"
19 – Oh, mio caro Oleg *(Oleža)*, ma [sta parlando] di noi… Ecco perché ti eri incollato alla radio…
20 Amore *(Gentile)*, caro, tesoro *(buono)*… Quanto *(Io così)* ti amo!

▸ tale): **в школе**, *I bambini rallegrano la nonna con i loro risultati scolastici* (lett. "successi a scuola"). Quando, invece, è riflessivo, **радоваться**, *rallegrarsi per*, regge il dativo: **Бабушка радуется внукам**, *La nonna si rallegra per i nipoti*.

⑧ Curiosamente, il sostantivo maschile **брак** vuol dire sia *matrimonio* sia *difetto* o *scarto di fabbricazione*.

⑨ **Олеж** è una forma vocativa tronca tipica del parlato, con elisione della desinenza (**Олежа**, diminutivo-vezzeggiativo di **Олег**). Ne avevamo già parlato, ricordate? (v. lez. 5, nota 1 e lez. 19, nota 11).

Soluzione dell'esercizio 1

❶ Cosa danno *(secondo il programma)* dopo il telegiornale e il meteo? – Credo un film *(Secondo-me, un-qualche film)*. Non so dove sia la guida dei programmi *(programma)*, cerca su *(verifica in)* Internet! ❷ Nadežda è una delle nostre più preziose collaboratrici. Ci allieta già da tanti anni con il suo ottimismo e il suo buonumore. ❸ Mia sorella ha un cane così spassoso: sa contare fino a cinque e ballare! – Com'è fortunata *(Come a-lei ha-portato [fortuna])*! ❹ Ma sei impazzito? Fra poco *(Presto già)* arriveranno gli ospiti e tu te ne stai ancora seduto in vestaglia e in pantofole davanti alla TV! – Me ne infischio *(A-me fino-alla lampadina)* dei tuoi ospiti. ❺ Che bella *(piacevole)* musica! È un CD? – No, la stanno dando *(trasmettono)* alla radio. [È] una trasmissione sulle tradizioni musicali dei popoli del Sudamerica *(del-sudamericano continente)*.

26 Упражнение 2 – Восстановите текст

❶ Ti chiamerò se ce ne sarà *(insorgerà)* bisogno, ma per il momento voglio restare solo. – Beh, è chiaro che oggi sei di cattivo umore *(non in spirito)*!

Я ..... тебя, если .... такая ...., но пока я хочу .... один. – Ну, ты явно сегодня ....!

❷ Perché mi stai sempre addosso *(Cosa tu verso me ti-sei-incollato)*? Non ho tempo per te. – Oh, vedo *(guardo)* che sei di nuovo di buonumore...

... ты ....? У меня нет .... на тебя. – О, я ......, что у тебя ..... хорошее ....

❸ A volte *(tempo da tempo)* mi sorprendono proprio *(semplicemente)*: dicono che non hanno un soldo *(di-soldi)* e poi *(loro-stessi)* vanno in ferie *(riposare)* alle *(isole)* Bahamas!

.... они меня просто ....: говорят, что у них нет ....., а сами едут отдыхать ....!

❹ Accendi la radio, c'è *(trasmettono)* il mio programma musicale preferito con *(secondo)* le richieste degli ascoltatori *(radioascoltatori)*. – Cara *(mia)*, non me ne importa niente *(a-me fino-alla lampadina)* del tuo programma, domani ho l'esame!

...... радио, там .... мою .... музыкальную .... радиослушателей. – Дорогая моя, мне .. .. твоя ...., у меня ...... экзамен!

❺ Dicono [che] dopo 7 anni di matrimonio cominci la crisi *(difficile periodo nella vita dei-coniugi).* – Sciocchezze! Non credere a tutto [quello] che raccontano.

......., после 7 лет ..... начинается .... в жизни .... – Чепуха! Не верь ....., что ....

Soluzione dell'esercizio 2

❶ – позову – возникнет – надобность – остаться – не в духе ❷ Что – ко мне приклеился – времени – смотрю – опять – настроение ❸ Время от времени – поражают – денег – на Багамские острова ❹ Включи – передают – любимую – передачу по заявкам – до лампочки – передача – завтра ❺ Говорят – брака – трудный период – супругов – всему – рассказывают

27 Двадцать седьмой урок

«Game over» или игра окончена ①

1 — Помогите, пожалуйста, выбрать в подарок моему племяннику игровую приставку.
2 — С приставкой всё просто, давайте сначала выберем игру. Сколько ему лет? Какие игры он любит ②?
3 — Он постоянно играет онлайн, но во что именно, даже не догадываюсь.
4 — Выбирайте: бывают стратегические игры, экшн, симуляторы, а также игры бывают двухмерные или трёхмерные.
5 У них различная динамика: игровой процесс может происходить в условиях реального времени, в этом случае после окончания игры нужно начинать заново;
6 или постепенно – с возможностью сохранения поэтапного продвижения в игре.

Osservazioni sulla pronuncia
4 трёхмерные *[trjoHmjernyje]*: nonostante la presenza della lettera **ё**, sempre tonica, qui l'accento principale cade sulla prima **e**.

Note

① Parlando di videogiochi, per indicare la "fine del gioco", in russo si dice sia *game over* sia **игра окончена**. La prima espressione è più corrente, specie tra gli appassionati di video game.

② In generale, a un verbo russo imperfettivo ne corrisponde uno perfettivo e viceversa, ma ci sono anche dei verbi che hanno un solo aspetto, come il verbo imperfettivo **любить**, *amare*, o verbi di per sé "statici", come **лежать**, *giacere*, *essere in* ▸

Ventisettesima lezione 27

"Game over" o fine del gioco *(il gioco [è] finito)*

1 – Mi aiuti per favore [a] scegliere una console per [video]giochi da regalare *(in regalo)* a mio nipote.
2 – È facilissimo *(Con la console tutto [è] semplice)*, per prima cosa scegliamo il [video]gioco. Quanti anni ha? Quali giochi gli piacciono *(ama)*?
3 – Lui gioca sempre *(continuamente)* online, ma non so proprio *(persino non indovino)* a cosa.
4 – Scelga: ci sono giochi di strategia *(strategici)*, [di] azione, simulazioni *(simulatori)* e ci sono anche giochi in 2D o 3D.
5   Possono svolgersi in diverse modalità *(Presso di-loro [c'è] una-diversa dinamica)*: si può giocare *(di-gioco processo può svolgersi)* in *(condizioni di-)*tempo reale, [e] in questo caso al *(dopo il)* termine del gioco si deve ricominciare daccapo,
6   oppure con il salvataggio dell'avanzamento *(gradualmente),* che permette di salvare la partita man mano che si procede *(con la possibilità di-conservazione del-graduale avanzamento nel gioco).*

▸   *posizione orizzontale*; **стоять**, *stare in piedi, essere in posizione verticale.* Naturalmente è sempre possibile aggiungere un prefisso verbale a questi verbi e renderli perfettivi, ma in tal modo si aggiungono lievi sfumature con valore temporale che valgono solo per il perfettivo: **по**любить, *innamorarsi* (qui **по-** ha significato incoativo: *iniziare ad amare*); **по**лежать, *stare sdraiato per un po'* (qui **по-** significa azione di breve durata). Nella lezione 28 vedremo altri esempi di questi verbi.

двести два • 202

7 Практически в любой игре есть разные уровни ③, играть можно от первого или третьего лица, в таком случае вы видите на экране персонажа.

8 Короче говоря, вам просто надо выбрать стиль игры и тип героя, а я подберу нужную приставку и джойстик.

9 – Остановимся на самой популярной игре среди подростков.

10 – Тогда берите эту, не ошибётесь, от неё сейчас все тащатся ④… простите, она всем очень нравится.

11 Там столько крови, все друг друга мочат ⑤, пистолеты, автоматы, базуки, танки!

12 Племяшку ⑥ своего от неё за уши не оттащите!

13 – Ну, от такой рекламы у меня просто волосы дыбом встали…

14 Дайте-ка мне лучше что-нибудь из стратегических игр, да поспокойнее…

Note

③ Il sostantivo **уровень**, *livello*, è maschile e, come si può notare dalla sua declinazione, presenta il fenomeno della vocale mobile (**уровни**, *livelli*). Come già sapete, essa si mantiene solo al nom. masch. sing.

④ Il verbo di moto monodirezionale imperfettivo **тащиться**, *trascinarsi*, nella lingua parlata ha tutt'altro senso, ovvero quello di *stravedere, andare pazzo per*. Essendo quest'accezione tipica del linguaggio giovanile, abbiamo tradotto il verbo con un'espressione gergale italiana corrispondente: **Тащусь от этой группы!**, *Vado pazzo per questa band!* / *Questa band spacca!*

⑤ Anche quest'altro verbo imperfettivo, **мочить** (lett. "macerare, ▶

7 In pratica, ogni *(in qualunque)* gioco ha *(c'è)* diversi livelli, si può giocare in *(dalla)* prima o [in] terza persona [e] in tal caso Lei vede il personaggio sullo schermo.

8 Insomma *(Più-brevemente parlando)*, Lei deve solo *(semplicemente)* scegliere la modalità *(stile)* di gioco e il tipo di personaggio e io Le trovo *(selezionerò)* la console che serve *(necessaria)* e il joystick.

9 – Vorrei il *(Soffermiamoci sul)* gioco più popolare tra i ragazzi *(gli adolescenti)*.

10 – Allora prenda questo, non si sbaglierà, in questo momento è un gioco che spacca *(da essa tutti si trascinano)*… mi scusi, [è un gioco che] piace molto a tutti.

11 C'è *(Là)* tanto sangue, si fanno fuori tutti a vicenda [con] pistole, mitra, bazooka, carri armati!

12 Il Suo nipotino non riuscirà più a staccarsene *(da esso [gioco] per le orecchie non trascinerete-via)*!

13 – Beh, con una pubblicità del genere *(da una-tale pubblicità)* mi si sono rizzati i capelli [in testa]…

14 Mi dia piuttosto un gioco di strategia *(Date a-me meglio qualcosa di strategici giochi)*, *(e)* un po' più tranquillo…

▸ tenere a mollo"), ha un significato gergale malavitoso, *far fuori*. Naturalmente è bene conoscere questi termini che oscillano tra il gergo e lo slang (e sono in ogni caso molto informali), ma è meglio lasciarli ai parlanti nativi e non utilizzarli…

⑥ Normalmente *nipote* (di zio o zia) si dice **племянник**, ma nel parlato si usa spesso **племяшка**, che presenta il fenomeno della vocale mobile al genitivo plurale: **племяшек**. Un'altra parola altrettanto informale, ma di identico significato, è **племяша**.

27

15 Справедл**и**вости р**а**ди зам**е**тим, что нельз**я** недооц**е**нивать разраб**о**тчиков видеои**г**р,

16 ведь т**о**лько на п**е**рвый взгляд он**и** пров**о**дят вр**е**мя, забавл**я**ясь.

17 И д**а**же **е**сли мир ст**а**нет ⑦ перед их изобрет**е**ниями на кол**е**ни,

18 их род**и**тели, наприм**е**р, б**у**дут в глубин**е** душ**и** сомнев**а**ться в спос**о**бностях сво**и**х д**е**ток.

19 Карт**и**на так**а**я: сид**и**т как-то г**е**ний информ**а**тики, нал**а**живает плод сво**е**й пятил**е**тней раб**о**ты.

20 Он облож**и**лся ⑧ спр**а**вочниками, документ**а**цией, вн**о**сит посл**е**дние поп**р**авки.

21 Мужч**и**на похуд**е**л, весь зар**о**с ⑨ щет**и**ной, его лиц**о** с**и**льно осун**у**лось,

22 т**о**лько вр**е**мя от вр**е**мени он выход**и**т из сво**е**й берл**о**ги за вод**о**й и ед**о**й.

---

15 Secondo le regole di pronuncia, la parola composta **видеоигра**, *videogioco*, si dovrebbe leggere *[vidiaigra]*, ma alcuni lo pronunciano *[vidjea-igra]*, come se fosse divisa nettamente in due parti (ognuna con un suo accento tonico), articolando una **e** scarsamente percettibile nella prima parte.

Note

⑦ Qui il verbo **стать** non significa *diventare*, bensì *mettersi* (in una determinata posizione): nella frase in questione va collegato a **на колени** (**стать на колени**, *mettersi in ginocchio*, *inginocchiarsi*: qui l'espressione è usata metaforicamente per indicare ammirazione o venerazione).

15 Per amore di verità *(giustizia)* dobbiamo ammettere *(noteremo)* che non si possono sottovalutare i programmatori di videogiochi,

16 solo apparentemente *(eppure sul primo sguardo)* loro passano il tempo a divertirsi *(divertendosi)*,

17 e anche se il mondo ammira le loro invenzioni *(si-metterà davanti-alle loro invenzioni sulle ginocchia)*,

18 i loro genitori, per esempio, in fondo *(nella profondità dell'anima)* dubiteranno delle capacità dei loro figlioli.

19 Immaginate *(Un quadro tale: è-seduto)* un *(qualche)* genio dell'informatica [che] stia mettendo a punto il frutto di *(propri)* cinque anni di lavoro.

20 È circondato *(Lui si-è circondato)* da manuali [e] guide *(documentazione)* [e] sta apportando gli ultimi ritocchi.

21 L'uomo è dimagrito, ha la barba sfatta *(tutto si-è-coperto con-la-barba-di-alcuni-giorni)* e il *(suo)* viso molto tirato *(fortemente è-emaciato)*,

22 solo di tanto in tanto *(tempo da tempo)* esce dalla sua tana per mangiare e bere *(per acqua e cibo)*.

▸ ⑧ I verbi perfettivi **обложиться** (frase 20), *circondarsi*, e **зарасти** (frase 21), *coprirsi*, reggono lo strumentale di modo.

⑨ Attenzione alla radice **рас(т)** del verbo **расти**, *crescere*, che ricorre in tutti i suoi composti (**растение**, *pianta*; **зарасти**, *coprirsi*, ecc.), ma nei verbi al passato si modifica e diventa **рос(т)**: **он быстро рос**, *lui cresceva in fretta*; **поляна заросла травой**, *la radura si è coperta d'erba*.

23 В комнату заглядывает его мать и говорит ему с горечью в голосе:
24 – Ну что, всё играешь?!

***

Упражнение 1 – Читайте и переводите

❶ Хочу подарить своим детям интересных книг, чтобы они почитали на каникулах. – Сейчас я тебе выберу пару самых популярных среди подростков. ❷ Вы проводите время, забавляясь и играя, а я сижу в своей комнате, обложившись справочниками и книгами. ❸ У этих рынков различная динамика, поэтому было бы неправильно считать, что у них одинаковые шансы. ❹ Справедливости ради надо сказать, что перед его изобретениями можно стать на колени: он – настоящий гений! ❺ Он сказал, что не сомневается в её способностях, но в глубине души знал, что говорит это просто, чтобы она не нервничала.

23 Sua madre dà un'occhiata alla stanza e domanda amareggiata *(dice a-lui con amarezza nella voce)*:
24 – Ma stai sempre a giocare *(Beh che-cosa, tutto [il tempo] giochi)*?!

***

Soluzione dell'esercizio 1

❶ Voglio regalare ai miei figli dei libri interessanti perché [li] leggano un po' durante le vacanze. – Ora te ne scelgo *(sceglierò)* un paio dei più popolari tra i ragazzi *(adolescenti)*. ❷ Voi passate il tempo a divertirvi e a giocare *(divertendovi e giocando)* mentre io me ne sto *(sono-seduto)* nella mia stanza, circondato da manuali e libri. ❸ Questi mercati hanno dinamiche diverse, perciò sarebbe sbagliato pensare *(ingiusto ritenere)* che abbiano le stesse potenzialità *(identiche chance)*. ❹ A dire il vero *(per-amore di-giustizia)*, bisogna ammettere *(dire)* che le sue invenzioni sono ammirevoli *(davanti-alle sue invenzioni ci-si-può mettere sulle ginocchia)*: è un vero genio! ❺ Ha detto che non dubitava *(dubita)* delle sue capacità, ma in fondo *(nel profondo dell'anima)* sapeva di dirlo *(che dice)* solo *(semplicemente)* per non farla innervosire *(affinché lei non era-nervosa)*.

Упражнение 2 – Восстановите текст

❶ Che gioco orrendo: *(in essa)* quanto sangue… – Sì, ma è *(risulta-essere)* il [gioco] più popolare tra i ragazzi *(adolescenti)*.

Какая жуткая …. : в … столько …… …
– Да, но она …….. самой …………..
среди ………. .

❷ Per il [suo] compleanno gli abbiamo comprato una console e un sacco *(moltitudine)* di giochi. – Pensi sia una buona idea? Ha 45 anni…

Мы купили ему .. день …….. игровую
……… и ………… – Ты ……., это
хорошая ….? … ведь 45 ……..

❸ Penso che sia successo qualcosa al nostro vicino. L'ho incontrato ieri: aveva il viso molto tirato *(fortemente è-emaciato)*, è dimagrito e ha la barba sfatta *(tutto si-è-coperto con-la-barba-di-alcuni-giorni)*.

Думаю, у ………… что-то ………. .
Я встретил его вчера : его …. сильно
………, он ……. и весь ….. щетиной.

❹ Ecco qua, "game over" *(il gioco [è] finito)*! E ora cosa [bisogna] fare? – Bisogna ricominciare daccapo e nel prossimo livello potrai salvare la partita *(ci-sarà la possibilità di-conservazione del-tuo avanzamento nel gioco)*.

Ну вот, ………….! И что теперь делать?
– Нужно …………. …, а на ………
…… будет ………… сохранения твоего
……….. в игре.

209 • двести девять

❺ Oggi ho visto al telegiornale *(Io ho-visto in odierne notizie)* che la polizia ha trovato una *(qualche)* casa abbandonata *(dimenticata)* in cui c'era un'enorme quantità di pistole, mitra e persino qualche bazooka.

Я видела в ...., что полиция нашла какой-то забытый дом, в .... было огромное ...., ... и даже несколько ....

Soluzione dell'esercizio 2

❶ – игра – ней – крови – является – популярной игрой – подростков **❷** – на – рождения – приставку – множество игр – думаешь – идея – Ему – лет **❸** – нашего соседа – случилось – лицо – осунулось – похудел – зарос – **❹** – игра окончена – начинать заново – следующем уровне – возможность – продвижения – **❺** – сегодняшних новостях – котором – количество пистолетов, автоматов – базук

---

*Da molto tempo il russo prende in prestito parole da altre lingue, a cominciare dal finnico (prima del IX secolo!) e dalle lingue scandinave. Poi, all'epoca di Pietro il Grande, ha assimilato parecchi vocaboli provenienti dalle lingue europee, in particolare dal tedesco (***галстук**, *cravatta;* **картофель**, *patate, probabilmente anche* **кастрюля**, *pentola, casseruola;* **шкаф**, *armadio;* **шляпа**, *cappello, ecc.) e dall'olandese (***руль**, *volante;* **флаг**, *bandiera, ecc.). Dal canto suo, l'inglese si prende una rivincita nei termini sportivi, tecnici o, più recentemente, in quelli informatici e commerciali (***виски**, *whisky;* **лидер**, *leader;* **сквер**, *giardino pubblico;* **бизнес**, *business;* **брокер**, *broker;* **логин**, *login;* **офшор**, *off-shore;* **пиар**, *PR;* **промоутер**, *promotore finanziario;* **хакер**, *pirata informatico;* **хостинг**, *hosting, ecc.). Né poteva mancare il francese che, specie nel XIX secolo, ha lasciato tracce nel russo in tutti gli ambiti e in tutti i registri linguistici (***браслет**, *braccialetto;* **крем**, *crema;* **люстра**, *lampadario;* **репертуар**, *repertorio;* **сюжет**, *trama, ecc.). E l'italiano? Come si può immaginare, il nostro contributo riguarda soprattutto la musica e la cucina, ma non solo:* **ария**, *aria;* **либретто**, *libretto;* **макароны**, *maccheroni (o pasta in genere);* **спаржа**, *asparagi;* **валюта**, *valuta;* **вилла**, *villa, ecc.*

28 Двадцать восьмой урок

Повторение - Ripasso

1 Sostantivi e aggettivi

1.1 La formazione delle parole composte

Nelle ultime lezioni abbiamo incontrato alcune parole composte unite da una vocale di congiunzione. Ciò avviene di norma quando la seconda parte della parola comincia per consonante:
- Negli esempi visti finora, la vocale in questione è una -о-: **разн**о**сторонний**, *molteplice, poliedrico* (lett. "con diversi lati"); **диск**о**вод**, *lettore CD,* ecc. In particolare, la vocale dura **о** unisce le due parti della parola composta solo quando la prima finisce in consonante dura (escluse **ж, ш** е **ц**). Dopo le consonanti molli (e dopo **ж, ш** е **ц**), invece, la vocale di congiunzione è la vocale molle -е-: **птиц**е**лов**, *uccellatore* (**птица**, *uccello*; **ловить**, *acchiappare*); **земл**е**коп**, *sterratore* (**земля**, *terra*, in cui la **л** è ammollita dalla vocale **я**; **копать**, *scavare*).
- Se, però, la prima parte è costituita da una parola che mantiene la sua forma originaria, allora non si inserisce alcuna vocale di congiunzione: **время****исчисление**, *cronologia* (lett. "calcolo di tempo", da **время**, *tempo*, e **исчисление**, *calcolo*).
- Quando la prima parte è costituita da un numerale cardinale, quest'ultimo si declina al genitivo e in tal caso non è necessaria la vocale di congiunzione: **пят**и**метровый**, *che misura cinque metri* (**пять**, *cinque* + **-метровый**, – aggettivo derivato da **метр**, *metro*). Fanno eccezione le parole composte col numero uno (**односторонний**, *unilaterale*) e alcune composte col numero due (**дв**у**сторонний**, *bilaterale*) in cui compare la forma tronca del genitivo **дву-** anziché **двух-**.
- Se la prima parte è costituita da **пол-**, abbreviazione di **половина**, *metà*, la parola composta si scrive tutta attaccata quando la seconda parte comincia per consonante (esclusa la **л**); se invece comincia per vocale o per **л**, le due parti vengono separate da un trattino: **пол****часа**, *mezzora*; **пол-о****гурца**, *mezzo cetriolo*; **пол-л****итра**, *mezzo litro*.

Ventottesima lezione 28

1.2 Alternanze consonantiche nella radice delle parole

Nelle sei lezioni precedenti avete visto che la parte finale della radice di alcuni sostantivi col suffisso diminutivo (o vezzeggiativo) è soggetta ad alternanze consonantiche:

• г - ж:

долг, *debito*	→	должок, *debituccio*
друг, *amico*	→	дружок, *amichetto*
пирог, *torta, pasticcio*	→	пирожок, *tortina, pasticcino*
сапог, *stivale*	→	сапожок, *stivaletto*
снег, *neve*	→	снежок, *neve (vezzeggiativo), palla di neve*
дуга, *arco*	→	дужка, *archetto*
телега, *telega, carro (trainato da cavalli)*	→	тележка, *piccola telega, carrello*

• к - ч:

звонок, *campanello*	→	звоночек, *campanellino*
каток, *pista di pattinaggio*	→	каточек, *piccola pista di pattinaggio*
охотник, *cacciatore*	→	охотничек, *piccolo cacciatore*
подарок, *regalo*	→	подарочек, *regalino*
цветок, *fiore*	→	цветочек, *fiorellino*
человек, *uomo*	→	человечек, *omino, ometto*
ящик, *cassetto*	→	ящичек, *cassettino*

лу**к**, cipolla	→	лу**ч**ок, cipollina
рю**ка**, bicchiere	→	рю**мч**ка, bicchierino
соба**ка**, cane	→	соба**ч**ка, cagnolino
моло**ко**, latte	→	моло**чк**о, lattuccio

• **х - ш**:

пету**х**, gallo	→	пету**ш**ок, galletto
пу**х**, peluria, lanugine	→	пу**ш**ок, peluria, lanugine (dim. o vezz.)
му**х**а, mosca	→	му**ш**ка, moschetta
у**х**о, orecchio	→	у**ш**ко, orecchietta

2 Aggettivi e pronomi

2.1 L'aggettivo interrogativo possessivo *чей*

L'aggettivo interrogativo possessivo **чей** concorda nel genere, nel numero e nel caso con l'oggetto posseduto, a differenza dell'italiano, in cui l'espressione equivalente "di chi" è resa con il pronome interrogativo di persona in funzione di complemento di specificazione o appartenenza. Ecco la declinazione completa:

	Maschile	Neutro	Femminile	Plurale
N	**чей**	**чьё**	**чья**	**чьи**
G	**чьего**		**чьей**	**чьих**
D	**чьему**		**чьей**	**чьим**
A	N o G	N	**чью**	N o G
S	**чьим**		**чьей**	**чьими**
P	**чьём**		**чьей**	**чьих**

Osservate la presenza del segno molle -ь- prima della desinenza (eccetto al nom. masch. sing.). Confrontate gli esempi: **Чья** (nom.) **это дочь?**, *Di chi è questa figlia?*; **Ты знаешь, с чьей** (strum.) **дочерью идёт в кино наш сын?**, *Sai con la figlia di chi va al cinema nostro figlio?*

2.2 Le proposizioni relative con il pronome *который*

Nelle proposizioni relative il pronome **который** sostituisce un nome che compare nella frase principale, concordando con esso solo nel genere e nel numero. Va invece declinato al caso richiesto dal verbo o dalla preposizione che lo reggono all'interno della frase relativa:
– **Могу я взять книгу, котор‌ую ты показал мне / о котор‌ой ты мне говорил?**, *Posso prendere il libro che mi hai mostrato / di cui mi hai parlato?*

Qui **который** sostituisce il sostantivo **книга** (femm. sing.); trasformando le frasi relative in principali, avremo infatti rispettivamente **ты показал мне книгу** e **ты мне говорил о книге**; inoltre è declinato rispettivamente all'accusativo (compl. oggetto) e al prepositivo (compl. di argomento), casi retti dai verbi della secondaria relativa (rispettivamente **показал** e **говорил**).

Notiamo che **который** si mette all'inizio della frase relativa, salvo quando ha funzione di possesso. In tal caso segue il sostantivo posseduto e resta fisso al caso genitivo (di specificazione). Può inoltre essere sostituito dall'aggettivo interrogativo possessivo **чей**, che in quanto aggettivo concorda nel genere, nel numero e anche nel caso col sostantivo cui si riferisce e lo precede, analogamente a quanto avviene in italiano:
– **Я встретил твоего друга, книгу котор‌ого (чью книгу) ты мне показывал / о книге котор‌ого (о чь‌ей книге) ты мне говорил**, *Ho incontrato il tuo amico, il libro del quale (il cui libro) mi hai mostrato / del libro del quale (del cui libro) mi hai parlato.*

Qui **который** sostituisce il termine **друг**; trasformando la frase relativa in principale, avremo infatti **ты мне показывал книгу друга**.

3 Verbi

3.1 Il significato generale degli aspetti

• L'imperfettivo
I verbi imperfettivi esprimono azioni in corso o durature, ripetute o abituali. L'imperfetto si usa anche quando ciò che interessa è l'azione in sé, il semplice fatto di denominarla o descriverla, e non il suo risultato.
Per esempio, nella frase **Вчера Олег писал маме письмо**, *Ieri Oleg ha scritto una lettera alla mamma*, non è importante che Oleg abbia finito o no di scrivere la lettera (ossia il risultato dell'azione), quanto

informare che ha avuto luogo in sé questo tipo di azione. Ci si limita a descrivere che cosa ha fatto ieri Oleg, in che cosa è stato occupato.
Alcune espressioni (come i complementi di frequenza o di tempo continuato, per esempio) che indicano un'azione abituale o protratta per un certo tempo si usano dunque tipicamente con i verbi imperfettivi: **Они всегда уходили в отпуск в августе**, *Andavano sempre in ferie ad agosto*; **Каждое утро она бегала**, *Ogni mattina lei correva / andava a correre*; **Вчера она смотрела телевизор весь вечер**, *Ieri ha guardato la TV per tutta la sera*.

• **Il perfettivo**

I verbi perfettivi esprimono azioni che conseguono un risultato. Secondo alcuni linguisti, l'azione di un verbo perfettivo si può dividere in tre fasi che vanno intese come un atto unitario integro: l'inizio dell'azione, il suo svolgimento e la sua conclusione (con un risultato tangibile). Illustriamo questa teoria con un esempio apparentemente identico (nella traduzione in italiano) a quello visto nel paragrafo precedente: **Вчера Олег написал маме письмо**, *Ieri Oleg ha scritto una lettera alla mamma*: sappiamo che Oleg si è messo a scrivere una lettera (inizio dell'azione), ha impiegato un certo tempo a scriverla (svolgimento dell'azione) e poi l'ha terminata (fine dell'azione). Questa frase con il verbo perfettivo significa che l'atto di scrivere la lettera si è concluso con un risultato concreto (la lettera è pronta, ad esempio, per essere spedita).
Nel corso del manuale torneremo sulle "modalità d'uso" degli aspetti verbali per darvi la possibilità di utilizzarli nel modo più logico, corretto e naturale.

3.2 Verbi con un solo aspetto (monoaspettuali)

Alcuni verbi russi possono essere solo imperfettivi o solo perfettivi: abbiamo visto un esempio con il verbo imperfettivo **любить**, *amare* (lez. 27, nota 2). Come abbiamo detto, se aggiungiamo un prefisso a questo verbo, lo rendiamo aspettualmente perfettivo, ma al contempo ne modifichiamo lievemente (in senso temporale) il significato: **полюбить**, *innamorarsi, incominciare ad amare*.
I verbi che hanno entrambi gli aspetti (coppie aspettuali) esprimono in genere azioni il cui scopo è quello di ottenere un risultato: **делать упражнение**, *fare un esercizio* (si indica l'azione in sé o nel corso del suo svolgimento) / **сделать упражнение**, *fare un esercizio* (svolgerlo interamente, ottenendo così un risultato

concreto). I verbi imperfettivi che non indicano azioni volte al raggiungimento di un risultato, invece, non hanno un corrispondente verbo perfettivo propriamente detto (ossia un verbo perfettivo che mantenga lo stesso valore semantico). Si tratta in genere di verbi che esprimono, per esempio, uno stato o un'occupazione: **быть**, *essere*; **находиться**, *trovarsi*; **преподавать**, *insegnare*; **учиться**, *essere studente*. Consultate l'Appendice grammaticale per un elenco completo di questi verbi.

4 Preposizioni

Le preposizioni **среди**, *tra*, e **посредством**, *tramite, mediante*, reggono il genitivo:
– **Именно здесь среди друзей ей было хорошо**, *Era proprio* (lett. "Proprio qui") *tra gli amici che lei stava bene*.
– **Эта терапия предлагает клиентам забыть о заботах посредством новых ощущений**, *Questa terapia propone ai clienti di dimenticare i [loro] problemi mediante nuove sensazioni*.

Заключительный диалог - Dialogo di ripasso

1 – Благодаря тебе я получил доступ к неограниченному объёму информации.
2 – Спасибо всемирной паутине, а не мне: я сама нашла этот сайт на каком-то форуме.
3 Как только мне подключили Интернет, я создала свой блог, на котором я теперь советую подобные интересные ресурсы.
4 Кстати, мой блог стал достаточно известным и привлекает огромное количество пользователей всех возрастов.
5 – А я только делаю первые шаги в Интернете, только открыл для себя электронную почту.
6 Оказалось, что кроме обычного текста по электронной почте можно передавать фотографии и звуковые сообщения.
7 – Конечно, да и любые другие файлы.

8 – Но несмотря на все блага, которые нам дарит компьютер, есть и свои проблемы.
9 У меня сгорел системный блок, пришлось тащить его в мастерскую, а он тяжёлый…
10 – У меня ноутбук; с ним, конечно, проще, в мастерскую носить нетяжело.
11 Но тут свои минусы: иногда не могу найти свой лэптоп, а это значит, что мой сын играет онлайн!
12 Знаешь, в сети столько игр для подростков, и их от Интернета за уши не оттащишь.
13 Справедливости ради надо сказать, что он в сети не только забавляется, но и много работает.
14 – Весь в маму! В глубине души никогда не сомневался в талантах твоих чад.
15 – Дочери моей компьютеры и программирование до лампочки, она диджей!
16 Уже почти два года работает на радио, в музыкальной передаче по заявкам радиослушателей.
17 – Везёт же людям! Я сам меломан, всегда мечтал стать диджеем.
18 – Может быть, я недооценивала эту профессию, но сначала я ругалась про себя, хотела, чтобы она стала кем-то другим,
19 а теперь поняла, что она настоящий специалист, и смотрю на неё, разинув рот.
20 – Хорошо, что ты это поняла, а то родители всегда сомневаются в способностях своих деток.

Traduzione

1 Grazie a te ho ottenuto l'accesso a una quantità *(volume)* sterminata di informazioni. **2** Grazie al web *(universale ragnatela)*, e non [grazie] a me: io ho solo trovato *(io stessa ho-trovato)* questo sito in un *(qualche)* forum. **3** Non appena mi hanno connesso il computer a Internet *(Come solo a-me hanno-collegato Internet)*, ho creato il mio blog, su cui ora segnalo *(consiglio)* questo tipo di *(simili)* risorse interessanti. **4** A proposito, il mio blog è diventato abbastanza noto e attira una quantità enorme di utenti di tutte le età. **5** Io invece sono solo alle prime armi con *(faccio i primi passi in)* Internet, ho appena aperto la mia casella di posta elettronica *(solo ho-aperto per sé l'elettronica posta)*. **6** A quanto pare *(è-sembrato che)*, oltre ai testi normali *(ordinario testo)*, si possono inviare *(trasmettere)* per posta elettronica foto e messaggi vocali. **7** Certo, anche qualsiasi altro tipo di file *(e qualsiasi altri file)*. **8** Ma nonostante tutti i vantaggi *(benefici)* che il computer ci offre *(dona)*, ci sono anche dei *(suoi)* problemi. **9** Mi si è rotto *(bruciato)* il case, ho dovuto *([mi] è-toccato)* portarlo a riparare al centro assistenza *(trascinarlo in laboratorio)* ed è pesante... **10** Io ho il notebook; *(con lui)* ovviamente [rende tutto] più semplice, portarlo al centro assistenza *(laboratorio)* è facile, **11** ma ha anche i suoi svantaggi *(qui i suoi meno)*: a volte non riesco a *(posso)* trovare il mio portatile perché *(e questo significa)* mio figlio [ci] sta giocando online! **12** Sai, in rete ci sono tanti giochi per i ragazzi *(adolescenti)* e non riesci a staccarli da Internet *(e loro da Internet per le orecchie non trascinerai-via)*. **13** A dire il vero *(Per-amore di-giustizia)*, bisogna ammettere che in rete non solo si diverte, ma lavora anche parecchio. **14** È tutto sua madre *(nella mamma)*! In fondo *(Nel profondo dell'anima)* non ho mai dubitato delle doti dei tuoi figli *(pargoli)*. **15** Mia figlia se ne infischia di *(A-figlia mia fino-alla lampadina)* computer e di programmazione, fa la DJ! **16** Sono già quasi due anni che lavora alla radio, in una trasmissione di musica con le richieste degli ascoltatori. **17** Beata lei *(Porta [fortuna] alla-gente)*! Io stesso sono un melomane [e] ho sempre sognato di fare *(diventare)* il DJ. **18** Forse ho sottovalutato questa professione, ma all'inizio ero scontenta *(imprecavo tra me e me)*, volevo che lei facesse qualcos'altro *(diventava come-qualcun altro)*, **19** ma ora ho capito che è una vera specialista e la guardo a bocca aperta *(avendo-spalancato la bocca)*. **20** [È un] bene che tu l'abbia capito, perché i genitori dubitano sempre delle capacità dei propri figli *(figlioli)*.

29 Двадцать девятый урок

Фотосессия

1 – Долго мы ещё здесь будем торчать? У меня затекли ① ноги и шея.
2 – Подожди ещё капельку ②, нам надо дождаться ③ хорошего естественного освещения, солнце уже почти взошло.
3 – Окно настежь ④ раскрыто, а тут сквозняки повсюду…
4 – Перестань ныть! Надо, чтобы твой силуэт отчётливо вырисовывался на фоне восходящего солнца.
5 – А ты не боишься, что в этом ракурсе фотку засветишь?
6 – Я сейчас настрою ⑤ яркость, контраст отрегулирую, а если плохо будет выходить, попробуем и со вспышкой.

Note

① Il verbo perfettivo **затечь**, con il prefisso **за-** indicante "addentramento" (lett. "penetrare", detto di liquidi, ma anche *intorpidirsi, gonfiarsi*), deriva dal verbo base **течь**, *scorrere*, e come molti verbi in **-чь** presenta una **к** al passato, alla 1ª pers. sing. e alla 3ª pers. plur. Altri verbi in **-чь**, come **мочь**, *potere*, presentano invece una **г**. In virtù dell'alternanza consonantica, rispettivamente la **к** diventa **ч** nelle altre persone e la **г** diventa **ж**: **Что это за звук? – На кухне течёт вода**, *Che razza di rumore è questo? – È l'acqua che scorre in cucina*; **У меня затекла правая рука**, *Mi si è intorpidito il braccio destro*.

② **капелька**, *goccetto, gocciolina*, è il diminutivo di **капля**, *goccia*. Date un'occhiata alla sua formazione: per mantenere molle la **л** si inserisce il segno debole prima del suffisso **-ка** ▸

Ventinovesima lezione 29

Un servizio fotografico

1 – Dobbiamo starcene qui impalati ancora a lungo *(A-lungo noi ancora qui saremo-ritti)*? Mi si sono intorpidite le gambe e il collo.
2 – Attendi ancora un pochino *(un goccetto)*, dobbiamo aspettare [che ci sia] l'illuminazione naturale giusta, è già quasi spuntato *(venuto-su)* il sole.
3 – La finestra è spalancata *(spalancata aperta)* e ci sono *(qui)* correnti dappertutto...
4 – Smettila di piagnucolare! Il tuo profilo deve stagliarsi nitidamente *(È-necessario affinché la tua sagoma nitidamente si-stagliava)* sullo sfondo del sole che sorge.
5 – E non temi di sovraesporre la foto sotto questa angolazione *(che in questo scorcio la piccola-foto sovraesporrai)*?
6 – Ora regolo *(aggiusterò)* la luminosità [e] il contrasto *(regolerò)* e, se [la foto] verrà fuori male *(se male uscirà)*, la rifaremo *(proveremo e)* col flash.

▸ e, per facilitare la pronuncia, compare la vocale mobile **e**. Al genitivo plurale, per giunta, abbiamo un'altra vocale mobile in entrambe le forme (non dim. e dim.): **капель**, **капелек**.

③ Sul cofisso **до-** + **-ся** v. lez. 19, nota 6.

④ Attenti alla categoria grammaticale di **настежь**, *spalancato*: nonostante si traduca generalmente con un participio passato, in realtà in russo è un avverbio.

⑤ In russo il futuro perfettivo si usa anche per le azioni che accadranno in un futuro immediato. Come si nota dalla traduzione, in questi casi in italiano si può usare, invece, anche il presente indicativo.

7 Я вставил в фо́тик ⑥ о́чень мо́щную ка́рту па́мяти, поэ́тому мо́жем щёлкать ско́лько вле́зет!

8 Пото́м на компью́тере посмо́трим все фотогра́фии, вы́берем лу́чшие, а остальны́е удали́м.

9 С цифровы́м фотоаппара́том жизнь ста́ла намно́го про́ще: в плёнке, по́мню, бы́ло ма́ксимум 36 ка́дров, да и е́сли испо́ртил, то всё, уже́ не сотрёшь.

10 – Како́й же ты болтли́вый... как соро́ка, че́стное сло́во!

11 Займи́сь лу́чше де́лом, мне всё равно́, как ты э́то бу́дешь де́лать, мне ва́жен результа́т.

12 Подгото́вь, пожа́луйста, сра́зу всё, что́бы не прозева́ть твоё суперосвеще́ние ⑦, а то я тебя́ зна́ю: 3 часа́ в настро́йках бу́дешь копа́ться ⑧...

13 И не забу́дь, пожа́луйста, сде́лать кру́пный план моего́ лица́, что́бы отрази́ть глубину́ мои́х глаз...

Osservazioni sulla pronuncia

11 Nel corso della declinazione delle parole mancano regole vere e proprie per l'accento tonico, ma è possibile raggrupparle in base al loro modello di accentazione. Nell'aggettivo breve **ва́жен**, *importante*, la radice è tonica al masch. e al neutro, mentre al femm. l'accento si sposta sulla desinenza (**важна́**) e al plurale può cadere sulla prima o sulla seconda sillaba (sono ammesse entrambe le varianti), **ва́жны** o **важны́**.

Note

⑥ **фотоаппара́т**, *macchina fotografica*, nel parlato si abbrevia in **фо́тик**; anche **фо́тка** (frase 5) è un'abbreviazione colloquiale di **фотогра́фия**.

7 Ho inserito nella macchina una scheda di memoria molto potente, così *(perciò)* possiamo scattare tutte le foto che vogliamo *(quanto si-infilerà)*!

8 Poi guarderemo al computer tutte le fotografie, sceglieremo le migliori ed elimineremo le altre *(restanti)*.

9 Con una macchina fotografica digitale le cose *(la vita)* sono diventate molto più semplici: mi ricordo che nel rullino *(pellicola)* c'erano al massimo 36 foto *(fotogrammi)* e se [le] sbagliavi *(rovinavi)* non c'era più niente da fare *(allora tutto)*, non potevi più cancellarle *(già non cancellerai)*.

10 – [Uff,] quanto chiacchieri *(Quale tu chiacchierone)*… sembri *(come)* una gazza, davvero *(di-onore parola)*!

11 Mettiti al lavoro, piuttosto *(Incomincia-a-occuparti meglio della-faccenda)*: non m'interessa come lo fai *(a-me tutto [è] uguale come tu questo farai)*, ma *(a-me [è] importante)* il risultato.

12 Predisponi, per favore, subito tutto per non farti scappare la tua illuminazione ideale *(superilluminazione)*, [che poi] ti conosco: starai lì per tre ore a trafficare con le regolazioni…

13 E, per cortesia, non dimenticare di fare un primo *(grosso)* piano del mio volto per far risaltare *(riflettere)* la profondità dei miei occhi…

▶ ⑦ Il prefisso **супер-** si attacca direttamente alla parola cui si riferisce: **супер**освещение, *illuminazione ideale, superilluminazione*. Per scoprire altri prefissi che si comportano allo stesso modo, consultate la lezione 35.

⑧ Il verbo imperfettivo **копаться**, *frugare*, nell'uso colloquiale significa anche *indugiare, gingillarsi* o *trafficare*: **Почему ты копаешься в моём ящике?**, *Perché frughi nel mio cassetto?*; **Что же ты так долго копаешься!**, *Ma cosa stai lì a gingillarti tanto!*

14 – Я никогда ничего не забываю: смотри, даже специальный объектив для этого взял.
15 – А можно я сделаю одну пробную фотографию?
16 – Держи фотоаппарат двумя руками, или нет, повесь ⑨ его на шею, чтобы не уронить ⑩, он стоит целое состояние...
17 Смотришь или в объектив или на экран... смотри, чтоб я был в кадре.
18 Кнопку зума нашла? Резкость настроила? Тогда жми на кнопку в центре.
19 – Странно: объектив я открыла, но всё равно ничего не видно и батарейка какая-то на экране мигает...
20 – Чёрт побери! Батарейка села! Давай скорее ставить фотоаппарат на зарядку!
21 Да где же она? Была ведь в чехле...
22 Предлагаю устроить нашу фотосъёмку завтра, а то сегодня солнце какое-то чересчур ⑪ яркое...

Note

⑨ Abbiamo già incontrato coppie aspettuali con verbi che hanno radici completamente diverse (per esempio nella lezione 18, nota 10). Qui ritroviamo una delle coppie di questo tipo che già conoscete, ossia **брать** (imperf.) – **взять** (perf.), *prendere* (frase 14), e la coppia **вешать** (imperf.) – **повесить** (perf.), *appendere, attaccare*.

14 – Io non dimentico mai niente: guarda, ho preso addirittura un obiettivo speciale *(per questo)*.
15 – Posso fare *(E si-può io farò)* una foto di prova?
16 – Tieni la macchina con [tutte e] due [le] mani… anzi *(o)* no, appendila al collo affinché non cada *(per non far-cadere-di-mano)*, costa un *(intero)* patrimonio…
17 Guarda nell'obiettivo o nel display… verifica *(guarda)* che io stia *(ero)* nell'inquadratura.
18 Hai trovato il pulsante dello zoom? Hai messo a fuoco *(La nitidezza hai-regolato)*? Allora premi il *(sul)* pulsante al centro.
19 – [Che] strano: ho aperto l'obiettivo, ma non si vede niente lo stesso *(tutto ugualmente niente non si-vede)* e sul display c'è il simbolo della batteria che lampeggia *(batteria una-qualche sullo schermo lampeggia)*…
20 – Maledizione *([Che] il diavolo [ti] prenda)*! Si è scaricata *(si-è-seduta)* la batteria! Bisogna mettere subito *(Dai più-velocemente mettere-in-verticale)* la macchina fotografica in carica *(sul caricabatteria)*!
21 Ma dov'è [il caricabatterie]? Eppure era nella custodia *(fodera)*…
22 Che ne dici di riprendere *(Propongo-di organizzare)* il nostro servizio fotografico *(ripresa fotografica)* domani? *(Altrimenti)* oggi il sole è un po' *(qualche)* troppo forte…

▸ ⑩ Il verbo perfettivo **уронить** significa sia *far cadere* (o *lasciar cadere*) sia *ledere, danneggiare* con oggetto astratto (es. **достоинство**, *la dignità*).

⑪ L'avverbio **чересчур** equivale, in un registro colloquiale, a un altro avverbio che conoscete bene, **слишком**, *troppo*.

23 – Ушам свои́м не ве́рю! Ты забы́л заря́дку, а тепе́рь выду́мываешь вся́кую чушь, что́бы оправда́ться...

24 Е́сли бы **я** её забы́ла, ты бы меня́ уби́л, а тебе́ всё ве́чно с рук схо́дит!

> **24** Qui il pronome personale **я** reca una sorta di accento frasale perché la persona che parla vuole mettere in evidenza se stessa, così come avviene in italiano quando lo mettiamo alla fine della frase.

Упражне́ние 1 – Чита́йте и переводи́те

❶ Нет, ну че́стное сло́во – ты болтли́вая, как соро́ка. Займи́сь лу́чше де́лом! ❷ Он потеря́л цифрово́й фотоаппара́т, кото́рый сто́ит це́лое состоя́ние, а ему́ опя́ть всё сошло́ с рук? ❸ Сде́лай кру́пный план до́ма, что́бы он отчётливо вырисо́вывался на фо́не восходя́щего со́лнца. ❹ Не ве́рю свои́м глаза́м, ты всё ещё не спишь? Со́лнце уже́ почти́ взошло́, а ты всё чита́ешь. ❺ Надое́ло мне здесь торча́ть, всё равно́ батаре́йка почти́ се́ла, да и без хоро́шего освеще́ния ничего́ не полу́чится, а со́лнце ещё не взошло́.

23 – Non credo alle mie orecchie! Ti sei dimenticato il caricabatterie e ora t'inventi qualsiasi sciocchezza per giustificarti…
24 Se l'avessi dimenticato io, mi avresti ammazzata, ma tu te la cavi sempre *(a-te tutto eternamente dalle mani scende)*!

Soluzione dell'esercizio 1

❶ No, ma davvero *(di-onore parola)*, chiacchieri *(tu chiacchierona)* come una gazza. Mettiti al lavoro, piuttosto *(Incomincia-a-occuparti meglio della-faccenda)*! ❷ Ha perso la camera *(apparecchio-fotografico)* digitale che costa un *(intero)* patrimonio ed è riuscito di nuovo a cavarsela *(a-lui di-nuovo tutto è-sceso dalle mani)*? ❸ Fai un primo *(grosso)* piano della casa per farla risaltare sullo sfondo del sole che sorge. ❹ Non riesco a crederci *(Non credo ai-miei occhi)*: sei ancora sveglio *(tutto ancora non dormi)*? Il sole è già quasi spuntato e stai ancora leggendo. ❺ Mi sono stufato di starmene qui impalato *(ritto)*, comunque *(tutto ugualmente)* la batteria si è quasi scaricata *(seduta)*, *(inoltre e)* senza una buona illuminazione non si fa niente *(niente non si-otterrà)* e il sole non è ancora spuntato.

Упражнение 2 – Восстановите текст

❶ Con una camera digitale si possono scattare quante [foto] si vuole *(si-infilerà)*, se avete una scheda di memoria potente.
На .... фотоаппарат можно .... сколько ......, если у вас ...... карта ....

❷ Prova a fotografarmi col flash, ma fai in fretta *(solo più velocemente)*, mi si sono *(altrimenti)* già intorpidite le gambe e il collo. – Aspetta ancora un pochino *(un goccetto)*.
Попробуй .... меня ...., ... скорее, а то у меня уже .... и .... – Подожди ещё ....

❸ Metti il caricabatterie nella custodia: la batteria si è scaricata *(seduta)* e *(ma)* qui comunque non c'è la presa. – Maledizione *([Che] il diavolo [ti] prenda)*!
Положи .... в .....: ...., но здесь всё равно нет .... – .... побери!

---

30 Тридцатый урок

Хитрый, как лиса

1 – Что это ты проснулся ни свет ни за**ря** ①?
2 – У мен**я** давн**о** вошл**о** в прив**ы**чку встав**а**ть с п**е**рвыми петух**а**ми.
3 – Что-то р**а**ньше за тоб**о**й так**о**го не замеч**а**лось.

Note

① La particella negativa **ни**, *né*, compare ripetuta in diverse espressioni: **проснуться ни свет ни заря**, *svegliarsi prestissimo / di primo mattino, al cantar del gallo*; **ни рыба ни мясо**, *né carne né pesce* (lett. "né pesce né carne"); **Ни пуха ни пера!**, *In bocca al lupo!* (lett. "Né di piuma né di penna!").

❹ Come si regola *(aggiustare)* la luminosità e *(regolare)* il contrasto? – Non lo so, prova a trafficare *(traffica-un-po')* con le *(nelle)* regolazioni.

Как .... и .... ?
– Не знаю, ... в ....

❺ Accidenti, che freddo fa da Lei, e poi *(inoltre e)* la finestra è spalancata *(aperta)*. – Non è colpa *(a-causa)* della finestra, è solo che qui ci sono correnti dappertutto.

Ой, как ...., да ... и окно ....
.... – Это не ..... окна, здесь просто
....

Soluzione dell'esercizio 2

❶ – цифровой – щёлкать – влезет – мощная – памяти **❷** – сфотографировать – со вспышкой, только – затекли ноги – шея – капельку **❸** – зарядку – чехол – батарейка села – розетки – Чёрт – **❹** – настроить яркость – отрегулировать контраст – покопайся – настройках **❺** – у вас холодно – ещё – настежь раскрыто – из-за – сквозняки повсюду

Trentesima lezione 30

Furbo come una volpe

1 – Come mai ti sei svegliato di primo mattino *(né luce né alba)*?

2 – Ho preso da un pezzo l'abitudine *(Presso di-me da-molto-tempo è-entrato in abitudine)* di alzarmi di buon'ora *(con i primi galli)*.

3 – Non me n'ero mai accorta prima *(Qualcosa prima dietro-di te di-tale non si-notava)*.

4 Ну и ну! Ты и на стол накрыл… Определённо – ты подлизываешься!

5 Ой, а завтрак какой – пальчики оближешь, у меня слюнки ② потекли ③.

6 Ладно, выкладывай, чем заслужила такое обращение?

7 – Вчера в школе мы проходили животный мир: земноводных, пауков, пресмыкающихся.

8 Это занятие вдохновило меня, я думаю, что я стану ветеринаром, буду спасать кошек там ④ разных, хомяков и морских свинок…

9 – Так, ну подожди, ведь ветеринар лечит также и ежей ⑤ и свиней, а иногда приходится иметь дело даже со змеями и ящерицами…

10 – Фу, какая гадость! Я всех этих гадов ⑥ не перевариваю…

11 – Наверное, тебе придётся хорошенько подумать, прежде чем определяться с будущей профессией.

Note

② Il diminutivo **слюнки**, usato solo al plurale, deriva da **слюна**, *saliva*, il cui plurale è irregolare (**слюни**), con desinenza molle anziché dura.

③ Il verbo perfettivo **потечь**, *cominciare a scorrere*, presenta la stessa coniugazione dell'imperfettivo **течь**, *scorrere* (v. anche lez. 29, nota 1): la **ч** diventa **к** al passato, nonché alla 1ᵃ pers. sing. e alla 3ᵃ pers. plur. (**он тёк, теку, текут**).

④ Sull'uso colloquiale di **там** v. lez. 25, nota 6.

4 Ottimo! Hai anche apparecchiato la *(sulla)* tavola... Fai proprio di tutto per insinuarti nelle mie grazie *(Decisamente tu ti-insinui-nelle-mie-grazie-adulando)*!

5 Oh, e che colazione! Da leccarsi le dita *(le dita leccherai)*, ho l'acquolina in bocca *(presso di-me la saliva ha-cominciato-a-scorrere)*...

6 D'accordo *(Bene)*, spara *(tira-fuori)*, a cosa devo tutte queste attenzioni *(per-che-cosa ho-meritato tale trattamento)*?

7 – Ieri a scuola abbiamo studiato *(abbiamo-affrontato)* il mondo animale: anfibi, ragni, rettili.

8 La *(Questa)* lezione mi ha ispirato: penso che farò il *(diventerò)* veterinario, salverò gatti *(là diversi)*, criceti e cavie *(marini porcellini)*...

9 – Dunque *(Così)*, aspetta [un attimo], ma il veterinario cura anche ricci e maiali, e a volte deve avere a che fare *(faccenda)* persino con serpenti e lucertole...

10 – Puah, che schifo! Quelle bestiacce non le posso soffrire *(Io tutti questi rettili non digerisco)*...

11 – Forse ti toccherà pensarci due volte *(ben-benino)* prima di scegliere cosa fare da grande *(decidersi con la futura professione)*.

▸ ⑤ **ежей** è il genitivo plurale del sostantivo maschile **ёж**, *riccio*, che porta l'accento sulla radice solo al nominativo singolare; nelle altre forme l'accento cade sulla desinenza e, conseguentemente, troviamo una **е** al posto della **ё** (acc. e gen. **ежа**, dat. **ежу**, strum. **ежом**, ecc.). Ricordate che la desinenza del gen. pl. non è **-ов**, bensì **-ей**, come accade di norma per tutti i sostantivi con la radice in **ж**, **ч**, **ш** o **щ**.

⑥ Il sostantivo maschile **гад**, *rettile*, vuol dire anche *farabutto*, *mascalzone*. Naturalmente **гадость**, *porcata, porcheria, schifezza, carognata*, è un suo derivato.

двести тридцать • 230

12 — Про ветеринара я так, сдуру, сказал: просто хочу сходить ⑦ в зоопарк,

13 думал, тебя так будет проще убедить, типа мне надо на животных сначала вблизи посмотреть...

14 — Вот насмешил! В зоопарк я тебя и так свожу, сама видела, афиши по всему городу расклеены ⑧: зебры, черепахи, медведи...

15 Но есть и другой вариант, на мой взгляд, ещё более интересный – можем сходить в цирк или в музей естествознания.

16 Только представь, в цирке – львы ⑨ и тигры, прыгающие в огненные кольца ⑩, слоны, умеющие считать,

17 дрессированные белки и лисицы ⑪, выполняющие всевозможные трюки.

Note

⑦ In questo caso **сходить** è il perfettivo del verbo di moto non monodirezionale imperfettivo **ходить** nel senso di *andare a piedi, fare qualcosa nel luogo dove ci si reca e tornare*. Non confondetelo con **сходить** (imperfettivo di **сойти**), in cui il prefisso spaziale **с-** indica movimento dall'alto verso il basso (*scendere*). Questo significato del prefisso aspettuale **с-** vale con tutti i verbi di moto non monodir., v. **свожу** (frase 14) o **сбегаю** (esercizio 1, frase 5). Per saperne di più, v. l'Appendice grammaticale. Imparate a riconoscerlo bene, lo ritroverete infatti in molti dialoghi ed esercizi.

⑧ **расклеены** è il participio passato passivo di **расклеить**, *affiggere, attaccare incollando*. Nella lezione 18 abbiamo incontrato **наклеить**, *incollare su*, derivato dallo stesso verbo base **клеить**, *incollare*. I prefissi **на-** (che indica *sopra*) e **рас-** (indicante *distribuzione*) permettono di esprimere concetti diversi: **наклеить** vuol dire *incollare / attaccare qualcosa su una superficie*, mentre **расклеить** vuol dire *affiggere, incollare in posti diversi*: ▸

12 – Ho detto [che farò il] *(Riguardo-al)* veterinario così, senza pensarci *(stupidamente)*: voglio solo andare allo zoo

13 [e] pensavo [che] così sarebbe stato *(sarà)* più facile convincerti, che so *(del-tipo)*, devo prima vedere gli animali da vicino...

14 – *(Ecco)* mi hai fatto ridere, [sai]? Ti [ci] porto, allo zoo *(e così condurrò)*, ho visto anch'io *(stessa)* i manifesti attaccati in *(per)* tutta la città: zebre, tartarughe, orsi...

15 Ma secondo me *(sul mio sguardo)* c'è anche un'altra possibilità *(variante)*, ancora più interessante: possiamo andare al circo o al museo delle scienze naturali.

16 Immagina solo, al circo i leoni e le tigri che saltano *(saltanti)* nei cerchi di fuoco *(ardenti)*, gli elefanti che sanno *(sapienti)* contare,

17 gli scoiattoli e le volpi ammaestrate che eseguono *(eseguenti)* ogni sorta di evoluzioni *(trucchi)*.

▸ **Они наклеили афишу на нашу дверь? – Не только: они расклеили их по всему городу!**, *Hanno attaccato un manifesto alla nostra porta? – Non solo: li hanno affissi per tutta la città.*

⑨ **львы** è il nominativo plurale del sostantivo maschile **лев**, *leone*. La scomparsa della vocale mobile **e** implica che alla **л** iniziale, affinché resti molle, si aggiunge il segno molle **ь** in tutti gli altri casi della declinazione: per es. **льву** (dat. sing.), **львами** (strum.plur.), ecc.

⑩ **кольцо**, *cerchio, anello*, segue lo stesso schema di accentazione di **стекло**, *vetro* e di **окно**, *finestra* (v. lez. 14, § 1.2), tranne al genitivo plurale, dove l'accento cade sulla desinenza anziché sulla radice (**колéц**).

⑪ **лиса** (v. il titolo) e **лисица** significano entrambi *volpe* (anche in senso figurato); **лиса** compare spesso nelle fiabe russe e, come nelle nostre, è un personaggio solitamente scaltro e disonesto.

18 А преимущество музея в том, что там ко всему прочему ты увидишь птиц и насекомых.

19 — Можно подумать, я никогда не видел комаров и кузнечиков!

20 Предложи мне ещё посмотреть на божьих коровок и стрекоз.

21 — Зря ты так, там даже мухи или те же самые муравьи представлены такие, каких ты отродясь не видывал, откуда-нибудь из Мексики или Южной Африки ⑫.

22 Ещё там есть огромный аквариум с рыбами, даже дельфинов и акул можно увидеть.

23 А в одном из залов стоят скелет настоящего кита и чучело крокодила.

24 — Ух ты! А носорога ⑬ или бегемота там тоже можно увидеть?

25 — Честно говоря, не помню, но хотя бы на картинках мы их точно найдём.

26 Ну что, по рукам ⑭?

Note

⑫ **Южная Африка**, *Sudafrica* о **ЮАР** – **Южно-Африканская Республика**, *Repubblica del Sudafrica*.

⑬ Se avete presente l'immagine di questo animale, sarà molto facile scomporre il termine **носорог**, *rinoceronte*: **У него на носу рог!**, *Ha un corno sul naso!* I sostantivi **нос**, *naso*, e **рог**, *corno*, sono uniti mediante la vocale di congiunzione -о-.

18   Al museo invece hai il vantaggio di poter vedere, oltre a tutto il resto, anche *(E il vantaggio del-museo [è] in questo, che là verso tutto il restante tu vedrai)* gli uccelli e gli insetti.

19 – Come se *(Si-può pensare-un-po')* io non avessi mai visto una zanzara o una cavalletta!

20   Perché non mi chiedi anche *(Proponi a-me ancora)* di vedere le coccinelle *(di-dio piccole-mucche)* e le libellule?

21 – Ti sbagli *(Invano tu così)*, scommetto che non ti è mai capitato di vedere in vita tua le mosche e le formiche del Messico e del Sudafrica che sono esposte là *(lì persino mosche o quelle stesse formiche [sono] esposte tali, quali tu dalla-nascita non ti-capitava-di-vedere, da-qualche-parte dal Messico o Meridionale Africa)*.

22   C'è pure un enorme acquario coi pesci [in cui] puoi vedere *(si-può vedere)* persino i delfini e gli squali

23   e in una delle sale espongono *(stanno)* lo scheletro di una vera balena e un coccodrillo imbalsamato *(corpo-impagliato di-coccodrillo)*.

24 – Ma dai! E si possono vedere anche i rinoceronti o gli ippopotami?

25 – A dire il vero *(Onestamente parlando)* non [me lo] ricordo, ma li troveremo raffigurati di sicuro *(almeno sulle immagini noi loro sicuramente troveremo)*.

26   Allora, affare fatto *(per le mani)*?

▸ ⑭ **по рукам**, *affare fatto*, *d'accordo*, *va bene*, *ok*, ecc. (lett. "per le mani"). Quest'espressione si spiega col fatto che, quando si giunge a un accordo, si suggella il patto con una stretta di mano: *qua la mano*.

Упражнение 1 – Читайте и переводите

❶ Я сразу поняла, что ты подлизываешься. Ладно, выкладывай, что ты хочешь? **❷** В этом ресторане всё так вкусно, просто пальчики оближешь. У них в одном зале есть аквариум, из которого ты можешь выбрать себе на обед рыбу! **❸** Я сегодня проснулась ни свет ни заря. – А у меня давно вошло в привычку вставать с первыми петухами. **❹** Водил детей в цирк, им очень понравилось: там были дрессированные слоны, выполняющие всевозможные трюки, и медведи, катающиеся на велосипедах! **❺** Давай я сбегаю в магазин за едой, а ты накроешь на стол. По рукам? – Ты хитрый как лиса: чтобы накрыть на стол, надо помыть посуду…

***

Упражнение 2 – Восстановите текст

❶ Perché parli *(conversi)* così con me? Non merito *(Io in-nessun-modo ho-meritato)* un trattamento simile.

Почему ты . . . . . . так разговариваешь? Я . . . . . не . . . . такого . . . .

❷ [Mi] fai ridere! Vuoi un leone o una tigre… Ma se non sopporti *(digerisci)* nemmeno *(persino)* i cani e i gatti!

Вот . . . . ! Хочешь . . . . или . . . . Да ты даже . . . . . и . . . . . не . . . .

❸ Puah, che schifo! Perché c'è un'enorme lucertola nel tuo studio? – Beh, sono un veterinario e ogni tanto devo *(mi tocca)* occuparmi anche dei *(avere faccenda persino con i)* serpenti.

. ., какая . . . . ! Почему у тебя в кабинете . . . . ? – Я же . . . ., а иногда . . . . даже со . . . .

Soluzione dell'esercizio 1

❶ Ho capito subito che [mi] stavi adulando. Su, spara *(tira-fuori)*, che cosa vuoi? **❷** In questo ristorante è tutto buonissimo *(così gustoso)*, proprio *(semplicemente)* da leccarsi le dita *(le dita leccherai)*. In una sala c'è un acquario dove *(da cui)* puoi sceglierti il pesce [da mangiare] per pranzo! **❸** Oggi mi sono svegliato prestissimo *(né luce né alba)*. – E io ho preso da un pezzo l'abitudine di alzarmi di buon'ora *(con i primi galli)*. **❹** Ho portato *(Ho-accompagnato-a-piedi)* i bambini al circo [e] a loro è piaciuto molto: c'erano elefanti ammaestrati che eseguivano *(eseguenti)* ogni sorta di evoluzioni e orsi che giravano *(giranti)* in bicicletta! **❺** *(Dai)* io corro al negozio a comprare da mangiare *(per il cibo)* e tu apparecchi la *(sulla)* tavola. D'accordo *(per le mani)*? – Sei furbo come una volpe: per apparecchiare la tavola [prima] bisogna lavare i piatti…

***

❹ Quante zanzare, libellule e cavallette ci sono qui! A dire il vero *(onestamente parlando)*, non ho mai visto in vita mia *(dalla-nascita)* tanti insetti in un solo posto.

Сколько здесь ……., ……. и ……….!
Честно ……, я столько ………. в одном
………… не видывал (= видел).

❺ In ogni sala del nostro museo di scienze naturali ci sono degli scheletri di animali, e una [contiene] *(in una)* persino lo scheletro di una vera balena e un coccodrillo imbalsamato.

В каждом зале нашего музея …………..
стоят ……………., а в одном даже ……
настоящего …. и ………….

Soluzione dell'esercizio 2

❶ – со мной – ничем – заслужил – обращения – **❷** – насмешил – льва – тигра – собак – кошек – перевариваешь **❸** Фу – гадость – огромная ящерица – ветеринар – приходится иметь дело – змеями **❹** – комаров, стрекоз – кузнечиков – говоря – насекомых – месте отродясь – **❺** – естествознания – скелеты животных – скелет – кита – чучело крокодила

31   Тридцать первый урок

Le prossime due lezioni contengono molti vocaboli nuovi, con un lessico specifico e piuttosto denso, caratteristico del mondo del lavoro e appartenente a un registro linguistico sostenuto. Le frasi, lunghe e spesso costellate di participi, vi appariranno meno facili del solito, ma non preoccupatevi: in compenso la grammatica e la fonetica saranno più semplici. Coraggio!

Свободная вакансия ①

1 Крупная российская компания ②, имеющая солидный ③ опыт в продаже эксклюзивной мебели лучших европейских производителей,
2 а также предлагающая разработку и реализацию дизайновых решений любой сложности, ищет менеджера по подбору персонала.
3 В ваши основные обязанности будет входить ④:
4 - набор сотрудников на открытые вакансии разного уровня и в разных секторах деятельности (склад, отдел продаж, офис);

Osservazioni sulla pronuncia
4 In **секторах** l'accento tonico può cadere sulla **е** o sulla desinenza: *[sjektaraH]* o *[siktaraH]*.

Note
① **Вакансия**, parola femminile di chiara origine latina, nonostante significhi già di per sé *posto vacante*, nel russo corrente è spesso accompagnata dall'epiteto **свободная**, *libera*, del tutto ridondante.

Trentunesima lezione 31

Posto vacante *(Libero posto-vacante)*

1   Grande *(Grossa)* azienda russa, con vasta *(avente solida)* esperienza nella vendita di mobili esclusivi delle migliori marche *(produttori)* europee,
2   nonché nello *(e anche proponente)* sviluppo *(elaborazione)* e nella realizzazione di soluzioni [in materia] di design a qualsiasi livello *(di qualsiasi complessità)*, cerca manager per la selezione del personale.
3   Le mansioni richieste saranno le seguenti *(Nei vostri fondamentali obblighi entrerà)*:
4   - assunzione di dipendenti *(collaboratori)* [da trasferire] in posti vacanti *(aperti)* di vari livelli [di qualificazione] e in diversi settori di attività (magazzino, ufficio vendite, sede *(ufficio)*);

▶ ② Attenti a non confondere **компáния**, *azienda, società*, ma anche *compagnia (gruppo)* con **кампáния**, *campagna* (militare o pubblicitaria). La pronuncia dei due sostantivi è pressoché identica.

③ L'aggettivo **солидный** ha diversi significati: *solido, affidabile, vasto, imponente, considerevole*. Alcuni esempi: **солидная фирма**, *ditta affidabile*; **солидный человек**, *una persona imponente*; **солидный опыт**, *vasta esperienza*.

④ Notate l'utilizzo dell'imperfettivo futuro: le mansioni richieste verranno infatti svolte ripetutamente, anziché una sola volta (altrimenti avremmo impiegato il perfettivo futuro).

31

5 - проведение собеседований, согласование условий приглашения кандидата на работу, сбор рекомендаций;
6 - участие в проектах ⑤, связанных с адаптацией, мотивацией и обучением персонала.
7 Наши требования к кандидату: высшее образование; умение красиво и правильно говорить;
8 нужен ⑥ успешный опыт работы с персоналом от 2 до 5 лет,
9 а также опыт проведения тренингов (тренинг продаж, лидерский тренинг, тренинг по продукту) для линейных сотрудников и для руководителей;
10 навыки проведения интервью ⑦ и оценки кандидатов;

6, 10 In **проектах** *[praektaH]* e in **интервью** *[interv'ju]*, parole di evidente origine straniera, la **e** si legge come se fosse una **э**.

Note

⑤ In **проект**, *progetto*, la **e** si legge *[e]* (aperta). Questa pronuncia della **e** si riscontra in molte parole di origine straniera (in genere sono prestiti dal francese, ma anche da altre lingue, come nel caso di **интервью** (vedi nota 7) e **Интернет** *[internet]*, che provengono dall'inglese).

⑥ L'aggettivo di forma breve **нужен (нужна)**, ha lo stesso significato dell'aggettivo di forma lunga corrispondente **нужный**, *necessario, utile*, ma ha una diversa funzione grammaticale: nel primo caso è predicativo e nel secondo è attributivo: **мне нужен этот человек**, *mi è necessaria questa persona*; **нужный человек**, *persona utile / necessaria*.

5	- svolgimento *(conduzione)* di colloqui [di lavoro], negoziazione delle condizioni di assunzione *(invito)* del candidato *(al lavoro)*, raccolta delle referenze *(raccomandazioni)*;
6	- partecipazione a progetti correlati con l'ambientamento *(adattamento)*, la motivazione e la formazione del personale.
7	Requisiti richiesti *(Le nostre esigenze verso il candidato)*: istruzione superiore; capacità di esprimersi in modo corretto ed efficace *(capacità elegantemente e correttamente parlare)*;
8	necessaria esperienza positiva *(riuscita)* nell'ambito delle risorse umane *(del lavoro con il personale)* da 2 a 5 anni
9	ed *(e anche)* esperienza nell'organizzazione della formazione *(della-conduzione di-training)* in materia di vendita, gestione e prodotti *(training di-vendite, leader training, training per prodotto)* per il personale dipendente *(collaboratori di-linea)* e i dirigenti;
10	esperienza nella *(abitudini di)* conduzione di colloqui [di lavoro] *(interviste)* e nella valutazione dei candidati;

▸ ⑦ **интервью**, *intervista, colloquio (di lavoro)*, è un prestito dall'inglese di genere neutro ed è indeclinabile: **Ты читал в сегодняшней газете интервью с депутатом Ивановым? – Не было там никакого интервью!**, *Hai letto sul giornale di oggi l'intervista al deputato Ivanov? – Non c'era nessuna intervista! Colloquio di lavoro* in russo si può dire anche **собеседование** (v. frase 5).

11 умение работать с большим объёмом ⑧ информации; уверенное владение персональным компьютером.
12 Личные качества: вежливость, доброжелательное отношение к людям;
13 позитивный настрой, ответственность, аналитический склад ума;
14 стрессоустойчивость, организованность, способность эффективно работать как самостоятельно, так и в команде.
15 Безупречный внешний вид будет несомненным плюсом.
16 Тип занятости: полная.
17 Заработная плата: по результатам собеседования; плюс премиальные, оплата мобильного телефона, возможна ⑨ компенсация питания.

Note

⑧ Dopo il prefisso **об-** (di per sé duro) il segno duro serve a evitare che la **б** diventi molle a contatto con la vocale molle **ё** che segue: **объём**, *volume, mole* (v. lez. 35, § 1.3).

11 capacità di gestire grandi quantità di informazioni *(lavorare con grande volume di-informazione)*; ottima *(sicura)* padronanza del PC.

12 Qualità personali: cortesia, buone capacità relazionali con il pubblico *(benevola relazione verso la gente)*,

13 atteggiamento positivo, [senso di] responsabilità, mentalità analitica *(analitica strutturazione della-mente)*,

14 resistenza allo stress, capacità organizzative, capacità di lavoro in autonomia *(efficacemente lavorare come autonomamente)* e *(così e)* in gruppo.

15 Gradita bella presenza *(Impeccabile esteriore aspetto sarà un-indubitabile più)*.

16 Orario di lavoro *(Tipo di-occupazione)*: [a tempo] pieno.

17 Stipendio: in base all'esito del colloquio; più premi, cellulare [aziendale] *(rimborso del-mobile telefono)*, eventuale *([è] possibile)* rimborso *(del)* pasto.

▸ ⑨ L'aggettivo **возможен**, *possibile*, fa parte del gruppo degli aggettivi di forma breve (usati in funzione predicativa, v. nota 6) in cui l'accento tonico cade sulla radice in tutte le forme (maschile, femminile, neutro e plurale): **возмо́жен, возмо́жна, возмо́жно, возмо́жны**.

31

Упражнение 1 – Читайте и переводите

❶ У него есть навыки проведения интервью, а его безупречный внешний вид будет несомненным плюсом. ❷ По результатам собеседования мы решим, какую заработную плату предложить нашему кандидату: сначала хочется узнать, какая у него мотивация. ❸ Эта новая компания на российском рынке предлагает разработку и реализацию дизайновых решений любой сложности. ❹ Вы сказали, что вы работали менеджером по подбору персонала. А что именно входило в ваши обязанности? ❺ На этой неделе в нашей компании будут разные тренинги: тренинг продаж, лидерский тренинг, тренинг по продукту.

***

Упражнение 2 – Восстановите текст

❶ Da quel che *(Come)* ho capito, lo stipendio dei vostri dirigenti [non] è niente male. – Sì, ed è possibile avere *([sono] possibili)* il cellulare aziendale *(pagamento del-cellulare)* e il rimborso pasto.
Как я поняла, ………. плата у ваших ………. неплохая. – Да и ……. также …… мобильного и ………………. .

❷ Sa usare il PC? – Sì, e vorrei aggiungere che so gestire grandi quantità *(volume)* di informazioni.
Вы ………………………… компьютером? – Да, и хотелось бы ………, что я …. работать с большим ………………. .

❸ Secondo me *(Sul mio sguardo)*, questo è uno dei nostri candidati migliori: ha due [diplomi] di istruzione superiore e una bella presenza *(impeccabile esteriore aspetto)*.

Soluzione dell'esercizio 1

❶ Possiede esperienza *(abitudini)* nella conduzione di colloqui [di lavoro] e la sua bella presenza *(impeccabile esteriore aspetto)* costituirà sicuramente un vantaggio *(sarà un-indubitabile più)*. ❷ In base all'esito *(ai-risultati)* del colloquio, decideremo quale stipendio proporre al nostro candidato: vogliamo *(si-vuole)* innanzitutto sapere quali siano le sue motivazioni. ❸ Questa nuova azienda sul mercato russo propone lo sviluppo *(elaborazione)* e la realizzazione di soluzioni di design a qualsiasi livello *(di qualsiasi complessità)*. ❹ Lei ha detto di aver lavorato come manager per la selezione del personale. Quali erano esattamente le *(E cosa proprio entrava nelle)* Sue mansioni? ❺ Questa settimana si svolgeranno *(ci-saranno)* diversi [corsi di] formazione nella nostra azienda: corsi *(training)* di vendita *(vendite)*, di gestione e di *(per)* prodotti.

***

.. мой ......, это один .. наших ......
.... : у него два ...., и
.... внешний ....

❹ Richiedete dei requisiti così alti per *(verso)* il candidato a questo posto di lavoro! – Certo, deve avere una solida esperienza.
У вас такие .... к .... на эту
.... ! – Конечно, он должен ....

❺ Cominciamo ad assumere *(l'assunzione di-)*dipendenti per [il trasferimento a] posti vacanti: in magazzino, nell'ufficio vendite e in sede.
Мы начинаем набор .... на открытые
.... : на ....., в отдел ...... и в ..... .

Soluzione dell'esercizio 2

❶ – заработная – менеджеров – возможны – оплата – компенсация питания ❷ – умеете пользоваться персональным – добавить – умею – объёмом информации ❸ На – взгляд – из – лучших кандидатов – высших образования – безупречный – вид ❹ – высокие требования – кандидату – вакансию – иметь солидный опыт ❺ – сотрудников – вакансии – склад – продаж – офис

32 *L'umorismo gioca un ruolo molto importante nella società russa. Eccovene la prova:*

"- Алло, это турагентство «Очарование»? Скажите, какие курорты вы предлагаете в Египте? - Да их там много: Хургада, Шарм Эль Шейх, Таба, Нувейба… - Во, стоп, Нувейба, точно Нувейба мне подходит! - Какие даты вас интересуют? Когда вы собираетесь ехать? - Да мы собственно говоря, никуда не собираемся, мы тут кроссворд разгадываем!"

32   Тридцать второй урок

Резюме ①

1   Александр Афанасьевич Кольцов, 1979 (тысяча девятьсот семьдесят девятого) ② года рождения,
2   Семейное положение: разведён, сын 8 (восьми) лет.
3   Образование: 1998-2003 (тысяча девятьсот девяносто восьмой-две тысячи третий) Самарский государственный университет, филологический факультет;
4   2002-2003 (две тысячи второй-две тысячи третий) Государственная технологическая академия, курсы малого и среднего бизнеса;

Osservazioni sulla pronuncia
1, 3, 4, 5, 6, 7 L'aggettivo numerale cardinale **тысяча** e alcune delle sue forme flesse, come **тысячи**, vengono pronunciate in modo abbreviato nella lingua parlata (rispettivamente *[tyssh'a]*, *[tysshi]*), ma vi sconsigliamo di imitare questi esempi.

"– Pronto, parlo con *(questo [è])* l'agenzia turistica "Očarovanie" *(Fascino)*? Mi scusi *(Dite)*, quali sono i luoghi di villeggiatura che proponete per l'Egitto? – Beh, ce ne sono molti: Hurghada, Sharm el-Sheikh, Taba, Nuweiba… – Ecco, stop, Nuweiba è proprio quello che fa per me *(precisamente Nuweiba a-me va-bene)*. – Quali date Le interessano? Quando intende partire *(vi-apprestate andare)*? – Ma veramente *(propriamente parlando)* non intendiamo [andare] da nessuna parte, stiamo facendo *(risolvendo)* un cruciverba!"

Trentaduesima lezione 32

Curriculum vitae

1 Aleksandr Afanas'evič Kol'cov, nato nel 1979 *(del-1979-mo anno di-nascita)*,
2 Stato civile *(Familiare posizione)*: divorziato [con un] figlio di 8 anni.
3 Istruzione *(Formazione)*: 1998-2003 Università Statale di Samara, facoltà di lettere *(filologica facoltà)*;
4 2002-2003 Accademia Tecnologica di Stato, corsi sulle piccole e medie imprese *(di-piccolo e di-medio business)*;

Note

① **резюме**, oltre a *curriculum vitae*, significa anche *riassunto*, *sommario*. Si pronuncia come se la seconda **e** fosse una **э** *[rizjume]*. Il termine deriva naturalmente dal francese "résumé".

② In **тысяча девятьсот семьдесят девятого года рождения**, *nato nel 1979* (lett. "del-1979-mo anno di-nascita") il numero ordinale è al genitivo. Ricordatevi che, a differenza dell'italiano, in russo i numeri quando sono riferiti agli anni vanno letti come ordinali. Prestate inoltre particolare attenzione al fatto che, negli aggettivi numerali ordinali composti, soltanto l'ultimo componente (**девят**ого) si pone alla forma di ordinale e si declina al caso previsto. I numeri che lo precedono restano invece nella forma di cardinali al nominativo: **Кольцов родился в тысяча девятьсот семьдесят девят**ом **году**, *Kol'cov è nato nel 1979*.

5   Опыт работы: 2003-2005 (две тысячи третий-две тысячи пятый) ЗАО Банк «Русский Стандарт», менеджер по работе с клиентами.

6   Конец 2005-2007 (две тысячи пятого-две тысячи седьмой) ООО ③ «Улыбка» (продукция для детей, в т.ч. ④ детская мебель), начальник отдела продаж.

7   Январь 2008 (две тысячи восьмого) по настоящее время: сеть зоомагазинов ⑤ «Хозяева и щенята» ⑥, начальник отдела кадров.

8   Мои прямые обязанности:

9   Общее руководство отделом кадров, анализ эффективности работы сотрудников и разработка комплекса мероприятий по её повышению.

10 Поиск новых сотрудников, организация и проведение интервью при приёме на работу, обеспечение гармоничного функционирования штата.

Note

③ Ecco due sigle che si incontrano spesso in ambito economico: **ЗАО, закрытое акционерное общество** (lett. "chiusa di azioni società") oppure **акционерное общество закрытого типа** (lett. "di azioni società di chiuso tipo"), è una *Società per azioni di tipo chiuso*, mentre **ООО** sta per **общество с ограниченной ответственностью**, *Società a responsabilità limitata*.

④ Quest'abbreviazione è frequente nella lingua scritta: **в т.ч. – в том числе**, *ivi compreso, tra cui*: **Эта компания имеет офисы во многих странах, в т.ч. в России**, *Quest'azienda dispone di uffici in molti Paesi, Russia compresa* (lett. "in quel numero in Russia").

5 Esperienze lavorative *(Esperienza di-lavoro)*: 2003-2005 Banca "Russkij Standart" S.p.A. [di tipo chiuso], Account manager *(per lavoro con i clienti)*.

6 Fine 2005-2007 "Ulybka" ["Sorriso"] S.r.l. (prodotti per l'infanzia, ivi compresi mobili per bambini), responsabile *(capo)* dell'ufficio vendite.

7 Gennaio 2008 – ad oggi *(fino-all'attuale tempo)*: rete di negozi d'articoli per animali "Chozjaeva i ščenjata" ["Proprietari e cuccioli"], responsabile *(capo)* dell'ufficio del personale *(dei-quadri)*.

8 Mansioni svolte *(I miei diretti obblighi)*:

9 Direzione generale dell'ufficio del personale, analisi delle prestazioni *(dell'efficienza del-lavoro)* dei dipendenti *(collaboratori)* ed elaborazione di *(del-complesso delle-)*misure per migliorarle *(per il suo aumento)*.

10 Ricerca di nuovo personale *(collaboratori)*, organizzazione e svolgimento *(conduzione)* di colloqui di *(all'atto-dell'assunzione al)* lavoro, gestione dei rapporti del personale *(garanzia dell'armonico funzionamento dell'organico)*.

▶ ⑤ **зоомагазин**, *negozio di articoli per animali*, è una parola composta chiaramente da **зоо-**, che fa riferimento al mondo animale, e da **магазин**, *negozio*. Altri composti sono più facili da capire per noi: **зоология**, *zoologia*.

⑥ I sostantivi **хозяин**, *proprietario, padrone*, e **щенок**, *cucciolo*, hanno un plurale irregolare: **хозя**ева e **щен**ята. Notate che **щенок** può avere un senso figurato nella lingua parlata: *moccioso, marmocchio*. Per saperne di più sulla loro declinazione, date un'occhiata alla lezione 35.

11. Разработка системы эффективной мотивации для сотрудников управления продаж.
12. Личностные и профессиональные качества: организаторские и аналитические способности, лидерский характер,
13. высокая трудоспособность ⑦, умение работать в коллективе.
14. Наличие прочного опыта проведения переговоров на уровне руководителей организаций.
15. Умение делегировать полномочия, достигать результата в решении поставленных задач.
16. Коммуникабельность, быстрая обучаемость, инициативность.
17. Владение ПК ⑧: продвинутый пользователь – MS Office (Word, Excel, Power Point), Internet.
18. Иностранные языки: английский (владею свободно), немецкий (базовый уровень).
19. Наличие водительского удостоверения категории B, личного автомобиля.

---

19 категории B: in questa espressione la **B** non è una lettera dell'alfabeto cirillico, bensì una lettera dell'alfabeto latino: *[katigorii be]*.

11	Elaborazione di un sistema motivazionale efficace per i dipendenti addetti alle *(della-gestione delle-)*vendite.
12	Qualità personali *(della-personalità)* e professionali: capacità organizzative e analitiche, personalità *(carattere)* da leader,
13	grande attitudine al lavoro *(alta lavoro-capacità)*, [anche] *(abilità-a lavorare)* in gruppo,
14	*(Presenza di-)*vasta *(solida)* esperienza nella conduzione di negoziati a livello di direzione societaria *(dei-dirigenti delle-società)*.
15	Capacità di delegare *(i pieni-poteri)* [e] raggiungere gli obiettivi prefissati *(il risultato nella soluzione dei-posti compiti)*.
16	Capacità relazionali *(Comunicativa)*, rapidità nell'apprendimento, [spirito di] iniziativa.
17	Conoscenza *(Padronanza)* del PC: utente avanzato – MS Office (Word, Excel, Power Point), Internet.
18	Lingue straniere: inglese (fluente *(padroneggio fluentemente)*), tedesco (conoscenze di base *(di-base livello)*).
19	Patente B, automunito *(Presenza di-guida autorizzazione di-categoria B, di-personale automobile)*.

Note

⑦ **трудоспособность** è un sostantivo composto da **труд**, *lavoro, fatica*, e da **способность**, *capacità*. I due termini sono uniti dalla vocale di congiunzione **-о-**.

⑧ Come avrete intuito, la sigla **ПК** ricalca l'inglese PC: **персональный компьютер**, *personal computer*.

20 Разрешение на работу в странах: Россия.
21 Интересы: психология, чтение, шахматы, мода.

Упражнение 1 – Читайте и переводите

❶ Несмотря на ваши профессиональные качества, вы не можете делать всю эту работу один: важно уметь делегировать полномочия. ❷ Семейное положение? – Разведён, есть дети. – Образование? – Высшее. Я окончил Московскую технологическую академию. ❸ Мои главные качества – коммуникабельность, быстрая обучаемость и инициативность. Думаю, они будут нужны для решения поставленных передо мною задач. ❹ Кем он работал в зоомагазине? – Он был его хозяином. Если мне не изменяет память, он работает там по настоящее время. ❺ С начала октября я работаю начальником отдела кадров и занимаюсь разработкой системы эффективной мотивации для сотрудников.

20 Permesso di lavoro [valido per i seguenti] Paesi *(nei paesi)*: Russia.
21 Interessi: psicologia, lettura, scacchi, moda.

Разработка системы эффективной мотивации для сотрудников управления продаж.

Soluzione dell'esercizio 1

❶ Nonostante le Sue qualità personali, Lei non può fare tutto questo lavoro da solo: è importante saper delegare *(i poteri)*. ❷ Stato civile? – Divorziato con *(c'è)* figli. – Istruzione? – Superiore. Ho fatto *(terminato)* l'Accademia Tecnologica di Mosca. ❸ Le mie qualità principali [sono] capacità relazionali, rapidità nell'apprendimento e [spirito di] iniziativa. Penso che siano *(saranno)* necessarie per raggiungere gli obiettivi che mi sono prefissato *(risolvere i posti davanti-a me compiti)*. ❹ Cosa faceva *(come-chi lui lavorava)* nel negozio di articoli per animali? – Era il *(suo)* proprietario. Se la memoria non mi inganna *(tradisce)*, lavora là ancora adesso *(fino-al presente tempo)*. ❺ Dall'inizio di ottobre lavoro come responsabile dell'ufficio del personale e mi occupo di elaborare *(dell'elaborazione di-)* un sistema motivazionale efficace per i dipendenti.

Упражнение 2 – Восстановите текст

❶ Quali lingue straniere conosce *(padroneggiate)*? – Il cinese [lo] so fluentemente, il mio *(presso di-me)* inglese [è] a livello base e *(ancora io)* capisco [anche] lo spagnolo.
Какими .... языками вы ....?
– ...., английский у меня
......., и ещё я ....

❷ Smettila di piagnucolare: hai un'enorme esperienza lavorativa e con le tue capacità organizzative e analitiche troverai presto *(velocemente)* un altro *(nuovo)* lavoro!
Перестань .... : у тебя .... работы,
а с твоими .... и ....
.... ты очень быстро .... новую работу!

❸ Ha il permesso di lavoro? – Sì, ho già lavorato nel Suo Paese, perciò non ci saranno problemi col permesso.
У вас есть .... работу? – Да, я уже
работал ...., поэтому ....
.... не ....

***

Se cercate lavoro in Russia, il modo migliore per trovarlo è essere raccomandato dagli amici o dalle conoscenze giuste. Se ci riuscite in questa maniera, siete **блатной**, *un raccomandato (da* **блат***, raccomandazione). Non avete amici altolocati? Allora non potrete far altro che compilare il vostro* **резюме**, *curriculum vitae, inviandolo alle società che vi interessano, o passare nelle* **агентства по подбору персонала**, *agenzie di lavoro (lett. "agenzie per la selezione del personale"), o ancora rivolgervi ai* **хедхантер**, *cacciatori di teste, termine di coniazione molto recente, chiaramente derivato dall'inglese "head hunter" e utilizzato soprattutto su siti Internet ufficiali o nel parlato.*

❹ Dovranno effettuare *(A-loro toccherà fare)* un'analisi delle prestazioni *(dell'efficienza del-lavoro)* del nostro ufficio *(reparto)*: ci sembra che ci siano *(presso di-noi)* seri problemi col personale *(con l'organico dei-collaboratori)*.

Им .... сделать .... работы нашего ......: нам ...., что у нас серьёзные .... сотрудников.

❺ Ha la patente di guida? – Sì, certo, [ho la patente] *(di-categoria)* B e sono automunito *(io ho personale automobile)*.

У вас есть ....? – Да конечно, ... В, и я имею ....

Soluzione dell'esercizio 2

❶ – иностранными – владеете – Китайским владею свободно – базовый – понимаю испанский ❷ – ныть – огромный опыт – организаторскими – аналитическими способностями – найдёшь – ❸ – разрешение на – в вашей стране – проблем с разрешением – будет ❹ – придётся – анализ эффективности – отдела – кажется – проблемы со штатом – ❺ – водительское удостоверение – категории – личный автомобиль

***

Potete cercare lavoro anche **по объявлению в газетах или в Интернете**, *consultando gli* annunci sui giornali o in Internet. In ogni caso, dovrete sostenere una **интервью** o **собеседование**, un colloquio di lavoro. Vi farà piacere sapere che non è necessario inviare una lettera di presentazione; per il resto, tutto si svolge più o meno come in Italia, salvo l'obbligo di esibire un documento (**трудовая книжка**, il libretto di lavoro) che riporta tutte le vostre esperienze lavorative e i nomi delle aziende in cui avete lavorato. Attenzione: è obbligatorio indicare il motivo dell'interruzione dei rapporti lavorativi pregressi, per cui è bene aver mantenuto ottimi rapporti con i precedenti datori di lavoro!

33 Тридцать третий урок

Кинолюбители

1 – Так, ну что, идём в кино сегодня вечером?
2 – Давай только вместе выбирать сеанс, а то тебе дай волю – сразу какой-нибудь боевик или триллер… Стресс, пальба и никакой романтики ①!
3 – Ну конечно, а тебе бы романтические комедии, мелодрамы, где одни выдуманные глупые переживания и никакой реальности!
4 – Вот, смотри: отличная фантастика, здесь есть и чувства для меня и немного приключений для тебя.
5   К тому же его показывают в двух разных кинозалах – в одном в оригинальной версии с субтитрами, а в другом картина дублирована.
6 – Во сколько начинается показ?
7 – Через четыре часа, успеем поужинать, а потом купить конфет ② и попкорна.

Note

① Prima di **никакой романтики** e **никакой реальности** (frase 3) è sottinteso il predicativo **нет**, contrazione di **не есть**, *non c'è*.

② Attenti al falso amico **конфеты**, che non significa *confetti*, bensì *cioccolatini* o *caramelle*. Per disambiguare il senso si ▸

Trentatreesima lezione 33

Cinefili

1 — E allora *(Così, allora che-cosa)*, andiamo al cine stasera?
2 [Sì, ma] scegliamo il film insieme *(Dai solo insieme scegliere lo spettacolo)*, altrimenti, [se] fai di testa tua *(a-te dai la libertà)*, [sceglierai] subito un *(qualche)* film d'azione o un thriller… [Tutto] stress, sparatorie *(fuoco-di-armi)* e niente *(nessun)* romanticismo!
3 — Ma certo, tu invece *(e a-te)* vorresti [vedere] commedie romantiche [e] melodrammi dove [ci sono] solo *(sole)* stupide emozioni inventate e nessun realismo!
4 — Ecco, guarda: un ottimo [film di] fantascienza, con *(qui c'è e)* dei sentimenti per me e un po' di avventura *(di-avventure)* per te.
5 Inoltre lo danno *(mostrano)* in due sale *(sale-cinematografiche)* diverse: in una [è] in versione originale con i sottotitoli e nell'altra il film *(il quadro)* è doppiato.
6 — A che ora comincia la proiezione?
7 — Tra quattro ore, facciamo in tempo *(faremo-in-tempo)* a cenare e poi a comprare dei cioccolatini e dei popcorn.

▶ può aggiungere l'aggettivo **шоколадные**, di cioccolato. *Confetto* si dice, invece, **глазированный миндаль** (lett. "mandorla glassata" o "candita") oppure, se non ha l'anima di mandorla, anche **драже** (dal francese *dragée*), sostantivo neutro indeclinabile.

8 — Тебе лишь бы поесть ③! Я думал, тебе надо худеть…

9 — Ну, лёгкий ужин, а остальное не в счёт – я же не килограммами ④ буду всё это поглощать.

10 И вообще я думала, что тебе очень даже нравятся мои талия и бёдра ⑤…

11 — Да я-то просто фанат, но будь любезна ⑥ – потом не жалуйся!

12 А то начнутся угрызения совести: «И зачем же я съела столько шоколада…»

13 — Вернёмся к нашим баранам: места сразу забронируем, чтобы в очереди потом не стоять? Не дай бог, разберут всё.

14 — Не думаю, что это необходимо: вот посмотришь, на этом сеансе не будет ни души ⑦.

15 — Да почему это? Режиссёр известный, сценарий – отпад, все актёры подобраны – просто звёздный состав.

Note

③ In **поужинать** (v. frase precedente) e **поесть** ritroviamo il prefisso **по-** che rende perfettivi entrambi i verbi. Nel caso di **поесть**, in particolare, questo prefisso, oltre a rendere il verbo perfettivo, può indicare un'azione quantitativamente ridotta (*mangiare un po' / qualcosa*): **Ты будешь есть? – Нет, спасибо, я уже немного поел**, *Mangi? – No, grazie, ho già mangiato qualcosa*.

④ Notate come il caso strumentale renda qui il modo in cui si svolge un'azione: **есть килограммами**, *mangiare a tonnellate* (lett. "a chilogrammi") *qualcosa*.

⑤ Il sost. neutro **бедро**, *coscia, anca*, al singolare reca l'accento sull'ultima sillaba, ma al plurale lo arretra sulla radice e la **е** si trasforma in **ё** in tutti i casi grammaticali: **бёдра**, *cosce*, ▸

8 – Ma tu pensi solo a *(A-te solo)* mangiare! Pensavo che tu dovessi *(a-te [è] necessario)* dimagrire…

9 – Beh, [sarà solo] una cena leggera e il resto non conta *([va] in conto)*, non m'ingozzerò mica con quella roba *(io non a-chilogrammi inghiottirò tutto questo)*.

10   E poi *(in-generale)* pensavo che ti piacessero molto *(a-te molto persino piacciono)* la mia vita e i miei fianchi…

11 – Per piacermi mi piaccio tanto *(Sì io semplicemente [sono] fanatico)* ma, per favore *(sii cortese)*, poi non ti lamentare!

12   Altrimenti [ti] verranno *(cominceranno)* i rimorsi di coscienza: "Ah, ma perché ho mangiato tutta quella *(tanto di-)*cioccolata…"

13 – Torniamo a noi *(ai nostri montoni)*: prenotiamo *(prenoteremo)* subito i posti per non fare la fila *(in fila poi non stare)*? Ci manca solo che li esauriscano *(Non dia Dio, prenderanno tutto)*.

14   Non penso che sia necessario: *(ecco)* vedrai [che] in sala *(a questo spettacolo)* non ci sarà anima viva *(nemmeno un'anima)*.

15 – E perché [mai] *(questo)*? Il regista è famoso, la sceneggiatura è uno schianto, tutti gli attori sono scelti [ad hoc]: [è proprio] *(semplicemente)* un cast di star.

▸ *fianchi*. Attenzione al genitivo pl. con inserimento della vocale mobile: **бёдер**.

⑥ In alcune frasi fatte il verbo **быть** all'imperativo è seguito dall'aggettivo di forma breve: **Будь любезен / добр, принеси мне мои тапочки**, *Per favore, potresti portarmi le pantofole?* (lett. "Sii cortese / buono, porta a me le mie pantofole").

⑦ Ecco un altro esempio della particella negativa **ни** (v. anche lez. 30, nota 1) nel senso di *nemmeno*: **нет ни души**, *non c'è [neanche] un'anima*.

16 — Да, действительно, я смотрю, они снимали на какую-то специальную камеру, да и монтаж очень интересный.
17 Что ж, стоит попробовать.
18 — И ещё, этот кинозал недавно отремонтировали, там такие обалденные подлокотники ⑧ на креслах!
19 — Безусловно, комфорт кресел и определяет ценность кинокартины.
20 — Я этого не говорила, но, учитывая ⑨ продолжительность киноленты, лишним он не будет.
21 Фильм длится ⑩ почти три с половиной часа!

---

19 ценность *[tsennast']*: dopo la **ц**, che come la **ш** e la **ж** è una consonante sempre dura, la **e** tonica si pronuncia anch'essa sempre dura, come se fosse una **э**.

Note

⑧ **подлокотник**, *bracciolo*. Scomponiamo questo sostantivo e ne otterremo facilmente il significato: riconosciamo infatti la preposizione **под**, *sotto*, e il sostantivo maschile **локоть**, *gomito* → **подлокотник**, *bracciolo*.

⑨ **учитывая** è il gerundio presente del verbo imperfettivo **учитывать**, *considerare, tenere conto (di)*. Di norma la frase secondaria gerundiva è separata dalla principale da una virgola. Ciò non si verifica se il gerundio ha valore avverbiale / modale: **Он ждал стоя**, *Lui aspettava (stando) in piedi*. Ma: **Уходя, он даже не посмотрел на меня**, *Mentre se ne andava* (lett. "Andando via") *non mi ha neppure guardato*; **Читая книгу, я заснул**, *Leggendo il libro mi sono addormentato*.

16 – Sì, in effetti vedo [che] hanno fatto le riprese con una *(hanno-ripreso su qualche)* telecamera speciale e anche il montaggio è molto interessante.

17 Insomma, vale [la pena di] provare.

18 – E poi *(ancora)* questo cinema *(sala-cinematografica)* è stato ristrutturato di recente [e] le poltrone hanno dei braccioli pazzeschi *(là tali pazzeschi braccioli sulle poltrone)*!

19 – Certo *(Indubbiamente)*, è la comodità delle poltrone a determinare *(e definisce)* il valore di un film *(pellicola-cinematografica)*.

20 – Non ho detto questo, ma, considerando la durata della pellicola, non sarà un dettaglio superfluo *(superfluo lui non sarà)*.

21 Il film dura quasi tre ore e mezza!

▸ ⑩ **дли́ться**, *durare*, a differenza dell'italiano in russo assume obbligatoriamente la particella **-ся** dell'intransitività.

Упражнение 1 – Читайте и переводите

❶ Будьте любезны, два билета на триллер «Чёрный шоколад» в оригинальной версии. – На вечерний сеанс? ❷ Ты килограммами поглощаешь конфеты и шоколад, а потом у тебя угрызения совести... Не надоело? ❸ Безусловно, интересный монтаж и работа со специальной камерой определяют ценность этой кинокартины. – О чём ты говоришь? Это обычная мелодрама. ❹ Да что это за романтическая комедия? Стресс, пальба и никакой романтики! ❺ Фильм длится почти три с половиной часа! – Ой, тогда не будет лишним поесть до фильма.

***

Упражнение 2 – Восстановите текст

❶ Non sono un fan di questo regista, ma bisogna riconoscere che nei suoi film il cast è sempre di star. – Sì, in effetti.

Я не ..... этого ...., но надо ...., что в .... всегда .... – Да, ...

❷ Non ho voglia di fare la *(stare in)* coda, ma mia moglie vuole tanto andare a questo concerto. – Quale fila? Non ci sarà un'anima!

Не хочется ...., но моя .... очень хочет ...... этот концерт. – Какая ......? Там не ....!

❸ In quale cinema *(sala-cinematografica)* andiamo? In uno danno questo film d'azione in versione originale coi sottotitoli, nell'altro il film *(quadro)* è doppiato.

В какой .... идём? В одном этот .... в .... с ...., а в другом .... дублирована.

Soluzione dell'esercizio 1

❶ Per favore *(Siate cortesi)*, due biglietti per il thriller "Cioccolata nera" in versione originale. – Per lo spettacolo della sera *(serale)*? ❷ Ti ingozzi di *(inghiotti a-chilogrammi)* caramelle e cioccolata e poi [ti vengono] i rimorsi di coscienza… Non ti sei stufata? ❸ Certo *(Indubbiamente)*, il montaggio interessante e le riprese *(lavoro)* con una telecamera speciale determinano il valore di questo film *(pellicola-cinematografica)*. – Di cosa parli? È un melodramma qualunque *(ordinario)*. ❹ E questa sarebbe una *(E che questo per)* commedia romantica? [Solo] stress, sparatorie *(fuoco-di-armi)* e niente romanticismo! ❺ Il film dura quasi tre ore e mezza! – Oh, allora non sarà male *(superfluo)* mangiare prima dello spettacolo *(film)*.

***

❹ Il film *(pellicola-cinematografica)* è davvero *(semplicemente)* ottimo, la protagonista *(eroina principale)* ha un tale vitino [e] certi *(tali)* fianchi… – Ma certo… sono proprio i fianchi di un'attrice a definire il valore della sua recitazione!

.... просто отличная, у .... такая ....., такие .... – Ну конечно… именно ..... актрисы и .... её ....!

❺ Torniamo a noi *(ai nostri montoni)*, che ne dici *(come a-proposito)* di una cena leggera da me *(a-casa)*? – Non sarà il caso di cenare *(e può[-darsi], ceneremo)* dopo lo spettacolo?

.... нашим ...., как .... у меня дома? – А может, ... после ......?

Soluzione dell'esercizio 2

❶ – фанат – режиссёра – признать – его фильмах – звёздный состав – действительно ❷ – стоять в очереди – жена – пойти на – очередь – будет ни души ❸ – кинозал – боевик показывают – оригинальной версии – субтитрами – картина – ❹ Кинокартина – главной героини – талия – бёдра – бёдра – определяют ценность – игры ❺ Вернёмся к – баранам – насчёт лёгкого ужина – поужинаем – сеанса

34 Тридцать четвёртый урок

Голубой экран ①

1 — Уважаемые телезрители, приносим вам свои извинения за перерыв в эфире до полудня в связи с профилактическими работами.
2 Прослушайте, пожалуйста, дальнейшую программу телепередач на сегодня, тридцать первое декабря.
3 Сразу после технического перерыва мы будем рады ② предложить вашему вниманию документальный фильм «Выхода нет» о нелёгкой судьбе шахтёров.
4 Этот фильм снят, опираясь на результаты опроса общественного мнения, который проводился несколько месяцев назад
5 после объявления ③ горняками самой крупной за последние годы забастовки.

Note

① **голубой экран**, *piccolo schermo, schermo televisivo* o *televisore*. Attenzione all'uso dell'aggettivo **голубой** (lett. "azzurro"), perché in gergo significa *omosessuale, gay*.

② L'aggettivo **рад**, *contento, lieto*, possiede solo la forma predicativa breve.

Trentaquattresima lezione 34

Il piccolo *(Azzurro)* **schermo**

1 – Gentili *(Rispettabili)* telespettatori, ci scusiamo *(apportiamo a-voi le proprie scuse)* per l'interruzione [dei programmi] *(nell'etere)*, [che durerà] fino a mezzogiorno per *(in connessione con)* lavori di manutenzione.
2   Vi invitiamo a seguire *(Ascoltate, per-favore,)* le prossime trasmissioni di *(l'ulteriore programma delle-trasmissioni-televisive per)* oggi, trentuno dicembre.
3   Subito dopo l'interruzione tecnica, andrà in onda il documentario *(saremo contenti di proporre alla-vostra attenzione il documentario film)* "Senza via d'uscita" *(Di-uscita non-c'è)* sulla vita difficile *(non-facile destino)* dei minatori.
4   Il documentario si basa *(Questo film [è-stato] ripreso, basandosi)* sui risultati di un sondaggio d'opinione *(del-pubblico parere)* che è stato condotto alcuni mesi fa
5   dopo che i minatori avevano annunciato il *(dopo la dichiarazione dai-minatori del)* più grosso sciopero degli *(entro gli)* ultimi anni.

▶ ③ In **объявление**, *annuncio, dichiarazione*, troviamo un altro esempio di segno duro: serve a separare il prefisso **об-** dalla **я** che segue e a evitare che la **б** del prefisso (di per sé duro) diventi molle. In ogni caso, se avete ancora dubbi sul segno duro, consultate la lezione 35.

двести шестьдесят четыре • 264

6 Тогда шахтёры требовали увеличения зарплаты и обеспечения безопасности рабочих с надеждой найти способ предотвратить аварии с человеческими жертвами.

7 В 13:45 (тринадцать сорок пять) – мультипликационный ④ фильм «Ну погоди!» ⑤ с новыми приключениями любимых героев – зайца и волка.

8 В 14:10 (четырнадцать десять) – премьера телесериала «Уж замуж невтерпёж» с участием премилой ⑥ телеведущей Татьяны Горшковой.

9 Новости политики и бизнеса за последние сутки ⑦ в 15:00 (пятнадцать ноль ноль), сменит рубрика «Криминал» в 15:15 (пятнадцать пятнадцать).

Osservazioni sulla pronuncia
6 Attenzione: molti russi pronunciano erroneamente **обеспечение** con l'accento sulla terza **е**. L'unica pronuncia corretta è invece **обеспечение** [abispjeǎinije], con l'accento sulla seconda **е**.

Note

④ L'espressione **мультипликационный фильм**, *film di animazione, cartone animato*, vi sembra un po' troppo lunga? Nessun problema, in russo si usano anche dei sinonimi più brevi, tipici del parlato, come **мультик** (*cartone*) o **мультфильм**.

⑤ **Ну погоди!** (lett. "Beh aspetta!") è un modo di dire che corrisponde a: *Aspetta e vedrai, che ti sistemo io!*

⑥ Nel caso delle ultime lezioni abbiamo incontrato molti aggettivi di forma breve che non è, però, attestata per tutti gli aggettivi. ▶

6 Allora i minatori rivendicavano *(esigevano)* un aumento della paga e che venisse garantita la loro sicurezza *(garanzia della-sicurezza degli-operai)*, sperando *(con la-speranza)* di trovare un modo per prevenire gli incidenti mortali *(incidenti con umane vittime)*.

7 Alle 13:45 il film d'animazione "Aspetta [e vedrai]!" con le nuove avventure dei [nostri] eroi preferiti: la lepre e il lupo.

8 Alle 14:10, in prima visione, la serie TV *(la prima della-serie-TV)* "Non vedo l'ora di sposarmi" con la partecipazione dell'affascinante *(molto-carina tele-)* presentatrice Tat'jana Gorškova.

9 [Dopo] le ultime *(entro le ultime 24-ore)* notizie di politica e affari alle 15:00, seguirà *(subentrerà)* la rubrica "Delitti" *(Delitto)* alle 15:15.

▶ Ad esempio, gli aggettivi formati con il prefisso **пре-** (indicante una qualità al sommo grado) non hanno la forma breve, come appunto **премилый** (derivato da **милый**), *molto carino, stracarino* (nei modi), *molto gentile, stragentile*; fa tuttavia eccezione **прекрасный**, *bellissimo, eccellente*, perché questo aggettivo è considerato come una parola unica e non come una parola composta da **пре-** e **красный**. L'aggettivo di forma breve corrispondente è **прекрасен** (**прекрасна, прекрасно, прекрасны**) e l'accento cade sempre sulla seconda sillaba.

⑦ **сутки**, *giorno di 24 ore (un giorno e una notte)*, è un sostantivo che si usa sempre al plurale: **Он не звонил уже сутки, я волнуюсь**, *È già da 24 ore che non chiama, sono preoccupato*; **Дети провели в лесу целые сутки!**, *I bambini hanno passato ben* (lett. "intere") *24 ore / un giorno intero / un giorno e una notte nel bosco!*

34 10   В 16:05 (шестна́дцать ноль пять), – ток-шо́у «Век живи́, век учи́сь» с его́ постоя́нным веду́щим господи́ном ⑧ Утюго́м ⑨.

11   В 17:00 (семна́дцать ноль ноль), наш «Клуб путеше́ственников» предлага́ет вам узна́ть, в каки́х стра́нах к де́тям прихо́дит Дед Моро́з, а в каки́х Са́нта Кла́ус,

12   куда́ они́ скла́дывают ⑩ пода́рки – в носки́ и́ли чулки́, подве́шенные над ками́ном, и на каки́е хи́трости спосо́бны ⑪ ребяти́шки, когда́ носко́в ⑫ нет.

13   Да́лее – шестичасово́й вы́пуск вече́рних новосте́й с субти́трами для глухи́х и пло́хо слы́шащих.

14   В 18:15 (восемна́дцать пятна́дцать), ве́чер продо́лжит развлека́тельная програ́мма «Всё хорошо́, что хорошо́ конча́ется».

Note

⑧ Il sostantivo **господи́н**, *signore*, ha una declinazione irregolare al plurale, in cui cade il suffisso **-ин** (nom. **господа́**, gen. e acc. **госпо́д**, dat. **господа́м**, strum. **господа́ми**, prep. **господа́х**): **Господа́, дава́йте споко́йно поговори́м**, *Signori, parliamo con calma*; **Вы когда́-нибудь ви́дели э́того господи́на? – Нет, я не зна́ю никого́ из э́тих госпо́д**, *Avete già visto qualche volta questo signore? – No, non conosco nessuna di queste persone* (lett. "signori").

⑨ Spesso i cognomi russi (come quelli di qualsiasi lingua, del resto) derivano da parole di senso compiuto: **Горшко́ва** (frase 8) deriva per esempio da **горшо́к**, *pentola* o *vaso di terracotta*. Può capitare, nel caso di pseudonimi o di nomi d'arte, che siano essi stessi dei sostantivi (**Утю́г** → **утю́г**, *ferro da stiro*). In tal caso si applicano le regole abituali di declinazione dei nomi.

10 Alle 16:05 [andrà in onda] il talk-show "Non si finisce mai di imparare" *(Un-secolo vivi, un-secolo impara)* con il suo presentatore fisso *(permanente conduttore il signor)* Utjug *(Ferro-da-stiro)*.

11 Alle 17:00 il nostro "Club dei viaggiatori" vi farà scoprire *(propone a-voi [di] venire a conoscenza)* in quali Paesi porta i doni ai bambini *(dai-bambini arriva)* Nonno Gelo e in quali [li porta] Babbo Natale *(Santa Claus)*,

12 dove mettono *(sistemano)* i regali (nei calzini o nelle calze appese sopra il camino) e di quali astuzie siano capaci i bambini quando i calzini non ci sono.

13 A seguire *(Oltre)* il notiziario delle sei *(della-sesta-ora edizione delle-serali notizie)* con i sottotitoli per i non udenti e gli ipoudenti *(sordi e male udenti)*.

14 Alle 18:15, il pomeriggio continua con *(la sera continuerà)* il programma di intrattenimento "Tutto è bene quel che finisce bene".

▸ ⑩ Il verbo perfettivo corrispondente del verbo **складывать** ha una radice totalmente diversa (**сложить**, *sistemare* nel senso di porre una cosa sopra l'altra, *impilare* e anche *addizionare, sommare*). Avrete facilmente riconosciuto la stessa radice di **класть** (imperf.) / **положить** (perf.), *mettere in posizione orizzontale*.

⑪ L'aggettivo **способный**, *capace, dotato*, ha lo stesso significato dell'aggettivo di forma breve corrispondente **способен**, ma il primo ha una funzione attributiva, mentre il secondo ha funzione predicativa: **У них такой способный сын!**, *Hanno un figlio così dotato!*; **Я её боюсь, она способна на всё**, *Lei mi fa paura, è capace di tutto*. V. anche lez. 31, nota 5.

⑫ Attenti a **чулок**, *calza*, che al genitivo plurale può fare sia **чулков** sia **чулок** (a desinenza zero), ma quest'ultima declinazione è quella ritenuta corretta. Per ricordarlo, potete ricorrere a questa regola: **Носки короткие, слово длинное: носков; чулки длинные, слово короткое: чулок**, *I calzini sono corti, la parola è lunga*: **носков**; *le calze sono lunghe, la parola è corta*: **чулок**.

15 Гости передачи поделятся своими новогодними секретами: как красиво обернуть подарок, не тратя деньги на обёрточную бумагу, и стоит ли сажать ⑬ в огороде ёлку ⑭.

16 В 21:30 (двадцать один тридцать), предлагаем вам проводы старого года в кругу самых ярких звёзд нашей эстрады, цирка и кино.

17 Новогоднее обращение президента к гражданам Российской Федерации – в 23:55 (двадцать три пятьдесят пять).

18 И, наконец, под бой Курантов ⑮ и звон бокалов шампанского начнётся наша «Новогодняя ночь».

19 – Чего ты морщишь лоб, ничего интересного там нет! У тебя пульт что ли заело ⑯? Давно пора переключить на другой канал.

20 – Ты хочешь побить рекорд по щёлканью каналов?

Note

⑬ Notate come cambino le radici verbali per le coppie aspettuali dei seguenti verbi: **оборачивать** (imperf.) / **обернуть** (perf.), *avvolgere*; **сажать** (imperf.) / **посадить** (perf.), *piantare, far sedere, mettere qualcuno in prigione*.

⑭ In russo si distingue tra **рождественская ёлка**, *albero* (lett. "abete") *di Natale*, e **новогодняя ёлка**, *albero (abete) di Capodanno*.

⑮ **Куранты**, dal francese *courant*, indicava un tempo un orologio a carillon, come quelli in cima alle torri o quelli da parete. Oggi, con questo termine, si fa invece riferimento all'orologio del Cremlino che si trova sulla **Спасская башня**, *Torre Spasskaja*. La notte di Capodanno migliaia di occhi sono pun-

15 Gli ospiti in *(della)* trasmissione sveleranno *(scambieranno)* i loro segreti di Capodanno: come confezionare *(avvolgere)* bene un regalo senza spendere soldi per la *(non spendendo soldi sulla)* carta da regalo e se valga la pena di piantare un abete in giardino *(nell'orto)*.

16 Alle 21:30 vi proponiamo di salutare l'anno *(la festa-di-addio del-vecchio anno)* con le grandi *(nella cerchia delle più luminose)* star della *(nostra)* musica leggera, del circo e del cinema.

17 Il discorso di Capodanno del presidente ai cittadini della Federazione Russa [verrà trasmesso] alle 23:55.

18 E infine, al *(sotto il)* rintocco dell'orologio del Cremlino e al tintinnio *(suono)* delle coppe di champagne comincerà la nostra "Notte di Capodanno".

19 – Cos'hai da corrugare *(Di-che-cosa tu corrughi)* la fronte? Non c'è niente di interessante *(là)* [da vedere]! Ti si è forse bloccato il telecomando? Non sarebbe ora di cambiare canale *(Da-tempo è-ora [di] cambiare su un-altro canale)*?

20 – Vuoi battere il record di zapping *(per scatto di-canali)*?

▸ tati sulle lancette di questo celebre orologio per assistere al momento esatto in cui comincerà l'anno nuovo.

⑯ Il verbo perfettivo **заесть**, *mangiare sopra* qualcosa (per rifarsi la bocca) o *sbranare* (dopo un bicchierino di vodka, ad esempio, **можно заесть солёным огурчиком**, *ci si può mangiare sopra un cetriolino salato*; **Волк заел овцу**, *Il lupo ha sbranato una pecora*), può acquisire in senso figurato il significato di *bloccarsi, incepparsi, andare in panne*. Si tratta di un uso idiomatico, con una struttura impersonale della frase in cui il soggetto logico va all'acc. e il verbo va coniugato alla 3ª pers. sing. neutra: **Что случилось? – Машину заело**, *Cos'è successo? – La macchina si è bloccata / L'auto è andata in panne*.

21 Как гова́ривал оди́н мой хоро́ший знако́мый,
22 иногда́ чем бо́льше кана́лов в телеви́зоре, тем до́льше занима́ет вре́мени поня́ть, что ничего́ интере́сного всё равно́ нет.

Упражнение 1 – Читайте и переводите

❶ Сразу после технического перерыва мы предложим вам выпуск вечерних новостей с субтитрами для глухих и плохо слышаших. ❷ По результатам опроса общественного мнения, который проводился несколько месяцев назад, оказалось, что нашу развлекательную программу смотрят одни подростки. ❸ Вы на Новый год ёлку покупаете? – Да, уже купили, она стоит у нас в зале – огромная, красивая! ❹ Не знала, что в Интернете можно найти последние новости политики и бизнеса. Как говорится, век живи, век учись. ❺ Уважаемые телезрители, мы рады предложить вашему вниманию премьеру телесериала «Всё хорошо, что хорошо кончается».

21 Come diceva *(era-solito-dire)* un mio amico *(buon conoscente)*,
22 a volte, più canali ci sono alla TV, più tempo ci vuole *(occupa)* per capire che non c'è proprio niente *(tutto ugualmente non-c'è)* di interessante.

Soluzione dell'esercizio 1

❶ Subito dopo l'interruzione tecnica trasmetteremo *(proporremo a-voi)* il telegiornale della sera *(edizione delle-serali notizie)* con i sottotitoli per i non udenti e gli ipoudenti. ❷ In base ai risultati del sondaggio di opinione che abbiamo condotto alcuni mesi fa, è emerso *(è-risultato)* che solo gli *(i soli)* adolescenti guardano il nostro programma di intrattenimento. ❸ Comprate un abete per Capodanno? – Sì, l'abbiamo già comprato, è *(sta presso di-noi)* in salotto, [è] enorme [e] bello! ❹ Non sapevo che in Internet si potessero *(si-può)* trovare le ultime notizie di politica e affari. Come si suol dire *(si-dice)*, non si finisce mai di imparare *(un-secolo vivi, un-secolo impari)*. ❺ Gentili *(Rispettabili)* telespettatori, siamo lieti di presentarvi *(proporre alla-vostra attenzione)* in prima visione la serie TV "Tutto è bene quel che finisce bene".

34 Упражнение 2 – Восстановите текст

❶ Metti *(Cambia)*, per favore, il *(sul)* primo canale, [che] *(là)* ora comincia *(comincerà)* il discorso di Capodanno del presidente. – Non posso, mi si è bloccato il telecomando.

........., пожалуйста, на первый ....., там сейчас .... президента. – Не могу, у ....

❷ Cosa danno alla TV *(là per televisore mostrano)*? – Niente, c'è *(presso di-loro)* un'interruzione tecnica per *(in connessione con)* lavori di manutenzione fino a mezzogiorno.

Что там .. телевизору ....? – ......, у них .... в ..... с профилактическими ....

❸ Un altro *(Di-nuovo)* sciopero! [Ma] cosa vogliono *(rivendicano)* adesso? – Le solite cose *(Come sempre)*: un aumento di stipendio e la garanzia di lavorare in sicurezza *(della-sicurezza dei-lavoratori)*.

Опять ....! Чего теперь ....? – Как ......: .... и обеспечения ....

❹ Questo documentario è stato girato alla fine degli [anni] '80 [e] si basa *(basandosi)* su una storia vera che riguarda la *(riguardo-alla)* vita *(destino)* difficile dei minatori.

Этот .... фильм был .... в .... восьмидесятых, ... на .... историю . нелёгкой ....

❺ Puoi aiutarmi a confezionare bene *(in-modo-bello)* il regalo? Non ce la faccio proprio *(Io assolutamente non so questo fare).* – Nessun problema *(Senza di-problemi),* hai della carta da regalo?

.... мне красиво .... ? Я совсем не умею ..... делать. – ...., а у тебя есть .... ?

Soluzione dell'esercizio 2

❶ Переключи – канал – начнётся Новогоднее обращение – меня пульт заело ❷ – по – показывают – Ничего – технический перерыв – связи – работами до полудня ❸ – забастовка – требуют – всегда – повышения зарплаты – безопасности рабочих ❹ – документальный – снят – конце – опираясь – настоящую – о – судьбе шахтёров ❺ Можешь помочь – обернуть подарок – этого – Без проблем – обёрточная бумага

35 Тридцать пятый урок

Повторение - Ripasso

1 Fonetica e ortografia

1.1 Le lettere *e* ed *э*

- Attenzione alla pronuncia di parole come **кафе**, **шедевр**, **проект**, in cui la **e** tonica si legge *[e]* aperta, come se fosse scritta **э**. Si tratta in genere di termini di origine francese.

1.2 Ortografia di alcuni prefissi

I prefissi **анти-**, **архи-**, **супер-** e **ультра-** si attaccano direttamente alle parole: **антифриз**, *antigelo*; **архиважный**, *importantissimo* (lett. "arciimportante"); **супергерой**, *supereroe*; **ультраправый**, *di estrema destra*, ecc.

1.3 Il segno duro

Il segno duro si utilizza di norma per separare tutte le parole che iniziano con vocale molle **е**, **ё**, **я** da un prefisso terminante con consonante dura: **подъехать**, *avvicinarsi con un mezzo* (**под-**, prefisso indicante *avvicinamento* + **ехать**, *andare / venire con mezzo*). Ciò consente di mantenere dura, ossia non schiacciata contro il palato, la pronuncia della consonante finale del prefisso.

Nell'incontro tra un prefisso in consonante dura e una parola che comincia per vocale molle **и**, anziché inserire il segno duro, si trasforma la vocale molle **и** nella vocale dura **ы**: **с-** (prefisso aspettuale) + **играть**, *giocare* (imperfettivo) = **сыграть**, *giocare* (perfettivo). Ciò si verifica anche nell'incontro fra singole parti di parole composte: **трёхъярусный**, *di tre file*, ma **трёхэтажный**, *a tre piani*.

2 Nomi irregolari

- Al plurale (in tutti i casi), il sostantivo **хозяин**, *padrone, proprietario*, sostituisce il suffisso **-ин** con **-ев-**: **хозяева**, **хозяев**, **хозяевам**, ecc.

Trentacinquesima lezione 35

• Il sostantivo **щенок**, *cucciolo di cane* (con vocale mobile **o** solo al nom. sing.) modifica al plurale il suffisso -**ок** con -**ят**-: **щенята**, **щенят**, **щенятам**, ecc. Analogamente, tutti i sostantivi indicanti cuccioli di animale, ivi compreso di uomo, che terminano al singolare caratteristicamente in -**онок** / -**ёнок** (es. **волчонок**, *lupacchiotto*; **котёнок**, *gattino*; **ребёнок**, *bambino*) al plurale fanno rispettivamente -**ат**- / -**ят**- (**волчата**, **котята**, **ребята**) e si declinano secondo lo schema precedente.

3 Aggettivi

3.1 Aggettivi di forma breve

• La forma breve degli aggettivi viene usata tipicamente quando sono in funzione predicativa: **Как он был красив** (predicato) **вчера на вечеринке**, *Com'era bello ieri alla festicciola*, ma **Он красивый** (attributo) **мальчик**, *Lui è un bel ragazzino*. Gli aggettivi di forma breve rispondono alla domanda **каков** (m.), **какова** (f.), **каково** (n.), **каковы** (pl.), *com'è?*: **Каков роман? – Интересен**, *Com'è il romanzo? – Interessante*. Gli aggettivi di forma lunga rispondono invece alla domanda che vi è ben nota: **какой** (m.), **какая** (f.), **какое** (n.), **какие** (pl.), *quale / quali?*: **Какую книгу ты читаешь? – Интересную книгу**, *Che (quale) libro stai leggendo? – Un libro interessante*. Alcuni aggettivi hanno soltanto la forma breve, come per esempio **рад**, *contento*, utilizzato solo in funzione predicativa.

• Altri aggettivi si usano prevalentemente alla forma breve: per esempio **должен**, con cui si esprime il verbo *dovere*: **Я должен**, *Io devo* (lett. "Sono doveroso"). La forma lunga (attributiva) **должный** (*dovuto, debito*) si impiega solo in alcune espressioni: **с должым вниманием**, *con la dovuta attenzione*.

• Un altro gruppo di aggettivi di forma breve (predicati) ha un significato diverso da quelli corrispondenti di forma lunga (attributi): **У него правый глаз синий, а левый зелёный**, *Ha l'occhio destro azzurro e l'occhio sinistro verde*; **Ты как всегда права!**, *Come al solito hai ragione* (lett. "Sei come sempre destra / giusta")*!*

• La forma breve di alcuni aggettivi (predicati) ricorre dopo il verbo **быть** all'imperativo. Per esempio: **Будь здоров!**, *Salute!* (lett. "Sii sano!"); **Будь любезен**…, *Per cortesia* (lett. "Sii cortese")…

3.2 L'accento tonico negli aggettivi di forma breve

Gli aggettivi di forma breve si dividono in tre gruppi a seconda della posizione dell'accento tonico:
1) L'accento cade sempre sulla radice (spesso si tratta di aggettivi piuttosto lunghi, con più di due sillabe al maschile): **гениа́лен**, *geniale*, **гениа́льна, гениа́льно, гениа́льны**. Gli aggettivi seguenti si accentano secondo lo stesso modello: **профессиона́лен**, *professionale*; **прекра́сен**, *bellissimo*; **интеллектуа́лен**, *intellettuale*, ecc.
2) L'accento cade sulla radice solo al maschile e invece sulla desinenza al femminile, al neutro e al plurale: **хоро́ш**, *buono*, **хороша́, хорошо́, хороши́**. Gli aggettivi seguenti si accentano secondo lo stesso modello: **свеж**, *fresco*; **горя́ч**, *caldo*; **смешо́н**, *ridicolo* (in quest'aggettivo la vocale o è mobile: **смешна́, смешно́, смешны́**), ecc.
3) L'accento cade sempre sulla radice, tranne al femminile: **мо́лод**, *giovane*, **молода́, мо́лодо, мо́лоды**. Gli aggettivi seguenti si accentano secondo lo stesso modello: **жив**, *vivo*; **тих**, *tranquillo, mite*; **сло́жен**, *complicato* (ma in questi ultimi due casi è ammesso anche l'accento sulla desinenza al plurale: **тихи́, сложны́**), ecc. Avrete notato che **сло́жен** presenta, inoltre, la vocale mobile: **сложна́, сло́жно, сло́жны / сложны́**.

4.1 Verbi in *-чь*

I verbi con l'infinito in **-чь** sono tutti della 1ª coniugaz. (con desinenza tonica, **-ё-**, o atona, **-е-**) e presentano al posto della **ч** una **г** o una **к** al passato, alla 1ª persona singolare e alla 3ª plurale del presente (e al participio presente attivo, che da esso deriva). Queste consonanti sono soggette ad alternanza (rispettivamente **г / ж, к / ч**) nelle altre voci verbali del presente. Queste caratteristiche non sono prevedibili e vanno imparate per ciascun verbo in **-чь**:
те**чь**, *scorrere*: те**к**у, те**ч**ёшь, те**ч**ёт, те**ч**ём, те**ч**ёте, те**к**ут (part. pres. attivo: те**к**ущий), он тё**к**, она те**к**ла́, они те**к**ли́;
мо**чь**, *potere*: мо**г**у, мо**ж**ешь, мо**ж**ет, мо**ж**ем, мо**ж**ете, мо**г**ут (part. pres. attivo: мо**г**ущий), он мо**г**, она мо**г**ла́, они мо**г**ли́.

4.2 Coppie aspettuali

Nelle lezioni precedenti abbiamo visto alcune coppie aspettuali in cui i verbi non hanno in comune la stessa radice: **брать** (imperf.) – **взять** (perf.), *prendere*, *afferrare*; **вешать** (imperf.) – **повесить** (perf.), *appendere*, *attaccare* (lezione 29); **складывать** (imperf.) – **сложить** (perf.), *sistemare*, *impilare* (verbi derivati dalla coppia **класть** (imperf.) – **положить** (perf.), *mettere in posizione orizzontale*); **оборачивать** (imperf.) – **обернуть** (perf.), *avvolgere* e **сажать** (imperf.) – **посадить** (perf.), *piantare*, *far sedere*, *mettere qualcuno in prigione* (lezione 34).

Заключительный диалог - Dialogo di ripasso

1 – Ты видела объявление в сегодняшней газете?
2 Российская компания ООО «Хозяин» ищет менеджера по продажам.
3 Их требования к кандидату: высшее образование, умение работать как самостоятельно, так и в команде.
4 Солидный опыт в управлении и безупречный внешний вид будут несомненными плюсами.
5 Чего ты морщишь лоб? Что тебе не нравится?
6 – За последние сутки ты уже предложил мне десять разных объявлений, такое ощущение, что тебе невтерпёж, чтобы я ушла с работы.
7 – Вот насмешила! Мне-то всё равно, только о тебе и думаю.
8 Несколько месяцев назад кто-то сильно жаловался на нашего шефа…
9 – Ну, это когда было? Теперь всё изменилось, мы практически стали друзьями.
10 В новогоднем обращении к служащим он даже поздравил меня с результатами и подарил мне щенка!

35 **11** – Ах, как мило! Он бы лучше подумал о повышении твоей зарплаты.
12 Нет, серьёзно, как коллега коллеге – ты способна на большее.
13 С твоей трудовой книжкой, с твоей трудоспособностью и твоим опытом…
14 Только представь: новая работа, новые приключения, новая жизнь!
15 – Да чем же я заслужила такую заботу? Но, может ты и прав, надо хорошенько подумать.
16 – Ушам своим не верю! Будешь долго думать, прозеваешь замечательную должность.
17 А дальше сценарий будет такой: всё поймёшь, но будет поздно, будешь ныть, начнутся угрызения совести, а потом – депрессия.
18 – Ладно, ладно, убедил, не говори больше таких ужасов!
19 После перерыва позвоню, сейчас полдень, там наверное уже все ушли на обед.
20 – Правильное решение. А я пока пойду поговорю с нашим начальником.
21 Надо и ему помочь: твоё место скоро будет свободным, а значит нам нужен кандидат на эту вакансию.
22 Повторяю, всё для вас, всё, чтобы всем вам помочь: так и быть, я буду первым кандидатом…

Traduzione
1 Hai visto l'annuncio sul giornale di oggi? **2** L'azienda russa "Chozjain" (*Proprietario*) S.r.l. cerca un responsabile *(manager)* per [l'ufficio] vendite. **3** I requisiti richiesti *(Le loro esigenze per*

il candidato) [sono]: istruzione superiore, attitudine al lavoro *(capacità di lavorare)* in autonomia *(come autonomamente)* e *(così e)* in gruppo. **4** Sono gradite *(saranno indiscutibili più)* una vasta esperienza nella gestione e bella presenza. **5** Cos'hai da corrugare la fronte? Qualcosa non va *(Che-cosa a-te non piace)*? **6** In un giorno *(Entro le ultime 24-ore)* mi hai già proposto dieci annunci diversi [e] ho l'impressione *(tale sensazione)* che tu non veda l'ora che io mi dimetta *(sono-andata-via dal lavoro)*. **7** Non farmi ridere *(Ecco hai-fatto-ridere)*! Per me fa lo stesso, sto solo pensando a te. **8** Chi è che qualche mese fa si era tanto lamentato *(Qualche mese fa qualcuno fortemente si-lamentava)* del nostro capo? **9** Beh, quando è successo? Ora tutto è cambiato, siamo praticamente diventati amici. **10** Nel discorso di Capodanno ai dipendenti *(impiegati)* mi ha persino fatto i complimenti per *(si-è-congratulato me con)* i risultati e mi ha regalato un cucciolo! **11** Oh, che gentile *(come [è] carino)*! Avrebbe fatto meglio ad aumentarti lo *(meglio penserebbe a un-aumento del-tuo)* stipendio. **12** No, sul serio, da *(come)* collega a collega: tu sai fare di più *(tu [sei] capace a una-cosa-maggiore)*. **13** Col tuo libretto di lavoro, *(con)* la tua capacità *(di-lavoro)* e la tua esperienza… **14** Immagina solo: un nuovo lavoro, nuove avventure, una nuova vita! **15** E perché avrei meritato tutta questa attenzione *(ho-meritato tale cura)*? Però forse hai ragione, bisogna pensarci bene *(ben-benino)*. **16** Non credo alle mie orecchie! [Se ci] pensi [troppo] a lungo, ti lascerai scappare un posto *(impiego)* eccezionale. **17** E poi andrà a finire *(scenario sarà tale:)* [che quando] avrai capito tutto, *(ma)* sarà [troppo] tardi, piagnucolerai, comincerai a sentire *(cominceranno)* i rimorsi di coscienza e poi [cadrai in] depressione. **18** D'accordo, d'accordo, [mi] hai convinto, non dir[mi] più queste *(tali)* cose tremende! **19** Dopo la pausa farò una telefonata, ora è mezzogiorno, saranno già tutti andati a mangiare *(là forse già tutti andati-via per pranzo)*. **20** Giusto *(Giusta decisione)*. Ora però devo andare a parlare *(E io intanto andrò parlerò-un-po')* col *(nostro)* capo. **21** Bisogna dare una mano *(aiutare)* anche a lui: presto il tuo posto sarà vacante *(libero)* e *(significa)* ci serve un candidato *(per questo posto-vacante)*. **22** Ripeto, tutto [quello che faccio], *(tutto)* lo faccio per voi, per aiutarvi: dai, forza *(così e essere)*, sarò io il primo candidato…

36 Тридцать шестой урок

Попытка не пытка

1 — Блин ①, скоро **вы**боры ②, а я даже не знаю, кто у нас в мэры баллотируется.
2 — Совсем от жизни отстал. Ты что, не следишь за новостями?
3 — Ой, как стыдно! Всё, берусь за ум, начинаю новую жизнь.
4 — Не пугай, что ты ещё придумал?
5 — Я подпишусь на какой-нибудь стоящий журнал или газету, чтобы ничего не упустить.
6 — Зачем сразу подписываться? Свежую прессу можно купить в любом газетном киоске или вон на лотке в переходе.
7 — Одно дело если газету принёс почтальон: она уже в твоём почтовом ящике, лежит, тебя дожидается.

Osservazioni sulla pronuncia

5 Attenzione, spostando l'accento tonico si cambia il senso di **стоящий**: se lo si pronuncia *[stojasshij]* vuol dire *valido, come si deve* (part. pres. di **стóить**, *costare, valere*), ma pronunciato *[stajasshij]* significa *che è in piedi* (part. pres. di **стоя́ть**, *essere / stare in piedi*).

7 Nelle parole di origine straniera come **почтальон**, *postino*, o **бульон**, *brodo*, la presenza del segno molle **ь** fa sì che la **о** seguente si legga come una **ё**: *[pačtal'jon], [bul'jon]*.

Note

① **Блин** (lett. "crêpe"), oltre che una specialità gastronomica è anche un'interiezione colloquiale (ma non volgare) che si sente ▸

Trentaseiesima lezione 36

Tentar non nuoce *(Tentativo non [è] tortura)*

1 — Cavolo, fra poco *(presto)* [ci saranno] le elezioni e io non so nemmeno chi siano i candidati a sindaco nella nostra città *(chi presso di-noi nei sindaci si-candida)*.
2 — Vivi proprio fuori dal mondo *(Del-tutto dalla vita sei-rimasto-indietro)*. Ma *(Tu che-cosa)* non [li] segui *(dietro)* i telegiornali?
3 — Ah, *(come)* è vergognoso! [Ora] basta *([È] tutto)*, vedo di rimediare *(mi-prendo per la mente)* [e] comincio una nuova vita.
4 — Mi preoccupi *(Non spaventare)*, cosa ti è saltato in mente *(che-cosa tu ancora hai-escogitato)*?
5 — Mi abbonerò a una rivista o un giornale serio *(qualche valida rivista o giornale)* per non perdermi nessuna notizia *(niente non lasciarsi-sfuggire)*.
6 — Perché abbonarsi *(subito)*? I quotidiani *(La fresca stampa)* si possono comprare in qualsiasi edicola o *(ecco là)* alle bancarelle dei sottopassaggi *(sulla bancarella nel sottopassaggio)*.
7 — Un conto *(Un affare)* [è] se il giornale te lo porta *(ha-portato)* il postino, [perché è] già nella tua cassetta delle lettere *(giace)* [che] ti aspetta.

▸ dire molto di frequente ed esprime irritazione o stupore. Si può rendere in italiano con *Mannaggia!, Cavolo!* o *Accidenti!*, ma talvolta non viene tradotto: **Блин, ну ты как всегда!**, *Accidenti, ma sei sempre il solito!*; **Ну ты, блин, даёшь!**, *Ma dai(, cavolo)!, Però!*

② **выборы**, *elezioni*, si usa solo al plurale con questo significato (come in italiano, del resto). Al singolare **выбор** vuol dire invece *scelta, assortimento*.

8 Тогда уж хочешь не хочешь, а заголовки да основные рубрики глазами пробежишь ③,

9 а то глядишь, что-нибудь особо приглянется, возьмёшь и прочитаешь.

10 А вот заставить себя ④ дойти до ⑤ киоска специально за газетой, это другое дело – вся мотивация по дороге улетучится…

11 Так вот я хотел у тебя попросить совета, какую газету выбрать, ты ведь в них эксперт?

12 – М-да, рано или поздно, конечно, за ум надо браться, ну и газеты читать – полезно, согласен.

13 Но ты ведь по уши в долгах, у скольких друзей в долг до получки на всякую ерунду занимал!

14 Слушай, а почему бы тебе не подписаться на электронную рассылку новостей?

15 Во-первых, обычно такие рассылки бесплатные или, на крайний случай, недорогие.

---

8 La forma corretta è **хочешь не хочешь**, ma spesso nella lingua colloquiale l'espressione si abbrevia e si riduce a *[Hosh niHosh]*.
13 In **по уши** *[poushy]* l'accento cade sulla preposizione.

Note

③ Prefisso a verbi di moto, **про-** può indicare un movimento accanto a una persona o a un oggetto, moto attraverso una superficie con ostacolo o percorrenza di una distanza.

④ Alcuni verbi riflessivi non sono caratterizzati dalla presenza del suffisso **-ся**, bensì dal pronome **себя** (di cui -ся è una contrazione) scritto separato dalla voce verbale, come nel caso di **заставлять** / ▶

8 E allora, volente o nolente *(già vuoi non vuoi)*, una scorsa ai titoli e alle rubriche principali la dai *(con-gli-occhi percorrerai-di-corsa)*

9 e magari trovi *(guardi)* qualcosa [che] ti va *(andrà)* particolarmente a genio, lo prendi e [te] lo leggi per bene *(prenderai e leggerai)*.

10 Un altro conto *(affare)* è dovere *(costringere sé)* andare in *(arrivare-fino-all')*edicola apposta per [comprarlo] *(il giornale)*; tutta la voglia di leggere *(motivazione)* ti passa strada facendo *(per la strada si-volatilizza)*…

11 Perciò *(Così ecco)* volevo chiederti un consiglio [su] quale giornale scegliere, visto [che] te ne intendi *(in essi [sei] esperto)*…

12 – Hmm, sì, certo, presto o tardi bisogna mettere la testa a posto *(per la mente bisogna prendersi)* e leggere i giornali è utile, d'accordo.

13 Ma tu sei pieno di debiti fino al collo *(fino-alle orecchie [sei] nei debiti)*: quanti amici ti hanno prestato dei soldi per ogni sciocchezza in attesa che ti pagassero lo stipendio *(presso di-quanti amici in debito fino-alla paga per qualsiasi sciocchezza hai-preso-in-prestito)*!

14 *(Senti, e)* Perché non ti abboni piuttosto a una newsletter *(elettronico invio di-notizie)*?

15 Innanzitutto *(Nei-primi)*, di solito è gratis *(tali invii [sono] gratuiti)* o al massimo costa poco *(sull'estremo caso, non-cari)*.

▸ **заставить себя**, *costringersi*, oppure **чувствовать себя**, *sentirsi*.

⑤ Il prefisso **до-** indica che l'azione raggiunge un certo limite: **до**читать, *leggere fino a…* Ciò vale anche per i verbi di moto, cui il prefisso conferisce il significato di "arrivare fino a un certo limite, raggiungere un determinato luogo": **дойти до**…, *arrivare (a piedi) fino a…*; **до**везти **до**…, *accompagnare / portare (con un mezzo) fino a…*

16   А во-вторых, в подобной рассылке будут статьи из разных источников, как раз и выберешь, какой тебе больше нравится.

17   В любом случае, это будет более экономичный вариант, выйдет дешевле, чем годовая подписка на бумажное издание.

18 – Гм... Это больной вопрос: мой компьютер на прошлой неделе крякнул.

19 – Что сделал? Ну и выражения у тебя! Будто с тинейджером общаюсь...

20 – Ну, приказал долго жить, испустил дух, богу душу отдал... так понятнее?

21   Короче, надо покупать новый, а это точно дороже подписки на какую-нибудь газетёнку или журналишко ⑥.

22 – Ну понятно, к чему ты клонишь: тебе не совет мой нужен, а деньги.

23   Ишь ты, наглость – второе счастье!

24 – Мы же всё-таки братья, да и финансовых трудностей у тебя нет.

25   Может, подсобишь, братишка? Поучаствуешь, так сказать, в становлении новой просвещённой личности?

Note

⑥ **газетёнку** e **журналишко** derivano da **газета**, *giornale*, e **журнал**, *rivista*, e presentano rispettivamente i suffissi diminutivi **-ёнк(а)** e **-ишк(о)**, che in genere suonano vezzeggiativi, ma possono anche avere una sfumatura spregiativa, a seconda del contesto: **дом**, *casa* → **домишко**, *casetta* o *casupola*. Nella lezione 42 ci occuperemo anche delle desinenze che seguono questo e altri tipi di suffissi che caratterizzano il grado di alterazione dei sostantivi.

16 Inoltre *(E nei-secondi)* le newsletter contengono *(in simile invio ci-saranno)* articoli [provenienti] da varie fonti, in modo da poter scegliere *(appunto e sceglierai)* quella che ti piace di più.

17 In ogni caso è più economico *(sarà una-più economica variante)* [e] costa meno *(uscirà più-conveniente)* di *(che)* un abbonamento annuale a una pubblicazione *(edizione)* cartacea.

18 – Hmm… è un bel dilemma *(dolente questione)*: la settimana scorsa mi è schiattato *(ha-starnazzato)* il computer.

19 – Cos'ha fatto? Ma che espressioni usi *(Beh ed espressioni presso di-te)*? Mi sembra di parlare con un ragazzino *(Come-se con un-teenager ho-a-che-fare)*…

20 – Beh, se n'è andato all'altro mondo *(ha-comandato a-lungo vivere)*, ha esalato [l'ultimo] respiro, ha reso l'anima a Dio… così è più chiaro?

21 Insomma *(Più-brevemente)*, bisogna comprar[ne uno] nuovo e costa decisamente di più *(questo precisamente [è] più-caro)* di un abbonamento a un *(qualche)* giornalucolo o a una rivistucola.

22 – Ho capito dove vuoi andare a parare *(verso che-cosa tu inclini)*: non ti serve un *(mio)* consiglio, ma dei soldi!

23 Guarda un po' [che] faccia tosta *(la sfacciataggine [è] una-seconda fortuna)*!

24 – In fin dei conti siamo fratelli e tu non hai difficoltà finanziarie.

25 Mi daresti una mano *(Può-darsi, [mi] aiuterai)*, fratellino? Potresti contribuire *(Prenderai parte)*, [per] così dire, alla formazione di una persona istruita in più *(di-una-nuova illuminata personalità)*?

двести восемьдесят шесть

Упражнение 1 – Читайте и переводите

❶ Как стыдно! Совсем от жизни отстал: даже не знаешь, кто в нашей стране президент. ❷ – Говорит, что по уши в долгах, а сам только что подписался на какое-то дорогое бумажное издание. – Нет, ты не понял: он подписался на бесплатную рассылку новостей в Интернете. ❸ Как только почтальон принёс газету, Олег сразу же сказал об этом папе, который дожидался её всё утро. ❹ Я не могу упустить такой шанс: если девушка приглянется мне, я сразу же женюсь на ней. – Ты сошёл с ума! ❺ Одно дело если ты сам ему позвонишь, а другое – если будешь ждать, пока это сделает он.

***

Упражнение 2 – Восстановите текст

❶ Non spaventar[mi], spiegami cosa ti è successo. – Niente di grave, semplicemente il mio televisore se n'è andato all'altro mondo *(hacomandato a-lungo vivere)*.

Не ….., ……., что у тебя ………. – Ничего ………, просто мой телевизор …….. долго ….. .

❷ Scusi, non vede che c'è *(qui sta)* la fila? Guarda un po' che faccia tosta *(Beh, la sfacciataggine [è] una-seconda fortuna)*!

Простите, вы не ……, что здесь стоит ……. ? Ну, …….. – ………. ……. !

❸ Dove hai comprato quello splendido libro? Si vede subito [che sei] un esperto… – All'angolo del *(nel)* sottopassaggio.

Где ты ….. эту …………. книгу? Сразу ….., ……. … – На …. в ……… .

Soluzione dell'esercizio 1

❶ *(Come)* è vergognoso! Vivi proprio fuori dal mondo *(Del-tutto dalla vita sei-rimasto-indietro)*: non sai nemmeno chi sia il presidente del nostro Paese. ❷ Dice di essere pieno di debiti fino al collo *(fino-alle orecchie [è] nei debiti)*, ma *(lui-stesso)* si è appena abbonato a una costosa rivista cartacea. – No, non hai capito: si è abbonato a una newsletter *(invio di-notizie)* gratuita in Internet. ❸ Non appena il postino ha portato il giornale, Oleg l'ha detto subito a [suo] padre che l'aveva aspettato [per] tutta la mattina. ❹ Non posso perdere una simile occasione: se la ragazza mi andrà a genio, me la sposo subito. – Sei impazzito *(sceso dal senno)*! ❺ Un conto è se gli telefoni *(telefonerai)* tu *(stesso)*, un altro è se aspetti *(aspetterai)* che lo faccia lui *(finché ciò farà lui)*.

***

❹ Vedo dove vuoi andare a parare *(verso che-cosa tu inclini)*, ma non provarci, non attacca *(non persuaderai)*: non ti darò un centesimo *(di-soldi io a-te non darò)*! – Ma volevo solo un prestito finché non mi pagano lo stipendio *(E a-me eppure in debito fino-alla paga)*…

...., . чему ты ...., но не пытайся, не
.........: ..... я тебе не ...! – Да мне ведь
..... до ....•••

❺ Perché hai comprato quella rivista? Sono sicuro che non la leggerai neppure, forse darai [solo] una scorsa ai *(con-gli-occhi percorrerai-di-corsa i)* titoli e alle rubriche principali.

Зачем ты купил этот ......? Я уверен,
ты его даже ...... не ......, разве что
........., да .... глазами ....•

Soluzione dell'esercizio 2

❶ – пугай, объясни – случилось – страшного – приказал – жить ❷ – видите – очередь – наглость – второе счастье ❸ – купил – замечательную – видно, эксперт – углу – переходе ❹ Вижу, к – клонишь – уломаешь – денег – дам – в долг – получки ❺ – журнал – читать – будешь – заголовки – основные рубрики – пробежишь

37 Тридцать седьмой урок

Из песни слов не выкинешь ①

1 Ни один русский традиционный ресторан не обходится без музыки и песен.
2 Русские народные песни поются ② чаще всего под аккордеон или баян ③, обязательно также присутствие балалайки, иногда бубна или треугольника.
3 Нельзя представить русское застолье или праздник без романсов под аккомпанемент гитары.
4 У настоящей русской гитары, как впрочем и у цыганской ④, 7 струн, но и шестиструнки нередки ⑤ в руках музыкантов и бардов.

Note

① Questo antico proverbio russo non è facile da rendere in italiano. Una sua traduzione effettiva potrebbe essere "bisogna dire tutta la nuda verità, anche se è scomoda (senza togliere nulla)", ma per mantenere un nesso col tema del testo, ossia la musica e il canto, abbiamo preferito tradurla con un'altra frase fatta "a sfondo canoro".

② **поются** è la 3ª persona plurale del verbo imperfettivo **петь**, *cantare*, seguito dalla particella **-ся**, con valore passivo, come di norma per i verbi imperfettivi (v. lez. 42, § 4.1). Si tratta, come vi è noto, di un verbo con coniugazione irregolare.

③ In russo si distingue la *fisarmonica con tastiera* (**аккордеон**) dalla *fisarmonica a bottoni*, tipicamente russa (**баян**).

④ In genere la **ы** non si scrive dopo la **ц**, tranne nei suffissi, nelle desinenze (**отцы**, *padri*) e in alcuni nomi e relativi derivati come **цыган**, *zingaro*, *tzigano* e l'aggettivo **цыганский**, *tzigano*. Troverete altre eccezioni a questa regola nello scioglilingua alla fine del dialogo.

Trentasettesima lezione 37

Canta che ti passa
(Dalla canzone delle-parole non butterai-via)

1 Non esiste *(Nemmeno)* un ristorante russo tradizionale in cui manchino *(non fa-a-meno senza)* la musica e le canzoni.
2 Di solito i canti popolari russi si accompagnano con *(si-cantano più-spesso di-tutto sotto)* una fisarmonica *(accordéon)* o con il bajan, [ma] è indispensabile anche *(la presenza di-)*una balalaika [e], a volte, [ci vuole] un tamburello o un triangolo.
3 Non si può immaginare una tavolata russa o una festa senza romanze accompagnate da *(sotto l'accompagnamento di-)*una chitarra.
4 La vera chitarra russa, come del resto quella tzigana, ha sette corde, ma anche quelle a sei corde non sono rare presso i *(nelle mani di)* musicisti e i cantautori.

▸ ⑤ **нередки** (lett. "non rari") è il plurale dell'aggettivo di forma breve **нередок**, *frequente*, il cui neutro (**нередко**) non va confuso con l'avverbio **нередко**, *frequentemente*.

5 Можете быть уверены, что в какой-то момент обязательно будет исполняться ⑥ песня «Очи чёрные».

6 И как говорится, «Какой русский не любит быстрой езды?» ⑦, мы могли бы сказать «Какой русский не знает этой песни?».

7 Если музыкант сам не запоёт «Очи чёрные», что, впрочем, мало вероятно, закажите ⑧ её и вы насладитесь весёлым русским застольем, подпевая солисту.

8 Существует несколько вариантов стихов, поэтому мы даём вам некую «сборную солянку» ⑨, чтобы вы точно знали слова, когда зазвучит ⑩ знакомая мелодия.

Osservazioni sulla pronuncia
7 Attenti all'accento tonico: **закажите** [zakažytje], ordinerete, ma **закажите** [zakažytje], ordinate (imperativo).

Note

⑥ V. la frase 2 del dialogo e la nota 2.

⑦ La frase **какой русский не любит быстрой езды?**, divenuta proverbiale tra i russi, è tratta dal romanzo "Le anime morte" di Gogol', grande classico della letteratura russa.

⑧ Nel verbo perfettivo **заказать**, ordinare (analogamente a **сказать**, dire), si osserva l'alternanza з / ж in tutte le persone del futuro (trattandosi di un verbo di 1ª coniugazione) e nell'imperativo: **закажу, закажешь, закажут; закажи, закажите**.

5 Potete stare certi *(sicuri)* che prima o poi *(in qualche momento)* immancabilmente verrà suonata *(obbligatoriamente sarà eseguita)* la canzone "Occhi neri".

6 E, [così] come si suol dire *(si-dice)* "Quale russo non ama la velocità *(il veloce andare-con-un-mezzo)*?", potremmo [anche] dire "Quale russo non conosce questa canzone?"

7 Se un musicista non si mette a cantare *(non intonerà)* "Oči čërnye" di propria iniziativa *(da-solo)*, cosa *(il che [è])* d'altronde poco probabile, chiedeteglielo *(ordinate essa)* e vi godrete un'allegra tavolata russa cantando assieme *(cantando-sotto)* al solista.

8 Esistono alcune varianti di questa canzone *(dei-versi)*, perciò ve [ne] proponiamo una selezione *(diamo a-voi una-certa "soljanka mista")*, affinché conosciate precisamente le parole quando sentirete risuonare *(comincerà-a-risuonare)* la celebre *(conosciuta)* melodia.

⑨ La **сборная солянка** è una minestra piccante campagnola densa a base degli ingredienti più svariati (carne, pesce) e impreziosita da cetriolini e spezie assortite. L'espressione indica di conseguenza anche qualcosa che contiene una gran varietà di elementi, un "pot-pourri". In origine questo minestrone si chiamava **селянка**, *campagnola*, da **село**, *villaggio*.

⑩ Il prefisso **за-** è molto produttivo e serve a formare il perfettivo di molti verbi ai quali conferisce un valore incoativo, ossia di inizio di un'azione: **запоёт** (frase 7), 3ª pers. sing. del verbo perf. **запеть**, *intonare, mettersi a cantare*; **зазвучит**, 3ª pers. sing. del verbo perf. **зазвучать**, *cominciare a risuonare*.

9 «Очи чёрные, очи страстные,
10 Очи жгучие и прекрасные!
11 Как люблю я вас! Как боюсь я ⑪ вас!
12 Знать, увидел вас я не в добрый час!
13 Скатерть белая залита вином,
14 Все гусары спят беспробудным сном.
15 Лишь один не спит, пьёт шампанское
16 За любовь свою, за цыганскую.
17 По обычаю древнерусскому,
18 По обычаю петербургскому
19 Жить не можем мы без шампанского
20 И без табора без ⑪ цыганского.
21 Подойди ко мне, ты мне нравишься,
22 Поцелуй меня – не отравишься.
23 Сперва ты меня, потом я тебя,
24 Потом вместе мы расцелуемся».

18 In **петербургскому** [pitirburskamu] la **г** non si pronuncia. Di questo aggettivo esiste anche la variante **петербуржский** [pitirburshskij].

Note

⑪ Notate le numerose inversioni del soggetto rispetto al verbo (frasi 11, 12) e la ripetizione delle preposizioni presenti nel testo poetico per ragioni metriche ed espressive: nella frase 20 la preposizione **без** viene ripetuta più volte nella stessa frase, così come avviene con **за** nella frase 16, a volte separando l'aggettivo dal nome cui si riferisce. Oltre a essere un espediente metrico, è anche un effetto stilistico tipico dei canti folclorici che serve a sottolineare l'importanza o l'intensità di un sentimento, di un fatto o di una descrizione.

9 "Occhi neri, occhi appassionati,
10 Occhi ardenti e bellissimi!
11 Come vi amo! Come vi temo!
12 Devo avervi visto *(Evidentemente, ho-visto voi)* in un momento inopportuno *(non in una-buona ora)*!
13 La tovaglia bianca è cosparsa di vino,
14 Tutti gli ussari dormono come sassi *(con-senza-risveglio sonno)*.
15 [Ce n'è] solo uno [che] non dorme, beve champagne
16 Per il suo amore *(per)* tzigano.
17 Secondo un'antica tradizione russa *(uso antico-russo)*,
18 Secondo l'uso di Pietroburgo
19 Non possiamo vivere senza champagne
20 E senza un accampamento *(senza)* tzigano.
21 Avvicinati *(a me)*, tu mi piaci,
22 Baciami, non ti avvelenerai.
23 Prima tu [bacia] me, poi [bacerò] io te.
24 [E] poi *(insieme)* ci copriremo di baci".

Scioglilingua: **Цыган подошёл на цыпочках к цыплёнку и цыкнул: «Цыц!»**, *Uno zingaro si è avvicinato in punta di piedi a un pulcino e l'ha zittito [dicendo]: "Sst!"*

Упражнение 1 – Читайте и переводите

❶ Я тоже играю на гитаре, но только на шестиструнке, а на твоей, как я вижу, семь струн. – Да, у меня настоящая цыганская. ❷ По древнерусскому обычаю перед свадьбой невеста и жених не видятся и приезжают в церковь по одному. ❸ Исполняется песня «Очи чёрные». Солист – Михаил Морозов, гитара – Олег Парфёнов, аккордеон – Елена Лебедева. Просьба – солисту не подпевать! ❹ Поцелуй меня, ведь я тебе нравлюсь! – Нет, мне нравится твой друг, у него такие страстные глаза... ❺ Малыш, подойди ко мне, посмотри мне в глаза и скажи правду: это ты залил белую скатерть супом?

***

Упражнение 2 – Восстановите текст

❶ È improbabile *(Poco verosimile)* che si godano *(godranno)* il bel tempo: alla TV hanno annunciato pioggia, basse temperature e vento.

Мало ...., что они .... хорошей ....: по телевизору ...., ... температуру и ......

❷ Era così stanco che ha dormito come un sasso *(con-senza-risveglio sonno)* per 12 ore. – Dorme sempre moltissimo.

Он так ....., что спал 12 часов .... – Он всегда ....

❸ Come suona [bene] la fisarmonica e come canta [bene] le romanze con *(sotto)* accompagnamento di chitarra!

Как он ...., а как поёт .... под ....!

Soluzione dell'esercizio 1

❶ Anch'io suono la chitarra, ma solo quella a sei corde, mentre *(sul-)*la tua, a quel che *(come)* vedo, [ne ha] sette *(di-corde)*. – Sì, ho una vera [chitarra] tzigana. ❷ Secondo un'antica tradizione russa *(uso antico-russo)*, prima del matrimonio la fidanzata e il fidanzato non si vedono e vanno *(arrivano)* in chiesa ciascuno per conto suo *(per uno)*. ❸ Verrà eseguita *(Si-esegue)* la canzone "Occhi neri". Il solista [è] Michail Morozov, [alla] chitarra [abbiamo] Oleg Parfënov [e alla] fisarmonica Elena Lebedeva. Si prega di non cantare insieme al solista *(al-solista non cantare-sotto)*! ❹ Baciami, visto che ti piaccio! – No, mi piace il tuo amico, ha [due] occhi così ardenti *(appassionati)*… ❺ Piccolo, vieni qui *(avvicinati a me)*, guardami negli occhi e di[mmi] la verità: sei stato tu a versare la minestra sulla tovaglia bianca *(questo tu hai-cosparso la bianca tovaglia con-la-minestra)*?

***

❹ Che melodia è questa? [È] molto celebre, ma non riesco a ricordare le parole. – Questa canzone ha molte varianti *(di-versi)*.

Что это за ……? Очень ……, но я не
могу ………… – У этой …… много
……………. .

❺ È già [da] più di una settimana che abbiamo un accampamento di zingari sotto le finestre e anche dei turisti che ascoltano *(ascoltanti)* le canzoni *(romanze)* tzigane.

У нас под …… стоит ………… уже
…… недели, а также ……, слушающие
……………. .

Soluzione dell'esercizio 2

❶ – вероятно – насладятся – погодой – объявили дождь, низкую – ветер ❷ – устал – беспробудным сном – очень много спит ❸ – играет на аккордеоне – романсы – аккомпанемент гитары ❹ – мелодия – знакомая – вспомнить слов – песни – вариантов стихов ❺ – окнами – цыганский табор – больше – туристы – цыганские романсы

38 Тридцать восьмой урок

В Рождество на крылечке, на Пасху у печки

1 Российская Федерация – многонациональная и мультиконфессиональная страна,
2 соответственно на её территории соседствуют различные народы и вероисповедания:
3 христианство (православие, католицизм, протестантизм), ислам, иудаизм и буддизм.
4 Отметим, что основной религией считается православие, а главным религиозным праздником, отмечающимся ① по всей России, является ② Пасха.
5 Празднику Пасхи предшествует долгий пост, во время которого верующие воздерживаются от употребления определённой пищи и от развлечений.

Osservazioni sulla pronuncia

4, 5, 6 Nel gruppo consonantico **здн** la **д** non si pronuncia: **праздником** [praznikam], **празднику** [prazniku], **праздничное** [prazničnaje]. Questo gruppo costituisce di fatto l'equivalente sonoro del gruppo consonantico sordo **стн**, in cui la **т** non si pronuncia: **грустно** [grussna].

5 во время [vavrjemja], *durante*, preposizione seguita dal genitivo, ma **вовремя** [vovrjemja], *in tempo*, avverbio: si tratta di un altro di quei casi in cui lo spostamento dell'accento tonico modifica il significato di un'espressione. Notate anche la grafia, rispettivamente separata e unita.

Trentottesima lezione 38

Natale col sole *(sul terrazzino-dell'ingresso)*,
Pasqua col tizzone *(accanto-alla stufa)*

1   La Federazione Russa è un Paese multietnico e multiconfessionale,
2   perciò *(di conseguenza)* nel suo territorio convivono *(sono-vicini)* diversi popoli e religioni *(professioni-di-fede)*:
3   il cristianesimo (ortodossia, cattolicesimo, protestantesimo), l'islam, l'ebraismo e il buddismo.
4   Segnaliamo che la religione principale *(fondamentale)* è *(si-considera)* l'ortodossia e la festa religiosa più importante *(principale)* è la Pasqua, celebrata in *(celebrantesi per)* tutta la Russia.
5   La ricorrenza della Pasqua è preceduta da *(Alla-festa della-Pasqua precede)* un lungo digiuno, durante il quale i credenti si astengono dall'assunzione *(uso)* di determinati cibi e dai divertimenti.

Note

① Il verbo **отмечать** (imperf.) / **отметить** (perf.) può significare sia *evidenziare, segnalare* (v. frase 4) sia *celebrare, festeggiare*. Ricordatevi che la particella **-ся** con i verbi imperfettivi può avere significato passivo: **отмечаться**, *festeggiarsi / essere festeggiato, celebrarsi / essere celebrato*.

② Il verbo **являться**, *essere, rappresentare*, regge lo strumentale, come si può notare dal caso del sostantivo e della lunga serie di aggettivi e dal participio che lo precedono. Come avrete notato, il soggetto (**Пасха**) si trova qui in fondo alla frase.

6 В ночь с субботы на воскресенье в церквях и храмах ③ проходит праздничное ночное богослужение.

7 Перед началом утренней службы священнослужители облачаются в белое, и совершается торжественный Крестный ход вокруг храма.

8 Верующие, которые исповедались и получили благословение священника, причащаются.

9 Крестятся православные тремя пальцами, правой рукой справа налево ④.

10 На Пасху даже люди, которые не постились, празднуют Светлое Воскресение Христа.

11 Они обмениваются куличами и крашеными ⑤ яйцами и троекратно целуются, говоря при этом:

12 «Христос ⑥ воскресе!», в ответ они слышат «Воистину воскресе!».

Note

③ Si noti la differenza tra **церковь** (femm., v. lez. 49, § 2), *chiesa cristiana*; **храм**, *tempio* (luogo di culto in generale) e **собор**, *cattedrale* o chiesa principale di una città.

④ **справа налево**, *da destra a sinistra*: ecco un ottimo esempio di una regola facile da ricordare: gli avverbi che cominciano col prefisso **с-** (cfr. la preposiz. **с** seguita da genitivo) finiscono in **-а**, mentre quelli che cominciano col prefisso **на-** (cfr. la preposiz. **на** seguita da acc.) finiscono in **-о**.

⑤ Non confondete quest'aggettivo (caratterizzato da una **н** sola) con il participio passato passivo **крашенный**, *dipinto* (che ne ha due); **крашеные яйца**, *uova dipinte*. Nel caso delle uova pasquali si usa l'aggettivo.

6 Nella notte tra il *(dal)* sabato e la *(sulla)* domenica [di Pasqua], nelle chiese e nelle cattedrali *(templi)*, si celebra la Santa messa notturna *(avviene il festivo notturno ufficio-divino)*.

7 Prima che cominci la messa del mattino *(Subito-prima dell'inizio del-mattutino servizio)*, i ministri del culto si vestono di *(in)* bianco e si svolge *(si-compie)* una processione *(della-Croce marcia)* solenne intorno alla cattedrale *(tempio)*.

8 I credenti che si sono confessati e hanno ricevuto la benedizione del sacerdote si comunicano.

9 Gli ortodossi si fanno il segno della croce con tre dita della mano destra *(con-la-destra mano)*, da destra a sinistra.

10 A Pasqua anche coloro che *(persino la gente che)* non hanno osservato il digiuno festeggiano la *(Luminosa)* Resurrezione di Cristo.

11 Si scambiano panettoni *(kuliči)* e uova dipinte e si baciano tre volte dicendo *(in-presenza-di questo)*:

12 "Cristo è risorto!", cui si risponde *(in risposta essi sentono)* "Veramente *(In-verità)* è risorto!".

▸ ⑥ Confrontate in questa frase **Христос** e il caso gen. (**Христа**) nella frase 10. Nei casi diversi dal nom. questo nome di origine greca si declina prendendo il tema **Христ-** + desinenza: **Христа ради**, *per carità, in nome di Dio* (lett. "Cristo"); **Как у Христа за пазухой**, *al sicuro, ben protetto* (lett. "Come presso di Cristo dietro il seno" ossia "Come nel seno di Cristo"). Ecco un'espressione che può assumere vari significati, secondo il tono con cui viene pronunciata: **Христос с тобой!**, *Ma come!*, *Ma cosa dici!*; può anche indicare approvazione o benedizione, *Il Signore sia con te!*, *E sia!* **Христос воскресе!** e **Воистину воскресе!** sono formule appartenenti alla lingua slava ecclesiastica, tipiche nello scambio di auguri pasquali tra ortodossi e ripetute identiche, nelle diverse lingue, in tutto il mondo cristiano orientale. Non confondete, infine, **воскресение**, *resurrezione*, con **воскресенье**, *domenica*, che deriva dalla prima parola: giorno in cui si commemora in chiesa la Resurrezione di Cristo.

13 А вот и анекдот на тему:
14 Довольно ограниченный военачальник, ко всему прочему атеист, шагает по коридору казармы на Пасху.
15 На встречу ему идёт один из его подчинённых и, отдав честь, восклицает:
16 – Христос воскрес ⑦, товарищ генерал!
17 Генерал одаривает его высокомерным взглядом и проходит мимо ⑧.
18 Чуть дальше ему попадается на глаза ещё один офицер, который вытягивается в струнку и говорит:
19 – Здравия желаю ⑨, товарищ генерал! Христос воскрес!
20 На что генерал, поморщившись ⑩, отвечает:
21 – Спасибо, мне уже докладывали.

Note

⑦ **воскрес** e **воскресе** sono due forme del passato tronco maschile singolare del verbo perfettivo intransitivo **воскреснуть**, *resuscitare, risorgere*: **воскрес** è la forma in uso attualmente, mentre **воскресе**, come abbiamo appena visto, è una forma arcaica appartenente allo slavo ecclesiastico.

⑧ **проходит** è la 3ª persona singolare del verbo imperfettivo **проходить**, che presenta varie accezioni: *passare (a piedi) attraverso un ostacolo* (v. lez. 36, nota 3), *passare (a piedi) oltre, accanto* (seguito da **мимо**, come è qui), *accomodarsi* oppure *affrontare, studiare* un argomento, una materia (v. lez. 30, frase 7), e infine *avvenire, accadere* (v. frase 6).

⑨ **Здравия желаю** è la formula militare per salutare un superiore.

⑩ Il gerundio passato **поморщившись** è voce del verbo perfettivo intransitivo **поморщиться**, *fare una smorfia*, ed è ▸

13 Ecco una barzelletta sull'argomento *(tema)*:
14 Un capo militare *(condottiero)* piuttosto ottuso *(limitato)* [e] per di più *(verso tutto il resto)* ateo cammina per il corridoio della caserma il giorno di *(su)* Pasqua.
15 Gli viene incontro *(Sull'incontro a-lui va)* uno dei suoi subalterni e, facendo il saluto militare *(avendo-reso onore)*, esclama:
16 – Cristo è risorto, signor *(compagno)* generale!
17 Il generale lo squadra altezzosamente *(dota lui con-un-altezzoso sguardo)* e passa oltre *(accanto)*.
18 Poco dopo *(Un-po' più-lontano)* gli capita davanti un altro ufficiale *(capita sugli occhi ancora un ufficiale)* che scatta sull'attenti *(si-stende in cordicella)* e [gli] dice:
19 – Buongiorno *(Di-salute auguro)*, signor *(compagno)* generale! Cristo è risorto!
20 Al che il generale con una smorfia *(avendo-fatto-una-smorfia)* risponde:
21 – Grazie, me l'hanno già riferito *(fatto-rapporto)*.

▸ formato a partire dal tema del passato (ossia il verbo privo del suffisso **-ться**) con l'aiuto del suffisso **-вшись** (v. anche lez. 42, § 4.2).

38 Упражнение 1 – Читайте и переводите

❶ Подчинённые так боятся его, что когда он находится на территории казармы, все вытягиваются в струнку и пытаются не попадаться ему на глаза. **❷** Православные крестятся тремя пальцами, правой рукой справа налево, а католики пятью пальцами слева направо. **❸** Основной религией в этом государстве считается иудаизм. – А какой у них главный религиозный праздник? **❹** В ночь с субботы на воскресенье на праздник музыки молодёжь выходит на улицу и гуляет до утра. **❺** На Пасху в церквях и храмах проходит праздничное ночное богослужение, на которое приходят толпы верующих.

***

Упражнение 2 – Восстановите текст

❶ La Pasqua è preceduta da *(Alla-Pasqua precede)* un lungo digiuno, durante il quale io non mangio carne *(di-carne)* e mi astengo dai divertimenti. – Io invece non ho mai digiunato.

.... долгий ...., во время
.... я не ем .... и .... от
.... – А я никогда не ....

❷ I credenti che si sono confessati e hanno ricevuto la benedizione del sacerdote si comunicano.

........, которые .... и получили
.............., ...

❸ Cristo è risorto! Scambiamoci *(Dai scambiarsi)* i panettoni [pasquali] *(kuliči)* e le uova dipinte. – Veramente è risorto!

............! Давай обмениваться ....
и крашеными ....– ....!

Soluzione dell'esercizio 1   38

❶ I subalterni lo temono così [tanto] che, quando si trova in caserma *(sul territorio della-caserma)*, tutti scattano sull'attenti *(si-stendono in cordicella)* e cercano di non capitargli a tiro *(capitare a-lui sugli occhi)*. ❷ Gli ortodossi si fanno il segno della croce con tre dita della mano destra, da destra a sinistra, mentre i cattolici [si fanno il segno della croce] con cinque dita da sinistra verso destra. ❸ In questo Stato la religione principale *(fondamentale)* è *(si-considera)* l'ebraismo. – E qual è la loro festa religiosa più importante *(principale)*? ❹ Nella notte tra il sabato e la domenica, durante *(per)* la festa della musica, i giovani *(la gioventù)* escono per le strade *(sulla via)* e passeggiano fino al mattino. ❺ A Pasqua, nelle chiese e nelle cattedrali *(templi)*, si celebra *(avviene)* la Santa messa notturna, cui accorrono *(arrivano)* folle di credenti.

***

❹ Suo fratello è una persona abbastanza antipatica e ottusa *(sgradevole e limitata)*, ma persino lui digiuna e la domenica va alla messa del mattino *(mattutino servizio)*.

Его брат .... и .... человек, но даже он .... и по воскресеньям ходит на ....

❺ Qual è la tua religione *(Di-quale tu professione-di-fede)*? Io sono ortodosso. – Io invece sono ateo, non credo né in Dio né nel diavolo, ma solo nella scienza e nelle mie forze.

Какого ты .... ? Я – .... – А я ......, не .... ни .... ни ......, а только в ..... и свои силы.

Soluzione dell'esercizio 2

❶ Пасхе предшествует – пост – которого – мяса – воздерживаюсь – развлечений – постился ❷ Верующие – исповедались – благословение священника, причащаются ❸ Христос воскрес(е) – куличами – яйцами – Воистину воскрес(е) ❹ – довольно неприятный – ограниченный – постится – утреннюю службу ❺ – вероисповедания – православный – атеист – верю – в бога – в чёрта – науку –

39 *Durante la Pasqua ortodossa non possono mai mancare i* **куличи**, *tipici dolci a forma di panettoni, la* **пасха**, *il dolce pasquale e i* **крашеные яйца**, *le uova dipinte. La tradizione vuole che i panettoni rappresentino il pane che Cristo ha spezzato per gli Apostoli. Il dolce pasquale è fatto con del* **творог**, *specie di ricotta, e reca l'acronimo* **ХВ**, *che sta per il saluto pasquale* **Христос Воскрес(е)!** *Il dolce*

39 Тридцать девятый урок

Где наша не пропадала ①!

1 – Коля ②, спасай! В пятницу знакомлюсь с будущими тёщей и тестем ③. Тесть работает то ли в области индустрии, то ли он экономист какой ④.

2 Одно знаю точно: работа – вся его жизнь.

3 Ты такой умный, просто ходячая энциклопедия, наверняка сведущ ⑤ в области производства.

4 Поднатаскай меня, чтоб было о чём за ужином с тестем поговорить, а то я дуб дубом…

5 – Ну что за бредовая ⑥ идея – за ужином про индустрию разговаривать?

Note

① Questa espressione rende l'idea di un'azione molto rischiosa e coraggiosa, di quelle che si compiono nelle situazioni disperate tentando il tutto per tutto. Si può tradurre anche con un'altra frase fatta, *Chi non risica non rosica*.

② **Коля**, come **Коляня, Колюша, Коленька** e altre varianti, è un diminutivo di **Николай**.

③ In russo si distingue il concetto di *suocero, suocera* nei confronti del marito (**тесть, тёща**) oppure nei confronti della moglie (**свёкор, свекровь**).

④ Qui **какой** corrisponde all'aggettivo indefinito **какой-то**, *qualche*, e segue il nome cui si riferisce. Si tratta di una struttura tipica del parlato che esprime incertezza.

rappresenta il sepolcro di Gesù, mentre le uova dipinte simboleggiano il sangue di Cristo e la resurrezione (inizialmente, infatti, venivano dipinte solo di rosso, anche se al giorno d'oggi possono essere variamente colorate e con diversi ornamenti). In generale, i bambini adorano la Pasqua perché è l'occasione per divertirsi giocando con le uova e scambiando i panettoni con i parenti, gli amici e i vicini.

Trentanovesima lezione 39

O la va o la spacca
(Dove la nostra non si-perdeva)!

1 – Aiuto *(salva[mi])*, Kolja! Venerdì farò la conoscenza dei miei futuri suoceri *(con i futuri suocera e suocero)*. Lui *(Il suocero)* [dev'essere *(o)* uno che] lavora nel ramo *(regione)* dell'industria o un economista *(qualche)*.

2 So solo una cosa *(Uno so esattamente)*: il lavoro è tutta la sua vita.

3 Tu [che] sei così intelligente [e sei] *(semplicemente)* un'enciclopedia vivente *(ambulante)*, sarai sicuramente un esperto di economia *(nella regione della-produzione)*.

4 Dammi una bella infarinatura *(Trascinami-sotto-a-forza)*, così potrò parlare a cena con mio suocero *(affinché c'era di-che a cena con il suocero parlare-un-po')*, perché io non sono una cima *(quercia con-quercia)*...

5 – Ma che razza di idea *(Beh che-cosa per folle idea)* è parlare di economia a cena *(riguardo-all'industria conversare)*?

▸ ⑤ La forma lunga attributiva di quest'aggettivo è **сведущий**, *esperto, competente*. Nel testo è presente la forma breve predicativa (v. lez. 35, § 3.1).

⑥ L'aggettivo di relazione **бредовый** è formato a partire dal sostantivo maschile **бред**, *delirio*, tramite il suffisso **-ов-** (indicante appartenenza) e le desinenze aggettivali.

6 Ты бы лучше штудировал ⑦ более интересные темы – живопись, скульптуру, театр, кино на худой ⑧ конец.

7 – Слушай, иди ты куда подальше со своими возвышенными темами.

8 Мне это нужно не для личного удовольствия, а чтобы перед будущей семьёй в грязь лицом не ударить ⑨.

9 – Ну как знаешь, тогда слушай, прочитаю тебе лекцию про экономическую политику властей, сдерживание инфляции и стимулирование иностранных инвестиций.

10 Ещё надо будет поговорить о приватизации 90-х годов, сто процентов, об этом речь зайдёт, если вы заговорите о его заводах.

11 – Давай я выберу пару-тройку ⑩ тем, которые смогу развить, а то всё не запомню.

Note

⑦ Il verbo imperfettivo **штудировать**, *studiare (a fondo, per bene)*, è un prestito dal tedesco ***studieren***. Suona un po' antiquato e in genere si usa in contesti ironici.

⑧ L'aggettivo **худой, -ая, -ое** ha diversi significati: *magro, smilzo*, ma anche, nell'uso colloquiale, *cattivo* e *bucato, stracciato*.

⑨ Il significato letterale di **в грязь лицом не ударить** ("nel fango con la faccia non andare a sbattere"), *non fare una figuraccia*, rende molto bene l'idea di *non* voler *perdere la faccia*…

⑩ **пару-тройку**, accusativo di **пара-тройка**, *due o tre, due-tre*, può significare anche *qualche, un paio* (**пара книг**, *un paio di libri, qualche libro*, in ogni caso non molti). Il sostantivo ▸

6 Faresti meglio a studiarti per benino argomenti *(temi)* più interessanti: la pittura, la scultura, il teatro, il cinema, nella peggiore delle ipotesi *(per una-brutta fine)*.

7 – Senti *(Ascolta)*, lascia perdere *(va' tu dove un-po'-più-lontano con)* i tuoi argomenti *(temi)* elevati.

8 Non ne ho bisogno per una soddisfazione personale, ma per non fare una figuraccia davanti alla [mia] futura famiglia *(davanti-alla futura famiglia nel fango con-la-faccia non [andare-a-]sbattere)*.

9 – Beh, come vuoi *(sai)*, allora senti, ti farò un corso *(leggerò una-lezione-universitaria)* sulla politica economica del governo *(delle-autorità)*, su come frenare l'inflazione *([sul] contenimento dell'inflazione)* e promuovere gli *([sulla] stimolazione degli-)*investimenti esteri *(stranieri)*.

10 Poi *(Ancora)* bisognerà parlare *(un-po')* [anche] della privatizzazione degli anni '90, [perché] al cento per cento il discorso cadrà *(andrà-a-finire)* lì se vi metterete a parlare delle sue fabbriche.

11 – Ok, scelgo *(Dai io sceglierò)* due o tre argomenti *(temi)* da *(che potrò)* sviluppare, altrimenti non riuscirò a ricordarmi tutto *(tutto non memorizzerò)*.

▶ femminile **пара**, *paio, coppia*, si usa per parlare di due cose o persone e, analogamente, **тройка**, *tre*, per un gruppo di tre cose o persone. **Пара** e **пара-тройка** reggono il genitivo plurale, tranne quando il sostantivo si usa solo al singolare: **пара обуви** (gen. sing. di **обувь**, che in russo è una parola solo sing.), *un paio di scarpe*. Ricordate inoltre che **тройка** è anche il tradizionale *traino a tre cavalli* oppure *un completo in tre pezzi* ed è un modo colloquiale per indicare il voto **три** equivalente al nostro "sei" (sufficiente).

39

12 Расскажи мне про нефтяную промышленность и про сферу услуг, это ведь две важные составляющие нашей экономики.

13 – Держи подборку статей, в которых полно информации о современном состоянии нефтяной, а также обрабатывающей и добывающей промышленности,

14 о первичном секторе (природных ресурсах, сельском хозяйстве), а ещё ты найдёшь здесь статистику по всем отраслям, если что, хотя вряд ли тебе это пригодится.

15 Отдельно говорится о внешнем долге, ВВП ⑪, социальной сфере, сфере услуг.

16 В данном пособии ты сможешь прочитать об инфраструктуре страны, телекоммуникациях, даже оборонно-промышленном комплексе ⑫.

17 В какой бы области он ни работал, ты хоть что-то да сможешь сказать.

18 – Спасибо, дружище, буду просвещаться.

15 ВВП [vevepe]

Note

⑪ **ВВП**, *PIL*, è l'acronimo di **внутренний валовый продукт**, *prodotto interno lordo*. ▶

12 Parlami *(Racconta a-me)* dell'industria petrolifera e del terziario *(sfera dei-servizi)*, dopotutto sono due elementi *(componenti)* importanti della nostra economia.

13 – Ecco *(Tieni)* una selezione di articoli pieni *(in cui [è] pieno)* di informazioni sulla situazione attuale *(contemporanea)* dell'industria petrolifera nonché *(e anche)* dell'industria di trasformazione, di quella estrattiva

14 [e] sul settore primario (risorse naturali, agricoltura *(economia rurale)*). Inoltre *(e ancora)* qui troverai le statistiche su tutti i comparti, dovesse mai capitare che ti servano, ma ne dubito *(se che, sebbene difficilmente a-te questo servirà)*.

15 Inoltre *(A-parte)* si parla di debito estero, PIL, della sfera sociale e *(della sfera)* dei servizi.

16 Con questo *(Nel dato)* manuale potrai informarti *(leggere)* sulle infrastrutture del Paese, sulle telecomunicazioni [e] persino sull'industria della difesa *(di-difesa-industriale complesso)*.

17 Qualunque sia il settore in cui lavora tuo suocero *(In quale regione egli non lavorava)*, avrai almeno qualcosa da dire *(tu almeno qualcosa e potrai dire)*.

18 – Grazie, mio vecchio amico *(amicone)*, mi farò una cultura *(mi-illuminerò)*.

▸ ⑫ **Оборонно-промышленный комплекс**, ossia *industria della difesa*, *industria bellica*, spesso può comparire con l'acronimo **ОПК** *[opeka]*.

19 – Ну что, любимый, гот**о**в к встр**е**че с мо**и**ми род**и**телями?

20 – О да, д**а**же предст**а**вить себ**е** не м**о**жешь, наск**о**лько ⑬ я к ней гот**о**в, всю нед**е**лю не спал, гот**о**вился…

21 – З**а**йка, ты не волн**у**йся, всё пройдёт, как по м**а**слу: п**а**па **о**чень м**я**гкий и при**я**тный человек.

22 Ед**и**нственное, что ег**о** выв**о**дит из себ**я** – это разгов**о**ры о раб**о**те, он ср**а**зу кипят**и**тся и руг**а**ется м**а**том ⑭…

23 Так что ни сл**о**ва о пром**ы**шленности и пр**о**чем так**о**м.

24 Поговор**и** с ним о ж**и**вописи, он её обож**а**ет!

Note

⑬ Notate la differenza tra **насколько** e **на сколько**: l'avverbio **насколько** non è mai connesso a un concetto numerico o quantitativo determinato: **Насколько лучше дома!**, *Quanto si sta meglio a casa!*, mentre **на сколько** comporta una risposta precisa in termini di numeri o quantità: **На сколько человек меньше эта группа? - На три**, *Quante persone in meno ci sono in questo gruppo? - Tre.*

19 — Allora, caro *(Beh che-cosa, amato)*, [sei] pronto a conoscere *(all'incontro con)* i miei genitori?

20 — Sì sì *(Oh sì)*, non puoi nemmeno immaginare quanto lo sia *(quanto io a essa [sono] pronto)*, non ho dormito tutta la settimana, mi stavo preparando…

21 — Tesoro *(Leprotto)*, non ti agitare, andrà tutto liscio come l'olio *(tutto passerà, come per l'olio)*: papà è una persona molto dolce e piacevole.

22 L'unica cosa che lo fa infuriare *(lo conduce-fuori da sé)* è parlare di *([sono] le conversazioni sul)* lavoro, subito si scalda *(ribolle)* e si mette a dire parolacce…

23 Perciò non parlare di economia e di cose del genere *(Così che nemmeno una-parola sull'industria e resto tale)*.

24 [Piuttosto] parlagli un po' di pittura, è la sua passione *(lui la adora)*!

▶ ⑭ **матом** è lo strumentale di **мат**, *turpiloquio*, che indica il complesso delle espressioni volgari del russo (bestemmie comprese). Se vi capita di incontrarne, evitate di usarle perché suonano molto più sboccate di quanto non siano i loro equivalenti nello slang italiano e possono essere estremamente offensive per un russo.

39 Упражнение 1 – Читайте и переводите

❶ Если речь зайдёт о приватизации, не говорите о наших заводах: это неприятная для нас тема. ❷ Две главные составляющие экономической политики наших властей – сдерживание инфляции и стимулирование иностранных инвестиций. ❸ Его отец – настоящая ходячая энциклопедия, сведущ в любой области, от производства до живописи. ❹ Тебе надо сходить на лекцию по экономике, на худой конец прочитать какое-нибудь пособие или статьи, в которых полно информации на эту тему. ❺ Иди ты куда подальше со своими бредовыми идеями! Не буду же я ей рассказывать о внешнем долге или ВВП… С ней надо говорить о скульптуре или театре.

***

L'economia russa si basa fondamentalmente sulle risorse naturali del Paese: gas, petrolio, minerali ferrosi e non ferrosi. Le principali colture agricole sono il grano, l'orzo, il mais, la segale, l'avena, la barbabietola da zucchero, il lino e le patate. Fino al 1991, durante l'epoca sovietica, le fabbriche appartenevano allo Stato, che pianificava la produzione e ne distribuiva i frutti in tutto il Paese. Successivamente, la maggior parte delle fabbriche è stata privatizzata, mentre altre sono state chiuse e abbandonate. Le donne russe lavorano in tutti gli ambiti, anche i meno attesi: non solo nelle fabbriche, ma anche nei settori dell'edilizia e della pulizia stradale durante l'inverno, magari spaccando lastroni di ghiaccio con una sbarra di ferro… Oltre la metà dei medici russi sono donne; sono molto numerose anche quelle che fanno l'ingegnere o lo scienziato.

Soluzione dell'esercizio 1

❶ Se il discorso cadrà *(andrà-a-finire)* sulla privatizzazione, non parlate delle nostre fabbriche: per noi è un argomento spiacevole. ❷ I due elementi *(costituenti)* principali della politica economica del nostro governo *(delle-autorità)* sono la lotta all'inflazione *(contenimento dell'inflazione)* e la promozione *(stimolazione)* degli investimenti esteri. ❸ Suo padre è una vera enciclopedia vivente *(ambulante)*, esperto in tutti i *(qualsiasi)* campi, dall'economia *(produzione)* alla pittura. ❹ Devi andare a lezione di economia [e] nella peggiore delle ipotesi *(per una-brutta fine)* leggere qualche manuale o qualche articolo *(in cui [è])* pieno di informazioni sull'argomento *(su questo tema)*. ❺ Lascia perdere *(Va' tu dove un-po'-più-lontano con)* le tue idee strampalate *(da delirio)*! Figurati se mi metto a parlarle *(Non sarò io a-lei raccontare)* di debito estero o di PIL... Con lei bisogna parlare di scultura o di teatro.

***

Анекдот, Barzelletta
Прораб на стройке говорит рабочим:
– Сегодня будет комиссия, и, что бы не случилось, делаем вид, что так и надо.
Приходит комиссия, осматривает дом, и вдруг обрушивается половина здания. Один из строителей смотрит на часы и говорит:
– О! Ровно 12:35... Точно по графику!

Il capo cantiere *(Capo sul cantiere)* dice agli operai:
– Oggi ci sarà la [visita della] commissione e, qualunque cosa succeda, facciamo finta che tutto vada come previsto *(facciamo aspetto, che così è [è] necessario)*.
La commissione viene *(arriva)*, ispeziona la casa e all'improvviso metà dell'edificio crolla. Uno dei muratori *(costruttori)* guarda l'orologio ed esclama *(dice)*:
– Oh! [Sono] le 12:35 in punto... Proprio come da programma *(Precisamente secondo il grafico)*!

Упражнение 2 – Восстановите текст

❶ Non scaldarti *(ribollire)*, spiegami piuttosto perché sei andato in fabbrica *(stabilimento)* dal tuo futuro suocero? Eppure siete concorrenti... – È proprio per questo che ci sono andato!

Не ...., а лучше ...., ... ты ходил на ..... к своему ....? Вы ведь конкуренты... – Именно .... и .....!

❷ Mi sembra che, se vuole studiare davvero in quella università, gli si debba dare una bella infarinatura *(trascinare-sotto-a-forza)* in tutte le materie perché non è una cima *(lui quercia con-quercia)*...

Мне кажется, что если он .... хочет ...... в этом ...., надо его .... по всем ...., а то он ....

❸ Non la fare infuriare *(condurre-fuori da sé)*. Quando si scalda *(ribolle)*, è difficile parlare con lei, anche se di solito è una persona dolce e piacevole.

Не ...... её .... Когда она ...., с ней трудно ...., хотя обычно она ...... и .... человек.

40 Сороковой урок

Краткий экскурс в историю

1 Древнерусское ① государство образовалось в IX веке, а уже в 988 году произошло Крещение Руси.

Note

① **Древнерусский**, -ая, -ое, *russo antico* o *antico russo*, è un aggettivo composto a sua volta da due aggettivi (**древний**, ▸

❹ Ma non hai paura che lei non voglia *(vorrà)* baciarti? – Chi non risica non rosica *(Dove la-nostra non si perdeva)*! Tentar non nuoce *(tentativo non [è] tortura)*: [se] non vorrà, non importa *(non [è] necessario)*!

А ты не ...., что она .... тебя ....? – Где наша не ....! ....: не ...., не надо!

❺ Per non fare una figuraccia *(andare-a-sbattere davanti-a loro nel fango con-la-faccia)* con loro devi almeno *(come minimo)* leggere tutta questa selezione di articoli sulla situazione dell'industria petrolifera.

Чтобы не ...... перед ними в ...., тебе надо как .... прочитать эту .... о состоянии ....

Soluzione dell'esercizio 2

❶ – кипятись – объясни, зачем – завод – будущему тестю – поэтому – ходил ❷ – действительно – учиться – университете – поднатаскать – предметам – дуб дубом ❸ – выводи – из себя – кипятится – разговаривать – мягкий – приятный – ❹ – боишься – не захочет – поцеловать – пропадала – Попытка не пытка – захочет – ❺ – ударить – грязь лицом – минимум – подборку статей – нефтяной промышленности

Quarantesima lezione 40

Una breve digressione storica *(nella storia)*

1   Lo Stato russo antico si formò nel IX secolo e già nel 988 avvenne il Battesimo della Rus'.

▸ -яя, -ее, *antico*, е **русский**, -ая, -ое, *russo*) con l'ausilio della vocale di congiunzione -e-.

2 Судьба разрозненных княжеств, существовавших после распада Киевской Руси, была непроста:

3 они подвергались набегам войск монгольских ханов, а позднее – ханов Золотой Орды.

4 Монголо-татарское иго продержалось почти 250 лет, с ним закончились карательные походы, взимание поборов и террор.

5 Начиная с XIV века началось объединение княжеств вокруг московского княжества и присоединение к нему свободных республик.

6 Так сложилось независимое государство Русь, которое иногда называют ② Московской Русью или Московским государством.

7 Первым царём «всея ③ Руси» был коронован Иоан ④ Васильевич IV, известный под именем царя Ивана Грозного.

Osservazioni sulla pronuncia
3 In **монгольских ханов** vi sembrerà forse un po' ostico pronunciare due **х** di fila, ma potete ricorrere al trucco di allungare la **х** finale di **монгольских**, come nella registrazione.

Note

② Il verbo imperfettivo **называть**, *chiamare*, regge il caso strumentale: **Как называли древнее Российское государство? – Его называли Русью**, *Come si chiamava lo Stato russo antico? – (Si chiamava) Rus'*. Anche il verbo **короновать**, *incoronare* ▸

2 Il destino dei principati disuniti *(, esistenti)* dopo la disgregazione della Rus' di Kiev, non fu semplice:

3 essi subirono le scorrerie delle truppe dei khan mongoli e, successivamente, dei khan dell'Orda d'Oro.

4 Il giogo mongolo-tataro resistette *(si-è-mantenuto)* [per] quasi 250 anni [e], con esso, terminarono le spedizioni *(campagne)* punitive, la riscossione dei tributi e il terrore.

5 A partire dal XIV secolo cominciò la [ri]unificazione dei principati attorno al principato di Mosca, cui furono annesse le repubbliche libere *(e l'annessione a esso delle-libere repubbliche)*.

6 Si formò così lo Stato indipendente della Rus', talvolta detto *(che talora chiamano)* Rus' di Mosca o Stato moscovita.

7 Il primo zar di "tutte le Russie" *(di-tutta la Rus')* fu *(incoronato)* Ivan *(Ioan)* Vasil'evič IV, conosciuto con *(sotto)* il nome di *(zar)* Ivan il Terribile.

▸ (v. la frase 7), regge lo strumentale, analogamente a tutti i verbi detti "elettivi" (**избирать**, *eleggere*; **назначать**, *designare* **кого кем**).

③ **вся** è una forma antica del genitivo singolare di **вся**, *tutta*, che si usa ad esempio nell'espressione **Патриарх всея Руси**, *Patriarca di tutte le Russie* (lett. "di tutta la Rus'").

④ Anche **Иоан** è una forma antica, da cui è derivato il moderno **Иван**, nome proprio particolarmente diffuso in Russia.

8   В XVI-м веке в России ⑤ оформилось крепостное право, которое было отменено лишь в 1861 году.

9   Первым всероссийским императором стал Пётр Первый из династии Романовых, которая просуществовала до Революции 17 года.

10 После первой Революции 1905-1907 года в России был неспокойный, тревожный климат:

11 по стране прокатились погромы, вооружённые восстания, нередки были политические убийства.

12 За Февральской революцией 1917 года последовало отречение от престола Николая II,

13 а после Октябрьской ⑥ революции того же года к власти пришли большевики во главе с Владимиром Ульяновым, известным под псевдонимом Ленин.

14 Созданный в 1922 году Союз Советских Социалистических Республик просуществовал почти 70 лет.

11 нередки si legge *[nirjetki]*, ma è ammessa anche la pronuncia *[nirjetki]*.

Note

⑤ Osservate: **в России**, *in Russia*, ma **на Руси**, *nell'(antica) Rus'* (**Русь** è di genere femminile).

8 Nel XVI secolo *(in Russia)* fu istituita la servitù della gleba *(si-è-formato di-servitù-della-gleba diritto)*, che fu abolita solo nel 1861.

9 Fu proclamato *(diventò)* primo imperatore di tutte le Russie *(panrusso)* Pietro I, appartenente alla *(dalla)* dinastia dei Romanov che regnò *(durò)* fino alla Rivoluzione d'Ottobre *(fino-alla Rivoluzione del [19]17-mo anno)*.

10 Dopo la prima Rivoluzione del 1905-1907, la Russia visse in un clima burrascoso e inquietante *(in Russia c'era un-burrascoso, allarmante clima)*:

11 per il Paese si propagarono *(sono-passati-rotolando)* pogrom [e] insurrezioni armate; non di rado si perpetravano *(non-rari erano)* attentati *(assassinii)* politici.

12 In seguito alla *(Dietro la)* Rivoluzione di Febbraio del 1917, Nicola II abdicò al trono *(è-seguita l'abdicazione dal trono di-Nicola II)*

13 e dopo la Rivoluzione d'Ottobre di quello stesso anno salirono *(arrivarono)* al potere i bolscevichi capeggiati da *(in capo con)* Vladimir Ul'janov, noto con *(sotto)* lo pseudonimo di Lenin.

14 Fondata nel 1922, l'Unione delle Repubbliche Socialiste Sovietiche (URSS) è durata quasi 70 anni.

▶ ⑥ Formare gli aggettivi relativi ai mesi è semplice: basta aggiungere il suffisso **-ский**, tranne nel caso di **март** e **август** (i soli nomi di mesi che finiscono per consonante dura), per i quali è necessario anteporre al suffisso **-ский** il suffisso **-ов-**, indicante relazione: **мартовский**, *di marzo, marzolino*; **августовский**, *d'agosto, agostano*. Attenzione inoltre a **январь**, *gennaio*, che nella formazione dell'aggettivo perde il segno molle: **январь** – **январский**.

40 15 Последним правителем Союза стал первый и единственный президент СССР – Михаил Сергеевич Горбачёв.

16 Сменил его первый президент Российской Федерации, которая вновь обрела дореволюционный флаг и герб с изображением двуглавого орла.

17 После распада Советского Союза было образовано Содружество Независимых Государств – СНГ.

18 Времена ⑦, нравы и… политические деятели меняются,

19 а русских мёдом не корми, дай пошутить над своими правителями, над властью, над коррупцией, над всем тем, что их волнует в повседневной жизни:

20 – Господин Президент, почему у пенсионеров такие маленькие пенсии?

21 – Потому что кризис.

22 – Тогда почему в нашей стране количество миллиардеров выросло вдвое?

23 – Инфляция…

24 Страну вывести из кризиса можно двумя путями:

---

15 Горбачёв *[garbačjof]* e non "gòrbaciof", come si sentiva dire anche in televisione negli anni '80 e nei primi anni '90…
15, 17 СССР *[essessesser]*, **СНГ** *[essenghe]*: le lettere di queste sigle si leggono come quelle corrispondenti dell'alfabeto.

15 L'ultimo dirigente *(governante)* dell'Unione [Sovietica] è stato il primo e unico presidente dell'URSS, Michail Sergeevič Gorbačëv,

16 [che] è stato sostituito dal *(ha-sostituito lui il)* primo presidente della Federazione Russia, la quale ha adottato nuovamente *(di-nuovo ha-acquisito)* la bandiera zarista *(prerivoluzionaria)* e lo stemma con l'effigie di un'aquila a due teste *(bicipite)*.

17 Dopo il crollo dell'Unione Sovietica è stata costituita *(fu formata)* la Comunità degli Stati Indipendenti (CSI).

18 I tempi, i costumi e… i politici *(personalità politiche)* cambiano,

19 ma i russi non ne hanno mai abbastanza di scherzare *(con-il-miele non nutrire, dai scherzare)* sui loro governanti, sul potere, sulla corruzione e su tutto ciò che li riguarda *(preoccupa)* nella vita di tutti i giorni:

20 – Signor Presidente, perché i pensionati ricevono delle pensioni così basse *(tali piccole pensioni)*?

21 – Perché [c'è] la crisi.

22 – Allora perché nel nostro Paese il numero *(la quantità)* dei miliardari è raddoppiato *(è-cresciuta di-due-volte)*?

23 – [Per] l'inflazione…

24 Ci sono due modi per fare uscire il Paese dalla crisi *(Il paese condurre-fuori dalla crisi si-può con-due vie)*:

Note

⑦ **времена**, *tempi*, ha un plurale irregolare come **имена**, *nomi*. I due sostantivi si declinano allo stesso modo e seguono entrambi il modello dei nomi neutri in **-мя**.

25 или прилетя́т ⑧ марсиа́не ⑨ и нам помо́гут, и́ли мы наконе́ц наведём поря́док в стране́ и сде́лаем всё са́ми.

26 Все согла́сны, что второ́й вариа́нт соверше́нно нереа́льный!

Note

⑧ **прилетя́т** è la 3ᵃ persona plurale del verbo perfettivo **прилете́ть**, *arrivare in aereo / in volo*, o anche con una navicella spaziale, come potrebbero fare i marziani! È della 2ᵃ coniugazione con alternanza **т / ч**: **прилечу́, прилети́шь**.

Упражне́ние 1 – Чита́йте и переводи́те

❶ Нельзя́ проси́ть люде́й рабо́тать в тако́м трево́жном кли́мате! Рабо́чие постоя́нно ждут како́й-то коми́ссии и всё вре́мя смо́трят на часы́. ❷ Флаг СССР был кра́сным, флаг Росси́йской Федера́ции бе́ло-си́не-кра́сный, а на гербе́ мы ви́дим изображе́ние двугла́вого орла́. ❸ Ты зна́ешь, ско́лько лет продержа́лось монго́ло-тата́рское и́го, кара́тельные похо́ды и взима́ние побо́ров? – Да, бо́льше двух веко́в! ❹ Сою́з Сове́тских Социалисти́ческих Респу́блик, со́зданный в 1922 году́, просуществова́л почти́ 70 лет. ❺ Э́то ле́кция о Древнеру́сском госуда́рстве, Ки́евской Руси́ и объедине́нии разро́зненных кня́жеств вокру́г моско́вского.

25 o arriveranno *(in-volo)* i marziani a darci una
mano *(e ci aiuteranno)*, o un giorno o l'altro
(alla-fine) ristabiliremo *(condurremo-sopra)*
l'ordine noi nel Paese e faremo tutto da soli.
26 Tutti concordano che la seconda possibilità
(variante) è assolutamente irrealizzabile *(irreale)*!

▶ ⑨ Il sostantivo **марсианин**, *marziano*, perde il suffisso -**ин** al plurale: **марсиане** (nom. pl.), **марсиан** (gen. e acc. pl. a desinenza zero), **марсианам** (dat. pl.), ecc. È una peculiarità dei nomi maschili che finiscono in -**анин**/-**янин**. Si veda, analogamente, **англичанин**.

Soluzione dell'esercizio 1

❶ Non si può chiedere alla gente di lavorare in un clima così agitato *(in tale allarmante clima)*! Gli operai sono costantemente in attesa di una *(aspettano qualche)* commissione e guardano continuamente *([per] tutto il tempo)* l'orologio. ❷ La bandiera dell'URSS era rossa, [quella] *(la bandiera)* della Federazione Russa è bianca, blu e rossa e sullo stemma è raffigurata *(vediamo)* l'effige di un'aquila a due teste *(bicipite)*. ❸ Sai [per] quanti anni sono durati *(ha-resistito)* il giogo mongolo-tataro, le spedizioni *(campagne)* punitive e la riscossione dei tributi? – Sì, [per] più di due secoli! ❹ L'Unione delle Repubbliche Socialiste Sovietiche, fondata nel 1922, è durata quasi 70 anni. ❺ È un corso *(lezione)* sullo Stato russo antico, sulla Rus' di Kiev e sulla riunificazione dei singoli *(disuniti)* principati attorno a quello di Mosca *(moscovita)*.

40 **Упражнение 2 – Восстановите текст**

❶ Ma Lei non ne ha mai abbastanza di parlare *(Beh voi con-il-miele non nutrire, dai parlare)* di politica e di attentati *(assassinii)* politici! Mi fa venire il mal di testa.

Ну вас ..... не корми, дай .... и ....! У меня голова от вас ....

❷ La CSI, la Comunità degli Stati Indipendenti, è stata fondata *(formata)* dopo il crollo dell'Unione Sovietica.

... – .... – было .... после .... Советского Союза.

❸ Oggi il clima del Paese è burrascoso: si parla di insurrezioni armate e di pogrom.

В ...... сейчас ....: говорят о .... и ....

❹ Il primo zar di tutte le Russie, Ivan Vasil'evič, era anche noto col *(sotto il)* nome di Ivan il Terribile. Lo pseudonimo dice tutto *(parla da-solo per sé)*: lo zar aveva un carattere tremendo *(zar era di-terribile indole)*.

Первый .... всея Руси Иван Васильевич .... также под ...... Ивана .... говорит ... за ....: .... был грозного ....

❺ I bolscevichi salirono *(arrivarono)* al potere nel 1917, capeggiati da *(in capo con)* Vladimir Ul'janov, detto *(o, come lo chiamano,)* Lenin.

.... пришли .... в 1917 .... во ..... с Владимиром Ульяновым или, ... называют, Лениным.

325 • триста двадцать пять

Soluzione dell'esercizio 2

❶ – мёдом – поговорить о политике – политических убийствах – болит ❷ СНГ – Содружество Независимых Государств – образовано – распада ❸ – стране – неспокойный климат – вооружённых восстаниях – погромах ❹ – царь – известен – именем – Грозного – Псевдоним – сам – себя – царь – нрава ❺ Большевики – к власти – году – главе – как его –

Eccovi un bello scioglilingua per passare ad argomenti più leggeri: **Ехал Грека через реку, видит Грека в реке рак. Сунул Грека руку в реку, рак за руку Греку – цап!** *[Mentre] Greka attraversava il fiume, Greka vide (vede) un gambero nel fiume. Greka ficcò una mano nel fiume [e] il gambero [prese] per la mano Greka: zac!*

41 Сорок первый урок

In questa lezione affronterete un lessico un po' particolare, ossia quello delle regioni remote della grande Russia. La gente di campagna si serve spesso di parole dialettali che vi sconsigliamo di usare, pur invitandovi a conoscerle perché sono curiose e interessanti. Leggete attentamente le note: spesso la traduzione non rende adeguatamente le sfumature presenti in alcune parole del dialogo.

Наполеоновские планы

1 – Слышь, мать, осточертело мне на вашей ферме вкалывать в грязи да в пыли.
2   Я решил в город податься, хочу красивой жизни, перспектив и развлечений.
3 – Это кто ж тебе напел в уши про красивую жизнь?
4   А Зинаида как же? Не бросишь же девку ①!
5 – Не суй нос не в своё дело и Зинку не трожь, мы сами разберёмся.
6 – И что ты в этом городе забыл?

Osservazioni sulla pronuncia
1 Слышь [ssLysh]: è la forma dell'imperativo del verbo **слышать**, *sentire*. Si usa spesso nel caso di una conversazione per attirare l'attenzione dell'interlocutore.

Note
① **девка**, qui reso con un termine regionale (*morosa*), è una contrazione colloquiale di **девушка**, *ragazza* o **девочка**, *bambina, ragazzina*, frequentemente impiegato nella lingua parlata e in campagna. Osservate anche le tante particelle (soprattutto **же** e **-то**) presenti nel dialogo: sono tipiche della parlata russa popolare.

Quarantunesima lezione 41

Castelli in aria
(Napoleonici piani)

1 – Ascolta, mamma *(madre)*, sono stufo *(è-venuta-a-noia a-me)* di sgobbare nella vostra fattoria nel fango e nella polvere.
2 Ho deciso di andarmene *(trasferirmi)* in città, voglio [fare] la bella vita, [avere] delle prospettive e divertirmi *(dei-divertimenti)*.
3 – Ma chi ti ha riempito la testa con queste storie sulla bella vita *(canticchiato nelle orecchie riguardo-alla bella vita)*?
4 E poi come farai con Zinaida *(E Zinaida come)*? Non vorrai mica piantare *(Non getterai-via)* la [tua] morosa!
5 – Non ficcare il naso in affari che non ti riguardano *(non nella tua faccenda)* e lascia perdere *(non toccare)* Zinka, ce la sbroglieremo da soli.
6 – E cosa diavolo andresti a fare in città *(E che-cosa tu in questa città hai-dimenticato)*?

41

7   Ты глянь ② на этих городских, какие у них глазищи ③, когда они на наши экологически чистые огурчики и яблочки зарятся ④!

8   А когда они приходят к нам на ферму за сметаной, сливками и молочком, у них аж рассудок мутится…

9 – Ма ⑤, да на кой чёрт мне твои овощи, когда я мечтаю о гамбургере и жирной картошке фри.

10 – А как же наши бурёнки ⑥… все стоят как на подбор: чистенькие, умненькие, глазёнками хлопают, довольные, упитанные…

11 – Да сдались ⑦ мне твои коровы и быки! Проживу уж как-нибудь без них.

11 Le forme del passato di **сдаться** si dovrebbero pronunciare rispettivamente **сда́лся** [zdaLsja], **сдала́сь** [zdaLas'], **сдало́сь** [zdaLos'] e **сдали́сь** [zdalis'], ma nel parlato abbiamo anche le varianti *сда́лось [zdaLas'] e *сда́лись [zdalis'].

Note

② Evitate di usare le forme popolari che costellano questo dialogo, compresi questi imperativi, che suonano un po' rozzi e bruschi, anche se sono usati abbastanza spesso nella lingua colloquiale e pertanto è bene conoscerli. **Глянь** è voce del verbo perfettivo **глянуть**, *guardare*, *dare un'occhiata*; **суй** (frase 5) è imperativo del verbo imperfettivo **совать**, *ficcare* (l'infisso -ова- è sostituito da -у-). Infine, l'imperativo negativo **не трожь** (frase 5, dall'imperfettivo **трогать**, *toccare*) è una forma grammaticalmente scorretta e appartiene solo alla lingua parlata (la forma corretta è **не трогай**, *non toccare*).

③ Ricordate che i nomi maschili che presentano il suffisso accrescitivo -ищ- finiscono per -е e mantengono invariato il genere originario: **глазище** (formato da **глаз** + -ищ-) resta maschile. ▶

7 Guarda come sbavano *(quali presso di-loro [sono] gli occhioni)* questi [qui] di città davanti alle nostre belle mele e ai [nostri] cetriolini biologici *(quando essi sui nostri ecologicamente puliti cetriolini e melette mettono-gli-occhi)*!

8 E [poi,] quando vengono nella nostra *(arrivano da-noi nella)* fattoria a comprare la panna acida, la panna fresca e il latte *(lattuccio)*, vanno fuori di testa *(presso di-loro persino la ragione si-annebbia)*…

9 – Ma', ma che diavolo ci faccio con *(per quale diavolo a-me)* le tue verdure quando sogno un hamburger con delle patatine fritte [belle] unte.

10 – E *(come)* le nostre mucche, che sono una meglio dell'altra *(tutte stanno come per una-selezione)*? Pulitine pulitine, intelligenti *(intelligentine)*, sbattono gli occhietti soddisfatte, ben pasciute…

11 – Ma che me ne faccio delle *(si-sono-arrese a-me)* tue mucche e dei buoi *(tori)*! Posso farne anche a meno *(Vivrò già in-qualche-modo senza di-loro)*.

▸ ④ Il verbo imperfettivo **зариться** è un altro termine colloquiale, significa *mettere gli occhi su, bramare ardentemente, sbavare davanti a* (qualcosa) e regge **на** + il caso accusativo.

⑤ **Ма** è una forma abbreviata di **мама**, *mamma*. Inutile dire che si tratta di un'altra forma caratteristica del parlato.

⑥ **Бурёнка** è un tipico nome proprio di mucca e talvolta si usa per parlare di una persona dall'aria inebetita: **он хлопает глазами, как Бурёнка**, *sbatte gli occhi come una mucca* (lett. "come Burënka"). Il nome proprio è utilizzato anche come nome comune al posto di "mucca" e si scrive pertanto con l'iniziale minuscola.

⑦ Il verbo perfettivo intransitivo **сдаться** ha varie accezioni: le principali sono *arrendersi* e *cedere a*, ma c'è anche quella colloquiale di *aver bisogno di*, spesso usata in senso ironico negativo: **Да сдался мне ваш фильм! Я лучше почитаю книгу**, *Ma che me ne faccio del vostro film? Piuttosto leggo un libro.*

41

12 – Ты здесь добра сколько нажил: у тебя и трактор свой и комбайн...

13 – Ага, а там у меня будет отпадная тачка ⑧ и скутер.

14 – А мастерская? Ты же мастер на все руки, тебя все уважают, всё село ⑨ тебя боготворит.

15 Как ты пилой работаешь, а дрелью, а рубанком!

16 – А в городе я наконец-то смогу продолжить своё техническое образование и стать инженером.

17 – Ой, да на кого ж ты нас покидаешь?

18 – Не хотел говорить, чтоб не сглазить, да видно придётся, а то ты из меня всю душу вынешь...

19 Я ведь, как ни странно, всё это для вас и делаю: вот отучусь ⑩, вернусь в деревню, построим с вами ферму, используя последние технологии.

---

12 Ecco un altro accento, per così dire, ribelle nelle forme del passato di **нажить**: la lingua parlata oscilla infatti tra **на́жил** [nážyL] e ***нажи́л** [nažýL], tra **на́жило** [nážyLa] e ***нажи́ло** [nažýLa] e tra **на́жили** [nážyli] e ***нажи́ли** [nažýli]. La prima variante è percepita come più corretta.

Note

⑧ **Тачка** (lett. "carriola") nella lingua parlata ha anche l'accezione di *macchina* (nel senso corrente di "automobile" e non nel senso negativo o ironico che ha in italiano). Anche l'aggettivo **отпадный**, *splendido, eccezionale, da schianto* (lett. "da far cadere") è un termine tipico del parlato e deriva da **отпад**, che abbiamo già incontrato nella lezione 33, frase 15.

▶

12 – Qui hai messo insieme un sacco di roba *(di-bene quanto hai-accumulato)*: *(hai [e])* un *(tuo)* trattore, *(e)* una mietitrebbiatrice *(macchina-integrata)*…

13 – Già, ma in città *(là)* avrò una macchina da schianto e un motorino.

14 – E la tua officina? Sai fare tutto *([sei] maestro su tutte le braccia)*, tutti ti apprezzano *(rispettano)* e tutto il paese ti adora *(il villaggio ti idolatra)*.

15 [Pensa a] come lavori [bene] con la sega, con il trapano e la pialla!

16 – Ma in città potrò continuare una buona volta *(finalmente)* la mia formazione tecnica e diventare ingegnere.

17 – Ehi, ma perché diavolo *(per chi mai)* ci vuoi lasciare *(ci abbandoni)*?

18 – Non volevo dirlo per scaramanzia *(non portare-malocchio)*, ma a quanto pare devo farlo *([è] evidente toccherà)*, sennò non mi darai più pace *(tu da me tutta l'anima caverai)*…

19 Ebbene, ti sembrerà strano *(come non strano)*, [ma] faccio tutto questo per voi: finiti gli studi *(ecco finirò-di-studiare)*, tornerò in campagna [e] metteremo su insieme *(costruiremo con voi)* una fattoria con l'aiuto delle tecnologie più avanzate *(utilizzando le ultime tecnologie)*.

▶ ⑨ Il sostantivo **село** è attualmente pressoché sinonimo di **деревня**, *villaggio, paese*. Prima della Rivoluzione d'Ottobre si distingueva tra **село** e **деревня**, perché un **село** aveva necessariamente una chiesa e una **деревня** invece ne era priva. Come già ben sapete, **деревня** può significare a parte anche *campagna*.

⑩ **отучусь** è voce del verbo perfettivo **отучиться**, *finire gli studi*: il prefisso **от-** indica in alcuni casi, come qui, il compimento totale e definitivo di un'azione.

41

20 Что, съела? Не ожидала? То-то. А ты сразу голосить.

21 – Ну и ну! Соколик ты мой разудалый ⑪! Какой же ты у меня деловой.

22 А как же ты всё-таки с Зинаидой поступишь? Не дело это – девку бросать…

23 Она ведь как пить дать ⑫ за тобой не поедет, останется у печки с мамкой и папкой.

24 – Не шибко ⑬ ты знаешь свою будущую сноху. Зинаида едет со мной.

25 Будет на пиарщицу ⑭ учиться, то бишь ⑮ станет специалистом по связям с общественностью.

26 Мы уже обо всём договорились: о нашей новой ферме узнает вся страна!

Note

⑪ Ennesimo termine popolare, **разудалый**, *spavaldo*, *baldanzoso*, è un aggettivo privo di forma breve, come avviene per gli aggettivi che, come questo, presentano il prefisso **раз-** o **пре-** con significato rafforzativo (v. anche lez. 42, § 3.1).

⑫ L'espressione **как пить дать** si potrebbe anche tradurre sinteticamente con *garantito*, *sicuro*, oppure con *scommetto che*, ma si perderebbe il senso metaforico dell'espressione in russo.

⑬ **шибко**, *rapidamente*, *velocemente* (ma anche *molto*, *parecchio*), termine utilizzato soprattutto in campagna.

⑭ *PR* (*public relations*), è un prestito dall'inglese, ma ha una sua forma "russificata", **пиар**, che indica le professioni legate alla comunicazione e al marketing. Chi le esercita è chiamato **пиарщик**, *un PR*, o **пиарщица**, *una PR*.

⑮ La particella **бишь** è di uso colloquiale; l'espressione **то бишь** equivale a **то есть**, *cioè*, *vale a dire*.

20 Beh, ti sei ammutolita *(Che, hai-mangiato)*? Non te l'aspettavi? È così. Tu, invece, subito pronta a lamentarti *(E tu subito [a] lamentar-ti)*.

21 – Ma figurati! Tesoro della mamma *(Falconcello tu mio baldanzoso)*! Come sei bravo negli affari *(Quale tu presso di-me d'affari)*.

22 E cosa farai con Zinaida *(come tu comunque con Zinaida agirai)*? Non è bene lasciare la morosa *(Non [è] faccenda questa – una-ragazza gettare-via)*…

23 È chiaro come il sole *(come da-bere dare)* [che] non ti seguirà, resterà davanti *(accanto)* alla stufa con mamma e papà *(mammina e paparino)*.

24 – Conosci poco *(non molto)* la tua futura nuora. Zinaida verrà *(viene)* con me.

25 Studierà per [fare la] PR, cioè diverrà esperta *(specialista)* in pubbliche relazioni *(per le relazioni con il pubblico)*.

26 Ci siamo già messi d'accordo su tutto: la nostra nuova fattoria diventerà famosa in tutta la Russia *(della nostra nuova fattoria verrà-a-conoscenza tutto il Paese)*!

Nel prossimo dialogo di ripasso compare ripetutamente il verbo "sposarsi". Vi ricordiamo che in russo si distingue tra sposarsi dal punto di vista dell'uomo o della donna, rispettivamente **жениться** *(biaspettuale)* **на ком** *e* **выходить / выйти замуж за кого**. *Detto di entrambi si usa* **жениться / пожениться**, *mentre* **венчаться / повенчаться**, *sempre detto di entrambi, significa* sposarsi in chiesa. *Infine, essere sposato si dice* **быть женат на ком**, *per l'uomo, e* **быть замужем за кем**, *per la donna.*

41

Упражнение 1 – Читайте и переводите

❶ Да, согласна, на ферме много грязи и пыли, но зато вокруг такая природа, экологически чистые продукты, такие вкусные сливки и молоко… ❷ Да перестань ты голосить, я ведь вернусь в наш город, только сначала отучусь на специалиста по связям с общественностью. ❸ Не знаю, кем он работает, но за два года он нажил столько добра: квартиру, дачу, отпадную тачку и скутер. ❹ Ой, так есть хочется, что аж рассудок мутится. – Давай я приготовлю тебе картошки с огурчиками! ❺ Да сдались мне твои миллионы и красивая жизнь, проживу уж как-нибудь без твоих наполеоновских планов!

***

Упражнение 2 – Восстановите текст

❶ Non ficcare il naso negli affari che non ti riguardano *(non nella tua faccenda)*! So io se mangiare *(Io da-solo me-la-sbroglierò, cosa mangiare)* verdure biologiche *(ecologicamente pulite)* o patatine fritte *(grasse)* [e] *(con)* hamburger.

Не …… не в своё ….! Я сам ………, что есть – экологически ………… или …… картошку с …………. .

❷ Scommetto che *(Come da-bere dare)* ti sei dimenticato il biglietto! – No, non me lo sono dimenticato, eccolo. Cos'è, ti sei ammutolito *(Che, hai-mangiato)*? Non te l'aspettavi?

Как …. дать забыл ……! – Нет, не забыл, вот он. Что, ….? Не ……?

Soluzione dell'esercizio 1   41

❶ Sì, sono d'accordo, la fattoria è piena di fango e di polvere, ma in compenso [qui] intorno la natura è così bella *(tale natura)*, [ci sono i] prodotti biologici *(ecologicamente puliti)*, la panna e il latte sono così gustosi… ❷ Ma smettila di lamentarti, tornerò nella nostra città, ma *(solo)* prima *(inizialmente)* finirò gli studi per specializzarmi in pubbliche relazioni *(per specialista per le relazioni con il pubblico)*. ❸ Non so che lavoro faccia, ma in due anni ha accumulato un sacco di beni: una casa *(appartamento)*, una dacia, una macchina da schianto e un motorino. ❹ Oh, ho una fame che non ci vedo *(persino la ragione si-annebbia)*. – Dai [che] ti preparo delle patate coi cetriolini! ❺ Ma che me ne faccio dei *(si-sono-arresi a-me i)* tuoi milioni e della bella vita? Posso fare a meno dei tuoi castelli in aria *(vivrò già in-qualche-modo senza dei-tuoi napoleonici piani)*!

***

❸ Sgobberai nella tua (*vostra*) fattoria sperduta *(da-tutti dimenticata)* finché non sarai stufo marcio *(a-te questo del-tutto non stuferà)*!
Ты так и будешь ……… на вашей всеми ……. ферме, пока тебе это …… не ………..!

❹ Dov'è che comprate la panna acida e la panna fresca? – Nella fattoria *(che si trova)* accanto alla nostra dacia.
Где вы ………… и ……? – .. ферме, которая ……… рядом с нашей …….

❺ Siamo stati nell'officina di mio fratello [e] abbiamo visto come lavora col trapano, con la pialla e con la sega.
Мы были в ………. моего брата, ……, как он …………., …….. и …….

Soluzione dell'esercizio 2
❶ – суй нос – дело – разберусь – чистые овощи – жирную – гамбургерами ❷ – пить – билет – съел – ожидал ❸ – вкалывать – забытой – совсем – осточертеет ❹ – покупаете сметану – сливки – На – находится дачей ❺ – мастерской – видели – работает дрелью, рубанком – пилой

42 Сорок второй урок

Повторение - Ripasso

1 Fonetica e ortografia

1.1 Le vocali *и* e *ы* dopo la *ц*

Nelle desinenze dei nomi e nei suffissi aggettivali, dopo la **ц** si scrive la vocale **ы**: **пальцы**, *dita*; **лисицы**, *volpi*; **сестрицын** (aggettivo di relazione), *della sorella*, ecc. Fanno eccezione i sostantivi in **-ия** (es. **позиция**, *posizione*), che sono in genere di origine straniera.

Nella radice di una parola, invece, la **ц** è seguita dalla **и** (che, come ricorderete, in tal caso si legge *[y]* perché la **ц** è sempre dura) e non dalla **ы**: **национальный**, *nazionale*; **аукцион**, *asta*; **циферблат**, *quadrante*; **цирк**, *circo*, ecc. Questa regola presenta alcune eccezioni, tra cui i termini seguenti e i loro derivati: **цыган**, *zingaro, tzigano* (sost.); **цыганский**, *tzigano* (agg.); **цыплёнок**, *pulcino*; **на цыпочках**, *in punta di piedi*; **цыц**, *sst!*; **цыкать** / **цыкнуть**, *zittire*.

1.2 Suffissi diminutivi

Nei sostantivi maschili animati e nei femminili, dopo i suffissi diminutivi (o vezzeggiativi) **-ишк-** e **-ушк-** (**-юшк-**) segue la desinenza **-а**: **брат**, *fratello* → **братишка**, *fratellino*; **дочь**, *figlia* → **дочушка**, *figliola, figlioletta*. Nei masch. inanimati e nei neutri, invece, questi suffissi sono seguiti da una **-о**: **журнал**, *rivista* → **журналишко**, *rivistucola*; **город**, *città* → **городишко**, *cittadina*; **письмо**, *lettera* → **письмишко**, *letterina*. Questi suffissi possono avere una sfumatura peggiorativa, come in italiano: **дом**, *casa* → **домишко**, *casetta,* ma anche *casupola*. I nomi alterati di genere maschile restano maschili, anche se seguono la declinazione neutra: per es. il gen. plurale di **домишко** è **домишек**. Sia i maschili sia i neutri al nom. plurale hanno però la desinenza in **-и**: **домишки**, *casette*; **пальтишки**, *cappottini*.

1.3 Suffissi accrescitivi

Nei sostantivi maschili e neutri il suffisso accrescitivo **-ищ-** è seguito dalla desinenza **-е** (che lascia di genere maschile i nomi alterati maschili i quali, però, vanno declinati come neutri): **город**, *città* → **городище**, *città enorme*; **письмо**, *lettera* → **письмище**, *letterona, lettera fiume*. Nei nomi femminili questo suffisso è seguito invece dalla desinenza **-а**: **рука**, *mano* → **ручища**, *manona*.

Quarantaduesima lezione 42

2 Plurali irregolari

• I sostantivi maschili che finiscono in **-ин/-анин/-янин** perdono al plurale il suffisso **-ин**: **марсианин**, *marziano* → **марсиане**, *marziani*; **армянин**, *armeno* → **армяне**, *armeni*; **господин**, *signore* → **господа**, *signori*.

• Un gruppo di sostantivi maschili e neutri forma il plurale in **-ья**, una caratteristica che causa l'ammollimento della consonante finale della radice: **брат** / **братья**, *fratello* / *fratelli*; **дерево** / **деревья**, *albero* / *alberi*; **лист** / **листья**, *foglia* / *foglie*; **перо** / **перья**, *penna (piuma)* / *penne (piume)*; **стул** / **стулья**, *sedia* / *sedie*; **муж** / **мужья**, *marito* / *mariti*. Prestate attenzione alla modifica interna per alcune parole: per esempio **сын**, *figlio*, "allunga" il plurale con l'aggiunta del suffisso **-ов-**: **сыновья**, mentre **друг**, *amico*, presenta l'alternanza consonantica **г** / **з**: **друзья**. Al genitivo plurale **друг**, **сын** e **муж** escono in **-ей** e perdono il segno molle: **друзей**, **сыновей**, **мужей**, mentre gli altri escono di norma in **-ьев**: **братьев**.

3 Aggettivi

3.1 Forma lunga degli aggettivi

Nella maggioranza dei casi gli aggettivi hanno una forma lunga (attributiva) e una forma breve (predicativa, v. lez. 14, § 2.2), ma ce ne sono alcuni (come **рад**) che sono attestati nella sola forma predicativa breve e altri che hanno solo la forma lunga, anche se usati come predicati, tra cui:

– aggettivi con il prefisso **раз-** / **рас-** (o **пре-**) che esprimono l'idea di una qualità eccezionale, al sommo grado: **разудалый**, *spavaldo, baldanzoso*; **распрекрасный**, *bellissimo*; **предобрый**, *buonissimo, bravissimo*;

– aggettivi formati col suffisso **-ов-** o **-ев-**, seguito dalla desinenza **-ой**: **деловой**, *d'affari*.

3.2 Aggettivi derivati da nomi

Spesso gli aggettivi sono formati a partire da un sostantivo con l'aggiunta di vari suffissi. Tra questi abbiamo:

– **-ов-** (**-ев-** dopo **ш**, **щ**, **ж** e **ч**): **бред**, *delirio* → **бредовый**, *delirante*; **дело**, *affare* → **деловой**, *d'affari*; **нож**, *coltello* → **ножевой**, *del coltello, da coltello*.

– **-н-**: **ночь**, *notte* → **ночной**, *notturno*; **праздник**, *festa* → **праздничный**, *festivo* (attenzione: qui la **к** diventa **ч**).
Per gli aggettivi derivati dai nomi dei mesi, v. lez. 40, nota 6.

4 Verbi

4.1 Verbi con la particella -ся e il pronome riflessivo себя

In russo la particella **-ся** può avere la funzione, oltre a quella di rendere riflessivi i verbi, di renderli passivi, purché siano di aspetto imperfettivo: **читать**, *leggere* → **читаться**, *essere letto, leggersi*; **исполнять**, *eseguire, interpretare* → **исполняться**, *essere eseguito / eseguirsi, essere interpretato / interpretarsi*; **Здесь продаются газеты, журналы**, *Qui si vendono / sono venduti giornali, riviste*.
In alcuni casi i verbi riflessivi in russo, anziché essere contraddistinti dalla particella -ся, sono accompagnati per esteso dal pronome riflessivo **себя** (di cui la particella **-ся** è una contrazione): **заставить себя**, *costringersi*; **чувствовать себя**, *sentirsi*. Notate l'uso di **себя**, che va declinato secondo il caso grammaticale previsto, in espressioni del tipo **купить себе машину**, *comprarsi* (comprare a sé) *una macchina*; **представить себе**, *immaginarsi* (immaginare a sé).

4.2 Gerundio passato

Il gerundio passato o perfettivo si forma a partire dal tema del passato dei verbi perfettivi, seguito dai suffissi **-в** / **-вши** (meno frequente, percepito come forma desueta o folclorica) se il tema finisce per vocale e dal suffisso **-ши** se il tema finisce per consonante (tipico per i passati tronchi): **написал**, *ho scritto*: **написа-** + **-в** o **-вши** → **написав, написавши**, *avendo scritto*; **закричал**, *mi sono messo a gridare*: **закрича-** + **-в** → **закричав**, *essendomi messo a gridare*; **принёс**, *ho portato a piedi*: **принёс-** + **-ши** → **принёсши**, *avendo portato a piedi*.
Per i verbi con la particella **-ся** si usano rispettivamente i suffissi **-вшись** e **-шись**: **засмеялся**, *sono scoppiato a ridere*: **засмея-** + **-вшись** → **засмеявшись**, *essendo scoppiato a ridere*; **поморщился**, *ho fatto una smorfia*: **поморщи-** + **-вшись** → **поморщившись**, *avendo fatto una smorfia*; **заперся**, *si è chiuso a chiave*: **запер-** + **-шись** → **запершись**, *essendosi chiuso a chiave*.
I verbi che hanno il tema dell'infinito e del passato differenti (è il caso tipico dei passati tronchi, ovvero di tutti i verbi in **-ереть** e di alcuni in **-нуть**), possono formare il gerundio passato indifferentemente su entrambi i temi: **запереть**, *chiudere a chiave* (infinito) → **запере-** (tema intero in vocale) + **-в** → **заперев**, *avendo chiuso a chiave*;

oppure: **запер**, *ho chiuso a chiave* (passato con tema tronco in consonante) + **-ши** → **заперши**, *avendo chiuso a chiave*.
Osservate che nella lingua parlata per i derivati dei verbi di moto **идти (-йти)**, *andare / venire a piedi*; **нести**, *portare a piedi* e **вести**, *accompagnare a piedi*, il gerundio passato si forma allo stesso modo del gerundio presente (v. lez. 14, § 4.3)! Es. **войд**я, *essendo entrato*; **принес**я, *avendo portato a piedi*; **перевед**я, *avendo tradotto*. Queste forme coesistono con quelle letterarie canoniche, rispettivamente: **вошед**ши, **принёс**ши, **перевед**ши. In particolare, notate che le varianti letterarie dei composti di **идти** e **вести**, pur essendo formate sul passato, presentano un tema ibrido con la presenza della д della coniugaz. del tema del presente. Questo fenomeno lo avete già visto per la formazione del participio passato attivo (v. lez. 21, § 3.1).

***

Заключительный диалог - Dialogo di ripasso

1 – В стране кризис, инфляция, только вот количество миллиардеров вдвое выросло, а так ужас – и зарплаты и пенсии смешные.
2 А вы надумали жениться…
3 – Времена меняются, но идеального момента всё равно не найти.
4 Когда вы с матерью женились 30 лет назад, климат в стране был ещё более тревожный, экономика была расшатана, коррупция была страшная.
5 А я устроился неплохо, работа у меня надёжная, да и добра много нажил: и дом у меня, и тачка, и дача.
6 Будем жить припеваючи!
7 – Да, ты прав. А вы только в ЗАГС или в церковь тоже пойдёте?
8 – Обязательно пойдём в церковь! Что, не ожидал?
9 Несмотря на то, что она православная, а я католик, мы уже обо всём договорились.
10 В прошлое воскресенье мы ходили на

утреннюю службу, разговаривали со священником, получили благословение.
11 Нам разрешили венчаться в храме, всё как положено.
12 – Ну и хорошо, а то ведь уже и пора тебе жениться, так сказать, начинать новую жизнь.
13 А где же будет организовано праздничное застолье?
14 – Это больной вопрос. Я хочу в каком-нибудь отпадном ресторане, чтобы сервис на высоте и живая музыка,
15 а Настя хочет, чтобы праздник был на какой-то старой ферме, в деревне, с традиционной музыкой, баяном, балалайкой и т.п.,
16 а также экологически чистыми продуктами, да настоящим русским застольем, как она говорит.
17 Меня, честно говоря, всё это выводит из себя, но я не могу ударить в грязь лицом перед моей будущей женой.
18 В субботу едем смотреть какую-то старую ферму с будущими тёщей и тестем, то ли они там родились, то ли выросли, но в общем она им очень дорога.
19 Правда там ремонт надо сделать, да у нас ещё есть время.
20 Так что в ближайшие месяцы буду вкалывать на работе, а вечерами на ферме, чтобы всё было к свадьбе готово, как можно быстрее.
21 Только бы сил хватило, там ведь столько работы, а я один…
22 – Ну, вижу, к чему ты клонишь…
23 – Отец, ну что тебе стоит, ты же прораб на самой большой стройке в городе!
24 – Ладно, уломал, пришлю тебе своих строителей, одному тебе явно не справиться!

Traduzione

1 Nel Paese c'è la crisi [e] l'inflazione... a parte il numero dei miliardari, che è raddoppiato *(solo ecco la quantità dei-miliardari di-due-volte è-cresciuta)*, siamo al collasso *(e così orrore)*: gli stipendi e le pensioni sono [a livelli] ridicoli. **2** E avete deciso di sposarvi... **3** I tempi cambiano, ma il momento giusto *(ideale)* non si trova mai *(tutto ugualmente)*. **4** Quando 30 anni fa tu e la mamma vi siete sposati, il clima del *(nel)* Paese era ancora più preoccupante *(allarmante)*, l'economia era dissestata [e] c'era una corruzione tremenda. **5** Io invece mi sono sistemato bene, ho un lavoro sicuro *(affidabile)* e ho accumulato molti beni: ho una casa, una macchina e una dacia. **6** Vivremo come dei pascià *(cantando-ritornelli)*! **7** Sì, hai ragione. Ma vi sposerete *(andrete)* solo in comune o anche in chiesa? **8** Andremo in chiesa, si capisce *(necessariamente)*! Non te l'aspettavi, forse? **9** Anche se lei è ortodossa e io sono cattolico, ci siamo messi d'accordo su tutto. **10** Domenica scorsa siamo andati alla messa mattutina, abbiamo parlato *(conversato)* col prete [e] ricevuto la benedizione. **11** Ci hanno autorizzato a sposarci in chiesa *(tempio)*, è tutto a posto *(tutto come fissato)*. **12** Va bene, era anche ora che ti sposassi per, diciamo così *(così dire)*, cominciare una nuova vita. **13** E dove organizzerete il pranzo di nozze *(sarà organizzata una-festiva tavola-imbandita)*? **14** È una bella *(dolente)* domanda. Io voglio andare in un qualche bel *(da-schianto)* ristorante con *(affinché)* un servizio all'altezza e musica dal vivo, **15** mentre Nastja vuole che la festa si faccia in una *(qualche)* vecchia fattoria, in campagna, con musica tradizionale, il bajan, la balalaika, ecc. **16** oltre a *(e anche)* prodotti biologici *(ecologicamente puri)* e a una vera tavolata russa, come dice lei. **17** Io, a dire il vero *(onestamente parlando)*, tutte queste cose non le sopporto *(tutto questo conduce-fuori di sé)*, ma non posso fare una figuraccia con *(andare-a-sbattere nel fango con-la-faccia davanti-a)* la mia futura moglie. **18** Sabato andiamo a vedere una *(qualche)* vecchia fattoria con i futuri suoceri *(suocera e suocero)*: [non so se] ci siano nati o ci siano cresciuti, ma comunque *(in-generale)* ci sono molto affezionati *(lei a-loro molto cara)*. **19** In effetti bisogna ristrutturarla *(verità là riparazione [è] necessario fare)*, ma abbiamo ancora tempo. **20** Così i *(nei)* prossimi mesi sgobberò al lavoro e di sera nella fattoria, perché tutto sia pronto al più presto per le nozze. **21** [Spero] solo che mi bastino le forze, perché c'è tanto di quel lavoro e io sono solo... **22** Beh, ho capito *(vedo)* dove vuoi arrivare *(verso che-cosa tu inclini)*... **23** Papà *(Padre)*, ma cosa ti costa, sei stato direttore *(capo-cantiere)* del *(nel)* cantiere più grande della città! **24** Va bene, mi hai convinto, ti manderò i miei operai, è chiaro che non potrai cavartela da solo!

Ci siamo: ormai il vostro livello di conoscenza del russo è piuttosto elevato, al punto che non occorre più che vi indichiamo in grassetto gli accenti tonici nei dialoghi. Niente paura: in caso di dubbi avrete

43 Сорок третий урок

Роды ①

1 – Добрый день, у меня встреча с акушеркой ровно в три.
2 – Вы – Катя? У вас встреча со мной, проходите, пожалуйста.
3 Как вы себя чувствуете? На каком вы месяце? Рассказывайте.
4 – Чувствую себя превосходно, уже пошёл ② восьмой месяц, но давление в норме,
5 ноги не отекают, даже и не устаю, только на солёное ③ тянет всё сильнее и сильнее.
6 – Понятно, вам просто можно позавидовать! Обычно на таком сроке уже себя чувствуют не так комфортно, да и живот у вас небольшой.

Note

① **роды**, *parto*, è un sostantivo che si usa solo al plurale.
② **пошёл – пойти**, *cominciare ad andare, incamminarsi, avviarsi (a piedi)*. Questo verbo perfettivo è molto versatile: si usa anche per parlare dell'età, dei trasporti e del passare del tempo: **Ему уже шестой год пошёл**, *Ha da poco compiuto cinque anni* (lett. "A lui già il sesto anno si è avviato"); ▶

sempre a disposizione la trascrizione fonetica di alcune parole (in corsivo) in cui è indicato in grassetto dove cade l'accento tonico e altre osservazioni sulla pronuncia. **Всё будет хорошо!**

Quarantatreesima lezione 43

Un parto

1 – Buongiorno, ho un appuntamento con l'ostetrica alle tre in punto.
2 – Lei è Katja? Ha appuntamento con me, si accomodi *(passi)*, prego.
3 Come si sente? A che mese è? Mi dica tutto *(Raccontate)*.
4 – Mi sento benissimo *(superbamente)*, sono già all'ottavo mese *(si-è-avviato l'ottavo mese)*, ma la pressione è nella norma,
5 non ho le gambe gonfie *(non si-gonfiano)* e non sono nemmeno stanca; l'unico problema è che *(solamente)* ho sempre più voglia di mangiare salato *(sul salato [mi] attira tutto più-forte e più-forte)*.
6 – Capito, ha una situazione davvero invidiabile *(a-voi semplicemente si-può invidiare)*! Di solito, in questa fase *(termine)* non ci si sente più così bene *(confortevolmente)* e anche la Sua pancia non è così grande.

▶ **Сколько они не виделись? – Пошёл третий месяц**, *Da quanto tempo non si vedevano? – Da più di due mesi* (lett. "È iniziato ad andare il terzo mese").

③ **солёное**, *salato*, è un aggettivo che, nella forma neutra, si usa anche come sostantivo: **Хочешь шоколада? – Нет, я предпочитаю солёное**, *Vuoi della cioccolata? – No, preferisco [mangiare qualcosa di] salato*.

43

7 – У меня к вам несколько вопросов, даже не по самим родам, так как в этот момент я буду не одна, и вы мне поможете со всем справиться, а скорее ④ по первым дням после родов.

8 И вот ещё: что мне надо иметь при себе для моего пребывания в роддоме ⑤?

9 – Ну, давайте по порядку.

10 Вам понадобятся детские боди и пижамы нескольких размеров, так как мы не можем точно сказать, с каким весом родится ваш малыш.

11 При себе ⑥ необходимо иметь одноразовые подгузники или пелёнки, полотенце для ребёночка, хлопчатобумажную шапочку и спальный конверт.

Pronuncia
*11 ... HLapčjatabuma**ž**nuju ...*

Note

④ **скорее**, comparativo dell'avverbio **скоро**, *presto, velocemente*, qui non significa *più velocemente* o *prima*, bensì *piuttosto*.

⑤ **роддом**, *maternità*, è l'abbreviazione di **родильный дом** ed è un termine della lingua parlata (letteralmente significa "casa di maternità") che si declina come il nome maschile **дом**, *casa*; al plurale avremo dunque **роддома**, con l'accento tonico sulla desinenza.

7 – Ho qualche domanda da farLe, non proprio sul parto, poiché quando avverrà *(in questo momento)* non sarò sola e Lei mi aiuterà a far tutto *(con tutto farcela)*, ma piuttosto sui primi giorni dopo il parto.

8 Ecco, a proposito: cosa dovrò avere con me durante la mia permanenza in *(nel centro-di-)* maternità?

9 – Beh, procediamo con *(secondo)* ordine:

10 avrà bisogno di *(A-voi serviranno)* body e pigiami di varie misure per neonati *(di-bambini)*, poiché non possiamo dire con precisione quanto peserà il Suo bimbo alla nascita *(con quale peso nascerà il vostro piccino)*.

11 Dovrà portare *(Con sé [è] indispensabile avere)* dei pannolini usa e getta *(per-una-volta)* o delle fasce, un asciugamano per il piccolo *(bimbetto)*, un berrettino di cotone e un sacco nanna *(da-dormire busta)*.

Osservazioni sulla pronuncia

8 в роддоме [*vroddomje*]: questa parola, essendo composta, si legge come si scrive, vocali atone comprese, come se fossero due parole distinte: **в род-доме**.

▶ ⑥ **При себе**, *con sé* (lett. "in presenza di sé"), è un'espressione con il pronome riflessivo **себя**, *(se) stesso* (qui al caso prepositivo), che viene utilizzato obbligatoriamente uguale per tutte le persone (io, tu, ecc.) quando si riferisce al soggetto (grammaticale o logico) della frase: **Я взял с собой фотоаппарат**, *Ho preso con me (stesso) la macchina fotografica*; **У меня при себе не было ни копейки**, *Non avevo neppure un centesimo con me*, e **У них при себе не было документов**, *Non avevano documenti con sé*.

12 Можете купить специальные шампунь и моющее средство, так как обычные шампуни и гели для душа нежной коже новорождённого ⑦ не подойдут.

13 Не забудьте специальный крем, который поможет в случае опрелостей и раздражения кожи, а также присыпку.

14 Вам будут нужны детские очищающие салфетки, электронный градусник, а также термометр для определения температуры воды в ванночке.

15 – Боже! Надо собирать всё прямо сейчас, потом может не хватить времени… Его осталось не так много.

16 Ещё я переживаю по поводу возвращения домой: всё ли готово? Ничего я не забыла? Справлюсь ли я? Всё ли получится, как нужно ⑧?

17 – Это нормальные заботы и страхи любой молодой мамы:

18 не волнуйтесь, подготовьте всё, что сможете, остальным займётесь потом.

19 – Спасибо вам за ⑨ консультацию, побегу домой успокаивать моего малыша, а то он сильнее меня переживает…

14 … *ačissh'ajusshije* …

Note

⑦ In questo caso abbiamo un aggettivo, **новорождённый**, che si usa anche come nome a sé stante: **новорождённый ребёнок**, *un bambino neonato / appena nato* (agg.); **новорождённый**, *un neonato* (sost.).

12 Può comprare uno shampoo e un detergente *(lavante mezzo)* appositi *(speciali)* poiché gli shampoo e i gel abituali per la doccia non sono adatti alla pelle delicata di un neonato.

13 Non dimentichi una crema speciale, che servirà in caso di intertrigine e irritazione della pelle, e [prenda] anche del talco *(polvere-da-cospargere)*.

14 Le serviranno delle salviette detergenti per bambini, un termometro elettronico e uno per misurare la temperatura del bagnetto *(per la definizione della-temperatura dell'-acqua nella vaschetta)*.

15 – [Mio] Dio! Bisogna prendere *(raccogliere)* subito tutto, [altrimenti] potrei non avere più tempo dopo… Non ne ho *(è-rimasto)* così tanto.

16 E poi sono preoccupata per il rientro a casa: sarà tutto pronto? Non avrò dimenticato niente? Ce la farò? Andrà tutto bene *(Tutto riuscirà, come [è] necessario)*?

17 – Sono ansie e timori normali per ogni giovane mamma:

18 non si agiti, prepari tutto quello che può [e] al resto ci penserà *(incomincerete-a-occuparvi)* dopo.

19 – Grazie per il consulto, corro *(mi-avvierò-di-corsa)* a casa per calmare il mio [piccolo] tesoro, sennò starà più *(fortemente)* in pena di me…

▸ ⑧ In questi esempi la particella **ли** intensifica il carattere interrogativo delle frasi e la sua ripetizione denota una certa inquietudine o impazienza: **Всё ли готово?**, *Ma è tutto pronto?*; **Справлюсь ли я?**, *Ce la farò? / Me la caverò?*; **Всё ли получится?**, *E andrà tutto bene?*

⑨ La struttura standard nei ringraziamenti è **спасибо за** (seguita dall'accusativo), *grazie per*. Per questo in risposta si può sentir dire (anziché **пожалуйста**) **не за что**, *prego, di nulla, non c'è di che (ringraziarmi)*.

43
20 – Так у вас уже есть ребёнок?
21 – Ах нет, не совсем… вернее, совсем нет ⑩.
22 Это я про будущего папу: у него от разговоров об эпидуралке и кесаревом сечении на нервной почве токсикоз и головокружение.
23 Мне его так жалко ⑪, что я пытаюсь всячески поддерживать его в такой ответственный для него момент!

22 … ab*e*pidura**L**kje … kj**e**ssarivam …

Note

⑩ Ecco un esempio che dimostra come l'ordine delle parole possa cambiare il senso di una frase: **Я не совсем вас понимаю**, *Non La comprendo del tutto*, е **Я совсем вас не понимаю**, *Non La capisco affatto*. In russo, a differenza dell'italiano, la particella negativa **не** si pone innanzi a ciò che di fatto si vuole negare: nel primo caso nego l'avverbio e nel secondo nego il verbo interamente.

***

Упражнение 1 – Читайте и переводите

❶ Скажите, этот термометр можно использовать для определения температуры воды? ❷ В такой ответственный момент её необходимо всячески поддерживать. ❸ Мне сказали, что надо иметь при себе одноразовые подгузники и спальный конверт. ❹ Я очень переживаю из-за родов. – Не волнуйся: ты со всем справишься. ❺ У меня несколько вопросов к акушерке по первым дням после родов.

20 – [Ma] Lei allora ha già un bambino?
21 – Ah no, non proprio… o meglio *(più-precisamente)*, per niente.
22 [Parlo] del futuro papà: con [tutti questi] discorsi sull'epidurale e sul taglio cesareo è così nervoso *(sul nervoso suolo)* [che] ha la nausea *(tossicosi)* e le vertigini.
23 Mi fa così pena che cerco in tutti i modi di aiutarlo *(sostenere lui)* in un momento tanto critico *(responsabile)* per lui!

▶ ⑪ **жалко** è un sinonimo di **жаль**, altrettanto diffuso e perfettamente equivalente, che regge il genitivo. Attenzione, però, alla pronuncia rispettivamente dura e molle della **л**.

***

Soluzione dell'esercizio 1

❶ Mi scusi, questo termometro si può usare per misurare la *(per la definizione della-)*temperatura dell'acqua? ❷ In un momento così critico *(responsabile)* è necessario aiutarla *(sostenere)* in tutti i modi. ❸ Mi hanno detto che bisogna portare *(avere con sé)* dei pannolini usa e getta e un sacco nanna [per neonati]. ❹ Sono molto preoccupata per il parto. – Non ti agitare, andrà tutto bene *(tu con tutto ce-la-farai)*. ❺ Ho alcune domande [da fare] all'ostetrica riguardo ai primi giorni dopo il parto.

43 Упражнение 2 – Восстановите текст

❶ Non si sente bene: è molto stanco *(fortemente si-stanca)* e ha le gambe gonfie *(e le gambe si-gonfiano)*.

Он .... себя ....: сильно ......, да и ....

❷ Dove posso comprare delle salviette *(detergenti)* per bambini e una crema per l'intertrigine?

Где я могу купить .... очищающие .... и .... от ....?

❸ Che pancione che ha! A che mese è?

Какой у вас большой .....! .... же вы ......?

❹ Dov'è la Sua valigia? Deve andare presto alla stazione, bisogna preparare le valigie *(tutto raccogliere)* subito.

Где ваш ....? ... уже ..... ехать на ...., ... всё .... прямо сейчас.

***

In Russia si partorisce in un reparto maternità pubblico o, in caso di patologie gravi, in un ospedale pubblico. Una donna incinta viene seguita da una **женская консультация**, *un consultorio femminile, che assiste le donne durante la gravidanza sottoponendole a esami medici gratuiti (finanziati dalla previdenza sociale russa). Quest'organismo consegna anche un* **сертификат**, *certificato, una specie di assegno che viene inviato al reparto maternità per pagare le spese del parto. È tutto gratuito, ma all'interno di questi reparti e negli ospedali si trova ogni sorta di servizio a pagamento: camera*

❺ Perché hai comprato dei body di varie *(alcune)* misure? – Ma [perché] non sappiamo quanto peserà il nostro bambino alla nascita *(con quale peso nascerà il nostro piccolo)*.

Почему ты купила .... нескольких ....? – Ну мы же не знаем, с каким .... наш ......

Soluzione dell'esercizio 2

❶ – неважно – чувствует – устаёт – ноги отекают ❷ – детские – салфетки – крем – опрелостей ❸ – живот – На каком – месяце ❹ – чемодан – Вам – скоро – вокзал, надо – собирать – ❺ – боди – размеров – весом родится – малыш

***

singola, epidurale, presenza del padre durante il parto o la possibilità di ricevere visite da parte della famiglia dopo il parto... Sì, perché in generale i padri russi vedono i loro neonati solo quando la madre esce dal reparto maternità: le visite sono rigorosamente vietate e le mamme condividono camere da 2 a 6 persone. I reparti maternità a pagamento di alto livello si trovano nelle grandi città (ne troverete più d'uno a Mosca) e spesso fanno direttamente parte delle cliniche o degli ospedali internazionali dove vengono curati gli stranieri o le famiglie russe più agiate.

44 Сорок четвёртый урок

Горящая путёвка

1 — Впервые ① еду в отпуск в феврале, очень обеспокоена вопросом погоды.
2 — Ты будешь заказывать ② в Интернете ③ или через агентство?
3 — Хотелось бы в Интернете, но я, честно говоря, в этом не сильна, да и кредитной картой онлайн ни разу не платила ④. Поможешь?
4 — Конечно помогу, только сейчас же, а то мне надо бежать.
5   Открывай любой поисковый сервер, набирай в поисковой строке «горящие туры».

Osservazioni sulla pronuncia
1 L'aggettivo di forma breve **обеспокоен** [abispak**o**jen], *preoccupato, inquieto*, mantiene sempre l'accento sulla terza **o**: **обеспокоена** [abispak**o**ina], **обеспокоены** [abispak**o**iny].

Note

① **впервы́е**, scritto tutto attaccato e con l'accento sulla desinenza, è un avverbio che significa *la prima volta*. Non va confuso con **в пе́рвые дни**, scritto staccato e con accento sulla prima **e**, che significa *i primi giorni*, compl. di tempo determinato (**в** + acc.).

② Qui viene usato il futuro imperfettivo perché ciò che interessa a chi sta parlando è l'azione in sé e il fatto che avvenga (nel caso specifico, il modo in cui la prenotazione verrà effettuata), non il suo risultato.

Quarantaquattresima lezione 44

Last minute *(Ardente voucher-turistico)*

1 – [È] la prima volta [che] vado in ferie a febbraio [e] sono molto preoccupata per il *(dalla-questione del-)*tempo [che farà].
2 – Farai la prenotazione in Internet o tramite un'agenzia?
3 – Vorrei [farla] in Internet, ma a dire il vero *(onestamente parlando)* non me ne intendo *(in questo non [sono] forte)* e non ho mai *(nemmeno una-volta)* pagato con carta di credito online. Mi puoi aiutare *(Aiuterai)*?
4 – Certo *(aiuterò)*, ma [facciamolo] subito, che poi devo scappare *(solo adesso, altrimenti a-me [è] necessario correre)*.
5 Apri un motore *(server)* di ricerca qualunque, digita *(componi)* nella barra *(di-ricerca riga)* "viaggi last minute" *("ardenti viaggi")*.

▶ ③ Attenti alla preposizione: in russo si deve dire "in Internet" (**в Интернет**, moto a luogo, o **в Интернете**, stato in luogo) e non "su Internet" (**на Интернет, *на Интернете*), che è grammaticalmente scorretto anche se potrà capitarvi di sentirlo dire… A proposito di Internet, non dimenticate che in russo il termine va scritto con l'iniziale minuscola nelle parole composte (v. lez. 22, nota 9).

④ **ни разу не платила**, *non ho mai pagato*: qui utilizziamo l'imperfettivo perché si sottolinea (con la presenza di **ни разу**, lett. "nemmeno una volta") il fatto che quel tipo di azione in generale non è mai accaduta, nego cioè l'azione in sé.

6 Во ⑤, выбирай вторую ссылку – «Магазин горящих путёвок», я уже через них не раз летал ⑥.

7 Не загружается? Нажми ещё раз. Вот, а теперь выбирай по разным критериям: дайвинг, семейный отдых, скалолазание ⑦, горные лыжи…

8 – Мне главное подешевле ⑧…

9 – Так бы сразу и сказала. Тогда жми ⑨ на «Горящие туры».

10 Вот тебе и Бали, и Доминикана, и Вьетнам, и Мальдивы… а самый дешёвый, как ни крути, выходит ⑩ Египет.

11 – Ну и зашибись ⑪! Я ни разу там не была, а тур действительно за копейки.

Pronuncia
7 … skaLaLazanije

Note

⑤ **во** è una particella colloquiale e sta per **вот**, *ecco*.

⑥ **не раз летал**, *ho volato più / diverse volte*: in questo caso si usa l'imperfettivo perché l'azione è stata reiterata, è avvenuta *più di una volta* (**не раз**, lett. "non una volta"). Si tratta del tipico uso dell'aspetto imperfettivo con espressioni di frequenza: **каждый год**, *ogni anno*; **часто**, *spesso*, ecc.

⑦ **скалолазание**, *alpinismo*, calco dall'inglese *rock climbing*, è un termine composto da **скала**, *roccia*, e **лазание**, *arrampicata* (**лазить**, *arrampicarsi*).

⑧ **подеше́вле**, *un po' più conveniente, un po' meno caro*, da **дешёвый**, *economico, a basso prezzo* (v. anche frase 16). Notate l'alternanza **в** / **вл** e la sostituzione della **ё** con la **е** (pur restando l'accento nella stessa posizione). In russo abbiamo ▸

6   Ecco, scegli il secondo link *(rimando)*, "Il supermarket *(negozio)* del last minute". Ho già volato con *(attraverso)* loro diverse volte *(non una-volta)*.

7   Non *(si-)*carica? Clicca *(Premi)* ancora una volta. Ecco, ora scegli le varie opzioni *(secondo diversi criteri)*: immersioni subacquee, relax in famiglia, alpinismo, sci *(di montagna)*…

8 – Per me l'importante è che costi il meno possibile *([sia] un-po'-più-economico)*…

9 – Ma potevi dirlo subito *(Così subito e diresti)*… Allora clicca su "Viaggi last minute".

10   Toh, c'è *(Ecco a-te)* Bali, la Repubblica Dominicana, il Vietnam e le Maldive… gira e rigira, quello che costa meno è *(e il-più economico, come non giri, esce)* l'Egitto.

11 – Ammazza *(Beh e fatti-male)*! Non ci sono mai stata e il viaggio è praticamente regalato *(effettivamente per copechi)*.

▸   qui un comparativo (benché manchi un termine di paragone), mentre nella traduzione italiana abbiamo un superlativo. Il prefisso **по-** con i comparativi ha valore quantitativo: *un po'*.

⑨   Il verbo imperfettivo **жать** presenta diverse accezioni: vuol dire *premere, schiacciare*, ma anche *stare stretto*: **Эти сапоги мне жмут**, *Questi stivali mi stanno stretti*. Attenzione alla sua coniugazione che presenta nel tema una **-м-**: **жму, жмёшь**, ecc.

⑩   In questa frase il verbo di moto **выходить** (lett. "uscire a piedi") è impiegato nel senso di *risultare, saltar fuori*, che si può rendere anche semplicemente con *alla fine*: **Выходит, что он их не пригласил**, *Alla fine non li ha invitati*.

⑪   In un contesto del genere, **зашибись** (da **зашибиться**, lett. "farsi male", "ammaccarsi", "ammazzarsi") è un'esclamazione di stupore, equivalente alla nostra espressione popolare *Ammazza!*. È chiaramente un'espressione di registro informale, che vi sconsigliamo di usare.

12 – Подожди, не горячись, давай посмотрим, что в этот копеечный тур входит.

13 Так-так: питание не включено, только завтрак, страховка, перелёт и трансфер из аэропорта – дороговато, ведь всё остальное тебе в копеечку выльется ⑫.

14 Давай ещё покопаемся, время терпит, я могу задержаться как минимум минут на тридцать.

15 – Вот, смотри, всё включено ⑬: и виза, и все экскурсии, и питание, да к тому же есть дополнительная скидка до 10% ⑭.

16 – Как-то подозрительно дёшево для четырёх звёзд, тем более, что тебе обещают бассейн, водные горки, тренажёрный зал, Интернет и 4 ресторана.

17 Что-то здесь нечисто, но не пойму, где собака зарыта…

---

12 L'aggettivo **копеечный** si legge *[kapjeishnyj]*, ma nel parlato lo si sente pronunciare spesso *[kapjeičnyj]*.

13 L'aggettivo di forma breve **включён** reca l'accento sull'ultima sillaba in tutte le sue forme: **включён** *[fključjon]*, **включено** *[fključino]*, **включена** *[fključina]*, **включены** *[fključiny]*.

Note

⑫ Un po' come avviene per le lire e i centesimi, anche **копейка**, *copeco*, compare in tante espressioni che indicano in genere un prezzo modico: **за копейки**, *per due soldi, praticamente regalato*; **копеечный**, *a poco prezzo, conveniente*, ma curiosamente l'espressione **вылиться в копеечку** vuol dire esattamente il contrario (*costare un patrimonio / un occhio della testa*).

12 – Aspetta, non esaltarti *(scaldarti)*, vediamo un po' cosa comprende questo viaggio a prezzo [così] irrisorio *(che-cosa in questo da-un-copeco viaggio entra)*.

13 Allora *(Così-così)*, il vitto non è incluso, solo la colazione, [mentre] l'assicurazione, il volo e il trasferimento dall'aeroporto sono piuttosto cari e tutto il resto ti costerà un occhio della testa *(a-te in un-copechino si-riverserà)*.

14 Cerchiamo qualcos'altro *(Dai ancora rovisteremo-per-un-po')*, [tanto] c'è tempo *(il tempo sopporta)*, posso restare ancora una mezzoretta almeno *(trattenermi come minimo di-minuti per trenta)*.

15 – Toh, guarda, [qui è] tutto compreso: *(e)* il visto, *(e)* tutte le escursioni, *(e)* il vitto e inoltre c'è uno sconto supplementare fino al 10%.

16 – Non è un po' sospetto un prezzo così basso *(In-qualche-modo [è] sospettosamente conveniente)* per un quattro stelle? Tanto più che sono compresi anche *(a-te promettono)* la piscina, l'acquapark *(acquatiche montagnette)*, la palestra con gli attrezzi, Internet e 4 ristoranti.

17 C'è qualcosa che non torna *(Qualcosa qui [è] sporco)*, ma non riesco a capire dove stia l'inghippo *(non comprenderò dove il cane [è] sotterrato)*…

▶ ⑬ **всё включено** può significare anche *è tutto acceso*: il verbo **включить** vuol dire infatti sia *includere* sia *accendere* (detto di dispositivi elettrici). Ovviamente è il contesto a indicare il senso.

⑭ Come ricorderete, anche i numeri si declinano: **до 10% – до десяти процентов** *[dadissiti pratsentaf]*, *fino al 10%*.

18 – А может, мне просто несказанно повезло? Мой день, так сказать…

19 – Не верю я в подобное везение, что-то тут неладно.

20 Во! Нашёл! Смотри, под описанием тура маленькими-маленькими буковками ⑮ написано, что в него не включены билеты…

21 – Ну совсем обнаглели!

22 Я лучше пойду в агентство, полистаю там каталог туров, спокойно, без спешки, в бумажном варианте как-то надёжнее…

23 А ты не мог бы пойти туда со мной?

24 Мало ли что, вдруг опять я просмотрю такую малюсенькую строчку, которая испортит мне весь отпуск!

---

18 … niska**za**nna …

22 агентство *[aghjenstva]*: la prima **т** non si pronuncia; **каталог** *[kataLok]*: spesso i russi pronunciano questa parola accentando la seconda sillaba, ma si tratta di un errore; l'accento tonico cade sulla terza sillaba in tutta la declinazione di questo sostantivo; **без спешки** si legge come se fosse una parola sola *[bisspjeshki]*.

Note

⑮ **буковка**, *letterina*, diminutivo di **буква**, *lettera*.

18 – Non avrò semplicemente avuto una fortuna sfacciata *(indicibilmente [fortuna] ha-portato)*? Magari *([per] così dire)* è la mia giornata…
19 – Non credo che si possa avere una fortuna simile, qui [c'è] qualcosa di losco.
20 Ecco! Ci sono *(Ho trovato)*! Guarda, sotto la descrizione del viaggio c'è scritto a caratteri piccoli piccoli che i biglietti non sono inclusi…
21 – Ma guarda che sfacciati *(Beh del-tutto sono-diventati-sfacciati)*!
22 Piuttosto vado in un'agenzia, consulterò *(sfoglierò-un-po')* il catalogo dei viaggi con calma, senza fretta, [magari] la versione *(variante)* cartacea è, come dire *(in-qualche-modo)*, più affidabile…
23 Potresti venire *(là)* con me?
24 Non si sa mai *(Poco che)*, [altrimenti] *(all'improvviso)* mi scapperà di nuovo *(mi-lascerò-sfuggire)* una riga piccola piccola *(tale minuscola riga)* che mi rovinerà tutte le ferie!

Упражнение 1 – Читайте и переводите

❶ Подожди, не горячись, давай посмотрим, сколько стоит «горящий тур» на Бали. ❷ Давай ещё покопаемся: у нас как минимум минут тридцать, что-нибудь найдём! ❸ Нам несказанно повезло: в этом агентстве нам сделают дополнительную скидку. ❹ По каким критериям ты выбрал этот тур? – Я просто взял самый дешёвый. ❺ Сходи в агентство, полистай каталог туров, а можешь и в Интернете посмотреть.

***

Упражнение 2 – Восстановите текст

❶ Cos'è che ti preoccupa? – Qui bisogna pagare con la carta di credito e io non ce l'ho *(con me)*.

Чем ты ....? – Здесь надо платить ...., а у меня .. при .... нет.

❷ C'è qualcosa di sospetto: ti promettono di tutto, ma il viaggio costa pochissimo *(copechi)*…

Как-то ....: тебе .... всего ...., а тур ....…

❸ Nel nostro albergo c'è la piscina, l'acquapark, la palestra con gli attrezzi e 4 ristoranti.

В нашей гостинице есть ...., ..., ... зал и 4 ....

❹ Che cosa comprende il *(entra nel)* viaggio? – Il volo, l'assicurazione, la colazione e persino le escursioni.

Что ...... в тур? – ...., ..., ... и даже ....

Soluzione dell'esercizio 1

❶ Aspetta, non esaltarti *(scaldarti)*, vediamo [un po'] quanto costa un "viaggio last minute" a Bali. ❷ Cerchiamo *(Rovisteremo-per-un-po')* qualcos'altro: abbiamo almeno una mezzoretta, qualcosa troveremo! ❸ Abbiamo avuto una fortuna sfacciata *(indicibilmente)*: in questa agenzia ci faranno uno sconto supplementare. ❹ Con *(Secondo)* quali criteri hai scelto questo viaggio? – Ho solo preso quello che costava meno *(il-più-economico)*. ❺ Va' in un'agenzia, consulta *(sfoglia-un-po')* il catalogo dei viaggi e magari da' un'occhiata in Internet.

***

❺ C'è qualcosa che non torna *(sporco)*. Beh, dopo daremo un'occhiata *(guarderemo)* perché devo scappare *(correre)*.

Что-то здесь ...., потом ...., а то мне ....

Soluzione dell'esercizio 2

❶ – обеспокоен – кредитной картой – её – себе –
❷ – подозрительно – столько – обещают – стоит копейки
❸ – бассейн, водные горки, тренажёрный – ресторана
❹ – входит – Перелёт, страховка, завтрак – экскурсии
❺ – нечисто – Ладно – посмотрим – надо бежать

45 Сорок пятый урок

Дизайн интерьера

1 — Чтобы обустроить квартиру или дом, большого ума не надо – были бы ① деньги.
2 — Ну, не скажи, ещё как минимум нужны вкус и воображение.
3   Хороший дизайнер зайдёт в какое-нибудь помещение – жилое или пустующее – ② и сразу увидит его потенциал.
4   Мы вот с мужем сами обставили свою квартиру, но планировку доверили всё-таки ③ архитектору и не прогадали.
5 — Что же он вам такое невероятное сделал?
6 — Во-первых, без него бы мы точно повредили несущую стену,
7   а во-вторых, он не только посоветовал, какой материал и где будет лучше смотреться, но и помог его выбрать.

Note

① La particella **бы**, che accompagna un verbo al passato (talora sottinteso, come si è già visto in molti dialoghi) ed è usata per esprimere sia il condizionale sia il congiuntivo, indica spesso un desiderio, un rimpianto o un dovere. Osservate gli esempi seguenti: **Было бы желание, а остальное получится!**, *Volere è potere!* (lett. "[Ci] fosse il desiderio, e il resto riuscirà!"); **Ты бы позвонил ему**, *Faresti meglio a telefonargli!*, *Dovresti telefonargli!* (lett. "Gli telefoneresti").

② **помещение – жилое или пустующее –**: le parole delimitate da due lineette costituiscono un inciso e aggiungono un'informazione supplementare, ma non indispensabile, su ciò che ▸

Quarantacinquesima lezione   45

Decorazione di interni *(di-interno)*

1 — Per ristrutturare *(risistemare)* un appartamento o una casa non ci vuole un ingegno particolare *(grande intelletto)*, piuttosto ci vorrebbero *(sarebbero)* i soldi.

2 — Beh, non direi *(non dire)*, bisogna almeno *(ancora come minimo)* avere [anche] gusto e immaginazione.

3 [Quando] un buon decoratore entra *(si-addentrerà)* in una casa *(locale)*, abitata o vuota [che sia], ne vede *(vedrà)* subito il potenziale.

4 *(Ecco)* Io e mio marito abbiamo arredato la casa *(appartamento)* per conto nostro *(da-soli)*, ma abbiamo affidato comunque la progettazione [degli interni] a un architetto e ne è valsa la pena *(non ci-abbiamo-rimesso)*.

5 — Ma cosa *(vi)* ha fatto di tanto straordinario *(inverosimile)*?

6 — Innanzitutto *(In-primi)*, senza di lui avremmo sicuramente abbattuto *(danneggiato)* il muro portante,

7 e poi *(in-secondi)*, non solo ci ha consigliato quale materiale [usare] e dove impiegarlo *(meglio si-vedrà)*, ma [ci] ha anche aiutati a sceglierlo.

▸ precede: l'inciso si può infatti sopprimere senza che cambi il senso generale della frase.

③ La particella **таки** è preceduta da un trattino quando segue la parola **всё**: **всё-таки**, *comunque, tuttavia*. Per saperne di più, consultate la lezione 49. Attenzione: non confondete la lineetta (graficamente più lunga), che è un segno di interpunzione, con il trattino nelle parole composte.

8 Он, например, нашёл гениальное решение, которое обошлось нам дешевле, чем то, что мы планировали изначально:

9 нас когда-то давно затопили соседи, и потолок в кухне так и не отремонтировали с тех самых пор ④.

10 Он предложил его почистить, а потом сделать такой цивильный подвесной потолок, что мы и сделали.

11 А какую он нам сделал ванную! Душевая кабина с гидромассажем, мойся и расслабляйся…

12 Хромовая душевая колонна – с верхним и ручным душем, с четырьмя типами струй.

13 Напольную ⑤ плитку купили в Интернете по очень низкой цене, что и позволило нам потратить больше денег на мозаику в серых и бежевых тонах.

14 Всё это создаёт неповторимую атмосферу тепла и уюта.

Pronuncia
12 Hromavaja … dushyvaja …

Note

④ **пора**, *momento*, *tempo*, *periodo*, compare in diverse espressioni: **с этих / тех пор**, *da allora*; **с каких пор?**, *da quando?*; **с давних пор**, *da molto tempo*, *da un pezzo*. Può avere anche valore predicativo (*è tempo*, *è ora*, *è il momento*, ecc.): **пора домой**, *è ora di andare a casa*.

8 Per esempio ha avuto un'idea geniale *(ha-trovato una-geniale soluzione)* che ci è venuta a costare meno *(più-economicamente)* di quanto avessimo inizialmente previsto *(pianificato)*:

9 un giorno, tempo fa, i vicini ci avevano allagato [la casa] e da allora il soffitto della *(in)* cucina non è stato [più] riparato *(così e non hanno-riparato sin da quei momenti)*.

10 Lui ci ha proposto di pulirlo e poi di fare un controsoffitto come si deve *(civile sospeso soffitto)* e noi abbiamo accettato *(cosa-che noi e abbiamo-fatto)*.

11 E che bagno ci ha fatto! Una cabina per la doccia con idromassaggio per lavarsi e rilassarsi *(làvati e rilàssati)*,

12 una colonna doccia cromata con un soffione fisso *([doccia] superiore)*, doccetta *(manuale doccia)* [e] *(con)* quattro tipi di getto.

13 Abbiamo acquistato in Internet le piastrelle del pavimento a un prezzo bassissimo, cosa che ci ha anche permesso di spendere più soldi per il mosaico a tinte *(tonalità)* grigie e beige.

14 Tutto questo crea un'atmosfera eccezionale *(irripetibile)* di calore e comfort.

▸ ⑤ L'aggettivo **на**польный, *da / del pavimento*, si riferisce a un oggetto che occupa per l'appunto la superficie di un pavimento; non a caso, in questo aggettivo e in quelli che seguono si riconosce il prefisso **на-**, caratteristico di nomi e aggettivi che indicano presenza su una superficie (al pari della preposizione **на**, *sopra* con contatto diretto), come **на**стенный, *murale, a muro*, e **на**стольный, *da tavolo*: **на**стенное зеркало, *specchio a muro*; **на**стольная лампа, *lampada da tavolo*.

15 Коридор он нам сделал с арками и всевозможными нишами, что облагораживает это унылое и пустое пространство,

16 так как коридор у нас узкий и длинный, в нём не поместилась бы никакая мебель, даже декоративная вдоль стены.

17 А теперь в нишах стоят вазы, статуэтки и всякие симпатичные ⑥ безделушки;

18 арки пропускают свет и создают иллюзию огромного пространства.

19 В конце коридора мы повесили зеркало на всю стену, но и оно не простое, а фактически – произведение искусства.

20 Это зеркало сделано каким-то дизайнером, по словам нашего архитектора ⑦, известным на весь мир.

21 Оно улавливает и отражает во всех направлениях свет, проникающий через арки.

22 – Слушай, а у вас не создаётся впечатление, что вы живёте в музее современного искусства со всеми этими инсталляциями?!

15 Il termine **ниша** *[nisha]*, *nicchia*, mantiene sempre l'accento sulla prima sillaba in tutta la declinazione: **нишами** *[nishami]*.

Note

⑥ Attenti all'aggettivo "falso amico" **симпатичный** (lett. "simpatico")! In russo, a differenza dell'italiano, indica soprattutto una piacevolezza esteriore (*carino*, *grazioso*), più che interiore, e come tale si può riferire anche a cose: **симпатичная** ▸

15 Ha realizzato *(ci ha-fatto)* un corridoio con archi e nicchie di tutti i tipi, nobilitando *(il-che nobilita)* questo spazio triste e vuoto,

16 poiché il nostro corridoio è stretto e lungo [e] non potrebbe entrarci nessun mobile, neppure per decorazione *(decorativo)* lungo la parete.

17 Invece ora nelle nicchie ci sono vasi, statutette e graziosi ninnoli di ogni tipo;

18 gli archi lasciano passare la luce e creano l'illusione di uno spazio molto vasto *(enorme)*.

19 In fondo al *(Alla fine del-)*corridoio abbiamo appeso uno specchio [che occupa] *(su)* tutta la parete. Non [si tratta però di] un semplice [specchio], bensì di una vera e propria *(effettivamente)* opera d'arte.

20 Questo specchio è stato realizzato *(fatto)* da un designer famoso in tutto il mondo, come ha detto il *(secondo le parole del-)*nostro architetto.

21 Capta e riflette in tutte le direzioni la luce che penetra *(penetrante)* attraverso gli archi.

22 – Scusa *(Ascolta)*, ma non avete *(si-crea)* l'impressione di vivere in un museo d'arte moderna con tutte queste installazioni?!

▸ **девушка**, *ragazza carina*; **симпатичный город**, *città graziosa*. *Simpatico*, nel senso di *piacevole*, *amabile*, si tradurrà invece con **приятный, милый**.

⑦ Qui abbiamo un altro esempio di inciso (**по словам нашего архитектора**), separato dal resto della frase dalle virgole, anziché dalle lineette come nell'esempio della nota 2. La fonte di un parere o di una citazione va separata con una virgola dal resto della frase, anche quando in italiano non ce n'è bisogno: **По-моему, они уже пришли**, *Secondo me sono già arrivati*.

Упражнение 1 – Читайте и переводите

❶ На мозаику и плитку мы потратили значительно больше денег, чем планировали изначально. ❷ В магазине на углу продаются вазы, статуэтки и всякие симпатичные безделушки. ❸ Вы уже были в новом музее современного искусства? Там такие сумасшедшие инсталляции! ❹ Где ты купил душевую колонну для твоей новой ванной? – В Интернете, в магазинах просто не нашёл. ❺ Ремонт был просто ужасный – для начала рабочие повредили несущую стену, а потом потолок…

***

Упражнение 2 – Восстановите текст

❶ Sporgeremo reclamo *(ci-lamenteremo)*: tempo fa ci avete allagato la casa, continuate a prometterci di ripararla *(ristrutturazione)*, ma non avete neppure cominciato i lavori.

Мы будем ……….: ……. вы нас ……, …… только ………, а ничего даже и не начали.

❷ Tutto quello che ha fatto per il nostro appartamento è stato semplicemente geniale ed è costato un'inezia.

…, что он сделал в нашей …….. – просто ………, да и …… это …….. .

❸ Il loro appartamento è piccolo, ma gli specchi [sono] praticamente a tutte le pareti [e] creano l'illusione di un grande spazio.

Квартира у них ………, но ……. ………… на всех …… создают ……. большого …………. .

Soluzione dell'esercizio 1

❶ Per il mosaico e le piastrelle abbiamo speso molto *(significativamente)* di più di quanto avessimo inizialmente previsto. **❷** Nel negozio all'angolo vendono vasi, statuette e graziosi ninnoli di ogni tipo. **❸** Siete già stati al nuovo museo di arte moderna? Ci sono tante di quelle installazioni assurde *(folli)*! **❹** Dove hai comprato la colonna doccia per il tuo nuovo bagno? – In Internet, *(semplicemente)* non l'ho trovata nei negozi. **❺** La ristrutturazione è andata malissimo *(era semplicemente orribile)*: prima *(per inizio)* gli operai hanno distrutto *(danneggiato)* il muro portante e poi il soffitto...

❹ Hanno comprato una casa *(locale)* vuota in centro *(della-città)* e, secondo me, ci faranno dei lavori di ristrutturazione.

Они купили .... в ......
города и, по-моему, будут ...... там ....

❺ Mio marito è architetto, può consigliarvi la progettazione [degli interni] ideale *(di-gran-lunga-la-più ottimale)* per il vostro appartamento.

Мой муж ...., он может ....
вам наиболее .... для
вашей ....

Soluzione dell'esercizio 2

❶ – жаловаться – затопили – давно, ремонт – обещаете – **❷** Всё – квартире – гениально – стоило – копейки **❸** – маленькая – зеркала практически – стенах – иллюзию – пространства **❹** – пустующее помещение – центре – делать – ремонт **❺** – архитектор – посоветовать – оптимальную планировку – квартиры

46 Сорок шестой урок

Информационный выпуск

1. Добрый вечер, в эфире вечерние новости.
2. В ближайшие 40 минут о важнейших новостях дня вам расскажут мои коллеги и я, Ирина Кручинина.
3. Досрочная отставка губернатора: Евгений Земцов, руководивший Архангельской областью, был освобождён от должности Президентом РФ.
4. В Указе Президента говорится, что отставка была принята с формулировкой «по собственному желанию»,
5. однако в близких бывшему губернатору кругах ползут слухи о том, что чиновник был замешан в нескольких тёмных делах.
6. К разговорам о его причастности к крупным коррупционным процессам прибавляется недовольство правительства довольно низким социально-экономическим ① развитием региона.

Note

① Come abbiamo visto, in russo le parole composte si scrivono dividendone gli elementi con un trattino oppure tutte attaccate (v. lez. 35, § 1.2 e lez. 49, § 3.2). Nel caso di termini indipendenti tra loro, per esempio, ci vuole il trattino: **социально-экономический**, *socio-economico*; **торгово-экономический** (frase 9), *economico-commerciale*; **научно-технический**, *tecnico-scientifico*. Si noti come in italiano spesso i due elementi costitutivi siano invertiti rispetto all'ordine della parola composta in russo (si vedano gli ultimi due esempi).

Quarantaseiesima lezione   46

Telegiornale *(Informativa edizione)*

1   [Gentili telespettatori], buonasera dal telegiornale *(nell'etere le serali notizie)*.
2   Nei prossimi 40 minuti i miei colleghi e io, Irina Kručinina, passeremo in rassegna *(vi racconteranno)* le notizie più importanti della giornata.
3   Destituito il *(Anticipate dimissioni del-)* governatore: Evgenij Zemcov, che presiedeva *(che-dirigeva)* la regione di Archangel'sk, è stato esonerato *(liberato)* dal [suo] incarico dal Presidente della Federazione Russa.
4   Secondo il *(Nel)* decreto presidenziale *(si-dice, che)*, le dimissioni, rassegnate "di propria volontà" *(con la formulazione "secondo il proprio desiderio")*, sono state accettate,
5   tuttavia da ambienti *(circoli)* vicini all'ex-governatore filtrano indiscrezioni *(strisciano voci)* secondo cui il funzionario sarebbe implicato in alcuni affari poco chiari *(oscure faccende)*.
6   Alle dicerie *(conversazioni)* su un suo coinvolgimento in gravi casi *(partecipazione a grossi processi)* di corruzione si aggiunge l'insoddisfazione del governo per lo sviluppo socio-economico piuttosto modesto *(basso)* della regione.

7 Теперь о других новостях: Россия и Германия подписали ряд соглашений в различных областях, от финансов до промышленного сектора и энергетики.

8 Целый пакет соглашений подписан сегодня в Кремле в присутствии лидеров двух стран.

9 Канцлер Германии, прибывший в Россию с официальным визитом в среду, в ходе переговоров основное внимание уделил перспективам взаимодействия в торгово-экономической сфере.

10 Ещё обсуждаются поставки газа и нефти по выгодным для обеих ② стран ценам,

11 условия контракта сейчас находятся в стадии ③ согласования,

12 но уже понятно, что подобное долгосрочное ④ соглашение обеспечит стабильность и прочную базу для сотрудничества между двумя партнёрами.

13 Жители села Озёрки Оренбургской области ждут прихода весны всё с нарастающей тревогой:

Note

② **обеих** è il genitivo di **обе** (femminile di **оба**, *entrambi*). Ne riparleremo nella lezione 49.

③ Nell'espressione **Контракт находится в стадии согласования**, *Il contratto è in fase di perfezionamento*, è possibile usare la preposizione **на** al posto di **в**. Il caso è prepositivo perché qui, sebbene in senso figurato, abbiamo uno stato in luogo, in quanto il contratto "si trova" in una determinata fase.

7 [Passiamo] ora [ad] altre notizie: Russia e Germania hanno stipulato *(firmato)* una serie di accordi in diversi ambiti, dalla finanza ai settori dell'industria e dell'energia.

8 L'intero pacchetto di accordi è stato firmato oggi al Cremlino alla presenza dei leader dei due Paesi.

9 Nel corso delle trattative il cancelliere tedesco, giunto in Russia mercoledì in visita ufficiale, ha prestato particolare attenzione alle prospettive di cooperazione economico-commerciale *(nella commerciale-economica sfera)*.

10 Si sta tuttora discutendo [per garantire] forniture di gas e di petrolio a prezzi vantaggiosi per entrambi i Paesi;

11 le condizioni del contratto sono attualmente in fase di perfezionamento *(nello stadio di-accordo)*,

12 ma è ormai chiaro *(già comprensibile)* che un accordo a lungo termine di questo genere *(simile)* assicurerà la stabilità e [costituirà] una base solida per la collaborazione tra i due partner.

13 Gli abitanti del villaggio di Ozërki, [nella] regione di Orenburg, attendono l'arrivo della primavera con crescente agitazione:

▶ ④ A proposito di parole composte, eccone una (**долгосрочное**, *a lungo termine*) in cui non si usa il trattino: ciò avviene quando uno dei due termini dipende dall'altro (l'aggettivo deriva infatti dall'espressione **долгий срок**, *lungo termine*). Troverete altri esempi di questi aggettivi scritti senza trattino nella lezione 49.

14 зима была к ним особо щедра на снег ⑤, и двухметровые сугробы лежат повсюду.

15 Школьный автобус не может прорвать эту снежную блокаду, таким образом юные сельчане ⑥ уже больше двух месяцев вынужденно находятся на каникулах.

16 Пытаясь избежать обвала крыш, жители села ежедневно очищают их от снега, используя для этого пилы и лопаты.

17 Местные власти беспрестанно обещают помочь, но, по свидетельствам людей, пока они даже не соблаговолили ⑦ посетить забытое село.

18 Новости спорта: чемпионат России по футболу продолжается матчем команд второй восьмёрки, встречей футбольных клубов «Факел» и «Динамо».

19 Уже на пятнадцатой минуте игры был назначен пенальти и удалён с поля нападающий «Факела»; таким образом был открыт счёт 1:0.

20 За десять минут до окончания игры счёт сравнял Горюнов: 2:2.

---

14 L'accento tonico dell'aggettivo di forma breve **щедр** *[sshedr]*, *generoso*, è piuttosto mobile: **щедра** *[sshidra]*, **щедро** *[sshedra]*; al plurale (**щедры**) sono ammesse sia la pronuncia *[sshedry]* sia la pronuncia *[sshidry]*).

Note

⑤ In russo, quando abbiamo due o più frasi principali coordinate, in genere ciascuna di esse viene separata dall'altra con una virgola, anche in presenza delle congiunzioni **и** e **а**: Олег пел ▸

14 l'inverno ha riservato loro abbondanti nevicate *(è-stato verso loro particolarmente generoso per la neve)* e ovunque si trovano *(giacciono)* cumuli di neve alti due metri.

15 Lo scuolabus non riesce a superare *(sfondare)* l'ostacolo *(blocco)* della neve, perciò i giovani abitanti del villaggio si ritrovano in vacanza forzata *(necessariamente)* già da più di due mesi.

16 Per cercare *(Tentando)* di evitare che i tetti crollino *(il crollo dei-tetti)*, gli abitanti del villaggio li liberano *(puliscono)* ogni giorno *(quotidianamente)* dalla neve con l'aiuto di *(utilizzando per questo)* seghe e pale.

17 Le autorità locali promettono incessantemente aiuto *([di] aiutare)* ma, secondo le testimonianze della gente, finora non si sono neppure degnate di visitare il villaggio dimenticato.

18 Notizie sportive: il campionato russo di calcio prosegue con l'incontro del gruppo B *(delle-squadre del-secondo gruppo-di-otto, con-l'incontro dei-calcistici club)* [tra] il "Fakel" e la "Dinamo".

19 Già al quindicesimo minuto di gioco è stato assegnato un rigore ed è stato espulso *(allontanato dal campo)* un attaccante del "Fakel"; il punteggio si è così sbloccato *(aperto)*: 1 a 0.

20 *(Entro)* dieci minuti prima della fine *(del-gioco)* Gorjunov ha pareggiato *(il punteggio)*: 2 a 2.

▸ песню, **Коля рисовал, а Маша читала**, *Oleg cantava una canzone, Kolja disegnava e Maša leggeva.*

⑥ Dei nomi con il suffisso **-ин** come **сельчанин**, *paesano, abitante del villaggio*, abbiamo parlato nella lezione 42, § 2. Notate la desinenza **-е** al nominativo plurale previa caduta di **-ин**: **сельчане**.

⑦ Il verbo perfettivo **соблаговолить**, *degnarsi*, è un termine un po' desueto che si usa soprattutto con una sfumatura ironica.

21 В финальной схватке борцов наш соотечественник Лебедев стал серебряным призёром чемпионата Европы по греко-римской борьбе.
22 Первый день чемпионата мира по биатлону не принёс победы россиянкам:
23 наша команда не попала в число призёров, финишировав ⑧ шестой.
24 Программу продолжит прогноз погоды, а я прощаюсь с вами до завтра.

Note

⑧ **финишировав** è il gerundio passato di **финишировать**, *arrivare (al traguardo)*, che può essere imperfettivo o perfettivo. Parleremo dei cosiddetti verbi biaspettuali nella lezione 49. Per rivedere il gerundio passato, invece, consultate la lezione 42 (§ 4.2).

Упражнение 1 – Читайте и переводите

❶ Лидеры двух стран подписали целый пакет соглашений в Кремле в присутствии главы правительства. ❷ Жители нашего села очень ждут прихода весны, так как зима в этом году была особо щедра на снег. ❸ Сейчас много говорят о причастности бывшего губернатора к нескольким крупным коррупционным процессам. ❹ Вы уже подписали контракт? – Ещё нет, сейчас его условия находятся на стадии согласования. ❺ Этот регион известен своим низким социально-экономическим развитием и коррупцией властей.

21 Nella finale del campionato europeo di lotta greco-romana *(Nel finale scontro dei-lottatori)* il nostro connazionale Lebedev ha conquistato la medaglia d'argento *(è-diventato l'argentato vincitore per la greco-romana lotta)*.

22 [Nel]la prima giornata del campionato del mondo di biathlon le russe non sono riuscite a vincere *(non ha-portato di-vittoria alle-russe)*:

23 la nostra squadra ha mancato la medaglia *(non è-capitata nel numero dei-vincitori)* essendo arrivata sesta al traguardo.

24 Il programma continuerà [con] le previsioni del tempo. Arrivederci *(e io mi-congedo con voi fino)* a domani.

Soluzione dell'esercizio 1

❶ I leader dei due Paesi hanno firmato un intero pacchetto di accordi al Cremlino alla presenza del capo del governo. ❷ Gli abitanti del nostro villaggio aspettano con ansia *(molto)* l'arrivo della primavera poiché quest'anno l'inverno ha riservato abbondanti *(è-stata particolarmente generosa su)* nevicate. ❸ Adesso si parla molto di un coinvolgimento dell'ex-governatore in alcuni gravi casi *(processi)* di corruzione. ❹ Avete già firmato il contratto? – Non ancora, le sue condizioni sono attualmente in fase di perfezionamento. ❺ Questa regione è nota per il suo modesto *(basso)* sviluppo socio-economico e per la corruzione delle autorità.

Упражнение 2 – Восстановите текст

❶ Davvero non sapete che un vostro connazionale ha conquistato la medaglia d'argento del campionato?

Вы ..... не знаете, что ваш .... стал .... чемпионата?

❷ Per cercare *(Tentando)* di evitare che i tetti crollino *(il crollo dei-tetti)*, gli abitanti della città li liberano ogni giorno dalla neve.

.... избежать ...., ... города .... очищают их от ..... .

❸ Un rigore è stato assegnato al quindicesimo minuto di gioco e l'attaccante è stato espulso *(allontanato dal campo)*.

.... был .... на пятнадцатой минуте ...., а .... был ...... с ..... .

❹ Un accordo a lungo termine di questo genere per le forniture di gas e di petrolio è vantaggioso per entrambi i Paesi.

Подобное .... по .... газа и ..... выгодно для обеих ..... .

❺ Lo scuolabus è rotto e i giovani abitanti del villaggio già da più di due mesi si ritrovano in vacanza forzata.

.... автобус ......, и юные .... уже больше двух месяцев .... находятся на ....

Soluzione dell'esercizio 2

① – разве – соотечественник – серебряным призёром –
② Пытаясь – обвала крыш, жители – ежедневно – снега
③ Пенальти – назначен – игры – нападающий – удалён – поля
④ – долгосрочное соглашение – поставкам – нефти – стран
⑤ Школьный – сломан – сельчане – вынужденно – каникулах

Минутка для шутки
Un momento per scherzare
Я большой романтик. Отправил девушке смс: «Этот абонент просит Вас выйти за него замуж»… Получил ответ «Уважаемый абонент! На вашем счёте недостаточно средств для данной операции»…, Io sono molto romantico. Ho spedito alla mia ragazza un SMS: "Questo utente Le chiede di sposarlo"… Ho ricevuto [questa] risposta: "Gentile *(Rispettabile)* utente, il Suo credito è insufficiente per l'operazione richiesta *(Sul vostro conto non-abbastanza di-mezzi per la data operazione)*"…

47 Сорок седьмой урок

Москва златоглавая ①

1 – Люблю бродить ② по утренней Москве, когда ещё можно найти уголки, где не слышно визга шин и скрежета тормозов…

2 – И где же ты находишь ③ подобные уголки? Поделись секретом с приезжим!

3 – На рассвете особо приятно ощутить летнюю прохладу в одном из умиротворяющих мест – на Патриарших прудах.

4 – Что-то знакомое… а так это тот самый парк, где начинается действие в Москве в романе Булгакова «Мастер и Маргарита»?

5 – Какой ты начитанный иностранец! Ну раз и книгу читал, тебе сам бог велит прогуляться по Патриаршим.

6 – Не подскажешь, как туда добраться? Может, я дойду до ④ них пешком?

Note

① Nelle descrizioni, Mosca è spesso accompagnata dall'epiteto **златоглавая**, *dalle cupole d'oro*, composto dalle parole antico-slave **злато**, *oro*, e da **глава**, *cupola*, *testa*, che si riferisce alle cupole dorate delle chiese che un tempo si potevano vedere a mano a mano che ci si avvicinava alla città. Oggi *oro* si dice **золото**, mentre **злато** è rimasto nel linguaggio poetico, e *testa* si dice **голова**, mentre **глава** si usa in senso figurato (**глава государства**, *capo di Stato*).

② Il verbo di moto non monodirezionale (v. Appendice grammaticale, § 3.3.1) **бродить**, rispetto a **ходить**, *camminare*, ▸

Quarantasettesima lezione 47

Mosca dalle cupole d'oro

1 – Mi piace andare a zonzo per Mosca di mattina *(per la mattutina Mosca)*, quando è ancora possibile trovare dei posticini *(angolini)* dove non si sente *(non [è] udibile)* lo stridere dei pneumatici e *(il cigolio)* dei freni…
2 – E dove li trovi dei posticini così *(simili)*? Svela *(Condividi)* il segreto a uno che viene da fuori [come me]!
3 – All'alba è particolarmente piacevole sentire il fresco estivo in un posto rilassante *(pacificante)* [come] gli Stagni del Patriarca.
4 – Il nome non mi giunge nuovo *([È] qualcosa [di] conosciuto)*… ma è lo stesso parco [di Mosca] dove comincia il *(l'azione a Mosca nel)* romanzo di Bulgakov "Il Maestro e Margherita"?
5 – Sei uno straniero colto! Se poi *(Allora una-volta [che])* hai anche letto [questo] libro, devi farti ad ogni costo *(a-te Dio stesso ordina)* una passeggiata per gli Stagni *(per del-Patriarca)*.
6 – Mi sapresti dire *(Non suggerirai)* come ci si arriva? Posso forse arrivarci a piedi?

▸ *passeggiare*, significa più propriamente *andare a zonzo, gironzolare, girovagare, andare in giro senza una specifica meta*.

③ Il verbo perfettivo **найти**, *trovare* (frase 1) e l'imperfettivo **находить**, *trovare*, formano una coppia aspettuale.

④ Alcuni prefissi spaziali "raddoppiano" la preposizione che segue: **до**йти **до**, *arrivare a piedi fino a*; **на**ехать **на**, *investire, andare con un mezzo a sbattere contro* (lett. "sopra") (v. lez. 9, nota 5); **от**ойти **от**, *allontanarsi a piedi da*.

7 – Дорогой мой, слово «пешком» для Москвы ты можешь просто вычеркнуть из своего лексикона: туда надо ехать на метро.

8 У тебя есть план метрополитена? Давай, покажу, как дотуда ⑤ доехать.

9 Мы сейчас находимся на Октябрьской, а тебе надо на Маяковскую, это на зелёной ветке, которая называется «Замоскворецкая».

10 Вообще, все линии метро имеют своё название: оранжевая – калужско-рижская, серая – серпуховско-тимирязевская, красная – сокольническая и т.д.

11 А кольцо посередине карты – это и есть кольцевая линия, которая очень удобна, когда надо пересесть с одной ветки на другую и «срезать» дистанцию.

12 Так вот на Октябрьской тебе надо сесть на оранжевую линию в направлении Медведково,

13 на платформе будет указан список станций ⑥ для правого и левого путей ⑦.

Note

⑤ **дотуда**, *fin lì*, è un'espressione della lingua parlata. Si sarebbe potuto anche dire semplicemente **туда**: **Как туда доехать?**, *Come ci si arriva?, Come ci si può arrivare?*

⑥ Prestate particolare attenzione a come si traducono in russo le parole *stazione* e *fermata*: **вокзал** indica *stazione* come luogo fisico per lo scalo di passeggeri e merci (l'edificio e le strut- ▶

7 – Caro mio, a Mosca l'espressione *(parola)* "a piedi" va cancellata *(puoi semplicemente depennare)* dal *(tuo)* vocabolario: *(là)* bisogna andarci in metro.

8 Hai la mappa della metropolitana? Dai [che] ti faccio vedere *(mostrerò)* come ci si arriva.

9 Adesso ci troviamo nella [stazione] Oktjabr'skaja e tu devi andare alla Majakovskaja, [che] è sulla linea *(ramo)* verde che si chiama "Zamoskvoreckaja".

10 In genere, tutte le linee della metro hanno un *(loro)* nome: [quella] arancione [si chiama] "Kalužsko-Rižskaja", la grigia "Serpuchovsko-Timirjazevskaja", la rossa "Sokol'ničeskaja" e così via,

11 mentre l'anello al centro della mappa *(carta)* è una linea circolare *(che [è])* molto comoda quando bisogna spostarsi *(trasbordare)* da una linea *(ramo)* all'altra e accorciare *("tagliare")* le distanze.

12 Ora, alla Oktjabr'skaja devi prendere *(sederti sul)* la linea arancione in direzione Medvedkovo;

13 sulla banchina troverai *(sarà indicato)* l'elenco delle fermate in entrambe le direzioni *(per destra e sinistra vie)*.

▶ ture annesse); **станция** significa invece la singola *fermata* relativa a mezzi di trasporto con vagoni (treni di superficie o della metropolitana); infine **остановка** indica la singola *fermata* per gli altri mezzi di trasporto (autobus, filobus, tram).

⑦ **путей** è il genitivo plurale del sostantivo maschile **путь**, *via*, *strada*. Prestate attenzione alla declinazione singolare di questo sostantivo di genere maschile, che presenta però terminazioni femminili, eccetto allo strumentale: nom. **путь**, gen. **пути**, dat. **пути**, acc. **путь** , strum. **путём**, prep. **пути**.

14 Ты поедешь до Третьяковской, на ней, кстати, находится знаменитая Третьяковка.

15 На Третьяковской будет переход на станцию Новокузнецкую, это на Замоскворецкой линии, ну, а потом тебе надо доехать до Маяковской.

16 – А от метро далеко идти? Я боюсь заблудиться.

17 – Нет, там близко, как выйдешь из метро, иди на Большую Садовую, а с неё свернёшь налево на Малую Бронную – а уж там точно мимо не пройдёшь!

18 Я тебе это место очень советую: в самом саду ⑧ достаточно спокойно, можно на скамейке посидеть, насладиться тишиной.

19 А вокруг парка есть несколько интересных с архитектурной точки зрения зданий, как например дом со львами ⑨, который был построен для военно-командного состава СССР.

Pronuncia
14 … trit'ikofka

Osservazioni sulla pronuncia
18 самом [samom]: non confondete questo aggettivo (caso prepositivo di **сам**) con **самом** [samam], prepositivo di **самый** che serve, ad esempio, per formare il superlativo analitico (*il più*) (v. lez. 51, nota 3).

14 Vai fino alla Tret'jakovskaja, dove, tra l'altro *(a-proposito)*, si trova la famosa [galleria] Tret'jakov.

15 Alla Tret'jakovskaja devi cambiare per la *([ci] sarà il passaggio alla stazione)* Novokuzneckaja, [che si trova] sulla linea Zamoskvoreckaja, e dopo devi andare fino alla Majakovskaja.

16 – Ma da lì *(dalla metro)* è lontano *(andare)* a piedi? Ho paura di perdermi.

17 – No, è vicino, appena esci *(come uscirai)* dalla metro, vai in [via] Bol'šaja Sadovaja, *(e)* da lì giri *(girerai)* a sinistra in [via] Malaja Bronnaja e a quel punto sei praticamente arrivato *(già là precisamente oltre non passerai)*.

18 Ti consiglio vivamente di andarci *(questo posto)*: il giardino di per sé è abbastanza tranquillo, puoi startene un po' seduto su una panchina [e] goderti il silenzio.

19 Inoltre, intorno al parco, ci sono alcuni edifici interessanti dal punto di vista architettonico, come per esempio la casa coi leoni che è stata costruita per [ospitare] il *(corpo di-)*comando militare dell'URSS.

Note

⑧ Vi ricordate quei nomi maschili che, dopo **в** e **на**, fanno il prepositivo in **-у**, con accento tonico fisso sulla desinenza (v. lez. 13, nota 2)? Eccone alcuni altri: **год**, *anno*; **угол**, *angolo* (attenzione alla vocale mobile: **в углу**); **Крым**, *Crimea*.

⑨ La preposizione **с** assume sempre una **о** eufonica davanti alle parole che iniziano per **ль-**, seguita da altra consonante: **со львом, со львами**; **виски со льдом,** *whisky con ghiaccio* (v. anche lez. 49, § 6).

20 И обязательно погуляй в ближайших ⑩ переулках, в этих местах можно учуять запах старинной Москвы.

21 – А давай пойдём туда вместе? Ты заразил меня идеей прогулки по переулкам,

22 где я точно потеряюсь, если со мной не будет такого ценного гида, как ты ⑪!

Note

⑩ Si sarebbe potuto dire anche **близлежащих** *[blizližasshiH]*: l'aggettivo **близлежащий**, *vicino*, è composto dalla preposizione **близ**, *vicino*, e dal participio presente attivo **лежащий**, *giacente*, *sdraiato* o, in senso figurato, *situato*, da **лежать**, *essere in posizione orizzontale*.

⑪ Quando si usa la struttura correlativa **такой..., как**, *tale... come*, **как** va preceduto da una virgola a differenza dell'italiano: **Хочу такого мужа, как ты!**, *Voglio un marito come te!* Ci ritorneremo nella lezione 49.

***

Упражнение 1 – Читайте и переводите

❶ Давай пойдём туда вместе, а то я боюсь заблудиться в переулках. ❷ Это крайне интересное с архитектурной точки зрения здание. Оно к тому же очень известное. ❸ Как добраться до Маяковской? – Это через 3 станции отсюда на Замоскворецкой линии. ❹ Думаю, тебе надо в больницу вместе со мной: по-моему, я заразил тебя гриппом… ❺ Что это за песня? Что-то знакомое… – Конечно, это гимн Российской Федерации!

20 Fatti poi assolutamente una passeggiata nei vicoli dei dintorni *(i-più-vicini)*, dove *(in questi posti)* si può sentire *(fiutare)* l'odore dell'antica Mosca.

21 – E se ci andassimo insieme? Mi hai fatto venir voglia *(Tu hai-contagiato me con-l'idea)* di [fare] una passeggiata per i vicoli,

22 dove mi perderò di sicuro senza *(se con me non ci-sarà)* una guida preziosa come te!

***

Soluzione dell'esercizio 1

❶ Andiamoci insieme, altrimenti ho paura di perdermi nei vicoli. ❷ Questo è un edificio estremamente interessante dal punto di vista architettonico. Inoltre è molto famoso. ❸ Come si arriva alla Majakovskaja? – [Si trova] a 3 fermate da qui sulla linea Zamoskvoreckaja. ❹ Penso che tu debba [venire] all'ospedale con me: credo di averti attaccato *(ti ho-contagiato con)* l'influenza... ❺ Che canzone è questa? Non mi giunge nuova *(qualcosa [di-] conosciuto)*... – Certo, è l'inno della Federazione Russa!

48 Упражнение 2 – Восстановите текст

❶ Secondo me hanno deciso di aprire una libreria. – Beh, non poteva essere altrimenti *(a-lui Dio stesso ordina)*: lei ha un marito così colto!

По-моему, они ...... открыть ....
.... – Ну, им сам бог ..... : у неё такой .... муж!

❷ Basta, vado nel Caucaso anch'io! Mi hai contagiato con la tua folle idea.

Всё, я тоже ....! Ты .... меня своей .... идеей.

❸ Andiamo, non ti perderai [mica]! È vicino: appena esci dalla metro, gira subito a destra.

Да ....., не ....! Там ...... – как .... метро, ... сверни ....

---

48 Сорок восьмой урок

По залам Третьяковки

1 Практически до конца XVII века в искусстве преобладали образы религиозного характера, так как Россия находилась в некой ① культурной изоляции,

2 но Пётр Первый, поставивший себе целью «прорубить окно в Европу», стал приобщать российскую общественность к культурному наследию Европы.

Note

① **некой** è il prepositivo femminile dell'aggettivo indefinito **некий**, *un certo, un qualche, un tale*, che equivale a **какой-то**.

❹ Hai la mappa della metropolitana? – Sì, ce l'ho, ma non c'è tempo per andarci in metro: prendiamo un taxi!

У тебя .... план ....? – План есть, но .... ехать .... нет: берём .....!

❺ Stiamocene un po' seduti su una panchina, riposiamo e godiamoci il fresco del mattino.

Давай .... на ...., ..., насладимся .... прохладой.

Soluzione dell'esercizio 2

❶ – решили – книжный магазин – велит – начитанный – ❷ – еду на Кавказ – заразил – безумной – ❸ – ладно – потеряешься – близко – выйдешь из – сразу – направо ❹ – есть – метрополитена – времени – туда на метро – такси ❺ – посидим – скамейке, отдохнём – утренней –

Quarantottesima lezione 48

Per le sale della [galleria] Tret'jakov

1 Le immagini a carattere religioso hanno predominato nell'arte [russa] quasi *(praticamente)* fino alla fine del XVII secolo, poiché la Russia si trovava in un certo isolamento culturale,

2 ma Pietro I, che si era prefisso lo scopo di "aprire una finestra *(praticare-un'-apertura-con-un'-accetta)* sull'Europa", iniziò *(cominciò-a coinvolgere)* il pubblico russo al patrimonio culturale europeo *(eredità dell'Europa)*.

3 Он не только приглашал иностранных мастеров в Россию,
4 но и посылал за границу ② молодых художников ③ и скульпторов, чтобы они перенимали опыт великих артистов.
5 Оставаясь очень важной для русского человека, икона потеснилась, уступив место портрету, который занял центральную позицию в живописи второй половины XVIII века.
6 Мастерами живописного портрета этой эпохи стали русские художники Левицкий, Рокотов и Боровиковский ④.
7 В первой половине XIX века одними из самых ярких имён в живописи можно назвать Тропинина, Венецианова, Кипренского и Брюллова.

Note

② Prestate attenzione alla parola **граница** (lett. "confine, limite, frontiera"), preceduta dalla preposizione **за** (seguita dallo strumentale per lo stato in luogo e dall'accusativo per il moto a luogo): **Я люблю жить за границей**, *Amo vivere all'estero* (lett. "oltre confine"); **Он часто уезжает за границу**, *Lui spesso va all'estero* (lett. "oltre confine"). Attenzione al moto da luogo: **Он приехал из-за границы**, *È arrivato dall'estero* (lett. "da dietro il confine"). Nell'uso colloquiale la parola **заграница**, con **за** scritto invece attaccato, indica genericamente i *Paesi stranieri*: **Я люблю заграницу**, *Amo i Paesi stranieri / l'estero*.

③ Il termine **художник** significa *artista* in genere, e in particolare *pittore*. In questa seconda accezione è sinonimo del termine più specifico **живописец**.

3 Non solo invitava grandi artisti *(maestri)* stranieri in Russia,
4 ma inviava all'estero *(oltre confine)* giovani pittori e scultori, affinché facessero propria *(assimilassero)* l'esperienza dei grandi artisti.
5 [Pur] restando molto importanti per i russi *(per russo uomo)*, le icone cedettero il posto ai ritratti *(l'icona si-è-ritirata, avendo-ceduto il posto al-ritratto)*, che occuparono una posizione centrale nella pittura della seconda metà del XVIII secolo.
6 Pittori russi [come] Levickij, Rokotov e Borovikovskij divennero grandi ritrattisti *(maestri del-pittorico ritratto)* di quell'epoca.
7 Tra i *(Alcuni dei)* nomi più fulgidi della pittura della prima metà del XIX secolo citiamo *(si-può nominare)* Tropinin, Venecianov, Kiprenskij e Brjullov.

▶ ④ In questa frase l'ordine delle parole è diametralmente opposto rispetto all'italiano: in russo il soggetto si trova alla fine ed è preceduto dal verbo, che a sua volta è preceduto dal predicato nominale, declinato al caso strumentale.

8 Интересен тот факт, что ⑤ Тропинин родился в семье крепостного крестьянина ⑥ и лишь в 47 лет получил долгожданную свободу.

9 Живопись этого периода ориентировалась на античное наследие и героическую тематику, но несмотря на это, бытовой сюжет стал появляться ⑦ в работах многих ярких художников.

10 Реалистичные работы Федотова, пронизанные тонкой сатирой, отражают самодовольство и глупость чиновничества («Сватовство майора», «Свежий кавалер»),

11 а поздние работы навевают мысли об абсурде бытия («Вдовушка», «Игроки»).

12 Благодаря этим чертам часто Федотова в живописи сравнивают с Гоголем в литературе.

---

10 Сватовство *[ssvatafstvo]*: notate l'accento sull'ultima sillaba, abbastanza raro nelle parole che terminano col suffisso **-ство** (tra queste ricordiamo **Рождество** *[raždistvo]*, *Natale*).

Note

⑤ Osservate questa costruzione, un po' diversa dalla nostra: **интересен тот факт**, **что**, *è interessante notare che* (lett. "è interessante quel fatto che"), oppure *curiosamente…* In russo si usa frequentemente per introdurre un'informazione su cui si vuole richiamare l'attenzione del lettore o dell'interlocutore.

⑥ **крестьянина** è l'accusativo animato di **крестьянин**, *contadino*, nome maschile in **-ин**. Come ricorderete (v. lez. 42, § 2), fa il plurale in **-е**, con caduta di **-ин**: **крестьяне**.

8 È interessante [notare] *(quel fatto)* che Tropinin nacque in una famiglia di contadini servi della gleba e solo a 47 anni ottenne la tanto attesa *(lungamente-attesa)* libertà.

9 La pittura di quel periodo si ispirava al mondo classico *(si orientava sull'antica eredità)* e alle tematiche eroiche, ma ciò nonostante la pittura di genere *(quotidiano soggetto)* cominciò a comparire nelle opere di molti artisti di rilievo *(fulgidi)*.

10 I quadri improntati al realismo *(I realisti lavori)* di Fedotov, intrisi *(trafitti)* di una satira sottile, rispecchiano *(riflettono)* l'autocompiacimento e la vanità *(stupidità)* dei funzionari ("La proposta di matrimonio del maggiore", "Il cavaliere fresco [di nomina]"),

11 mentre i suoi lavori tardi fanno riflettere sull'assurdità *(insufflano pensieri riguardo-all'assurdità)* dell'esistenza ("La giovane vedova *(vedovella)*", "I giocatori").

12 Grazie a queste caratteristiche *(tratti)* spesso Fedotov nella pittura viene paragonato a Gogol' nella letteratura.

▸ ⑦ Il verbo perfettivo **стать**, *diventare*, fa coppia con l'imperfettivo **становиться**. Usato nella sola forma perfettiva, cambia però significato quando è seguito da un verbo all'infinito imperfettivo e si traduce con *cominciare / mettersi a*. Osservate gli esempi: **После родительского собрания, он стал лучше учиться**, *Dopo che i genitori sono andati a ricevimento dai professori* (lett. "Dopo la riunione dei genitori"), *ha cominciato a studiare meglio*; **И вдруг они стали собирать коллекцию марок**, *Da un giorno all'altro* (lett. "E d'un tratto") *si sono messi a collezionare francobolli*. Ricordatevi che tutti i cosiddetti verbi "fasici", indicanti cioè inizio, fine o continuazione di un'azione, sono seguiti da infiniti verbali esclusivamente di forma imperfettiva.

48

13 В живописи второй половины XIX века преобладало реалистическое направление, и значимым являлось движение «Передвижников».

14 Оно было образовано молодыми художниками, взбунтовавшимися против канонов Академии:

15 они отказывались писать ⑧ в классическом стиле на мифологические сюжеты, предпочитая им бытовой и портретный жанры, а также пейзажи и исторические картины.

16 Среди пейзажистов самыми знаменитыми певцами русских просторов, пожалуй, являются Левитан («Золотая осень»), Шишкин («Рожь» ⑨) и Саврасов («Грачи прилетели»).

17 Это также время расцвета творчества Репина, бесподобного мастера, оставившего свой след во всех жанрах живописи и ставшего ⑩ одной из ключевых фигур «Передвижников».

18 Общеизвестными являются его полотна: «Бурлаки на Волге», «Не ждали», «Иван Грозный и сын его Иван 16 ноября 1581 года».

Pronuncia
13 ... znaćimym 18 ... burLaki ...

Note

⑧ Osservate che in russo il verbo **писать** significa indistintamente *scrivere*, *dipingere* o *comporre* (*musica*).

13 Nella pittura della seconda metà del XIX secolo predominavano la corrente realista e l'importante *(significativo risultava il)* movimento degli "Itineranti",

14 *(esso era)* costituito da giovani pittori che si erano ribellati ai *(contro i)* canoni dell'Accademia:

15 essi si rifiutavano di dipingere soggetti mitologici in stile classico, preferendo la pittura di genere e la ritrattistica *(preferendo a-loro quotidiano e ritrattistico generi)*, oltre ai paesaggi e ai quadri storici.

16 Tra i paesaggisti, i cantori più famosi degli spazi *(distese)* russi *(, forse,)* sono Levitan ("Autunno dorato"), Šiškin ("Segale") e Savrasov ("I corvi sono tornati").

17 È la stessa epoca in cui vedono la luce le opere *(il tempo della-fioritura dell'opera)* di Repin, maestro ineguagliato *(senza-pari)*, che ha lasciato la sua impronta in tutti i generi pittorici ed è diventato una delle figure chiave degli "Itineranti".

18 I suoi quadri *(tele)* più celebri *(Universalmente-noti)* sono "Trasportatori di chiatta sul Volga", "Non lo stavano aspettando" [e] "Ivan il Terribile e suo figlio Ivan il 16 novembre 1581".

▶ ⑨ **рожь**, *segale*, è un sostantivo femminile, come tutti i nomi in -жь (v. lez. 7, § 2). La sua declinazione, della quale parleremo nella lezione 49, presenta talora la vocale mobile.

⑩ **оставившего** e **ставшего** sono participi passati attivi perfettivi, rispettivamente dei verbi **оставить**, *lasciare*, e **стать**, *diventare*, declinati al genitivo singolare, caso che "domina" l'intera frase (notate anche l'apposizione **бесподобного мастера**, pure al genitivo). Per ripassare la formazione di questi participi, tornate alla lezione 21, § 3.1.

48 19   Позже ⑪ (конец XIX-начало XX века) становится известной кисть Михаила Врубеля, талантливого художника-модерниста ⑫,

20   творчество которого имеет черты зарождающегося в России символизма, одним из родоначальников которого стал Борисов-Мусатов.

21   Его кисти принадлежат не только картины, но и иллюстрации и эскизы театральных декораций.

22   Этот период в истории русской культуры называют «Серебряным веком».

23   Начинается он с деятельностью организации ⑬ «Мир искусства», в которую входили Бенуа, Бакст, Врубель, Серов, Левитан, Нестеров, Кустодиев, Рерих, Петров-Водкин и другие.

24   Именно в этот период русское искусство узнают на Западе благодаря «Русским сезонам» Сергея Дягилева.

20 ... *radanačjal'nikaf* ...

Note

⑪ **позже**, *più tardi*, è il comparativo di **поздно**, *tardi*, ma esiste anche la variante **позднее**.

⑫ **модернист** indica in russo un artista seguace dello stile **модерн**, sviluppatosi in tutta Europa a cavallo tra Ottocento e Novecento, e noto in ogni Paese con diversi nomi: Art Nouveau (Francia e Inghilterra; in quest'ultima è detto anche ▶

19 In seguito *(Più-tardi)* (fine del XIX secolo - inizio del XX secolo) sarebbe divenuta *(diventa)* celebre l'opera *(il pennello)* di Michail Vrubel', pittore liberty di talento,

20 i cui quadri [già] presentano *(l'opera del-quale ha)* tratti del Simbolismo, che in Russia stava vedendo la luce *(nascente)* [e] di cui Borisov-Musatov divenne uno dei capostipiti.

21 Le sue opere comprendono *(Al-suo pennello appartengono)* non solo quadri, ma anche illustrazioni e schizzi di scenografie teatrali.

22 Questo periodo della storia dell'arte russa è detto "il secolo d'argento"

23 e comincia contestualmente alla *(con la)* attività dell'associazione *(organizzazione)* "Il Mondo dell'Arte", di cui facevano parte *(in cui entravano)* Benois, Bakst, Vrubel', Serov, Levitan, Nesterov, Kustodiev, Roerich, Petrov-Vodkin e altri.

24 È proprio in quest'epoca *(periodo)* [che] l'arte russa viene conosciuta in Occidente grazie alle "Stagioni russe" di Sergej Djagilev.

▸ Modern Style), Jugendstil (Germania), Sezessionstil (Austria), Stile Liberty o floreale (Italia). In Russia Vrubel' era il rappresentante maggiore di questa corrente in ambito pittorico.

⑬ Di norma il verbo **начинаться**, *cominciare (a partire) da*, è seguito dalla preposizione **с**, *da*, e dal genitivo con significato di moto da luogo figurato. Qui abbiamo **с**, *con*, e, invece, lo strumentale nel significato di azione concomitante a qualcos'altro *(iniziare insieme con)*.

Упражнение 1 – Читайте и переводите

❶ Говорят, что Пётр Первый прорубил окно в Европу. Что это значит? **❷** Её творчество ориентируется на античное наследие и героическую тематику. **❸** Я предпочитаю мифологические сюжеты, а также пейзажи и исторические картины. **❹** Благодаря специфике творчества этого художника, его знают на Западе. **❺** Интересен тот факт, что его картины совсем не были известны при его жизни.

***

Упражнение 2 – Восстановите текст

❶ Le icone sono sempre state estremamente importanti per i russi *(per russo uomo)* e sono rimaste al centro dell'attenzione per *(nel corso di-)*molti secoli.

..... всегда была .... для русского .... и .... в центре .... в течение многих ......

❷ L'opera *(Opera-creativa)* di questo pittore presentava tratti del Simbolismo allora *(in quel tempo)* nascente.

.... этого .... имело ..... зарождающегося в .. время ....

❸ Le sue opere comprendono *(Al-suo pennello appartengono)* non solo dei quadri, ma anche illustrazioni e schizzi.

Его .... не только ...., но и .... и ....

Soluzione dell'esercizio 1

❶ Si dice che Pietro I abbia aperto una finestra *(praticato-un'-apertura-con-un'-accetta)* sull'Europa. Che cosa significa? ❷ La sua opera s'ispira al *(è-orientata sul)* mondo classico *(antica eredità)* e alle tematiche eroiche. ❸ Preferisco i soggetti mitologici, ma anche i paesaggi e i quadri storici. ❹ Questo pittore è conosciuto in Occidente grazie alle peculiarità delle sue opere. ❺ È interessante notare che i suoi quadri non erano affatto conosciuti durante la sua vita.

***

❹ *(L'epoca de)* "Il secolo d'argento" della cultura russa cominciò in Russia contestualmente all'attività dell'associazione *(organizzazione)* "Il Mondo dell'Arte".

Период « .... века» русской ....
.... в России с .... организации
« .... ».

❺ Le opere *(I lavori)* di molti grandi *(fulgidi)* pittori di quel periodo fanno riflettere sull'assurdità dell'esistenza.

...... многих ярких .... того ....
.... мысли .... бытия.

Soluzione dell'esercizio 2

❶ Икона – крайне важной – человека – оставалась – внимания – веков ❷ Творчество – художника – черты – то – символизма ❸ – кисти принадлежат – картины – иллюстрации – эскизы ❹ – Серебряного – культуры начался – деятельностью – Мир искусства – ❺ Работы – художников – периода навевают – об абсурде –

Минутка для шутки
Un momento per scherzare
Ты где?, Dove sei? **Я уже подъезжаю!**, Sto già arrivando!
Не говори ерунды, я тебе на домашний звоню!, Non dire sciocchezze, ti sto chiamando sul fisso *(su [quello]-di-casa)*!

49 Сорок девятый урок

Повторение - Ripasso

1 Ortografia e punteggiatura

1.1 *Таки*

La particella avversativa **таки**, di uso colloquiale, esprime la riuscita di un'azione malgrado un impedimento o un fatto contrario. Va preceduta da un trattino nei seguenti casi:
– dopo un verbo: **Уехал-таки! А я просила нас подождать…**, *È partito lo stesso! E io che [gli] avevo chiesto di aspettarci...*; se, però, precede il verbo, si scrive senza trattino: **Он таки приехал! А я просила не приезжать**, *È arrivato lo stesso! E io che [gli] avevo chiesto di non venire…*;
– dopo un avverbio: **А мы живём довольно-таки хорошо**, *Ma noi viviamo piuttosto benone*.
Come congiunzione, **таки** si scrive dopo **всё** unita da un trattino e significa *comunque, tuttavia, eppure*: **Всё-таки она права**, *Lei comunque ha ragione*.

1.2 La virgola davanti a *как* e *такой*

• **Davanti a *как* ci vuole la virgola:**
– quando si usa la struttura correlativa **такой…, как** con un aggettivo o un sostantivo tra **такой** e **как**: **В это время стали известными такие художники, как Левицкий и Рокотов**, *All'epoca divennero celebri pittori come Levickij e Rokotov*;
– quando si fa un paragone: **Ты такой, как мой отец**, *Sei come mio padre / tale e quale mio padre*.

• **La virgola va messa davanti a *такой* (e non davanti a *как*):**
– nelle elencazioni, quando **такие как** è preceduto da un sostantivo che definisce genericamente gli elementi dell'elenco: **В это время стали известными русские художники, такие как Левицкий, Боровиковский, Рокотов**, *In quell'epoca divennero celebri pittori russi come Levicki, Borovikovskij, Rokotov*;
– quando **такой (-ая, -ое**, ecc.) **как** si riferisce a un aggettivo (o

participio) che lo precede: **У них животные** дрессированные, **такие как в цирке**, *Hanno degli animali ammaestrati come al circo*, ma **У них животные, как в цирке**, *Hanno degli animali come al circo*; in quest'ultimo caso abbiamo un paragone, per cui la virgola va davanti a **как**.

2 Sostantivi con una declinazione particolare

• Alcune parole che finiscono per **-жь** e **-вь** (per esempio **рожь**, *segale*; **любовь**, *amore*; **ложь**, *menzogna*, tutte femm. e usate solo al sing.) hanno una particolarità: presentano al nominativo, all'accusativo e allo strumentale la vocale mobile **о**, che negli altri casi scompare:

N	рожь	A	рожь
G	ржи	S	рожью
D	ржи	P	ржи

Fate attenzione alla parola **церковь**, *chiesa*, che al singolare segue questo schema e al plurale presenta desinenze miste (molli e dure): **церкви, церквей, церквам, церкви, церквами, церквах**.

• I sostantivi con la vocale mobile **е** o **ё** preceduta da **л** o **н**, del tipo **лев**, *leone*; **лёд**, *ghiaccio*; **огонёк**, *fuocherello*, perdono in tutti i casi, tranne al nominativo singolare, la vocale mobile (che viene sostituita dal segno molle):

	Sing.	Plur.		Sing.	Plur.
N	лев	львы	A	льва	львов
G	льва	львов	S	львом	львами
D	льву	львам	P	льве	львах

• I sostantivi in **-ия** (**декорация**, *decorazione*; **изоляция**, *isolamento*) presentano una declinazione leggermente diversa da quella dei nomi in -я: la desinenza al dativo e al prepositivo singolare è in -ии, mentre fanno -ий al genitivo plurale: **иллюстрация**, *illustrazione* (prep. sing. **иллюстрации**, gen. pl. **иллюстраций**).

3 Parole composte

3.1 Sostantivi

• Nomi composti scritti senza trattino
I nomi composti si scrivono senza trattino, ossia tutti attaccati:
– quando sono collegati tra loro da una vocale di congiunzione (v. lez. 28, § 1.1 e Appendice grammaticale, § 1.1): **скалолазание**, *alpinismo*;
– quando cominciano con specifiche prefissazioni (v. Appendice grammaticale, § 1.1): **авто-**, **агро-**, **вело-**, **кино-**, **теле-**, **фото-**, **электро-**, ecc. Per esempio: **автосалон**, *autosalone*; **велоспорт**, *ciclismo*; **кинотеатр**, *cinema*; **фотосессия**, *servizio fotografico*.

• Nomi composti scritti col trattino
I nomi composti si scrivono col trattino:
– quando sono formati da parole indipendenti tra loro e sono privi della vocale di collegamento: **премьер-министр**, *primo ministro, premier*;
– quando indicano nomi di partiti e movimenti politici o i loro membri: **социал-демократ**, *socialdemocratico*;
– se si tratta di punti cardinali composti: **северо-запад**, *nordest* (si noti che, per i punti cardinali, ciò si verifica nonostante la presenza della vocale di collegamento **o**).

3.2 Aggettivi

• Aggettivi composti scritti senza trattino
Gli aggettivi composti si scrivono tutti attaccati:
– quando sono formati da due parole in rapporto di dipendenza tra loro: **железнодорожный путь**, *ferrovia, binario* (l'aggettivo deriva dall'espressione **железная дорога**, *ferrovia, strada ferrata*);
– quando si tratta di termini tecnico-scientifici o letterari o di aggettivi composti derivati da toponimi: **вечнозелёный**, *sempreverde*; **хлопчатобумажный**, *di cotone, cotoniero*; **вышневолоцкий** (da **Вышний Волочёк**), *di Višnij Voločëk*;

– se una delle due parti dell'aggettivo non è un termine a sé stante: **бледнолицый**, *(dal viso) pallido* (l'aggettivo *лицый non esiste);
– quando cominciano con determinati prefissi, come ad esempio **верхне-, древне-, нижне-, обще-, средне-**: **общеизвестный**, *notorio, universalmente noto*.
In tutti gli esempi sopra riportati si noti la vocale di congiunzione (**o** oppure **e**) che si sostituisce alla desinenza, rispettivamente forte o debole, dell'aggettivo che costituisce il primo elemento del composto.

• **Aggettivi composti scritti col trattino**
Gli aggettivi composti si scrivono col trattino:
– quando sono formati da due parole che non hanno un rapporto di dipendenza tra loro. In altre parole, il trattino potrebbe essere rimpiazzato dalla congiunzione **и**, *e*: **социально-экономический**, *socio-economico*;
– quando indicano sfumature di colori: **тёмно-синий**, *blu scuro*;
– quando derivano da un'espressione formata da un aggettivo e da un sostantivo (disposti in genere in ordine inverso): **литературно-художественный кружок**, *circolo letterario e artistico* (lett. "letterario-artistico circolo": **литературно-художественный** deriva dall'espressione **художественная литература**, *belle lettere*).

4 L'aggettivo numerale collettivo *оба*

L'aggettivo numerale collettivo **оба** (maschile e neutro, **обе** al femminile), *entrambi, tutti e due*, presenta la declinazione seguente:

N	óба	óбе	A	= N (nomi inanimati) = G (nomi animati)	
G	обóих	обéих	S	обóими	обéими
D	обóим	обéим	P	обóих	обéих

Come gli aggettivi numerali cardinali **два** (**две**), **три** e **четыре**, al nominativo e all'accusativo (inanimato) **оба** e **обе** sono seguiti dal genitivo singolare: **оба ученика** (masch.), *entrambi gli allievi*; **оба дерева** (neutro), *tutti e due gli alberi*; **обе девочки** (femm.), *entrambe le bambine*.
Nel caso in cui siano seguiti da un aggettivo, quest'ultimo andrà declinato al genitivo plurale se si riferisce a un sostantivo maschile

o neutro, mentre va al <u>nominativo plurale</u> se si riferisce a un sostantivo femminile: **оба хорош**их **ученик**а (masch.) *entrambi i bravi allievi*; **обе мил**ые **девочк**и (femm.), *entrambe le care bambine*. In tutti gli altri casi, sia il collettivo, sia l'aggettivo, sia il sostantivo vanno posti al caso previsto (secondo il verbo o la preposizione reggente): **Дедушка дал конфеты обе**им **мил**ым **девочк**ам, *Il nonno ha dato i cioccolatini a entrambe le care bambine* (tutte e tre le parole sono declinate al dativo, retto dal verbo **дать**, *dare*).

5 Verbi

5.1 Verbi biaspettuali

Nella lezione 21, § 2.2, abbiamo già visto i modi principali di formazione delle coppie aspettuali. In russo esistono tuttavia anche dei verbi "biaspettuali", ovvero verbi che hanno un'unica forma che può fungere, a seconda del contesto, da verbo imperfettivo o perfettivo. Vediamo alcuni esempi:
– **жениться**, *sposarsi* (detto di un uomo); **родиться**, *nascere*: **Он недавно женился**, *Si è sposato recentemente* (qui **жениться** funge da verbo perfettivo); **Он хотел жениться, но не получилось**, *Voleva sposarsi, ma non ci è riuscito* (qui invece funge da imperfettivo). Questo verbo biaspettuale non va confuso con la coppia aspettuale ordinaria **жениться / пожениться** che significa *sposarsi* detto, invece, di entrambi: **Они поженились** (perf.) **год назад**, *Si sono sposati un anno fa*;
– la maggior parte dei verbi in **-овать** è biaspettuale. Si tratta infatti di verbi che derivano in genere da parole straniere che non prevedono il sistema verbale delle coppie aspettuali (**организовать**, *organizzare*; **импортировать**, *importare*; **экспортировать**, *esportare*; **финишировать**, *arrivare (al traguardo), tagliare il traguardo*): **Каждый раз он финиширует третьим**, *Arriva sempre terzo* (imperfettivo, lett. "Ogni volta arriva al traguardo terzo"); **Как всегда он финишировал третьим**, *Come al solito, è arrivato terzo* (perfettivo).

5.2 Coniugazione di *жать*

Come avrete già notato, la radice di un verbo può cambiare sensibilmente nel corso della sua coniugazione, come avviene con il verbo imperfettivo **жать**, *premere, schiacciare, stare stretto*, che prende una **м** nel tema: ж**м**у, ж**м**ёшь, ж**м**ёт, ж**м**ём, ж**м**ёте, ж**м**ут.

6 Preposizioni con "o" eufonica

Abbiamo già incontrato diverse preposizioni che prendono una **o** eufonica finale per facilitare la pronuncia (v. lez. 14, § 7). Per quanto riguarda la preposizione **с**, si trasforma in **со**:
– davanti alle parole che cominciano per **щ**: **со щенком**, *col cucciolo*;
– davanti alle parole che cominciano con le lettere **с, з, ш** o **ж** seguite da una o più consonanti: **со звонком**, *con uno squillo*; **со шнуром**, *con un cavo*;
– davanti alle parole che cominciano con le lettere **в, л, ль, м, р** seguite da una o più consonanti. Spesso si tratta di sostantivi, aggettivi e pronomi declinati al caso genitivo o strumentale in cui la vocale mobile (**е / ё** oppure **о**) scompare nella radice: **весь**, *tutto* (**со всем**); **всякий**, *ogni, qualunque* (**со всяким**); **вторник**, *martedì,* (**со вторника**); **второе**, *secondo* (**со вторым**); **лев**, *leone* (**со львом**); **лёд**, *ghiaccio* (**со льдом**); **лоб**, *fronte* (**со лбом**); **многие**, *molti* (**со многими**); **мной**, strum. del pron. pers. **я**, *io* e la sua variante letteraria **мною** (**со мной / со мною**).

Заключительный диалог - Dialogo di ripasso

1 – Еду в отпуск, чему очень рад: так здорово в конце февраля оказаться на Бали!
2 – Ух ты! Где ты купил путёвку, в каком-нибудь агентстве?
3 – Нет, случайно в Интернете нашёл отличное предложение среди горящих туров, заплатил кредитной картой и всё.
4 – А мы этой зимой никуда не едем: денег совсем нет.
5   Мы ведь только что ремонт закончили, и вылился он нам в копеечку.
6 – Почему? Вроде бы вам надо было только кухню отремонтировать, вас же, помню, соседи затопили.

7 – Мы решили сразу всё сделать, а ремонт доверить одному знакомому архитектору – да, дороже, но мы не прогадали.
8 Он нам такую ванную сделал: с хромовой душевой колонной, с гидромассажем, сделал неповторимую мозаику на стене.
9 – Ну значит будете отпуск проводить в Москве, гуляя среди двухметровых сугробов!
10 – Смейся-смейся... Действительно на улицах кошмар какой-то: ни на машине не проехать, ни пешком не пройти.
11 Ползут слухи, что в одном соседнем регионе снега ещё больше, чем у нас.
12 Местные власти там в полной панике, пытаются избежать обвала крыш, но ничего не могут сделать,
13 поэтому люди сами ежедневно очищают их от снега, используя для этого пилы и лопаты.
14 – В этом регионе всегда был довольно низкий социально-экономический уровень, поэтому меня не удивляет, что именно там сейчас такая ситуация.
15 – Ладно, хватит о грустном. Расскажи лучше, что у тебя включено в тур.
16 – Всё включено: и виза, и все экскурсии, и питание, да к тому же есть дополнительная 10% скидка, а ещё гостиница – 4 звезды!
17 И всё это за копейки!
18 – Как здорово! А когда вы едете?
19 – Вылетаем 29 февраля.
20 – Не может быть...
21 – Как это не может? Вот смотри, здесь написано.
22 – В этом году в феврале 28 дней...

23 Так вот в чём дело: ты просмотрел вот эту малюсенькую строчку… это тур на следующий год!

Traduzione

1 Vado in ferie e *(al-che)* sono molto contento: che bello essere *(ritrovarsi)* a Bali alla fine di febbraio! **2** Però! Dove hai acquistato il biglietto *(voucher)*, in una *(qualche)* agenzia? **3** No, ho trovato per caso in Internet un'ottima offerta tra i viaggi last minute, ho pagato con la carta di credito e basta *(tutto)*. **4** Noi invece quest'inverno non andiamo da nessuna parte: non abbiamo più *(del-tutto)* soldi. **5** Infatti abbiamo appena finito i lavori di ristrutturazione e ci sono costati un occhio della testa *(si-è-riversato esso a-noi in copechino)*. **6** Perché? Sembrava che doveste solo riparare la cucina che, [se non] ricordo [male], i vicini vi avevano allagato. **7** Abbiamo deciso di fare tutto in una volta *(subito)* e di affidare la riparazione a un noto architetto: naturalmente [ci] è [costato] più caro, ma ne è valsa la pena *(non ci-abbiamo-rimesso)*. **8** Ci ha fatto uno di quei bagni! Colonna doccia cromata, idromassaggio e un mosaico splendido *(irripetibile)* sulla parete. **9** Beh, allora passerete le ferie a Mosca, passeggiando tra cumuli di neve alti due metri! **10** Scherza, scherza *(Ridi-ridi)*… Effettivamente fuori *(nelle strade)* è un vero *(un-qualche)* incubo: non si riesce a passare né in macchina né a piedi. **11** Gira voce *(Strisciano dicerie)* che in una regione vicina ci sia ancora più neve che da noi. **12** Le autorità locali sono nel panico totale, cercano di evitare che i tetti crollino *(il crollo dei-tetti)*, ma non possono fare niente, **13** perciò ogni giorno la gente li libera *(pulisce)* dalla neve per conto proprio *(da-soli)* con l'aiuto di *(utilizzando)* seghe e pale. **14** Quella regione ha sempre avuto un livello socio-economico piuttosto modesto *(basso)*, per cui non mi stupisce che proprio là si sia verificata una situazione del genere. **15** Beh *(Bene)*, basta parlare di cose tristi. Raccontami piuttosto *(meglio)* cosa comprende il *([è] incluso nel)* viaggio. **16** Tutto *(incluso)*: *(e)* il visto, *(e)* tutte le escursioni e il vitto, per di più con uno sconto supplementare del 10% e anche *(ancora)* l'albergo, un 4 stelle! **17** Ed è tutto praticamente regalato *(per copechi)*! **18** Fantastico! E quando partite *(andate)*? **19** *(Voliamo)* Il 29 febbraio. **20** Non può essere… **21** Come, non può [essere]? Guarda, è scritto qui. **22** Quest'anno *(in)* febbraio [ha solo] 28 giorni… **23** Ecco qual è il problema: non hai letto *(ti-è-sfuggita-allo-sguardo)* questa riga piccola piccola… è un viaggio per l'anno prossimo!

50 Пятидесятый урок

*In questa lezione troverete parecchie espressioni idiomatiche di cui in genere vi daremo, oltre alla traduzione effettiva, anche quella letterale; tuttavia, cercate di intuire da soli il senso di queste espressioni: ormai il vostro russo è di buon livello e potete provare a tradurle senza ricorrere costantemente al testo a fronte. Notate che, quando è impossibile fornire la traduzione esatta di una frase, ripieghiamo sull'espressione italiana che più si avvicina al senso dell'originale. Prestate, inoltre, attenzione alla presenza nel dialogo di verbi che hanno una **ё** nella loro coniugazione.*

Любовь зла, полюбишь и козла ①

1   В каждом языке существует пласт лексики, отличный ② от других – устойчивые выражения и словосочетания.
2   В разных языках по-разному выражают недовольство ③ и радость, а также используют порой странные, на взгляд иностранцев ④, уменьшительно-ласкательные слова.
3   Русские называют ласково своих детей «золотко, солнышко, рыбка, ласточка» или «котёнок».

Osservazioni sulla pronuncia
1 словосочетания [ssL°vassačitanija]: anche se la prima **o** non è accentata e andrebbe quindi pronunciata [a], qui (trattandosi di una parola composta) si pronuncia come una "o" molto tenue, che abbiamo indicato in trascrizione fonetica con il simbolo [°].
2 уменьшительно-ласкательные [umin'shytil'na-Laskatil'nyje]: in entrambi gli elementi della parola composta le sillabe toniche si pronunciano nettamente.

Cinquantesima lezione 50

L'amore è cieco (come una talpa)
(L'amore [è] malvagio, ti-innamorerai anche di-un-caprone)

1 In ogni lingua esiste una [specifica] categoria *(strato)* di lessico differente dalle altre: [quella delle] frasi idiomatiche e [delle] frasi fatte *(stabili espressioni e combinazioni-di-parole)*.

2 Da lingua a lingua la gioia e il dolore *(insoddisfazione)* si esprimono in modo diverso *(Nelle varie lingue differentemente esprimono)* e a volte si usano parole affettuose *(diminutivo-vezzeggiative)* [che suonano] bizzarre *(strane)* per gli stranieri *(allo sguardo degli-stranieri)*.

3 I russi chiamano affettuosamente i propri figli "tesoro *(piccolo-oro)*, solicello, pesciolino, rondinella" o "micetto".

Note

① **Любовь зла, полюбишь и козла**, ovvero *L'amore è cieco*. Nel titolo abbiamo aggiunto tra parentesi una similitudine con il regno animale, perché in questa lezione si parla soprattutto di animali e di alcuni tipici modi di dire in cui compaiono.

② **отличный**, *ottimo*: questo aggettivo cambia significato quando è seguito dalla preposizione **от** e in tal caso si traduce con *differente, diverso*: **отличная от всех остальных**, *diversa da tutti gli altri*.

③ **недовольство**, *insoddisfazione, malcontento*: il suffisso **-ство**, molto diffuso, indica una qualità o uno stato: **детство**, *infanzia*; **упрямство**, *testardaggine*, ecc.

④ **..., на взгляд иностранцев,**: un inciso è preceduto e seguito da una virgola e può aggiungere una precisazione riguardo alla fonte di un'affermazione o di un parere. Se l'inciso si trova all'inizio di una frase, la virgola va ovviamente messa solo alla fine: **По-моему, он живёт в Москве**, *Secondo me vive a Mosca*.

50

4 Как ни странно, но именно названия животных присутствуют в очень многих выражениях, описывающих человека или какие-либо из характеризующих его качеств ⑤.

5 Так, ругаясь на глупого человека, говорят, что он «глуп как баран», а иногда добавляют, что «у него куриные мозги».

6 Представьте, что он к тому же «упрям как осёл» или «назойлив как муха», и портрет данного индивида получится явно непривлекательный.

7 Кстати, баран вообще пользуется спросом ⑥ в мире крылатых выражений: не идущему на уступки говорят, что «он упёрся как баран»;

8 толпа, слепо следующая за кем-то, не задавая себе ⑦ вопросов, ведёт себя «как стадо баранов»;

Pronuncia
6 pritstaf'tje ...

4 присутствуют [prissutstvujut]: se avete difficoltà a pronunciare questo termine, scomponetelo in più parti (es. [pri - sut - stvu - jut]).

Note

⑤ Un participio dev'essere preceduto da una virgola quando segue il termine cui si riferisce, ma non quando lo precede: **...выражениях, описывающих его...**, *espressioni che lo descrivono* (poiché il participio **описывающих** segue la parola cui si riferisce, ossia **выражениях**, la virgola è necessaria), ma **какие-либо из характеризующих его качеств**, *alcune delle qualità che la caratterizzano* (il participio ▸

4 Potrà sembrare strano *(Come non strano)*, ma i nomi degli animali ricorrono *(sono-presenti)* per l'appunto in moltissime espressioni che descrivono *(descriventi)* una persona o alcune delle qualità che la caratterizzano *(caratterizzanti)*.

5 Così, prendendosela con uno stupido *(uomo)*, si dice che è "scemo come una capra *(montone)*", magari aggiungendo *(e talora aggiungono)* che "ha un cervello di gallina".

6 Immaginatevi che sia per giunta "testardo come un mulo *(asino)*" o "fastidioso come una mosca" e il ritratto di questo *(dato)* individuo risulterà palesemente sgradevole.

7 A proposito, in genere il montone fa la parte del leone *(approfitta della-richiesta)* nel mondo dei modi di dire *(delle alate espressioni)*: [per esempio,] di uno che non voglia fare concessioni si dice che "si è impuntato come un montone";

8 una folla che segue *(seguente)* ciecamente qualcuno senza porsi [alcuna] domanda si comporta come "un popolo bue / dei pecoroni *(gregge di-montoni)*";

▶ **характеризующих** precede la parola cui si riferisce, ossia **качеств**, dunque la virgola non ci vuole).

⑥ Qui ci siamo presi una piccola libertà, in linea con l'argomento della lezione: **пользоваться спросом** significa nell'uso corrente *andare a ruba, essere molto richiesto*. Qui però il senso è più vicino ad altri modi di dire come "fare la parte del leone", "farla da padrone", ecc.

⑦ Come abbiamo visto nella lezione 42, § 4.1, alcuni verbi riflessivi e pronominali, anziché presentare la particella **-ся**, sono accompagnati per esteso dal pronome riflessivo **себя** opportunamente declinato: **задавать себе вопросы**, *porsi* (lett. "porre a se stessi", caso dativo) *delle domande*.

9 а вот «скрутить в бараний рог» ⑧ значит – подчинить себе кого-либо жёсткими методами, используя угрозы и силу.

10 Когда кто-то смотрит с недоумением, ничего не понимая, мы говорим, что «он уставился как баран на новые ворота» ⑨.

11 Ах, это удивительное существо – человек: «он вкалывает как ломовая лошадь», «вынослив или здоров как бык» и «нагружен как ишак».

12 «Он топает как слон», бывает «неуклюжим как медведь» или «трусливым как заяц» ⑩.

13 От него может быть проку ⑪ «как от козла молока», например, когда «он гол как сокол» и «бьётся как рыба об лёд».

14 Если человек молчалив, то мы скажем, что он «нем как рыба», а если у него неразборчивый почерк, то «он пишет как курица лапой».

---

10 ворота *[varotá]*, *portone*, neutro plurale (nom. o acc.) non va confuso con **ворота** *[voráta]*, genitivo singolare di **ворот** *[vórat]*, *bavero*.
13 Per mantenere la rima, l'accento di **сокол** *[sókaL]* si sposta sull'ultima sillaba nell'espressione **гол как сокол**: *[goL kak sakóL]*.
14 нем *[njem]*, *muto*, da non confondere con **нём** *[njom]*, prepositivo di **он**, con **н** eufonica attaccata.

Note

⑧ Il sostantivo maschile **рог**, *corno*, fa il plurale in -а: **рога**, *corna*. Ricordatevi che i pl. masch. in -**а** sono sempre tonici sulla desinenza.

⑨ **ворота**, *portone*, *cancello*, si usa solo al plurale ed è di genere neutro; **уставиться** o **смотреть как баран** (**на новые ворота**), *fissare come un ebete* (v. la nota culturale alla fine della lezione).

9 inoltre *(ed ecco)* "legare *(torcere)* [qualcuno] a un corno di montone" significa sottomettere *(a-sé)* una persona con le cattive *(con-duri metodi)*, ricorrendo alle *(utilizzando)* minacce e [alla] forza.

10 Quando qualcuno guarda perplesso *(con perplessità)* [qualcosa] senza capirci niente, si dice che "guarda fisso *(si-è-fissato-a-guardare)* come un montone [fissa] un cancello nuovo *(nuovo portone)*".

11 Ah, com'è sorprendente *(questo [è] un-sorprendente essere)* l'uomo: "sgobba come una bestia da soma *(da-tiro cavallo)*", è "resistente come un toro" o è "sano come un pesce *(resistente o sano come un toro)*" ed è "carico come un mulo".

12 "È [rumoroso] come un elefante" quando cammina *(Lui pesta-i-piedi come un-elefante)*, è "goffo come un orso" o "pauroso come un coniglio *(vigliacco come una-lepre)*".

13 Può essere assolutamente inutile *(Da lui può esserci dell'utilità come da un-caprone del-latte)*, per esempio quando è "nudo come un verme *(falco)*" e "si dimena [invano] come un leone in gabbia *(sbatte come un-pesce contro il ghiaccio)*".

14 Se un uomo è taciturno, allora diremo che è "muto come un pesce", e se ha una calligrafia illeggibile allora [diciamo che] "scrive a zampa di gallina".

▸ ⑩ Di norma **как**, *come*, va preceduto da una virgola quando introduce un paragone (v. lez. 49, § 1.2); tuttavia, la virgola non si mette quando **как** fa parte di una frase fatta come nei tre paragoni della frase 12.

⑪ **проку** è il genitivo di **прок**, *vantaggio, utilità*. Esiste anche, ma è meno diffusa, la variante **прока**: **проку** (о **толку**) **как от козла молока**, *inutile come una cattedrale nel deserto, assolutamente inutile* oppure *un buono a nulla*.

50

15 А ещё он может «оказать вам медвежью ⑫ услугу», и при этом вы будете отдавать себе отчёт, что «ему всё как с гуся вода».

16 И если «кривляются как обезьяна», что впрочем вполне понятно, то почему «спит» человек «как сурок»?

17 Интересно, кто-то констатировал, что несчастное животное дрыхнет ⑬ больше других или это клевета?

18 Что говорить – все выражения субъективны: на выбор – «злой» или же «преданный как собака»?

19 Даже человеческую жизнь сравнивают с животным.

20 Встречаются два приятеля, давно не виделись:

21 – Как дела, дружище?

22 – Жена бросила, машину разбил, с работы выгнали, документы спёрли ⑭, а сейчас и бумажник потерял…

---

17 ... nissh'assnaje ... klivita

Note

⑫ L'aggettivo **медвежий** (lett. "d'orso") cambia completamente il senso dell'espressione **оказать кому-то услугу**, *rendere un servizio a qualcuno*, perché indica che tale servizio è inutile o persino dannoso (un *pessimo servizio* o *un cattivo favore*, insomma): **Не оказывай мне медвежьих услуг, пожалуйста**, *Fammi questo favore come si deve, per cortesia.* ▸

15 Può anche "rendervi un pessimo *(da-orso)* servizio" e per di più vi renderete conto *(rendiconto)* che "tutto gli scivola addosso come l'acqua *(a-lui tutto come dall'oca l'acqua)*".

16 E se "fa smorfie come una scimmia", cosa d'altronde del tutto comprensibile, perché allora [si dice che] "dorme come un ghiro *(marmotta)*"?

17 È curioso *(interessante)*, qualcuno ha constatato che [questo] povero *(sfortunato)* animale dorme saporitamente più degli altri oppure si tratta di una calunnia?

18 Una cosa è certa *(Che dire)*: tutte [queste] espressioni sono soggettive: si può scegliere *(a scelta)* [se dire] "feroce *(cattivo)*" oppure "fedele come un cane".

19 [In russo] persino la vita umana viene paragonata a *(confrontano con)* un animale.

20 Due amici si incontrano dopo tanto tempo *(da molto non si-sono-visti)*:

21 – Come va, vecchio mio *(amicone)*?

22 – [Mia] moglie mi ha lasciato, ho distrutto *(fracassato)* la macchina, mi hanno licenziato *(dal lavoro hanno-cacciato-via)*, mi hanno fregato i documenti e ora ho anche perso il portafoglio...

▸ ⑬ **дрыхнуть**, *dormire saporitamente, dormire della grossa*, è un verbo imperfettivo che appartiene allo stile colloquiale.

⑭ **спёрли** è il passato plurale del verbo perfettivo **спереть**, *fregare* (*rubare*), che appartiene alla lingua colloquiale. Osservate che, come tutti i verbi in **-ереть**, presenta al passato un troncamento della radice. Inoltre la **е** si trasforma in **ё**, per cui si ha **он спёр** e non *он спер, né *он сперел.

23 – Не грусти: «жизнь ведь как зебра ⑮ – полоса чёрная, полоса белая». Всё наладится, вот увидишь.
24 Через год приятели встречаются снова:
25 – Помнишь, год назад ты говорил, что жизнь – как зебра? Так вот тогда у меня была белая полоса…

Note

⑮ Se non avessimo dovuto dimostrare quello che afferma la frase 19, avremmo tradotto **жизнь – как зебра** con un modo di dire equivalente, per esempio *ci sono gli alti e bassi nella vita*, magari modificando la battuta conclusiva ("Ecco, all'epoca ero in alto") senza dover tirare in ballo gli animali…

Упражнение 1 – Читайте и переводите

❶ Я пыталась его убедить, но это невозможно – он упёрся, как баран. ❷ Ты хочешь выйти замуж за этого человека с куриными мозгами? Да ты шутишь! ❸ Ну и пара: она бьётся как рыба об лёд, а от него толку как от козла молока. ❹ Уставился на меня как баран на новые ворота: как всегда, ничего не понимает! ❺ Не ругайся на меня, ты сам никогда не идёшь на уступки, мне это очень не нравится.

23 – Non essere triste: "la vita in effetti è come una zebra, ci sono le strisce nere, [ma anche] quelle bianche". Tutto si aggiusterà, *(ecco)* vedrai.
24 Un anno dopo [i due] amici si incontrano di nuovo:
25 – Ricordi [che] un anno fa [mi] hai detto che la vita è come una zebra? Ecco, per me allora era [il momento del]la striscia bianca…

Soluzione dell'esercizio 1

❶ Ho provato a convincerlo, ma è impossibile: si è impuntato come un mulo *(montone)*. ❷ Vuoi sposarti con quell'uomo dal cervello di gallina? Ma scherzi! ❸ Che coppia: lei si dimena come un leone in gabbia *(sbatte come un-pesce contro il ghiaccio)* e lui è un buono a nulla *(da lui dell'utilità come da un-caprone del-latte)*. ❹ Mi ha fissato come un ebete *(come un-montone su un-nuovo portone)*: come al solito non capisce niente! ❺ Non te la prendere con me, tu stesso non vuoi mai fare concessioni [e] questo proprio non mi va giù *(a-me molto non piace)*.

Упражнение 2 – Восстановите текст

❶ Aiutami, per favore, sono carico come un mulo. Sono stato al mercato [e] ho fatto scorta di prodotti per una settimana.

...... мне, пожалуйста, я .... как ..... Был на ....., накупил .... на ....

❷ Zitto, il bambino dorme e tu cammini *(pesti-i-piedi)* come un elefante. – Stai tranquilla, dorme come un ghiro *(marmotta)*.

...., ребёнок ...., а ты .... как ..... – Не ...., он .... как ......

❸ Ti è successo qualcosa? È tutta la sera che sei muto come un pesce. – Mi hanno licenziato *(dal lavoro hanno-cacciato-via)*...

У тебя что-то ....? Ты весь .... как ..... – Меня с ....

❹ La gente esprime in modo diverso la gioia e il dolore *(Diverse persone differentemente esprimono insoddisfazione e gioia)*. – Ma alcuni li esprimono a voce troppo alta, per i miei gusti *(sul mio sguardo)*!

...... люди по-разному .... и .... – Но некоторые .... их ...., на мой взгляд!

❺ Ma davvero ha una calligrafia illeggibile? – Sì, scrive a zampa di gallina, non si capisce assolutamente niente *(non distinguerai)*!

Разве у него ....? – Да, он ..... как ...... лапой, ... не разберёшь!

Soluzione dell'esercizio 2

❶ Помоги – нагружен – ишак – рынке – продуктов – неделю
❷ Тихо – спит – топаешь – слон – переживай – спит – сурок
❸ – случилось – вечер нем – рыба – работы выгнали ❹ Разные – выражают недовольство – радость – выражают – слишком громко – ❺ – неразборчивый почерк – пишет – курица – совершенно ничего –

***

Come abbiamo visto, **уставиться** *o* **смотреть как баран на новые ворота** *vuol dire* fissare qualcosa come un ebete *o* con aria sbalordita. *Si dice anche, semplicemente,* **смотреть как баран** (guardare come un montone): *in Russia (ve ne sarete resi conto) il montone è considerato un animale molto stupido, incapace di riconoscere il cortile di una casa di cui sia stato appena cambiato il cancello. I contadini spiegano l'origine dell'espressione con un aneddoto: si dice che una sera un gregge di montoni che tornava dal pascolo non avesse riconosciuto il proprio cortile perché, durante la giornata, era stato ridipinto il cancello. Fu necessario spingere a forza un vecchio montone all'interno affinché il gregge lo seguisse e rientrasse nell'ovile...*

Le tre lezioni che seguono sono un po' particolari. Si tratta di testi che riprendono lo stile delle guide turistiche o delle rubriche dei giornali, il cui registro è molto diverso da quello della lingua parlata: le frasi sono più lunghe e ricche di strutture complesse, di participi e gerundi, enumerazioni e inversioni tra soggetto e verbo. Leggetele e rileggetele, magari "semplificandole" se occorre, cercando innanzitutto il soggetto, quindi il verbo e via via tutti i relativi complementi. È un'ottima ginnastica mentale, come vedrete!

51 Пятьдесят первый урок

Музей музею рознь

1   Пожалуй, самыми известными столичными ① музеями можно назвать Государственный музей изобразительных искусств им. Пушкина, Третьяковскую галерею, музеи Кремля,
2   Исторический музей, а также Московский музей современного искусства и «Гараж» – Центр современной ② культуры.
3   Сама ③ Третьяковка и её постоянная экспозиция «Искусство XX века» (последняя расположена в здании Центрального Дома Художника)
4   представляют ④ вниманию посетителей одну из богатейших коллекций отечественной живописи за 10 веков, от икон до авангарда.

Pronuncia
3 sa**м**а ...

Osservazioni sulla pronuncia
1 им., *a nome di*: quest'abbreviazione, genitivo singolare di **имя**, *nome*, si legge **имени** *[imini]*.

Note
① L'aggettivo **столичный** deriva dal sostantivo **столица**, *capitale*: notate il fenomeno della palatalizzazione in **столичный**, dove la consonante **ц** si alterna a **ч**. Anche **коне**ц, *fine* → **коне**ч**ный**, *finale*; **огуре**ц, *cetriolo* → **огуре**ч**ный**, *di cetriolo*, ecc. si comportano allo stesso modo.

② Come si può notare in questa frase, **современный** può significare sia *contemporaneo* sia *moderno*.

Cinquantunesima lezione 51

C'è museo e museo
(Museo a-museo discordia)

1 [Tra] i musei più famosi della capitale si possono forse citare il Museo statale di arti figurative *(a-nome di-)*Puškin, la Galleria Tret'jakov, il Museo del Cremlino,

2 il Museo di storia *(Storico museo)* e anche il Museo di Mosca d'arte moderna e il "Garage", centro culturale *(di-cultura)* [d'arte] contemporanea.

3 Proprio la *(La stessa)* Galleria Tret'jakov e la sua mostra *(esposizione)* permanente "L'arte del XX secolo" ([quest']ultima si trova *([è] situata)* nell'edificio della Casa centrale degli artisti *(del-Pittore)*),

4 presentano all'attenzione dei visitatori una delle più ricche collezioni della pittura russa *(nazionale)* degli [ultimi] *(entro)* 10 secoli, dalle icone fino all'avanguardia.

③ Attenzione: **сам** (m.), **сама́** (f.), **само́** (n.), **са́ми** (pl.) hanno vari significati: *da solo* (senza aiuto); *proprio, in persona, stesso*. Queste forme non vanno confuse con **са́мый, са́мая, са́мое, са́мые**, che servono invece a formare il superlativo analitico (*il più*) o per indicare il limite estremo spaziale o temporale: **Я э́то сде́лал сам!**, *L'ho fatto <u>da solo</u>!*; **Сам дире́ктор пришёл**, *Arrivò il direttore <u>in persona</u>*; **Э́то са́мая краси́вая де́вушка**, *È <u>la</u> ragazza <u>più</u> bella*; **с са́мого утра́**, <u>*sin*</u> *dal mattino*.

④ Se vi sentite un po' smarriti con tutte queste elencazioni e questi incisi, eccovi un piccolo aiuto: il soggetto del verbo **представля́ют** si trova nella frase 3 ed è costituito da **Третьяко́вская галере́я**, *Galleria Tret'jakov*, e **его́ постоя́нная экспози́ция**, *la sua mostra permanente*.

5 В коллекции музея им. Пушкина – одного из крупнейших в России – представлены ⑤ работы мастеров европейского и мирового искусства от античности до xx века.

6 В 2008 году на территории бывшего автобусного парка, построенного русским архитектором К. Мельниковым, расположился «Гараж».

7 «Гараж» организует не только выставки и культурные мероприятия, но также образовательные дискуссии, лекции и всевозможные занятия для детей и взрослых.

8 А ещё в Москве можно найти уйму ⑥ маленьких малоизвестных музеев по любой тематике; существует даже Музей истории водки!

9 На ВДНХ ⑦, само по себе ⑧ являющимся местом, по которому интересно побродить ⑨, вы сможете ознакомиться с экспонатами Музея космонавтики.

Note

⑤ **представлены**, *presentati*, è il participio passato passivo di forma breve, al plurale, del verbo perfettivo **представить**, *presentare* (v. anche gli analoghi participi nella frase 13).

⑥ Indicando una quantità, il sostantivo femminile **уйма**, *miriade, marea, moltitudine*, regge il genitivo singolare (con un nome non numerabile e astratto) o il genitivo plurale (con un nome concreto). Confrontate gli esempi: **уйма народа / народу** (con gen. in **-у**, v. lez. 8, nota 3), *una marea di gente*; **уйма солдат**, *una moltitudine di soldati* (notate qui il gen. pl. a desinenza zero, per cui coincide con il nom. sing.).

5 La *(Nella)* collezione del museo *(a-nome di-)* Puškin, uno dei più grandi *(grossi)* [musei] russi, contiene *(sono-presentate)* opere *(lavori)* dei maestri dell'arte europea e mondiale dall'antichità classica fino al XX secolo.

6 Nel 2008, sul terreno di un ex deposito *(parco)* di autobus costruito dall'architetto russo K. Mel'nikov, è sorto *(è-situato)* il "Garage".

7 Il "Garage" organizza non solo mostre e manifestazioni culturali, ma anche incontri formativi *(educativi dibattiti)*, conferenze e ogni sorta di corsi per bambini e adulti.

8 A Mosca, inoltre, si possono trovare una miriade di piccoli musei poco noti su qualunque argomento; esiste persino un Museo storico della vodka!

9 All'esposizione dell'economia nazionale *(Nel VDNCh)*, che [già] di per sé si presenta come un posto interessante da visitare *(per il quale [è] interessante vagare-per-un-po')*, potrete prendere visione delle opere esposte nel *(del)* Museo di astronautica.

▸ ⑦ **ВДНХ, Выставка достижений народного хозяйства**, *Esposizione delle conquiste dell'economia nazionale (dell'URSS)*, oggi è spesso chiamata **ВВЦ, Всероссийский выставочный центр**, *Centro panrusso delle esposizioni*. Il termine russo **выставка** può significare, a seconda del contesto, *mostra, fiera* o *esposizione*.

⑧ Qui **сам** ha un altro significato ancora, è rafforzativo del pronome riflessivo **себя**: **самó по себе** (lett. "esso stesso per sé").

⑨ **побродить**, *vagare per un po'*, deriva dal verbo di moto non monodirezionale imperfettivo **бродить**, *vagare*, che con il prefisso temporale **по-** diventa perfettivo e al contempo prende il significato supplementare di "per un po'" (v. Appendice grammaticale, p. 605).

51

10 Вы сможете также посетить мемориальный комплекс на Поклонной горе ⑩, в который входит музей Великой Отечественной войны 1941-45 гг., раскинувшийся на площади 135 гектаров.

11 Там на площади ⑪ Победителей возвышается обелиск высотой 141,8 метра, что ⑫ напоминает нам о 1418 днях войны.

12 Помимо крупных музеев существуют музеи-квартиры, такие как Государственный музей В.В. Маяковского, музей М.А. Булгакова в Москве и музеи-квартиры А.С. Пушкина, Ф.М. Достоевского и И.А. ⑬ Бродского в Петербурге.

13 Такого рода музеи интересны тем, что в них сохранены личные вещи великих людей и запечатлены кусочки их жизни.

---

10 ... tyssiči divitsot sorakpjervava sorakpjatava ...
11 ... sto sorak adna tseLaja vossim' dissjatyH ...

Note

⑩ **Поклонная гора** (lett. "Collina degli inchini"). Per il suo significato si rimanda alla nota culturale a fine lezione.

⑪ **на площади** ricorre anche nella frase precedente ma, come si può evincere dal contesto, ha un significato diverso: **площадь** vuol dire infatti *area*, *superficie* nella frase 10, mentre significa *piazza* nella frase 11.

10 Potrete visitare anche il complesso [architettonico] commemorativo sulla Collina *(monte)* Poklonnaja, di cui fa parte *(in cui entra)* il Museo della Seconda Guerra mondiale *(Grande Patriottica guerra dei-1941-mo-1945-mo anni)*, che si estende *(che-si-è-esteso)* su un'area *(superficie)* di 135 ettari.

11 Là, in Piazza dei Vincitori, si erge *(si-innalza)* un obelisco alto *(per-l'altezza)* 141,8 metri in memoria dei *(che ricorda a-noi i)* 1.418 giorni della guerra.

12 Oltre ai grandi musei esistono case museo *(musei-appartamenti, tali)* come il Museo statale V.V. Majakovskij [o] il museo di M.A. Bulgakov, a Mosca, e quelli di A.S. Puškin, F.M. Dostoevskij e I.A. Brodskij a San Pietroburgo.

13 I musei di questo tipo *(genere)* sono interessanti perché *(per-quello, che)* in essi [sono] conservati gli oggetti personali di grandi uomini e sono raffigurate *(impresse)* scene *(pezzetti)* della loro vita.

▸ ⑫ Notate che il pronome relativo **который**, *il quale*, **которая**, *la quale*, ecc. nei casi diretti (nominativo e accusativo) può essere sostituito con **что**, *che*.

⑬ Le iniziali puntate indicano ovviamente, nell'ordine, il nome di battesimo e il patronimico e si usano tipicamente nei testi scritti o nelle lettere ufficiali.

14 Санкт-Петербург, кстати, тоже изобилует музеями: Эрмитаж – один из самых известных и богатейших музеев мира;

15 Государственный Русский музей – первый в России государственный музей русского изобразительного искусства, где собраны произведения всех направлений и течений.

16 Нельзя не упомянуть о Музее антропологии и этнографии, известном под названием Кунсткамеры.

17 Кунсткамера была построена в начале XIX века по указу Петра Великого, который хотел сосредоточить в ней различные «странности природы»,

18 и изначально в коллекции присутствовали живые экспонаты – карлики и великаны, которые жили при музее.

19 Музеи-заповедники, находящиеся в пригородах Санкт-Петербурга, тоже достойны внимания.

20 «Петергоф», роскошная царская резиденция, является одной из самых ярких реализаций Петра Первого.

21 Построенный в рекордные сроки, дворцово-парковый ансамбль поражает своими фонтанами и водными каскадами, величием ⑭ взмывающих в небо водных струй.

---

18 ... *karliki* ... *vilikany*

14 A proposito, anche San Pietroburgo abbonda di musei [come] l'Ermitage, uno dei più famosi e più ricchi *(musei)* del mondo,

15 [e] il Museo statale russo, il primo museo pubblico *(statale)* di arti figurative in Russia, che ospita *(dove [sono] raccolte)* opere di tutti i movimenti *(orientamenti)* e correnti.

16 Non si può [poi] non menzionare il Museo antropologico ed etnografico, noto con *(sotto)* il nome di Kunstkamera.

17 La Kunstkamera è stata costruita all'inizio del XIX secolo per ordine *(decreto)* di Pietro il Grande, che voleva riunirvi *(concentrare in essa)* le varie "stravaganze *(stranezze)* della natura":

18 *(e)* inizialmente la collezione comprendeva *(nella collezione erano-presenti)* degli esseri viventi *(vivi oggetti-esposti)*, [ossia] nani e giganti che vivevano presso il museo.

19 Vale la pena di visitare *([sono] degni di-attenzione)* anche i musei-riserva *(trovantisi)* nei dintorni *(sobborghi)* di San Pietroburgo.

20 "Peterhof", lussuosa residenza degli zar, è una delle opere più sontuose fatte erigere da Pietro il Grande *(delle più brillanti realizzazioni di Pietro Primo)*.

21 Costruito a tempo di record *(in di-record scadenze)*, [questo] complesso di palazzi e parchi sbalordisce per le sue fontane, le sue *(idriche)* cascate e i getti d'acqua che zampillano maestosamente verso il cielo *(per-la-maestosità dei-sollevantisi in cielo idrici flussi)*.

Note

⑭ **величием**, strum. di **величие**, *maestosità*, è reso qui con l'avverbio *maestosamente*. Notate l'"incastro" dei complementi (**взмывающих водных струй** e **в небо**). Nello stile letterario il part. viene anteposto al sost. cui si riferisce e tra part. e sost. si pongono eventuali compl. retti dal part. stesso (v. anche frase 24).

51

22 Царь мечтал ⑮ построить резиденцию, не уступающую по величию и красоте французскому Версалю, и лично участвовал в планировке парка и фонтанов.

23 Некоторые фонтаны-ловушки, задуманные Петром Великим, веселят посетителей и по сей день.

24 Например, множество струй брызжут ⑯ из земли, когда нога переступает через определённую невидимую границу, оставляя попавшего в ловушку человека мокрым до нитки…

22 … *frantsuskamu virsalju … učjastvavaL*

Note

⑮ **мечтать** significa *sognare* nel senso di *desiderare*, non di *vedere in sogno*: in tal caso in russo si dice **видеть во сне** (lett. "vedere in sogno"). **Прошлой ночью я видел во сне** ▶

Упражнение 1 – Читайте и переводите

❶ Всегда мечтал посетить Эрмитаж. По-моему, это один из самых известных и богатейших музеев мира. ❷ В этом музее находится одна из богатейших коллекций отечественной живописи от икон до авангарда. ❸ Центр современной русской культуры расположился на территории бывшего автобусного парка. ❹ Построенная в рекордные сроки резиденция раскинулась на площади 35 гектаров. ❺ В этом городе столько известных музеев! – А знаешь, я предпочитаю маленькие малоизвестные музеи.

22 Lo zar sognava di [far] costruire una residenza che per magnificenza e bellezza non fosse inferiore a *(francese)* Versailles e partecipò personalmente alla *(nella)* progettazione del parco e delle fontane.
23 Alcune fontane-trabocchetto concepite da Pietro il Grande divertono i visitatori ancora oggi *(e fino-a questo giorno)*.
24 Per esempio, quando si *(il piede)* oltrepassa un certo *(determinato)* confine invisibile, zampillano da terra una miriade *(moltitudine)* di getti d'acqua che bagnano il malcapitato come un pulcino *(lasciando la caduta in trappola persona bagnata fino-al filo)*…

▸ **моего отца**, *La scorsa notte ho sognato mio padre*. Oppure si ricorre a una struttura in cui l'oggetto del sogno in russo è il soggetto del verbo intransitivo **сниться** *(apparire in sogno)*: **Вчера мне снилась бабушка**, *Ieri ho sognato la nonna* (lett. "Ieri a me è apparsa in sogno la nonna").

⑯ **брызжут** è la 3ª persona plurale del verbo imperfettivo **брызгать**, *sprizzare*, *spruzzare* (trans.), *zampillare* (intr.). Questo verbo si può coniugare in due modi, ovvero come verbo della 1ª coniugazione, rispettivamente con o senza alternanza consonantica **г** / **ж**: anziché **брызжут** si può anche dire **брызгают**, ma questa seconda forma è ammessa in alternativa alla prima soltanto quando il verbo significa *spruzzare*.

Soluzione dell'esercizio 1

❶ Ho sempre sognato di visitare l'Ermitage. Secondo me è uno dei musei più famosi e più ricchi del mondo. ❷ In questo museo si trova una delle più ricche collezioni della pittura russa *(nazionale)*, dalle icone all'avanguardia. ❸ Il centro della cultura russa contemporanea è sorto *(è-situato)* sul terreno di un ex deposito *(parco)* di autobus. ❹ Costruita a tempo di record, la residenza si estende *(si-è-estesa)* su un'area di 35 ettari. ❺ Quanti musei famosi ci sono in questa città! – Sai, io preferisco i piccoli musei poco noti.

Упражнение 2 – Восстановите текст

❶ Oltre ai grandi musei esistono delle case museo *(musei-appartamenti)* in cui sono conservati gli oggetti personali di grandi uomini.

..... крупных .... музеи-квартиры, в которых .... личные .... людей.

❷ Non si può non menzionare le fontane-trabocchetto che divertono i visitatori ancora oggi.

Нельзя не .... о фонтанах-........, которые .... и по ... день.

❸ Il centro della cultura contemporanea organizza incontri formativi *(educativi dibattiti)*, conferenze e ogni sorta di corsi per bambini e adulti.

.... культуры .... образовательные ...., ... и всевозможные .... для детей и ....

❹ Questa lussuosa residenza degli zar è una delle opere *(realizzazioni)* più sontuose *(brillanti)* dell'architetto.

Эта .... царская .... одной из самых ..... реализаций ....

❺ Nel nostro parco ci sono delle fontane magnifiche e i visitatori ammirano per ore la miriade di getti d'acqua che zampillano *(si-sollevano)* verso il cielo.

В нашем ..... есть .... , и .... часами .... множеством ....., которые взмывают в .....

Soluzione dell'esercizio 2

❶ Помимо – музеев существуют – сохранены – вещи великих – ❷ – упомянуть – ловушках – веселят посетителей – сей – ❸ Центр современной – организует – дискуссии, лекции – занятия – взрослых ❹ – роскошная – резиденция является – ярких – архитектора ❺ – парке – шикарные фонтаны – посетители – любуются – струй – небо

Поклонная гора, la Collina Poklonnaja, *si trova nella zona occidentale di Mosca. Un tempo i viaggiatori che arrivavano nella capitale si fermavano davanti alla Collina e le rendevano omaggio con un inchino:* **поклонная** *deriva infatti da* **поклониться** *(lett. "inchinarsi" e quindi anche* rendere omaggio, salutare*). Proprio in questo luogo Napoleone attese la consegna delle chiavi di Mosca, nel 1812, ed è sempre da qui che, nel 1941 (quando la Russia entrò in guerra), passarono i soldati in partenza per il fronte. Il progetto del complesso architettonico commemorativo è stato avviato nel 1942, ma l'effettiva realizzazione è avvenuta solo nel 1995.*
Oggi questo parco immenso comprende il Museo della Seconda Guerra mondiale, alcuni edifici religiosi (una chiesa, una sinagoga e una moschea), sculture e monumenti in memoria dei caduti nel conflitto. Quando fa bello, i moscoviti affollano questo luogo che si riempie di biciclette, pattini a rotelle, skateboard, giostre per i bambini e attrazioni per i più grandi e, con i suoi caffè e i suoi viali, è un posto ideale per le passeggiate.

52 Пятьдесят второй урок

Искусство XX века

1 На рубеже XIX-XX ① веков преобразования охватили все виды искусства, от архитектуры и живописи до литературы и театра.
2 На стыке веков созрели предпосылки для становления, как часто говорят, различных «измов» последующих десятилетий – фовизма, экспрессионизма, кубизма, сюрреализма.
3 В первые годы XX века сложилось множество различных кружков и группировок, которые проповедовали каждый своё видение искусства и настоящего художника, зачастую напрочь отвергая наследие предыдущих лет.
4 После 17 года волна эмиграции насчитывала в своих рядах артистов и художников, но большинство представителей авангарда приняли революцию и стали её духовными наставниками, «певцами свободы».

Pronuncia
1 narubiže …

Cinquantaduesima lezione   52

L'arte del XX secolo

1. A cavallo tra il *(Sul confine del)* XIX e il XX secolo, tutti i generi artistici, dall'architettura alla pittura, dalla letteratura al teatro, subirono *(hanno-abbracciato)* delle trasformazioni.
2. In quel periodo *(Sul punto-di-giunzione dei-secoli)* maturarono i presupposti per la nascita *(formazione)* dei vari "ismi", come spesso vengono chiamati *(dicono)*, dei decenni successivi: il fauvismo, l'espressionismo, il cubismo, il surrealismo.
3. Nei primi anni del XX secolo si formò una moltitudine di vari circoli e gruppi *(raggruppamenti)*, [ciascuno de]i quali propugnava *(predicavano)* una propria visione dell'arte e del vero artista, spesso respingendo completamente il retaggio del passato *(l'eredità degli anni precedenti)*.
4. Dopo il [19]17 *(il 17-mo anno)* [si verificò] un'ondata migratoria *(di-migrazione)* [che] comprendeva *(contava nelle proprie file)* artisti e pittori, ma la maggior parte dei rappresentanti delle avanguardie appoggiarono *(accettarono)* la rivoluzione e ne divennero le guide *(precettori)* spirituali, "i cantori della libertà".

Note

① Non dimenticate che i numeri ordinali sono aggettivi e vanno letti declinandoli secondo il caso previsto, appunto come qualsiasi aggettivo, per cui XIX-XX qui va letto **девятнадцатого-двадцатого**, cioè al genitivo.

5 Именно в это время оказали огромное влияние на русскую культуру Шагал, Кандинский, Степанова и другие.

6 Василий Кандинский был удивительным человеком с многогранными способностями: он занимался музыкой, теорией искусства, поэзией, графикой и живописью.

7 В этот период творил символист Петров-Водкин («Купание красного коня»), создавший принцип «сферической перспективы».

8 Восторг и убеждённость, что новая власть несёт ② свободу творчеству, рассеялись достаточно быстро, буквально в первые послереволюционные годы.

9 В начале 30-х годов единственным официальным течением ③ стал социалистический реализм, который «верно» показывал революционную действительность и отражал нужные Партии события.

4 ... *nasshityvaLa* ...

Note

② Notate l'uso di **несёт**, *porta*, ovvero di un verbo al presente indicativo, laddove in italiano usiamo il congiuntivo (imperfetto, trattandosi di un tempo trascorso). In russo, dal momento che quest'azione è contemporanea rispetto a quella della frase principale (**восторг и убеждённость рассеялись**...), il verbo della frase subordinata va coniugato al tempo presente. Ciò si verifica in genere tutte le volte che c'è contemporaneità tra l'azione del verbo della principale e l'azione del verbo ▶

5 Proprio in quell'epoca *(tempo)* Chagall, Kandinskij, la Stepanova e altri esercitarono un'enorme influenza sulla cultura russa.

6 Vassilij Kandinskij era un uomo straordinario e poliedrico *(con poliedriche capacità)*: si occupava di musica, teoria dell'arte, poesia, grafica e pittura.

7 In quel periodo operava *(creava)* il simbolista Petrov-Vodkin ("Il bagno del cavallo rosso"), che introdusse *(che-fondò)* il principio della "prospettiva sferica".

8 L'entusiasmo e la ferma convinzione che il nuovo potere garantisse la libertà di espressione artistica *(porta la libertà alla-creazione)* si dissolsero abbastanza rapidamente, fin dai *(letteralmente nei)* primi anni dopo la Rivoluzione *(postrivoluzionari)*.

9 All'inizio degli anni '30, l'unica corrente [artistica] ufficiale era *(divenne)* il realismo socialista, che riproduceva *(mostrava)* "fedelmente" la realtà rivoluzionaria e raffigurava *(rifletteva)* gli avvenimenti utili al[la causa del] Partito.

Osservazioni sulla pronuncia
8 в пе́рвые [fpj**e**rvyje], *nei primi*, non va confuso con l'avverbio впервы́е [fpirv**y**je], *per la prima volta*.

▸ della secondaria e questa è introdotta dalla congiunzione **что** (v. lez. 4, nota 2).

③ Questa particolare disposizione delle parole nella frase (con il predicato nominale - qui declinato allo strumentale in quanto dipendente dal verbo **стать**, *diventare* - collocato all'inizio della frase e con il soggetto alla fine) è tipica dello stile letterario e pubblicistico.

10 Александр Герасимов является ярким примером художника, писавшего в стиле соцреализма ④, с его известными картинами «В.И. Ленин на трибуне», «И.В. Сталин у гроба А.А. Жданова» и др.

11 В эпоху хрущёвской «оттепели» цензура была ослаблена и некоторые неформальные художники стали заявлять о себе.

12 «Шестидесятники», так называли новую волну творческой интеллигенции, которая стала представлять собой настоящую оппозицию официальному, «политически корректному» искусству.

13 С приходом к власти Брежнева усилилась цензура, и культурная оппозиция вновь ушла в подполье, а выставки стали проводиться на ⑤ частных квартирах.

14 1974 год стал известен «Бульдозерной выставкой» – выставкой нонконформистского искусства на пустыре в районе Беляево, которая была разогнана при помощи бульдозеров.

Note

④ **соцреализм** è la contrazione di **социалистический реализм**, *realismo socialista*.

⑤ Il prepositivo di **квартира**, *appartamento*, può essere retto sia dalla proposizione **в** sia dalla preposizione **на**: nel primo ▶

10 Aleksandr Gerasimov è un esempio lampante *(brillante)* di artista *(che-dipingeva nello stile)* del realismo socialista, con i suoi celebri quadri "V.I. Lenin in tribuna", "I.V. Stalin presso la tomba di A.A. Ždanov" e altri.

11 Durante l'epoca del "disgelo" di Chruščëv, la censura si allentò *(era indebolita)* e alcuni artisti informali cominciarono a emergere *(dichiarare di sé)*.

12 [Gli esponenti del]la nuova ondata dell'intellighenzia artistica, che rappresentava *(iniziò-a presentare se-stessa)* una vera [e propria] opposizione all'arte ufficiale "politicamente corretta", erano *(così)* detti "šestidesjatniki" *(quelli-degli-anni-'60)*.

13 Con l'ascesa *(l'arrivo)* al potere di Brežnev la censura si inasprì *(si-rafforzò)*, *(e)* l'opposizione culturale fu costretta di nuovo alla *(se-ne-andò in)* clandestinità e le esposizioni cominciarono a tenersi *(svolgersi)* in appartamenti privati.

14 Il 1974 divenne un anno celebre per la "Mostra dei bulldozer", un'esposizione d'arte anticonformista [allestita] su un terreno abbandonato nel quartiere di Beljaevo, che fu sgomberata con l'aiuto dei bulldozer.

▶ caso l'azione è permanente, nel secondo è provvisoria: **Он жил в квартире отца**, *Abitava nell'appartamento del padre*; **Выставки проводились на квартирах**, *Le esposizioni si tenevano in appartamenti privati* (= si tratta di esposizioni provvisorie). Tuttavia la preposizione **в** si sarebbe potuta utilizzare anche nella seconda frase. Osservate, inoltre, l'espressione **переехать на новую квартиру**, *cambiare casa, trasferirsi in un nuovo appartamento*. Qui è possibile usare solo la preposizione **на**.

15 Благодаря присутствию иностранных журналистов происшествие получило международную огласку, а самые крупные фигуры неформального искусства эмигрировали ⑥.

16 С горбачёвской ⑦ перестройкой гонения на неугодных власти художников прекратились, они получили свободу творчества.

17 В России проводятся разнообразные выставки, в том числе и когда-то запрещённых авторов.

18 Появляются и артисты, пытающиеся ⑧ подражать манере художников-нонконформистов, но у многих не хватает того внутреннего конфликта, который выражали через своё искусство их предшественники.

19 Предлагаем вам анекдот на тему:

20 Любитель живописи беседует с художником, продающим свои картины, и наконец решает купить у него одну.

21 Художник радостно восклицает:

22 – Великолепный выбор: я посвятил этой картине 10 лет!

18 ... *pritshestviniki*

Note

⑥ **эмигрировать**, *emigrare*, al pari del verbo **констатировать**, *constatare, osservare* (lez. 50, frase 17), è un verbo biaspettuale. Per maggiori dettagli, v. lez. 56, § 3.1 e lez. 49, § 5.1.

15 Grazie alla presenza di giornalisti stranieri, l'avvenimento *(incidente)* ebbe *(ottenne)* risonanza internazionale e le maggiori personalità *(le-più-grosse figure)* dell'arte informale emigrarono.

16 Con la perestrojka di Gorbačëv si interruppero le persecuzioni nei confronti degli *(sugli)* artisti sgraditi al potere, [che] ottennero la libertà di espressione artistica *(creazione)*.

17 In Russia si tengono diverse esposizioni, ivi comprese *(in quel numero e)* di artisti *(autori)* un tempo vietati.

18 Emergono *(Compaiono)* anche artisti che cercano di imitare lo stile *(maniera)* dei pittori anticonformisti, ma in molti manca quel conflitto interiore che i loro predecessori esprimevano con *(attraverso)* la propria arte.

19 Eccovi *(Proponiamo a-voi)* una barzelletta sul tema:

20 Un appassionato *(amatore)* di pittura parla *(discute)* con un pittore che vende i propri quadri e alla fine decide di comprargliene uno.

21 Il pittore esclama contento:

22 – Ottima scelta: ho dedicato 10 anni a questo quadro!

▶ ⑦ Ecco due aggettivi derivati da cognomi: **горбачёвской** (strum. femm.), *di Gorbačëv* (ovviamente da **Горбачёв**, *Gorbačëv*), e **хрущёвской** (gen. femm.), *di Chruščëv* (frase 11), da **Хрущёв**, *Chruščëv*.

⑧ **пытающиеся** è il participio presente attivo del verbo imperfettivo intransitivo **пытаться**, *cercare, tentare*. Si forma allo stesso modo di un participio presente attivo transitivo, aggiungendo però la particella **-ся**, qui con funzione intransitiva. Per ripassare i participi presenti attivi, date un'occhiata alla lezione 14, § 4.2. Notate che con i participi la particella **-ся** non muta la sua forma in **-сь** dopo vocale.

23 – Вы писали её целых 10 лет? Вот это да! Невероятно!
24 – Нет, писал я её один день, а всё остальное время я пытался её продать…

Упражнение 1 – Читайте и переводите

❶ На стыке веков всегда появляются группировки, проповедующие каждая своё видение настоящего художника. ❷ Она интересовалась всеми видами искусства: от архитектуры и живописи до литературы и театра. ❸ Первая волна эмиграции насчитывала в своих рядах артистов и художников, различных представителей авангарда. ❹ Благодаря присутствию иностранных журналистов происшествие получило международную огласку. ❺ Его творчество оказало огромное влияние на русскую культуру конца XX века и последующие десятилетия.

23 – Ci ha messo *(interi)* 10 anni a dipingerlo? Però! Incredibile!
24 – No, l'ho dipinto [in] un giorno e poi per 10 anni *(tutto il restante tempo)* ho cercato di venderlo...

Soluzioni dell'esercizio 1

❶ A cavallo *(Sul punto-di-giunzione)* tra [due] secoli emergono *(compaiono)* sempre dei gruppi *(raggruppamenti)*, ciascuno dei quali propugna *(predica)* una propria visione [dell'arte] di un vero artista. ❷ Lei s'interessava di tutti i generi artistici: dall'architettura e dalla pittura alla letteratura e al teatro. ❸ La prima ondata migratoria comprendeva *(contava nelle proprie file)* artisti e pittori, [tra cui figuravano] vari rappresentanti dell'avanguardia. ❹ Grazie alla presenza di giornalisti stranieri, l'avvenimento *(incidente)* ebbe *(ottenne)* risonanza internazionale. ❺ Le sue opere esercitarono *(La sua creazione esercitò)* un'enorme influenza sulla cultura russa della fine del XX secolo e [dei] decenni successivi.

Упражнение 2 – Восстановите текст

① Dicono che tuo fratello suoni la chitarra, che si occupi di pittura, grafica e anche di poesia... – Sì, è un uomo straordinario *(sorprendente)*.

Говорят, что твой брат играет ...., занимается .... и ...., а также .... – Да, он .... человек.

② Fin dai *(Letteralmente nei)* primi anni post-rivoluzionari l'entusiasmo dell'intellighenzia per la Rivoluzione e il nuovo potere si dissolse.

Буквально в ...... послереволюционные годы .... по поводу .... и новой ....

③ Lei è un appassionato di pittura? La incontro *(vedo)* sempre *(regolarmente)* a questa mostra. – Diciamo piuttosto che *(Si-può dire e così: io)* [faccio il] pittore e questi sono i miei quadri.

Вы .... живописи? Я постоянно .... вас на этой .... – Можно .... и так: я ...., а это – мои ....

④ A cavallo *(Sul confine)* tra il XIX e il XX secolo maturarono i presupposti per la nascita *(formazione)* di nuove correnti pittoriche: il fauvismo, l'espressionismo, il cubismo, il surrealismo.

На ...... XIX-XX веков созрели .... для становления новых .... в .... : ...., ..., ..., ...

⑤ Gli artisti informali cominciarono a emergere *(dichiarare di sé)* durante l'epoca del "disgelo" di Chruščëv, quando la censura si allentò *(era indebolita)*.

Неформальные .... стали .... о .... в эпоху хрущёвской «........», когда .... была ....

Soluzioni dell'esercizio 2

❶ – на гитаре – живописью – графикой – поэзией – удивительный – ❷ – первые – энтузиазм интеллигенции – революции – власти рассеялся ❸ – любитель – вижу – выставке – сказать – художник – картины ❹ – рубеже – предпосылки – направлений – живописи – фовизма, экспрессионизма, кубизма, сюрреализма ❺ – художники – заявлять – себе – оттепели – цензура – ослаблена

Анекдот, Barzelletta
Художник спросил у хозяина галереи, интересовался ли кто-нибудь его полотнами:
– О, да! Один человек интересовался, поднимутся ли картины в цене после вашей смерти. Я сказал, что несомненно поднимутся, и тогда он купил сразу 15 картин.
– Отлично! Кто же этот человек?
– Если я не обознался, это ваш лечащий врач…

Un pittore domanda *(ha-domandato)* al proprietario di una galleria se qualcuno si sia interessato alle sue tele.
– Oh sì! Una persona ha chiesto se i prezzi dei quadri aumenteranno *(si-è-interessato, saliranno se i quadri nel prezzo)* dopo la Sua morte. Gli ho risposto *(ho-detto)* che aumenteranno di sicuro *(indubbiamente)* e allora lui ha comprato subito 15 quadri.
– Ottimo! Ma chi [era] quella persona?
– Se non sbaglio *(non l'ho-scambiato-per-un-altro)* [era] il Suo medico *(curante)*…

53 Пятьдесят третий урок

Меньше знаешь, лучше спишь!

1 — Гадание, хиромантия, толкование снов, персонализированные гороскопы: не упустите уникальный шанс узнать всё о вашем будущем!
2 На этой неделе Овнам ① предстоит выбор между карьерой и личной жизнью, но если они выберут карьеру, то им гарантировано продвижение по службе.
3 Для Тельца неделя окажется крайне удачной во всех начинаниях, но берегитесь проблем со здоровьем, не увлекайтесь спиртным и жирной пищей.
4 В ближайшее время вам стоит поубавить ② пыл и вести спокойный образ жизни без каких-либо излишеств.

Pronuncia
4 ... izlishestf

Note
① In **Овен**, *Ariete*, la e è una vocale mobile e scompare in tutti gli altri casi della declinazione. Il termine si scrive con la maiuscola quando fa riferimento allo zodiaco e si usa al plurale (**Овны**), nel parlato, per indicare i nati sotto questo segno. Per un ripasso sulle vocali mobili v. lez. 14, § 1 e lez. 49, § 2. ▶

Cinquantatreesima lezione 53

Beata ignoranza! *(Meno sai, meglio dormi!)*

1 – Predizione [del futuro], chiromanzia, interpretazione dei sogni, oroscopi personalizzati: non lasciatevi sfuggire l'occasione unica di sapere *(venire-a-sapere)* tutto sul vostro futuro!
2 Ariete: questa settimana dovrete fare *(Agli-Arieti è-imminente)* una scelta tra carriera e vita privata *(personale)*, ma se sceglierate la carriera, *(allora)* una promozione sul lavoro *(avanzamento per il servizio)* sarà garantita.
3 Toro *(Per il Toro)*: la settimana si rivelerà eccellente per *(estremamente riuscita in)* tutte le [vostre] iniziative, ma state attenti ai problemi di *(con la)* salute, non eccedete nel bere e nel mangiare *(non appassionatevi con-le-bevande-alcoliche e con-il-grasso cibo)*.
4 Presto *(Nel più-vicino tempo)* sarà bene *(a-voi sta)* moderarsi un po' *(ridurre-un-po' l'ardore)* e adottare *(condurre)* uno stile di vita sano *(tranquilla forma di-vita)* [e] senza *(qualsiasi)* eccessi.

▸ ② **поубавить**, *ridurre un po'*: il prefisso **по-** può indicare un'azione di durata o intensità limitate, perciò all'imperativo, se si vuol dare un consiglio, **поубавить** sarà molto più appropriato di **убавить**, *ridurre*. Il prefisso attenua infatti il significato categorico del modo imperativo. **Поубавить**, come accade in genere per tutti i verbi con il prefisso **по-** con suffisso quantitativo (v. lez. 51, nota 9), è solo perfettivo, mentre **убавить** ha come imperfettivo **убавлять**.

53

5 А вот Близнецам ③ наоборот можно увеличить количество прогулок, бесед и поездок.

6 Всю неделю им будет улыбаться удача, они смогут наладить прекрасные отношения с друзьями и близкими, даже если в недалёком прошлом они сильно испортились.

7 У Раков появится возможность забыть о текущих проблемах, насладиться достигнутым и помечтать о будущих завоеваниях.

8 Несмотря на то, что Лев ④ – царь зверей, на этой неделе ему придётся смириться со многими притеснениями,

9 затратить немало энергии для решения чужих проблем и выслушать упрёки своих детей или родителей.

10 Стремление к стабильности в личных отношениях в начале недели может исчезнуть без следа уже к среде.

11 Деве гарантированы романтические встречи, возможно, вы встретите будущего спутника ⑤ жизни или же просто пойдёте на поводу у своих эмоций.

8 ... *pritissnjenijami*

Note

③ Il sostantivo **Близнецы**, con la maiuscola e al plurale, indica il segno zodiacale dei *Gemelli* e i nati sotto tale segno. Al singolare e con l'iniziale minuscola (**близнец**) si unisce con un trattino ai nomi di parentela, restando invariato: **брат-близнец**, *fratello gemello*; **сестра-близнец**, *sorella gemella*. ▶

5	Gemelli: passeggiate, parlate e viaggiate di più *(Ed ecco ai-Gemelli al-contrario si-può aumentare la quantità di-passeggiate, conversazioni e viaggi)*.
6	La fortuna vi *(a-loro)* sorriderà per tutta la settimana, potrete ristabilire *(potranno instaurare)* ottimi rapporti con amici e parenti *(prossimi)*, anche se recentemente *(nel non-lontano passato)* [quei rapporti] *(essi)* si sono molto *(fortemente)* deteriorati.
7	Cancro: avrete *(Presso i Cancri apparirà)* la possibilità di dimenticare i vostri problemi attuali *(correnti)*, godervi ciò che avete [intanto] conseguito e sognare *(-un-po')* future conquiste.
8	Leone: nonostante siate il re della foresta *(delle-bestie)*, questa settimana dovrete *(a-lui toccherà)* subire *(rassegnarsi con)* molte angherie,
9	spendere parecchie energie per risolvere problemi altrui e stare a sentire i rimproveri dei vostri *(propri)* figli o dei genitori.
10	L'aspirazione alla stabilità nei rapporti personali all'inizio della settimana potrebbe *(può)* dissolversi *(sparire)* già da *(verso)* mercoledì senza [lasciare] traccia;
11	Vergine: vi aspettano *(Alla-Vergine [sono] garantiti)* degli incontri romantici. Probabilmente incontrerete la vostra anima gemella *(futuro compagno di-vita)* o vi lascerete semplicemente guidare ciecamente dalle *(andrete sulla briglia presso le)* vostre emozioni.

▶ ④ Nel sostantivo maschile **лев**, *leone*, la vocale **е** è mobile ed è sostituita nelle altre forme dal segno molle: **льва** (gen. e acc. sing.), **львы** (nom. pl.), **львам** (dat. pl.), ecc. (v. lez. 49, § 2).

⑤ Parola che sicuramente conoscete, **спутник**, *satellite*, vuol dire anche *compagno di viaggio* e, in un contesto romantico, *anima gemella*, *partner* (v. anche la frase 16). La forma femminile corrispondente è **спутница**.

53

12 Для людей, рождённых ⑥ под знаком Весы, неделя начнётся с тревожных новостей, но всё удачно разрешится уже к середине недели.

13 Во второй её половине Весам будут обеспечены гармония и благоденствие, они могут получить повышение по службе, но столкнуться с завистью своих коллег.

14 При правильно принятых решениях Скорпиону удастся получить большую выгоду и может быть даже заложить основы для получения стабильного дохода на долгое время.

15 Стрелец удачлив, тем не менее у него могут возникнуть трудности в своей семье, поэтому избегайте мелких ссор и выяснений отношений.

16 Лучше подарите великолепный букет любимой или же приготовьте чудесный ужин вашему спутнику.

17 Козерогу самое время подумать об устройстве своего жилища: не скупитесь на уют, вы ни о чём не пожалеете.

Note

⑥ **рождённых** è il part. passato passivo di **родить**, *partorire*. Prestate attenzione al fatto che questo verbo presenta nella coniugazione (è della 2ª) la consueta alternanza consonantica д / ж (**рожу** / **родишь**, ecc.), mentre al part. pass. passivo oltre alla consonante dell'alternanza mantiene anche la д: д / жд. Ciò si verifica anche per altri verbi in -**дить**: **вынудить**, *costringere* → **вынужденный**, *costretto*; **освободить**, *liberare* → **освобождённый**, *liberato*.

12 Per i nati *(le persone, nate)* sotto il segno della Bilancia, dopo un inizio problematico *(la settimana comincerà da inquietanti notizie, ma)* tutto si risolverà per il meglio *(con-successo)* già a partire da *(verso)* metà settimana.

13 Da lì in poi *(Nella seconda sua metà)* [tutto] scorrerà all'insegna dell'armonia e del benessere *(alle-Bilance saranno garantiti armonia e prosperità)*: potrete *(possono)* ottenere una promozione sul lavoro *(avanzamento per il servizio)*, attirandovi però *(ma scontrarsi con)* le invidie dei vostri *(propri)* colleghi.

14 *(Allo)* Scorpione: [una volta] prese le decisioni giuste, riuscirete *(riuscirà)* a ricavarne grandi vantaggi e forse anche a porre le basi per *(l'ottenimento di-)* un reddito fisso a tempo indeterminato *(per lungo tempo)*.

15 Sagittario: la fortuna vi assiste *([è] fortunato)*, tuttavia potrebbero *(possono)* insorgere delle difficoltà in famiglia, per cui evitate futili *(piccole)* discussioni e litigi *(chiarimenti dei-rapporti)*.

16 Regalate piuttosto un bellissimo *(splendido)* mazzo di fiori alla [vostra] amata o preparate una cena coi fiocchi *(meravigliosa)* al vostro partner.

17 *(Al)* Capricorno: è proprio [venuto] il momento di pensare a sistemare la vostra casa *(abitazione)*: non lesinate sulla comodità, non ve ne pentirete.

Osservazioni sulla pronuncia
12 середине *[sjeridinje]*: nel parlato questa parola viene spesso pronunciata *[sridinje]*.
17 пожалеете *[pažyljeitje]*: la **a** pretonica preceduta da **ж** si legge *[y]*, ma nel sud della Russia e nelle campagne si pronuncia invece esattamente come si scrive: *[pažaljeitje]*.

53

18 Наверняка шикарный велюровый диван на 3 персоны ⑦ является неоспоримой альтернативой раздавленному скрипучему креслу в гостиной.

19 Упорство Водолеев принесёт свои плоды, но им надо опасаться людей, которые легко поддаются панике и раздувают из мухи слона.

20 Спокойствие и холодный расчёт принесут им больших результатов, чем бесконечные истерики и обиды.

21 Рыбам надо научиться называть вещи своими именами, недомолвки и невысказанное заведут ⑧ вас в тупик.

22 Мужчина, не проходите мимо! Вы кто по гороскопу? Не хотите узнать, что ждёт вас на следующей неделе или в следующем году?

23 – Нет, не хочу! Я сам издаю сонники, поэтому не надо пытаться меня одурачить: я прекрасно знаю, как вы эти персональные гороскопы сочиняете!

Note

⑦ Oggi il sostantivo femminile **персона** significa *individuo, persona* in un contesto solenne o ironico. Può indicare una *persona importante*, ma anche le *persone servite a tavola*: **стол на пять персон**, *tavolo per cinque*. Qui, per estensione, indica a quante persone è destinato un oggetto: **диван на 3 персоны**, *divano a 3 posti*. Osservate l'uso di questa parola anche nell'espressione latina *persona non grata*, nel linguaggio diplomatico, e che in russo si dice uguale: **персона нон грата**.

⑧ **заведут**, 3ª persona singolare del verbo perfettivo **завести**, *accompagnare / condurre (a piedi) strada facendo* o *condurre lontano*. Non va confuso con **завезут**, voce del verbo **завезти**, ▶

18 Uno sciccoso divano in velluto a 3 posti *(per 3 persone)* è certamente un'alternativa da preferire *(indiscutibile)* alla poltrona sfondata [e] cigolante [che avete] in salotto.

19 Acquario: la vostra tenacia porterà i suoi frutti, ma attenti a chi *(a-loro [è] necessario temere della-gente, che)* si lascia prendere facilmente dal panico *(cedono al-panico)* e fa di *(gonfiano da)* una mosca un elefante.

20 [Con] la calma e il ragionamento a mente fredda *(freddo calcolo)* otterrete *(porteranno a-loro)* risultati migliori *(maggiori)* che [non con] interminabili crisi isteriche e offese.

21 Pesci: dovete imparare a chiamare le cose col loro nome; le reticenze e le cose non dette *(l'inespresso)* vi condurranno in un vicolo cieco.

22 Signore, non se ne vada *(non passate oltre)*! Di che segno è *(Voi chi [siete] secondo l'oroscopo)*? Non vuole sapere cosa La attende la prossima settimana o l'anno prossimo?

23 – No, non voglio! Anch'io *(Io stesso)* pubblico libri dei sogni, per cui è inutile cercare di farmi fesso: so benissimo come Lei scrive *(compone)* questi oroscopi personalizzati!

---

20 больших [bol'shyH], *maggiori*: qui l'accento sulla prima sillaba permette di distinguere questo aggettivo al grado superlativo (gen. pl. di **бо́льший**) con declinazione molle dal corrispondente aggettivo al grado positivo con declinazione dura **больших** [bal'shyH], gen. pl. di **большо́й**, *grande*. Cfr. per esempio **бо́льшего**, gen. sing. di **бо́льший**, con **большо́го**, gen. sing. di **большо́й**.

▸ che ha gli stessi significati, ma indica moto con un mezzo. Il prefisso spaziale **за-** (che significa di per sé "addentramento") può conferire a questi verbi una sfumatura negativa (*condurre in un luogo sbagliato*, come in questo caso).

Упражнение 1 – Читайте и переводите

❶ Ну почему ты не хочешь рассказать мне о своей новой работе? – Зачем? Меньше знаешь, лучше спишь! ❷ Они затратили столько энергии для решения чужих проблем, что теперь у них нет ни сил, ни времени, чтобы заняться своими. ❸ У тебя наконец-то появилась возможность насладиться достигнутым, поэтому остановись и успокойся! ❹ Я не могу уйти с работы сейчас. Если я буду много работать в этом месяце, мне гарантировано продвижение по службе. ❺ Я не ищу романтических встреч, не хочу идти на поводу у своих эмоций. Я уже готова к стабильным отношениям на всю жизнь.

***

Упражнение 2 – Восстановите текст

❶ So che hai dovuto subire *(rassegnarsi con)* molte angherie, ma sono certa che la tua tenacia porterà i suoi frutti.
Я знаю, что тебе .... со многими ...., но я уверена, что твоё .... свои ....

❷ Secondo il *(Se credere al-)*mio oroscopo, la fortuna ci sorriderà per tutta la settimana.
Если ...... моему ...., всю неделю нам будет .... удача.

❸ [Una volta] prese le decisioni giuste, potrai ristabilire *(instaurare)* i rapporti con amici e parenti *(prossimi)* e imparerai a evitare futili *(piccole)* discussioni.
... правильно принятых .... ты сможешь .... с друзьями и ...., и ты научишься .... мелких ..... .

Soluzione dell'esercizio 1

❶ Ma perché non vuoi parlarmi del tuo nuovo lavoro? – A che scopo? Beata ignoranza *(Meno sai, meglio dormi)*! ❷ Hanno speso così tante energie per risolvere problemi altrui che ora non hanno forza né tempo per occuparsi dei propri. ❸ Finalmente hai *(è-apparsa)* la possibilità di goderti ciò che hai conseguito, perciò fermati e rilassati *(calmati)*! ❹ Non posso dimettermi *(andare-via)* dal lavoro adesso. Se lavoro *(lavorerò)* molto questo mese, avrò *(a-me [sarà] garantito)* una promozione sul lavoro *(avanzamento per il servizio)*. ❺ Non sto cercando incontri romantici, non voglio lasciarmi guidare dalle *(andare sulla briglia presso le)* emozioni. Sono già pronta per una relazione stabile che duri *(verso stabili relazioni per)* tutta la vita.

***

❹ Non lesinare sulla comodità! Quanto tempo ancora ti terrai *(Quanto si-può vivere con)* questa poltrona sfondata e cigolante in salotto? – Non abbiamo soldi.

Не .... на ...! Сколько можно .... с этим .... скрипучим .... в ....? – У нас нет ......

❺ Questa settimana dovrò *(a-me è-imminente)* fare una scelta importante tra carriera e vita privata.

.. этой неделе мне .... важный ..... между .... и личной ....

Soluzione dell'esercizio 2

❶ – пришлось смириться – притеснениями – упорство принесёт – плоды ❷ – верить – гороскопу – улыбаться – ❸ При – решениях – наладить отношения – близкими – избегать – ссор ❹ – скупись – уют – жить – раздавленным – креслом – гостиной – денег ❺ На – предстоит – выбор – карьерой – жизнью

54 Пятьдесят четвёртый урок

Ученье – свет ①

1 — Мы едем на выставку научно-технического творчества молодёжи в Москву.
2 — Я про неё читала, в этом году там очень насыщенная программа.
3 — А что это за выставка? Расскажи, пожалуйста: я о ней вскользь как-то слышал, но толком не знаю, что это.
4 — Обычно её называют интерактивной площадкой для презентации и оценки молодёжных проектов в научно-технической сфере.
5 — Это государственная программа, которая нацелена на ② выявление и воспитание кадрового резерва инновационных предпринимателей нашей страны.
6 — Она предусматривает финансирование проекта участника-победителя в течение двух лет, что даст ему возможность полностью реализоваться.

Pronuncia
3 ... fskol's'...

Osservazioni sulla pronuncia
5 **выявление** *[vyivljenije]*: la **я** si legge *[i]* davanti a una sillaba tonica, ma nel sud della Russia questa vocale si sente chiaramente: *[vyjavljenije]*.

Cinquantaquattresima lezione 54

La conoscenza *(Studio)* è luce

1 — Andiamo a Mosca [a vedere] l'esposizione delle opere *(creazione)* tecniche e scientifiche della gioventù.
2 Ho letto [qualcosa] *(riguardo a-essa)*, quest'anno [è previsto] un programma molto denso *(sostanzioso)*.
3 — Ma di che esposizione si tratta? Raccontami [qualcosa], per favore: ne ho sentito parlare di sfuggita, ma non so di preciso di che cosa si tratti.
4 — Di solito è una sorta di *(la chiamano)* piattaforma interattiva per la presentazione e la valutazione dei progetti dei giovani in ambito tecnico e scientifico.
5 È una manifestazione pubblica *(statale programma)* per scoprire e formare la futura classe dirigente *(che [è] finalizzata sull'individuazione e formazione della-riserva del-personale degli-innovativi imprenditori)* del nostro Paese.
6 Prevede un finanziamento della durata *(nel corso)* di due anni a favore del progetto del vincitore *(del partecipante-vincitore)*, dandogli *(il-che darà a-lui)* la possibilità di realizzarlo completamente *(realizzarsi con-pienezza)*.

Note

① L'espressione completa suona **Ученье – свет, а неученье – тьма**, *La conoscenza (lo studio) è luce, l'ignoranza è oscurità*. Il termine arcaico **ученье** è oggi sostituito da **учение**. A volte si gioca sul doppio significato di **тьма**, che significa anche *un sacco, una marea* (di cose o persone): **Ученье свет, а неучёных тьма**, *La conoscenza è luce, ma di ignoranti ce n'è una marea*…

② **нацелена** è il part. passato passivo (forma breve) del verbo perfettivo **нацелить**, *puntare (un'arma) contro* e anche *orientare su un fine / scopo* (**цель**). Regge la preposizione **на** + acc.

четыреста пятьдесят шесть • 456

7 — Кто является организатором этого мероприятия?

8 — Министерство образования и науки, а также пара ③ частных организаций при поддержке Департамента образования г. ④ Москвы.

9 — И каковы результаты этой выставки? Молодёжь ею действительно интересуется?

10 — Да, конечно, причём, каждый год количество предлагаемых на рассмотрение проектов неуклонно растёт ⑤.

11 Это свидетельствует об интересе к выставке со стороны молодёжи.

12 А некоторые молодые учёные участвуют в выставке по несколько раз, предлагая каждый год новые темы и надеясь на победу ⑥.

13 Но помимо победы само участие помогает конкурсантам понять, сможет ли их научная работа коммерциализироваться.

11 ... ssvidjetil'stvujet ...

Note

③ Come in italiano **пара**, *paio*, non indica necessariamente un numero pari a due, ma può anche significare *più di uno, alcuni*, senza specificare un numero preciso.

④ Nello stile ufficiale, il nome di una città è preceduto da **г.**, abbreviazione di **город**, *città*, parola che va pronunciata per esteso secondo il caso previsto dal contesto. Qui va letta al genitivo. ▸

7 –	Chi organizza *(appare come-organizzatore di-)* questa iniziativa?
8 –	Il Ministero dell'Istruzione e della Scienza e anche un paio di organizzazioni private, col patrocinio *(in-presenza-del sostegno)* del Dipartimento dell'istruzione della città di Mosca.
9 –	E quali sono i risultati di questa esposizione? I giovani se ne interessano davvero?
10 –	Sì, certo, inoltre il numero dei progetti presentati *(che-sono-sottoposti per l'esame)* aumenta continuamente *(fermamente)* ogni anno,
11	il che *(ciò)* testimonia l'interesse *(da parte)* dei giovani per l'esposizione.
12	Inoltre alcuni giovani ricercatori *(scienziati)* partecipano all'esposizione più volte *(per alcune volte)*, proponendo ogni anno idee nuove *(nuovi temi)* e sperando di vincere *(sulla vittoria)*.
13	Al di là della vittoria, però, già il fatto di partecipare permette ai *(la partecipazione stessa aiuta i)* concorrenti di capire se il loro progetto scientifico potrà essere commercializzato [oppure no].

▶ ⑤ Ricordiamo che la radice **pac-** del verbo imperfettivo intransitivo **расти**, *crescere, aumentare*, si trasforma in **рос-** al passato, anche nei verbi derivati: **Они выросли вместе, а теперь и их дети растут в одном доме**, *Sono cresciuti insieme e ora i loro figli crescono nella stessa casa*. Potrete saperne di più nella lezione 56.

⑥ (...), **предлагая каждый год новые темы и надеясь на победу**: ricordatevi che di norma la frase gerundiva è separata dalla principale con una virgola, come in questo caso.

14 – Логично, не из всех тем получится создать бизнес.

15 – Именно. Поэтому конкурс помогает участникам осознать, что необходимо доработать и развить по предложенной теме.

16 В этом году на выставке будет представлено 970 оригинальных проектов, от идей до готовых к реализации бизнес-разработок.

17 Если тебе интересно, я могу дать тебе почитать прошлогоднюю брошюру ⑦ выставки с описанием процедуры записи и подготовки к конкурсу.

18 – Нет, спасибо, я в Интернете поищу информацию о выставке этого года.

19 Скажи, а какого типа проекты побеждают ⑧?

20 – Разнотипные: в прошлом году, например ⑨, одним из победителей стал проект по созданию хирургических инструментов нового поколения.

Osservazioni sulla pronuncia
17 брошюру [brashuru]: notate che il suono [sh] resta sempre duro, anche se seguito da vocale molle, ad es. **ю**, come in questo caso.

Note
⑦ **брошюра**, *opuscolo*; **брошюрка**, *opuscoletto*: notate che di norma la **ш**, essendo una delle 7 consonanti "proibitive" (v. lez. 7, § 1), non ammette la combinazione con la vocale **ю**. Fanno eccezione, appunto, le parole di origine straniera, come ▶

14 – Logico, non tutte le idee ottengono un successo commerciale *(non da tutti i temi si-riuscirà a-creare un-business)*.

15 – Infatti. Perciò il concorso serve affinché i partecipanti si rendano conto *(aiuta ai-partecipanti rendersi-conto)* che è necessario perfezionare e sviluppare *(secondo)* il tema proposto.

16 Quest'anno all'esposizione verranno presentati 970 progetti originali, [che variano] da [semplici] idee a progetti imprenditoriali *(business-elaborazioni)* pronti per la realizzazione.

17 Se t'interessa, posso darti da leggere*(-un-po')* l'opuscolo dell'esposizione dell'anno scorso con la descrizione della procedura per iscriversi e prepararsi *(di-iscrizione e preparazione)* al concorso.

18 – No, grazie, cercherò informazioni sull'esposizione di quest'anno in Internet.

19 *(Di', e)* Quali sono i tipi di progetti che vincono?

20 – I più svariati: l'anno scorso, per esempio, ha vinto tra gli altri *(uno dei vincitori è-diventato)* un progetto per la realizzazione di strumenti chirurgici di nuova generazione.

▸ in questo caso: **брошюра**, dal fr. *brochure*. La pronuncia resta comunque dura, essendo la **ш** una consonante sempre dura.

⑧ **побеждают** è la 3ª persona plurale del verbo imperfettivo **побеждать**, *vincere*. Curiosamente, il perfettivo corrispondente **победить** non ha la 1ª persona singolare, che si esprime con la struttura **одержу победу** (lett. "riporterò la vittoria"). Nessuna sorpresa, invece, per quanto riguarda le altre voci della 2ª coniugaz. del futuro perfettivo: **победишь, победит, победим, победите, победят**.

⑨ Ricordate che **например**, *per esempio*, essendo un inciso è sempre compreso tra due virgole.

21 Он меня очень впечатлил, ты же знаешь, это моя область.
22 Проект был действительно сумасшедший, оставалось только восхищаться представлявшим его восемнадцатилетним мальчишкой ⑩!

22 ... sumasshetshyj ...

Упражнение 1 – Читайте и переводите

❶ Выявление и воспитание кадрового резерва предпринимателей является приоритетом правительства нашей страны. ❷ Проект этого молодого учёного победил на выставке научно-технического творчества молодёжи в прошлом году. ❸ Вы очень сильно впечатлили меня своей работой! Остаётся только восхищаться вашим умом. ❹ В этом году у нас очень насыщенная программа в школе. – Да, я что-то вскользь об этом слышала. ❺ Скажите, какова процедура записи в университет? Есть экзамены? – Поищите эту информацию в Интернете.

21 Mi ha impressionato molto, e tu [lo] sai, è il mio campo.

22 Il progetto era davvero sensazionale *(folle)*, non abbiamo potuto far altro che *(è-rimasto solo)* ammirare il ragazzino diciottenne che l'ha presentato!

Note

⑩ мальчишка, *ragazzino*, può avere una sfumatura peggiorativa, indicando una persona inesperta o troppo impulsiva. Nonostante la -a finale, si tratta di un sostantivo di genere maschile perché la **a** appartiene al suffisso alterativo (diminutivo-vezzeggiativo) -ишка, che si usa per l'appunto per i nomi maschili (v. lez. 42, § 1.2). Si declina, però, come un neutro (eccetto il nom. pl. -и): **этих мальчишек**, gen. pl.

Soluzione dell'esercizio 1

❶ La priorità del governo del nostro Paese è scoprire *(l'individuazione)* e formare *(la formazione del-)* la futura classe dirigente. ❷ Il progetto di questo giovane ricercatore *(scienziato)* ha vinto all'esposizione di opere *(creazione)* tecniche e scientifiche della gioventù l'anno scorso. ❸ Lei mi ha impressionato moltissimo *(molto fortemente)* con il Suo lavoro! Non posso far altro che *(resta solo)* ammirare il Suo ingegno. ❹ Quest'anno abbiamo un programma scolastico molto denso *(sostanzioso)*. – Sì, ne ho sentito parlare di sfuggita. ❺ Mi scusi, qual è la procedura per iscriversi *(di-iscrizione)* all'università? Ci sono degli esami? – Cerchi queste informazioni in Internet!

Упражнение 2 – Восстановите текст

❶ I giovani s'interessano davvero a questa esposizione; inoltre alcuni *(giovani)* ricercatori *(scienziati)* vi partecipano più volte.
.... действительно .... этой ...., ... некоторые молодые .... в ней по .... раз.

❷ Deve assolutamente rendersi conto che oggi il Suo progetto non può ottenere *(dal suo progetto non può riuscire)* un successo commerciale, è assolutamente necessario perfezionarlo.
... необходимо ...., что сегодня .. вашего проекта не может ...., его надо ....

❸ Chi organizza *(Chi appare come-organizzatore di-)* questa iniziativa? – Se non sbaglio, il Ministero dell'Istruzione e della Scienza.
Кто .... этого ....? – Если я не ошибаюсь, ... и науки.

---

55 Пятьдесят пятый урок

Неделя моды

1 – Простите, я с большим опозданием: встречи одна на другую наслаиваются, а тут ещё и демонстрации какие-то, такси долго не мог поймать.

Osservazioni sulla pronuncia
1 с большим *[zbal'shym], con grande...*: se si sposta l'accento tonico sulla sillaba precedente, l'aggettivo qualificativo di grado positivo (qui strum. masch. sing. di **большо́й**) diventa di

❹ Se otteniamo *(troveremo)* il finanziamento per il nostro progetto, potrà essere realizzato *(ci-sarà la possibilità di-realizzarsi)* completamente in due anni al massimo.

Если мы .... для нашего ...., то у него .... полностью .... максимум .. два .....

❺ In che campo lavori? – Mi occupo della realizzazione di strumenti chirurgici di nuova generazione.

В .... ты работаешь? – Я .... хирургических .... нового ....

Soluzione dell'esercizio 2

❶ Молодёжь – интересуется – выставкой, причём – учёные участвуют – несколько – ❷ Вам – осознать – из – получиться бизнес – обязательно доработать ❸ – является организатором – мероприятия Министерство образования – ❹ – найдём финансирование – проекта – будет возможность – реализоваться – за – года ❺ – какой области – занимаюсь созданием – инструментов – поколения

Cinquantacinquesima lezione 55

La settimana della moda

1 – Scusi, sono in grave *(con grande)* ritardo: gli appuntamenti si sovrappongono *(si-stratificano)* l'uno sull'altro, ci sono anche delle manifestazioni [e] *(a-lungo)* non riuscivo a prendere *(catturare)* un taxi.

grado superlativo e il senso cambia: **с большим** [zbol'shym], *con un maggiore* (strum. masch. sing. di **бо́льший**, v. lez. 53, osservazione 20).

2 В конце концов ① решил добираться на метро, а так как я его плохо знаю, я ещё и заблудился.

3 – Не волнуйтесь, я совсем недавно закончила с предыдущим клиентом, едва успела привести в порядок шоурум ②.

4 – Разрешите представиться – я байер ③, владелец, а иногда и продавец бутика «Лёгкий шаг».

5 Можно попросить у вас негазированной воды со льдом и кофе ристретто, а моему ассистенту – американо.

6 – Да, конечно. Устраивайтесь поудобнее.

7 – Скажите, могу я воспользоваться вашим туалетом ④?

8 – Да, прямо по коридору первая дверь налево, свет включается внутри ⑤.

9 Ну что ж, если вы готовы, я начну рассказывать вам о нашей круизной коллекции, о том, что у нас нового.

Note

① L'espressione **в конце концов**, *alla fine, alla fin fine, in fin dei conti*, è di norma seguita da un verbo perfettivo perché comporta il raggiungimento di un risultato.

② A giudicare dai numerosi termini di questo dialogo provenienti dall'inglese (**шоурум, дизайнер, джемпер**) sembrerebbe che il russo abbia "abdicato", almeno per quanto riguarda la moda, a termini autoctoni. In realtà non è così: parole diffuse in molte lingue come *look* o *tailleur*, per esempio, si traducono con **внешний вид** e **женский костюм**.

③ Il termine **байер**, *acquirente*, è un altro chiaro prestito dall'inglese *buyer* e si usa solo nell'ambito della moda, dove non può essere sostituito dal termine specificamente russo **покупатель**, *acquirente, cliente*.

2 Alla fine *(delle-fini)*, ho deciso di arrivare in metro, e poiché la conosco poco *(male)* mi sono anche perso.

3 – Non si preoccupi, ho appena finito con l'ultimo *(precedente)* cliente e ho avuto giusto il tempo di *(appena sono-riuscita-a)* mettere *(condurre)* in ordine lo showroom.

4 – Mi permetta di presentarmi: sono l'acquirente, il proprietario e a volte anche il commesso *(venditore)* della boutique "Passo leggero".

5 Posso chiederLe dell'acqua naturale *(non-gassata)* con ghiaccio e un caffè ristretto e, per il mio assistente, un caffè lungo *(americano)*?

6 – Sì, certo. Si accomodi pure *(Sistematevi un-po'-più-comodamente)*.

7 – Scusi, posso servirmi del Suo bagno?

8 – Sì, [vada] dritto lungo il corridoio, prima porta a sinistra. La luce si accende [d]all'interno.

9 Allora, se siete pronti, comincerò a parlarvi *(raccontarvi)* della nostra collezione da crociera [e] delle nostre novità.

▸ ④ Il verbo **воспользоваться** regge lo strumentale ed è infatti qui seguito da **туалетом**. Attenti a questo sostantivo: **туалет**, *bagno, toilette*, è maschile in russo ed è spesso motivo d'imbarazzo per i russi, specie quando si tratta di chiedere dov'è. Perciò, se qualcuno vi fa una domanda strana come **Где интересное место?** (lett. "Dov'è il posto interessante?") sappiate che vuole sapere dov'è il bagno.

⑤ **внутри**, *all'interno, internamente*, è il contrario dell'avverbio **снаружи**, *(di) fuori, dall'esterno, esternamente*, ed è molto simile a un altro avverbio: **изнутри**, *dall'interno*: **Свет включается внутри туалета**, *La luce si accende (d)all'interno del bagno* (con il prefisso **в-** prevale il senso di "stato in luogo"). **Дверь закрыта изнутри**, *La porta è chiusa dall'interno* (con il prefisso **из-** prevale il senso di "moto da luogo").

55

10 – Да, пожалуйста, и указывайте модели, ставшие бестселлерами ⑥ в вашей коллекции.

11 – Номер один в наших продажах – эта классическая лодочка из водной змеи; обращаю ваше внимание на то, что на неё не надо делать сертификатов…

12 – Ой, простите, что прерываю, но я вижу эти балетки и просто уверен, что их надо брать!

13 Запишите, пожалуйста, модель, а потом посмотрим, какого они ещё могут быть цвета и из какого материала.

14 – Да, конечно, а параллельно я буду озвучивать цены – цену в закупке, а также рекомендуемую для магазинов.

15 – Давайте и размеры запишем сейчас, чтобы не забыть, к какой модели они относятся,

16 а подтверждение я пришлю вам после сравнения заказа с результатами наших продаж.

17 С тридцать шестого по сорок первый ⑦ со всеми половинками, кроме сорок с половиной, а тридцать восьмой давайте задвоим.

10 … bjest-seljerami …

Note

⑥ Il sostantivo maschile **бестселлер**, *best seller*, si usa in genere per parlare di un libro o di un disco, ma nel mondo della moda si impiega (come in italiano, del resto) per indicare i modelli più venduti.

10 – Sì, prego, ci mostri *(indichi)* anche i modelli che sono diventati i best seller della vostra collezione.
11 – Il numero uno delle nostre vendite è questa classica scarpetta décolleté *(barchetta)* [in pelle] di serpente d'acqua; richiamerei *(rivolgo)* la vostra attenzione sul fatto che non sono necessari certificati [per esportarla]…
12 – Oh, scusi se *(che)* [La] interrompo, ma ho visto *(vedo)* queste ballerine e sono *(semplicemente)* certo che le prenderemo *([è] necessario prendere)*!
13 La pregherei di annotar[si] *(Annotate)*, per favore, il modello e poi vedremo di che colore e materiale [acquistarle] *(ancora possono essere)*.
14 – Sì, certamente, e già che ci sono vi indico *(parallelamente io enuncerò)* i prezzi: quello d'acquisto e quello consigliato per i negozi.
15 – Segniamo[ci] subito anche i numeri *(misure)* per non dimenticar[ci] a quale modello si riferiscono;
16 Le invierò una conferma dopo aver confrontato l'ordine con l'esito delle nostre vendite [precedenti].
17 [Prendiamo i numeri] dal trentasei al quarantuno [incluso], compresi tutti i mezzi numeri, tranne il quaranta e mezzo, e [per quanto riguarda] il trentotto, ne ordineremo il doppio *(raddoppieremo)*.

▶ ⑦ Ricordate che l'espressione correlativa "**с** + genitivo … **по** + accusativo" significa *da… a… incluso*; se invece **с** + genitivo è in correlazione con **до** + genitivo, l'espressione significa *da… a… escluso*. Confrontate: **с пятого по десятое**, *dal cinque al dieci incluso*; **с марта до мая**, *da marzo fino a maggio escluso*. Ecco un altro significato della preposizione **с** con valore temporale, seguita dal caso genitivo: *(a partire) da*. Per esempio: **Я буду дома с пяти вечера**, *Sarò a casa dalle cinque di sera*.

18 — Если желаете посмотреть модели на манекенщице, ставьте их сюда, а потом мы их сразу померим.

19 — А одежду ⑧ будет мерить та же манекенщица?

20 — Нет, об одежде вам расскажут мои коллеги в соседнем зале.

21 — Боже, если не ошибаюсь, то человек в рваном джемпере, который только что зашёл в шоурум, и есть дизайнер этой коллекции?

22 Какая идея, какой минимализм: джемпер весь в дырах, такое ощущение, что он изношен ⑨ и потёрт! Гениально!

23 — Нет, вы ошиблись, это не дизайнер, а его брат, скандально известный тем, что живёт на улице и устраивает разные акции против работающих в индустрии моды.

24 Он отказывается покупать даже самую дешёвую одежду в магазинах и носит только то, что ему вяжет или шьёт ⑩ его старая няня.

25 Что касается свитера в дырах, насколько я знаю, он достался ему от покойного дедушки…

Note

⑧ In russo **одежда**, *abbigliamento*, *abiti*, *vestiti*, si usa solo al singolare. Analogamente è solo singolare anche **обувь** (f.), *calzature*, *scarpe*.

⑨ Il prefisso verbale **из-** (**ис-**), tra i suoi vari significati, può trasmettere anche l'idea di logoramento: **износить платье**, *portare un abito fino a consumarlo*. Coi verbi di moto non ▶

18 – Se desiderate vedere i modelli addosso a un'indossatrice, metteteli *(-verticalmente)* qui e dopo *(subito)* li proveremo *(misureremo)*.
19 – La stessa indossatrice proverà anche i vestiti?
20 – No, dei vestiti vi parleranno i miei colleghi nella sala accanto.
21 – Santo cielo, se non sbaglio, quello è l'uomo col pullover strappato che è appena entrato nello showroom ed è il designer di questa collezione!
22 Che idea, che minimalismo! Un pullover tutto bucato *(nei buchi)*, sembra che *(tale sensazione, che esso)* sia logoro e consumato! Geniale!
23 – No, si sbaglia *(si-è-sbagliato)*, non è il designer, ma suo fratello, tristemente *(scandalosamente)* noto per la sua vita ai margini *(per-il-fatto, che vive in strada)* e *(organizza)* le varie manifestazioni [di protesta] *(azioni)* contro chi lavora nel campo *(contro i lavoranti nell'industria)* della moda.
24 Si rifiuta di comprare persino i vestiti meno cari *(i più economici)* nei negozi e indossa *(porta)* solo quello che gli fa a maglia *(lega)* o gli cuce la sua vecchia balia.
25 Quanto al maglione bucato, per quanto [ne] so, l'ha ereditato *(è-toccato a-lui)* dal nonno defunto...

▶ monodirezionali può indicare un'azione svolta in tutte le direzioni o su un'intera superficie: **исходить весь город**, *percorrere a piedi in lungo e in largo tutta la città*. In questi significati quantitativi il prefisso **из-** in genere non forma coppie aspettuali, ma verbi solo perfettivi.

⑩ **вяжет** e **шьёт** sono la 3ª persona singolare al presente dei verbi imperfettivi **вязать**, *lavorare a maglia* (1ª coniugazione con alternanza **з / ж**) e **шить**, *cucire* (2ª coniugazione con desinenza tonica, dunque **е** diventa **ё**).

Упражнение 1 – Читайте и переводите

❶ Вы заблудились в метро? Не может быть! Оно такое простое. – Да, но я его плохо знаю. ❷ Вы не могли бы параллельно озвучивать цены, чтобы мы сразу понимали, сколько данная модель будет стоить в магазине? ❸ Будете кофе? – Да, с удовольствием. А можно ещё негазированной воды со льдом? ❹ Я видела классическую лодочку из водной змеи совершенно сумасшедшего зелёного цвета. ❺ Во время недели моды здесь очень сложно поймать такси. – Надо заранее вызывать его.

***

Упражнение 2 – Восстановите текст

❶ Mi saprebbe dire dov'è il bagno? – [Vada] dritto lungo il corridoio, prima porta a sinistra. La luce si accende [d]all'interno.

Скажите, где ......? – ..... по .... первая ..... налево, ...

❷ Che lavoro fa? – Sono proprietario di una boutique di scarpe da donna, ma sono anche l'acquirente e il commesso *(venditore)*.

Кем вы ....? – Я .... бутика ...., а также ..... и ....

❸ In questo negozio si vendono vestiti molto strani: l'ultima volta ho visto un pullover strappato. Non esagero: [era] tutto bucato!

В этом магазине .... очень ....: .... раз я видел там .... Я не .... – весь в .....!

Soluzione dell'esercizio 1

❶ Si è perso nella metro? Non è possibile! È così semplice. – Sì, ma la conosco poco. ❷ Già che c'è *(parallelamente)*, non potrebbe indicarci *(enunciarci)* i prezzi in modo da farci capire subito quanto costerà questo modello in negozio? ❸ Le va un caffè? – Sì, volentieri. Si può [avere] anche dell'acqua naturale *(non-gassata)* con ghiaccio? ❹ Ho visto una classica scarpetta décolleté in pelle di serpente d'acqua di un verde che è una favola *(completamente di-folle verde colore)*. ❺ Qui, durante la settimana della moda, è molto difficile prendere *(catturare)* un taxi. – Bisogna chiamarlo in anticipo.

❹ Che numeri *(misure)* devo segnarLe? – Dal trentacinque al quaranta [incluso], compresi *(con)* tutti i mezzi numeri.

..... вам .... ? – . тридцать ......
.. сороковой .. всеми ....

❺ Che abiti che hai! Si vede subito che lavori nel campo *(nell'industria)* della moda... – A dire il vero, tutti i miei vestiti *(cose)* [me li] cucio da sola.

Какая у тебя ......! Сразу видно, что ты
.... в .... – Честно ......, я
все .... вещи ... сама.

Soluzione dell'esercizio 2

❶ – туалет – Прямо – коридору – дверь – свет включается внутри ❷ – работаете – владелец – женской обуви – байер – продавец ❸ – продаётся – странная одежда – последний – рваный джемпер – преувеличиваю – дырах ❹ Какие – писать размеры – С – пятого по – со – половинками ❺ – одежда – работаешь – индустрии моды – говоря – свои – шью –

56 Пятьдесят шестой урок

Повторение - Ripasso

1 Punteggiatura

1.1 Il gerundio

In genere, la frase gerundiva è separata dalla principale da una virgola. Tuttavia questa norma ha alcune eccezioni:
– quando il gerundio fa parte di una frase fatta: **Олег всё делает спустя рукава**, *Oleg fa tutto alla bell'e meglio* (lett. "avendo abbassato le maniche");
– quando il gerundio ha valore avverbiale / modale, rispondendo alla domanda "come?" (v. anche lez. 33, nota 9). Di solito questo tipo di gerundio si trova alla fine: **Она смотрела телевизор лёжа**, *Guardava la televisione sdraiata* (lett. "essendo sdraiata");
– quando il gerundio fa parte di una locuzione preposizionale: **Начиная с 6 марта наш банк будет находиться по другому адресу**, *A partire* (lett. "Incominciando") *dal 6 marzo, la nostra banca si trasferirà in un'altra sede*.

1.2 Il participio

Un participio (o una struttura participiale) va obbligatoriamente separato dal resto della frase mediante le virgole:
– quando segue la parola cui si riferisce: **Наш телевизор, купленный пять лет назад, барахлит**, *Il nostro televisore, comprato cinque anni fa, sta perdendo colpi*;
– quando la parola cui si riferisce è un pronome personale (indipendentemente dalla sua posizione): **Рождённая в деревне, она никогда не видела города**, *Nata in campagna, non ha mai visto la città*;
– quando il participio che precede la parola cui si riferisce ha una sfumatura circostanziale (causale, condizionale, concessiva, temporale): **Привлечённый красотой Марии, Павел стал приглашать её в кино каждый день**, *Attratto* (= "poiché era attratto", valore causale) *dalla bellezza di Maria, Pavel ha cominciato a invitarla al cinema tutti i giorni*. È invece obbligatorio non mettere la virgola

Cinquantaseiesima lezione 56

quando il participio precede il sostantivo cui si riferisce e non apporta alcuna sfumatura aggiuntiva di tipo circostanziale, ovvero è semplicemente l'equivalente di una frase relativa con **который**, *il quale*, **которая**, *la quale*, ecc. (v. lez. 51, nota 14).

1.3 L'inciso

Nelle ultime lezioni abbiamo incontrato diverse volte degli incisi, gruppi di parole che completano una frase indicando la fonte di una citazione, riportando un parere o esprimendo l'atteggiamento di chi scrive rispetto al contenuto della frase. In genere gli incisi sono compresi fra virgole o lineette, che li separano dal resto della frase. Ricordate che alcune parole o espressioni, in quanto incisi di per sé, sono sempre comprese tra virgole (**по-моему**, *secondo me*; **во-первых**, *in primo luogo, innanzitutto*; **с позволения сказать**, *se posso permettermi*, ecc.).

2 Ortografia: l'alternanza vocalica nella radice *рос / рас(щ)*

• Questa radice si scrive **рас-** quando è seguita dalla **т**, **расти**, *crescere* (intransitivo), *aumentare* (intransitivo); **растить**, *crescere* (transitivo), *allevare*; **вырастать**, *aumentare* (intransitivo), *spuntare, sorgere*; **нарастать**, *intensificarsi, ingrossarsi*; **растение**, *pianta*; **произрастание**, *crescita*; **возраст**, *età*. Eccezioni: **отрасль**, *settore (industriale)*; **отраслевой**, *settoriale*. La **а** si mantiene anche quando ha luogo l'alternanza consonantica **ст / щ**: **наращивание**, *aumento, potenziamento*.

• La radice si scrive invece **рос-** quando non è seguita dalla **т**: **рос, росла, росло, росли** (passato di **расти**); **росший** (participio passato attivo di **расти**); **водоросль**, *alga*; **поросль** (f., usato solo al singolare), *rampolli*, ecc. Eccezioni: **росток**, *germoglio*; **ростовщик**, *usuraio*; **Ростов**, *Rostov* (toponimo); **Ростислав**, *Rostislav* (nome proprio).

3 Verbi

3.1 Verbi biaspettuali

Abbiamo già visto (v. lez. 49, § 5.1) dei verbi che hanno un'unica forma sia per l'imperfettivo sia per il perfettivo. Ecco altri casi interessanti:

– **эмигрировать**, *emigrare*: **Он всегда хотел эмигрировать и наконец эмигрировал**, *Ha sempre voluto emigrare* (imperf.) *e finalmente lo ha fatto* (lett. "è emigrato", perf.);

– **констатировать**, *constatare, accertare, verificare*: **Это была его работа: он приезжал на место после аварии и констатировал факты**, *Era il suo lavoro: arrivava sul posto dopo un incidente e accertava* (imperf.) *i fatti*; **Не переживай, я уже констатировал, что здесь всё верно**, *Non preoccuparti, ho già verificato* (perf.) *che qui fosse tutto a posto*;

– **характеризовать**, *caratterizzare, descrivere*: **Его всегда характеризовали как глупого человека**, *L'hanno sempre descritto* (lett. "caratterizzato", imperf.) *come uno stupido*; **Он сам так характеризовал своего друга**, *È stato lui stesso a descrivere* (perf.) *così il suo amico*;

– **организовать**, *organizzare*: **Вы сами организуете праздник?**, *Organizzate* (imperf.) *voi la festa?*; **А кто же всё это организовал?**, *Ma chi è che ha organizzato* (perf.) *tutto questo?*

3.2 Particolarità della coniugazione

Alternanze consonantiche sistematiche.	з, д, г / ж; д / жд (limitatamente per i participi passati passivi dei verbi in -дить, v. lez. 53, nota 6); с, х / ш; ск, ст / щ; к, т / ч; б / бл; п / пл; в / вл; ф / фл; м / мл
Nella 1ª coniugazione l'alternanza si verifica per tutte le persone.	**писать** (с / ш), *scrivere*: **пишу, пишешь, пишет, пишем, пишете, пишут**
Nella 2ª coniugazione l'alternanza si verifica solo alla 1ª pers. sing.	**любить** (б / бл), *amare*: **люблю, любишь, любит, любим, любите, любят**

I verbi in **-чь** (tutti della 1ª coniugaz.) presentano due possibilità di alternanza consonantica: **г** (1ª pers. sing. e 3ª pers. pl. + passato) / **ж** (nelle altre persone); oppure rispettivamente **к / ч**.	**беречься (г / ж)**, *stare attento, guardarsi da:* **берегу́сь, бережёшься, бережётся, бережёмся, бережётесь, берегу́тся; берёгся, берегла́сь, берегли́сь**
	печь (к / ч), *cuocere al forno:* **пеку́, печёшь, печёт, печём, печёте, пеку́т; пёк, пекла́, пекли́**

Verbi monosillabici in **-ить** (**шить**, *cucire*; **пить**, *bere*; **лить**, *versare*; **бить**, *colpire*, ecc.), 1ª coniugazione con desinenza tonica preceduta da **ь**.	**шью, шьёшь, шьёт, шьём, шьёте, шьют**

Verbi in **-ереть** (**упереться**, *impuntarsi*; **умереть**, *morire*, ecc.), 1ª coniugazione con troncatura del tema dell'infinito, compreso il passato.	**упру́сь, упрёшься, упрётся, упрёмся, упрётесь, упру́тся**. Anche al passato la radice di questo verbo presenta la vocale **ё**: **упёрся, упёрлась, упёрлись**.

Заключительный диалог - Dialogo di ripasso

1 – Всю неделю не могла наладить отношения с мужем.

2 – А что у вас случилось?

3 – Я хотела пойти в Третьяковку или в «Гараж» с коллегой, потому что он интересуется искусством и в особенности живописью.

4   Как ни странно, мой муж сказал, что пойдёт с нами, но я ведь знаю, что ему ни крупные, ни мелкие музеи никогда не были интересны…

5 – На мой взгляд, ты преувеличиваешь: помнишь,

когда мы все вместе ездили в Петергоф, ему очень там понравилось.

6 – Конечно! Особенно ему было смешно, когда я не заметила одного фонтана и осталась мокрой до нитки.

7 – Ну, дорогая моя, я помню, ещё в начале недели предупредила тебя, что тебе надо беречься любых прогулок и поездок…

8 – Я скорее опасаюсь твоих глупых гороскопов, и даже твоё упорство не принесёт никаких результатов – я не буду их читать.

9 – Хорошо, хорошо, рассказывай дальше про вашу культурную программу в музее.

10 – Пошли мы в «Гараж», там была выставка современного искусства и экспозиция какого-то неформального автора, который уже давно получил мировую известность.

11 Он меня очень впечатлил: в его картинах так чувствуется тот внутренний конфликт, который выражали через свои работы его предшественники в 60-е годы.

12 А мой муж довольно громко, при всех начал говорить, что он бы такую картину написал за один день, что даже и ребёнок мог бы её нарисовать…

13 К моему ужасу, в зале был сам художник, он услышал, что говорил мой муж и тут такое началось!

14 Я вообще не из тех, кто легко поддаётся панике, но художник начал кричать, что муж мой и не знает, что такое искусство,

15 что попросит организаторов мероприятия выгнать его с выставки.

16 Ну, а мне оставалось только устроить истерику мужу дома.

17 – Да, не надо тебе было с мужем туда идти…
18 – Нет, не надо было приглашать туда моего коллегу. Если бы муж меня не заревновал, то он никогда бы не пошёл в музей!

Traduzione

1 È da una *(tutta)* settimana che non riesco a riconciliarmi *(non ho-potuto instaurare rapporti)* con [mio] marito. **2** Cosa vi è successo? **3** Volevo andare alla Galleria Tret'jakov o al "Garage" con un collega appassionato *(perché lui s'interessa)* d'arte e in particolare di pittura. **4** Per quanto sia strano, mio marito ha detto che sarebbe venuto con noi, ma io so che non si è mai interessato di musei, *(né)* piccoli o *(né)* grandi [che siano]… **5** Secondo me esageri: ti ricordi quando siamo andati tutti insieme a Peterhof? Gli era piaciuto molto *(là)*. **6** Certo! Si era divertito molto, soprattutto *(particolarmente)* quando non mi sono accorta che c'era una fontana e mi sono bagnata come un pulcino *(sono-rimasta bagnata fino-al filo)*. **7** Beh, cara mia, ricordo [che] già all'inizio della settimana ti avevo avvertito che dovevi stare attenta durante le *(qualsiasi)* passeggiate e i viaggi… **8** Mi fanno più paura i tuoi stupidi oroscopi; anche la tua testardaggine non servirà a nulla *(non porterà nessun risultato)*, [tanto] non li leggerò. **9** [Va] bene, [va] bene, continua a parlarmi del vostro programma culturale al museo. **10** Siamo andati al "Garage", dove c'era una mostra d'arte contemporanea e un'esposizione di non so quale autore informale che ha già ottenuto da adesso *(già)* fama mondiale. **11** Mi ha impressionato molto: nei suoi quadri si avverte così [bene] quel conflitto interiore che i suoi predecessori esprimevano nelle loro opere negli anni '60, **12** ma mio marito si è messo a dire davanti a tutti a voce piuttosto alta che un quadro così l'avrebbe dipinto in un giorno, che l'avrebbe saputo fare *(disegnare)* persino un bambino… **13** Con mio orrore [mi sono accorta che] in sala c'era l'autore *(pittore)* in persona: aveva sentito quello che ha detto mio marito e lì sono cominciati i guai *(tale è-cominciato)*! **14** Non sono una che si fa prendere dal *(si-sottomette al-)*panico facilmente, ma il pittore si è messo a gridare che mio marito non sapeva neppure cosa sia l'arte **15** e che avrebbe chiesto agli organizzatori della manifestazione *(iniziativa)* di cacciarlo dalla mostra. **16** Beh, non ho potuto far altro che fare una scenata isterica a mio marito [una volta tornati] a casa. **17** Sì, non avresti dovuto andarci con lui *(marito)*… **18** No, non avrei dovuto invitare il mio collega. Se mio marito non si fosse ingelosito, *(allora)* non sarebbe mai venuto al museo!

57 Пятьдесят седьмой урок

Всякий кулик своё болото хвалит

1 У каждой нации есть свои представления о близких соседях и прочих народах, населяющих планету.
2 Русские – народ миролюбивый, гостеприимный, безгранично щедрый, но также шутник и насмешник.
3 Наверное, самый простой способ понять, что русские думают о той или иной нации – это посмотреть на анекдоты о ней.
4 Например, они обожают французов и представляют их себе ① крайне галантными, утончёнными и модными, а главное – очень романтичными и красивыми.
5 Жена интересуется у уезжающего ② в командировку мужа: «Дорогой, а меня ты в Париж не возьмёшь?» ③

Pronuncia
... kulik ... balota

Note

① Nell'espressione **представляют их себе**, *se li immaginano*, l'ordine delle parole (verbo – complemento oggetto – pronome riflessivo) è diametralmente opposto rispetto all'italiano.

② **уезжающего** è il participio presente attivo (al genitivo maschile) di **уезжать**, *andare via, partire, andarsene (con un mezzo)*. Una buona occasione per ripassare il part. pres. att. ▸

Cinquantasettesima lezione 57

A ogni uccello il suo nido è bello
(Ogni beccaccino la sua palude loda)

1. Ogni nazione ha le proprie idee *(concezioni)* sui suoi vicini e sugli altri popoli del *(popolanti il)* pianeta.
2. I russi sono un popolo pacifico, ospitale, infinitamente generoso, ma anche mattacchione e burlone.
3. Forse il modo più semplice per capire quello che i russi pensano di questa o quella *(di quella o altra)* nazione è [quello di] esaminare *(guardare su)* le [loro] barzellette sugli altri popoli *(su essa)*.
4. Per esempio [i russi] adorano i francesi e se li immaginano estremamente galanti, raffinati, alla moda e, soprattutto, molto romantici e belli.
5. Una donna chiede a *(s'interessa presso)* suo marito che sta per partire in trasferta: "Caro, non mi porti *(prenderai)* [con te] a Parigi?"

▸ e questo verbo di moto in un colpo solo! Notate, inoltre, la disposizione del complemento **в командировку** che, a differenza di quanto avviene in italiano, precede il nome (**мужа**) cui si riferisce il participio. Per l'ordine delle parole con i participi v. lez. 51, nota 14. Per la presenza o assenza della virgola con i participi v. lez. 56, § 1.2.

③ Osservate il tipo di virgolette "a sergente" utilizzato per introdurre («) e chiudere (») il discorso diretto. Erano presenti anche in dialoghi precedenti. Ve ne siete accorti?

57

6 В ответ слышит: «Если бы это была поездка в Баварию, ты, наверное, предложила бы мне взять с собой ящик пива?»

7 Англичане в глазах русских – культурны, начитанны, необычайно вежливы, тактичны и спокойны…

8 Лондон. Кабинет английского джентльмена. Распахивается дверь, вваливается дворецкий: «Наводнение!»

9 «Что вы себе позволяете? Выйдите и доложите, как положено», – отвечает джентльмен ④.

10 Дворецкий выходит, закрывает за собой дверь, а через несколько минут чинно распахивает её со словами: «Темза, сэр!»

11 Но русские любят смеяться и над собой, своими дурными привычками и слабыми местами.

12 Например, русский человек либо очень хорошо говорит на каком-нибудь иностранном языке, либо совсем не говорит на нём (это особенно верно для глубинки).

---

7 … taktitčny … **8** … vvalivaitsa … dvarjetskij … navadnjenije
10 … temza … **12** … gLubinki

Osservazioni sulla pronuncia
8 Il termine **джентльмена** *[gentl'mjena]*, qui al gen. masch. sing. (chiaramente un prestito dall'inglese), si può pronunciare anche con la seconda **e** dura: *[gentl'mena]*.

6 E il marito *(In risposta [la moglie] sente)*: "Se mi avessero mandato *(Se questo fosse un-viaggio)* in Baviera, magari mi avresti proposto di portare con me una cassa di birra?"

7 Agli occhi dei russi, gli inglesi sono educati, colti, straordinariamente gentili, pieni di tatto e calmi…

8 Londra. Studio di un gentleman inglese. Si spalanca la porta [e] irrompe il maggiordomo: "[C'è] un'inondazione!"

9 "Come *(Che-cosa)* si permette? Esca e [la] annunci come si deve" risponde il gentleman.

10 Il maggiordomo esce, chiude la porta dietro di sé e dopo qualche minuto la spalanca cerimoniosamente con [queste] parole: "Il Tamigi, Sir!"

11 I russi amano però anche ridere di se stessi, delle loro brutte abitudini e dei [loro] punti *(luoghi)* deboli.

12 Per esempio, un russo *(un-russo uomo)* o parla benissimo una lingua straniera o non la parla affatto (cosa particolarmente vera in *(per la)* provincia).

Note

④ Attenzione: se precede il verbo che lo introduce (qui **отвечает**), il discorso diretto dev'essere seguito, dopo le virgolette di chiusura, da una lineetta, che talvolta (ma non sempre, v. ad esempio la frase 22) s'inserisce anche subito dopo le virgolette di apertura all'inizio del discorso diretto: «(–) Что вы себе позволяете? Выйдите и доложите, как положено», – отвечает джентльмен.

57

13 Из записей в жалобной книге ⑤ небольшого курортного отеля в Испании.

14 Американцы: «Ужасный отель. Здесь в лифтах накурено!»

15 Русские: «Странный отель. В лифтах почему-то запрещается ездить ⑥ в смокинге.

16 Всюду висят таблички: "NO SMOKING!". Хорошо, хоть курить можно!»

17 Насмехаются они и над всем известной чертой русского характера – отсутствием чувства меры…

18 Когда они любят, то до гробовой доски; когда несчастны, то весь мир рушится; если же что-то празднуют, то закатывают пир на весь мир!

19 Очень часто эту идею выражают анекдоты про новых русских, которые, впрочем, действительно известны на Западе своими чудаческими выходками.

20 В салоне авиалайнера пассажир с удивлением смотрит в иллюминатор и в испуге подзывает стюардессу:

13 iz*za*pissjej … **14** … vlifta*H* … **17** … atsutstvijem … č*ju*stva …

Note

⑤ **жалобная книга**, *libro degli ospiti*, *guestbook*, letteralmente vuol dire però "libro delle lamentele / dei reclami". L'espressione è un retaggio d'epoca sovietica, quando ogni cittadino aveva l'obbligo morale di denunciare pubblicamente in apposito regi- ▶

13 Frasi tratte dal *(Dalle annotazioni nel)* libro degli ospiti di un piccolo resort *(balneare hotel)* in Spagna.

14 Gli americani: "L'albergo è orribile. Negli ascensori c'è puzza di fumo *(Qui negli ascensori [è] pieno-di-fumo)*!"

15 I russi: "Che strano albergo: per qualche motivo è vietato prendere l'ascensore *(andare-con-un-mezzo negli ascensori)* in smoking.

16 Ci sono *(sono-appesi)* cartelli dappertutto [con su scritto] NO SMOKING!. Per fortuna *(Bene,)* si può almeno fumare!"

17 [I russi] scherzano anche su un tratto del loro *(russo)* carattere a tutti noto: la mancanza di senso della misura…

18 Se *(Quando)* amano, [amano] *(allora)* fino alla morte *(tombale lastra)*; se *(quando)* sono tristi, *(allora)* tutto il mondo va in rovina; se festeggiano qualcosa, *(allora)* organizzano un banchetto luculliano *(portano-in-giro un banchetto per tutto il mondo)*!

19 Questa caratteristica ricorre molto spesso nelle *(Molto spesso questa idea esprimono le)* barzellette sui nuovi russi che, del resto, sono ben noti in Occidente per le loro uscite stravaganti.

20 Nella cabina di un aereo di linea, un passeggero guarda stupito *(con stupore)* dall'*(nell')*oblò e chiama spaventato *(nello spavento)* la hostess:

▶ stro i disservizi. Questo libro è chiamato anche **книга жалоб и предложений** (lett. "libro delle lamentele e delle proposte").

⑥ Si può anche usare la preposizione **на** e dire **ездить на лифте**, *prendere l'ascensore, andare in ascensore*. Con **на** si esprime il complemento di mezzo di trasporto, mentre con **в** il complemento di stato in luogo (chiuso).

21 «Мы сбились с курса? Под нами снег, тайга, а должны быть Канары!»

22 «Это и есть Канары, сэр, – отвечает стюардесса, – просто там русские Новый год празднуют...» ⑦

23 Но знайте, что смеясь над подобными чертами характера, русские в тайне ими гордятся...

> **21 сбились** *[zbilis']*: al contatto con la consonante sonora **б**, si sonorizza anche la consonante sorda **с**.

***

Упражнение 1 – Читайте и переводите

① Обожаю французов: они крайне галантные, красивые и очень романтичные. – Ну конечно! ② Ты что-то написал в жалобной книге магазина? – Да, я написал, что это ужасный магазин и что у них никто не говорит ни на каком иностранном языке. ③ Откуда этот тип? И одет он странно, и разговаривает он на непонятном мне языке... – Он из глубинки! ④ Что ты себе позволяешь? Ну-ка выйди и зайди опять, как положено. – Ты преувеличиваешь. ⑤ Вы любите смеяться над ним, его дурными привычками и слабыми местами. Подумали бы сначала о своих...

21 "Abbiamo perso la *(Abbiamo-deviato dalla)* rotta? Sotto di noi [c'è] la neve, la taiga, e [invece] dovrebbero *(devono)* esser[ci] le Canarie!"

22 "[Ma] queste sono proprio *(Questo ed è)* le Canarie, signore" risponde la hostess "è solo che *(semplicemente)* i russi là stanno festeggiando il Capodanno…"

23 Sappiate, però, che [pur] ridendo di questi *(simili)* tratti del [loro] carattere, sotto sotto *(in segreto)* i russi ne sono fieri…

Note

⑦ Se il verbo che introduce il discorso diretto si trova all'interno del discorso stesso, va posto (insieme al soggetto e agli eventuali complementi) tra due virgole e due lineette. «(–) **Это и есть Канары, сэр, – отвечает стюардесса, – просто там русские Новый год празднуют…**»

***

Soluzione dell'esercizio 1

❶ Adoro i francesi: sono estremamente galanti, belli e molto romantici. – Certamente! ❷ Hai scritto qualcosa sul libro degli ospiti *(delle-lamentele)* del negozio? – Sì, ho scritto che è orrendo *(negozio)* e da loro non c'è nessuno che parli una *(alcuna)* lingua straniera. ❸ Da dove viene quel tipo? Si veste *(Ed [è] vestito)* in modo strano e parla *(conversa)* in una lingua che non capisco *(incomprensibile a-me lingua)*… – [Viene] dalla provincia! ❹ Come *(Che-cosa)* ti permetti? Forza, esci e [poi] entra di nuovo come si deve. – Stai esagerando. ❺ Vi divertite a *(amate)* ridere di lui, delle sue brutte abitudini e dei suoi punti *(luoghi)* deboli. E se pensaste piuttosto *(innanzitutto)* ai vostri?

57 Упражнение 2 – Восстановите текст

❶ Ho sempre pensato che [fosse] una persona gentile e raffinata, ma oggi ha fatto irruzione nel mio ufficio e si è messo a dire delle *(qualche)* assurdità.

Я всегда ......, что он .... и .... человек, а он сегодня .... в мой .... и начал говорить какую-то ....

❷ Mi sono innamorata di lui a prima vista e sono sicura che lo amerò fino alla morte *(questo fino-alla tombale lastra)*! – Nonostante le sue uscite stravaganti?

Я .... его с первого .... и, уверена, что это до ....! – .... на ... чудаческие ....?

❸ Negli ascensori di questo albergo c'è puzza di fumo, anche se ci sono *(sono-appesi)* cartelli dappertutto con su *(su cui [è])* scritto che è vietato fumare.

В ...... этой гостиницы ...., хотя везде ...., на которых ...., что курить ....

❹ Sono molto *(così)* fiero di te: hai organizzato un banchetto luculliano *(portato-in-giro un-banchetto per tutto il mondo)*! – [Ma se] ho solo comprato una cassa di birra...

Я так ....: ты .... на весь мир! – Я всего лишь ....

❺ Stavamo sorvolando la taiga e dall'*(nell')*oblò non vedevamo niente a parte la neve, ma a un certo punto *(in qualche momento)* abbiamo capito lo stesso *(comunque)* che l'aereo aveva perso la *(aveva-deviato dalla)* rotta.

Мы летели над ...... и не видели в .... ничего, кроме ......, но в какой-то ...... мы всё-таки ......, что .... сбился с ......

Soluzione dell'esercizio 2

❶ – думала – вежливый – утончённый – ввалился – офис – ерунду ❷ – полюбила – взгляда – гробовой доски – Несмотря – его – выходки ❸ – лифтах – накурено – висят таблички – написано – запрещается ❹ – тобой горжусь – закатил пир – купил ящик пива ❺ – тайгой – иллюминаторе – снега – момент – поняли – самолёт – курса

Анекдот, Barzelletta
Курортная гостиница. Мужик пришёл в ресторан позавтракать: «Мне, пожалуйста, два варёных яйца. Одно недоваренное, почти жидкое, а другое очень крутое. А также жареной колбаски, но уже остывшей, парочку сгоревших гренок и маслица из морозилки.»
Удивлённый официант: «Это довольно сложный заказ. Не могу сказать, сколько вам придётся ждать.»
Мужик: «Правда? А вчера мне это принесли в считанные минуты…»

[In] un resort un tizio va *(è-arrivato)* al ristorante a fare colazione: "Mi [porti] due uova bollite, per cortesia, di cui uno non abbastanza cotto, quasi crudo *(liquido)*, l'altro invece molto sodo. [Mi porti] anche una salsiccia *(salamino)* arrosto, ma fredda *(già raffreddata-si)*, un paio di crostini bruciacchiati e del burro *(burrino)* [preso] dal freezer."

Il cameriere [risponde] stupito: "È un'ordinazione piuttosto complessa. Non [le] so *(posso)* dire quanto dovrà *(a-voi toccherà)* aspettare."

L'uomo: "Davvero? Ma [se] ieri queste cose *(questo)* me le hanno portate in pochi *(contati)* minuti…"

58 Пятьдесят восьмой урок

В здоровом теле здоровый дух ①

1 – Наконец-то я записалась в спортзал: время поджимало – мне давно надо бороться с ② лишним весом и целлюлитом!
2 – Где ж ты у себя нашла целлюлит?
3 – Не издевайся, я так давно собой не занималась, что настал момент, когда его только слепой не увидит.
4   Я хочу подкачать ③ живот, убрать жировые складки под ягодицами, да и просто быть в тонусе.
5 – Ну это имеет смысл, а то твоя история с целлюлитом ни в какие ворота не входила!

Pronuncia
4 ... *jigaditsami* ...

Note

① A parte l'ordine delle parole, questa frase corrisponde al noto detto latino originario di Giovenale "Mens sana in corpore sano". Letteralmente **дух** vuol dire anche *spirito*, come sapete.

② **бороться с** (lett. "combattere con") corrisponde all'italiano *combattere contro* o *combattere* (seguito dal complemento oggetto diretto): **бороться с врагом**, *combattere contro il nemico* o *combattere il nemico*. Per maggiori informazioni, consultate la lezione 63, § 2.2.

③ **подкачать**: il prefisso verbale **под-** può indicare un'azione attenuata o furtiva: **гореть**, *bruciare* → **под**гореть, *bruciacchiare*; **под**делать, *contraffare*, *falsificare*; **под**слушать, *ascoltare di nascosto, origliare*; oppure può significare *ancora un po'*, come nell'esempio della frase 4.

Cinquantottesima lezione 58

Mente sana in corpo sano

1 – Finalmente mi sono iscritta in palestra: era ora *(il tempo stringeva)*, è da un pezzo che dovevo *(a-me da-molto-tempo è-necessario)* combattere *(con)* il sovrappeso *(superfluo peso)* e la cellulite!
2 – Ma dov'è che hai *(presso di-te-stessa hai-trovato)* la cellulite?
3 – Non scherzare *(deridere)*, non mi prendevo cura *(mi-occupavo)* di me da tanto di quel tempo che ormai *(è-sopraggiunto il momento quando)* solo un cieco non se ne accorgerebbe *(vedrà)*.
4 Voglio lavorare un po' sulla *(pompare-ancora-un-po' [i muscoli della])* pancia, eliminare i cuscinetti di grasso *(grasse pieghe)* sotto i glutei *(natiche)* ed essere semplicemente in forma *(tono)*.
5 – Ah, adesso capisco *(questo ha senso)*: altrimenti la *(tua)* storia della *(con la)* cellulite non stava né in cielo né in terra *(in nessun portone non entrava)*!

58

6 Я уже давно хожу в тренажёрный зал, так как у меня долго ④ болела спина, и мой лечащий врач посоветовал ⑤ мне тренировать мышцы спины.

7 Теперь я занимаюсь плаванием один раз в неделю, раз в неделю хожу на пилатес, и один раз в зал, где ⑥ мною занимается личный тренер.

8 С ним я не сачкую ⑦, а целый час добросовестно потею, причём ⑧ делаю только те упражнения, которые мне действительно необходимы.

9 – Ну я бездельничать в зале и сама не собираюсь, он столько стоит, что если уж заплатил, то ходить надо постоянно!

---

6 ... *myshtsy* ... 8 ... *sačkuju* ... *patjeju* ...

Note

④ Non confondete **давно**, *da (tanto) tempo, da un pezzo*, con **долго**, *a lungo, per molto tempo*.

⑤ Notate che in questa sequenza di frasi in russo, a differenza dell'italiano, i due soggetti e i due verbi sono separati da una virgola: **У меня болела спина, и мой врач посоветовал мне**..., *Mi faceva male la schiena e il mio medico mi ha consigliato*...

⑥ Notate che, a differenza dell'italiano, l'avverbio **где** va sempre preceduto da una virgola, sia quando introduce una frase relativa (= "in cui", come in questa frase del dialogo), sia quando introduce un'interrogativa: **Вы не сказали ему, где вы были?**, *Non gli avete detto dove eravate?*

6 Io vado già da tempo in una palestra attrezzata poiché ho sofferto a lungo di mal di schiena *(presso di-me a-lungo faceva-male la schiena)* e il mio medico *(curante)* mi ha consigliato di allenare i muscoli *(della-schiena)*.

7 Adesso faccio *(mi-occupo-di)* nuoto una volta alla settimana e altrettanto spesso *(una-volta alla settimana)* vado a pilates e *(una volta)* in palestra, dove mi segue *(di-me si-occupa)* un personal trainer.

8 Con lui non batto la fiacca e sgobbo *(coscienziosamente sudo)* per un'ora intera, e poi faccio solo quegli esercizi di cui ho davvero bisogno *(che a-me [sono] veramente indispensabili)*.

9 – Beh, nemmeno io vado in palestra a poltrire *(io [di] oziare in palestra e stessa non-ho-intenzione)*, costa così caro *(tanto)* che, una volta che *(se già)* hai pagato, *(allora)* conviene *(bisogna)* andarci regolarmente!

▸ ⑦ **сачкую** è la 1ª persona singolare del verbo imperfettivo in **-овать** (nel corso della coniugazione questo suffisso è sostituito da **-у-**, ricordate?), **сачковать**, *battere la fiacca*. Si tratta di un verbo d'uso colloquiale che, in base al contesto, vuol dire anche *marinare la scuola* o *saltare il lavoro*.

⑧ Non confondete la congiunzione **причём**, *inoltre*, *per giunta*, *e poi*, con **при чём...?**, *Cosa c'entra...?*: **Я уже видел этот фильм, причём два раза**, *Ho già visto questo film, e per giunta due volte*; **При чём тут я?**, *Cosa c'entro io?* Tuttavia capita di vedere **при чём**, in questo secondo senso, scritto tutto attaccato: **Причём тут я?**

10 – Настрой правильный. Только ты не тяни кота за хвост, а то потом закрутишься ⑨ и передумаешь ⑩.

11 – Нет-нет, что ты! Не передумаю: я уже отложила денег на абонемент и договорилась с начальством раз в неделю уходить раньше с работы.

12 Я, кстати, уже сейчас занялась стимуляцией мышц – у нас ещё на прошлой неделе в доме лифт сломался,

13 так я на девятый этаж ⑪ после работы из магазина с полными сумками легко так взлетаю, как бабочка!

14 – О, вот мой муж. Сейчас увидишь, что у спортзала есть и свои недостатки.

15 – Боже мой, Юрий! Что у тебя с лицом?

16 – Вчера ходил в тренажёрный зал, хотел себя в форму привести…

17 Так вот… один качок гирю уронил…

18 – Тебе на лицо?

19 – Нет! Себе на ногу.

20 – При чём тут твоё лицо?

21 – Ну так, а моё лицо решило, что это смешно… и качку это не понравилось.

Note

⑨ Il verbo perfettivo **закрутиться**, *avvolgersi, attorcigliarsi*, nella lingua parlata si usa in senso figurato con il senso di *avere tanto / troppo da fare, essere molto indaffarato*: **Я так закрутился, что забыл о нашей встрече**, *Avevo così tanto da fare che ho dimenticato il nostro appuntamento*.

⑩ Il prefisso **пере-** trasmette qui l'idea di un passaggio da uno stato mentale a un altro: **пере**думать, *ripensarci, cambiare idea*.

10 — È lo spirito *(Atteggiamento)* giusto. Però non tirarla per le lunghe *(Solo tu non tirare il gatto per la coda)*, sennò poi avrai troppo da fare *(ti-avvolgerai)* e [ci] ripenserai.

11 — No, no, figurati se ci ripenso *(non ripenserò)*: ho già messo da parte dei soldi per l'abbonamento e ho avuto dai superiori il permesso *(mi-sono-accordata con la direzione)* di uscire *(andare-via)* prima dal lavoro una volta alla settimana.

12 A proposito, ho già cominciato a far lavorare i muscoli *(già ora ho-cominciato-a-occuparmi della-stimolazione dei-muscoli)*: la settimana scorsa da noi *(in casa)* si è rotto di nuovo *(ancora)* l'ascensore,

13 perciò, dopo il lavoro, arrivo leggera *(agilmente così prendo-il-volo)* come una farfalla fino all'ottavo *(nono)* piano dal negozio con le borse [della spesa] piene.

14 — Ah, ecco mio marito. Ora vedrai che la palestra ha anche i suoi svantaggi *(difetti)*.

15 — Mio Dio, Jurij! Che ti è successo alla faccia *(presso di-te con il viso)*?

16 — Ieri sono andato in palestra *(attrezzata)*, volevo rimettermi in forma *(sé in forma riportare)*…

17 E allora… un[o tutto] palestrato ha fatto cadere un peso…

18 — Sulla tua faccia *(A-te sul viso)*?

19 — No! Su un suo piede.

20 — E la tua faccia cosa c'entra?

21 — Beh, la mia faccia l'ha trovato *(ha-deciso, che questo [è])* divertente… e questo al [tipo] palestrato non è piaciuto.

▸ ⑪ Ricordate che in Russia i piani si numerano a partire dal piano terreno, che pertanto diventa il primo piano (v. anche lez. 59, frase 10).

Упражнение 1 – Читайте и переводите

❶ Ты думаешь, имеет смысл записаться в спортзал? – Конечно! В здоровом теле здоровый дух. ❷ У нас в доме лифт ещё на прошлой неделе сломался, моя бедная соседка поднимается каждый вечер по лестнице после работы, а ей 65 лет… ❸ Не сачкуй! Ты знаешь, сколько стоит абонемент в этот зал? Если уж заплатил, то ходить надо постоянно. ❹ Сначала мы не были уверены, что он влюблён в неё, но в какой-то момент этого мог не увидеть только слепой. ❺ Боже, что у тебя с ногой? – Да вот вчера бегал в парке и не заметил стоящего у дерева велосипеда, ну и упал…

***

Упражнение 2 – Восстановите текст

❶ Fa *(si-occupa-di)* nuoto [e], una volta alla settimana, va a yoga e a pilates. – Dove trova il tempo di fare tutte queste cose?
Он ...., раз в ...... ходит на ....
и на .... – Когда он только всё ....?

❷ È da tanto di quel tempo che non si prende cura *(si-è-occupata)* di sé: [ha] i cuscinetti di grasso sotto i glutei *(natiche)*, una pancia enorme [ed è in] sovrappeso *(superfluo peso)*… Deve curarsi di più *(rivolgere su [di] sé l'attenzione)*!
Она так давно ..... не ....: жировые
.... под ...., огромный ....., ...
... ... Ей надо обратить на себя ....!

❸ Il nostro medico curante ha consigliato a mia figlia di allenare i muscoli della schiena, perciò si è iscritta in palestra; beh, anch'io ho deciso di andare a nuotare *(a nuoto)* con lei.
Наш .... врач .... моей ......
тренировать ...., поэтому она

Soluzione dell'esercizio 1

❶ Pensi che abbia senso iscriversi in una palestra? – Certo! Mente sana in corpo sano. ❷ La settimana scorsa si è rotto di nuovo *(ancora)* l'ascensore di casa nostra, la mia povera vicina sale ogni sera le scale al rientro dal lavoro *(dopo il lavoro)* e ha 65 anni… ❸ Non battere la fiacca! Sai quanto costa l'abbonamento a questa palestra? Una volta che *(Se già)* hai pagato, *(allora)* ti conviene *(bisogna)* andarci regolarmente. ❹ All'inizio non eravamo sicuri che fosse innamorato di lei, ma a un certo punto solo un cieco non se ne sarebbe accorto *(poteva non vedere)*. ❺ [Mio] Dio, che ti è successo al piede? – Vedi *(Ed ecco)*, ieri stavo correndo nel parco e non mi sono accorto che c'era una bici accanto a un albero *(non ho-notato stante presso di-un-albero bici)*; beh, sono caduto…

***

.... в спортзал, ну и я ...... ходить с ней .. плавание.

❹ Perché sei insoddisfatta? – Dobbiamo fare insieme [tutto] questo lavoro per giovedì, [e mentre] io sgobbo *(sudo coscienziosamente)*, (e) lei poltrisce *(ozia)*.

Почему ты ....? – Мы должны вместе сделать эту ...... к .... Я ....
....., а она ....

❺ Albina dice di avere la cellulite e [di essere in] sovrappeso, perciò si è messa a fare *(occuparsi-di)* sport con un personal trainer.

Альбина говорит, что у неё .... и ...., поэтому она .... с личным ....

Soluzione dell'esercizio 2

❶ – занимается плаванием – неделю – йогу – пилатес – успевает
❷ – собой – занималась – складки – ягодицами – живот, лишний вес – внимание ❸ – лечащий – посоветовал – дочери – мышцы спины – записалась – решила – на – ❹ – недовольна – работу – четвергу – добросовестно потею – бездельничает
❺ – целлюлит – лишний вес – занялась спортом – тренером

59 Пятьдесят девятый урок

Детективный роман (часть первая)

1 – Дорогая, всё, что я тебе сейчас расскажу, должно остаться между нами, это совершенно конфиденциальная информация…
2 – Какая муха тебя укусила? Что ещё стряслось ①?
3 – Я слежу за подозрительным субъектом, пытаюсь узнать, что это за гусь.
4   В полицию я решил пока не звонить, а то если будет много шума, упустим голубчика.
5 – Ты что, белены объелся? Что ты несёшь?
6 – Погоди ②, я тебе сейчас всё объясню.
7   Уже два дня я наблюдаю за одним типом, который ошивается у нашего дома.
8   Вчера он вообще долго искал наш подъезд, потом, видишь ли, вспоминал код входной двери ③.

Note

① **стряслось** è il passato neutro del verbo perfettivo **стрястись**, *accadere, succedere*, di registro colloquiale, che si usa soltanto riferito a eventi negativi.

② Attualmente il verbo **погодить**, *aspettare, attendere*, si usa soprattutto all'imperativo: **погоди, погодите**. Può assumere una sfumatura dubitativa o di sorpresa (**Погоди, он же в Москве живёт…**, *Aspetta, ma non abita a Mosca?*), ma può anche esprimere una minaccia: **Ну, погоди!**, *Aspetta e vedrai!, Te ne accorgerai!, (Ora) ti sistemo io!* (v. lez. 34, nota 5).

Cinquantanovesima lezione 59

Romanzo giallo (prima parte)

1 – Cara, tutto quello che ti sto per dire *(ora racconterò)* deve restare tra noi, è un'informazione strettamente *(assolutamente)* riservata...
2 – Che diavolo ti ha preso *(Quale mosca ti ha-morso)*? Cosa c'è ancora *(ancora è-successo)*?
3 – Sto seguendo un tipo *(soggetto)* sospetto [e] sto cercando di capire chi sia quel losco figuro *(oca)*.
4   Ho deciso di non chiamare per il momento la polizia, altrimenti la cosa farebbe troppo chiasso *(ci-sarà molto di-rumore)* [e] ci faremmo *(faremo)* scappare il fringuello *(piccioncino)*.
5 – Ma sei impazzito *(di-giusquìamo ti-sei-abbuffato)*? Cosa stai farneticando *(porti)*?
6 – Aspetta, ora ti spiego *(spiegherò)* tutto.
7   [Sono] già due giorni che sto sorvegliando un tale *(tipo)* che gironzola dalle parti di *(presso)* casa nostra.
8   Ieri ha cercato a lungo il nostro portone [e] poi, guarda *(vedi)* un po', tentava di ricordarsi il codice della porta d'ingresso.

▸ ③ **код входной двери** è il codice di sicurezza (di una porta di ingresso di uno stabile) che va digitato per poter accedere. Quanto a **подъезд**, non c'è una traduzione precisa in italiano: può significare secondo il contesto *androne, ingresso, portone* o *scala (A, B, C...)*. In Russia un immobile di grandi dimensioni ha un solo numero civico, ma può avere diversi ingressi numerati progressivamente. Perciò un indirizzo può avere la struttura seguente: **дом № 6, 5-й подъезд**, *(casa) n° 6, scala 5*. Si noti che il numero del **подъезд** va indicato come ordinale.

9 Но меня не проведёшь: я сразу понял, что ничего он не вспоминает, а просто делает вид.

10 Так и топтался ④ он у двери, пока ему тётя Даша ⑤ с пятого не открыла, ну он в подъезд и шмыгнул.

11 Затем он уходил и возвращался 4 добрых раза, да всё с маленькими такими свёрточками, не иначе, как дилер!

12 Эх, я б его ещё вчера вычислил бы, да у меня, как нарочно, рагу кипело... а ты ведь сказала – как закипит, чтоб ни на шаг...

13 Ну вот я у кастрюли и дежурил, а через десять минут типчик уже смотался, не пойму как, шустро так улизнул.

14 – Пойду посмотрю ⑥, у нас там успокоительное какое-нибудь осталось или нет... Тебе даже укол успокоительный ⑦ не помешал бы...

---

10 ... shmyghnuL

Osservazioni sulla pronuncia
12 нарочно *[naroshna]*: oltre a questa pronuncia (che è quella corretta) c'è anche la variante *[naročna]*, tipica della lingua parlata.

Note
④ Il verbo imperfettivo **топтаться**, *segnare il passo sul posto, scalpitare*, etimologicamente è affine a **топтать**, *calpestare*, di chiara origine onomatopeica: **топ-топ**, che imita il rumore dei passi (cfr. *tip-tap*).

⑤ Nelle conversazioni informali, spesso una persona più anziana viene chiamata **дядя** o **тётя**, *zio* e *zia*, anche se non ha rapporti di parentela con chi parla: **тётя Даша** è dunque un modo colloquiale per dire *la signora Daša*.

9 Ma a me non mi fregano *(me non condurrai-attraverso)*: ho capito subito che [in realtà] non cercava di ricordarsi niente, ma faceva solo finta.

10 Così scalpitava presso l'ingresso finché la signora *(zia)* Daša del quarto *(dal quinto)* piano non gli ha aperto e lui è sgusciato dentro attraverso il portone.

11 Poi è uscito e rientrato [almeno] 4 *(buone)* volte, portandosi sempre dietro dei pacchettini *(e tutto con piccoli tali pacchetti)*. Sarà sicuramente *(non altrimenti, come)* uno spacciatore!

12 Eh, l'avrei già incastrato *(calcolato)* ieri ma, neanche a farlo apposta, avevo il ragù sul fuoco *(il ragù bolliva)*... e tu mi avevi detto di non muovermi da quando avrebbe iniziato a bollire *(come inizierà-a-bollire, affinché nemmeno per un-passo)*...

13 Infatti sono rimasto a sorvegliare la pentola e dieci minuti dopo il tizio *(tipetto)* se l'era già svignata; non riesco a capire come abbia fatto a sparire così in fretta *(sveltamente così ha-tagliato-la-corda)*.

14 – Vado a vedere se abbiamo ancora qualche sedativo *(calmante qualche è-rimasto o no)*... Anche un'iniezione calmante non ti farebbe male *(darebbe fastidio)*...

▸ ⑥ **пойду посмотрю**, *vado a vedere*: in russo, dopo i verbi di moto vengono spesso usate forme verbali poste allo stesso modo e tempo del verbo di moto (a differenza dell'italiano, in cui si ricorre all'infinito), così qui abbiamo due futuri perfettivi, ma può anche capitare di trovare due imperativi di fila: **сходи узнай**, *va' a informarti*; **иди гуляй**, *fatti un giretto*, ecc.

⑦ Alla forma neutra l'agg. **успокоительный**, *calmante*, dà luogo all'aggettivo sostantivato **успокоительное**, *(un) calmante*, *(un) sedativo*. Allo stesso modo otteniamo da **слабительный**, *lassativo* → **слабительное**, *(un) lassativo*; da **мороженый**, *congelato* → **мороженое**, *(un) gelato*, ecc.

15 Вместо того, чтобы непонятно чем заниматься, картошки бы почистил.

16 – Что ты, что ты! Сейчас не могу: я пообещал одному дворовому мальчишке 100 рублей,

17 чтобы он дал мне знать, когда вновь увидит нашего подозрительного индивидуума неподалёку.

18 Вот он флажком машет и в свисток дует, значит подозреваемый находится в зоне видимости.

19 – Ай да молодец ⑧! Ты не только в детство впал ⑨, но ещё и соседским детишкам голову ерундой забиваешь.

20 – Хммм... Были люди, которые не верили в гений Шерлока Холмса!.. Ты ещё раскаешься.

21 – Мама дорогая! Ты и правда спятил. Хоть к ужину вернись, Шерлок!

16 ... dva*ro*vamu ...

Note

⑧ Ricordatevi che in russo **молодец**, che di per sé è un sostantivo maschile (lett. "un giovane"), può essere usato nelle esclamazioni come particella predicativa e ha una forma unica per il genere maschile e femminile: **Какой он молодец!**, *Che bravo!*; **Какая она молодец!**, *Che brava!*; **Какие вы молодцы!**, *Che bravi!*

⑨ **впасть в детство** (lett. "cadere nell'infanzia"), *rimbambire*, è un'espressione relativamente simile al verbo italiano equivalente, come si può vedere dalla traduzione letterale.

15 Invece di occuparti non si sa bene di che cosa, potresti pelare delle patate.

16 – Ma scherzi *(Che-cosa tu)*! Ora non posso: ho promesso 100 rubli a un ragazzino in cortile *(del-cortile)*

17 per informarmi *(dare a-me sapere)* quando il nostro tipo *(individuo)* sospetto si rifarà vivo *(di nuovo vedrà)* nei paraggi *(non-lontano)*.

18 Ecco [che] mi fa segno con *(agita)* la bandierina e fischia *(nel fischietto soffia)*: significa [che] il nostro uomo *(il sospettato)* è in vista *(si-trova in zona di-visibilità)*.

19 – Ah, bravo! Non solo ti sei rimbambito, ma riempi anche la testa di sciocchezze ai bimbi *(marmocchi)* dei vicini.

20 – Hmm… C'era gente che non credeva al genio di Sherlock Holmes!… *(Tu ancora)* Te ne pentirai…

21 – Mamma mia *(Mamma cara)*! Sei proprio *(ed [è] la verità)* uscito di senno. Torna almeno per cena, Sherlock [Holmes]!

Упражнение 1 – Читайте и переводите

❶ Он и правда спятил: уже неделю он следит за каким-то подозрительным субъектом. – Мама дорогая! ❷ Никак не пойму: какая муха вас укусила так со мной разговаривать? ❸ Вместо того, чтобы непонятно чем заниматься, почистила бы картошки. Я не могу готовить ужин на десять персон одна. ❹ Я не могу рассказать тебе то, что знаю о них: это конфиденциальная информация, которую я смогу дать только полиции. ❺ Не забивай себе голову подобной ерундой и успокойся. Если хочешь, я сделаю тебе успокоительный укол.

***

Упражнение 2 – Восстановите текст

❶ A me non mi freghi *(condurrai-attraverso)*: stai facendo finta di ricordarti la regola che ti hanno assegnato [per compito], ma [lo] vedo che non la sai *(hai-imparato)*.

Меня не ………: ты делаешь …, что …………… ……………, которое тебе задали, но я ведь …., что ты … не …….

❷ Dove vai tutto il giorno con quei *(tuoi)* pacchettini? – Stiamo giocando con i ragazzi in cortile *(del cortile)*.

Куда это ты ………… день со своими …………………? – Да это мы …… с ……… мальчишками.

❸ Aspetta, ho il ragù sul fuoco *(bolle in pentola)*, ora non posso *(nemmeno per un-passo)* allontanarmi. – Nessun problema *(Senza di-problemi)*, ti richiamerò dopo cena.

……, у меня ….. рагу в ……., я сейчас не ….. на … отойти. – Без ……., я перезвоню тебе …………

Soluzione dell'esercizio 1

❶ È proprio *(ed [è] la verità)* uscito di senno: [è] *(già)* da una settimana [che] segue un tipo *(soggetto)* sospetto. – Mamma mia! ❷ Non riesco proprio a capire: che diavolo Le ha preso *(quale mosca vi ha-morso)* per parlarmi in questo modo? ❸ Invece di occuparti non si sa bene di che cosa, potresti pelare le patate. Non posso preparare una cena per dieci persone da sola. ❹ Non posso dirti *(raccontare a-te)* quello che so di loro: è un'informazione riservata che posso dare solo alla polizia. ❺ Non ficcarti in testa *(Non riempire a-te-stesso la testa [con])* un'assurdità simile e calmati. Se vuoi, ti faccio *(farò)* un'iniezione calmante.

***

❹ Chi sarebbe quel losco figuro *(oca)*? – Ora ti spiegherò tutto. Prima, però, prendi *(bevi)* un calmante, per favore…
Это ещё что за ….? – Я …. сейчас всё ……. Только ……. …., пожалуйста, ……. …

❺ Se il [tizio] sospetto capita *(si-trova)* da queste parti *(in zona di-visibilità)*, fate un fischio *(soffiate nel fischietto)*, altrimenti fatemi solo segno con *(agitate)* la bandierina.
Если …………. находится в зоне ………, вы ….. в ……., если нет, просто …………. .

Soluzione dell'esercizio 2

❶ – проведёшь – вид – вспоминаешь правило – вижу – его – выучил ❷ – ходишь целый – маленькими свёрточками – играем – дворовыми – ❸ Погоди – кипит – кастрюле – могу ни – шаг – проблем – после ужина ❹ – гусь – тебе – объясню – сначала выпей – успокоительного ❺ – подозреваемый – видимости – дуете – свисток – машете флажком

60 Шестидесятый урок

Детективный роман (часть вторая)

1 – Ну что, не задержал своего особо опасного преступника? Кто же он – террорист, убийца, вор?
2 – Смейся, потешайся… Я ведь должен понять, кто этот субъект, расследовать это тёмное дело.
3   В любом случае я зашёл слишком далеко, мне теперь ни шагу назад.
4 – Ты не забыл, что ты бухгалтер? По-моему, ты и вправду возомнил себя частным детективом ①.
5 – Ха-ха-ха! Первой будешь мне рукоплескать ②, когда об этом случае напишут все газеты, а моя фотография будет на первой полосе!
6   Ничего, сегодня я его упустил, но он был практически в моих руках.
7   Преступник как раз выходил из подъезда, нервный такой, явно спешил куда-то.

Pronuncia
4 … bugaLtjer …

Note

① **детектив** non indica solo il *detective*, l'*investigatore privato*, ma anche un *romanzo giallo*, come vedremo nella lezione 67.

Sessantesima lezione 60

Romanzo giallo (seconda parte)

1 – E allora, sei riuscito a prendere *(non hai-trattenuto)* il tuo pericolosissimo *(particolarmente pericoloso)* delinquente? Chi sarebbe[, dai]: un terrorista, un assassino, un ladro?
2 – [Sì, sì,] ridi, scherza *(prendi-in-giro)*... ma io devo capire chi sia quel tipo *(questo soggetto)* [e] indagare [su] questa oscura faccenda.
3   In ogni caso mi sono spinto troppo lontano, ormai è tardi per tornare indietro *(a-me ora nemmeno di-un-passo indietro)*.
4 – *(Non)* Ti sei dimenticato che fai il ragioniere? Secondo me ti stai prendendo *(ti-sei-creduto)* troppo sul serio *(e davvero)* [per] un investigatore privato.
5 – Ah ah ah! Sarai la prima ad applaudirmi quando tutti i giornali parleranno *(scriveranno)* di questo caso e la mia fotografia sarà in prima pagina *(striscia)*!
6   Pazienza *(Niente)*, oggi me lo sono lasciato sfuggire, ma ce l'avevo praticamente in pugno *(nelle mie mani)*.
7   Il delinquente stava appunto uscendo dal portone [ed era] molto nervoso, andava chiaramente di fretta *(si-affrettava da-qualche-parte)*.

▶ ② Il verbo imperfettivo **рукоплескать**, *applaudire*, e il suo sinonimo **аплодировать** reggono il caso dativo (**мне**) e non, come ci si potrebbe aspettare, l'accusativo.

8 Сразу видно – совесть у человека нечиста. И всё делает он не как ③ нормальный человек.

9 Ну, а я – тут как тут! Может, заметил, что я у него на хвосте ④, а может это привычное преступное поведение,

10 но он перешёл на другую сторону дороги и засеменил по противоположному тротуару.

11 Я за ним, а он раз – и шаг ускорил, почти бегом побежал; и я не отстаю, хоть нога и ноет ⑤ после перелома.

12 Так он захотел с толпой смешаться, в ней раствориться, исчезнуть… забежал ⑥ в супермаркет, и там я его потерял.

13 Но я не вешаю нос: завтра я взял день без содержания, попрошу шурина, чтобы подсобил ⑦ в моём расследовании.

14 Вдвоём ⑧ мы его, голубчика, в угол загоним.

Note

③ La virgola davanti a **как** non ci vuole se il paragone è preceduto da **не**: **Они всё делают не как соседи!**, *Non si comportano come [se fossero] dei vicini!* Per altri usi della virgola con **как** v. lez. 49, § 1.2.

④ Quest'espressione presenta alcune varianti in cui cambia il verbo reggente: **быть, висеть, сидеть на хвосте у кого-то**, *seguire qualcuno, stare alle calcagna di qualcuno*.

⑤ **ноет** è la 3ª pers. sing. del verbo imperfettivo **ныть**, *lamentarsi* o *fare male* (nel senso di *dolere*) *in modo persistente*. È un verbo in **-ыть** (1ª coniugazione), con caratteristico inserimento di una **о** prima della desinenza: **ною, ноешь, ноют**.

⑥ A seconda del contesto, **забежать** può significare sia *entrare di corsa* sia *fare un salto di corsa* (v. ad esempio l'esercizio 1, frase 1, di questa stessa lezione).

8 Si vede subito che *(l'uomo)* ha la coscienza sporca. E non si comporta *(tutto fa lui non)* come una persona normale.

9 Ma [per fortuna] io [ero] già lì *(e io – qui come qui)*! Forse si è accorto che gli stavo alle calcagna *(io presso di-lui sulla coda)*, o forse questo è il tipico *(abituale)* comportamento criminale,

10 ma ha cambiato marciapiede *(ha-attraversato sull'altro lato della-strada)* e ha proseguito frettolosamente il cammino *(si-è-mosso-a-rapidi-passettini per l'opposto marciapiede)*.

11 Io l'ho seguito *(Io dietro-a lui)* e lui, zac, ha accelerato il passo, si è quasi *(di-corsa)* messo a correre; io non l'ho mollato *(resto-indietro)*, anche se mi faceva male *(duole)* una gamba per *(dopo)* una frattura.

12 Allora *(Così)* lui si è voluto confondere tra *(con)* la folla, si è dileguato, è sparito *(in essa dissolversi, sparire)*… è entrato di corsa in un supermercato e lì l'ho perso,

13 ma io non mi scoraggio *(non appendo il naso)*: ho preso un giorno di permesso *(senza retribuzione)* [per] domani [e] chiederò a [mio] cognato di darmi una mano nelle indagini *(nella mia indagine)*.

14 In due lo metteremo nel sacco, il fringuello *(noi lui, il piccioncino, nell'angolo cacceremo)*.

▸ ⑦ Il verbo perfettivo **подсобить**, *dare una mano*, è tipico della lingua colloquiale: **Ну что ты на меня смотришь? Подсоби!**, *Ma che cos'hai da guardarmi? Dammi una mano!*

⑧ L'avverbio **вдвоём** si scrive tutto attaccato e significa *in due, tutti e due insieme*: **Поехали туда с тобой вдвоём**, *Andiamoci tutti e due insieme*; **Вдвоём веселее**, *In due è più divertente*.

15 — Загоните, загоните… А в ожидании твоих ратных подвигов, открой, пожалуйста, дверь, звонит кто-то ⑨.

16 Только в глазок не забудь посмотреть, а то вдруг это твой Джек Потрошитель наведался к нам.

17 — О Боже, а ведь это действительно он! Глазам не верю – он сам приплыл в мои сети ⑩.

18 Значит план такой: я открываю дверь, а ты тихо и незаметно звонишь в полицию.

19 — Добрый вечер! У вас не найдётся немного соли?

20 Я ваш новый сосед снизу, мы только переселились, и я уже замучился в магазин по мелочам мотаться ⑪.

21 Уже пять раз сегодня бегал за всякой всячиной, а вот соль опять забыл…

18 … zvanish …

15 загоните: attenzione all'accento tonico: se cade sulla seconda sillaba si ha un futuro perfettivo alla 2ª pers. pl. *[zagonitje]* mentre se cade sulla terza abbiamo un imperativo della 2ª pers. pl. *[zaganitje]*.

Note

⑨ Avete notato quante virgole ci sono in questo periodo? Vediamo perché: prima di tutto abbiamo una struttura circostanziale (che, come un inciso, si può eliminare dalla frase senza modificarne il senso, e dunque va seguita da una virgola), quindi il verbo, poi **пожалуйста** (che di norma si pone tra due virgole), il complemento oggetto e, infine, un'altra frase.

⑩ **сети** è l'acc. pl. del sostantivo femminile **сеть**, *rete*, *intreccio*.

⑪ Il verbo imperfettivo **мотаться**, *dondolarsi*, ha tutt'altro significato nella lingua parlata: *affannarsi, affaccendarsi, correre trafelato (di qua e di là, da tutte le parti)*.

15 – Sì, sì, certo *(Caccerete, caccerete)*… In attesa delle tue grandi imprese *(militari gesta)*, va' ad aprire *(apri)*, per favore, [che] suonano alla porta *(suona qualcuno)*.

16 E *(solo)* non dimenticarti di guardare nello spioncino, il tuo Jack lo Squartatore potrebbe sempre venirci a trovare *(altrimenti improvvisamente questo tuo Jack Squartatore è-venuto-a-trovare noi)*!

17 – [Mio] Dio, ma è proprio lui! Non credo ai [miei] occhi, è caduto da solo *(è-arrivato-a-nuoto)* nella mia rete.

18 Allora *(Significa)*, il piano è questo: io apro la porta e tu quatta quatta *(silenziosamente)* chiami la polizia, senza farti notare.

19 – Buona sera! Per caso avreste *(Presso di-voi non si-troverà)* un po' di sale?

20 Sono il vostro nuovo vicino [del piano] di sotto, abbiamo appena traslocato e mi sono stufato di *(già mi-sono-torturato-a)* correre trafelato al negozio per ogni sciocchezzuola.

21 Oggi sono già cinque volte che vado di corsa a prendere *(ho-corso per)* di tutto e di più, e *(ecco)* mi sono di nuovo scordato il sale…

Упражнение 1 – Читайте и переводите

❶ Ты чего так поздно? – Я забежал в супермаркет, надо было купить муки, но сразу её не нашёл: там столько отделов! ❷ Не вешай нос: всё обязательно будет хорошо. Я попрошу моего шурина, он тебе поможет. ❸ Она захотела смешаться с толпой и, перейдя на противоположный тротуар, быстро засеменила к вокзалу. ❹ Сразу видно – совесть у человека не чиста: всё он делает нервно и не как нормальные люди. ❺ Кто это к нам наведался? Глазам не верю – неужели это ты. Сколько лет, сколько зим!

***

Упражнение 2 – Восстановите текст

❶ Suonano alla porta: va' ad aprire *(apri)*, per favore, ma non dimenticarti di guardare nello spioncino. – Mamma *(Ma')*, ma non sono più un bambino *(piccolo)*, smettila di *(basta)* ricordami cose così ovvie.

В дверь ......, открой, пожалуйста, но не ...... посмотреть в .... – Мам, ну я же не ...., хватит уже ...., такие ....

❷ Chi indagherà [su] questa oscura faccenda? – Non [ne] sono sicuro, ma secondo me [lo farà] un *(qualche)* investigatore privato.

Кто же будет .... это ...... дело? – Я не ......, но по-моему, какой-то ....

❸ Sono secoli *(Cento anni)* [che] non vedo *(ho-visto)* tuo fratello. – [Pensa che] io *(ecco)* l'ho visto ieri: stava uscendo dal portone, andava di fretta come al solito *(da-qualche-parte si-affrettava)*.

Сто ... не ..... твоего ...... – Я вот его

Soluzione dell'esercizio 1

❶ Come mai [sei tornato] così tardi? – Ho fatto un salto di corsa al supermercato, dovevo comprare della farina ma non l'ho trovata subito: ci sono tanti di quei reparti! ❷ Non scoraggiarti *(appendere il naso)*: andrà sicuramente *(necessariamente)* tutto bene. Chiederò a mio cognato, lui ti aiuterà. ❸ Voleva confondersi tra *(con)* la folla e, dopo aver *(avendo)* cambiato marciapiede, ha proseguito frettolosamente verso la stazione. ❹ Si vede subito che *(l'uomo)* ha la coscienza sporca: è nervoso *(tutto lui fa nervosamente)* e non [si comporta] come le persone normali. ❺ Chi è venuto a trovarci? Non credo ai [miei] occhi, ma sei proprio tu? Da quanto tempo non ci vediamo *(Quante estati, quanti inverni)*!

***

вчера ..... : он выходил из ...., как ..... куда-то ....

❹ Attenzione! Stiamo cercando un delinquente pericolosissimo *(particolarmente pericoloso)*. Memorizzate la faccia di questo terrorista.

.... ! Мы .... особо опасного .... лицо этого ....

❺ Mi fa male la gamba per *(dopo)* una frattura. – Beh, avresti dovuto dirlo subito, non [lo] sapevo, ho accelerato il passo e non mi sono accorto che eri *(sei)* rimasto indietro…

У меня .... после .... – Ну сразу бы ......, я ведь не знал, шаг .... и не ...., что ты ....

Soluzione dell'esercizio 2

❶ – звонят – забудь – глазок – маленький – напоминать – очевидные вещи ❷ – расследовать – тёмное – уверен – частный детектив ❸ – лет – видел – брата – видел – подъезда – всегда – спешил ❹ Внимание – ищем – преступника – Запомните – террориста ❺ – нога ноет – перелома – сказал – ускорил – заметил – отстаёшь

61 Шестьдесят первый урок

Дачники

1 – Молодцы, что приехали! Мы уже три недели одни ① на даче, соскучились по вас ②.
2 – Ну и славно, а то мы в городе запарились, с такой жарой дышать нечем, пыльно, душно, все в поту…
3   Хорошо было, пока в офисе был кондиционер, но на прошлой неделе и он сломался, так что мы просто вешались ③ на работе!
4 – Значит так, смотрите, я вам сейчас всё объясню и покажу, чтобы вы чувствовали себя действительно как дома ④.
5 – Я думала, у вас дача в дачном посёлке находится…

Note

① L'aggettivo **одни** significa *soli / sole*, *da soli / da sole*, ma si usa anche, con funzione di sostantivo, in correlazione con **другие**: **одни**… **другие**…, *gli uni / le une… gli altri / le altre…*

② I russi stessi hanno talora dei dubbi su quale sia la reggenza corretta: **соскучиться** (oppure **скучать**) **по вас** o **по вам**? Le due forme (**по** seguito da prepositivo o da dativo) coesistono nella lingua attuale, ma se volete saperne di più, consultate la lezione 63, § 2.1.

③ **мы вешались**, *non ne potevamo più, non ce la facevamo più*, è naturalmente voce del verbo imperfettivo **вешаться** (lett. ▸

Sessantunesima lezione 61

Villeggianti in dacia

1 – Che bello, *(Bravi, che)* siete arrivati! Sono già tre settimane che stiamo da soli nella dacia, sentivamo la vostra mancanza *(abbiamo-cominciato-a-sentire-nostalgia per voi)*.
2 – Ottimo, allora *(Beh e bene)*, perché *(altrimenti)* in città stavamo fondendo *(eravamo-spossati-in-un-bagno-di-vapore)*, con quel caldo non si riesce a respirare, [c'è] una polvere, un'afa *([è] polveroso, afoso)*, [si è] tutti sudati *(nel sudore)*…
3 Si stava bene finché in ufficio ha funzionato *(c'era)* il condizionatore, ma la settimana scorsa si è rotto e al lavoro non ce la facevamo proprio più *(così che noi semplicemente ci-impiccavamo sul lavoro)*!
4 – Allora *(Significa così)*, guardate, adesso vi spiego e vi mostro *(spiegherò e mostrerò)* tutto, così *(affinché)* vi sentirete proprio come a casa.
5 – Pensavo che la vostra dacia si trovasse in un villaggio di dacie…

Osservazioni sulla pronuncia
4 смотрите: l'accento tonico cade sulla 1ª sillaba al presente *[ssmotritje]* e sulla 2ª all'imperativo *[ssmatritje]*.

▶ "impiccarsi"). Confrontate in italiano l'analoga espressione figurata *c'è da impiccarsi*.

④ Ricordatevi che, quando fa parte di una frase fatta, **как** non va preceduto dalla virgola: **они чувствовали себя как дома**, *si sentivano come a casa propria / a proprio agio* (v. anche lez. 62, nota 2).

6 – Нет, мы специально настоящий домик в деревне купили, это ведь здорово – возвращение к корням, так сказать.

7 – М-да, экзотика: птицы галдят, гуси гогочут, коровы мычат, куры кудахчут… как повезло: когда сюда ехали, даже стадо овец видели.

8 – Ага, а вот пойдём на луг гулять, так там увидите коз, они там на пастбище всегда пасутся с утра до вечера.

9 Только, думаю, тебе придётся снять твои двенадцатисантиметровые каблуки и обуть резиновые сапоги на плоской подошве…

10 – Да они удобные, у них внутри платформа почти 3 сантиметра, поэтому я в них могу ходить часами ⑤.

11 – Нам надо будет идти по болотистой местности, через мостик, через камыши, по настоящей грязюке!

12 Горожанка ты моя конченная, это тебе не через лужу в городе перепрыгнуть ⑥.

---

11 … griz**ju**kje

8 Il termine **пастбище**, *pascolo*, si può pronunciare in due modi: *[pas'bisshe]* e *[pazbisshe]*.

Note

⑤ Non fatevi ingannare dalle apparenze: qui **часами** non è lo strumentale plurale del sostantivo **часы**, *orologio*, che come sapete è pluralia tantum, ma lo str. pl. del sost. **час**, *ora*, con ▶

6 – No, abbiamo comprato apposta una vera casetta in campagna [che] è una meraviglia… un ritorno alle radici, [per] così dire.

7 – Hmm, sì, è una cosa esotica *(esotismo)*: gli uccelli schiamazzano, le oche starnazzano, le mucche muggiscono, le galline chiocciano… beati voi *(come [fortuna] ha-portato)*: durante il viaggio *(quando qui venivamo-con-un-mezzo)* abbiamo visto persino un gregge di pecore.

8 – Già, e quando *(ecco)* andremo a fare una passeggiata nel prato, vedrete delle capre [che] pascolano sempre lì *(là sul pascolo sempre pascolano)* dalla mattina alla sera.

9 Credo però che *(Solo, credo)* dovrai *(ti toccherà)* toglierti quei *(tuoi)* tacchi di dodici centimetri e metterti *(calzare)* degli stivali piatti di gomma *(su una-piatta suola)*…

10 – Ma [le mie scarpe] sono comode, hanno un rialzo all'interno [spesso] quasi 3 centimetri che mi permette di *(per-questo io in esse posso)* camminare per ore.

11 – Dovremo passare su *(per)* un terreno paludoso, attraverso un ponticello, tra i canneti, in *(per)* un vero e proprio lago di fango!

12 Cara la mia cittadina *(Cittadina tu mia finita)*, *(questo a-te)* non è [mica come] attraversare una pozzanghera in città con un salto.

▶ valore avverbiale e significa *per ore*: **Он мог читать часами**, *Poteva leggere per ore*.

⑥ Il prefisso spaziale **пере-** esprime l'idea di attraversamento e lo si riscontra anche in molti verbi di moto derivati: **пере**прыгнуть, *attraversare saltando, scavalcare*; **пере**ехать, *attraversare con un mezzo*; **пере**йти, *attraversare a piedi*; **пере**плыть, *attraversare a nuoto*, ecc.

13 Тебе обязательно пойдёт на пользу твоё пребывание в деревне: узнаешь, как выглядит колодец, сеновал, как делается сыр и как куры несут яйца!

14 Ну, а пока давай объясню тебе, как у нас работает унитаз ⑦,

15 там сломан смыв и надо краник подкручивать каждый раз.

16 Зато с душем проблем нет: вода горячая и холодная помечены соответственно на кране красным и синим,

17 а чтобы переключить на душ, надо потянуть рычажок на себя.

18 На кухне раковину лучше пока не использовать, там труба засорилась, но мы вызвали сантехника, должны в течение дня починить.

19 – А где же баня? Или в вашем настоящем деревенском доме нет настоящей русской бани?

20 – Есть конечно! Пойдём, проведу экскурсию, покажу, чем сегодня будем париться ⑧.

16 ... zdushem ... 17 ... ryčižok ...

Note

⑦ **унитаз**, *(tazza del) water*: questo curioso sostantivo non deriva dalla contrazione di due termini, come ci si potrebbe aspettare, bensì dal nome latino di un'azienda spagnola produttrice di articoli sanitari ("Unitas") che, a partire dal 1909, incominciò a esportare questo articolo sanitario anche in Russia.

13 Stare in campagna non potrà che farti bene *(A-te necessariamente andrà su vantaggio il tuo soggiorno in campagna)*: vedrai *(verrai-a-sapere)* com'è fatto *(come ha-aspetto)* un pozzo, un fienile, come si fa il formaggio e come depongono *(portano)* le uova le galline!

14 Nel frattempo ti spiego *(spiegherò)* come funziona da noi il water,

15 [perché] *(là)* si è rotto lo scarico e tutte le volte bisogna avvitare *(ancora)* un po' un piccolo rubinetto.

16 Con la doccia, invece, non ci sono problemi: l'acqua calda e [quella] fredda sono contrassegnate sul rubinetto rispettivamente in rosso e in blu

17 e, per attivare la *(passare sulla)* doccia, bisogna tirare la levetta verso di sé.

18 In cucina, per il momento, è meglio non usare il lavello [perché] *(là)* il tubo *(si)* è intasato, ma abbiamo chiamato l'idraulico, dovrebbero ripararcelo in giornata *(nel corso del-giorno)*.

19 – Ma dov'è la banja? [Non mi direte che] *(O)* nella vostra *(autentica)* casetta di campagna non c'è un'autentica banja russa?

20 – Ma certo che c'è *(C'è naturalmente)*! Andiamo, facciamo un giro *(condurrò un'escursione)*, [vi] faccio vedere *(mostrerò)* come *(con-che-cosa)* oggi faremo la banja.

▸ ⑧ **париться**, *fare una banja, fare un bagno di vapore*: confrontate questo verbo imperfettivo con il verbo perfettivo **запариться** (lett. "spossarsi in un bagno di vapore") e quindi anche *fondere dal caldo, essere tutto sudato* (v. la frase 2). Entrambi questi verbi possono significare in senso figurato *sgobbare, ammazzarsi di fatica*.

21 Вот у меня в ведёрке и берёзовый веник ⑨ заготовлен, а дубовый лежит отмокает в предбаннике ⑩.

22 Ой, Танюша ⑪ уже на стол накрыла. Пойдём детвору собирать, да за стол, а потом уже и на луг, а вечерком и в баньку!

Note

⑨ Il **веник** è un fascio di frasche di alberi (i più utilizzati sono betulle, querce, tigli, ginepri, eucalipti) con cui ci si fustiga e massaggia durante la banja per stimolare la circolazione sanguigna.

⑩ Il sostantivo maschile **предбанник** indica l'anticamera di una sauna russa. Non ha un termine equivalente in italiano ▸

***

Упражнение 1 – Читайте и переводите

❶ Я ехала на велосипеде мимо пастбища, видела, там пасётся стадо, но не знаю, это были овцы или козы… ❷ Приезжайте к нам в деревню. Мы очень соскучились по вашему сыну и по бабушке. – Я тоже соскучилась по вас! ❸ Они купили настоящий домик в деревне, говорят, что для них это очень важно – возвращение к корням, так сказать. ❹ Не понимаю, как работает твой душ. – Смотри, всё очень просто: горячая вода помечена на кране красным, а холодная – синим. ❺ Я вызвал сантехника ещё вчера, причём указал, что это срочно, так как у меня дома засорилась труба. – Ждите, он будет в течение дня.

21 Ecco qua, ho anche un fascio di frasche di betulla già bell'e pronto *(predisposto)* nel secchiello e uno di frasche di quercia *(giace)* si sta umidificando *(impregnando)* nell'anticamera della banja.

22 Oh, la mia piccola Tanja ha già apparecchiato *(su)* la tavola. Chiamiamo i bambini *(Andiamo i bambini riunire)* per andare a mangiare *(e dietro la tavola)*, poi [facciamo un giro] nel prato e di sera [andiamo] alla banja!

▸ ed è composto dal prefisso **пред-** (derivato dalla preposizione **перед**, *davanti*) e dal sostantivo femminile **баня**, *banja*.

⑪ **Танюша** è uno dei vari diminutivi di **Татьяна**. Uno di questi, **Таня**, è entrato anche nell'onomastica italiana.

***

Soluzione dell'esercizio 1

❶ Stavo passando *(andavo-con-un-mezzo)* in bici accanto a un pascolo [e] ho visto che c'era *(là pascola)* un gregge, ma non so se fossero pecore o capre... ❷ Venite da noi in campagna. Sentiamo molto la mancanza di vostro figlio e della nonna. – Anche voi mi mancate! ❸ Hanno comprato una vera casetta in campagna, dicono che per loro è molto importante: un ritorno alle radici, [per] così dire. ❹ Non capisco come funziona la tua doccia. – Guarda, *(tutto)* è semplicissimo: l'acqua calda è contrassegnata sul rubinetto in rosso e quella fredda in blu. ❺ Ho chiamato l'idraulico già *(ancora)* ieri e per di più gli ho detto *(indicato)* che era urgente poiché mi si è intasato un tubo in casa. – Aspetti, verrà *(sarà)* in giornata.

Упражнение 2 – Восстановите текст

① Stasera andiamo a fare un bagno di vapore in una vera banja russa! I nostri amici hanno già predisposto un ottimo fascio di frasche di quercia.

...... вечером мы идём .... в .... русскую ....! У наших друзей уже .... дубовый ......

② È la prima volta che ti vedo senza i *(non sui)* tacchi... – Abbiamo camminato in un vero e proprio lago di fango, perciò abbiamo dovuto *(ci-è-toccato)* mettere degli stivali piatti *(su una-piatta suola)* di gomma.

.... вижу тебя .. на .... – Мы ... по настоящей ...., поэтому пришлось .... сапоги на плоской ....

③ Mamma [mia] *(cara)*, siamo stati in una fattoria in campagna dove c'era un chiasso... Oche [che] starnazzano, mucche [che] muggiscono, galline [che] chiocciano...

Мама дорогая, мы были на ..... в деревне, там так ....: ... гогочут, ..., ...

④ Cara la mia cittadina *(Cittadina tu mia finita)*, non sai nemmeno *(persino)* che *(come)* aspetto abbiano un pozzo e un fienile, come si faccia il formaggio e come depongano *(portano)* le uova le galline!

.... ты моя ...., даже не знаешь, как .... и ...., как делается ... и как .... несут ....!

⑤ Nella dacia abbiamo un problema con la doccia, nel bagno è rotto lo scarico e il lavandino della *(in)* cucina si è intasato... Stiamo aspettando l'idraulico.

У нас на .... проблема с ....., в туалете ...., и .... на кухне .... Ждём ....

Soluzione dell'esercizio 2

❶ Сегодня – париться – настоящую – баню – заготовлен отличный – веник ❷ Впервые – не – каблуках – шли – грязюке – обуть резиновые – подошве ❸ – ферме – шумно – гуси – коровы мычат, куры кудахчут ❹ Горожанка – конченная – выглядят колодец – сеновал – сыр – куры – яйца ❺ – даче – душем – сломан смыв – раковина – засорилась – сантехника

Una **дача**, *dacia, si può trovare in un paesino oppure in un* **дачный посёлок**, *un villaggio di dacie, un terreno specifico costellato di queste case di campagna con i loro orticelli. In genere gli abitanti ci vanno in villeggiatura per sfuggire al caldo delle città, ma a volte anche per fare la banja,* **баня**, *una tipica istituzione russa i cui benefici effetti per la pelle, per la circolazione sanguigna e per il metabolismo sono scientificamente dimostrati. In inverno si usa, dopo aver fatto la banja, rotolarsi nella neve o immergersi nell'acqua gelata per tonificare il corpo. Se vi capita l'occasione, approfittatene per entrare in una* banja *russa e vedere l'effetto che fa.*

62 Шестьдесят второй урок

Милые ругаются – только тешатся

1 – Ах, Анна Павловна, здравствуйте! Чего это вы так надулись?
2 – Да в магазин иду за покупками.
3   На самом деле, я туда послала мужа, надо было купить средство для стирки, продукты и немного бытовой химии.
4 – Ну, а он не захотел идти, сел футбол смотреть или кроссворды разгадывать, угадала?
5 – Нет, такого у нас не бывает, я ведь обладаю большим талантом убеждать: как гаркнула ①, побежал как миленький ②, только пятки засверкали…
6   Два часа его не было, а тут вернулся, с полными сумками, довольный как слон, ухмыляется.
7   Собственно говоря, я сразу поняла, что чего-то тут не так, но смотрю, авоська ③ вроде бы полная.

Note

① Il verbo perfettivo **гаркнуть**, *cacciare un urlo molto forte*, è colloquiale e si usa spesso per caratterizzare un personaggio grottesco.

② In questa frase **как** non deve essere preceduto dalla virgola perché fa parte della frase fatta **как миленький** (lett. "come una persona cara"), *senza discutere, senza fiatare, senza batter ciglio* (v. anche lez. 61, nota 4). Esempio: **Обещаю, он придёт туда как миленький**, *Ti prometto che verrà qui senza fiatare*.

③ **авоська**, *rete per la spesa*, di spago o di cordino sintetico. L'oggetto evoca l'epoca sovietica e deriva dalla particella ▶

Sessantaduesima lezione   62

L'amore non è bello se non è litigarello
(Persone-care litigano, semplicemente si-divertono)

1 — Oh, Anna Pavlovna, buongiorno *(salve)*! Come mai quel muso lungo *(Di-che-cosa questo voi così vi-siete-gonfiati)*?
2 — È che sto andando a fare la spesa *(E in negozio vado per acquisti)*.
3 In realtà ci avevo mandato [mio] marito, bisognava comprare il detersivo *(un prodotto per il bucato)*, dei generi alimentari *(prodotti)* e alcuni *(un-po'-di)* prodotti per la casa *(di-vita-quotidiana chimica)*.
4 — Beh, e non [ci] è voluto andare, si è seduto a guardare la partita *(il calcio)* o a fare *(decifrare)* le parole crociate, è così *(ho-indovinato)*?
5 — No, da noi questo non succede [perché] sono molto brava a convincerlo *(possiedo un-grande talento a-convincere)*: è bastato un urlo *(come ho-cacciato-un-urlo)* [ed] è corso [a fare la spesa] senza fiatare *(come una-persona-cara)*, di gran carriera *(solo i talloni hanno-cominciato-a-scintillare)*!
6 È stato via per due ore ed è tornato con le borse piene, felice come una pasqua *(soddisfatto come un-elefante)*, [tutto] sogghignante *(sogghigna)*.
7 A dir la verità *(Propriamente parlando)*, ho capito subito che qualcosa non andava *(qui non [è] così)*, ma *(guardo)* la rete per la spesa mi sembrava *(come-se)* [bella] piena.

▶ **авось**, *magari, forse, chissà*, suggerendo la speranza di riuscire a trovare qualcosa da comprare e da infilarci dentro.

8 А вот как начала выгружать сумки, так и обомлела: катастрофа! Тихий ужас!

9 Этот изверг понабрал такого… Там тебе и конфеты, и газировка, и жвачки ④ какие-то…

10 Вместо стирального порошка он купил пять килограммов средства для посудомоечной машины,

11 так как на него была скидка, и он подумал, что это одно и то же. Ну не идиот?

12 Сказано ему было: купить гигиенические прокладки и тампоны, а он взял подгузники и ватные палочки…

13 Я просила его купить овощей, а он принёс кукурузы, стручковой фасоли и зелёного горошка в банках!

14 А отговорка одна – он, видите ли, потерял листочек, на котором я составила список покупок.

15 Вот он по памяти и пытался всё купить, да с непривычки и понабрал непонятно чего!

16 А вы далеко ⑤ торопитесь?

Osservazioni sulla pronuncia
16 торопитесь: anche in questo caso la posizione dell'accento tonico distingue due voci verbali: la 2ª persona pl. del presente se cade sulla seconda sillaba *[taropitjes']* e la 2ª persona pl. dell'imperativo plurale se cade sulla terza *[tarapitjes']*.

Note

④ Il sostantivo **жвачка**, è tipico della lingua parlata (cfr. in italiano "cicca"); in russo standard corrisponde a **жевательная резинка**, *chewing-gum, gomma da masticare*.

8 Ma quando *(ecco come)* ho cominciato a svuotare *(scaricare)* le borse sono rimasta di sasso *(così e sono-allibita)*: [che] disastro! Cose da pazzi *(Silenzioso orrore)*!

9 Vedesse che cosa mi ha preso quel disgraziato *(Questo mostro ha-raccolto-in-grande-quantità di-tale)... (Là a-te)* E le caramelle, e la gazzosa, e le gomme da masticare *(qualche)*...

10 Al posto del detersivo *(polvere per-il-bucato)* ha comprato cinque chili di prodotto per la lavastoviglie

11 poiché *(su esso)* c'era lo sconto e ha pensato che fossero la stessa cosa. Ma *(non)* sarà idiota?

12 Gli avevo detto *(Detto a-lui è-stato:)* di comprare gli assorbenti igienici e i tamponi e lui invece ha preso i pannolini e i cotton fioc *(ovattati bastoncini)*...

13 Gli ho chiesto di comprare della verdura e lui ha preso *(portato)* del mais, dei fagiolini e dei piselli *(verdi)* in scatola *(in barattoli)*!

14 E [senta un po' che] scusa *(unica)* [ha tirato fuori]: *(lui, vedete)* aveva perso il foglietto su cui avevo scritto *(compilato)* la lista della spesa.

15 Allora *(Ecco lui)* ha provato a comprare tutto a memoria, ma non è abituato e ha fatto una confusione tremenda *(per mancanza-di-abitudine ha-raccolto-in-grande-quantità non-si-capisce-bene di-che-cosa)*!

16 E Lei dove sta andando [così] di fretta?

▸ ⑤ **далеко**, *lontano*, qui significa *dove* per motivi "scaramantici": molti russi temono che domandare a qualcuno dove sta andando porti sfortuna. Così, per aggirare il problema, si limitano a informarsi se la destinazione dell'interlocutore è lontana o no...

17 – В Гостиный ⑥.
18 – Тоже за покупками?
19 – Какое! Забыла, понимаете ли ⑦, в одном магазине зонтик!
20 – В этой предпраздничной сутолоке неудивительно и забыть... Да и дождя нет, как вы ещё вспомнили!
21 – Если бы он не потребовался, мне ни за что бы не вспомнить!..
22 К счастью, это моё оружие, которое я использую, когда хочу убедить мужа сходить за покупками...
23 И вот в критический момент я хотела схватить зонтик и предъявить его в качестве аргумента, а его и нет!..

20 ... sutaLakje ...

Note

⑥ Per **Гостиный (двор)** si intende in genere una galleria commerciale o un mercato al coperto. Famoso è quello di San Pietroburgo sul Nevskij Prospekt, risalente al XVIII sec., opera dell'architetto italiano Bartolomeo Rastrelli.

⑦ Osservate la presenza della virgola prima e dopo l'inciso **понимаете ли**, che può essere tranquillamente omesso (come *vede* in italiano) senza modificare il significato della frase: **Забыла[, понимаете ли,] в одном магазине зонтик!**, *[Vede,] ho dimenticato l'ombrello in un negozio!*

17 – Al Gostinyj.
18 – Sempre a fare la spesa *(Pure per acquisti)*?
19 – Macché *(Quale)*! Vede *(capite)*, ho dimenticato l'ombrello in un negozio!
20 – Con tutta la ressa che c'è alla vigilia di una festa *(In questo di-vigilia trambusto)*, non c'è da stupirsi se ci si scorda *(e scordare)* [qualcosa]… E poi non piove, [ma] come ha fatto a ricordarsene?
21 – Se non ne avessi avuto bisogno, non me ne sarei mai *(per nulla)* ricordata!
22   Per fortuna è l'arma che uso quando voglio convincere [mio] marito ad andare a fare la spesa *(per acquisti)*…
23   Proprio *(Ed ecco)* nel momento critico volevo afferrare l'ombrello e mostrarlo *(esibirlo)* [a mio marito] per persuaderlo *(in qualità di-argomento)*, ma [mi sono accorta che] non c'era *(non-c'è)*!

Анекдот, Barzelletta
Извини, я не слышала, что ты звонил, Scusa, non ho sentito che [mi] stavi chiamando *(telefonavi)*.
Да мне всё равно, E chi se ne importa…
Да, я так сразу и подумала, когда увидела 43 пропущенных звонка…, Sì, è esattamente quello che ho pensato anch'io quando ho visto [le tue] 43 chiamate perse…

Упражнение 1 – Читайте и переводите

❶ Они купили три килограмма стирального порошка и другой бытовой химии: в магазине в этом отделе сегодня была дополнительная скидка. ❷ У неё всегда какие-то отговорки, и я не могу рассчитывать на неё в критический момент. ❸ Я знаю их лет десять, и они всегда выясняют отношения… – Ну, знаешь, милые ругаются – только тешатся. ❹ В этой предпраздничной сутолоке я тебя и не заметила. – Неудивительно, в этой толпе я тебя тоже не увидел. ❺ Ты действительно обладаешь талантом убеждать: я совсем не хотела туда идти, а после твоего звонка побежала как миленькая.

Упражнение 2 – Восстановите текст

❶ Sto andando al negozio, per caso non ti serve nulla? – Sì *([È] necessario)*! Comprami, per favore, degli assorbenti igienici, dei tamponi e dei cotton fioc.

Я в ……. еду, тебе ничего ……… не нужно? – Нужно! …. мне, пожалуйста, гигиенических ………, ……… и …… ……….

❷ Come mai quel muso lungo *(di-che-cosa ti-sei-gonfiata)*? – Beh, mio marito non è voluto venire con me al cinema perché c'era la partita *(il calcio)* alla TV…

Ты чего ………? – Да … не ……. идти со мной в …., потому что по ……………**…**

❸ Ho comprato un nuovo prodotto per la lavastoviglie che è una favola *(super efficace)*. – A che scopo? [Se] non ce l'abbiamo…

Я купил новое супер ……………… для ……………. ……. – Зачем? У нас ведь .. нет…

Soluzione dell'esercizio 1   **62**

❶ Hanno comprato tre chili di detersivo *(polvere per-il-bucato)* e altri prodotti per la casa *(di-vita-quotidiana chimica)*: nel negozio oggi c'era uno sconto supplementare per *(in)* quel reparto. ❷ Ha sempre qualche scusa [pronta] e io non posso contare su di lei nei momenti critici. ❸ Li conosco da una decina d'anni e stanno sempre a discutere *(chiariscono i rapporti)*... – Beh, [lo] sai [che] l'amore non è bello se non è litigarello. ❹ Con tutta la ressa che c'è alla vigilia di una festa *(In questo di-vigilia trambusto)*, non ti ho notato. – Non mi sorprende, con quella folla non ti ho vista neanch'io. ❺ Sei molto brava *(davvero possiedi un-talento)* a convincere [la gente]: non volevo assolutamente andarci, ma dopo la tua telefonata sono corsa senza batter ciglio *(come una-persona-cara)*.

❹ E cosa vorresti cucinare *(ti-sei-apprestata a-preparare)*? Vedo che hai comprato solo cibi in scatola *(conserve)*: mais, fagiolini e piselli *(verdi)* in scatola *(in barattolo)*.
Ну и что ты собралась ....? Я вижу ты купила одни ....: ...., стручковую ...... и .... в ......

❺ Non ti sei stufato *(tormentato)* di correre trafelato in negozio per ogni sciocchezzuola? Segnati la lista della spesa *(degli acquisti)*, così saprai con precisione *(per precisamente sapere)* quello che ti serve.
Ты не .... в магазин по ....? Напиши себе ...., чтобы точно ....., что тебе ......

Soluzione dell'esercizio 2

❶ – магазин – случайно – Купи – прокладок, тампонов – ватных палочек ❷ – надулась – муж – захотел – кино – телевизору футбол ❸ – эффективное средство – посудомоечной машины – её – ❹ – готовить – консервы – кукурузу – фасоль – зелёный горошек – банке ❺ – замучился – мелочам мотаться – список покупок – знать – нужно

63 Шестьдесят третий урок

Повторение - Ripasso

1 Punteggiatura

1.1 Uso della virgola davanti a *как*

La congiunzione **как** va preceduta dalla virgola nei casi seguenti:
– quando unisce una frase principale a una subordinata: **Все видели, как он вышел из комнаты**, *Tutti hanno visto com'è uscito dalla stanza*;
– quando introduce un paragone: **Она вошла тихо и плавно, как кошка**, *È entrata silenziosa e lieve come un gatto*. Se il paragone è inframezzato alla frase, va posto tra due virgole: **Он, как кошка, всё на ноги падает**, *Lui, come i gatti, cade sempre in piedi*;
– quando fa parte di un inciso: **как правило**, *di norma, di regola*; **как назло**, *neanche a farlo apposta*; **как всегда**, *come al solito, come sempre*; **как например**, *come per esempio*, ecc. V. anche lez. 49, § 1.2.

1.2 Il discorso diretto

Il discorso diretto serve a citare testualmente le parole dette da altri e richiede una punteggiatura particolare a seconda della sua posizione all'interno della frase:
– se il discorso diretto precede il verbo che lo introduce, deve essere preceduto e seguito dalle virgolette dette "a sergente"; inoltre bisogna mettere una lineetta davanti al verbo introduttore che va scritto con la minuscola: **«Никогда не пойму его», – сказала она задумчиво**, *"Non lo capirò mai" disse con aria pensosa*. Inoltre il soggetto segue il predicato: **«Уходи!» – крикнул он изо всех сил**, *"Vattene!" gridò (lui) con tutte le sue forze*;
– se invece il discorso diretto segue il verbo che lo introduce, allora va preceduto dai due punti e messo tra virgolette "a sergente": **Мальчик сказал еле слышно: «Я здесь один»**, *Il ragazzo disse in modo appena percettibile: "Io sono solo qui"*;
– se il verbo che introduce il discorso diretto si trova inframezzato a esso, l'intera frase del discorso diretto deve essere preceduta e

Sessantatreesima lezione 63

seguita dalle virgolette "a sergente", mentre il verbo suddetto e il relativo soggetto (con eventuali altri complementi) devono essere preceduti e seguiti da una virgola e da una lineetta: «**Я не хочу тебя видеть, – опустила она глаза, – и говорить с тобой не хочу**», *"Non ti voglio vedere" disse lei abbassando* (lett. "abbassò lei") *gli occhi "e non voglio parlare con te"*.

2 Verbi

2.1 Verbi con reggenze particolari in alternativa

Alcuni verbi, come gli imperfettivi **грустить**, *rattristarsi per*, **скучать**, *provare nostalgia per*, *sentire la mancanza di;* **тосковать**, *angosciarsi, provare nostalgia per*, e i perfettivi **соскучиться**, *cominciare a sentire la mancanza di* e **истосковаться**, *struggersi per*, reggono la preposizione **по**, seguita di norma dal caso dativo. Tuttavia questi verbi possono presentare qualche problema (anche ai russi!) quando il complemento che introducono è costituito da un pronome personale.
Può capitare infatti che i pronomi personali di 1ª e 2ª persona plurale vengano posti al prepositivo anziché al dativo: **он скучает по вас**, *lui sente la vostra mancanza*; **она грустит по нас**, *lei è triste per noi*. Tuttavia si usa anche il dativo: **он скучает по вам**; **она грустит по нам**. Le forme **по нас** e **по вас** sono più antiche e sono tuttora considerate corrette, mentre le forme **по нам** e **по вам**, più recenti, ricorrono più frequentemente nella lingua parlata e sono ormai considerate dai manuali come varianti ammesse. Potete dunque scegliere quella che preferite senza temere di sbagliarvi. In compenso, la forma **скучать за кем-то**, che potrebbe capitarvi di sentire usare nel parlato, non è considerata corretta.

2.2 Diversi significati con diverse preposizioni rette dal verbo *бороться*

Vediamo ora le preposizioni rette dal verbo imperfettivo **бороться**, *combattere, lottare*:

– quando è seguito dalla preposizione **c**, *con*, e dal caso strumentale, questo verbo assume valore riflessivo reciproco e significa *combattere (contro)* qualcuno o qualcosa, anche in senso figurato: **Они борются с врагами**, *Loro combattono (contro) i nemici*; **Олег боролся с ожирением 10 лет**, *Erano 10 anni che Oleg combatteva l'obesità*;

– quando regge la preposizione **за**, *per*, e il caso accusativo, significa *lottare per difendere* una causa o *per conseguire* qualcosa: **Люди борются за мир**, *La gente lotta per la pace*; **Дети борются за титул чемпиона по фигурному катанию**, *I bambini lottano per il titolo di campione di pattinaggio artistico*;

– quando regge la preposizione **против**, *contro*, e il caso genitivo, indica una forte opposizione e significa *combattere* qualcosa o *opporsi a* qualcosa: **Я всегда буду бороться против коррупции**, *Combatterò sempre la (opporrò sempre resistenza alla) corruzione*.

2.3 Alternanze consonantiche nelle coniugazioni

Ripassiamo le alternanze consonantiche soffermandoci soprattutto su alcuni verbi incontrati nelle ultime lezioni. Trattandosi di verbi tutti appartenenti alla 2ª coniugazione, l'alternanza consonantica si verifica solo alla 1ª persona singolare (v. anche lez. 56, § 3.2):

– in **гордиться** (imperfettivo), *andare fiero, essere orgoglioso* e **следить** (imperfettivo), *seguire*, si ha l'alternanza **д / ж**: **горжусь, гордишься, гордятся**; **слежу, следишь, следят**. Entrambi presentano l'accento fisso sull'ultima sillaba;

– in **закрутиться** (perfettivo), *avvolgersi* o *avere troppo da fare*, si ha l'alternanza **т / ч**: **закручусь, закрутишься, закрутятся**. L'accento è mobile ovvero, secondo uno schema fisso, l'accento cade sulla penultima sillaba in tutte le persone, tranne alla 1ª pers. sing., che ha l'accento tonico sulla desinenza;

– in **упустить** (perfettivo), *farsi scappare, lasciarsi sfuggire*, si ha l'alternanza **ст / щ**: **упущу, упустишь, упустят**. L'accento è mobile;

– **торопиться** (imperfettivo), *affrettarsi*. L'alternanza che si verifica in questo verbo comporta l'inserimento della **л** (**п / пл**), una caratteristica che riguarda anche le consonanti **б, в, ф, м**: **тороплюсь, торопишься, торопится, торопятся**. L'accento è mobile.

2.4 Altre particolarità

– **приплыть** (perfettivo), *arrivare a nuoto / nuotando*. Notate l'inserimento di una **в** nel tema prima della desinenza (analogamente a quanto avviene in **жить**, *vivere*): **приплыву, приплывёшь, приплывёт, приплывут**;
– **убрать** (perfettivo), *portare via, togliere, eliminare*. Questo verbo si coniuga come **брать**, *prendere*, di cui è un derivato, ovvero con l'inserimento della vocale mobile -**е**- fra **б** e **р**: **уберу, уберёшь, уберёт, уберут**. Entrambi i verbi sono della 1ª coniugazione con desinenza tonica.

***

Заключительный диалог - Dialogo di ripasso

1 – Мама дорогая, отпуск у меня получился – тихий ужас!
2 – Почему? Ты ведь был у друзей на даче, разве нет?
3 – Да, но они сказали, что у них там всё супер, а я когда приехал, то увидел, что там всё сломано.
4   Кран на кухне не работает, смыв сломан, раковину трогать нельзя, потому что труба засорилась.
5   Сказали, вызвали сантехника, но ждали мы его почти неделю...
6   Они мне так надоели: постоянно забивают себе голову всякой ерундой.
7 – Ну, как говорится, милые ругаются – только тешатся.
8 – Она ноет, что ей в спортзал надо, что у неё целлюлит и лишний вес, а вечером ест за пятерых!
9   А он говорит, что хочет в отпуск на Канары или с друзьями на праздник пива в Баварию...

10 Нет, правда, я с ними чуть не спятил: всё успокоительное, которое у меня с собой было, выпил.
11 А тут ещё кондиционер сломался, дышать нечем – хоть вешайся.
12 – Тебя в магазин ходить не заставляли?
13 – Нет, он сам туда ходил, но каждый раз забывал список продуктов, которые ему надо было купить.
14 Вот и мотался туда по мелочам пять раз в день, покупал всякую всячину, а жена его дома ругала, что не то, что надо купить…
15 – Ну, а что же ты у них так долго был? Взял бы и уехал!
16 – Знаешь, я вежливый и тактичный человек: не мог же я так поступить с этими гостеприимными и безгранично щедрыми людьми.
17 Вот и терпел их чудаческие выходки почти два месяца.
18 Да и как вспомнишь, что дома своя жена, курить запрещено и в магазин бегать надо,
19 так сразу и жизнь на даче не такой плохой кажется…

Traduzione

1 Mamma [mia] *(cara)*, le mie ferie sono state *(sono-risultate)* un incubo *(silenzioso orrore)*! **2** Perché? Ma non le hai passate nella dacia dai tuoi amici? **3** Sì, ma avevano detto che da loro si stava benissimo *(tutto super)* e quando sono arrivato ho scoperto *(visto)* che [invece] era tutto rotto. **4** Il rubinetto della *(in)* cucina non funzionava *(funziona)*, lo scarico neppure *([è] rotto)*, non si poteva usare *(toccare)* il lavandino perché il tubo si era intasato. **5** [Mi] hanno detto [che] avevano chiamato l'idraulico, ma l'abbiamo aspettato quasi una settimana… **6** Mi hanno proprio *(così)* stufato: litigano continuamente per qualsiasi sciocchezza *(costantemente si riempiono la testa con-qualsiasi assurdità)*. **7** Beh, come si dice, l'amore non è bello se non è litigarello. **8** Lei si lamenta perché deve andare in palestra, ha la cellulite ed è in sovrappeso, ma [poi] la sera mangia per quattro *(cinque)*! **9** Lui invece dice che vuole andare in ferie alle Canarie o con gli amici alla festa della birra in Baviera… **10** No, davvero, per poco non mi hanno fatto impazzire *(io con loro appena non sono-impazzito)*: ho preso *(bevuto)* tutti i sedativi *(tutto il calmante)* che avevo con me. **11** E poi si è rotto anche il condizionatore [e] non si riusciva a respirare: non ce la facevo più *(magari impiccati)*. **12** Non ti avranno costretto [pure] a fare la spesa *(al negozio andare)*? **13** No, ci andava lui *(stesso)*, ma ogni volta dimenticava la lista dei prodotti che doveva comprare. **14** Correva là trafelato cinque volte al giorno per ogni sciocchezzuola, comprava di tutto e di più e sua moglie al rientro *(a casa)* lo sgridava perché *(che)* non aveva preso *(comprato)* quello che doveva… **15** Beh, ma perché sei stato da loro così tanto? Non potevi andartene *(Prenderesti e andresti-via!)*? **16** Sai, sono una persona gentile e piena di tatto: non potevo certo comportarmi così con gente tanto ospitale e infinitamente generosa. **17** Così *(Ecco e)* ho sopportato le loro stravaganze *(stravaganti uscite)* [per] quasi due mesi. **18** Se consideri *(Ma e come ti-verrà-in-testa)* che a casa c'è mia moglie, [che] è vietato fumare e la spesa devo farla io *(al negozio correre [è] necessario)*, **19** allora *(subito)* anche la vita in dacia non sembra [poi] così malvagia…

64 Шестьдесят четвёртый урок

Фокус-покус!

1 – Я купил нам билеты ① в московский цирк – обожаю цирковые представления.
2 В программе холодящий душу номер эквилибристов с прыжком из-под купола цирка без страховки!
3 Я слышал, у них в этом сезоне работают знаменитые в Европе гимнасты, которые выполняют совершенно невероятные трюки.
4 Мой одноклассник Алёшка на прошлой неделе ходил на них посмотреть, так он даже потом в социальной сети установил статус:
5 «Гимнасты и акробаты словно ② парили в воздухе, ловкости их не было предела, а зал рукоплескал без остановки больше пятнадцати минут!»
6 – Да ты что! А мне рассказывали, что там бесподобные дрессированные животные и очень смешные клоуны.

Pronuncia
1 ... tsyrkavyje ...

Osservazioni sulla pronuncia
2 эквилибристов: vi capiterà di sentir pronunciare questa parola sia *[ikvilibristaf]* sia *[ekvilibristaf]*. La differenza è piccola, ma c'è e si sente.

Sessantaquattresima lezione   64

Abracadabra!

1 – Ho comprato *(a-noi)* dei biglietti del circo di Mosca, adoro gli spettacoli *(rappresentazioni)* circensi.
2   [C'è] in programma un numero di equilibrismo *(equilibristi)* da gelare il sangue *(raggelante l'anima)*, con un salto dalla *(da-sotto la)* cupola del circo senza cavo di sicurezza *(assicurazione)*!
3   Ho sentito [dire che] in questa stagione si esibiscono *(lavorano)* dei ginnasti [che sono] famosi in Europa [e] *(che)* eseguono dei numeri *(trucchi)* assolutamente incredibili.
4   La settimana scorsa il mio compagno di classe Alëška è andato a vederli e dopo *(così lui)* ha persino postato su un social network *(nella sociale rete ha-installato)* [questo] status:
5   "Sembrava che i ginnasti e gli acrobati planassero *(planavano)* in aria, la loro agilità non aveva limiti e la sala ha applaudito senza sosta [per] più di un quarto d'ora!"
6 – Ma pensa! E a me hanno raccontato che ci sono degli animali ammaestrati favolosi *(impareggiabili)* e dei clown molto divertenti.

Note

① Ricordate che la parola **билет**, *biglietto*, in russo regge **куда** (moto a luogo), in quanto è sottinteso un verbo di moto: **билет в театр**, *biglietto [per andare] a teatro*.
② La particella **словно** (qui resa con *sembrava che*) può fungere anche da congiunzione, *come (se)*, per connettere due parti di una frase in un rapporto di comparazione; in tal caso può essere sostituita da **как**, *come*, o da **как будто**, *come se*, e va preceduta da una virgola: **Он поёт, словно в опере**, *Canta come all'opera*.

64

7 – Кстати, о клоунах: я видел по телевизору номер – обхохочешься ③.

8 Два клоуна изображали из себя дрессировщиков собак, и каждый хвастался своим сокровищем.

9 Ну и они рассказывали, какие фокусы умеет делать их питомец, а в какой-то момент начали спорить, у кого собака умнее.

10 Первый клоун и говорит: «Моя дрессированная собака сама ходит на прогулку, выгуливать её не надо.

11 А когда возвращается, то просто подходит к двери, садится на коврик, звонит, и я её впускаю».

12 А второй и отвечает: «Какая у тебя глупая собака, моя меня так не тревожит: у неё свои ключи, поэтому и звонить ей не надо…»

13 – Да, действительно весёлый номер. А вот я видел около цирка реальную сцену.

14 Клоун, видать ④, после представления выбегает к своим детишкам и жене.

15 Стоит такой в рыжем парике с красным носом, ругает своих деток за какой-то проступок, а они валяются от смеха.

Note

③ Il verbo perf. **обхохотаться**, *morire dal ridere*, di uso colloquiale, deriva dall'imperf. **хохотать**, *ridere fragorosamente*. Il prefisso **об-** indica qui azione in eccesso. Cfr. anche: **об**ъесться, *mangiare troppo*, *fare indigestione*, *abbuffarsi*. ▸

7 – A proposito di clown: ho visto un numero alla televisione che faceva morire dal ridere *(morirai-dal-ridere)*.

8 Due clown fingevano di essere addestratori di cani e ciascuno vantava il suo fenomeno *(tesoro)*.

9 Così parlavano dei trucchi di cui erano capaci *(quali trucchi sa fare)* i loro pupilli e a un certo punto hanno cominciato a discutere [per stabilire] chi avesse il cane più intelligente.

10 Il primo clown *(e)* dice: – Il mio cane *(ammaestrato)* va a spasso da solo, non c'è bisogno di portarlo fuori,

11 [e] quando torna *(semplicemente)* si avvicina alla porta, si siede sullo zerbino *(tappetino)*, suona e io gli apro *(la faccio-entrare)*.

12 E il secondo *(e risponde)*: – Che cane stupido [che] hai, il mio non deve disturbarmi tanto *(me così non disturba)*: ha le sue chiavi, così non ha bisogno di suonare…

13 – Sì, un numero davvero divertente. Io invece ho assistito a *(visto)* un fatto vero *(reale scena)* nei pressi del circo.

14 Un clown, evidentemente dopo uno spettacolo *(rappresentazione)*, corre fuori incontro ai suoi bambini e a sua moglie.

15 Ha ancora addosso la *(Sta-in-piedi tale nella)* parrucca fulva e il naso rosso e sgrida i suoi figli *(bimbi)* per non so che *(per qualche)* mancanza, ma loro si rotolano [per terra] dalle risate.

▸ ④ Altra parola tipica della lingua parlata, **видать** è un inciso e, come tale, va separato dal resto della frase con una virgola. Significa *evidentemente* o *chiaramente*: **видать, он уже ушёл**, *evidentemente è già andato via / se n'è già andato*.

16 Ну, а жена ему и говорит: «Ты, прежде чем детей ругать, снял бы грим…»

17 – Прикольно. Слушай, а фокусники в программе есть?

18 – Да, причём в этом сезоне у них заморский гость – знаменитый чародей и маг из Нидерландов.

19 Он и фокусы показывает, и голубей из шляпы достаёт, и даже напополам ⑤ тётечку какую-то распиливает ⑥…

20 – Как это распиливает? Чем?

21 – Чем-чем ⑦ – пилой! Чем ещё пилят…

22 – Это шоу ужасов какое-то. Пожалуй, я лучше посмотрю его по телеку: хоть канал переключить можно, если приспичит ⑧.

Note

⑤ **напополам**, *a metà*, *in due*, è un avverbio di registro colloquiale.

⑥ Il prefisso **рас-** (o **раз-**) può indicare dispersione, distribuzione, spargliamento: **дать**, *dare* → **раз**дать, *distribuire*; **пилить**, *segare* → **рас**пилить, *segare in più parti / pezzi*; **лить**, *versare* → **раз**лить, *riversare, spandere, distribuire* (un liquido).

⑦ **Чем-чем**: nella lingua parlata si sottolinea la superfluità della domanda appena posta ripetendo il pronome interrogativo: **Кто-кто? Он, конечно!**, *E chi altri? Lui, naturalmente!*

⑧ Il verbo perfettivo **приспичить** è l'ennesimo esempio di parola colloquiale di questa lezione. È un verbo intransitivo con struttura impersonale e significa *essere urgentemente necessario* che venga fatto qualcosa. Non ha la controparte imperfettiva, per cui si usa solo al passato o al futuro perfettivi. L'eventuale soggetto logico va posto al dativo: **Ему приспичило уезжать**, *Ha estrema necessità di partire*.

16 A quel punto *(Allora)* la moglie gli dice: – Prima di sgridare i bambini, faresti meglio a struccarti *(toglieresti il trucco)*…

17 – Forte! [Ma] senti, ci sono anche dei prestigiatori *(in programma)*?

18 – Sì, [e] inoltre per *(in)* questa stagione è [previsto] un ospite straniero *(d'oltremare)*, un celebre illusionista e mago olandese *(dai Paesi-Bassi)*.

19 Fa *(mostra)* anche dei trucchi, *(e)* estrae dei colombi da un cappello e sega persino una tizia *(zietta)* a metà…

20 – Come sarebbe che [la] sega? Con cosa?

21 – Indovina? *(Con-cosa-con-cosa)* Con una sega! Con cos'altro [vuoi] che [la] seghi *(segano)*…

22 – Ma questo è una specie di *(un-qualche)* horror show! Piuttosto lo guardo alla tele: almeno posso cambiare canale, se è proprio necessario *(ce-ne-sarà-urgentemente-bisogno)*.

Анекдот, Barzelletta
Директор цирка, глядя на выступление пьяного жонглёра-эквилибриста: «Выступать после него клоуну - только позориться…»
Il direttore di un circo, osservando l'esibizione di un giocoliere equilibrista ubriaco, [commenta]: – Dopo di lui il clown farà certamente una figuraccia *(lett. "Esibirsi dopo di lui al clown – solo fare brutta figura")*…

Упражнение 1 – Читайте и переводите

❶ Ты опять в цирк? Ты ведь уже ходил на прошлой неделе. – Да, я обожаю цирковые представления! ❷ Это у неё свои рыжие волосы? – Нет, не думаю, скорее всего она носит парик. ❸ У них в программе бесподобный клоун! Он ещё и фокусы показывает – обхохочешься. ❹ Они сделали безумный номер: прыжок из-под купола цирка без страховки. – Да, я видел его. Они выполняют совершенно невероятные трюки. ❺ Ерунда это шоу! Я и сам не хуже их заморского гостя-мага: тоже могу фокусы разные показывать.

***

Упражнение 2 – Восстановите текст

❶ Hai visto lo status sulla sua pagina *(paginetta)*? Secondo me si è sposato... – Ma pensa!... E io [che] credevo che avrebbe vissuto per tutta la vita da sua madre.

Ты видел ...... на его страничке? Он, по-моему, ... – .. ты ...! А я думал, что он всю ..... у .... будет.

❷ Perché sgridi così i tuoi bambini *(bimbi)*? – Mi hanno preso la sega e si sono messi a segare una sedia...

.. что ты так .... своих .....? – Они ..... мою .... и начали ....

❸ Quando torni *(tornerai)*, non suonare alla porta, c'è mio figlio che dorme. Ti lascerò le chiavi sotto lo zerbino.

Когда ...., не ..... в ....., а то у меня сын ..... Я тебе оставлю ..... под ....

Soluzione dell'esercizio 1

❶ [Vai] di nuovo al circo? Ma [non] ci sei già andato la settimana scorsa? – Sì, adoro gli spettacoli *(rappresentazioni)* circensi! ❷ Ha i capelli rossi *(fulvi)* naturali *(suoi)*? – No, non credo, probabilmente porta una parrucca. ❸ Hanno in programma [l'esibizione di] un clown straordinario *(impareggiabile)*! Fa anche dei trucchi che fanno morire dal ridere. ❹ Si sono esibiti in *(hanno-fatto)* un numero pazzesco: il salto dalla *(da-sotto la)* cupola del circo senza cavo di sicurezza *(assicurazione)*. – Sì, l'ho visto. Fanno *(Eseguono)* dei numeri *(trucchi)* assolutamente incredibili. ❺ Che spettacolo assurdo! Io stesso non [me la cavo] peggio del loro mago straniero *(d'oltremare ospite)*: so fare *(mostrare)* diversi trucchi anch'io.

***

❹ E cosa sa fare il tuo pupillo? – Tutto: il mio cane va addirittura a spasso da solo, non c'è bisogno di portarlo fuori*(-a-passeggiare)*.
А что ..... делать твой ....? – Да ...: моя ...... сама ..... даже на ...., ... её не надо.

❺ Ma perché devi andare assolutamente a vedere quell'horror show? Costa carissimo e tra una settimana potremo vederlo alla tele...
И чего тебе .... срочно ..... на это .... ? Оно очень ...., а ..... неделю его можно будет .... по ....

Soluzione dell'esercizio 2

❶ – статус – женился – Да – что – жизнь – мамы жить – ❷ За – ругаешь – деток – взяли – пилу – распиливать стул ❸ – вернёшься – звони – дверь – спит – ключи – ковриком ❹ – умеет – питомец – всё – собака – ходит – прогулку, выгуливать – ❺ – приспичило – пойти – шоу ужасов – дорогое – через – посмотреть – телеку

65 Шестьдесят пятый урок

Попробуй спеть вместе со мной ①

1 – Мой иностранный друг по переписке просит меня подготовить ему обзор современной российской музыки.
2 – Ничего себе задачка! Представляю, как ты ломаешь голову:
3 как выбрать между звёздами-однодневками или теми, кто без папиных миллионов никогда бы не запел…
4 Расскажи ему про корифеев русской эстрады ②, типа ③ Аллы Пугачёвой или Филиппа Киркорова.
5 Их можно любить или смеяться над ними, но эти люди сделали свою карьеру сами.
6 Если твой товарищ тащится от попсы ④, то посоветуй ему послушать Диму Билана, Ёлку ⑤ или Жанну Фриске.
7 Для общего развития можно ещё и русский шансон ⑥ с тошнотворными уголовно-блатными песнями послушать на одноимённом радио…

Note

① **Попробуй спеть вместе со мной**: si tratta delle parole di una canzone di Viktor Coj, leader del gruppo rock "Kino", di cui si parla più avanti nel dialogo della lezione.

② Per **эстрада** (lett. "palcoscenico di varietà") si intende attualmente *musica leggera*.

③ La lingua parlata usa spesso il termine **типа** (lett. "del tipo", "del genere"), *come*, seguito dal caso genitivo per fare un confronto (come in italiano usiamo *tipo*, del resto): **кто-нибудь типа** ▶

Sessantacinquesima lezione 65

"Prova a cantare insieme a me"

1 — Il mio amico di penna straniero *(Il mio straniero amico secondo la corrispondenza)* mi ha chiesto di fargli una panoramica *(chiede me predisporre a-lui una-rassegna)* della musica russa contemporanea.
2 — Non è mica facile *(Di-niente a-sé compitino)*! [Mi] immagino come ti lambiccherai il cervello *(come tu rompi la testa)*:
3 come scegliere tra le meteore *(stelle-effimere)* o quelli che non avrebbero mai cominciato a cantare senza i milioni di papà…
4 Parlagli delle celebrità *(corifei)* della musica leggera *(palcoscenico)* russa, come Alla Pugačëva o Filipp Kirkorov.
5 Puoi amarli o odiarli *(ridere al-di-sopra-di loro)*, ma è gente che si è fatta *(la sua carriera)* da sola.
6 Se il tuo amico *(compagno)* va pazzo per il *(si-trascina dal)* pop, allora consigliagli di ascoltare Dima Bilan, Ëlka o Žanna Friske.
7 Per amor di completezza *(sviluppo generale)* *(si-)*può ascoltare*(-un-po')* anche la "chanson" russa alla [stazione] radio omonima, con le [sue] nauseabonde canzoni della malavita *(criminali)*…

▶ меня, *qualcuno come me*. In russo standard si dice **кто-нибудь вроде меня** (lett. "nel genere di me").

④ Anche **попса́** appartiene alla lingua colloquiale e sta per **поп-музыка**, *musica pop*.

⑤ Lo pseudonimo **Ёлка** significa *abete*.

⑥ Per **шансон** si intende soprattutto il genere di *canzonette frivole* (e talora volgari) da cabaret.

65

8 Несколько в новом для российской эстрады стиле поют Иван Дорн, группа «Градусы», ну и кто-нибудь там типа группы «Баста».

9 Только, пожалуйста, не рассказывай ему о вульгарной Распутиной с пропитым голосом или Сенчуковой со своими глупыми и более чем ⑦ банальными песенками.

10 – Нет конечно! Я хотел упомянуть о Надежде Бабкиной и её тёзке ⑧ Надежде Кадышевой.

11 Они, в моих глазах, представляют русский фольклор на вполне современном уровне.

12 Ещё я напишу ему о «Чайфе» ⑨, «ДДТ» и «Алисе», которые известны всем независимо от музыкальных пристрастий.

Osservazioni sulla pronuncia

9 In **пропитым** l'accento cambia a seconda che si tratti dell'aggettivo **пропитой**, *da alcolista / da ubriaco* - in tal caso la sillaba tonica è l'ultima *[prapitym]* - o del participio passato passivo **пропитый** (voce del verbo **пропить**, *spendere soldi*

Note

⑦ In questa frase non si mette la virgola tra **более** e **чем** perché qui **более чем,** *più che, più di*, non ha funzione comparativa, bensì avverbiale, e serve a enfatizzare l'aggettivo **банальный**, anziché a confrontare due termini di paragone; **более чем грустный момент**, *un momento molto triste / tristissimo*. ▸

8 In uno stile piuttosto nuovo per la musica leggera russa cantano Ivan Dorn, il gruppo "Gradusy" *(Gradi)* e qualcun altro come *(qualcuno là del-tipo)* il gruppo "Basta".

9 Però, ti prego, non parlargli di quella cafona *(volgare)* della Rasputina, con [la sua] voce da ubriaca o della Senčukova con le sue canzonette stupide e banali fino all'inverosimile *(più che banali)*.

10 – Certo che no! Volevo citare Nadežda Babkina e la sua omonima Nadežda Kadyševa,

11 [che] *(loro)*, secondo me *(nei miei occhi)*, rappresentano il folclore russo in chiave *(su un-livello)* assolutamente moderna.

12 Poi *(Ancora)* gli parlerò *(scriverò)* dei [gruppi] "Čajf", "DDT" e "Alisa", che sono celebri *(noti a-tutti)* a prescindere *(indipendentemente)* dai gusti *(passioni)* musicali.

---

per ubriacarsi o *rovinarsi la salute / il talento per il troppo bere)*, dove l'accento può cadere sulla 1ª o sulla 2ª sillaba, dato che sono ammesse entrambe le pronunce *[prapitym]* e *[propitym]*.
11 фольклор: anche per questo sostantivo sono ammesse due pronunce, *[fal'kljor]* e *[fal'klor]*.

▸ ⑧ Il sostantivo **тёзка** significa *omonimo*, ma solo quando indica persone che hanno lo stesso nome di battesimo. Due persone con lo stesso cognome si dicono invece **однофамильцы** (sing. **однофамилец**).

⑨ **Чайфе**: come avrete notato, **Чайф** è il nome del gruppo rock, mentre la **-e** finale è ovviamente la desinenza del prepositivo.

13 – И не забудь про Виктора Цоя из группы «Кино»: он хоть и погиб ⑩ в 1990 году, но его песни всё ещё звучат под гитару во дворе или же со сцены.

14 Его памяти посвящаются концерты, а моя любимица Земфира, например, перепела его знаменитую «Кукушку» и «Печаль».

15 А вообще, на твоём месте, я рассказал бы ему о таких великих певцах, как Булате Окуджаве и Владимире Высоцком ⑪.

16 – Да, и в особенности о Высоцком – проклятом поэте, алкоголике, с несчастной судьбой.

17 Когда его песни были запрещены, мой отец слушал переписанные у друзей кассеты потихоньку на кухне.

18 Обожаю его песню «Я не люблю», особенно этот куплет:

19 «Я не люблю уверенности сытой,

20 Уж лучше пусть откажут ⑫ тормоза ⑬!

---

16 проклятом: come nel caso di **пропитым** (v. frase 9), l'accento tonico cade su sillabe diverse a seconda che si tratti di un part. passato passivo *[proklítam]* o di un aggettivo *[prakljátam]*, qui entrambi al prepositivo. La forma del nominativo è **проклятый**.

Note

⑩ Il verbo perfettivo **погибнуть**, *perire, morire*, si usa fondamentalmente per morte causata da fattori esterni: **Он погиб в бою**, *È morto in combattimento*. Invece, il verbo **умереть**, *morire*, si usa nel senso di morte per cause naturali o interne. Entrambi i verbi (come la maggior parte dei verbi in **-нуть** e tutti quelli in **-ереть**) hanno il passato con tema tronco, rispetto all'infinito: **погиб, погибла**; **умер, умерла**.

13 — Ah, *(E)* non dimenticare Viktor Coj del gruppo [rock] "Kino": *(anche-se)* è scomparso nel 1990, ma le sue canzoni risuonano tuttora accompagnate dalla *(sotto la)* chitarra nei cortili o sui palchi *(dalla scena)*.

14 Si dedicano concerti alla sua memoria e la mia [cantante] preferita Zemfira, per esempio, ha interpretato *(ricantato)* i suoi celebri [successi] "Il cuculo" e "Tristezza".

15 E in generale, fossi in te *(al tuo posto)*, gli parlerei dei *(tali)* grandi cantanti come Bulat Okudžava e Vladimir Vysockij.

16 — Sì, e soprattutto di Vysockij, poeta maledetto, alcolista e dal *(con un)* destino sfortunato.

17 Quando le sue canzoni erano vietate, mio padre ascoltava di nascosto *(sommessamente)* in cucina le cassette registrate presso amici.

18 Adoro la sua canzone "Io non amo", soprattutto quella strofa [che fa]:

19 "Io non amo le certezze rassicuranti *(la sicurezza sazia)*,

20 [È] meglio che smettano di funzionare *(rifiuteranno)* i freni!

▸ ⑪ Si tratta di due tra i più grandi cantautori russi d'epoca sovietica. Attenzione: *cantautore* si dice *in russo* **бард**, che non vuol dire *bardo*!

⑫ Il verbo perfettivo **отказать**, oltre a *rifiutare*, significa anche *smettere di funzionare,* come in questo caso. Ricordate inoltre che, trattandosi di un verbo della 1ª coniugazione, presenta l'alternanza consonantica з / ж in tutte le persone: отка**ж**у, отка**ж**ешь, отка**ж**ут.

⑬ Il sost. maschile **тормоз**, *freno*, fa il plurale in **-а**: **тормоз**а.

21 Досадно мне, что слово "честь" забыто
22 И что в чести наветы за глаза».
23 – О да, эту песню надо слушать, а ещё лучше смотреть запись, как её поёт автор: от его исполнения у меня всегда мороз по коже…

Упражнение 1 – Читайте и переводите

❶ На мой взгляд, этих певцов уважают все, независимо от музыкальных пристрастий или возраста. ❷ Откуда у тебя эта песня? – О! Это ещё отец мой переписал с кассеты своих друзей, когда песня была запрещена. ❸ Я бы, на твоём месте, не рассказывал этому алкоголику с несчастной судьбой о том, как тебе удалось купить ящик шампанского… ❹ Он погиб, но его песни всё ещё поют, а его памяти посвящаются концерты. ❺ Я вижу, ты забыл слово «честь», раз рассказываешь мне такие вещи о человеке, который так много для тебя сделал.

21 Mi rincresce *([È] increscioso a-me)* che la parola 'onore' sia stata dimenticata,

22 E che trionfi la calunnia alle spalle *(in onore [vadano] le calunnie dietro agli-occhi)*".

23 – Eh sì, questa canzone bisogna ascoltarla, ma è ancora meglio guardare la registrazione [di] come la canta l'autore: la sua interpretazione mi fa sempre venire la pelle d'oca *(gelo lungo la pelle)*…

Soluzione dell'esercizio 1

❶ Secondo me *(Sul mio sguardo)*, questi cantanti li apprezzano *(rispettano)* tutti, a prescindere *(indipendentemente)* dai gusti musicali o dall'età. ❷ Da dove hai [preso] questa canzone? – Oh! È mio padre [che] all'epoca *(ancora)* l'aveva registrata da una cassetta dei suoi amici quando [questa] canzone era vietata. ❸ Fossi in te *(al tuo posto)*, non andrei a raccontare a quel disgraziato *(con sfortunata sorte)* alcolista come hai fatto a *(ti è-riuscito-di)* comprare una cassa di champagne… ❹ È morto, ma le sue canzoni si cantano tuttora e si dedicano concerti alla sua memoria. ❺ Vedo [che] ti sei dimenticato [cosa significhi] la parola "onore", se mi racconti delle cose del genere *(tali)* sulla persona che ha fatto così tanto per te.

65 Упражнение 2 – Восстановите текст

❶ Adoro questa canzone. – Anch'io. Mi viene sempre la pelle d'oca *(gelo lungo la pelle)* quando guardo la registrazione della sua interpretazione da parte dello stesso autore.

...... эту песню. – Я ..... У меня всегда ..... по ...., когда я .... исполнения её самим ....

❷ Chi è che ha portato alla nostra festa *(serata)* quel cafone con quella voce da ubriaco? – Nessuno sa chi sia *(lo conosce)*.

Кто привёл к нам на .... этого .... человека с .... ? – Его ..... не ......

❸ Voglio cantare in un gruppo che faccia *(rappresenti)* musica folk russa in chiave moderna *(su un-moderno livello)*, non *(con-)*queste canzonette banali.

Я хочу .... в группе, которая .... бы русский .... на .... уровне, а не этими ....

Рыбам надо научиться называть вещи своими именами, недомолвки и невысказанное заведут вас в тупик.

❹ Non ti lambiccare il cervello *(non rompere a-te-stesso la testa)*: parla loro delle celebrità *(corifei)* della nostra musica leggera *(palcoscenico)* [e] di quelli che si sono fatti *(la sua carriera)* da soli.

Не ..... себе ......: .... им про .... нашей ...., ..., кто сделал свою .... сам.

❺ Mio Dio, cosa stai ascoltando? – Prendimi pure in giro *(Puoi ridere al-di-sopra di-me)*, ma io vado pazzo per il *(mi-trascino dal)* pop.

Боже ..., что ты ....? – Можешь .... надо ...., но я ...... от ..... .

Soluzione dell'esercizio 2

❶ Обожаю – тоже – мороз – коже – смотрю запись – автором ❷ – вечеринку – вульгарного – пропитым голосом – никто – знает ❸ – петь – представляла – фольклор – современном – банальными песенками ❹ – ломай – голову – расскажи – корифеев – эстрады, тех – карьеру – ❺ – мой – слушаешь – смеяться – мной – тащусь – попсы

66 Шестьдесят шестой урок

Conoscerete certamente la favola "Il Corvo e la Volpe" di Esopo, ripresa da Jean de La Fontaine ("Le Corbeau et le Renard") e di cui in russo è stata fornita una versione in rima da parte di Ivan Krylov (1769-1844) che qui vi proponiamo. La favola (breve racconto allegorico con animali, personificazione dei vizi umani) in russo si dice **басня**. *Famose sono, appunto, in russo le* **Басни** *di Ivan Krylov, adattamento delle favole dei suoi due illustri predecessori. Questo termine non va confuso con* **сказка** *che designa, invece, più specificamente la* fiaba *(o racconto di magia).*

Ворона и Лисица

1 Уж сколько раз твердили миру, что лесть гнусна, вредна;
2 Но только всё не впрок, и в сердце льстец всегда отыщет ① уголок.
3 Вороне где-то бог послал кусочек сыру ②;
4 На ель Ворона взгромоздясь ③, позавтракать совсем уж собралась,
5 Да призадумалась, а сыр во рту держала.
6 На ту беду Лиса близёхонько бежала;
7 Вдруг сырный дух Лису остановил:
8 Лисица видит сыр, – Лисицу сыр пленил.
9 Плутовка к дереву на цыпочках подходит;

Note

① Nel verbo perfettivo **отыскать**, *trovare (dopo una lunga ricerca)*, il gruppo consonantico **ск** si alterna con **щ**: trattandosi di un verbo della 1ª coniugazione, l'alternanza si verifica in tutte le persone: **отыщу, отыщешь**, ecc.

② Notate che alcuni sostantivi, specie dell'ambito alimentare, possono presentare il genitivo sing. masch. in **-у** con valore partitivo: **сыру**, *del formaggio*; **винограду**, *dell'uva*; **сахару**, *dello zucchero*; **рису**, *del riso*, ecc.

▶

555 • пятьсот пятьдесят пять

Sessantaseiesima lezione 66

Il Corvo (Cornacchia) e la Volpe

1 Quante volte [ci] è stato detto (hanno-ripetuto al-mondo) che l'adulazione è ignobile [e] dannosa,
2 ma (solo) è [stato] tutto inutile: un adulatore troverà sempre un angolino in un cuore.
3 Dio inviò al Corvo (da-qualche-parte) un pezzetto di formaggio;
4 il Corvo, appollaiato (sistemandosi) su un abete, si apprestava dunque (del-tutto) a fare colazione,
5 ma rimase un po' sovrappensiero mentre (e) teneva il formaggio nel becco (bocca).
6 Per [sua] disgrazia, la Volpe passava nei paraggi (vicino correva);
7 all'improvviso l'odore (esalazione) del formaggio blocca (fermò) la Volpe:
8 la Volpe vede il formaggio e ne resta incantata (il formaggio l'ha-catturata).
9 La birbona si avvicina all'albero in punta di piedi;

▶ ③ Anche nel verbo **взгромоздиться**, *sistemarsi* (detto specie di persone o animali goffi), c'è un'alternanza consonantica (д / ж), limitata alla 1ᵃ pers. sing. perché il verbo appartiene alla 2ᵃ coniug.: **взгромо**ж**усь, взгромоздишься, взгромоздятся**.

10 Вертит ④ хвостом, с Вороны глаз не сводит
11 И говорит так сладко, чуть дыша:
12 «Голубушка, как хороша! Ну что за шейка, что за глазки!
13 Рассказывать, так, право, сказки!
14 Какие пёрушки ⑤! Какой носок ⑥!
15 И, верно, ангельский быть должен голосок!
16 Спой, светик, не стыдись!
17 Что, ежели ⑦, сестрица, При красоте такой и петь ты мастерица,
18 Ведь ты б у нас была царь-птица!»
19 Вещуньина с похвал вскружилась голова,
20 От радости в зобу дыханье спёрло ⑧, –
21 И на приветливы Лисицыны слова
22 Ворона каркнула во всё воронье ⑨ горло, –
23 Сыр выпал – с ним была плутовка такова.
24 Иван Крылов

Osservazioni sulla pronuncia
10 вертит: normalmente l'accento cade sulla prima sillaba, ma qui, per ragioni metriche, cade sulla seconda *[virtít]*.

Note

④ Anche il verbo imperfettivo **вертеть**, *dimenare, girare*, presenta l'alternanza consonantica solo alla 1ª persona singolare: **верчу, вертишь, вертят**. Ormai sapete bene il perché.

⑤ **пёрушки** presenta un suffisso diminutivo di tipo arcaico. Nel russo moderno si direbbe **пёрышки**, *piumette, pennette* (plurale di **пёрышко**).

⑥ Attenzione: qui **носок** è un diminutivo di **нос**, *naso*, e non c'entra niente con **носок**, *calzino*! Attualmente si usa la forma diminutiva (**носик**).

⑦ **ежели**, *se*, è un'altra parola arcaica: corrisponde naturalmente a **если**, congiunzione che introduce le ipotetiche.

10	dimena *(gira con-)* la coda, senza distogliere lo sguardo *(gli occhi)* dal Corvo	**66**
11	e dice melliflua *(dolcemente)*, con appena un fil di voce *(appena respirando)*:	
12	"Ah tesoruccio *(Colombello)*, come sei bello! E che collo *(collino)*, che occhietti!	
13	Se ne trovano soltanto nelle fiabe, davvero!	
14	E che piume *(piumette)*! Che beccuccio *(nasino)*!	
15	La [tua] vocina deve essere sicuramente angelica…	
16	Canta[, canta,] anima *(lucina)* [mia], non essere timida *(non vergognarti)*!	
17	Perché, amico [mio] *(sorellina)*, se con tutta la tua *(tale)* bellezza fossi anche bravo a cantare *(e a-cantare tu maestra)*,	
18	qui nel bosco saresti il Re degli uccelli *(presso di-noi saresti lo zar-uccello)*!"	
19	Al Corvo, frastornato dagli elogi *(Dell'-uccello-della-profezia per gli elogi si-mise-a girare la testa)*,	
20	si mozzò il respiro *(nel gozzo il respiro strinse)* per la gioia	
21	e alle affabili parole della Volpe	
22	*(Il Corvo)* gracchiò a squarciagola *(in tutta della-cornacchia gola)*:	
23	[così] gli cadde [dal becco] il formaggio, [e] con esso la birbona si dileguò *(fu tale)*.	
24	Ivan Krylov	

▸ ⑧ Il verbo perfettivo **спереть**, *stringere, schiacciare*, nell'idiomatismo **спереть дыхание** significa *mozzare il fiato*. Nella coniugazione presenta la vocale mobile **o** nel tema e segue il modello dei verbi in **-ереть**: с**o**пру́, с**o**прёшь, с**o**прём; il passato ha il tema tronco: спёр, спёрли.

⑨ L'aggettivo **вороний** deriva da **ворона**, *cornacchia*; come molti altri aggettivi formati da nomi di animali (es. **лисий**, *volpino, di volpe*) si declina secondo il modello del numerale ordinale трет**ий**, *terzo*, трет**ья**, трет**ье**, трет**ьи**.

Упражнение 1 – Читайте и переводите

❶ Что это с ним? Кричит во всё горло… – По-моему, у него телефон из кармана выпал, когда он шёл через мост. ❷ Сколько тебе не тверди, что лучше делать это через агентство, тебе всё не впрок… ❸ Она так хороша, что у неё должен быть и ангельский голосок. – Ерунда какая: она вообще петь не умеет. ❹ Он пленил меня своими словами. – Конечно, льстец всегда отыщет уголок в сердце женщины… ❺ Ах, плутовка! Я совсем уж собралась позавтракать, а она сказала, что кофе больше нет, так как хотела оставить его себе.

***

Упражнение 2 – Восстановите текст

❶ Che forza *(ridicolo)* quel cane: io mangio il formaggio e lui crede *(pensa)* che io stia per darglielo *(a-lei darò)*, dimena la coda [e] non mi toglie gli occhi di dosso *(di-occhi da me non porta-giù)*.

Какая ……. собака: ем …, а она ……, что я .. дам, …… хвостом, …. с меня не …….

❷ So che sei bravissima *(maestra)* a fare *(cuocere)* la minestra, ma perché hai preparato tre pentole? Chi la mangerà?

Знаю, что ты ……… суп ……, только ….. же ты ………. три …….? Кто … …. будет?

❸ Oggi è tutta la mattina che i corvi gracchiano, il cielo è grigio e pioviggina *([c'è] pioggerellina)*: si sente che è arrivato l'autunno.

Всё …. сегодня …………., ……… и дождик – чувствуется, что ………….

Soluzione dell'esercizio 1

❶ Che cos'ha? Grida a squarciagola... – Secondo me gli è caduto il telefonino dalla tasca mentre attraversava il ponte. ❷ Ti ho detto mille volte *(Quanto a-te non ripeti)* che è meglio farlo tramite un'agenzia, ma con te è tutto inutile... ❸ È così bella che deve avere anche una voce *(vocina)* angelica. – Che assurdità: non sa cantare per niente *(in-generale)*. ❹ Mi ha incantato *(catturato)* con le sue parole. – Si capisce *(Certamente)*, un adulatore trova *(troverà)* sempre un angolino nel cuore di una donna... ❺ Che birbona! Stavo giusto per fare colazione quando *(e)* mi ha detto che non c'era più caffè poiché voleva tenerselo *(lasciarlo)* [tutto] per sé.

***

❹ Perché cammini in punta di piedi? – Zitto, sto cercando *(cerco di trovare)* il mio gattino [che] si è nascosto da qualche parte.
...... ты ...... на ....? – ...., я ....
..... моего котёнка, он куда-то ....

❺ Avete letto la favola di Ivan Krylov "Il Corvo e la Volpe"? – Sì, era [una lettura] obbligatoria del *(nel)* nostro programma scolastico.
Вы .... Ивана Крылова «...... и
......»? – Да, ... была .... в нашей
школьной ....

Soluzione dell'esercizio 2

❶ – смешная – сыр – думает – ей – вертит – глаз – сводит
❷ – мастерица – варить – зачем – приготовила – кастрюли – его есть – ❸ – утро – каркают вороны, серое небо – пришла осень ❹ Почему – ходишь – цыпочках – Тихо – пытаюсь найти – спрятался ❺ – читали басню – Ворона – Лисица – она – обязательной – программе

67 Шестьдесят седьмой урок

Одна книга тысячи людей учит

1 — Валер ①, посоветуй мне, пожалуйста, какую-нибудь книгу на русском, только классики не надо – я уже начиталась.
2 Некоторые вещи очень понравились, типа Булгакова, Толстого, Чехова и Достоевского, но были и трудные тексты.
3 Например, Пушкин – и стихи, и проза –, Гоголь и Некрасов со своим «Кому на Руси жить хорошо»: мне было сложновато ②, я со словарём не расставалась…
4 — Всё понял: в классике ты уже спец ③, теперь тебе надо почитать современников. Кого уже читала?
5 — Читала Сорокина «День опричника ④» – книга сложная, там много сленга, нецензурной лексики, но мне понравилась.

Note

① **Валер** è la forma diminutiva di **Валерий**, **Валера**, con troncatura della **-a** finale in funzione di vocativo (v. lez. 5, nota 1).

② **-оват-** è un suffisso diminutivo tonico che serve ad attenuare il significato di un aggettivo o di un avverbio: **грязн**ова**то**, [è] un po' sporco, [è] sporchino, da **грязный**, sporco; **сладк**ова**т**ый, abboccato, leggermente dolce, da **сладкий**, dolce.

③ Nel parlato, **спец** è un'abbreviazione di **специалист**, specialista, esperto.

④ **опричник**, opričnik, non ha un equivalente in italiano perché si tratta di un termine specifico di una certa epoca della storia russa (1565-1573). Designa la speciale guardia del corpo ▸

Sessantasettesima lezione

Un solo libro istruisce migliaia di persone

1 – Valera, per favore, consigliami qualche libro in russo; basta che non siano *(solo non [è] necessario)* classici, [perché] ne ho già letti in abbondanza.
2 Alcuni autori *(cose)* mi sono piaciuti molto, come *(del-tipo)* Bulgakov, Tolstoj, Čechov e Dostoevskij, ma c'erano anche dei testi difficili.
3 Per esempio Puškin (sia la poesia *(versi)* sia la prosa), Gogol' e Nekrasov con il suo [poema] "Chi vive bene in Russia?": ho fatto un po' fatica *(a-me è-stato un-po'-complicato)* [a leggerli], non mi staccavo *(separavo)* [mai] dal dizionario…
4 – *(Tutto)* Ho capito: sei già un'esperta di classici [e] ora devi leggere*(-un-po')* [autori] contemporanei. Cosa *(Chi)* hai già letto?
5 – Ho letto "La giornata di un opričnik" di Sorokin, un libro complicato, pieno di slang e di parolacce *(osceno lessico)*, [che] però mi è piaciuto.

▸ istituita dallo zar Ivan il Terribile, preposta a smascherare e sopprimere con inaudita ferocia i "traditori". Temuti e crudeli, gli **опричники** usavano appendere alla sella un teschio di cane e una scopa, simboli del loro impegno a "stanare" e "mordere" e quindi "spazzare via" i nemici dello zar.

6 – Уважаю ⑤! Тогда можешь полистать Пелевина «Из жизни насекомых» – если крыша не поедет ⑥, то понравится…

7 У него вообще книги очень специфические, но есть своя публика, которая их читает и считает их настоящей литературой.

8 Если любишь детективы, то смело можешь купить Дашкову, Донцову, Устинову или Маринину.

9 Их очень активно уже несколько лет читают: можно поспорить, что в метро найдёшь хоть одного человека с их детективом!

10 – Ой, нет, спасибо, это совсем не моё. Я уж лучше фантастику почитаю, братьев Стругацких или какого-нибудь Лукьяненко…

11 – Ну, кстати да, у него есть неплохие забавные произведения, есть даже совсем коротенькие.

12 – Посоветуй мне что-нибудь такое задушевное…

13 – Знаю! Тебе нужна Улицкая, у неё очень много разного чтива ⑦, а уж на счёт задушевности – слёзы ⑧ гарантирую.

Note

⑤ **Уважаю!**, *Però!*, *Niente male!*, voce del verbo imperfettivo **уважать**, *rispettare*, si usa nel parlato per manifestare approvazione.

⑥ Si tratta di un modo di dire: **У тебя крыша поехала?**, *Ti ha dato di volta il cervello?*, *Sei diventato matto?* **Крыша**, *tetto*, sta metaforicamente per testa.

6 – Però! Allora puoi sfogliare*(-un-po')* "Dalla vita degli insetti" di Pelevin: se non ti darà di volta il cervello *(il tetto non se-ne-andrà)*, *(allora)* [ti] piacerà…

7 In genere i suoi libri sono molto particolari *(specifici)*, ma ha *(c'è)* un suo pubblico che li legge e li considera letteratura a tutti gli effetti *(autentica)*.

8 Se [invece] ami i gialli, *(allora)* potresti provare *(coraggiosamente puoi)* [a] comprare [quelli della] Daškova, Doncova, Ustinova o Marinina,

9 [che] sono molto *(attivamente)* apprezzati *(leggono)* già da alcuni anni: scommetto *(si-può scommettere)* che in metropolitana troverai almeno una persona che ne sta leggendo uno *(con il loro giallo)*!

10 – Ah no, grazie, non è proprio il mio [genere]. Preferisco leggere [libri di] fantascienza, i fratelli Strugackij o qualcosa di Luk'janenko…

11 – Beh, perché no? *(a-proposito e)* Ha [scritto] dei libri divertenti [che non sono] niente male, ce ne sono anche di molto brevi.

12 – Consigliami qualcosa di *(così)* commovente…

13 – Ci sono *(So)*! La Ulickaja è quello che fa per te, ha scritto moltissima roba*(-da-leggere)* di vario genere *(svariata)* e, se si tratta di commuovere il lettore *(sul conto della-commozione)*, le lacrime sono garantite *(garantisco)*.

▸ ⑦ Il sostantivo neutro **чтиво**, *roba da leggere, letteratura / lettura di serie B*, è un'altra parola caratteristica del parlato, spesso con una sfumatura peggiorativa che rivela il parere negativo di chi parla nei confronti del libro o dei libri in questione…

⑧ **слеза́**, *lacrima*: la declinazione di questo sostantivo al plurale presenta la **ё** al posto della **e** (e conseguente arretramento dell'accento tonico) in tre casi del plurale: **слёзы** (nom. e acc.) e **слёз** (gen.). La **ё** compare anche in uno dei suoi diminutivi: **слёзка**, **слезинка**, *lacrimuccia*.

14. Она – доступна, понятна, а книги её – про жизнь.
15. Из недавнего прошлого могу посоветовать Довлатова, Набокова и Зощенко.
16. А из совсем современных и любимых мною назову два имени – Борис Акунин и Евгений Гришковец.
17. Акунина обожаю, он страшно продуктивен: каждый год что-то выпускает, причём пишет под двумя разными именами!
18. Его цикл книг про Фандорина смаковал до последней строчки – сюжет отменный и язык великолепный!
19. А у Гришковца – актёра, режиссёра и писателя – очень разнообразная деятельность: он ещё и клипы записывает с некоторыми группами.
20. Я бы сказал, его творчество отражает суть современной российской мысли.
21. Он пишет о чувствах и разных мелочах, из которых и состоит наша жизнь, но всё так в точку.
22. – Слушай, сделай одолжение: давай ты пойдёшь со мной в книжный, и, под твоим чутким руководством, мы там вместе навыбираем мне кучу книг!

14 Il suo stile *(Lei)* è accessibile, comprensibile e i suoi libri [parlano] della vita.

15 Tra gli autori recenti *(Del recente passato)* posso consigliarti Dovlatov, Nabokov e Zoščenko,

16 e tra quelli *(del-tutto)* contemporanei che preferisco *(amati da-me)* [te ne] cito due *(nomi)*: Boris Akunin ed Evgenij Griškovec.

17 Akunin [lo] adoro, è incredibilmente prolifico *(terribilmente produttivo)*: ogni anno pubblica qualcosa e *(per-di-più)* scrive sotto due nomi diversi!

18 Il suo ciclo di libri su Fandorin me lo sono gustato fino all'ultima riga, la trama è straordinaria e la lingua è splendida!

19 Quanto a Griškovec, attore, regista e scrittore, la sua attività è poliedrica *(molto diversificata)*: realizza *(incide)* anche dei [video]clip con alcune band *(gruppi)*.

20 Direi [che] la sua opera *(creazione-artistica)* rispecchia l'essenza del pensiero russo contemporaneo.

21 Parla *(Scrive)* dei sentimenti e di tutte le varie minuzie di cui è fatta *(e consiste)* la nostra vita, e tutto questo con estrema precisione *(ma tutto così in punto)*!

22 – Senti, fammi un favore: vieni con me in libreria e, con la tua guida *(sotto la tua sensibile direzione)*, *(noi là insieme)* sceglieremo *(a-me)* un sacco di libri!

Упражнение 1 – Читайте и переводите

❶ Опять классику читаешь, неужели ещё не начиталась? – Я уж лучше классику буду читать, чем твою глупую фантастику. ❷ Этот автор не только страшно продуктивен – он выпускает по книге в год –, но ещё и преподаёт в университете. ❸ О чём этот роман? – О чувствах, о жизни, о мелочах, из которых она состоит. ❹ Хочешь, посоветую тебе какой-нибудь детектив? – Ой, нет, спасибо. Это совсем не моё. ❺ Творчество этого автора отражает суть современной российской мысли; книги его полны примеров из жизни.

***

Упражнение 2 – Восстановите текст

❶ Adesso, in metropolitana, tutti leggono romanzi gialli. Non troverai più nessuno con un *(romanzo)* classico tra le *(nelle)* mani.
Сейчас в ..... все .... Ни одного .... с .... романом в ..... не ....

❷ Ha deciso di leggere un libro in spagnolo, per questo *(così)* non si è staccato *(separato)* [mai] dal dizionario. – Però! E io che non ho ancora mai *(Io ecco nemmeno una-volta ancora ho-)*letto un libro straniero *(degli-stranieri)* in [versione] originale...
Он .... книгу на ...., так со .... и не расставался. – .... Я вот .. разу ещё иностранцев в .... не ....

❸ I suoi libri sono molto particolari *(specifici)*, ma quelli *(le persone)* che li leggono li considerano *(che questo ed è)* letteratura a tutti gli effetti *(autentica)*.
У неё очень .... книги, но ...., которые их ......, ..., что это и есть ....

Soluzione dell'esercizio 1

❶ Stai di nuovo leggendo i classici! Ma non ne hai già *(ancora)* letti abbastanza? – Preferisco leggere i classici anziché i tuoi stupidi libri di fantascienza. ❷ Questo autore non è solo incredibilmente prolifico *(terribilmente produttivo)* - pubblica un libro all'anno -, ma insegna anche *(ancora)* all'università. ❸ Di cosa [parla] questo romanzo? – Di sentimenti, della vita e delle minuzie di cui è fatta *(essa consiste)*. ❹ Vuoi [che] ti consigli *(consiglierò)* qualche giallo? – Ah no, grazie. Non è proprio il mio [genere]. ❺ Le opere *(creazione-artistica)* di questo autore rispecchiano l'essenza del pensiero russo contemporaneo; i suoi libri sono pieni di squarci di *(esempi dalla)* vita.

***

❹ Recentemente ho comprato un libro di un autore contemporaneo: un *(sommesso)* orrore! È pieno *(in essa quanto)* di slang e di parolacce *(osceno lessico)*!

...... недавно .... автора –
..... ужас: в ней столько ...... и ....
.......!

❺ Prestami *(Dammi da-leggere-un-po')* qualche libro commovente. – Tieni, ecco qua. Parla della vita difficile dei minatori, le lacrime sono garantite *(garantisco)*.

Дай мне .... какую-нибудь ....
...... – Вот, ... Она про .... жизнь
........, слёзы ....

Soluzione dell'esercizio 2

❶ – метро – читают детективы – человека – классическим – руках – найдёшь ❷ – решил прочитать – испанском – словарём – Уважаю – ни – оригинале – читал ❸ – специфические – люди – читают, считают – настоящая литература ❹ Купила – книгу современного – тихий – сленга – нецензурной лексики ❺ – почитать – задушевную книгу – держи – сложную – шахтёров – гарантирую

68 Шестьдесят восьмой урок

In questa lezione abbiamo ridotto considerevolmente il numero delle note affinché possiate concentrarvi sul lessico molto specifico utilizzato nella Costituzione russa di cui vi presentiamo alcuni stralci.

Незнание закона не освобождает от ответственности

1 Российская Федерация – Россия есть демократическое федеративное правовое государство с республиканской формой правления.
2 Государственная власть в РФ осуществляется на основе разделения на законодательную, исполнительную и судебную.
3 Органы законодательной, исполнительной и судебной власти самостоятельны.
4 Российская Федерация – светское государство, и никакая религия не может устанавливаться в качестве государственной или обязательной.
5 Президент РФ является главой государства и гарантом Конституции, прав и свобод человека и гражданина.
6 Он определяет основные направления внутренней и внешней политики государства в соответствии с Конституцией и федеральными законами.

Sessantottesima lezione 68

La legge non ammette ignoranza
(L'ignoranza della-legge non esenta da responsabilità)

1 La Federazione Russa (Russia) è uno Stato di diritto, democratico e federale, con una forma di governo repubblicana.
2 Nella F[ederazione] R[ussa] il potere dello Stato è esercitato *(si-attua)* in base alla suddivisione fra potere legislativo, esecutivo e giudiziario.
3 Gli organi del potere legislativo, esecutivo e giudiziario sono indipendenti *(autonomi)*.
4 La Federazione Russa è uno Stato laico e nessuna religione può essere imposta come *(non può stabilirsi in qualità di-)*[religione] di Stato od obbligatoria.
5 Il Presidente della F[ederazione] R[ussa] è il capo dello Stato e il garante della Costituzione, dei diritti e delle libertà dell'uomo e del cittadino.
6 Egli definisce gli orientamenti fondamentali della politica interna ed estera *(esterna)* dello Stato in conformità alla Costituzione e alle leggi federali.

Osservazioni sulla pronuncia
2 РФ: è l'abbreviazione di **Российской Федерации**, qui al caso prepositivo, e si pronuncia come se fosse scritta per esteso *[rassijskaj fidiratsyi]*.

7   Президент избирается сроком на шесть лет гражданами РФ на основе всеобщего равного и прямого избирательного права при тайном голосовании.

8   Президентом может быть избран ① гражданин РФ не моложе 35 лет, постоянно проживающий в Российской Федерации не менее 10 лет.

9   Одно и то же лицо ② не может занимать должность Президента более двух сроков подряд.

10   При вступлении в должность Президент приносит присягу ③ народу в торжественной обстановке

11   в присутствии членов Совета Федерации, депутатов Государственной Думы и судей Конституционного Суда.

12   Федеральное Собрание – парламент Российской Федерации – является представительным и законодательным органом.

13   Оно состоит из двух палат – Совета Федерации и Государственной Думы.

14   В Совет Федерации входят по два представителя от каждого субъекта Федерации:

Note

① **избран** è la forma breve (in quanto predicativa) del participio passato passivo lungo **избранный** (attributivo) del verbo perfettivo **избрать**, *eleggere*, *scegliere* (sulla forma breve o lunga del participio passato passivo v. Appendice grammaticale, § 4.4). Attenzione all'accento, che nel participio passato passivo ▸

7 Il Presidente viene eletto per un mandato di *(con-una-scadenza per)* sei anni dai cittadini della F[ederazione] R[ussa] con suffragio universale paritario e diretto *(sulla base del-generale paritario e diretto elettorale diritto)* a scrutinio segreto.

8 Può essere eletto Presidente [qualsiasi] cittadino della F[ederazione] R[ussa] di età non inferiore a *(non più-giovane di-)* 35 anni che sia stabilmente residente nella Federazione Russa da almeno *(non meno di-)* 10 anni.

9 La stessa persona non può esercitare *(occupare)* la carica di Presidente per più di due mandati consecutivi *(scadenze di-seguito)*.

10 Al momento di assumere tale carica *(All'entrata in carica)*, il Presidente presta giuramento in forma *(situazione)* solenne [davanti] al popolo

11 alla presenza dei membri del Consiglio della Federazione, dei deputati della Duma *(di-Stato)* e dei giudici della Corte costituzionale.

12 L'Assemblea federale (il Parlamento della Federazione Russia) è l'organo rappresentativo e legislativo.

13 È composta da due camere: il Consiglio della Federazione e la Duma *(di-Stato)*.

14 Del *(Nel)* Consiglio della Federazione fanno parte *(rientrano)* due rappresentanti per *(da)* ciascun soggetto federale:

▸ in -(**а** / **я**)**нный** si sposta di norma indietro di una sillaba rispetto al passato da cui deriva: **и́збран**, **и́збранный**, ma **избра́л**.

② Il sostantivo neutro **лицо**, *viso, volto*, può significare anche *persona*.

③ L'espressione **приносить присягу**, *prestare giuramento*, regge il dativo: **Президент приносит присягу народу**, *Il presidente presta giuramento (davanti) al popolo*.

15 по одному ④ от представительного и исполнительного органов государственной власти.

16 Государственная Дума состоит из 450 депутатов и избирается сроком на пять лет.

17 Члены Совета Федерации и депутаты Государственной Думы обладают неприкосновенностью в течение всего срока их полномочий.

18 Человек, его права и свободы являются высшей ценностью.

19 Признание, соблюдение и защита прав и свобод человека и гражданина – обязанность государства.

20 Носителем суверенитета и единственным источником власти в Российской Федерации является её многонациональный народ.

21 Высшим непосредственным выражением власти народа являются референдум и свободные выборы ⑤.

Note

④ Notate che la preposizione **по** con valore distributivo è seguita dal numerale cardinale all'acc. (seguito a sua volta dal genitivo di quantità - v. frase 14) per numeri diversi da uno (e i suoi composti), seguiti invece dal dat. sing. (v. frase 15): **по два представителя, по пять представителей,** ma **по одному представителю, по двадцати одному представителю.**

⑤ **Высшим непосредственным выражением власти народа являются референдум и свободные выборы**: come avrete notato, nei testi ufficiali il soggetto si trova spesso alla fine della frase.

15 l'uno per *(da)* l'organo rappresentativo e l'altro per *(da)* l'organo esecutivo del potere dello Stato.

16 La Duma *(di-Stato)* è composta da *(consiste di)* 450 deputati e viene eletta per un periodo di *(con-una-scadenza per)* 5 anni.

17 I membri del Consiglio della Federazione e i deputati della Duma *(di-Stato)* godono dell'immunità *(sono-dotati di-intangibilità)* per tutta la durata *(scadenza)* del loro mandato.

18 L'uomo, i suoi diritti e le [sue] libertà costituiscono il valore supremo.

19 Il riconoscimento, il rispetto e la tutela dei diritti e delle libertà dell'uomo e del cittadino [sono] un obbligo dello Stato.

20 Il detentore *(Portatore)* della sovranità e l'unica fonte del potere nella Federazione Russa è il suo popolo plurietnico.

21 Il referendum e le libere elezioni costituiscono la più alta espressione diretta *(immediata)* della sovranità *(potere)* del popolo.

Упражнение 1 – Читайте и переводите

❶ Ну о чём вы говорите? Это светское государство, и никакая религия не может устанавливаться в качестве обязательной. ❷ Он не может быть избран президентом, так как ему ещё нет 35 лет, да и последние 6 лет он жил в Англии. ❸ Что значит «я не знал»? Незнание закона не освобождает от ответственности… ❹ Сколько депутатов в Государственной Думе? – 450. Они избираются сроком на пять лет. ❺ Сегодня новый Президент приносит присягу народу в присутствии депутатов Думы и судей Конституционного Суда.

***

Упражнение 2 – Восстановите текст

❶ Non andrà in tribunale perché ha l'immunità per tutta la durata *(scadenza)* del suo mandato.

В … он не ……, у него ведь ……………… в ……. всего ….. его ………….

❷ L'uomo, i suoi diritti e le [sue] libertà costituiscono il valore supremo dello *(nello)* Stato e il Presidente ne è il garante.

Человек, его ….. и ……. являются …… ……… в …………, а Президент – их ……….

❸ Ha già occupato questa carica per due mandati *(scadenze)* consecutivi, bisogna sostituire la candidata *(candidato)*. – Sì *(Bisogna)*, ma nessuno vuole [farlo]…

Она уже …….. эту ……… два ….. ……, надо сменить ………. – Надо, но ….. не ……...

Soluzione dell'esercizio 1

❶ Ma di cosa state parlando? Questo è uno Stato laico e nessuna religione può essere imposta come *(non può stabilirsi in qualità di)* obbligatoria. ❷ Non può essere eletto presidente poiché non ha ancora 35 anni e negli ultimi 6 *(anni)* è vissuto in Inghilterra. ❸ Cosa significa "non [lo] sapevo"? La legge non ammette ignoranza *(L'ignoranza della-legge non esenta da responsabilità)*... ❹ Da quanti deputati è composta la Duma *(di-Stato)*? – [Da] 450. Vengono eletti per un mandato di *(con-una-scadenza per)* cinque anni. ❺ Oggi il nuovo Presidente presta giuramento [davanti] al popolo alla presenza dei deputati della Duma e dei giudici della Corte costituzionale.

***

❹ L'Assemblea federale, per quanto ho capito, è il Parlamento della Federazione Russa, [ovvero] l'organo rappresentativo e legislativo.
Федеральное ...., насколько я ...., и есть .... РФ – .... и ....

❺ Si rivolga direttamente a quell'uomo: è lui il garante della stabilità dei rapporti nella nostra azienda.
.... напрямую . этому ....: он .... стабильности .... в ..... компании.

Soluzione dell'esercizio 2

❶ – суд – пойдёт – неприкосновенность – течение – срока – полномочий ❷ – права – свободы – высшей ценностью – государстве – гарантом ❸ – занимала – должность – срока подряд – кандидата – никто – хочет ❹ – Собрание – понимаю – парламент – представительный – законодательный орган ❺ Обратитесь – к – человеку – является гарантом – отношений – нашей –

69 *Piuttosto pesantina questa lezione, vero? Alleggeriamola un po':*
Бензин подорожал, водка – тоже. Квартплату и штрафы – повысили… Хорошо, что зарплата и пенсии без изменений. Хоть какая-то стабильность… La benzina è rincarata, la vodka pure. Hanno aumentato gli affitti e le multe… Per fortuna *([È] bene, che)* gli stipendi e le pensioni non sono cambiati, [così] almeno c'è qualcosa di stabile *(qualche stabilità)*…

69 Шестьдесят девятый урок

Гимн

1. После развала Советского Союза и разоблачения многих политических деятелей и Партии
2. глубоко политизированный гимн не мог больше являться официальным текстом страны.
3. В течение 10 лет гимном выступала ① Патриотическая песня великого композитора Михаила Глинки.
4. Но слов на эту песню так и не написали, а бессловесный гимн не нравился многим:
5. спортсмены, например, жаловались на невозможность петь его во время Олимпийских игр –
6. поэтому с 2001 года у россиян появился новый гимн.

Note

① Il verbo imperfettivo **выступать** ha diverse accezioni: *venir fuori, esibirsi, intervenire* e ancora, quando regge lo strumentale, *servire (come) / fungere (da)*.

В Америке существуют дороги, которые построили, но забыли отметить на карте. В России есть дороги, которые отметили на карте, но забыли построить. In America ci sono strade che sono state costruite, ma si sono dimenticati di indicarle sulle mappe. In Russia ci sono strade che sono indicate sulle mappe, ma si sono dimenticati di costruirle.

Sessantanovesima lezione 69

L'inno

1 Dopo il crollo dell'Unione Sovietica e la denuncia della verità riguardo a *(lo smascheramento di-)*molti politici e al Partito,
2 l'inno, profondamente politicizzato [com'era], non poteva più essere il testo ufficiale del Paese
3 [e] per *(nel corso di-)*dieci anni è stato sostituito dal *(da-inno fungeva il)* Canto patriottico del grande compositore [russo] Michail Glinka.
4 Tuttavia, le parole per questo canto non sono mai state scritte *(così e non hanno-scritto)* e un inno senza testo *(senza-parole)* a molti non piaceva:
5 gli atleti, per esempio, si lamentavano perché non potevano *(per l'impossibilità-di)* cantarlo durante le Olimpiadi *(olimpici giochi)*;
6 perciò, dal 2001, i russi ne hanno adottato uno nuovo *(presso dei-russi è-apparso un-nuovo inno)*.

69 7 На самом деле, музыку позаимствовали у Советского гимна, а вот новые слова написал тот же поэт, что и для бывшего…
8 Россия – священная наша держава,
9 Россия – любимая наша страна.
10 Могучая воля, великая слава –
11 Твоё достоянье на все времена!
12 Припев: Славься, Отечество наше свободное,
13 Братских народов союз вековой,
14 Предками ② данная мудрость народная!
15 Славься, страна! Мы гордимся тобой!
16 От южных морей до полярного края ③
17 Раскинулись наши леса и поля.
18 Одна ты на свете! Одна ты такая –
19 Хранимая Богом родная земля!
20 Припев
21 Широкий простор для мечты и для жизни
22 Грядущие нам открывают года ④.
23 Нам силу даёт наша верность Отчизне.
24 Так было, так есть и так будет всегда!
25 Припев

Note

② **Предки**, *avi, antenati, padri*: nell'uso colloquiale, tuttavia, questo sostantivo può indicare ironicamente i *genitori*…

③ **полярный край**, *circolo polare*, ma più spesso si sente dire **полярный круг**, che ha lo stesso significato.

④ **Широкий простор для мечты и для жизни грядущие нам открывают года**: per capire questa frase, trovate prima ▶

7	In realtà, la musica è stata mutuata *(hanno-preso-in-prestito)* dall'inno sovietico e il nuovo testo è stato scritto dallo stesso autore di quello vecchio *(ecco le nuove parole ha-scritto lo stesso poeta, che e per quello-che-era-stato [prima])*...
8	La Russia è la nostra sacra Nazione *(potenza)*,
9	La Russia è il nostro amato Paese.
10	Una potente volontà, una grande gloria
11	[Sono] il tuo patrimonio per sempre *(per tutti i tempi)*!
12	Ritornello: Gloria a te *(Sii-gloriosa)*, nostra libera Patria,
13	Unione secolare di popoli fratelli *(fraterni)*,
14	Saggezza popolare tramandata *(data)* dai [nostri] padri *(avi)*!
15	Gloria a te, Paese [nostro]! Siamo fieri di te!
16	Dai mari del Sud al circolo polare
17	Si estendono *(Si-sono-estesi)* le nostre foreste e i nostri campi.
18	Sei unica al mondo! Senza pari *(Sola tu tale)*,
19	Terra natia protetta da Dio!
20	Ritornello
21	Vasti spazi *(Ampia distesa)* per sognare e vivere *(per il sogno e per la vita)*
22	Ci schiudono dinanzi *(ci aprono)* gli anni a venire.
23	La nostra fedeltà alla Patria ci dà forza.
24	Così è stato, così è e così sarà sempre!
25	Ritornello

▶ di tutto il soggetto, che si trova alla fine (**года**), e si potrebbe confondere facilmente con il complemento oggetto (**широкий простор**) dal momento che le forme del nominativo e dell'accusativo coincidono e lo stesso complemento oggetto si trova all'inizio della frase. Fortunatamente, il verbo fuga ogni dubbio perché è al plurale (**открывают**) e concorda col soggetto.

Упражнение 1 – Читайте и переводите

❶ Обожаю эту патриотическую песню. Она рассказывает о революции и борьбе народа с несправедливостью. ❷ Я горжусь своей страной, могучей и великой державой! – Ты – настоящий гражданин своего Отечества. ❸ Грядущие года открывают нам новые перспективы для развития данной отрасли. ❹ После развала Советского Союза личности многих политических деятелей были разоблачены. ❺ Во время Олимпийских игр наши спортсмены пели гимн стоя, они держались за руки и плакали.

Упражнение 2 – Восстановите текст

❶ Guarda la mappa: il nostro Paese è immenso! Il *(Sul)* suo territorio comprende *(c'è)* montagne, fiumi, mari e oceani, da un capo all'altro si estendono *(si-sono-estesi)* campi e foreste *(foreste e campi)*.

.... на карту: наша ....! На её .... есть ...., реки, ... и ......, от края до края .... и .....

❷ [Che] squadra strana: non parlano tra di loro *(nessuno l'uno con l'altro non conversa)*, non hanno una divisa e il loro inno è persino senza parole...

Странная ....: никто .... с ...... не разговаривает, ... у них ..., и даже их .... без ......

❸ *(Non)* Conoscete il grande compositore russo Michail Glinka? – Certo che lo conosciamo, *(e)* adoriamo le sue opere!

Вы не .... русского .... Михаила Глинку? – ....., конечно, и .... его .....!

Soluzione dell'esercizio 1

❶ Adoro questo canto patriottico. Parla *(racconta)* della rivoluzione e della lotta del popolo contro le ingiustizie *(con l'ingiustizia)*. ❷ Sono fiero del mio Paese, Nazione *(potenza)* grande e potente! – Tu sei un vero cittadino della tua Patria. ❸ Gli anni a venire ci schiudono dinanzi *(aprono)* nuove prospettive per lo sviluppo di questo settore. ❹ Dopo il crollo dell'Unione Sovietica è stato svelato il vero volto di molti politici *(le personalità di molti politici sono state smascherate)*. ❺ Durante le Olimpiadi *(olimpici giochi)* i nostri atleti cantavano l'inno *(stando)* in piedi, si tenevano per mano e piangevano.

❹ In questa regione vivono solo *(in tutto)* centomila persone poiché è vicina al circolo polare.

В этом .... всего сто ..... человек, так как он ...... к ....

❺ Perché hanno cambiato l'inno? – Quello di prima *(Quello che era stato)* era profondamente politicizzato e non poteva più essere il testo ufficiale del Paese.

Почему они ....? – ..... был глубоко .... и не мог больше .... текстом ....

Soluzione dell'esercizio 2

❶ Посмотри – страна огромна – территории – горы – моря – океаны – раскинулись леса – поля ❷ – команда – друг – другом – формы – нет – гимн – слов ❸ – знаете великого – композитора – Знаем – обожаем – оперы ❹ – регионе проживает – тысяч – близок – полярному кругу ❺ – поменяли гимн – Бывший – политизирован – выступать официальным – страны

70 Семидесятый урок

Теперь – дело за вами

1 Дорогие друзья,
2 Последний урок этой книги подводит итог невероятной работе, которую вы проделали.
3 Вы покорили падежи и спряжение ① и без сомнений стали тонкими знатоками рода существительных!
4 Кириллица раскрыла вам все свои тайны, поэтому вы можете поражать непосвящённых обычным прочтением следующих букв из алфавита: У Ф Х Ц Ч Ш Щ.
5 Должны признаться, что мы сами прибегаем к этому простому способу эпатажа аудитории достаточно часто, и срабатывает он каждый раз…
6 Вы достигли определённого уровня владения языком, но не останавливайтесь на этом и не почивайте на лаврах!
7 Язык – дело тонкое ②, без заботы с вашей стороны он начинает совершенно неожиданно выкидывать колена:

Pronuncia
3 … spriž**e**nije … 4 … u ef Ha tse čje she sshe

Note
① Ecco finalmente come si chiamano in russo queste "belve feroci" che avete domato: **падежи**, *i casi*, e **спряжение**, *la coniugazione*.

Settantesima lezione   70

Ora tutto dipende da voi!
(Ora la faccenda [va] dietro-a voi)

1 Cari amici,
2 L'ultima lezione di questo libro fa il bilancio *(tira la somma)* dell'incredibile [mole di] lavoro che avete svolto *(effettuato)*.
3 Padroneggiate *(Avete-sottomesso)* i casi e la coniugazione [dei verbi] e siete diventati senza dubbio dei fini intenditori del genere dei sostantivi!
4 L'alfabeto cirillico non ha più segreti per voi *(vi ha-svelato tutti i suoi segreti)*, perciò potete impressionare *(stupire)* i profani anche solo leggendo le *(con-la-banale lettura delle-)*lettere seguenti *(dall'alfabeto)*: У Ф Х Ц Ч Ш Щ.
5 Dobbiamo riconoscere che [anche] noi *(stessi)* ricorriamo abbastanza spesso a questo semplice espediente per sbalordire il *(a questo modo di-provocazione del-)*pubblico *(uditorio)*, e ogni volta funziona…
6 Avete raggiunto un certo *(determinato)* livello di padronanza della lingua, ma non fermatevi qui *(su questo)* e non dormite sugli allori!
7 La lingua è una faccenda delicata *(sottile)*: se non la coltivate *(senza cura da vostra parte)*, potrebbe farvi dei brutti scherzi quando meno ve l'aspettate *(comincia completamente inaspettatamente a-lanciare tiri)*:

▶ ② **Язык – дело тонкое**: qui si allude all'espressione **Восток дело тонкое**, *L'Oriente è una faccenda delicata*, nota in Russia grazie al film del 1970 "Il bianco sole del deserto" di Vladimir Motyl'.

8 то склонение забудется, то неправильный глагол не вспомнится…

9 Самое простое средство против этакой напасти – говорить на языке постоянно, приглашать в гости русских друзей и ходить к ним

10 (Минздрав предупреждает: чрезмерное употребление алкоголя вредит вашему здоровью).

11 У вас пока ещё нет русских друзей? Нашли из-за чего расстраиваться! Это в наш-то безумный век Интернета и социальных сетей?

12 Ну, а в ожидании оных ③, пожалуйте ④, будьте любезны, в кино, в театр, а если лень с дивана вставать, то соизвольте книжечку в рученьки!

13 А если серьёзно, книги – это лучший способ совершенно незаметно для себя развивать способность понимать и говорить.

14 Не пытайтесь переводить каждое слово, расслабьтесь ⑤ и плывите по течению, вы поймёте главное и насладитесь чтением.

Note

③ **оный**, **оная**, **оное** e **оные**, sono forme pronominali arcaiche (rispettivamente m., f., n. e pl.) che si usano oggi per indicare in modo scherzoso qualcosa che è stato già nominato in precedenza o per sottolineare che si fa riferimento a un'epoca passata.

④ Il verbo perfettivo **пожаловать** si può tradurre secondo i casi con *fare una donazione*, *conferire un titolo* oppure, in sensi più ▶

8 una volta potreste dimenticarvi *(si-dimenticherà)* una declinazione, un'altra potrebbe sfuggirvi *(non si-ricorderà)* un verbo irregolare…

9 Il mezzo più semplice per evitare una simile sciagura *(contro siffatta disgrazia)* è parlare costantemente la lingua, invitare degli amici russi a casa vostra o *(e)* andare da loro…

10 (Il Ministero della sanità *(Min[istero]sal[ute])* [però, vi] avverte: l'abuso *(eccessivo uso)* di alcool nuoce [gravemente] alla *(vostra)* salute).

11 Non avete al momento ancora degli amici russi? Capirai che problema *(Avete-trovato di che rammaricarsi)*! Nell'epoca *(Questo nel nostro secolo)* folle di Internet e dei social network?

12 Allora, in attesa di [conoscere] costoro, fateci il piacere *(prego, siate cortesi)* [di andare] al cinema, a teatro, e se la pigrizia vi tiene incollati al divano *(dal divano alzarsi)*, abbiate [almeno] la compiacenza [di prendere] un libricino in mano *(nelle manine)*!

13 Scherzi a parte *(E se seriamente)*, i libri sono il sistema migliore per capire e parlare meglio il russo senza neppure rendervene conto *(del-tutto inavvertitamente per sé sviluppare la capacità di-capire e parlare)*.

14 Non cercate di tradurre ogni parola, rilassatevi e lasciatevi trasportare dalla *(nuotate lungo la)* corrente, capirete l'essenziale e vi godrete la lettura.

▶ correnti: *fare visita, recarsi in visita, entrare, accomodarsi*. Per esempio: **Пожалуйте!**, *(Prego,) si accomodi!*; **Добро пожаловать!**, *Benvenuti!*

⑤ **расслабиться**, *rilassarsi*, è un verbo perfettivo della 2ª coniugazione che presenta l'alternanza **б / бл**, ovviamente solo alla 1ª persona: **расслаблюсь, расслабишься, расслабятся**.

15 Самое важное – никогда не останавливаться на достигнутом, вперёд, за новыми приключениями!
16 А уж со всеми авторами и певцами, которых мы советовали вам на протяжении всех этих уроков,
17 вы обязательно найдёте, чем заняться долгими зимними вечерами или когда погода, что хороший хозяин и собаку на улицу не выпустит.
18 Россия ждёт вас с распростёртыми объятьями!
19 В добрый путь!

Eccovi alcune puntualizzazioni su alcuni termini relativi a generi letterari, che abbiamo incontrato in precedenti lezioni e che creano talora problemi di traduzione. **Поэзия**, poesia, *come genere letterario contrapposto a* **проза**, prosa, *va distinto da* **стихи** *(versi), o* **стихотворение**, *che designa uno specifico* componimento poetico. *Per* **повесть** *(f.) si intende un* racconto lungo *(o romanzo breve), ovvero* novella *e come tale va distinto da* **рассказ**, racconto, *e* **роман**, romanzo. *L'opera di un autore si può indicare coi seguenti termini:* **произведение** *(produzione),* **творчество** *(creazione artistica) e* **сочинение** *(composizione).*

E infine, un bello scioglilingua per cominciare ad allenarvi fin da subito: **Карл у Клары украл кораллы, Клара у Карла украла кларнет**, Carlo ha rubato i coralli a Clara, Clara ha rubato il clarinetto a Carlo.

15 La cosa più importante è non fermarsi mai *(su [quanto] conseguito)* [e andare] avanti verso *(dietro)* nuove avventure!

16 Inoltre, con tutti gli autori e i cantanti che vi abbiamo consigliato nel corso di tutte queste lezioni,

17 troverete senz'altro *(obbligatoriamente)* di che tenervi occupati *(occuparsi)* nelle lunghe sere d'inverno o quando [fuori] fa un tempo da lupi *(che un-buon padrone e il cane in strada non farà-uscire)*!

18 La Russia vi aspetta a braccia aperte *(con distesi abbracci)*!

19 Buon viaggio!

Complimenti, avete appena terminato il vostro corso di Perfezionamento del russo! Tuttavia, come avrete intuito leggendo il dialogo, l'apprendimento di una lingua non finisce mai. Non esitate dunque a riprendere in mano questo libro per cercare di tradurre frasi complesse e acquisire confidenza con la loro struttura, allenarvi a pronunciare le parole che vi sembrano più difficili o ripassare alcune nozioni grammaticali, e non perdete nessuna occasione per fare pratica con il russo: come vedrete, le risorse sono infinite (libri, film, giornali, Internet, ecc.). Buon proseguimento!

Appendice grammaticale

Indice

Nelle pagine seguenti potete approfondire gli argomenti grammaticali più importanti trattati in questo manuale, in modo da perfezionare il vostro livello di conoscenza del russo.

1	**Le parole composte**	591
1.1	Parole composte con una vocale di congiunzione	591
1.2	Parole composte senza vocale di congiunzione	591
2	**L'aggettivo**	592
2.1	Aggettivi di declinazione molle	592
2.2	Aggettivi privi della forma breve	593
2.3	Aggettivi privi della forma lunga	593
3	**Il verbo**	594
3.1	La 1ª e la 2ª coniugazione	594
3.2	L'aspetto verbale: verbi monoaspettuali e biaspettuali	596
3.2.1	Verbi con un solo aspetto (monoaspettuali)	597
3.2.2	Verbi biaspettuali	598
3.3	I verbi di moto	598
3.3.1	Verbi di moto senza prefissi	598
3.3.2	Verbi di moto con prefissi	600
4	**I participi**	607
4.1	Caratteristiche comuni ai verbi e caratteristiche comuni agli aggettivi	607
4.2	Il participio presente	608
4.2.1	Il participio presente attivo	608
4.2.2	Il participio presente passivo	609
4.3	Il participio passato	609
4.3.1	Il participio passato attivo	609
4.3.2	Il participio passato passivo	610
4.3.2.1	La forma breve del participio passato passivo	611
5	**I gerundi**	611
5.1	Una forma avverbiale invariabile	611
5.2	Il gerundio presente	612
5.3	Il gerundio passato	613

1 Le parole composte

Le parole composte da due parole che esistono indipendentemente l'una dall'altra hanno regole ortografiche proprie. Si distinguono due tipi di parole composte: quelle in cui compare una vocale di congiunzione e quelle che ne sono prive.

1.1 Parole composte con una vocale di congiunzione

– Nelle parole composte in cui la prima parte è costituita da una parola che finisce per consonante dura (escluse **ж**, **ш** e **ц**), la vocale di congiunzione è una **-о-**: **дисковод**, *lettore CD*; **звукозапись**, *registrazione audio*; **домосед**, *(uomo) casalingo*.
– Se la radice della prima parola finisce per consonante molle (ovvero consonante seguita da vocale molle o dal segno molle) o per **ж**, **ш**, o **ц**, la vocale di congiunzione è una **-е-** che sostituisce le vocali o il segno molle originari: **землетрясение**, *terremoto* (da **земля**, *terra*); **птицелов**, *uccellatore* (da **птица**, *uccello*); **дождемер**, *pluviometro* (da **дождь**, *pioggia*).
Una parola composta può costituire a sua volta la prima parte di un'altra parola composta: **паровоз**, *locomotiva a vapore* → **паровозоремонтный завод**, *fabbrica per la riparazione di locomotive a vapore*.
– Vi è poi il caso in cui le due parti di una parola composta sono separate dal segno duro **ъ** (v. lez. 35, § 1.3).

1.2 Parole composte senza vocale di congiunzione

Le parole composte prive della vocale di congiunzione sono le seguenti:
– quelle in cui la prima parte è costituita da una parola che mantiene la sua forma originaria: **времяисчисление**, *cronologia* (da **время**, *tempo*);
– quelle in cui la prima parte è costituita dall'abbreviazione **авиа-** (derivata dall'aggettivo **авиационный**, *aeronautico*): **авиабаза**, *base aerea*;
– quelle appartenenti specificamente al linguaggio scientifico: **кислородсодержащий**, *ossigenato*;
– quelle in cui la prima parte è costituita da un numerale cardinale. In tal caso il numerale si declina al genitivo: **пятилетка**, *quinquennio* o *piano quinquennale* (**пять** → **пяти**). Fanno eccezione le

parole composte con **один**, *uno* (**одн**о**сторонний**, *unilaterale*); **два**, *due* (quelle in cui compare la forma tronca del genitivo **дву-** anziché **двух-**, come **дв**у**сторонний**, *bilaterale*); **девяносто**, *novanta* (**девяност**о**летие**, *novantennio*); **сто**, *cento* (**ст**о**летие**, *secolo*); **тысяча**, *mille* (in cui compare la vocale di congiunzione **е** che sostituisce la desinenza -а: **тысяч**е**кратно**, *mille volte*) e, in qualche caso, le parole composte con **сорок** (**сорок**о**ножка**, *millepiedi*, ma **сорок**а**летний**, *quarantenne*, con genitivo interno del numerale);
– quelle in cui la prima parte è costituita dalle seguenti prefissazioni: **анти-, архи-, верхне-, древне-, квази-, контр-, нижне-, обще-, пан-, псевдо-, средне-, супер-, ультра-**: **конт**р**разведка**, *controspionaggio*.

Infine, se la prima parte è costituita da **пол-** (abbreviazione di **половина**, *metà*), la parola composta si scrive tutta attaccata quando la seconda parte incomincia per consonante (**л** esclusa), ma se incomincia per **л** o per vocale o se si tratta di un nome proprio, le due parti vanno separate da un trattino: **по**л**часа**, *una mezzora*; **пол-л**итра, *mezzo litro*; **пол-а**рбуза, *mezzo cocomero*; **пол-П**арижа, *la metà di Parigi*; **пол-А**ргентины, *la metà dell'Argentina*.

2 L'aggettivo

2.1 Aggettivi di declinazione molle

Sono meno frequenti rispetto agli aggettivi di declinazione dura; molti appartengono a specifiche categorie semantiche:
– <u>significato spaziale</u>: **верхн**ий, *superiore*; **внешн**ий, *esterno, esteriore*; **внутренн**ий, *interno, interiore*; **всесторонн**ий, *a tutto tondo, completo*; **домашн**ий, *domestico, casereccio, casalingo*; **задн**ий, *posteriore*; **здешн**ий, *locale*; **иногородн**ий, *forestiero, di un'altra città*; **крайн**ий, *estremo*; **нижн**ий, *inferiore*; **передн**ий, *anteriore*; **последн**ий, *ultimo*; **посторонн**ий, *estraneo*; **соседн**ий, *vicino*; **средн**ий, *medio*. Eccezione: **междугородный**, *interurbano*;
– <u>significato temporale</u>: **весенн**ий, *primaverile*; **вечерн**ий, *serale*; **всегдашн**ий, *abituale*; **вчерашн**ий, *di ieri*; **давн**ий, *antico*; **завтрашн**ий, *di domani*; **зимн**ий, *invernale*; **летн**ий, *estivo*; **недавн**ий, *recente*; **новогодн**ий, *di Capodanno*; **нынешн**ий, *attuale*; **поздн**ий, *tardo, tardivo*; **прежн**ий, *passato, precedente*; **прошлогодн**ий, *dell'anno scorso*; **сегодняшн**ий, *odierno*; **субботн**ий, *di sabato*; **тогдашн**ий, *di allora*; **утренн**ий, *mattutino*, e tutti gli aggettivi in **-летний**: **пятилетн**ий, *quinquennale*.

Seguono la declinazione molle, però, anche altri aggettivi isolati che non fanno parte di queste categorie, per esempio **излишний**, *superfluo*; **искренний**, *sincero*; **лишний**, *eccedente*; **синий**, *blu*; **сыновний**, *filiale*; **порожний**, *svuotato, scaricato*. Notate che tutti questi aggettivi presentano sempre una -**н**- prima della desinenza molle.

2.2 Aggettivi privi della forma breve

Gli aggettivi di forma breve, usati tipicamente in funzione predicativa, si ottengono esclusivamente dagli aggettivi qualificativi corrispondenti di forma lunga, usati invece tipicamente in funzione attributiva (v. lez. 35, § 3). Alcuni di questi, tuttavia, non hanno la forma breve:

– gli aggettivi che indicano colori derivati da sostantivi: **коричневый**, *marrone*; **оранжевый**, *arancione*; **розовый**, *rosa*; **кофейный**, *color caffè*; **сиреневый**, *lilla*; **фиолетовый**, *viola*; **шоколадный**, *color cioccolato*;

– gli aggettivi formati con il suffisso -**ов**- o -**ев**-: **бо**ев**ой**, *militare, di / da combattimento*; **дел**ов**ой**, *d'affari*; **перед**ов**ой**, *d'avanguardia, progredito, progressista*; **черн**ов**ой**, *di brutta copia*;

– aggettivi con i prefissi **пре-**, **рас-** / **раз-** che esprimono una qualità al sommo grado: **пре**милый, *stragentile / molto gentile, stracarino / molto carino* (nei modi); **пре**хорошенький, *molto grazioso, molto carino* (di aspetto). Tuttavia, ci sono aggettivi che, pur presentando questi prefissi, vengono considerati come parole compatte non scomponibili (ovvero non sono attestati senza prefisso) e pertanto possiedono la forma breve: **превосходный**, *eccellente* → **превосходен**; **прелестный**, *adorabile* → **прелестен**; **разговорчивый**, *loquace* → **разговорчив**; **разумный**, *ragionevole* → **разумен**;

– gli aggettivi che indicano mantelli di animali: **вороной**, *morello*; **гнедой**, *baio*; **пегий**, *pezzato*; **саврасый**, *sauro*.

Infine gli aggettivi **большой**, *grande*, e **маленький**, *piccolo*, hanno forme brevi suppletive, rispettivamente **велик** e **мал**.

Per rivedere le regole di formazione degli aggettivi brevi, v. lez. 14, § 2.2.

2.3 Aggettivi privi della forma lunga

Se gli aggettivi in funzione attributiva sono usati in genere nella sola forma lunga, gli aggettivi in funzione predicativa, oltre alla tipica forma breve, possono essere usati anche nella forma lunga, in particolare quando indicano una caratteristica costante, intrinseca, anziché momentanea (es.: **Маша спокойная**, *Maša è* (di per sé) *tranquilla*, ma **Маша сейчас спокойна**, *Maša ora è tranquilla*), oppure una caratteristica assoluta, anziché relativa (es.: **Ботинки маленькие**, *Gli scarponcini sono* (di per sé) *piccoli*, sono cioè di una misura da bambino, ma **Ботинки мне малы**, *Gli scarponcini mi sono piccoli*, sono cioè piccoli relativamente a me). Ciò premesso, tenete però presente che alcuni aggettivi in funzione predicativa sono usati solo o soprattutto nella forma breve:

– **рад**, **рада**, **рады**, *contento*, *felice*; **занят**, **занята**, **заняты**, *occupato*; **готов**, **готова**, **готовы**, *pronto*; **свободен**, **свободна**, **свободны**, *libero*; **прав**, **права**, **правы**, per esprimere *avere ragione*; **должен**, **должна**, **должны**, per esprimere il verbo *dovere*; **обязан**, **обязана**, **обязаны**, *obbligato*.

Ci sono infine aggettivi la cui forma in funzione predicativa, a seconda che sia breve o lunga, ha significati diversi: **Он жив**, *È vivo*, ma **Ребёнок живой**, *Il bambino è vivace*.

3 Il verbo

3.1 La 1ª e la 2ª coniugazione

Come fare a stabilire se un verbo appartiene alla 1ª o alla 2ª coniugazione partendo dall'infinito? Eccovi alcune regole e qualche trucco per riuscirci: elencando innanzitutto i verbi della 2ª coniugazione, che sono meno numerosi, per esclusione saremo in grado di individuare quelli della 1ª. Appartengono alla 2ª coniugazione:
– quasi tutti i verbi con l'infinito in **-ить**. Fanno eccezione tutti i monosillabici in **-ить** (e i loro derivati con prefissi) che sono invece della 1ª coniugazione con desinenza tonica (per cui la **е** della desinenza diventa **ё**), preceduta inoltre da **-ь-**: **пить**, *bere* → **пью**, **пьёшь**; **бить**, *battere* → **бью**, **бьёшь**; **вить**, *intrecciare* → **вью**, **вьёшь**; **лить**, *versare* → **лью**, **льёшь**; **шить**, *cucire* → **шью**, **шьёшь**. Sono inoltre della 1ª coniugazione **брить**, *radere* → **брею**, **бреешь**; **гнить**, *marcire* → **гнию**, **гниёшь**;
– alcuni verbi in **-ать** dopo **ж**, **ч**, **ш**, **щ**: **лежать**, *giacere, stare (in posizione orizzontale)* → **лежу**, **лежишь**, **лежит**, **лежат**; **держать**, *tenere*; **дышать**, *respirare*; **кричать**, *gridare*; **слышать**, *sentire*;
– i verbi con infinito in **-ять** preceduto da **о-**: **стоять**, *stare in piedi* (e i suoi derivati, come per esempio **настоять**, *insistere fino a ottenere*) → **стою**, **стоишь**, **стоит**, **стоят**; **бояться**, *temere, avere paura*) → **боюсь**, **боишься**, **боится**, **боятся**;

– numerosi verbi in **-еть**, molti dei quali indicano suoni o rumori: **блестеть**, *brillare*; **болеть**, *dolere*, **он бол**и**т**, (da non confondere con **болеть**, *essere ammalato*, **он боле**е**т**, che è invece della 1ª coniugazione); **велеть**, *ordinare*; **висеть**, *essere appeso*; **галдеть**, *schiamazzare*; **гореть**, *bruciare* (intr.); **греметь**, *risuonare*; **гудеть**, *rombare*; **звенеть**, *tintinnare*; **кипеть**, *bollire* (intr.); **кишеть**, *brulicare*; **кряхтеть**, *gemere*; **лететь**, *volare* (monodir.); **пыхтеть**, *sbuffare*; **свистеть**, *fischiare*; **сидеть**, *stare seduto*; **сипеть**, *sibilare*; **скорбеть**, *compiangere*; **скрипеть**, *cigolare*; **сопеть**, *ansare, sbuffare*. Questi verbi sono semplici da coniugare perché l'accento è fisso e cade sempre sulla desinenza: **гореть**, *bruciare* → **гор**ю́, **гор**и́**шь**, **гор**и́**т**, **гор**я́**т**. La maggior parte di essi presenta l'alternanza consonantica, ovviamente solo nella 1ª pers. sing.: es. **лететь** → **леч**у́.

In compenso, esiste una decina di verbi in **-еть** e **-ать**, pure della 2ª coniugazione, in cui l'accento o è mobile (v. lez. 63, § 2.3) oppure è fisso sulla sillaba originaria dell'infinito, per cui la vocale della desinenza **-и-** non è mai accentata. Anche in questo caso alcuni di essi possono presentare l'alternanza consonantica. Esempi con accento mobile: **гнать**, *spingere, cacciare, inseguire* (monodir.) → **гон**ю́, **г**о́**нишь**, **г**о́**нит**, **г**о́**нят**; **вертеть**, *girare*; **смотреть**, *guardare*; **терпеть**, *sopportare*. Esempi con accento fisso: **видеть**, *vedere*; **зависеть**, *dipendere*; **ненавидеть**, *odiare*; **обидеть**, *offendere*.

Due verbi presentano una coniugazione mista: si tratta di **бежать**, *correre*, e i suoi composti (**бег**у, **беж**и**шь**, **беж**и**т**, **беж**и**м**, **беж**и**те**, **бег**у**т**) e **хотеть**, *volere* (**хоч**у, **хоч**е**шь**, **хоч**е**т**, **хот**и**м**, **хот**и**те**, **хот**я**т**). In **бежать** la desinenza della 3ª plur. appartiene alla 1ª coniugazione e in **хотеть** le persone del singolare hanno le desinenze della 1ª coniugazione con alternanza consonantica, mentre quelle del plurale hanno le desinenze della 2ª.

Due verbi, di uso molto comune, hanno una coniugazione a sé stante:
– **есть**, *mangiare*, e i suoi composti: **ем, ешь, ест, едим, едите, едят**. Passato: **ел, ела, ели**;
– **дать**, *dare*, e i suoi composti: **дам, дашь, даст, дадим, дадите, дадут**.

Il verbo **быть**, *essere*, è della 1ª coniugazione e al futuro modifica la radice **бы-** in **буд-**: **буд**у, **буд**е**шь**, **буд**е**т**, **буд**е**м**, **буд**е**те**, **буд**у**т**. Al presente si usa la forma isolata **есть** nel senso di *c'è/ci sono* o per indicare il possesso: **У тебя есть дети?**, *Hai dei figli?* Pur presentando evidenti irregolarità nel tema, **ехать** (nel presente) e **идти** (nel passato e nei suoi derivati) appartengono anch'essi alla 1ª coniugazione:

– **ехать**, *andare con un mezzo*: **е**ду, **е**дешь, **е**дет, **е**дем, **е**дете, **е**дут.
– **идти**, *andare a piedi*: иду, идёшь, идёт, идём, идёте, идут.
In particolare il verbo **идти**, quando è preceduto da un prefisso, modifica la **и** di attacco in una **й**: **уйти**, у**й**ду, у**й**дёшь, у**й**дут. Al passato la radice cambia completamente: **шёл, шла, шли**.
Appartengono alla 1ª coniugazione anche:
– i verbi con infinito in **-ять** preceduto da **е-** (si noti la caduta della **я** nella radice): **надеяться**, *sperare* → наде**ю**сь, наде**е**шься, наде**е**тся; **смеяться**, *ridere* → сме**ю**сь, сме**ё**шься, сме**ё**тся;
– i verbi in **-овать, -евать**: **организовать**, *organizzare* → организу**ю**, организу**е**шь, организу**е**т; **танцевать**, *ballare* → танцу**ю**, танцу**е**шь, танцу**е**т (ricordate che gli infissi -ова- e -ева- cadono e vengono sostituiti con -у-);
– i verbi in **-нуть**: **привыкнуть**, *abituarsi* → привыкну, привыкн**е**шь, привыкн**е**т (desinenza atona); **отдохнуть**, *riposare* → отдохну, отдохн**ё**шь, отдохн**ё**т (desinenza tonica);
– i verbi in **-чь** e in **-ереть** (v. lez. 56, § 3.2);
– i verbi in **-ыть** (con inserimento di una **-о-** prima della desinenza): **мыть**, *lavare* → мо**ю**, мо**е**шь, мо**е**т; **открыть**, *aprire*;
– i verbi in **-оть** (con caduta della **-о-** prima della desinenza): **бороться**, *lottare, combattere* → бор**ю**сь, бор**е**шься, бор**е**тся; **колоть**, *pungere* (trans.).
Non è dunque tanto l'infinito ad aiutarci con sicurezza nell'individuazione della coniugazione, ma la 3ª pers. sing. del pres. imperf. o del fut. perf.: **-ет / -ёт** (1ª coniugazione*) ≠ **-ит** (2ª coniugazione).

3.2 L'aspetto verbale: verbi monoaspettuali e biaspettuali

Abbiamo visto che, generalmente, i verbi russi formano delle coppie aspettuali (verbo imperfettivo / verbo perfettivo) con cui si esprimono tutte le sfumature di un'azione (imperfetto: azione in corso, azione reiterata o abituale, enunciazione in sé di un'azione, ecc.; perfetto: risultato di un'azione, azione puntuale, ecc.) senza che il significato lessicale dei due correlati della coppia cambi nel passaggio da un aspetto all'altro: **писать** (imperf.) e **написать** (perf.) significano entrambi *scrivere*.
Oltre ai verbi che hanno coppie aspettuali ce ne sono alcuni per i quali è attestato un solo aspetto (verbi monoaspettuali) e altri che hanno un'unica forma per entrambi gli aspetti (verbi biaspettuali).

3.2.1 Verbi con un solo aspetto (monoaspettuali)

Alcuni verbi russi possono essere solo imperfettivi o solo perfettivi.
• <u>Verbi solo imperfettivi</u>
Sono verbi che non indicano azioni propriamente finalizzate al raggiungimento di un risultato e, pertanto, non hanno un corrispondente verbo perfettivo. Si tratta di verbi che esprimono:

– l'esistenza o il possesso: **быть**, *essere*; **обладать**, *possedere*; **являться**, *essere, comparire*; **находиться**, *trovarsi*;

– una posizione nello spazio (anche in senso geografico): **лежать**, *giacere, stare (in posizione orizzontale)*; **сидеть**, *stare seduto*; **стоять**, *stare in piedi (o in posizione verticale)*; **висеть**, *essere appeso*; **граничить**, *confinare (con)*;

– uno stato d'animo o un sentimento: **бояться**, *temere, avere paura*; **любить**, *amare*; **ненавидеть**, *odiare*;

– una caratteristica: **весить**, *pesare* (intr.); **стоить**, *costare*;

– un'occupazione: **работать**, *lavorare*; **преподавать**, *insegnare*; **учиться**, *studiare* (nel senso intransitivo di *essere studente*).

Ad alcuni di questi verbi è possibile premettere un prefisso con valore quantitativo (temporale), ottenendo però un perfettivo con un significato leggermente diverso, per cui non costituiscono una coppia aspettuale ordinaria: es. **любить**, *amare* → **полюбить**, *innamorarsi, incominciare ad amare* (qui il prefisso **по-** significa inizio dell'azione); **стоять**, *stare in piedi (o in posizione verticale)* → **постоять**, *stare in piedi per un po'* (qui lo stesso prefisso **по-** significa invece limitazione temporale);

– tutti i verbi di moto (sia monodir. sia non monodir.) senza prefissi.
• <u>Verbi solo perfettivi</u>
Sono anch'essi verbi che non sono finalizzati al raggiungimento di un risultato, ma indicano piuttosto un'azione limitata nel tempo o nella quantità, oppure un'azione istantanea, puntuale o un esito inatteso. Ecco alcuni esempi:

– verbi che indicano un'azione inattesa o istantanea, puntuale: **заблудиться**, *perdersi, smarrire la strada*; **очнуться**, *riprendere conoscenza*; **состояться**, *tenersi, aver luogo*;

– verbi con prefisso esprimente l'inizio di un'azione: **зааплодировать**, *mettersi ad applaudire*; **засмеяться**, *mettersi / scoppiare a ridere*; **полететь**, *spiccare il volo*;

– verbi con prefisso esprimente un'azione risultante limitata nel tempo o nella quantità (con il prefisso **про-**, che significa "per un po', soggettivamente molto", è obbligatorio esprimere il complemento di tempo continuato): **по**есть (**немного**), *mangiare un po' / qualcosa*; **про**спать весь день, *dormire tutto il giorno*.

3.2.2 Verbi biaspettuali

Sono verbi che hanno un'unica forma che può fungere, secondo il contesto, da verbo imperfettivo o perfettivo. Si tratta di:
– molti verbi in **-ировать**, **-изировать** e **-фицировать** (di evidente origine straniera): эмигр**и**ровать, *emigrare*; констат**и**ровать, *constatare*; приват**и**зировать, *privatizzare*; уни**фи**цировать, *unificare*;
– alcuni verbi in **-овать** (pure di evidente origine straniera): атак**о**вать, *attaccare*; организ**о**вать, *organizzare*; характериз**о**вать, *caratterizzare, descrivere*;
– alcuni verbi della 2ª coniugazione e, più raramente, della 1ª (alcuni di essi possono però formare il corrispondente verbo perfettivo in modo ordinario tramite l'aggiunta di un prefisso): **казнить**, *giustiziare*; **обещать** (che ha tuttavia anche il perf. **по**обещать), *promettere*; **ранить** (che ha tuttavia anche il perf. **по**ранить), *ferire*; **жениться**, *sposarsi* (detto per l'uomo, da non confondere con la coppia aspettuale ordinaria **жениться** / **по**жениться, *sposarsi*, detto di entrambi); **родиться**, *nascere*.

3.3 I verbi di moto

3.3.1 Verbi di moto senza prefissi

Indicano la modalità di uno spostamento (con un mezzo o senza, di corsa, ecc.). Sono tutti imperfettivi, ma si dividono in due categorie semanticamente ben contrapposte: verbi monodirezionali (o unidirezionali, detti anche di moto definito) e verbi non monodirezionali (detti anche di moto indefinito o, più impropriamente, pluridirezionali). Sono organizzati in 14 coppie (da non confondersi con le coppie aspettuali).
I verbi monodirezionali hanno un solo significato: indicano un movimento concreto che avviene in una sola direzione (o *andare* o *venire*), sia esso singolo o reiterato. Es.: **Корабль плыл на юг**, *La nave viaggiava (navigava) verso sud*; **Каждый день, когда он вёл ребёнка в школу, он покупал газету**, *Ogni giorno, quando accompagnava il bambino a scuola, comprava il giornale*.
I verbi non monodirezionali possono invece avere quattro significati distinti:

1) un movimento senza una direzione specifica: **Он ходит в парке / по парку**, *Lui passeggia nel parco / per il parco* (il complemento è di stato in luogo o di moto per luogo e risponde alla domanda **где?**);
2) un movimento di andata e ritorno con permanenza sul posto per uno specifico scopo (atto unico nel passato), sinonimo di **был**, *sono stato*. Più che il moto in sé, interessa sapere che cosa è accaduto sul posto: **Куда ты ходил вчера? – Я ходил в парк**, *Dove sei andato ieri? – Sono andato al parco* (= **Я был в парке**, *Sono stato al parco*);
3) un movimento reiterato di andata e ritorno senza limiti temporali (a differenza del punto 2), sinonimo di **бывать**, *essere più di una volta*: **Каждое утро он ходит в школу**, *Ogni mattina va a scuola* (= **Каждое утро он бывает в школе**, *Ogni mattina lui è a scuola*);
4) la capacità o l'abilità a compiere quel tipo di moto: **Рыбы плавают, а птицы летают**, *I pesci nuotano e gli uccelli volano*. Spesso in questo significato i verbi di moto sono retti da verbi come **любить**, *amare*; **нравиться**, *piacere*, e **уметь**, *saper fare*: **Мой младший сын уже умеет ездить на машине**, *Il mio figlio minore sa già andare in macchina*.

Verbi monodir.	Verbi non monodir.	Traduzione
бежать	бегать	*correre* (detto solo di esseri umani o animali)
брести	бродить	*camminare lentamente, trascinarsi* (monodir.) / *vagare, andare a zonzo* (non monodir.)
везти	возить	*portare con un mezzo*
вести	водить	*accompagnare a piedi*
гнать	гонять	*spingere / far muovere innanzi a sé, cacciare, inseguire*
ехать	ездить	*andare / venire con un mezzo*
идти	ходить	*andare / venire a piedi*
катить	катать	*far rotolare, portare qualcuno* (es. su bicicletta, slitta, cavallo, barca, moto)

катиться	кататься	variante intr. del verbo precedente: *rotolare, andare* (es. su bicicletta, slitta, cavallo, barca, moto)
лезть	лазить о лазать	movimento coordinato degli arti con appiglio su qualcosa (in qualsiasi direzione): *arrampicarsi, salire / scendere / entrare aiutandosi con le mani*
лететь	летать	*volare*
нести	носить	*portare a piedi in braccio / addosso*
ползти	ползать	movimento rasoterra: *strisciare, andare carponi, gattonare*
плыть	плавать	*nuotare, navigare*
тащить	таскать	*trascinare, portare a stento*

3.3.2 Verbi di moto con prefissi

Alcuni verbi di moto non monodirezionali con l'aggiunta di un qualsiasi prefisso spaziale (lessicale) modificano il tema. Fate attenzione alle regole ortografiche di attacco dei prefissi. Se un prefisso termina per consonante dura e il verbo inizia per vocale molle **е-**, bisogna inserire il segno duro **ъ**.

Verbo non monodir. → Verbo con prefisso (imperfettivo)
бродить → -бредать + до- → добредать
ездить → -езжать + под- → подъезжать
катать → -катывать + вы- → выкатывать
лазить → -лезать + пере- → перелезать
плавать → -плывать + у- → уплывать
таскать → -таскивать + при- → притаскивать

Nel caso dei verbi non monodirezionali **бе́гать** e **по́лзать**, l'aggiunta del prefisso spaziale comporta lo spostamento dell'accento sulla sillaba successiva.

Verbo non monodir. → Verbo con prefisso (imperfettivo)
бе́гать → -бега́ть + про- → **про**бега́ть
по́лзать → -полза́ть + за- → **за**полза́ть

Bisogna prestare particolare attenzione al fatto che con l'aggiunta dei prefissi spaziali (lessicali) (cfr. tabella alle pagg. 602-604) la distinzione originaria tra verbi di moto monodirezionali e non monodirezionali, tutti imperfettivi e semanticamente ben distinti (cfr. pagg. 598-599), decade completamente. In particolare, i verbi originariamente monodirezionali costituiscono il verbo perfettivo e il verbo originariamente non monodir. costituisce il verbo imperfettivo della nuova coppia verbale derivata spaziale (lessicale): **идти**, imperf., *andare / venire a piedi* (monodir.) vs **ходить**, imperf., *andare a piedi* (non monodir.) + pref. spaziale **пере-** (indicante "attraversamento") → **пере**ходи́ть / **пере**йти́ (attenzione al cambiamento del tema!), *attraversare a piedi*; **ехать**, imperf., *andare / venire* (monodir.) *con un mezzo* vs **ездить**, imperf., *andare* (non monodir.) *con un mezzo* + pref. spaziale **вы-** (indicante "movimento verso l'esterno") → **вы**езжа́ть (attenzione al cambiamento del tema!) / **вы**ехать, *uscire con un mezzo*. In entrambi gli esempi, i due termini della coppia derivata condividono la stessa semantica spaziale data dal prefisso ("attraversamento" o "uscita") e differiscono tra loro appunto solo per l'aspetto: **Он переходи́л** (imperf.) **улицу**, *Lui attraversava la strada* vs **Он перешёл** (perf.) **улицу**, *Lui ha attraversato / attraversò la strada*.

I prefissi temporali (quantitativi) non danno, invece, mai origine a coppie aspettuali, ma generano solo verbi perfettivi e per di più mantenendo la distinzione semantica originaria tra verbi di moto monodirezionali e non monodirezionali (cfr. pagg. 598-599), al cui significato va aggiunto quello specifico apportato dal prefisso di quantità. Inoltre, a parte il verbo **идти** (che cambia sempre il tema in -йти con qualsiasi tipo di prefisso), i prefissi temporali, a differenza dei prefissi spaziali, non comportano mai il cambiamento del tema. I prefissi temporali **про-** e **за-** si premettono solo ai verbi non monodirezionali, mentre il prefisso temporale **по-** si può premettere a entrambi i tipi di verbi di moto, ma con significati completamente diversi (v. tabelle alle pagg. 605-606). Es.: **идти**, imperf., *andare a piedi* (monodir.) +

pref. temporale **по-** (indicante con i verbi monodirezionali "inizio del moto") → **по**йти (il tema cambia!), perf., *avviarsi, incamminarsi a piedi* (monodir.); **ездить**, imperf., *andare* (non monodir.) con mezzo + pref. temporale **по-** (indicante con i verbi non monodir. "limitazione temporale") → **по**ездить (attenzione: il tema non cambia!), perf., *andare in giro senza direzione specifica per un po'*.

Ecco infine un elenco delle diverse categorie di prefissi (innanzitutto spaziali e quindi temporali) che si aggiungono ai verbi di moto, con le rispettive reggenze, alcuni esempi e i loro significati fondamentali.

Prefissi spaziali (lessicali)

Prefisso	Esempi	Traduzione
в-, во- (в + accusativo)	**в**ходить / **в**ойти в комнату	*entrare nella stanza* (moto diretto verso l'interno di un luogo)
вз-, взо-, вс-	**вз**летать / **вз**лететь выше дома	*sollevarsi in volo al di sopra della casa* (moto verso l'alto; con alcuni verbi questo significato si rende con il pref. **в-** e sarà il contesto a chiarire il senso: **в**возить / **в**везти, **в**ъезжать / **в**ъехать)
вы- (из, с + genitivo)	**вы**езжать / **вы**ехать из города; Самолёт **вы**летает в 8:00 ч.	*uscire dalla città* (moto diretto verso l'esterno di un luogo); *L'aereo parte alle 8:00* (partenza solo per velivoli; cfr. **от-**)
до- (до + genitivo)	**до**езжать / **до**ехать до города	*arrivare fino in città* (moto fino a un certo limite)
за- (к + dativo, в + accusativo)	**за**ходить / **за**йти к друзьям; По дороге в университет он **за**шёл в аптеку	*fare un salto dagli amici*; *Mentre andava all'università ha fatto un salto in farmacia* (visita rapida in un luogo oppure moto strada facendo la cui meta è altrove)

за- (на + accusativo)	**за**лезать / **за**лезть на шкаф	*arrampicarsi sull'armadio* (moto di progressivo allontanamento)
за- (за + accusativo, в + accusativo)	**за**ходить / **за**йти за дом; **за**возить / **за**везти далеко в лес	*andare dietro la casa; condurre nel fitto del bosco* (moto diretto dietro qualcosa oppure moto di addentramento fino a sparire)
на- (на + accusativo)	**на**езжать / **на**ехать на велосипед	*andare a sbattere contro una bici* (movimento diretto su / contro una superficie, urtare, cozzare, investire)
о-, об-, обо- (+ accusativo о **вокруг** + genitivo)	**об**ходить / **об**ойти дерево, вокруг дерева	*girare attorno a un albero* (moto circolare attorno a qualcosa)
о-, об-, обо- (+ accusativo)	**объ**езжать / **объ**ехать весь мир; **об**ходить / **об**ойти все магазины; **об**ходить / **об**ойти лужу	*fare il giro del mondo; fare il giro dei negozi* (visita a una pluralità di luoghi o persone, passare in rassegna); *aggirare / scansare una pozzanghera* (moto accanto a qualcosa da scansare)
от-, ото- (от + genitivo)	**от**ходить / **от**ойти от двери; Поезд **от**ходит в 5:00 ч.	*allontanarsi dalla porta* (moto di allontanamento); *Il treno parte alle 5:00* (partenza per mezzi di trasporto, eccetto velivoli; cfr. **вы-**)
пере- (+ accusativo о **через** + accusativo)	**пере**ходить / **пере**йти (через) дорогу, мост	*attraversare la strada, un ponte* (moto di attraversamento o di passaggio da un luogo all'altro su superficie aperta senza ostacoli; cfr. **про-**)

пере-	**пере**водить / **пере**вести текст	*tradurre un testo* (trasformazione)
	переезжать / **пере**ехать	*traslocare* (trasferimento da un luogo a un altro)
под-, подо- (к + dativo)	**под**ползать / **под**ползти к тигру	*avvicinarsi alla tigre strisciando* (moto di avvicinamento)
при- (в + accusativo)	**при**езжать / **при**ехать в лес	*arrivare nel bosco* (presenza nel luogo raggiunto o da raggiungere con finalità specifica)
про- (сквозь + accusativo)	**про**ходить / **про**йти сквозь толпу, туман	*passare attraverso la folla, la nebbia* (moto con ostacolo attraverso uno spazio o un oggetto; cfr. **пере-**)
про- (мимо + genitivo)	**про**ходить / **про**йти мимо дома	*andare oltre la / passare accanto alla casa* (oltrepassare, costeggiare)
про-	**про**езжать / **про**ехать тысячи километров	*percorrere migliaia di chilometri* (percorrenza di una distanza)
раз-, разо-, рас- + -ся (по + dativo)	**раз**бегаться / **раз**бежаться по домам	*correre ciascuno a casa propria* (moto di dispersione da un unico punto in varie direzioni)
с-, со- (с + genitivo)	**с**ходить / **с**ойти с лошади, с лестницы	*scendere da cavallo, dalle scale* (moto diretto verso il basso)
с-, со- + -ся	**с**ъезжаться / **с**ъехаться на встречу	*arrivare al raduno* (moto convergente in un unico punto da diversi luoghi)
у-	**у**ходить / **у**йти	*andarsene, andare via, partire* (assenza da un luogo duratura o definitiva, partenza)

шестьсот четыре • 604

Prefissi temporali (quantitativi)

L'aggiunta dei seguenti prefissi con significato quantitativo-temporale genera, come si è detto (v. pagg. 601-602), unicamente verbi di moto perfettivi che mantengono la loro semantica originaria, di verbi cioè monodirezionali o non monodirezionali (v. pagg. 598-599). In particolare, i prefissi **по-**, **за-** e **про-** sono uniti ai verbi non monodirezionali e, a differenza dei prefissi spaziali (lessicali, v. pagg. 600-601), non comportano la modifica del tema.

Prefisso	Verbo non monodir. + esempio	Significato
за-	**за**бéгать: Видишь, как **за**бéгал?, *Vedi come si è messo a correre (di qua e di là)?*	inizio di moto brusco, improvviso, scattante, senza direzione specifica
по-	**по**плáвать: Он **по**плáвал часик, *Ha nuotato (di qua e di là) per un'oretta.*	moto delimitato nel tempo (soggettivamente poco) senza direzione specifica
про-	**про**éздить: Он **про**éздил весь день, *È andato in giro (con un mezzo) tutto il giorno.*	moto delimitato nel tempo (soggettivamente molto). È d'obbligo esprimere il compl. di tempo continuato (a differenza del prefisso **по-**).

Attenzione a non confondere i prefissi quantitativo-temporali (solo perfettivi) con analoghi prefissi spaziali (lessicali) che generano invece coppie ordinarie (con eventuale cambiamento del tema): **за**бегáть / **за**бежáть, *fare un salto di corsa* (qui **за-** è spaziale) vs **за**бéгать, solo perf., *mettersi a correre senza direzione specifica* (qui **за-** è temporale); **про**езжáть / **про**éхать, *percorrere una distanza con un mezzo* (qui **про-** è spaziale) vs **про**éздить, solo perf., *andare in giro con un mezzo per tanto tempo* (qui **про-** è temporale).

A differenza dei verbi non monodirezionali, i verbi monodirezionali presentano invece un solo prefisso con valore quantitativo-temporale (**по-**) che comporta il cambiamento del tema solo per **идти → пойти** e che può avere diversi significati secondo il contesto.

Prefisso	Verbo monodir. + esempio	Significato
по-	**пойти**: **Он пошёл на рынок**, *Si è avviato (a piedi) al mercato.*	inizio del moto (andarsene, avviarsi, recarsi, incamminarsi, dirigersi)
по-	**поехать**: **Через неделю я поеду в США**, *Fra una settimana andrò negli USA.*	intenzione di moto (il verbo è in genere al futuro o all'infinito retto da verbi di volontà, desiderio: **хотеть**, *volere*; **собираться**, *apprestarsi a*)
по-	**пойти**: – **Где ваш брат?** – **Он пошёл в театр**, *– Dov'è Suo fratello? – È andato a teatro.*	luogo presunto (si indica il luogo in cui il soggetto si trova al momento del discorso)

Prefisso aspettuale puro *с-*

Il prefisso aspettuale puro **с-** viene premesso solo ai verbi non monodirezionali unicamente nel significato 2) (v. pag. 599) e, analogamente ai prefissi quantitativo-temporali, senza comportare il cambiamento del tema. I verbi così formati possono essere utilizzati in tutti i tempi e modi verbali (specie all'infinito, al futuro e al passato), a differenza dei corrispondenti verbi imperfettivi, che in questo significato possono essere usati solo al passato (= **был**). Il prefisso aspettuale puro **с-**, avendo appunto solo valenza aspettuale, conferisce al verbo originario non monodirezionale semplicemente significato risultante. Attenzione a non confondere questo prefisso con l'analogo prefisso **с-** che ha invece valenza spaziale (lessicale) di *scendere* e comporta il cambiamento del tema: **съезжать / съехать**, *scendere con un mezzo* (qui **с-** è spaziale), ma **ездить / съездить**, *andare e tornare con un mezzo* (qui **с-** è un prefisso solo aspettuale).

Prefisso	Verbo non monodir. + esempio	Significato
с-	**с**ходить: **Я с**ходил в магазин, всё купил, *Sono andato al negozio e ho comprato tutto.*	moto di andata e ritorno con un risultato relativo all'azione che si è compiuta o si compirà sul posto
	съездить: Как ты **с**ъездил во Владивосток?, *Com'è andata a Vladivostok?*	moto di andata e ritorno con significato risultante relativo all'azione di permanenza sul posto

4 I participi

4.1 Caratteristiche comuni ai verbi e caratteristiche comuni agli aggettivi

I participi presentano alcune proprietà specifiche dei verbi.
Possono essere: attivi o passivi – **читающий** (attivo), *che legge, leggente* / **читаемый** (passivo), *che viene letto*; presenti o passati – **читающий** (presente), *che legge, leggente* / **читавший** (passato), *che leggeva*; imperfettivi o perfettivi – **решавший** (imperf.), *che decideva* / **решивший** (perf.), *che ha / aveva / ebbe deciso*; transitivi o intransitivi – **написавший** (transitivo) **письмо**, *che ha / aveva / ebbe scritto la lettera* / **убегающий** (intransitivo) **мальчик**, *il ragazzo che fugge via* (lett. "corrente via"); con o senza la particella -ся – **раздевающийся ребёнок** (riflessivo), *il bambino che si sveste* (lett. "svestentesi").
Tuttavia, i participi possiedono anche caratteristiche che sono specifiche degli aggettivi: hanno il genere – **делающий** *(m.)*, **делающая** *(f.)*, **делающее** *(n.)*, *facente* – e il numero – **бегущий** *(sing.)*, *che corre / corrente*, **бегущие** *(pl.)*, *che corrono / correnti*; infine hanno il caso, che è lo stesso del sostantivo cui si riferiscono: **бегущий человек** (nominativo), *una persona che corre*; **вижу бегущего человека** (accusativo), *vedo una persona che corre*.
Nel russo contemporaneo solo i participi passati passivi hanno, inoltre, la forma lunga in funzione attributiva e la forma obbligatoriamente breve in funzione predicativa: **решённая задача** (forma lunga), *un problema risolto*; **вопрос решён** (forma breve), *il problema è / è stato risolto* (notate nella forma breve la caduta anche di una **н** oltre alla

desinenza). Analogamente all'italiano, alcune forme di participi possono fungere anche da aggettivi o sostantivi: **любимый**, *preferito / che è amato*; **говорящий**, *parlante / che parla*. Nella lingua italiana sono attestate solo due forme di participio (il presente e il passato), per cui per tradurre le varie forme dei participi russi si ricorre spesso, in assenza di uno specifico equivalente, a una struttura con il pronome relativo *che*, *il quale*, ecc.

4.2 Il participio presente

Il participio presente si forma a partire dal presente indicativo, ovviamente solo dei verbi imperfettivi.

4.2.1 Il participio presente attivo

Si forma per i verbi imperfettivi sia transitivi sia intransitivi, a partire dalla 3ª persona plurale, ossia togliendo alla voce verbale la desinenza del presente e aggiungendo i suffissi **-ущ-**, **-ющ-** (per i verbi della 1ª coniugazione) o **-ащ-**, **-ящ-** (per quelli della 2ª) e quindi le desinenze aggettivali molli (sul modello di **хороший**, *buono*): **решать**, *decidere*: **реша-ют** → **решающий**, *che decide, decisivo, determinante*; **вести**, *condurre*: **вед-ут** → **ведущий**, *che accompagna, conduttore, presentatore*; **говорить**, *parlare*: **говор-ят** → **говорящий**, *che parla, parlante*. Nel caso in cui sia presente la particella **-ся**, questa mantiene la sua forma anche dopo vocale: **организующийся, -аяся, -иеся**. Ciò si verifica di norma per qualsiasi participio attivo, anche passato.

Alcuni verbi che presentano una duplice coniugazione hanno di conseguenza due forme di part. pres. att. Ecco alcuni esempi della 1ª coniugaz.: **брызгать**, *sprizzare, zampillare, spruzzare* – **брызгающий** (solo nel senso di *spruzzare*, trans.) e **брызжущий**; **внимать**, *prestare ascolto* – **внимающий** e **внемлющий** (arcaico); **двигать**, *muovere, spingere* – **двигающий** e **движущий**; **капать**, *gocciolare* – **каплющий** e **капающий** (colloquiale); **махать**, *agitare* – **машущий** e **махающий** *(coll.)*; **мурлыкать**, *fare le fusa* – **мурлычущий** e **мурлыкающий** *(coll.)*; **плескать**, *rumoreggiare* – **плещущий** e **плескающий** *(coll.)*; **полоскать**, *risciacquare* – **полощущий** e **полоскающий** *(coll.)*; **хныкать**, *piagnucolare* – **хнычущий** e **хныкающий**. Anche due verbi della 2ª coniugazione (**мучить**, *torturare* e **чтить**, *venerare*) presentano due forme: **мучащий** e **мучающий** *(coll.)*; **чтущий** e **чтящий**.

4.2.2 Il participio presente passivo

Si forma solo per i verbi imperfettivi transitivi direttamente dalla 1ª persona plurale del presente (mantenendo dunque la desinenza -ем per la 1ª coniugazione e -им per la 2ª), cui va aggiunta la desinenza aggettivale della declinazione dura: **решать**, *decidere*: **решаем → решаемый**, *che viene deciso*; **говорить**, *dire*: **говорим → говоримый**, *che viene detto*. Il verbo **искать**, *cercare*, e i verbi di moto **нести**, *portare a piedi in braccio / addosso*; **вести**, *accompagnare a piedi* e **везти**, *accompagnare con un mezzo* presentano forme particolari (rispettivamente **искомый**, *che è cercato*; **несомый**, *che è portato a piedi in braccio*; **ведомый**, *che è accompagnato a piedi* e **везомый**, *che è portato con un mezzo*) in quanto la desinenza (appartenente alla 1ª coniugazione) è -ом anziché -ем / -ём.

I verbi con l'infisso -ва- preceduto da ста-, да- e зна-, che di norma cade nel corso della coniugazione, mantengono invece tale infisso nella formazione del part. pres. passivo (**давать**, *dare*, **даём**, *diamo* → **даваемый**, *che è dato*). I participi presenti passivi si usano soprattutto nei testi scientifici o letterari, mentre sono molto rari nella lingua parlata, al punto che per molti verbi di uso comune (per es. **бить**, *battere*; **пить**, *bere*; **мыть**, *lavare*, ecc.) non sono impiegati.

4.3 Il participio passato

Si forma in genere a partire dal tema del passato. Quello passivo è molto complesso e presenta varie categorie di formazione.

4.3.1 Il participio passato attivo

Si forma per i verbi sia transitivi sia intransitivi e per entrambi gli aspetti aggiungendo al tema del passato il suffisso -вш- (se il tema finisce per vocale) o -ш- (se il tema finisce per consonante o se il verbo ha il tema del passato tronco) + le desinenze aggettivali della declinazione molle (sul modello di **хороший**, *buono*): **решал**, *decideva* → **реша- + -вш- + -ий = решавший**, *che decideva*; **решил**, *ha deciso* → **реши- + -вш- + -ий = решивший**, *che ha / aveva / ebbe deciso*; **говорил**, *parlava, diceva* → **говори- + -вш- + -ий = говоривший**, *che parlava, che diceva*; **вернулся**, *ritornò* → **верну- + -вш- + -аяся = вернувшаяся** (notate che si mantiene **-ся** dopo vocale), *che è ritornata*; **нёс**, *portava a piedi* → **нёс- + -ш- + -ий = нёсший**, *che portava a piedi*; **привыкнуть**, *abituarsi*,

привык, *si è abituato* (passato tronco) + -ш- + -ий = **привыкший**, *che si è abituato*; **вытереть**, *sfregare*, **вытер**, *ha sfregato* (passato tronco) + -ш- + -ий = **вытерший**, *che ha sfregato*.

Inoltre i verbi che presentano una -д- o una -т- nel corso della coniugazione e hanno l'infinito in -**сти** formano questo participio a partire dalla 3ª pers. plur. del presente anziché dal passato (con mantenimento, dunque, delle suddette consonanti), aggiungendo il suffisso -**ш**-: **привести**, *accompagnare*, **приведут** – -ут + -ш- + -ий → **приведший**; **расцвести**, *sbocciare*, **расцветут** – -ут + -ш- + -ий → **расцветший**. Anche il participio passato del verbo **идти** (e dei suoi composti) è irregolare (ibrido): radice del passato **шёл** + radice del presente **ид**- + **ш** → **шедший, -ая, -ее**.

4.3.2 Il participio passato passivo

Si forma solo per i verbi transitivi e per il solo aspetto perfettivo (molto raramente anche imperfettivo) aggiungendo al tema del passato i suffissi seguenti:

-**нн**- – per i verbi in -**ать** e -**ять** (tranne quelli che hanno nel tema del futuro perfettivo una -м- o una -н-): **прочитал**, *ho letto* → **прочитанный**, *letto*; **потерял**, *ho perso*, → **потерянный**, *perso*. Questi verbi, a differenza della categoria successiva, non mantengono l'eventuale alternanza consonantica del futuro: **сказа́л**, *ho detto*, fut. **скажу́** → **ска́занный**, *detto*. Rispetto al passato l'accento si sposta di norma indietro di una sillaba;

-**енн**- (-**ённ**-, variante con desinenza tonica) – per i verbi con il passato in consonante (tranne quelli tronchi dei verbi in -**ереть**): **принёс**, *ho portato (a piedi avendo addosso)* → **принесённый**, *portato (a piedi avendo addosso)*;

– per i verbi in -**еть** e in -**ить** in cui la vocale che precede -**ть** non sia tematica (ovvero non si presenti nel corso della coniugazione). Se la 1ª pers. sing. presenta un'alternanza consonantica, a differenza della categoria precedente, questa si mantiene nel part. pass. passivo: **заметил**, *ho notato*, **замечу** → **замеченный**, *notato*; **добавил**, *ho aggiunto*, **добавлю** → **добавленный**, *aggiunto* (alcuni verbi in -**дить** presentano l'alternanza д / жд solo al part. pass. passivo: **родил**, *ho partorito*, **рожу** → **рождённый**, *partorito*);

– per i verbi in -**сти** e i loro composti che hanno nel tema del futuro perfettivo una -д- o una -т- (tali consonanti si mantengono anche nel part. pass. passivo): **перевести**, *tradurre*, fut. perf. **переведу** → **переведённый**, *tradotto*.

	Rientrano in questa categoria anche i composti di **идти** (es. **найти**, *trovare*, fut. perf. **най**ду → **най**де**нн**ый, *trovato*);
-т-	– per i verbi in **-уть**, **-нуть**, **-оть**, **-ыть**: **обул**, *ho calzato* → **обу**т**ый**, *calzato*; **кинул**, *ho gettato* → **кину**т**ый**, *gettato*; **молол**, *ho macinato* → **моло**т**ый**, *macinato*; **забыл**, *ho dimenticato* → **забы**т**ый**, *dimenticato*;

– per i verbi in **-нять** e **-ереть** (passato tronco): **понял**, *ho capito* → **поня**т**ый**, *capito*; **запер**, *ho chiuso a chiave* → **запер**т**ый**, *chiuso a chiave*; **вытер**, *ho sfregato* → **вытер**т**ый**, *sfregato*;

– per i verbi in **-ать** e **-ять** che hanno una **-м-** o una **-н-** tematica nel corso della coniugazione: **взял**, *ho preso* (fut. perf. **возь**м**у**) → **взя**т**ый**, *preso*; **жал**, *ho stretto* (pres. **ж**м**у**) → **жа**т**ый**, *stretto*; **мял**, *ho impastato* (pres. **м**н**у**) → **мя**т**ый**, *impastato*; **начал**, *ho cominciato* (fut. perf. **нач**н**у**) → **нача**т**ый**, *cominciato*; **распял**, *ho crocifisso* (fut. **рас**п**ну**) → **распя**т**ый**, *crocifisso*;

– per i verbi monosillabici in **-ить** e **-еть** e i loro composti: **выпил**, *ho bevuto* → **випи**т**ый**, *bevuto*; **перелил**, *ho travasato* → **перели**т**ый**, *travasato*; **спел**, *ho cantato* → **спе**т**ый**, *cantato*;

– per il verbo **проклясть**, *maledire*: **проклял**, *ho maledetto* → **прокля**т**ый**, *maledetto*.

4.3.2.1 La forma breve del participio passato passivo

I participi passati passivi hanno anche una forma breve, obbligatoria in funzione predicativa, che si ottiene eliminando le desinenze aggettivali lunghe nonché una **-н-** per i suffissi in **-(а/я)нн-** o **-енн- (-ённ-)**: **прочитанный**, **-ая**, **-ое**, **-ые** → **прочита**н, -а, -о, -ы. Es. **Прочитанная** (attributo, forma lunga) **Борисом книга очень интересная**, *Il libro letto da Boris è molto interessante*; **Эта книга была прочита**н**а** (predicato, forma breve) **Борисом в прошлом году**, *Questo libro è stato letto da Boris l'anno scorso*. Spesso questa forma si confonde, per via della formazione analoga, con quella degli aggettivi brevi (v. lez. 14, § 2.2).

5 I gerundi

5.1 Una forma avverbiale invariabile

Il gerundio ha a sua volta alcune caratteristiche comuni a quelle dei verbi e altre che sono invece specifiche degli avverbi. Come i verbi, infatti, i gerundi possono essere imperfettivi o perfettivi (**решать**, *decidere* (imperf.) → **решая**, *decidendo*; **решить**, *decidere* (perf.) → **решив**, *avendo deciso*); possono essere presenti o passati (**читая** (pres.), *leggendo*, e **написав** (pass.), *avendo scritto*); possono essere transitivi o intransitivi (**найдя книгу** (transitivo), *avendo trovato il libro*, e **убегая** (intr.), *correndo via, fuggendo*); possono avere la particella **-ся** (**вернуться**, *tornare* → **вернувшись**, *essendo tornato*) e, infine, il loro significato può essere modificato da un avverbio (**быстро решать**, *decidere rapidamente* → **быстро решая**, *decidendo rapidamente*). D'altra parte, come gli avverbi, i gerundi hanno una forma invariabile. A differenza dei participi, i gerundi si formano solo con i verbi attivi. Il gerundio presente e il gerundio passato, a dispetto del loro nome, non indicano concetti temporali, ma aspettuali. Si usa il presente (solo imperf.) per indicare contemporaneità (azione in corso) rispetto al verbo della principale e il passato (solo perf.) per indicare invece anteriorità (azioni tra loro consecutive, sempre rispetto al verbo della principale). Ricordate anche che il gerundio negativo corrisponde in italiano alla struttura "senza + infinito": **не читая**, *senza leggere*; **не прочитав**, *senza aver letto*. Attenzione: a differenza dell'italiano, in russo si può usare il gerundio solo se il soggetto è lo stesso della principale.

5.2 Il gerundio presente

Il gerundio presente si forma solo dai verbi imperfettivi e si ottiene a partire dal tema della 3ª pers. plur. del presente, seguito dal suffisso **-я** (o **-а** in caso di incompatibilità ortografica) o, se il verbo presenta la particella **-ся**, dal suffisso **-ясь** (o **-ась** in caso di incompatibilità ortografica): **делать**, *fare*, **дела-ют** → **делая**, *facendo*; **кричать**, *gridare*, **крич-ат** → **крича**, *gridando*; **лежать**, *giacere*, **леж-ат**→ **лёжа**, *giacendo* (attenzione all'accento ritratto di una sillaba e alla trasformazione е → ё); **стоять**, *stare in piedi*, **сто-ят** → **стоя**, *stando in piedi*; **возвращаться**, *tornare*, **возвраща-ются** → **возвращаясь**, *tornando*.

Si noti che i verbi con l'infisso **-ва-**, preceduto da **да-**, **ста-** e **зна-**, analogamente al part. pres. passivo, formano il gerundio partendo dal tema dell'infinito (**давать**, *dare*: **дава-ть** → **давая**, *dando*), per cui l'infisso si mantiene. Il verbo **быть**, *essere*, fa il gerundio in **будучи**, *essendo* (sopravvivenza arcaica).

Per alcuni verbi il gerundio presente manca o è desueto: si tratta di molti verbi che hanno il tema della 3ª pers. plur. del presente in **-ш** e

-ж (**писать**, *scrivere* → **пи́ш**ут; **резать**, *tagliare* → **ре́ж**ут); verbi in **-чь** (**бере́чь**, *custodire, proteggere*; **жечь**, *bruciare*; **мочь**, *potere*); verbi monosillabici che non presentano alcuna vocale nel tema del presente (**бить**, *battere* → **бь**ют; **лить**, *versare* → **ль**ют; **пить**, *bere* → **пь**ют; **врать**, *mentire* → **вр**ут; **рвать**, *strappare* → **рв**ут); i verbi in **-нуть** (**дры́хнуть**, *dormire saporitamente*; **га́снуть**, *spegnersi*) e il verbo **петь**, *cantare*. Per alcuni verbi si ricorre, però, a forme suppletive: **смотре́ть**, *guardare* → **гля́дя**, *guardando*; **ждать**, *aspettare* → **ожида́я**, *aspettando*; **хоте́ть**, *volere* → **жела́я**, *volendo*.

5.3 Il gerundio passato

Il gerundio passato si forma a partire dal tema del passato dei soli verbi perfettivi, cui si aggiunge:
– il suffisso **-в** se il tema finisce per vocale: **закрича́л**, *cacciai un urlo*, **закрича́-** + **-в** → **закрича́в**, *avendo cacciato un urlo*. Si riscontra, più raramente, anche il suffisso **-вши**: **написа́л**, *ho scritto*, **написа́-** + **-вши** → **написа́вши**, *avendo scritto*;
– il suffisso **-ши** se il tema finisce per consonante o se si tratta di un passato tronco (tipico per tutti i verbi in **-ере́ть** e per alcuni in **-нуть**): **запер**, *ho chiuso a chiave* → **запер-** + **-ши** → **запе́рши**, *avendo chiuso a chiave*; **унёс**, *ho portato via a piedi* → **унёс-** + **-ши** → **унёсши**, *avendo portato via a piedi*.

Per i verbi con la particella **-ся** si usa rispettivamente il suffisso **-вшись** o **-шись**: **жени́лся**, *si sposò* (detto di uomo), **жени́-** + **-вшись** → **жени́вшись**, *essendosi sposato*; **верну́лся**, *tornò*, **верну́-** + **-вшись** → **верну́вшись**, *essendo tornato*.

I verbi in **-нуть** e **-ере́ть** che presentano il passato tronco possono formare il gerundio passato anche sul tema lungo dell'infinito: **привы́кнуть**, *abituarsi*, **привы́кну-** + **-вши** → **привы́кнувши**, *essendosi abituato*, oppure **привы́к**, *si è abituato*, + **-ши** → **привы́кши**, *essendosi abituato*; **запере́ть**, *chiudere a chiave*, **запере́-** + **-вши** → **запере́вши**, *avendo chiuso a chiave*, oppure **за́пер**, *ha chiuso a chiave*, + **-ши** → **за́перши**, *avendo chiuso a chiave*.

Nel parlato si riscontrano anche gerundi passati (perf.) formati con i suffissi dei gerundi presenti (imperf.) **-я** (**-а**) a partire dal tema della 3ª pers. plur. del futuro (si tratta in genere di varianti delle forme canoniche letterarie): **заме́тить**, *notare*, **заме́т-ят** → **заме́тя** (accanto a **заме́тив**), *avendo notato*; **услы́шать**, *sentire*, **услы́ш-ат** → **услы́ша** (accanto a **услы́шав**), *avendo sentito*; **уви́деть**, *vedere*, **уви́д-ят** → **уви́дя** (accanto a **уви́дев**), *avendo visto*.

Ciò avviene anche per tutti i verbi di moto derivati da **нести**, **идти** (**-йти**) e **вести**: **унести**, *portare via a piedi*, **унес-ут**→ **унеся** (accanto a **унёсши**), *avendo portato via a piedi*; **прийти**, *arrivare a piedi*, **прид-ут** → **придя** (accanto a **пришедши**), *essendo arrivato a piedi*; **найти**, *trovare*, **найд-ут** → **найдя** (accanto a **нашедши**), *avendo trovato*; **перевести**, *tradurre*, **перевед-ут** → **переведя**, *avendo tradotto* (accanto a **переведши**). Notate che le forme letterarie dei gerundi passati derivati da **вести** (**приведши**) e **идти** (**пришедши**), analogamente alle corrispettive forme del participio passato attivo (v. pag. 610), hanno il tema anche in questo caso ibrido con presenza della -**д**- del tema del presente.

Lessico delle espressioni

Interiezioni

Ага! *Aha!* 13, 8
Блин! *Cavolo!* 36, 1
Впечатляет! *Ottimo!, Però!* 6, 8
Гм! *Hmm...* 9, 10
Надо же! *Maledizione!* 4, 19
Надо же! *Però!, Accidenti!* 4, N9
Фу! *Puah!* 30, 10
Цыц! *Sst!* 37, Scioglilingua (fine dialogo)
Что ж! *Beh!* 6, 8

Tra amici

дружище *(m.) mio vecchio amico* 39, 18
Попался! *Preso!* 13, 8

Auguri

Христос воскрес(е)! – Воистину воскрес(е)! *Buona Pasqua! (Cristo è risorto! – Veramente è risorto!)* 38,12
Всех благ! *Buona fortuna!, Tanti auguri!* 22, N7

Caratteri e reazioni

быть (imperf.) **назойлив(ым) как муха** *essere fastidioso come una mosca* 50, 6
быть (imperf.) **упрям(ым) как осёл** *essere testardo come un mulo* 50, 6
делать (imperf.) **спустя рукава** *fare (qualcosa) alla bell'e meglio* 56, § 1.1
От него проку как от козла молока. *È assolutamente inutile, È un buono a nulla.* 50, 13
отстать (perf.) **от жизни** *vivere fuori dal mondo* 36, 2
подлизываться (imperf.) *adulare, insinuarsi nelle grazie di qualcuno* 30, 4; 30, N11
разводить (imperf.) **руками** *restare perplesso, allargare le braccia* 13, 10; 13, N10

раздувать (imperf.) **из мухи слона** *fare di una mosca un elefante* 53, 19
разинуть (perf.) **рот** *restare a bocca aperta* 24, 12
сохранять (imperf.) **хладнокровие** *mantenere il sangue freddo* 24, T

Voyeur o esibizionista?

глянуть (perf.) *guardare, dare un'occhiata* 41, N2
гол как сокол *nudo come un verme* 50, 13
заглядывать (imperf.) *dare un'occhiata* 27, 23

Rifiutare

Не стоит. *È inutile, Non vale la pena.* 6, 12
Ни за какие блага в мире! *Per niente al mondo!* 22, N7
отрицательно качать (imperf.) **головой** *fare segno di no con la testa* 23, 11

Rassicurare e tranquillizzarsi

Слава Богу! *Grazie a Dio!* 19, 10
Всё хорошо, что хорошо кончается! *Tutto è bene quel che finisce bene!* 34, 14
Ладно. *Va bene.* 19, 11
Не беда. *Non è grave.* 16, 21
Не вешай нос! *Non scoraggiarti!, Non perderti d'animo!* 60, 13
Я силён *(m.)* / **сильна** *(f.)* **в этом.** *Me ne intendo.* 44, 3

Esprimere un dubbio, dissentire o ribellarsi

Какая муха тебя укусила? *Che diavolo ti ha preso?* 59, 2
Мамочка! *Mamma mia!* 25, 5
Неужели? *È possibile?, Ma davvero?* 17, 4; 17, N3
Неужели! *Era ora!, Non è possibile!* 17, N3
С позволения сказать… *Se posso permettermi…* 56, § 1.3
Ты белены объелся? *Sei impazzito?* 59, 5
У тебя крыша поехала? *Ti ha dato di volta il cervello?, Sei diventato matto?* 67, N6
Это ни в какие ворота не входит! *Questo non sta né in cielo né in terra!* 58, 5
Смотря кому… *Dipende a chi…* 2, 3

Presentimenti

Как пить дать. *È chiaro come il sole.* 41, 23
Как пить дать… *Scommetto che….* 41, N12
Создаётся впечатление… *Si ha l'impressione...* 45, 22
Что-то здесь нечисто… *C'è qualcosa che non torna...* 44, 17
Что-то тут неладно… *C'è qualcosa di losco...* 44, 19

Pettegolezzi

держать (imperf.) **в курсе** *tenere al corrente* 22, 16
напеть (perf.) **в уши** *riempire la testa (di storie, frottole)* 41, 3
Ползут слухи. *Filtrano indiscrezioni, Circolano voci.* 46, 5
совать нос не в своё дело *ficcare il naso negli affari altrui* 41, 5

Prelibatezze

пальчики оближешь *da leccarsi le dita* 30, 5
У меня слюнки потекли. *Ho l'acquolina in bocca.* 30, 5

Al mercato

За копейки! *È regalato!* 44, 11
накупить (perf.) *comprare un sacco di cose* 20, N3
По рукам! *Affare fatto!, D'accordo!, Va bene!, Ok!* 30, N14

A due velocità

Ну, погоди!, *Aspetta e vedrai!* 34, N5
переводить (imperf.) **дыхание / дух** *riprendere fiato* 13, 9
Погоди! *Aspetta!* 59, 6
проноситься мимо (imperf.) *sfrecciare accanto* 12, 6; 12, N8

Quanta gente c'è?

Нет ни души. *Non c'è anima viva.* 33, 14; 33, N7
стоять (imperf.) **в очереди** *fare la fila* 33, 13

Tappe e problemi della vita

быть (imperf.) **по уши в долгах** *essere pieno di debiti fino al collo* 36, 13
выйти (perf.) **на пенсию** *ritirarsi, andare in pensione* 18, 3
сдавать (imperf.) **на права** *prendere la patente* 9, 1
трудиться (imperf.) **в поте лица** *ammazzarsi di fatica* 8, 14

Proverbi e saggezza popolare

Век живи, век учись. *Non si finisce mai di imparare.* 34, 10
Где наша не пропадала! *O la va o la spacca!* 39, T
Лучше быть одному, чем в плохой компании! *Meglio soli che male accompagnati!* 1, 15
Милые ругаются – только тешатся. *L'amore non è bello se non è litigarello.* 62, T

Bibliografia

Dizionari in russo

- *Иванова Т.Ф.*, Новый орфоэпический словарь русского языка. - М.: Русский язык – Медиа; Дрофа, 2009: questo dizionario ortoepico indica come pronunciare correttamente le parole difficili o i prestiti.
- *Ожегов С.И., Шведова Н.Ю.*, Толковый словарь русского языка. - М.: ИТИ Технологии, 2008: questo dizionario russo monolingue spiega il significato delle parole e ne chiarisce l'uso con un buon numero di esempi.
- *Ситников В.П., Славкин В.В.*, Орфографический словарь современного русского языка. - М.: Эксмо, 2007: questo dizionario permette di verificare l'ortografia dei termini, in particolare di quelli irregolari.
- *Фасмер М.*, Этимологический словарь русского языка. - М.: Астрель - АСТ, 2008-2009: questo dizionario etimologico in 4 voll. della lingua russa è attualmente l'opera più completa in materia.

Dizionari in russo / italiano

KOVALËV V., *Dizionario russo-italiano / italiano-russo*, Bologna, Zanichelli, 2014: dizionario bilingue con registrazione puntuale delle coppie aspettuali dei verbi e dei verbi derivati con prefissi nelle loro varie valenze.

Testi di riferimento per la grammatica in russo

- *Аникина Н.М.*, Синтаксис сложноподчинённого предложения. - М.: Дрофа, 2006.
- *Барыкина А.Н., Добровольская В.В.*, Изучаем глагольные приставки. - СПб.: Златоуст, 2011.
- *Скворцова Г.Л.*, Глаголы движения без ошибок. - М.: Русский язык, 2003.
- *Скворцова Г.Л.*, Употребление видов глагола в русском языке. - М.: Русский язык, 2005.

Per i più volenterosi segnaliamo i siti delle due case editrici russe specializzate in materiali didattici per l'apprendimento del russo per stranieri, suddivisi secondo le 5 abilità linguistiche (грамматика и лексика, чтение, письмо, аудирование, говорение) e i 6 livelli del "Quadro comune europeo di riferimento per le lingue" QCER (A1-C2, voi punterete sicuramente al C1!): "Русский язык курсы" di Mosca http://www.rus-lang.ru/; e "Златоуст" di San Pietroburgo http://www.zlat.spb.ru/.

Testi di riferimento per la grammatica in italiano

CADORIN E., KUKUSHKINA I., *I verbi russi*, Milano, Hoepli, 2015².

DOBROVOL'SKAJA JU., ZONGHETTI C., *Le difficoltà del russo*, Bologna, Zanichelli, 2004: prontuario di consultazione immediata su difficoltà grammaticali relative a sostantivi, aggettivi, verbi (forme irregolari, alternanze consonantiche, accenti e vocali mobili).

MURAVJOVA L.S., *I verbi di moto in russo*, Moskva, Russkij jazyk, 1976 (trad. di Ju. Sokolski).

NIKITINA N., *Esercizi di lingua russa*, Milano, Hoepli, 2016².

VASILENKO E., EGOROVA A., LAMM E., *Gli aspetti del verbo russo*, Moskva, Russkij jazyk, 1985.

Opere letterarie in russo

• *Акунин Б.*, Приключения Эраста Фандорина. - М.: Захаров, 2000: un giallo appassionante di un autore contemporaneo che, in un russo godibile e con un lessico che attinge a tutti i registri della lingua e a varie epoche, ci racconta una storia ambientata nel XIX secolo.

• *Волков С.*, История русской культуры xx века. - М.: Эксмо, 2008: grazie a questo ottimo libro potrete scoprire la storia della cultura russa del XX secolo attraverso i suoi protagonisti.

• *Поляков Ю.*, Парижская любовь Кости Гуманкова. - М.: Астрель - АСТ, 2009: un'opera divertente, ricca di umorismo e nostalgia, che narra il viaggio improbabile di un giornalista sovietico a Parigi.

Opere di cultura generale in italiano

FÉDOROVSKI V., *Il romanzo del Cremlino. Da Ivan il Terribile a Putin*, Milano, Sonzogno, 2005: la storia del Cremlino e dei suoi inquilini attraverso i secoli, impreziosita da un inserto fotografico a colori.

FERRARI A., *La foresta e la steppa. Il mito dell'Eurasia nella cultura russa*, Milano, Mimesis, 2012: con un approccio multidisciplinare molto accurato (filosofia, letteratura, religione, arte, politica, storia) l'autore tenta la definizione dell'identità russa, sviscerandone la troppo sottovalutata componente orientale.

FIGES O., *La danza di Natascia*, Torino, Einaudi, 2008: grandioso affresco storico-culturale della Russia, dagli splendori della Pietroburgo settecentesca alla terribile epoca staliniana, attraverso l'arte popolare, i rituali degli sciamani, la poesia di Puškin, la musica di Musorgskij e i film di Ejzenštejn, raccontato con uno stile coinvolgente e brillante.

KAPPELER A., *La Russia. Storia di un impero multietnico*, Roma, Edizioni Lavoro, 2006.

MASLOV N., *Siberia*, Alet Edizioni, 2007: è il racconto a fumetti della vita dell'autore durante l'ultimo ventennio del regime sovietico. Un libro tanto più interessante se si considera che in Russia i fumetti sono molto rari.

RIASANOVSKY V., *Storia della Russia dalle origini ai giorni nostri*, Milano, Bompiani, 2001.

Infine, segnaliamo i nomi di due eminenti studiosi, Giorgio Maria Nicolai e Gian Piero Piretto, autori di opere significative che ricostruiscono la storia di parole, idee, oggetti che hanno caratterizzato la cultura e il vivere quotidiano dei russi nelle diverse epoche.

Lessico russo-italiano

(a cura di Elena Treu)

Questa sezione registra vocaboli ed espressioni presenti nel manuale e che risultano per lo più nuovi rispetto a quelli contenuti ne *Il Russo, Collana senza sforzo*. Ogni parola (o espressione) è accompagnata dalla traduzione in italiano e dal numero della lezione più significativa in cui compare. Se una parola ha più accezioni, vengono indicate solo quelle di fatto presenti nel manuale. Per ogni significato distinto di uno stesso vocabolo è specificata una sola lezione di riferimento.

Ciascun **sostantivo** è registrato nella sua forma "neutra" (non declinata) al caso nominativo singolare con specificazione del genere ed eventualmente del numero, se solo singolare o solo plurale. In questi due ultimi casi si intende, a seconda dell'occorrenza, o in assoluto (es. **деньги**, m., solo pl., *soldi*) o limitatamente in quello specifico significato dato in traduzione, e non in assoluto (es. **выборы**, m., solo pl., *elezioni*, di cui esiste anche il singolare, ma con diverso significato: **выбор**, m., *scelta*). Se non è specificato "solo" significa che il dato vocabolo è usato in prevalenza come singolare oppure plurale (es. **тапочки**, f., pl., *pantofole*).

Gli **aggettivi** sono registrati nella forma del maschile singolare, seguiti dalla forma del femminile e del neutro. Inoltre, ai fini didattici, a seconda di come compaiono effettivamente nel manuale, sono indicati nella forma lunga (in funzione attributiva) oppure nella forma breve (in funzione predicativa) (v. pp. 44-45, 92, 276-277, 592-593). Lo stesso dicasi per le forme brevi o lunghe dei **participi passati passivi** (v. pp. 94-95, 152, 607, 610-611). Le strutture predicative, a scanso di equivoci, in traduzione sono accompagnate dall'esplicitazione della copula "è".

In russo, laddove si presenta una forma di **avverbio** che potrebbe essere confusa con una forma breve di aggettivo predicativo neutro, è sempre specificata come tale *(avv.)*.

Data la complessità delle forme con cui si presentano i **participi** nella lingua russa (con combinazione dei tempi presente o passato, della diatesi attiva o passiva e dell'aspetto imperfettivo o perfettivo), essi sono registrati, ai fini didattici, come tali (ovvero con le desinenze aggettivali al sing., m., f. e n.), e non come verbi all'infinito, accompagnati dalla traduzione in italiano resa talora con un costrutto con il pronome relativo "che" - o perché non esiste sempre un diretto equivalente o perché, anche se esistente, di fatto non è usato, o per disambiguare il significato effettivo del participio (v. pp. 94-95, 151-152, 607-611).

Le **reggenze dei casi con eventuale preposizione** (in dipendenza da sostantivi, aggettivi e verbi) sono indicate in russo limitatamente laddove ritenuto necessario, ovvero quando non siano facilmente intuibili a confronto con l'italiano. Si è dunque esclusa a priori l'indicazione dei seguenti complementi e solo se coincidenti in traduzione con l'italiano: oggetto, specificazione, termine, stato in luogo, moto a luogo, moto da luogo, argomento, compagnia. Per praticità, le reggenze sono indicate ponendo direttamente al caso previsto i pronomi **что** (*che cosa*) e **кто** (*chi*).

Lo stato in luogo e il moto a luogo sono indicati in alcuni casi rispettivamente con gli avverbi **где** e **куда** (*dove*). In particolare, ai fini di un uso attivo della lingua, si sono indicate le reggenze anche laddove esse non siano presenti esplicitamente nei testi delle lezioni né siano direttamente deducibili dal contesto.

Le **strutture impersonali** sono specificate in russo solo quando differiscano dall'italiano e sono individuabili tramite l'indicazione del soggetto logico al dativo (**кому**) o al genitivo (**кого**) preceduto dalla preposizione **у**.

Per i **verbi di moto senza prefissi** (tutti rigorosamente di aspetto solo imperfettivo) si è sempre indicata la categoria di appartenenza ai verbi monodirezionali (o di moto definito) oppure non monodirezionali (o di moto indefinito). Per il significato delle due categorie e l'abbinamento tra verbi di moto monodirezionali e corrispettivi verbi non monodirezionali v. pp. 598-600.

Per le **coppie aspettuali dei verbi**, laddove esistenti più correlati imperfettivi o perfettivi, si sono indicati solo quelli più correnti.
I **verbi biaspettuali** sono sempre segnalati come tali. Si tratta in genere di verbi con il suffisso **-овать**, specie di origine straniera (es. **финишировать**, *arrivare al traguardo*) (v. pp. 405, 475, 598). Qualora si tratti invece di **verbi monoaspettuali** si è sempre indicato se sono solo imperfettivi o solo perfettivi.
Vi ricordiamo che i verbi solo imperfettivi sono fondamentalmente quelli indicanti "posizione nello spazio" (es. **сидеть**, *essere seduto*), "attività / occupazione" (es. **рыбачить**, *pescare*, *andare*

a pesca), "stato d'animo / sentimento" (es. **бояться**, *temere*), "possesso" (es. **обладать**, *possedere*), ecc. (v. pp. 215-216, 597), nonché tutti i verbi di moto senza prefissi (v. pp. 598-600).

I verbi solo perfettivi sono, invece, soprattutto quelli con i prefissi "incoativi" (indicanti, cioè, "inizio dell'azione" e resi in genere in italiano con "(in)cominciare a", "mettersi a"), come **по-** (es. **потечь**, *cominciare a scorrere*), **за-** (es. **заговорить**, *mettersi a parlare*) oppure con il cofisso "incoativo-incrementativo" **раз- / рас- -ся** (es. **раскричаться**, *mettersi a gridare sempre più forte*) (v. p. 138 nota 13, pp. 151, 153, 178 nota 4, p. 202 nota 2, p. 597; v. anche il prefisso incoativo **по-** con i verbi di moto monodirezionali a p. 606 e il prefisso incoativo **за-** con i verbi di moto non monodirezionali a p. 605).

Tipici verbi solo perfettivi sono, inoltre, i verbi con i prefissi **по-** e **про-** indicanti "quantità temporale limitata" e resi in italiano rispettivamente con *un po' / per un po'* (es. **поговорить**, *parlare per un po'*) e *per un certo tempo* (es. **прогулять**, *fare baldoria per un certo tempo*) (v. p. 69 nota 1, p. 97, p. 111 nota 9, p. 137 nota 9, pp. 151, 153, 186 nota 3, p. 202 nota 2, pp. 597-598; v. anche i prefissi **по-** e **про-** con i verbi di moto non monodirezionali a p. 605); oppure i verbi con il prefisso **по-** nei casi in cui tale prefisso non apporti nessuna sfumatura aggiuntiva di "quantità", ma serva solo per la formazione di un perfettivo di uso colloquiale, tipico del parlato (es. **померить**, *provare abiti o scarpe*).

La maggior parte dei verbi, invece, perfettivi (soprattutto con il suffisso **-нуть**) indicanti "atto singolo momentaneo", che a rigor di termini dovrebbero essere solo perfettivi, per praticità, nei casi in cui nella traduzione in italiano non ci sia una sostanziale differenza di senso, sono invece registrati come coppie, come di fatto solitamente sono riportati nei dizionari bilingui (ovvero per stranieri), ad esempio **хихикать** (imperfettivo) / **хихикнуть** (perfettivo), *ridacchiare*, anziché **хихикать** (imperfettivo), *ridacchiare*, distinto da **хихикнуть** (perfettivo), *fare una risatina*.

Se una parola o un'espressione in russo è d'**uso colloquiale** è puntualmente segnalato. Parimenti se è di uso **letterario** o **ironico**.
L'uso colloquiale (o letterario o ironico) non è invece segnalato per le parole ed espressioni in italiano in quanto si dà per scontato che vengano riconosciute come tali. Nell'uso colloquiale è stata fatta rientrare anche qualche parola appartenente allo stile **popolare**, ma che molti vocabolari riportano ormai come d'uso colloquiale.

Infine, la dicitura **figurato** si riferisce indistintamente a <u>frasi fatte</u>, <u>modi di dire</u>, <u>idiomatismi</u> ed è indicata per ciascuna lingua laddove strettamente necessario, ossia solo in caso di effettiva ambiguità nella lingua di riferimento (per cui l'indicazione può non coincidere per le due lingue).

Elenco delle abbreviazioni utilizzate nel lessico:

agg.	aggettivo	*iron.*	ironico
ant.	antico	*lett.*	letterario
arch.	architettonico	*m.*	maschile
avv.	avverbio	*mon.*	monodirezionale
biaspett.	biaspettuale	*mus.*	musicale
coll.	colloquiale	*n.*	neutro
cong.	congiunzione	*non mon.*	non monodirezionale
dipl.	diplomatico	*p.*	perfettivo
escl.	esclamazione	*pl.*	plurale
f.	femminile	*prep.*	preposizione
fig.	figurato	qn	qualcuno
gramm.	grammaticale	qs	qualcosa
i.	imperfettivo	*relig.*	religioso
inc.	inciso	*sing.*	singolare
intr.	intransitivo	*sost.*	sostantivo
inv.	invariabile	*sport.*	sportivo
inter.	interiezione	*stor.*	storico
ipot.	ipotetico	*trans.*	transitivo

А

абонемент *(m.)*	abbonamento 58
абонент *(m.)*	utente (di telefono) 46
абсурд *(m.)*	assurdità 48
авангард *(m.)*	avanguardia 51
авария *(f.)*	incidente stradale 9; incidente 34
авиалайнер *(m.)*	aereo di linea 57
авось *(coll.)*	magari, forse, chissà 62
авоська *(f.) (coll.)*	rete per la spesa 62
автобусный, -ая, -ое	di autobus 51
автомат *(m.)*	mitra 27
ага! *(inter.)*	aha! *(inter.)* 13
агентство *(n.)*	agenzia 44
~ по подбору персонала	agenzia di lavoro 32
адаптация *(f.)*	ambientamento, adattamento 31
администратор *(m.)*	amministratore 23
администрация *(f.)*	amministrazione 22
аквариум *(m.)*	acquario 30
аккомпанемент *(m.)*	accompagnamento *(mus.)* 37
аккордеон *(m.)*	fisarmonica con tastiera, accordéon 37
активно *(avv.)*	attivamente 67
акула *(f.)*	squalo 30
акушерка *(f.)*	ostetrica 43
акция *(f.)* против чего / кого	manifestazione (di protesta) contro 55
алкоголик *(m.)*	alcolista 65
алкоголь *(m.)*	alcool 70
алфавит *(m.)*	alfabeto 70
американо *(n. / m.)*	americano (caffè), caffè lungo 55
ангельский, -ая, -ое	angelico 66
ангина *(f.)*	mal di gola 16
ансамбль *(m.)*	complesso (di edifici) 51
античность *(f.)*	antichità classica 51
античный, -ая, -ое	classico, antico 48
аплодировать *(solo i.)* кому	applaudire qn 60
аппарат *(m.)*	apparecchio (strumento) 17
арка *(f.)*	arco *(arch.)* 45
архив *(m.)*	archivio 22
архитектура *(f.)*	architettura 52

архитектурный, -ая, -ое	architettonico 47
ассистент *(m.)*	assistente *(sost.)* 55
атеист *(m.)*	ateo *(sost.)* 38
аудитория *(f.)*	pubblico *(sost.)*, uditorio 70
аукцион *(m.)*	asta 22
афиша *(f.)*	manifesto *(sost.)* 30

Б

база *(f.)*	base 46
базовый, -ая, -ое	di base 32
балетка *(f.)*	ballerina (scarpa) 55
баллотироваться *(solo i.)*	candidarsi 36
банальный, -ая, -ое	banale 65
банка *(f.)*	barattolo (lattina), scatola (scatoletta per conserve) 62
баня *(f.)*	banja 61
баран *(m.)*	montone 33
бараний, -ья, -ье	di montone 50
бард *(m.)*	cantautore 37
бардачок *(m.) (coll.)*	vano portaoggetti (auto) 19
басня *(f.)*	favola 66
батарейка *(f.)*	batteria (pila) 29
баян *(m.)*	fisarmonica a bottoni, bajan 37
бег *(m.)*	corsa 13
бегемот *(m.)*	ippopotamo 30
бегом *(avv.)*	di corsa 60
беда *(f.)*	disgrazia 66
бедро *(n.)*	fianco, anca, coscia 33
безгранично *(avv.)*	infinitamente 57
безделушка *(f.)*	ninnolo 45
бездельничать *(solo i.) (coll.)*	poltrire, oziare 58
безнадёжен, -жна, -жно	è disperato 17
безобидный, -ая, -ое	innocuo 20
безобразие *(n.)*	schifo, scandalo, porcheria 10
безопасность *(f.)*	sicurezza 34
безупречный, -ая, -ое	impeccabile 31
~ый внешний вид	bella presenza 31
безусловно *(avv.)*	certo *(avv.)*, indubbiamente 33
белена *(f.)*	giusquìamo (pianta) 59

белка *(f.)*	scoiattolo 30
берег *(m.)*	riva 13
берёзовый, -ая, -ое	di betulla 61
беречься *(solo i.)* чего / кого	stare attento a, stare in guardia contro 53
берлога *(f.)*	tana (di orso) 27
беседа *(f.)*	conversazione 53
беседовать *(i.) (p.* побеседовать*)*	discutere 52
бесконечный, -ая, -ое	interminabile 53
бесплатный, -ая, -ое	gratuito 36
бесподобный, -ая, -ое	ineguagliato 48; favoloso, impareggiabile 64
беспрестанно *(avv.)*	incessantemente 46
бессловесный, -ая, -ое	senza parole, senza testo 69
бизнес *(m.)*	business, impresa (commerciale) 32
бизнес-разработка *(f.)*	progetto imprenditoriale 54
билет *(m.)*	biglietto (con le domande) d'esame 11
~ в / на что	biglietto per 64
биться *(solo i.)* обо что	sbattere contro 50
~ как рыба об лёд	dimenarsi come un leone in gabbia 50
блага *(n., solo pl.)*	beni materiali 22
благо *(n.)*	bene *(sost.)*, beneficio 22
для общего ~а	per il bene comune 22
на ~ кого	per il bene di qn 22
ни за какие ~а в мире	per niente al mondo 22
благодаря чему / кому	grazie a 22
благоденствие *(n.)*	prosperità, benessere 53
благословение *(n.)*	benedizione 38
блат *(m.) (coll.)*	raccomandazione 32
блатной, -ая, -ое *(coll.)*	raccomandato *(sost.)* 32
блестеть *(solo i.)*	splendere, brillare 16
ближайший, -ая, -ее	il più vicino 47
близёхонько *(coll.)*	nei paraggi, vicino *(avv.)* 66
близкие *(sost., solo pl.)*	parenti prossimi 53
близкий, -ая, -ое	vicino *(agg.)* 46
близко *(avv.)*	vicino *(avv.)* 47
близнец *(m.)*	gemello 53
Близнецы *(m., solo pl.)*	Gemelli (segno zodiacale) 53
блин *(m.)*	crêpe 36
~! *(m.) (escl.) (coll.)*	cavolo!, mannaggia!, accidenti! 36

блокада *(f.)*	ostacolo, blocco 46
блоха *(f.)*	pulce 11
бормотать *(i.) (p.* пробормотать*)*	borbottare 24
богослужение *(n.)*	Santa Messa, ufficio divino 38
боготворить *(solo i.)*	adorare, idolatrare 41
боевик *(m.)*	film d'azione 33
божий, -ья, -ье	di dio 30
~ья коровка *(f.)*	coccinella 30
бой *(m.)*	rintocco 34
болезненный, -ая, -ое	malaticcio 16
болотистый, -ая, -ое	paludoso 61
болото *(n.)*	palude 57
болтливый, -ая, -ое	chiacchierone *(agg.)* 29
больничный *(m.)* (лист)	certificato di malattia 16
посидеть *(p.) (i.* сидеть*)* на ~ом	stare un po' a *(p.)* / stare a *(i.)* riposo per malattia 16
больной, -ая, -ое	malato 17
больной, -ая, -ое	paziente *(sost.)* 17
борец *(m.)*	lottatore 46
бороться *(solo i.)* за что	lottare per (difendere una causa, conseguire qs) 63
~ против чего / кого	opporsi a 63
~ с чем / кем	combattere (contro) qs / qn 63
борьба *(f.)*	lotta 46
бояться *(solo i.)* чего / кого	temere qs / qn 37
брак *(m.)*	difetto, scarto di fabbricazione 26; matrimonio 26
братский, -ая, -ое	fraterno 69
браться *(i.) (p.* взяться*)* за что	mettersi a *(+ infinito)* 18; prendersi, afferrarsi per 36
бред *(m.)*	delirio 39
бредовый, -ая, -ое	folle *(agg.)* 39
бровь *(f.)*	sopracciglio 20
бродить *(solo i.) (non mon.)*	andare a zonzo, girovagare, andare in giro senza meta 47; vagare 51
бросаться *(i.) (p.* броситься*)* к чему / кому	precipitarsi verso 12; lanciarsi 13
~ прочь	scappare a gambe levate 13

бросить *(p.)* *(i.* бросать*)*	gettare via 41
~ *(fig.)*	mollare *(fig.)* 8; piantare *(fig.)* 41; lasciare, abbandonare 50
брошюра *(f.)*	opuscolo 54
брызгать *(i.)* *(p.* брызнуть*)*	zampillare 51
бубен *(m.)*	tamburello 37
будто	come se 8
будущее *(n.)*	futuro *(sost.)* 53
будущий, -ая, -ее	futuro *(agg.)* 30
буквально *(avv.)*	letteralmente 52
бумага *(f.)*	carta 13
бумажник *(m.)*	portafoglio 50
бумажный, -ая, -ое	cartaceo 36
бурлак *(m.)*	trasportatore di chiatta 48
бухгалтер *(m.)*	ragioniere 60
бывать *(solo i.)*	essere più volte in un luogo, capitare, accadere 15
бык *(m.)*	bue 41; toro 50
быстрый, -ая, -ое	rapido *(agg.)* 32; veloce 37
~ая езда *(f.)*	velocità (corsa rapida con un mezzo) 37
бытие *(n.)*	esistenza 48
бытовой, -ая, -ое	di genere, di vita quotidiana 48
~ая химия *(f.)*	prodotti per la (pulizia della) casa 62

В

в т.ч. (в том числе)	ivi compreso 32
важный, -ая, -ое	importante 22
ваза *(f.)*	vaso 45
вакансия *(f.)*	posto vacante 31
валяться *(solo i.)*	rotolarsi (per terra) 64
ванная *(f.)*	stanza da bagno 45
ванночка *(f.)* *(coll.)*	vaschetta 43
варёный, -ая, -ое	bollito *(agg.)* 57
вариант *(m.)*	variante *(sost.)*, possibilità 30
ватный, -ая, -ое	ovattato 62
~ая палочка *(f.)*	cotton fioc 62
вблизи	da vicino 30
вваливаться *(i.)* *(p.* ввалиться*)* во что *(coll.)*	irrompere in 57

ВВП	PIL 39
вдохновить *(p.)* (*i.* вдохновлять)	ispirare 30
ведёрко *(n.)*	secchiello 61
ведь	eppure 2; del resto, dopotutto 5
вежливость *(f.)*	cortesia 31
везение *(n.) (coll.)*	fortuna 44
везти *(i.)* (*p.* повезти) кому	avere fortuna 26
век *(m.)*	secolo 2
веко *(n.)*	palpebra 20
вековой, -ая, -ое	secolare 69
велеть *(biaspett., al passato solo p.)*	ordinare (comandare) 47
великан *(m.)*	gigante *(sost.)* 51
великий, -ая, -ое	grande (insigne) 15
великолепный, -ая, -ое	coi fiocchi *(fig.)* 6; splendido, bellissimo 53
величие *(n.)*	maestosità, magnificenza 51
величина *(f.)*	grandezza, taglia (di animali) 11
велюровый, -ая, -ое	in velluto 53
веник *(m.)*	fascio di frasche (per massaggi) 61
венчаться *(i.)* (*p.* повенчаться)	sposarsi in chiesa 41
верен, -рна, -рно	è vero 57
верить *(i.)* (*p.* поверить) чему / кому, во что / кого	credere a, in 15
верно *(avv.)*	fedelmente 52
верность *(f.)*	fedeltà 69
вернуться *(p.)* (*i.* возвращаться)	tornare *(intr.)* 33
вероисповедание *(n.)*	professione di fede 38
вероятен, -тна, -тно	è probabile 37
версия *(f.)*	versione 33
вертеть *(solo i.)*	girare *(trans.)* 66
~ хвостом	dimenare la coda 66
вертеться *(solo i.)*	rigirarsi 24
верующий, -ая, -ее	credente 38
верхний, -яя, -ее	superiore *(agg.)* 8
вес *(m.)*	peso 43
веселить *(i.)* (*p.* развеселить)	divertire 51
весёлый, -ая, -ое	allegro 37
весы *(m., solo pl.)*	bilancia 53

ветка *(f.)*	ramo 47
~ *(fig.)*	linea, diramazione 47
ветхий, -ая, -ое	decrepito 15
вечерний, -яя, -ее	serale 34
вечно *(avv.)*	eternamente, sempre 29
вешалка *(f.)*	attaccapanni, gruccia 12
вешать *(i.)* *(p.* повесить*)*	appendere 12
вешаться *(i.)* *(p.* повеситься*)*	impiccarsi 61
~ *(fig. e coll.)*	non farcela più 61
вещь *(f.)*	cosa 67
упаковать *(p.)* *(i.* упаковывать*)* ~и	fare le valigie 1
взаимодействие *(n.)*	cooperazione 46
взаймы *(avv.)*; брать *(i.)* *(p.* взять*)*	farsi prestare / prendere in prestito qs
~ что у кого	da qn 5
взбунтовавшийся, -аяся, -ееся	ribellatosi 48
взгляд *(m.)*	sguardo 30
на чей ~	secondo (l'opinione di) qn 30
взгромоздиться *(p.)*	sistemarsi (di persone e animali grossi),
(i. взгромождаться*)* *(coll.)* куда	appollaiarsi 66
взимание *(n.)*	riscossione 40
взлетать *(i.)* *(p.* взлететь*)*	prendere il volo 58
взмывающий, -ая, -ее	sollevantesi, che zampilla 51
взойти *(p.)* *(i.* всходить*)* (о солнце)	spuntare, sorgere (del sole) 29
взять *(p.)* *(i.* брать*)*	prendere 36
вид *(m.)*	tipo 3; aria (aspetto fisico) 4; aspetto 31; genere 52
видать *(inc.)*	chiaramente, evidentemente 64
видение *(n.)*	visione (concezione) 52
видеоигра *(f.)*	videogioco 27
видеть *(i.)* *(p.* увидеть*)*	vedere 5
видимость *(f.)*	visibilità 59
видно	si vede, è evidente 4
видный, -ая, -ое	famoso, in vista 10
видывал, -ла, -ли *(solo i., solo passato) (coll.)*	capitare di vedere 30
визг *(m.)*	lo stridere *(sost.)* 47
визит *(m.)*	visita (ufficiale) 46
виновато *(avv.)*	con aria colpevole 20
висок *(m.)*	tempia 16

вкалывать *(solo i.)* *(fig. e coll.)*	sgobbare 41
включаться *(i.)* *(p.* включиться*)*	accendersi (dispositivi elettrici) 24
включён, -чена, -чено	è acceso (dispositivi elettrici) 44
~ во что	è incluso in 44
включить *(p.)* *(i.* включать*)*	accendere (dispositivi elettrici) 19
~ во что	includere in 44
владение *(n.)* чем	padronanza di 70
владеть *(solo i.)* чем	padroneggiare, avere la padronanza di 32
власти *(f., solo pl.)*	le autorità 39
власть *(f.)*	potere *(sost.)* 68
влезть *(p.)* *(i.* влезать*)* *(coll.)*	infilarsi, ficcarsi dentro (a fatica) 29
влияние *(n.)* на что / кого	influsso, influenza su 17
вместо чего / кого	invece / al posto di 11
вмешиваться *(i.)* *(p.* вмешаться*)* во что	interferire, intervenire in 22
внезапно *(avv.)*	all'improvviso 13
внешний, -яя, -ее	esteriore 31; esterno *(agg.)*, estero *(agg.)* 68
~ий вид *(m.)*	look 55
внимание *(n.)*	attenzione 22
внимательно *(avv.)*	attentamente 13
вновь	di nuovo 24
вносить *(i.)* *(p.* внести*)* *(fig.)*	apportare 27
внутренний, -яя, -ее	interiore 52; interno *(agg.)* 68
внутри	all'interno 55
внушительный, -ая, -ое *(coll.)*	enorme, imponente *(agg.)* 25
водительский, -ая, -ое	di guida 32
~ое удостоверение *(n.)*	patente di guida 32
водиться *(solo i.)*	esserci, riscontrarsi 11
водный, -ая, -ое	acquatico 44; idrico, d'acqua 51
~ые горки *(f., solo pl.)*	acquapark 44
Водолей *(m.)*	Acquario (segno zodiacale) 53
военачальник *(m.)*	capo militare, condottiero 38
военно-командный, -ая, -ое	di comando militare 47
~ый состав *(m.)*	comando militare 47
возвращаться *(i.)* *(p.* возратиться*)*	tornare *(intr.)* 12
возвращение *(n.)*	rientro 43
~ к чему	ritorno a qs 61
возвышаться *(i.)* *(p.* возвыситься*)*	ergersi, innalzarsi 51
возвышенный, -ая, -ое *(fig.)*	elevato *(fig.)* 39

воздерживаться *(i.)* *(p.* воздержаться*)* от чего	astenersi da 38
воздеть *(p.) (i.* воздевать*)* (руки, глаза) *(lett.)*	alzare (mani, occhi) 24
воздух *(m.)*	aria 64
воздушный, -ая, -ое	d'aria, aereo *(agg.)* 3
возможен, -жна, -жно	è possibile 31
возможно *(avv.)*	probabilmente 53
возможность *(f.)*	possibilità 27
возмущаться *(i.)* *(p.* возмутиться*)* чем	scandalizzarsi, indignarsi per 3
возникнуть *(p.) (i.* возникать*)*	insorgere 26
возомнить *(solo p.)* себя кем *(iron.)*	credersi di essere qn, prendersi per qn 60
возраст *(m.)*	età 22
воистину *(ant.)*	veramente, in verità 38
войско *(n.)*	truppa 40
вокзал *(m.)*	stazione (edificio) 47
волк *(m.)*	lupo 34
волна *(f.)*	onda 26; ondata 52
волновать *(i.) (p.* взволновать*)*	preoccupare 40
волочиться *(solo i.)*	trascinarsi 23
воля *(f.)*	libertà 33; volontà 69
воображение *(n.)*	immaginazione 45
вооружённый, -ая, -ое	armato 40
вопль *(m.)*	urlo 12
вопрос *(m.)*	dilemma, questione 36
вопрос *(m.)* задавать *(i.) (p.* задать*)* себе ~ы	domanda 50 porsi delle domande 50
ворона *(f.)*	cornacchia 66
вороний, -ья, -ье	di cornacchia 66
ворота *(n., solo pl.)*	cancello, portone 50
восклицать *(i.) (p.* воскликнуть*)*	esclamare 38
воскресение *(n.)*	resurrezione 38
воскреснуть *(p.) (i.* воскресать*)*	resuscitare *(intr.)*, risorgere *(intr.)* 38
воспалённо *(avv.)*	in modo arrossato / infiammato 16
воспитание *(n.)*	formazione (educazione) 54
восстание *(n.)*	insurrezione 40
восторг *(m.)*	entusiasmo 52
восхитителен, -льна, -льно	è stupendo 15

восхищаться *(i.) (p.* восхититься*)* чем / кем	ammirare qs / qn 54
восходящий, -ая, -ее (о солнце)	che sorge (del sole) 29
восьмёрка *(f.)*	gruppo di otto 46
впасть *(p.) (i.* впадать*)* в детство	rimbambire 59
вперёд	avanti *(moto a luogo)* 70
впечатляет! *(escl.) (coll.)*	ottimo! *(escl.)* 6
впечатлять *(i.) (p.* впечатлить*)* *(fig. e coll.)*	impressionare (fare impressione) *(fig.)* 6
вполне	del tutto 50
вправду *(coll.)*	davvero, sul serio 60
впрочем	d'altronde 50
впускать *(i.) (p.* впустить*)* кого	aprire (la porta) a qn, far entrare qn 64
вреден, -дна, -дно	è dannoso 66
вредить *(i.) (p.* повредить*)* чему / кому	nuocere a 70
время *(n.)*; в настоящее ~	al giorno d'oggi, attualmente 22
всевозможный, -ая, -ое	di ogni genere 22
всемирно *(avv.)*	universalmente, in tutto il mondo 17
всемирный, -ая, -ое	universale 22
~ая паутина *(f.)*	Web (World Wide Web) 22
всеобщий, -ая, -ее	universale 68
всероссийский, -ая, -ое	panrusso, di tutte le Russie 40
вскакивать *(i.) (p.* вскочить*)*	balzare in piedi 13
вскользь	di sfuggita 54
вскружиться *(solo p.)*	mettersi a girare 66
вспоминать *(i.) (p.* вспомнить*)*	ricordarsi (farsi venire in mente) 59
вспышка *(f.)*	flash 29
вставать *(i.) (p.* встать*)*	alzarsi 70
вставить *(p.) (i.* вставлять*)*	inserire, infilare 24; mettere dentro 29
встретить *(p.) (i.* встречать*)*	incontrare, andare / venire a prendere qn 4
встретиться *(p.) (i.* встречаться*)*	incontrarsi 26
вступление *(n.)* во что *(fig.)*	entrata in (adesione a) *(fig.)* 68
~ в должность	entrata in carica (insediamento) 68
всюду	dappertutto 57
всякий, -ая, -ое	ogni, qualsiasi 3; di ogni genere 29
~ая всячина *(f.) (coll.)*	di tutto e di più 60
всячески	in tutti i modi 43

второе *(n.)*	secondo (piatto di portata) 6
вульгарный, -ая, -ое	volgare, cafone *(agg.)* 65
входить *(i.) (p.* войти*)* во что *(fig.)*	(ri)entrare in *(fig.)*, essere compreso in 15; far parte di 48
входной, -ая, -ое	d'ingresso 59
входящий, -ая, -ее	entrante, in entrata 23
выбегать *(i.) (p.* выбежать*)*	correre fuori, uscire di corsa 64
выбит, -а, -о	è rotto 9
выбор *(m.)*	scelta 6; assortimento 36
выборы *(solo pl.)*	elezioni 36
выбранный, -ая, -ое	scelto 20
вывести *(p.) (i.* выводить*) (fig.)*	condurre fuori, far uscire *(fig.)* 40
выводить *(i.) (p.* вывести*)* кого из себя	far infuriare qn 39
выглядеть *(solo i.)*	avere l'aspetto 61
выгнать *(p.) (i.* выгонять*)*	cacciare via 50
~ *(fig.)*	licenziare 50
выгода *(f.)*	vantaggio 53
выгодный, -ая, -ое	vantaggioso 46
выгружать *(i.) (p.* выгрузить*)*	scaricare, svuotare 62
выгуливать *(i.) (p.* выгулять*)* кого *(coll.)*	portare fuori a passeggio (animali) 64
выдаться *(p.) (i.* выдаваться*)*	presentarsi (capitare) 23
выдержать *(p.) (i.* выдерживать*)*	reggere (resistere) *(fig.)* 20
выдуманный, -ая, -ое	inventato 33
выдумывать *(i.) (p.* выдумать*)*	inventarsi 29
вызвать *(p.) (i.* вызывать*)*	chiamare (far venire) 9
вызов *(m.)*	chiamata 24
выйти *(p.) (i.* выходить*)*	scendere (da un mezzo di trasporto), uscire (a piedi) 3
~ *(fig.)*	uscire (risultare) *(fig.)* 36
выкидывать *(i.) (p.* выкинуть*)* колена *(coll.)*	fare dei brutti scherzi 70
выкинуть *(p.) (i.* выкидывать*)*	buttare via 37
выкладывать *(i.) (p.* выложить*)*	tirare fuori 30
~ *(fig. e coll.)*	sparare (svuotare il sacco) *(fig.)* 30
выключиться *(p.) (i.* выключаться*)*	disinserirsi 24
вылазка *(f.) (coll.)*	scampagnata 5
вылечить *(p.) (i.* лечить*)*	guarire *(p.)*, curare *(i.)* 17

вылиться *(p.)* *(i.* выливаться*)* во что	riversarsi in 44
~ в копеечку *(coll.)*	costare un occhio della testa / un patrimonio 44
вынослив, -а, -о	è resistente 50
вынужденно	necessariamente, forzatamente 46
вынуть *(p.)* *(i.* вынимать*)*	cavare 41
выпасть *(p.)* *(i.* выпадать*)* откуда	cadere fuori da 66
выполняющий, -ая, -ее	che esegue 30
выпуск *(m.)*	edizione 34
~ новостей	notiziario 34
выпускать *(i.)* *(p.* выпустить*)*	pubblicare 67
выпустить *(p.)* *(i.* выпускать*)*	far uscire 70
выражать *(i.)* *(p.* выразить*)*	esprimere 50
выражение *(n.)*	espressione 36
вырастать *(i.)* *(p.* вырасти*)*	aumentare *(intr.)*, sorgere, spuntare 56
вырасти *(p.)* *(i.* вырастать*)*	crescere *(intr.)* 40
~ вдвое	raddoppiare *(intr.)* 40
вырисовываться *(i.)* *(p.* вырисоваться*)* на чём	stagliarsi su 29
высветиться *(p.)* *(i.* высвечиваться*)*	illuminarsi 25
выслушать *(p.)* *(i.* выслушивать*)*	stare a sentire 53
высокомерный, -ая, -ое	altezzoso 38
высота *(f.)*	altezza 51
выставить *(p.)* *(i.* выставлять*)*	esporre, mettere in mostra 24
выставка *(f.)*	fiera, esposizione, mostra 51
выставочный, -ая, -ое	delle esposizioni, fieristico 51
выступать *(i.)* *(p.* выступить*)*	esibirsi, intervenire 69
~ чем	fungere da, servire come 69
высший, -ая, -ее	superiore *(agg.)* 31
~ее образование *(n.)*	istruzione superiore 31
вытащить *(p.)* *(i.* вытаскивать*)*	tirare fuori 23
вытягивать *(i.)* *(p.* вытянуть*)*	estrarre 11
вытягиваться *(i.)* *(p.* вытянуться*)*	stendersi 38
~ в струнку	scattare sull'attenti 38
вытянуть *(p.)* *(i.* вытягивать*)* (о руках, ногах)	tendere, stendere (di braccia, gambe) 16
выход *(m.)*	uscita 34
~ *(fig.)*	via d'uscita *(fig.)* 34

выходить *(i.) (p.* выйти*) (fig.)*	uscire *(fig.)*, venire fuori (riuscire) *(fig.)* 29
~ замуж за кого	sposarsi con (riferito a donna) 41
выходка *(f.)*	uscita (battuta di spirito) 57
вычеркнуть *(p.) (i.* вычёркивать*)*	cancellare, depennare 47
вычислить *(p.) (i.* вычислять*)*	calcolare 59
~ кого *(fig. e coll.)*	incastrare qn *(fig.)* 59
выявление *(n.) (fig.)*	individuazione 54
выяснение *(n.)*	chiarimento 53
вязать *(i.) (p.* связать*)*	legare, lavorare a maglia 55

Г

гарантия *(f.)*	garanzia 24
гад *(m.) (anche fig.)*	bestiaccia, rettile, farabutto, mascalzone 30
гадание *(n.)*	predizione (del futuro) 53
гадость *(f.) (coll.)*	schifo, porcheria, schifezza, carognata 30
газета *(f.)*	giornale 12
газировка *(f.) (coll.)*	gazzosa 62
галантный, -ая, -ое	galante 57
галдеть *(solo i.)*	schiamazzare 61
галерея *(f.)*	galleria (pinacoteca) 51
галстук *(m.)*	cravatta 27
гарант *(m.)*	garante *(sost.)* 68
гарантирован, -а, -о	è garantito 53
гаркнуть *(p.) (i.* гаркать*) (coll.)*	cacciare un urlo molto forte 62
гармоничный, -ая, -ое	armonico 32
гармония *(f.)*	armonia 53
гармошка *(f.)*	fisarmonica 9
гармошкой *(avv.) (fig.)*	accartocciato 9
гектар *(m.)*	ettaro 51
генерал *(m.)*	generale (grado militare) 38
гениальный, -ая, -ое	geniale 4
герб *(m.)*	stemma 40
героический, -ая, -ое	eroico 48
герой *(m.)*	eroe, protagonista 10
гигиенический, -ая, -ое	igienico 62
~ая прокладка *(f.)*	assorbente igienico 62
гид *(m.)*	guida (cicerone) 47
гимн *(m.)*	inno 69

гимнаст *(m.)*	ginnasta 64
гиря *(f.)*	peso (da sollevamento) 58
гитара *(f.)*	chitarra 37
глава *(f.)*	capo (dirigente) 68
~ *(fig.)*	cupola 47
во ~е с кем	capeggiato da 40
главный, -ая, -ое	principale *(agg.)* 38
глагол *(m.)*	verbo 70
глазированный миндаль *(m.)*	confetto (con mandorla) 33
глазок *(m.)*	spioncino 60
глотать *(i.)* *(p.* глотнуть*)*	deglutire 16
глубина *(f.)*	profondità 11
глубинка *(f.)*	remota provincia 15; provincia 57
глубоко *(avv.)*	profondamente 69
глуп, -а, -о	è scemo 50
глупость *(f.)*	stupidità 48
глупый, -ая, -ое	stupido *(agg.)* 50
глухой, -ая, -ое	sordo, non udente 34
глядеть *(i.)* *(p.* поглядеть*)*	guardare 5
глядишь *(inc.)* *(coll.)*	chissà *(inc.)* 5; magari *(inc.)* 36
гнать *(solo i.)* *(mon.)*	inseguire, cacciare via 19
~ *(coll.)*	correre forte (con un mezzo), lanciare a tutta velocità (un mezzo) 19
гнусен, -сна, -сно	è ignobile 66
говаривать *(solo i.)* *(coll.)*	essere soliti dire 34
гоготать *(solo i.)*	starnazzare 61
годовой, -ая, -ое	annuale 36
годовщина *(f.)*	anniversario 26
гол, -а, -о	è nudo 50
голова *(f.)*	testa 25
головокружение *(n.)*	vertigini 43
голосить *(solo i.)* *(iron.)* *(coll.)*	lamentarsi (levare lamenti funebri) 41
голосование *(n.)*	scrutinio 68
голубчик *(m.)* *(fig. e coll.)*	piccioncino *(fig.)* 59
голубь *(m.)*	colombo 64
гонение *(n.)* на кого	persecuzione contro qn 52
гора *(f.)*	collina, monte 51
гордиться *(solo i.)* чем / кем	andare fiero di 57; essere orgoglioso di 63
гореть *(i.)* *(p.* сгореть*)*	bruciare *(intr.)* 58

горечь *(f.)*	amarezza 27
горный, -ая, -ое	di montagna 44
горняк *(m.)*	minatore 34
городской, -ая, -ое	urbano, cittadino *(agg.)* 3
горожанин *(m.)* / -нка *(f.)*	cittadino / -a *(sost.)* 61
гороскоп *(m.)*	oroscopo 53
горошек *(m., solo sing.)*	piselli 62
горячее *(n.)*	piatto caldo 6
горячий, -ая, -ее	caldo *(agg.)* 6
горячиться *(i.)* *(p.* разгорячиться*)* *(fig.)*	esaltarsi, scaldarsi *(fig.)* 44
горящий, -ая, -ее	ardente 44
~ *(fig.)*	last minute 44
гостеприимный, -ая, -ое	ospitale 57
гостиная *(f.)*	salotto 53
гостиный (двор) *(m.)*	galleria commerciale 62
государственный, -ая, -ое	statale 10
государство *(n.)*	Stato 15
готовиться *(i.)* *(p.* подготовиться*)* к чему	prepararsi a / per 11
готовый, -ая, -ое к чему	pronto per 54
градусник *(m.)*	termometro 16
гражданин *(m.)* / -нка *(f.)*	cittadino / -a *(sost.)* 34
гражданство *(n.)*	cittadinanza 2
гранитный, -ая, -ое	di granito 15
граница *(f.)*	confine, limite, frontiera 48
грач *(m.)*	corvo 48
греко-римский, -ая, -ое	greco-romano *(agg.)* 46
гренка *(f.)*	crostino 57
гречка *(f.)*	grano saraceno 6
гриб *(m.)*	fungo 6
грим *(m.)*	trucco (teatrale) 64
гроб *(m.)* *(ant.)*	tomba (sepolcro) 52
гробовой, -ая, -ое	tombale 57
грозный, -ая, -ое	terribile 40
грубиян *(m.)* *(coll.)*	cafone *(sost.)* 4
грузовик *(m.)*	camion 9
группа *(f.)*	gruppo 2
группировка *(f.)*	gruppo (raggruppamento) 52

групповой, -ая, -ое	di gruppo 8
~ое занятие *(n.)*	corso di gruppo 8
грустить *(solo i.)* по чему / кому, по чём / ком	essere triste 50; rattristarsi per 63
грядущий, -ая, -ее	a venire (venturo) 69
грязный, -ая, -ое	sporco 67
грязь *(f.)*	fango 39
не ударить *(p.)* в ~ лицом *(fig. e coll.)*	non fare una figuraccia, non perdere la faccia 39
грязюка *(f.) (coll.)*	lago di fango 61
губа *(f.)*	labbro 20
губернатор *(m.)*	governatore 46
гусар *(m.)*	ussaro 37
гусь *(m.)*	oca 59
~ *(fig. e coll.)*	losco figuro 59

Д

давать *(i.) (p.* дать*)*	assegnare, dare 23
давление *(n.)*	pressione 16
дальнейший, -ая, -ее	prossimo (successivo), ulteriore 34
дальше	più lontano, oltre 23
данный, -ая, -ое	questo, dato *(agg.)* 39
дарить *(i.) (p.* подарить*)*	offrire, donare, regalare 22
дачник *(m.)*	villeggiante in dacia 61
дачный посёлок *(m.)*	villaggio di dacie 61
дверь *(f.)*	porta 23
движение *(n.)*	movimento 48
двойка *(f.)*	due (voto) 18
двор *(m.)*	cortile 1
дворец *(m.)*	palazzo 15
дворецкий *(m.)*	maggiordomo 57
дворовый, -ая, -ое	del cortile 59
двуглавый, -ая, -ое	a due teste, bicipite *(agg.)* 40
двухмерный, -ая, -ое	bidimensionale (2D) 27
дева *(f.)*	vergine *(sost.)* 53
девка *(f.) (coll.)*	morosa 41
дежурить *(solo i.)* у чего / кого	sorvegliare qs / qn 59
действие *(n.)*	azione 24
действительно *(avv.)*	davvero 54

действительность *(f.)*	realtà 52
действовать *(i.) (p.* подействовать*)*	fare effetto, agire 16
декоративный, -ая, -ое	decorativo 45
декорация *(f.)*	scenografia 48
делегировать *(biaspett.)*	delegare 32
дело *(n.)*	faccenda 60
демократический, -ая, -ое	democratico 68
демонстрация *(f.)* против чего / кого	manifestazione (di protesta) contro 55
деньги *(m., solo pl.)*	soldi 20
департамент *(m.)*	dipartimento 54
деревенский, -ая, -ое	di campagna 61
деревня *(f.)*	paese, villaggio, campagna 41
деревянный, -ая, -ое	in legno 15
держава *(f.)*	potenza (Stato) 69
держать *(solo i.)*	tenere, reggere 29
держаться *(solo i.) (fig.)*	tenere duro *(fig.)*, resistere *(fig.)* 18
десятилетие *(n.)*	decennio 52
детвора *(f., solo sing.)*	bambini 61
детектив *(m.)*	detective, romanzo giallo 60
детективный, -ая, -ое	giallo, poliziesco *(agg.)* 59
~ый роман *(m.)*	romanzo giallo (poliziesco) 59
детишки *(m., solo pl.) (coll.)*	bimbi, marmocchi 59
детки *(solo pl.) (coll.)*	figlioli 27
детская *(f.)*	cameretta (dei bambini) 12
детский, -ая, -ое	per bambini 43
детство *(n.)*	infanzia 50
дёшев, -а, -о	è conveniente (poco costoso) 44
дешёвый, -ая, -ое	economico (poco costoso), a basso prezzo 44
деятельность *(f.)*	attività 31
джакузи *(n., inv.)*	jacuzzi 8
джемпер *(m.)*	pullover 55
дизайновый, -ая, -ое	di design 31
дисковод *(m.)*	lettore CD 25
дискуссия *(f.)*	dibattito 51
дистанция *(f.)*	distanza 47
длиться *(i.) (p.* продлиться*)*	durare 33
дневник *(m.)*	diario 18

добавлять *(i.)* *(p.* добавить*)*	aggiungere 16
добираться *(i.)* *(p.* добраться*)* до чего	arrivare fino a, raggiungere 4
добро *(n.)* *(coll.)*	beni (materiali), roba 41
доброжелательный, -ая, -ое	benevolo 31
добросовестно *(avv.)*	coscienziosamente 58
добротный, -ая, -ое	di buona qualità 5
добывающий, -ая, -ее	estrattivo 39
довезти *(p.)* *(i.* довозить*)* до	accompagnare / portare (con un mezzo) fino a 36
доверить *(p.)* *(i.* доверять*)* кому что	affidare qs a qn 45
довести *(p.)* *(i.* доводить*)* до чего *(fig.)*	condurre fino a *(fig.)* 10
довольно *(avv.)*	piuttosto 38
довольный, -ая, -ое чем	soddisfatto di 41
догадываться *(i.)* *(p.* догадаться*)*	indovinare 27
договор *(m.)*	contratto 22
договориться *(p.)* *(i.* договариваться*)*	mettersi d'accordo 4; accordarsi 58
доездиться *(solo p.)* *(non mon.)* *(fig. e coll.)*	sfasciare per usura un mezzo, finire nei guai correndo con un mezzo, essere giunti al capolinea *(fig.)* 19
дождаться *(p.)* *(i.* дожидаться*)* чего / кого	aspettare qs / qn (fino a risultato ottenuto) 29
дойти *(p.)* *(i.* доходить*)* до чего	arrivare (a piedi) fino a 36
докладывать *(i.)* *(p.* доложить*)* кому о чём	riferire a qn qs, fare rapporto a qn riguardo a qs 38
документальный фильм	film documentario 34
долг *(m.)*	debito 36
быть *(solo i.)* по уши в ~ах	essere pieno di debiti fino al collo 36
занимать *(i.)* *(p.* занять*)* что в ~ у кого	prendere in prestito qs da qn 36
долгий, -ая, -ое	lungo (temporalmente) 38
долгожданный, -ая, -ое	tanto atteso 48
долгосрочный, -ая, -ое	a lungo termine 46
должность *(f.)*	incarico 46; carica 68
доложить *(p.)* *(i.* докладывать*)* о ком	annunciare (l'ingresso di) qn 57
домашний, -яя, -ее	da casa 12

домишко *(m.)*	casupola 15
дополнительный, -ая, -ое	supplementare 44
доработать *(p.) (i.* доработывать*)*	perfezionare (mettere a punto) 54
дореволюционный, -ая, -ое	prerivoluzionario 40
дорога *(f.)*	strada 36
по ~е	strada facendo 36
досаден, -дна, -дно	è increscioso 65
доска *(f.)*	lastra (lapide) 57
досконально *(avv.)*	per bene (a fondo) 1
досрочный, -ая, -ое	anticipato 46
доставаться *(i.) (p.* достаться*)* кому	toccare (in sorte) a qn 11
достаточно *(avv.)*	piuttosto (alquanto), abbastanza 25
достать *(p.) (i.* доставать*)*	estrarre (tirare fuori) 64
достаться *(p.) (i.* доставаться*)* кому от кого	toccare (in eredità) a qn da parte di 55
достигать *(i.) (p.* достичь*)* чего	raggiungere (conseguire) qs 32
достигнутое *(n.)*	(ciò che è stato) conseguito 53
достижение *(n.)*	progresso, conquista (conseguimento) 22
достоин, -йна, -йно чего	è degno di 51
достоянье *(n.) (ant.) (lett.)*	patrimonio 69
доступ *(m.)* к чему	accesso a 22
доступен, -пна, -пно	è accessibile 67
доход *(m.)*	reddito 53
дочитать *(p.) (i.* дочитывать*)* до чего	leggere fino a 36
дочка *(f.) (coll.)*	figlioletta, figliola 12
драже *(n., inv.)*	confetto (senza mandorla) 33
древнерусский, -ая, -ое	antico russo *(agg.)* 40
древний, -яя, -ее	antico 40
дрель *(f.)*	trapano 41
дрессированный, -ая, -ое	ammaestrato 30
дрессировщик *(m.)*	addestratore 64
дрожать *(i.) (p.* дрогнуть*)*	tremare 16
друг *(m.)* по переписке	amico di penna 65
дружище *(m.) (coll.)*	amicone 39; vecchio mio 50
дрыхнуть *(solo i.) (coll.)*	dormire saporitamente, dormire della grossa 50
дуб *(m.)*	quercia 39
~ ~ом *(coll.)*	non essere una cima 39

дублирован, -а, -о	è doppiato 33
дубовый, -ая, -ое	di quercia 61
дурак *(m.)*	scemo *(sost.)* 24
дурно кому	stare male 19
дурной, -ая, -ое	brutto (cattivo) 57
дуть *(i.)* *(p.* дунуть*)*	soffiare 59
дух *(m.)*	spirito 26; mente 58; odore, esalazione 66
быть не в ~е	essere di cattivo umore 26
переводить *(i.)* *(p.* перевести*)* ~	riprendere fiato 13
духовный, -ая, -ое	spirituale 52
душа *(f.)*	anima 15
отдать *(p.)* богу ~у	rendere l'anima a Dio 36
душевой, -ая, -ое	di doccia 45
душен, -шна, -шно	è afoso 19
душераздирающий, -ая, -ее	straziante 12
дыбом *(avv.)*; встать *(p.)* *(i.* вставать*)* ~ (о волосах, шерсти) *(fig.)*	rizzarsi (di capelli, pelo) *(fig.)* 27
дыра *(f.)*	buco 55
в ~ах	bucato *(agg.)* 55
дыханье *(n.)* *(ant.)* *(lett.)*	respiro 66
дыхание *(n.)*	respiro 66
дышать *(solo i.)*	respirare 16
дядя *(m.)*	zio 23
~ *(iron.)* *(coll.)*	signore 23

Е

единственное *(n.)*	l'unica cosa 39
единственный, -ая, -ое	unico 52
ёж *(m.)*	riccio 30
ежедневно *(avv.)*	quotidianamente 46
еле	a fatica, a stento 23
ёлка *(f.)*	abete 34
естественный, -ая, -ое	naturale 29
естествознание *(n.)*	scienze naturali 30

Ж

жабры *(f., solo pl.)*	branchie 11
жалобный, -ая, -ое	delle lamentele 57
~ая книга *(f.)*	libro degli ospiti 57

жанр *(m.)*	genere (pittorico) 48
жать *(solo i.)*	stare / andare stretto 44
~ на что	premere / cliccare su, schiacciare 44
жвачка *(f.) (coll.)*	gomma da masticare, cicca 62
жгучий, -ая, -ее	ardente *(agg.)* 37
жевательная резинка *(f.)*	chewing-gum 62
желание *(n.)*	desiderio 23
по собственному ~ию	di propria volontà 46
желать *(i.) (p.* пожелать*)* кому чего	augurare a qn qs 38
женат на ком	è sposato con 41
жениться *(biaspett.)* на ком	sposarsi con (riferito a uomo) 41
жениться *(i.) (p.* пожениться*)*	sposarsi (riferito a uomo e donna) 41
женский, -ая, -ое	femminile, della donna 20
~ая консультация *(f.)*	consultorio femminile 43
~ий костюм *(m.)*	tailleur 55
жертва *(f.)*	vittima 34
жёсткий, -ая, -ое	duro 50
~ими методами	con le cattive 50
жив, -а, -о	è vivo 9
живой, -ая, -ое	vivace 9
живописец *(m.)*	pittore 48
живописный, -ая, -ое	pittorico 48
живопись *(f.)*	pittura 39
животный, -ая, -ое	animale *(agg.)* 30
живущий, -ая, -ее	vivente 11
жилище *(n.)*	abitazione, casa 53
жилой, -ая, -ое	abitato *(agg.)* 45
жирный, -ая, -ое	unto 41
жировой, -ая, -ое	di grasso 58
жонглёр *(m.)*	giocoliere 64
жуткий, -ая, -ое	terrificante, terribile 12

З

забавляться *(solo i.)*	divertirsi 27
забавный, -ая, -ое	divertente 67
забастовка *(f.)*	sciopero 34
забежать *(p.) (i.* забегать*)*	fare un salto / entrare di corsa 60
забивать *(i.) (p.* забить*)* что чем	riempire qs di 59
заблудиться *(solo p.)*	perdersi 47

заболевание *(n.)*	malattia 17
забота *(f.)*	ansia, preoccupazione 43; cura 70
забронировать *(p.) (i.* бронировать*)*	prenotare, riservare 1
забывать *(i.) (p.* забыть*)*	dimenticare 29
забыться *(p.) (i.* забываться*)*	dimenticarsi (uscire di mente) 70
завезти *(p.) (i.* завозить*)*	condurre (con un mezzo) lontano / strada facendo 53
завести *(p.) (i.* заводить*)*	condurre (a piedi) lontano / strada facendo 53
~ *(fig.)*	condurre fuori strada *(fig.)* 53
завестись *(p.) (i.* заводиться*)*	apparire 11
завещание *(n.)*	testamento 17
завибрировать *(solo p.)*	mettersi a vibrare 19
зависимость *(f.)* от чего	dipendenza da 22
зависнуть *(p.) (i.* зависать*) (fig.)* (о компьютере)	bloccarsi, impallarsi (di computer) 25
зависть *(f.)*	invidia 53
завод *(m.)*	fabbrica, stabilimento 39
завоевание *(n.)*	conquista 53
загадочный, -ая, -ое	misterioso, enigmatico 15
заглядывать *(i.) (p.* заглянуть*)* во что	dare un'occhiata 27
загнать *(p.) (i.* загонять*)*	cacciare dentro 60
заговорить *(solo p.)* о чём / ком	mettersi a parlare di 39
заголовок *(m.)*	titolo 36
загорать *(i.) (p.* загореть*)*	abbronzarsi 8
заготовлен, -а, -о	è predisposto / già bell'e pronto 61
заграница *(f.) (coll.)*	estero *(sost.)* 48
загрузиться *(p.) (i.* загружаться*)* (о компьютере)	caricarsi, avviarsi (di computer) 25
задать *(p.) (i.* задавать*)*	assegnare (un compito) 18
задача *(f.)*	obiettivo, compito 32
задвоить *(p.) (i.* задваивать*) (coll.)*	raddoppiare *(trans.)* 55
задержать *(p.) (i.* задерживать*)*	prendere (arrestare), trattenere 60
задержаться *(p.) (i.* задерживаться*)*	trattenersi, restare 44
задуманный, -ая, -ое	concepito (ideato) 51
задуматься *(p.) (i.* задумываться*)* над чем	riflettere su 22
задушевность *(f.)*	commozione 67
задушевный, -ая, -ое	commovente 67

заесть *(p.)* *(i.* заедать*)* что чем	sbranare, mangiare sopra qs (per rifarsi la bocca) 34
~ *(fig.)*	bloccarsi, incepparsi, andare in panne 34
зазвучать *(solo p.)*	cominciare a risuonare 37
зайка *(m.)*	leprotto 39
~ *(fig. e coll.)*	tesoro *(fig.)* 39
зайти *(p.)* *(i.* заходить*)*	addentrarsi / entrare (a piedi) 45
~ (о речи) о чём / ком	andare a finire / cadere su (di discorso) 39
заказ *(m.)*	ordine (commessa) 55
заказать *(p.)* *(i.* заказывать*)*	ordinare (prenotare) 1
заказывать *(i.)* *(p.* заказать*)*	prenotare 6
закатывать *(i.)* *(p.* закатить*)*	portare in giro 57
~ пир	organizzare un banchetto 57
закипеть *(p.)* *(i.* закипать*)*	iniziare a bollire *(intr.)* 59
заключать *(i.)* *(p.* заключить*)*	racchiudere 15
заключить *(p.)* *(i.* заключать*)* (договор)	stipulare (un contratto) 22
закон *(m.)*	legge 13
законодательный, -ая, -ое	legislativo 68
закрутиться *(p.)* *(i.* закручиваться*)*	avvolgersi 58
~ *(fig. e coll.)*	essere molto indaffarato 58
закрытый, -ая, -ое	chiuso 17
закупка *(f.)*	acquisto (all'ingrosso) 55
залить *(p.)* *(i.* заливать*)* что чем	cospargere qs di (un liquido) 37
заложить *(p.)* *(i.* закладывать*)* основы для чего *(fig.)*	porre le basi per qs *(fig.)* 53
замёрзнуть *(p.)* *(i.* замерзать*)*	avere molto freddo 16
заметить *(p.)* *(i.* замечать*)* что / кого	notare 27; accorgersi di 60
замечать *(i.)* *(p.* заметить*)*	osservare (fare un'osservazione) 3
замешан, -а, -о в чём	è stato implicato in 46
заморский, -ая, -ое	d'oltremare 64
~ *(lett.)*	straniero *(agg.)* 64
замужем за кем	è sposata con 41
замучиться *(p.)* *(i.* замучиваться*)*	torturarsi 60
~ *(fig.)*	stufarsi (stancarsi) 60
занимать *(i.)* *(p.* занять*)*	occupare 34; esercitare (una carica) 68
заниматься *(solo i.)* чем	occuparsi di 52
~ кем	seguire (occuparsi di) qn 58
~ собой	prendersi cura di sé 58

занимающий, -ая, -ее	occupante, che occupa 15
заново	daccapo 27
занятие *(n.)*	corso, lezione 8; occupazione 22
занятость *(f.)*	occupazione 31
занять *(p.)* *(i.* занимать*)*	occupare 48
заняться *(solo p.)* чем / кем	incominciare a occuparsi di 29
~ делом	mettersi al lavoro 29
ЗАО (Закрытое акционерное общество)	S.p.A. di tipo chiuso 32
Запад *(m.)*	Occidente 48
запариться *(p.)* *(i.* запариваться*)* *(fig. e coll.)*	essere spossati in un bagno di vapore, fondere dal caldo *(fig.)*, ammazzarsi di fatica 61
запах *(m.)*	odore 47
запеть *(p.)* *(i.* запевать*)*	mettersi a cantare, intonare 37
запечатлён, -лена, -лено	è raffigurato / impresso 51
записать *(p.)* *(i.* записывать*)*	annotare 55
записаться *(p.)* *(i.* записываться*)* в / на что	iscriversi a 58
записывать *(i.)* *(p.* записать*)*	incidere (registrare) (audio, video) 67
запись *(f.)*	annotazione 57; registrazione (incisione) (audio, video) 65
~ в / на что	iscrizione a 54
запихнуть *(p.)* *(i.* запихивать*)* *(coll.)*	cacciare dentro 24
заповедник *(m.)*	riserva (area protetta) 51
заползать *(i.)* *(p.* заползти*)*	entrare strisciando 23
~ на что	montare / salire su 23
запомнить *(p.)* *(i.* запоминать*)*	memorizzare 39
запрещать *(i.)* *(p.* запретить*)*	vietare 57
запрещённый, -ая, -ое	vietato 52
запястье *(n.)*	polso (della mano) 16
заработать *(solo p.)*	mettersi a funzionare 24
заработная плата *(f.)*	stipendio 31
заразить *(p.)* *(i.* заражать*)* кого чем	contagiare qn con 47
~ идеей чего	far venire voglia di 47
зарасти *(p.)* *(i.* зарастать*)* чем (волосами)	coprirsi di, lasciarsi crescere (peli, capelli) 27
зариться *(i.)* *(p.* позариться*)* на что *(coll.)*	sbavare davanti a, mettere gli occhi su, bramare ardentemente qs 41

зарождающийся, -аяся, -ееся *(fig.)*	nascente *(agg.) (fig.)* 48
зарплата *(f.)*	paga 34
заря *(f.)*	alba 30
зарядка *(f.)*	caricabatteria 29
засверкать *(solo p.)*	cominciare a scintillare 62
засветить *(p.) (i.* засвечивать*)*	sovraesporre 29
засеменить *(solo p.)*	muoversi a rapidi passettini 60
заслужить *(p.) (i.* заслуживать*)* что чем	meritare qs per 30
засориться *(p.) (i.* засоряться*)*	intasarsi 61
заставить *(p.) (i.* заставлять*)* себя	costringersi 36
заставка *(f.)*	sfondo (di uno schermo) 25
заставлять *(i.) (p.* заставить*)*	obbligare, costringere 22
застолье *(n.)*	tavolata 37
засуха *(f.)*	siccità 1
затем	poi, in seguito 12
затечь *(p.) (i.* затекать*)*	intorpidirsi, gonfiarsi, penetrare (di liquidi) 29
затопить *(p.) (i.* затоплять*)* что чем	allagare qs con 45
затратить *(p.) (i.* затрачивать*)* (энергию) для чего	spendere (energie) per 53
заходить *(i.) (p.* зайти*)*	fare un salto (a piedi) *(fig.)* 8
зачёт *(m.)*	prova (d'esame) 18
зашибись! *(escl.) (coll.)*	ammazza! *(escl.)* 44
зашибиться *(p.) (i.* зашибаться*)* *(coll.)*	ammazzarsi, ammaccarsi, farsi male 44
защита *(f.)*	tutela 68
защитник *(m.)*	difensore 20
заявка *(f.)*	richiesta 26
заявление *(n.)*	dichiarazione 22
заяц *(m.)*	lepre 34
звезда *(f.)*	star, stella 34
звезда *(f.)*-однодневка *(f.)*	stella effimera 65
~ *(fig.)*	meteora *(fig.)* 65
звёздный, -ая, -ое	di star, stellare 33
зверь *(m.)*	bestia 53
звон *(m.)*	suono, tintinnio 34
звонить *(i.) (p.* позвонить*)* (звонок)	suonare (il campanello) 60
~ кому / куда	telefonare a qn / dove 60
звонок *(m.)*	chiamata (telefonica) 62
звук *(m.)*	suono, rumore 19; suono, audio 25

здание *(n.)*	edificio 39
здешний, -яя, -ее	di qui 4
здоров, -а, -о	è sano 50
земля *(f.)*	mondo, terra 22
земноводное *(n.)*	anfibio (animale) 30
златоглавый, -ая, -ое	dalle cupole d'oro 47
злой, -ая, -ое	feroce, cattivo 50
змейка *(f.)*	serpentello 23
змея *(f.)*	serpente 55
знакомый *(m.)*, -ая *(f.)*	conoscente *(sost.)* 34
знакомый, -ая, -ое	conosciuto, celebre 37
знаменитый, -ая, -ое	celebre 64
знание *(n.)*	sapere (conoscenza) 18
знаток *(m.)*	intenditore 70
значимый, -ая, -ое	importante, significativo 48
значок *(m.)* (на компьютере)	segno, icona (di computer) 25
знобить *(solo i.)* кого	avere la febbre 16
зодчество *(n.)* *(lett.)*	architettura 15
зол, зла, зло	è malvagio 50
зонтик *(m.)*	ombrello 62
зоомагазин *(m.)*	negozio di articoli per animali 32
зрение *(n.)*	vista (facoltà visiva) 47
с точки ~ия	dal punto di vista 47
зря	invano 30

И

и т.д. (и так далее)	e così via 22
и т.д. и т.п.	ecc. ecc. 22
и т.п. (и тому подобное)	e così via 22
иго *(n.)*	giogo 40
игра *(f.)*	gioco 27
играть *(i.)* *(p.* сыграть*)* на чём	suonare (uno strumento) 26
игровой, -ая, -ое	di gioco 27
игрок *(m.)*	giocatore 48
избежать *(p.)* *(i.* избегать*)* чего / кого	evitare qs / qn 46
избирательный, -ая, -ое	elettorale 68
~ое право *(n.)*	suffragio 68
избирать *(i.)* *(p.* избрать*)* кого кем	eleggere / scegliere qn come 40
избран, -а, - о	è stato eletto 68

изверг *(m.) (coll.)*	disgraziato *(sost.)* 62
известен, -тна, -тно	è famoso / noto 17
известный, -ая, -ое	famoso 33
извинение *(n.)*	scusa 34
принести *(p.) (i.* приносить*)* ~ия	scusarsi, presentare le (proprie) scuse 34
издание *(n.)*	edizione, pubblicazione 36
издеваться *(solo i.)* над кем	deridere qn 58
излишество *(n.)*	eccesso 53
изменён, -нена, -нено	è cambiato 25
изменение *(n.)*	cambiamento 2
измерить *(p.) (i.* измерять*)*	misurare 15
изначально *(avv.)*	inizialmente 45
износить *(p.) (i.* изнашивать*)*	portare un abito fino a consumarlo 55
изношен, -а, -о	è logoro 55
изнутри	dall'interno 55
изобиловать *(solo i.)* чем	abbondare di 51
изображать *(i.) (p.* изобразить*)* из себя кого *(coll.)*	fingere di essere qn 64
изображение *(n.)*	immagine 25
изобразительный, -ая, -ое	figurativo 51
изобретателен, -льна, -льно	è scaltro / ingegnoso 20
изобретение *(n.)*	invenzione 22
изоляция *(f.)*	isolamento 48
изучить *(p.) (i.* изучать*)*	studiare a fondo, esaminare 13
икона *(f.)*	icona 51
икра *(f.)*	polpaccio 16
иллюзия *(f.)*	illusione 45
иллюминатор *(m.)*	oblò 57
иллюстрация *(f.)*	illustrazione 48
иметь *(solo i.)*	avere 30
~ дело с чем / кем	avere a che fare con 30
император *(m.)*	imperatore 40
имя *(n.)*	nome 40
иначе	altrimenti 59
инвестиция *(f.)*	investimento (economico) 39
ингаляция *(f.)*	inalazione 16
индивидуум *(m.) (anche coll.)*	individuo, tipo (persona) 59
индустрия *(f.)*	industria 39
инициализация *(f.)*	inizializzazione 25

инициативность *(f.)*	spirito di iniziativa 32
инновационный, -ая, -ое	innovativo 54
иностранец *(m.)*	straniero *(sost.)* 47
инсталляция *(f.)*	installazione (artistica) 45
инструмент *(m.)*	strumento 54
интерактивный, -ая, -ое	interattivo 54
интервью *(n., inv.)*	intervista, colloquio (di lavoro) 31
интерес *(m.)* к чему	interesse per 54
интересен, -сна, -сно	è curioso 50
интересоваться *(solo i.)* чем	interessarsi di 54
интересующий, -ая, -ее	interessante, che interessa 22
интерьер *(m.)*	interno (arredamento) 45
информационный, -ая, -ое	di informazioni 22; informativo 46
информация *(f., solo sing.)* о чём	informazione su 54
искать *(solo i.)*	cercare 5
искусственный, -ая, -ое	artificiale 12
искусство *(n.)*	arte 45
испарина *(f.)*	sudore, traspirazione 16
исповедаться *(p.)* *(i.* исповедоваться*)*	confessarsi 38
исполнение *(n.)*	interpretazione (esecuzione) 65
исполнительный, -ая, -ое	esecutivo 68
исполнять *(i.)* *(p.* исполнить*)*	eseguire, suonare (con strumento mus.) 37
использовать *(biaspett.)*	utilizzare 22
испортить *(p.)* *(i.* портить*)*	rovinare 29
испортиться *(p.)* *(i.* портиться*)*	deteriorarsi 53
испустить *(p.)* *(i.* испускать*)*	esalare 36
~ дух	esalare l'ultimo respiro 36
истерика *(f.)*	crisi isterica 53
исторический, -ая, -ое	storico 10
истосковаться *(solo p.)* по чему / кому, по чём / ком	struggersi per 63
источник *(m.)*	fonte 36
исходить *(solo p.)* *(non mon.) (coll.)*	percorrere (a piedi) in lungo e in largo 55
исчезнуть *(p.)* *(i.* исчезать*)*	sparire 25
~ *(fig.)*	dissolversi *(fig.)* 53
итог *(m.)*	bilancio 70
подводить *(i.)* *(p.* подвести*)* ~ чему *(fig.)*	fare il bilancio di qs *(fig.)* 70
иудаизм *(m.)*	ebraismo 38

ишак *(m.)*	mulo 50

К

кабель *(m.)*	cavo *(sost.)* 23
кабинет *(m.)*	studio (stanza) 23
каблук *(m.)*	tacco 61
кавалер *(m.)*	cavaliere 48
кадр *(m.)*	foto, fotogramma, inquadratura 29
кадровый, -ая, -ое	del personale 54
кадры *(m., solo pl.)*	personale *(sost.)* 32
как будто	come se 23
камера *(f.)*	telecamera 33
кампания *(f.)*	campagna pubblicitaria 31
камыш *(m.)*	canneto 61
канон *(m.)*	canone 48
канцлер *(m.)*	cancelliere (capo di governo) 46
капелька *(f.)*	gocciolina 29
~ *(coll.)*	pochino *(sost.)* 29
капля *(f.)*	goccia 29
капот *(m.)*	cofano 9
карательный, -ая, -ое	punitivo 40
каркнуть *(p.)* (*i.* каркать)	gracchiare 66
карлик *(m.)*	nano *(sost.)* 51
карта *(f.)*	scheda (di memoria) 29
картина *(f.)*	film, quadro 33
картинка *(f.)*	immagine, illustrazione 30
картошка *(f., solo sing.) (coll.)*	patate 59
~ фри *(inv.)*	patatine fritte 41
карьера *(f.)*	carriera 53
каскад *(m.)*	cascata 51
катастрофа *(f.)*	disastro 62
католицизм *(m.)*	cattolicesimo 38
качать *(solo i.)* чем (головой)	scuotere (la testa) 23
качаться *(solo i.) (fig. e coll.)*	pomparsi *(fig.)*, farsi i muscoli 8
качество *(n.)*	qualità 31
качок *(m.) (coll.)*	palestrato *(sost.)* 58
квартплата *(f.)*	affitto 68
кедровый орешек *(m.)*	pinolo 6
кинозал *(m.)*	sala cinematografica 33

кинокартина *(f.)*	film, pellicola cinematografica 33
кинолента *(f.)*	pellicola cinematografica 33
кинолюбитель *(m.)*	cinefilo 33
кипеть *(solo i.)*	bollire *(intr.)* 59
кипятиться *(i.) (p.* вскипятиться*)*	ribollire *(intr.)* 39
~ *(fig. e coll.)*	scaldarsi *(fig.)* 39
кириллица *(f.)*	alfabeto cirillico 70
кирпич *(m.)*	mattone 10
кисть *(f.)*	pennello 48
кит *(m.)*	balena 30
клавиатура *(f.)*	tastiera 25
классика *(f., solo sing.)*	i classici della letteratura 67
классический, -ая, -ое	classico 48
клевета *(f.)*	calunnia 50
климат *(m.)*	clima 40
клонить *(solo i.)* к чему	inclinare verso qs 36
~ к чему *(fig.)*	voler andare a parare 36
ключевой, -ая, -ое	chiave *(agg.)* (determinante) 48
книга *(f.)* жалоб и предложений	guestbook 57
книжка *(f.)*	libretto (di lavoro) 32
книжный *(m.)* (магазин) *(coll.)*	libreria 67
кнопка *(f.)*	pulsante *(sost.)* 25
княжество *(n.)*	principato 40
коврик *(m.)*	zerbino, tappetino 64
кое-какой, -ая, -ое	qualche 25
кожа *(f.)*	pelle 43
коза *(f.)*	capra 61
козёл *(m.)*	caprone 50
козерог *(m.)*	capricorno 53
количество *(n.)*	quantità 10; numero 15
коллектив *(m.)*	gruppo (di lavoro) 32
колодец *(m.)*	pozzo 61
колонна *(f.)*	colonna 45
кольцевой, -ая, -ое	circolare *(agg.)* 47
кольцо *(n.)*	cerchio, anello 30
команда *(f.)*	gruppo (squadra) 31
комар *(m.)*	zanzara 30
комбайн *(m.)*	mietitrebbiatrice 41
комиссия *(f.)*	commissione 39

коммерциализировать *(biaspett.)*	commercializzare 54
коммуникабельность *(f.)*	capacità relazionali 32
компания *(f.)*	compagnia 1; azienda 22; società (ditta) 31
компенсация *(f.)*	rimborso 31
комплекс *(m.)*	complesso (insieme) *(sost.)* 32; complesso (architettonico) 51
комплексный, -ая, -ое	complesso *(agg.)* 6
~ый обед *(m.)*	menù (pasto completo) 6
компьютерный, -ая, -ое	di computer, informatico 23
комфортно *(avv.)*	confortevolmente, bene *(avv.)* 43
конец *(m.)*	fine (termine) 39
на другом ~нце чего *(fig.)*	all'altro capo di *(fig.)* 22
на худой ~	nella peggiore delle ipotesi 39
конкурсант *(m.)*	concorrente *(sost.)* 54
констатировать *(biaspett.)*	constatare 50
консультация *(f.)*	consulto 43
контракт *(m.)*	contratto 46
контролировать *(i.)* (*p.* проконтролировать)	controllare 22
конфета *(f.)*	cioccolatino, caramella 33
конфиденциальный, -ая, -ое	riservato (confidenziale) 59
конфликт *(m.)*	conflitto 52
кончаться *(i.)* (*p.* кончиться)	finire *(intr.)* 34
конченный, -ая, -ое	finito 61
конь *(m.) (lett.)*	cavallo 52
копаться *(solo i.) (fig.)*	frugare, rovistare 29
~ *(fig. e coll.)*	indugiare, gingillarsi 29
~ в чём *(fig.)*	trafficare, armeggiare con *(fig.)* 29
копеечный, -ая, -ое *(coll.)*	da un copeco, a prezzo irrisorio 44
копейка *(f.)*	copeco 44
корабль *(m.)*	nave 8
корень *(m.)*	radice 61
корзина *(f.)*	cestino 23
корифей *(m.)*	corifeo 65
~ *(fig.)*	celebrità (persona) 65
кормить *(i.)* (*p.* накормить) кого чем	nutrire qn con 40
коронован, -а, -о	è stato incoronato 40
короновать *(biaspett.)* кого кем	incoronare qn come 40
коротенький, -ая, -ое *(coll.)*	molto breve 67

короче говоря	insomma, in breve 27
корректный, -ая, -ое	corretto 52
коррупционный, -ая, -ое	di corruzione 46
коррупция *(f.)*	corruzione 40
космонавтика *(f.)*	astronautica 51
кошачьи *(solo pl.)*	felidi 11
кошка *(f.)*	gatto 30
край *(m.)*	territorio 10; circolo (polare) 69
крайне	estremamente 20
крайний, -яя, -ее	estremo *(agg.)* 36
кран *(m.)*	rubinetto 61
красиво *(avv.)*	elegantemente 31
красота *(f.)*	bellezza 15
красотища *(f.) (coll.)*	meraviglia, bellezza incommensurabile 15
краткий, -ая, -ое	breve 40
краткосрочный, -ая, -ое	a breve termine 2
крашеный, -ая, -ое	dipinto *(agg.)* 38
кредитка *(f.) (coll.)*	carta di credito 20
кредитный, -ая, -ое	di credito 44
~ая карта *(f.)*	carta di credito 44
крепостной, -ая, -ое	di servitù della gleba 40
~ое право *(n.)*	servitù della gleba 40
крестить *(i.) (p.* окрестить*)*	battezzare 19
креститься *(i.) (p.* перекреститься*)*	farsi il segno della croce 38
крестник *(m.)* / -ница *(f.)*	figlioccio / -a 19
Крестный	della Croce 38
крёстный (отец) *(m.)*	padrino 19
крестьянин *(m.)* / -нка *(f.)*	contadino / -a 48
крещение *(n.)*	battesimo 40
кривляться *(solo i.)*	fare smorfie 50
криминал *(m.)*	delitto 34
критерий *(m.)*	opzione, criterio 44
критический, -ая, -ое	critico *(agg.)* 62
кроме чего / кого	tranne 55
кроссворд *(m.)*	cruciverba 31
круг *(m.)*	giro 25; cerchia 34; ambiente, circolo 46
голова (идёт) ~ом у кого	a qn gira la testa 25
кружок *(m.)*	circolo 52
круиз *(m.)*	crociera 8

круизный, -ая, -ое	da crociera 55
крупный, -ая, -ое	grande, grosso 11
~ый план *(m.)*	primo piano (foto) 29
крутить *(solo i.)*	girare *(trans.)* 44
крутой, -ая, -ое	sodo (denso) (di cibo) 57
крылатый, -ая, -ое	alato 50
~ое выражение *(n.)*	modo di dire, locuzione 50
крылечко *(n.)*	terrazzino d'ingresso 38
крыша *(f.)*	tettuccio 9; tetto 46
~ *(coll.)*	testa 67
крякнуть *(p.)* *(i.* крякать*)*	starnazzare 36
~ *(fig. e coll.)*	schiattare *(fig.)* 36
кстати	a proposito 47
кудахтать *(solo i.)*	chiocciare 61
кузнечик *(m.)*	cavalletta 30
кукуруза *(f.)*	mais 62
кукушка *(f.)*	cuculo 65
кулик *(m.)*	beccaccino 57
кулич *(m.)*	panettone (pasquale) 38
культурен, -рна, -рно	è colto 57
культурный, -ая, -ое	culturale 51
купание *(n.)*	bagno (il bagnarsi) 52
купленный, -ая, -ое	comprato 24
куплет *(m.)*	strofa 65
купол *(m.)*	cupola 64
куранты *(m., solo pl.)*	orologio a carillon 34
куриный, -ая, -ое	di gallina 50
курить *(i.)* *(p.* выкурить*)*	fumare 57
курорт *(m.)*	luogo di villeggiatura 31
курортный, -ая, -ое	balneare 57
курс *(m.)*	rotta 57
быть в ~е чего	essere al corrente di 2
кусочек *(m.)*	pezzetto 51
куча *(f.)* чего *(fig. e coll.)*	un sacco di *(fig.)* 67

Л

лавры *(m., solo pl.)*	allori *(fig.)* 70
почивать *(i.)* *(p.* почить*)* на ~ах	dormire sugli allori 70
ладненько *(coll.)*	benone, d'accordo 3

ладонь *(f.)*	palma (della mano) 16
лазание *(n.)*	arrampicata 44
лазить *(solo i.) (non mon.)*	arrampicarsi 44
лампочка *(f.)*	lampadina 26
кому до ~и *(coll.)*	fregarsene 26
лапа *(f.)*	zampa 50
ласково *(avv.)*	affettuosamente 50
лев *(m.)*	leone 30
лёгкий, -ая, -ое	leggero 55
легко *(avv.)*	agilmente 58
лёгкое *(n.)*	polmone 16
лёд *(m.)*	ghiaccio 55
ледяной, -ая, -ое	ghiacciato 16
лексика *(f.)*	lessico 50
лексикон *(m.)*	vocabolario (lessico individuale) 47
лекция *(f.)*	lezione (universitaria) 39
лень *(f.)*	pigrizia 8
лесть *(f.)*	adulazione 66
лечащий врач *(m.)*	medico curante 58
лидерский, -ая, -ое	di gestione 31; da leader 32
линейный сотрудник *(m.)*	dipendente (impiegato) *(sost.)* 31
лиса *(f.)*	volpe 30
лисий, -ья, - ье	volpino *(agg.)*, di volpe 66
лисица *(f.)*	volpe 30
листочек *(m.)*	foglietto 62
лицензия *(f.)*	licenza (documento) 13
лицо *(n.)*	viso 8; persona 27; faccia 39; volto 68
личностный, -ая, -ое	personale *(agg.)*, della personalità 32
личность *(f.)*	persona, personalità 36
личный, -ая, -ое	personale *(agg.)* 23
лишний, -яя, -ее	superfluo 33
~ий вес *(m.)*	sovrappeso 58
лоб *(m.)*	fronte 4
ловкость *(f.)*	agilità 64
ловля *(f.)*	pesca (il pescare) 13
ловушка *(f.)*	trabocchetto 51
логичен, -чна, -чно	è logico 54
лодочка *(f.)*	barchetta, décolleté (scarpa) 55
локоть *(m.)*	gomito 33

ломать *(i.)* *(p.* поломать, сломать*)*	rompere 65
~ (себе) голову над чем *(fig.)* *(coll.)*	lambiccarsi il cervello su 65
ломить *(solo i.)* у кого	sentire delle fitte 16
ломовая лошадь *(f.)*	cavallo da tiro 50
лопата *(f.)*	pala 46
лосьон *(m.)*	lozione 16
лоток *(m.)*	bancarella 36
луг *(m.)*	prato 61
лужа *(f.)*	pozzanghera 61
лужайка *(f.)*	radura 13
лучший, -ая, -ее	il migliore 13
льстец *(m.)*	adulatore 66
любезный, -ая, -ое	cortese 33
любитель *(m.)*	appassionato *(sost.)*, amatore 52
любящий, -ая, -ее	affettuoso 26
люкс *(m.)*	lusso 19
люстра *(f.)*	lampadario 27

М

майор *(m.)*	maggiore (grado militare) 48
макароны *(f., solo pl.)*	pasta (alimentare), maccheroni 27
макияж *(m.)*	trucco 20
малоизвестный, -ая, -ое	poco noto 51
малый, -ая, -ое	piccolo 32
мальчишка *(m.)* *(coll.)*	ragazzino 54
малюсенький, -ая, -ое *(coll.)*	minuscolo 44
манекенщица *(f.)*	indossatrice 55
манера *(f.)*	stile, maniera 52
марсианин *(m.)*	marziano *(sost.)* 40
маршрутка *(f.)* *(coll.)*	navetta, minibus, taxi a itinerario fisso 4
маска *(f.)*	maschera 20
масло *(n.)*	olio 6
мастер *(m.)*	tecnico *(sost.)* 24; maestro (artista) 48
~ в чём	maestro (bravo) in qs 41
~ на все руки	saper fare tutto 41
мастерская *(f.)*	centro assistenza, laboratorio 25
мат *(m.)*	parolacce, bestemmia, turpiloquio 39
матрас *(m.)*	materasso 5

махать *(i.)* *(p.* махнуть*)* чем	agitare qs, fare segno con qs 59
медведь *(m.)*	orso 30
медвежий, -ья, -ье	d'orso 50
~ья услуга *(f.)*	pessimo servizio 50
мелкий, -ая, -ое	futile, piccolo (insignificante) 53
мелочь *(f.)*	sciocchezzuola 60
мемориальный, -ая, -ое	commemorativo 51
менять *(i.)* *(p.* поменять*)*	cambiare 17
меняться *(i.)* *(p.* поменяться*)*	cambiare *(intr.)* 40
мера *(f.)*	misura (moderazione) 57
мерить *(i.)* *(i.* примерять*)* *(p.* примерить*)*	provare (vestiti, scarpe) 55
мероприятие *(n.)*	misura (provvedimento) 32; manifestazione (culturale) 51
местность *(f.)*	terreno 61
место *(n.)*	luogo 57
метеосводка *(f.)*	bollettino meteo 26
метр *(m.)*	metro (misura) 51
мех *(m.)*	pelliccia (pelo di animale) 1
искусственный ~	pelliccia ecologica 12
на ~у	impellicciato, foderato di pelliccia 1
мечтать *(solo i.)* о чём	desiderare, sognare (a occhi aperti) 51
мигать *(i.)* *(p.* мигнуть*)*	lampeggiare 29
миленький, -ая, -ое	caro (persona cara) 62
как ~ *(coll.)*	senza fiatare, senza batter ciglio 62
миллиардер *(m.)*	miliardario *(sost.)* 40
Минздрав *(m.)*	Ministero della sanità 70
министерство *(n.)*	ministero 54
мировой, -ая, -ое	mondiale 51
миролюбивый, -ая, -ое	pacifico 57
мифологический, -ая, -ое	mitologico 48
млекопитающее *(n.)*	mammifero 11
мнение *(n.)*	opinione, parere 10
многогранный, -ая, -ое	poliedrico 52
многонациональный, -ая, -ое	multietnico 38
множество *(n.)*	grande quantità 10
могучий, -ая, -ее	potente *(agg.)* 69
модель *(f.)*	modello 55
модный, -ая, -ое	alla moda 57

мозг *(m.)*	cervello 50
мокрый, -ая, -ое	bagnato 51
молодёжный, -ая, -ое	dei giovani 54
молчалив, -а, -о	è taciturno 50
моль *(f.)*	tarma 12
монголо-татарский	mongolo-tataro *(agg.)* 40
монгольский, -ая, -ое	mongolo *(agg.)* 40
монтаж *(m.)*	montaggio 33
мороженый, -ая, -ое	congelato (di alimenti) 59
мороз *(m.)*	gelo 65
~ по коже *(fig.)*	pelle d'oca *(fig.)* 65
морозилка *(f.) (coll.)*	freezer 57
морской, -ая, -ое	marino 30
~ая свинка *(f.)*	cavia 30
морщить *(i.) (p.* сморщить*)*	corrugare 34
мостик *(m.)*	ponticello 61
мотать *(i.) (p.* мотнуть*)* чем (головой)	scuotere (la testa) 23
мотаться *(i.) (p.* мотнуться*)*	dondolarsi 60
~ *(solo i.) (fig. e coll.)*	correre trafelato, affannarsi 60
мотивация *(f.)*	motivazione 31; voglia 36
мочить *(i.) (p.* замочить*)*	macerare, tenere a mollo 27
~ *(fig. e coll.)*	far fuori (ammazzare) 27
мочь *(i.) (p.* смочь*)*	potere 29
мощный, -ая, -ое	potente *(agg.)* 29
моющий, -ая, -ее	detergente *(agg.)* 43
мрачно *(avv.)*	cupamente 17
мудрость *(f.)*	saggezza 69
мужик *(m.) (coll.)*	tizio 57
музей *(m.)*-квартира *(f.)*	casa museo 51
музыкант *(m.)*	musicista 37
мультик *(m.) (coll.)*	cartone (animato) 34
мультиконфессиональный, -ая, -ое	multiconfessionale 38
мультипликационный фильм *(m.)*	film d'animazione, cartone animato 34
муравей *(m.)*	formica 30
мутиться *(i.) (p.* помутиться*)* (о сознании)	annebbiarsi, offuscarsi (di mente) 41
муха *(f.)*	mosca 30
мысль *(f.)*	pensiero 48
мыться *(i.) (p.* вымыться, помыться*)*	lavarsi 45

мышка *(f.) (fig. e coll.)*	mouse 25
мышца *(f.)*	muscolo 58
мышь *(f.)*	topo 25
~ *(fig.)*	mouse 25
мэр *(m.)*	sindaco 36
мягкий, -ая, -ое	dolce (di carattere) 39
мясной, -ая, -ое	di carne 6

Н

набег *(m.)*	scorreria 40
набережная *(f.)*	lungofiume 15
набирать *(i.) (p.* набрать*)*	digitare 44
наблюдать *(solo i.)* за чем / кем	sorvegliare qs / qn 59
набор *(m.)*	assunzione (di personale) 31
набрать *(p.) (i.* набирать*)*	arraffare 20
навевать *(i.) (p.* навеять*)*	insufflare 48
наведаться *(p.) (i.* наведываться*) (coll.)*	venire a trovare 60
наверно(е)	certamente, forse, probabilmente 23
наверняка *(coll.)*	sicuramente 39
навет *(m.) (ant.)*	calunnia 65
наводнение *(n.)*	inondazione 57
навыбирать *(solo i.) (coll.)*	scegliere in abbondanza 67
навык *(m.)*	esperienza (di lavoro) 31
наглость *(f.)*	faccia tosta, sfacciataggine 36
наглый, -ая, -ое	sfacciato 3
нагружен, -а, -о	è carico 50
надежда *(f.)*	speranza 34
надёжнее *(agg.)*	più affidabile 44
надлежать *(solo i.) (+ infinito)*	spettare *(+ infinito)* 22
надо; то, что ~!	fantastico!, quello che occorre / ci vuole! 5
надобность *(f.)* в чём	necessità / bisogno di 26
надувной, -ая, -ое	gonfiabile 5
надуться *(p.) (i.* надуваться*)*	gonfiarsi 62
~ *(fig.)*	avere il muso lungo *(fig.)* 62
наесться *(p.) (i.* наедаться*)* чем	farsi una scorpacciata di, mangiare a sazietà qs 6
наехать *(p.) (i.* наезжать*)* на что / кого	andare a sbattere contro, urtare, investire qs / qn (con un mezzo) 9

нажать *(p.)* *(i.* нажимать*)* на что	premere su 25
нажить *(p.)* *(i.* наживать*)*	accumulare (nel tempo) 41
название *(n.)*	nome, denominazione 23
назначать *(i.)* *(p.* назначить*)* кого кем	designare qn come 40
назначение *(n.)*	destinazione (finalità) 20
назначить *(p.)* *(i.* назначать*)*	assegnare 46
назойлив, -а, -о	è fastidioso 50
наклеить *(p.)* *(i.* наклеивать*)* на что	incollare su 18
наклониться *(p.)* *(i.* наклоняться*)* над чем / кем	chinarsi su / sopra 10
накрыть *(p.)* *(i.* накрывать*)* на стол	apparecchiare la tavola 30
накупить *(p.)* *(i.* накупать*)* чего	comprare in grande quantità qs 20
накурен, -а, -о	è pieno di fumo (di sigarette) 57
накурено	c'è puzza di fumo (di sigarette) 57
наладить *(p.)* *(i.* налаживать*)* отношения с кем	instaurare / ristabilire rapporti con qn 53
наладиться *(p.)* *(i.* налаживаться*)*	aggiustarsi *(fig.)* 50
налаживать *(i.)* *(p.* наладить*)*	mettere a punto 27
наличие *(n.)*	presenza 32
намотаться *(p.)* *(i.* наматываться*)*	avvolgersi 24
наоборот	al contrario 24
нападающий, -ая, -ее	attaccante *(sost.) (sport.)* 46
напасть *(f.) (coll.)*	disgrazia, sciagura 70
напеть *(p.)* *(i.* напевать*) (coll.)*	canticchiare 41
написанный, -ая, -ое	scritto 17
напиток *(m.)*	bevanda 6
наполеоновский, -ая, -ое	napoleonico 41
напольный, -ая, -ое	da pavimento 45
напоминать *(i.)* *(p.* напомнить*)* кому о чём	ricordare a qn qs 51
направление *(n.)*	direzione (orientamento) 45
~ *(fig.)*	corrente *(sost.) (fig.)* 48; orientamento 68
напрасно *(avv.)*	inutilmente 17
напрочь *(coll.)*	completamente 52
нарастать *(i.)* *(p.* нарасти*)*	intensificarsi, ingrossarsi 56
нарастающий, -ая, -ее	crescente 46
народ *(m.)*	gente, popolo 8
народный, -ая, -ое	popolare (folclorico) 37

нарочно	apposta 59
как ~	neanche a farlo apposta 59
насекомое *(n.)*	insetto 30
населяющий, -ая,- ее	popolante, che popola 57
насладиться *(p.)* (*i.* наслаждаться) чем	godersi qs 37
наслаиваться *(i.)* (*p.* наслоиться) на что	stratificarsi su 55
~ на что *(fig.)*	sovrapporsi a *(fig.)* 55
наследие *(n.)*	patrimonio *(fig.)*, eredità *(fig.)* 48; retaggio 52
насмехаться *(solo i.)* над чем / кем	scherzare su 57
насмешить *(solo p.)*	far ridere 30
насмешник *(m.)*	burlone *(sost.)* 57
насморк *(m.)*	raffreddore 16
наставник *(m.)* *(ant.)*	guida (mentore), precettore 52
настать *(p.)* (*i.* наставать) (о времени)	sopraggiungere (di tempo) 58
настежь	spalancato 29
настенный, -ая, -ое	a muro, murale 45
настигать *(i.)* (*p.* настичь) кого	raggiungere (qn che si è allontanato) 13
настой *(m.)*	infuso (decotto) 16
настольный, -ая, -ое	da tavolo 45
настоящий, -ая, -ее	vero, autentico 13; presente *(agg.)*, attuale 22
настроен, -а, -о на что	è predisposto a 17
настроение *(n.)*	umore 26
настроить *(p.)* (*i.* настраивать)	aggiustare, regolare 29
настрой *(m.)*	atteggiamento, attitudine 31
~ *(coll.)*	spirito (stato d'animo) 58
настройка *(f.)*	regolazione 29
насчёт чего	quanto a, per quanto riguarda 25
насчитывать *(solo i.)* что / кого в чём	contare (contenere) qs / qn in 52
насыщенный, -ая, -ое *(fig.)*	sostanzioso, denso *(fig.)* 54
наука *(f.)*	scienza 22
научиться *(p.)* (*i.* учиться) (+ *infinito i.*)	imparare a (+ *infinito*) 53
научно-технический, -ая, -ое	tecnico-scientifico 46
научный, -ая, -ое	scientifico 54
находить *(i.)* (*p.* найти)	trovare 47

находящийся, -аяся, -ееся	trovantesi, che si trova 22
нацелен, -а, -о на что	è finalizzato a 54
нацелить *(p.) (i.* нацеливать*)* (ружьё) на что / кого	puntare (un'arma) contro 54
~ что / кого на что *(fig.)*	orientare qs / qn su uno scopo 54
нация *(f.)*	nazione 57
начало *(n.)*	inizio 2
начальник *(m.)*	capo (superiore), responsabile *(sost.)* 32
начальство *(n.)*	direzione (i superiori) 58
начаться *(p.) (i.* начинаться*)*	cominciare *(intr.)* 34
~ с чего	cominciare con 53
начинание *(n.)*	iniziativa 53
начинка *(f.)*	ripieno *(sost.)* 6
начитанный, -ая, -ое	colto (erudito) 47
начитаться *(p.) (i.* начитываться*)* чего	leggere in abbondanza 67
небезразличен, -чна, -чно	non è indifferente 10
невероятный, -ая, -ое	incredibile 10; straordinario, inverosimile 45
невидимый, -ая, -ое	invisibile 51
невнятный, -ая, -ое	indistinto 24
невозможность *(f.)*	impossibilità 22
невоспитанный, -ая, -ое	maleducato 3
невтерпёж *(avv.)* кому *(coll.)*	non vedere l'ora di 34
невысказанное *(n.)*	cose non dette, inespresso *(sost.)* 53
негазированный, -ая, -ое	non gassato, naturale 55
недавний, -яя, -ее	recente 67
недавно	recentemente 9
недоваренный, -ая, -ое	non abbastanza cotto 57
недоволен, -льна, -льно чем	è insoddisfatto di 8
недовольство *(n.)* чем	insoddisfazione per 46; malcontento per 50
недомолвка *(f.)*	reticenza 53
недооценивать *(i.)* *(p.* недооценить*)*	sottovalutare 24
недостаток *(m.)*	difetto, svantaggio 58
недоумение *(n.)*	perplessità 50
нежелаемый, -ая, -ое	indesiderato 22
нежный, -ая, -ое	delicato 43
независимо *(avv.)* от чего	indipendentemente da 22
независимый, -ая, -ое от чего	indipendente da 40

незаметно *(avv.)*	senza farsi notare 60; inavvertitamente 70
незнание *(n.)*	ignoranza 68
некий, -ая, -ое	un certo 37; un qualche, un tale 48
некомпетентный, -ая, -ое	incompetente 24
неладен, -дна, -дно *(coll.)*	è losco *(fig.)* 44
нелёгкий, -ая, -ое	non facile, difficile 34
нем, -а, -о	è muto 50
необъятный, -ая, -ое	sterminato, sconfinato 15
неограниченный, -ая, -ое	sterminato, illimitato 22
неожиданно *(avv.)*	inaspettatamente 70
неоспоримый, -ая, -ое	indiscutibile 53
неотъемлемый, -ая, -ое	imprescindibile, integrante 22
неповторимый, -ая, -ое	eccezionale, irripetibile 45
неподалёку	nei paraggi, non lontano 59
непонятен, -тна, -тно	è incomprensibile 15
непонятный, -ая, -ое	astruso, incomprensibile 24
непорядок *(m.)*	disordine 16
непосвящённый, -ая, -ое	profano, non iniziato *(relig.)* 24
непосредственный, -ая, -ое	immediato, diretto *(agg.)* 68
непривлекательный, -ая, -ое	sgradevole 50
непривычка *(f.)*	mancanza di abitudine 62
неприкосновенность *(f.)*	immunità, intangibilità 68
неразборчивый, -ая, -ое	illeggibile (di calligrafia) 50
нервничать *(solo i.)*	essere nervoso 26
нервный, -ая, -ое	nervoso 43
нереальный, -ая, -ое	irrealizzabile 40
нередок, -дка, -дко	non è raro *(agg.)* 40
несказанно *(avv.)*	indicibilmente 44
несколько чего / кого	qualche, alcuni, un po' di 2
несмотря на то, что	nonostante *(cong.)* 53
~ на что	nonostante *(prep.)* 22
несомненный, -ая, -ое	indubitabile 31
неспокойный, -ая, -ое	burrascoso 40
нести *(i.)* *(p.* снести*)* яйца	deporre le uova 61
~ *(solo i.)* *(mon.)* *(fig. e coll.)*	farneticare 59
несущий, -ая, -ее *(arch.)*	portante *(agg.)* *(arch.)* 45
несчастный, -ая, -ое	povero (infelice), sfortunato 50
неугодный, -ая, -ое	sgradito 52
неудавшийся, -аяся, -ееся	non riuscito 26

неудачно *(avv.)*	male *(avv.)* 9
неудовлетворительно *(n., inv.)*	insufficiente (voto) 18
неужели?	davvero?, possibile? 17
неуклонно *(avv.)*	continuamente, fermamente 54
неуклюжий, -ая, -ее	goffo 50
неформальный, -ая, -ое	informale 52
нефтяной, -ая, -ое	petrolifero 39
нецензурный, -ая, -ое	osceno 67
~ая лексика *(f., solo sing.)*	parolacce 67
нечист, -а, -о	è sporco 44
никак	in nessun modo 5
нитка *(f.)*	filo 51
ниша *(f.)*	nicchia 45
новенький, -ая, -ое *(coll.)*	nuovo nuovo 9
новогодний, -яя, -ее	di Capodanno 34
~яя ёлка *(f.)*	albero di Capodanno 34
новорождённый, -ая, -ое	neonato 43
новости *(f., solo pl.)*	telegiornale 1
новость *(f.)*	notizia 1
ноготь *(m.)*	unghia 16
ножка *(f.)*	piede (di mobile) 24
нонконформистский, -ая, -ое	anticonformista *(agg.)* 52
нормальный, -ая, -ое	normale 60
нос *(m.)*	naso 60
вешать *(i.) (p.* повесить*)* ~ *(coll.)*	scoraggiarsi 60
носик *(m.)*	nasino 66
носитель *(m.) (fig.)*	detentore 68
носить *(solo i.) (non mon.)*	portare (a piedi) 55
~ *(fig.)*	indossare 55
носорог *(m.)*	rinoceronte 30
ночевать *(i.) (p.* переночевать*)*	pernottare 5
ночной, -ая, -ое	notturno 38
нравы *(m., solo pl.)*	costumi (usanze) 40
ныть *(solo i.)*	piagnucolare 29; fare male / dolere (in modo persistente) 60
няня *(f.)*	balia 55

О

обалденный, -ая, -ое *(coll.)*	pazzesco, allucinante *(fig.)* 33

обвал *(m.)*	crollo (frana) 46
обезьяна *(f.)*	scimmia 50
обернуть *(p.)* (*i.* обёртывать, оборачивать) что / кого во что	confezionare, avvolgere qs / qn in 34
обёрточная бумага *(f.)*	carta da regalo / imballaggio 34
обеспечен, -а, -о	è garantito 53
обеспечение *(n.)*	garanzia 32
обеспечивать *(i.)* (*p.* обеспечить)	garantire 22
обеспечить *(p.)* (*i.* обеспечивать)	assicurare 46
обеспокоен, -а, -о	è preoccupato 44
обещать *(i.)* (*p.* пообещать)	promettere 5
обзор *(m.)*	panoramica (*fig.*), rassegna 65
обида *(f.)*	offesa 53
обижаться *(i.)* (*p.* обидеться) на кого за что	offendersi con qn per 10
облагораживать *(i.)* (*p.* облагородить)	nobilitare 45
обладать *(solo i.)* чем	possedere (essere dotato di) 16
~ чем (правом)	godere di (un diritto) 68
областной, -ая, -ое	regionale 10
область *(f.)*	regione 10; campo (àmbito) 24; ramo (settore) 39
облачаться *(i.)* (*p.* облачиться) во что *(lett.)*	vestirsi di 38
облегчать *(i.)* (*p.* облегчить)	alleggerire 23
~ *(fig.)*	agevolare, facilitare 23
облизать *(p.)* (*i.* облизывать)	leccare 30
обложиться *(p.)* (*i.* обкладываться) чем	circondarsi di 27
обмен *(m.)* чем с кем	scambio di qs con qn 23
familyобмениваться *(i.)* (*p.* обменяться) чем	scambiarsi qs 38
обнаглеть *(p.)* (*i.* наглеть)	diventare sfacciato 44
обойти *(p.)* (*i.* обходить)	aggirare 22
~ вниманием	dimenticare, tralasciare 22
~ молчанием	passare sotto silenzio 22
~ стороной	stare alla larga da, evitare 22
обойтись *(p.)* (*i.* обходиться) без чего / кого	fare a meno di 6
~ во что	venire a costare 45
обомлеть *(p.)* (*i.* обомлевать) от чего *(coll.)*	allibire / rimanere di sasso per 62

оборонно-промышленный комплекс *(m.)*	industria della difesa 39
оборонный, -ая, -ое	di difesa 39
обрабатывающий, -ая, -ее	di trasformazione 39
образ *(m.)*	modo (maniera) 17; immagine 48
образован, -а, -о	è stato formato / costituito 40
образование *(n.)*	istruzione 31
образовательный, -ая, -ое	educativo, formativo 51
образоваться *(p.) (i.* образовываться*)*	formarsi 40
обратиться *(p.) (i.* обращаться*)* к кому	contattare qn 2
~ к кому / куда	rivolgersi a qn / dove 2
обращать *(i.) (p.* обратить*)*	rivolgere 55
~ внимание на что	richiamare l'attenzione su qs 55
обращение *(n.)*	trattamento 30
~ к кому	discorso, messaggio (rivolto) a 34
обрести *(p.) (i.* обретать*) (lett.)*	adottare *(fig.)*, acquisire 40
обрушиваться *(i.) (p.* обрушиться*)*	crollare 39
обставить *(p.) (i.* обставлять*)*	arredare, ammobiliare 45
обсуждать *(i.) (p.* обсудить*)*	discutere (esaminare) 46
обувать *(i.) (p.* обуть*)*	metter(si) (le scarpe) 12
обустроить *(p.) (i.* обустраивать*)*	ristrutturare, risistemare 45
обучаемость *(f.)*	apprendimento 32
обучение *(n.)*	formazione (addestramento) 31
обхохотаться *(solo p.) (coll.)*	morire dal ridere 64
общаться *(solo i.)* с кем	avere a che fare con qn, frequentare qn 36
общеизвестный, -ая, -ое	celebre, universalmente noto 48
общественность *(f.)*	pubblico *(sost.)* 48
общественный, -ая, -ое	pubblico *(agg.)* 34
общество *(n.)*	società 10
общий, -ая, -ее	comune *(agg.)* 15; generale *(agg.)* 32
объединение *(n.)*	(ri)unificazione 40
объединиться *(p.) (i.* объединяться*)*	unificarsi, unirsi 15
объём *(m.)*	mole, volume 22
объесться *(p.) (i.* объедаться*)* чего	fare indigestione, abbuffarsi di 64
объявление *(n.)*	dichiarazione, annuncio 34
объяснять *(i.) (p.* объяснить*)*	spiegare 59
объятье *(n.) (ant.)*	abbraccio 70
с распростёртыми ~ями	a braccia aperte 70
обычай *(m.)*	tradizione, uso (abitudine) 37

обычно *(avv.)*	di solito 10
обязанность *(f.)*	mansione, obbligo 31
обязательный, -ая, -ое	obbligatorio 68
Овен *(m.)*	Ariete (segno zodiacale) 53
овраг *(m.)*	fossato 13
овца *(f.)*	pecora 61
огласка *(f.)*	risonanza 52
огненный, -ая, -ое	di fuoco, ardente *(agg.)* 30
огород *(m.)*	orto 34
оградить *(p.) (i.* ограждать*)* от чего / кого	difendere, proteggere da 22
ограниченный, -ая, -ое	limitato 38
~ *(fig.)*	ottuso *(fig.)* 38
одаривать *(i.) (p.* одарить*)* кого чем	dotare qn di 38
одержать *(p.) (i.* одерживать*)* победу	riportare la vittoria, vincere 54
один, одна, одно	da solo, solo (senza compagnia) 6
однако	tuttavia 46
однодневка *(f.)*	cosa effimera 65
одноимённый, -ая, -ое	omonimo (con stesso nome) *(agg.)* 65
одноклассник *(m.)* / -ница *(f.)*	compagno / -a di classe 64
одноразовый, -ая, -ое	usa e getta 43
однофамилец *(m.)* / -лица *(f.)*	omonimo (con stesso cognome) 65
одолжение *(n.)*	favore (cortesia) 67
одолжить *(p.) (i.* одолжать*)*	prestare 9
одурачить *(p.) (i.* дурачить, одурачивать*)* кого *(coll.)*	far fesso qn 53
ожидание *(n.)*	attesa 18
ожидать *(solo i.)* чего	aspettarsi qs 41
озвучивать *(i.) (p.* озвучить*)*	indicare (a voce), enunciare 55
ознакомиться *(p.)* *(i.* ознакомляться*)* с чем	prendere visione di 51
озноб *(m., solo sing.)* у кого	avere i brividi 16
оказать *(p.) (i.* оказывать*)* влияние на что / кого	esercitare influenza su 52
~ услугу	rendere un servizio 50
окончание *(n.)*	fine (termine) 27
окончен, -а, -о	è finito 27
окончить *(p.) (i.* оканчивать*)*	terminare (gli studi) 32
окошко *(n.)*	finestrino 6

округ *(m.)*	distretto, circoscrizione 10
октябрьский, -ая, -ое	d'ottobre 40
оливковый, -ая, -ое	d'oliva 6
олимпийский, -ая, -ое	olimpico 69
ООО (Общество с ограниченной ответственностью)	S.r.l. 32
опасаться *(solo i.)* чего / кого	stare attento a, stare in guardia contro, temere qs / qn 53
опасность *(f.)*	pericolo 17
опасный, -ая, - ое	pericoloso 60
опираться *(i.) (p.* опереться*)* на что *(fig.)*	basarsi su *(fig.)* 34
описан, -а, -о	è descritto 2
описание *(n.)*	descrizione 44
описать *(p.) (i.* описывать*)*	descrivere 15
описывающий, -ая, -ее	descrivente, che descrive 50
оплата *(f.)*	rimborso, pagamento 31
оппозиция *(f.)*	opposizione 52
оправдаться *(p.) (i.* оправдываться*)*	giustificarsi 29
определение *(n.)*	definizione 43
определённо *(avv.)*	decisamente 30
определённый, -ая, -ое	determinato 38
определять *(i.) (p.* определить*)*	determinare, definire 33
определяться *(i.)* *(p.* определиться*)* с чем	decidersi riguardo a 30
опрелость *(f.)*	intertrigine 43
опрос *(m.)*	sondaggio 34
опускать *(i.) (p.* опустить*)*	calare, immergere 16
опыт *(m.)*	esperienza 31
опять	di nuovo, ancora 18
орган *(m.)*	organo (del potere) 68
организатор *(m.)*	organizzatore 54
организаторский, -ая, -ое	organizzativo 32
организация *(f.)*	società 32; organizzazione, associazione 48
организованность *(f.)*	capacità organizzative 31
организовать *(biaspett.)*	organizzare 51
орда *(f.)*	orda 40
орёл *(m.)*	aquila 40

ориентироваться *(biaspett.)* на что	orientarsi su 48
~ *(fig.)*	ispirarsi a 48
оружие *(n.)*	arma 62
освещение *(n.)*	illuminazione 29
освобождать *(i.) (p.* освободить*)* от чего	esentare da 68
освобождён, -дена, -дено от чего	è stato esonerato / liberato da 46
осёл *(m.)*	mulo, asino 50
ослаблен, -а, -о	è indebolito 52
осматривать *(i.) (p.* осмотреть*)*	visitare 17; ispezionare 39
осмотреть *(p.) (i.* осматривать*)*	esaminare, controllare 25
оснащать *(i.) (p.* оснастить*)* чем	dotare, munire di 23
основа *(f.)*	base 53
основной, -ая, -ое	di base 22; fondamentale, principale *(agg.)* 38
особенно *(avv.)*	soprattutto 16; specialmente 22
особенность *(f.)*	caratteristica 10
особенный, -ая, -ое	particolare *(agg.)* 15
особо	particolarmente 36
осознать *(p.) (i.* осознавать*)* что	rendersi conto di 54
оставаться *(i.) (p.* остаться*)*	restare 48
оставивший, -ая, - ее	che ha lasciato 48
остальное *(n.)*	resto, rimanente *(sost.)* 33
остальной, -ая, -ое	altro *(agg.)*, restante *(agg.)* 29
останавливаться *(i.) (p.* остановиться*)*	fermarsi 4
остановить *(p.) (i.* останавливать*)*	fermare, bloccare 66
остановиться *(p.)* *(i.* останавливаться*)* на чём *(fig.)*	soffermarsi su 27
остановка *(f.)*	fermata (autobus, filobus, tram) 47
осточертеть *(p.) (i.* осточертевать*)* кому *(coll.)*	essere stufo di, venire a noia 41
остывший, -ая, -ее	raffreddatosi 57
осуществляться *(i.)* *(p.* осуществиться*)*	essere esercitato, attuarsi 68
ось *(f.)*	asse 24
отвергать *(i.) (p.* отвергнуть*)*	respingere 52
ответ *(m.)*	risposta 38
ответственность *(f.)*	responsabilità 31
ответственный, -ая, -ое	responsabile *(agg.)* 43

отговорка *(f.)*	scusa (giustificazione) 62
отдавать *(i.) (p.* отдать*)* себе отчёт в чём	rendersi conto di 50
отдать *(p.) (i.* отдавать*)*	rendere (restituire) 36
~ честь	fare il saluto militare, rendere onore 38
отдел *(m.)* продаж	ufficio vendite 31
отдельно *(avv.)*	a parte 39
отдых *(m.)*	relax 44
отдыхать *(i.) (p.* отдохнуть*)*	riposare 16
отекать *(i.) (p.* отечь*)*	gonfiarsi 43
отель *(m.)*	hotel 57
отечественный, -ая, -ое	russo *(agg.)*, nazionale, patriottico 51
отечество *(n.)*	patria 20
отказать *(p.) (i.* отказывать*)*	rifiutare 65
~ *(fig.)*	smettere di funzionare 65
отказываться *(i.) (p.* отказаться*)*	rifiutarsi di 48
открывать *(i.) (p.* открыть*) (fig.)*	schiudere 69
открываться *(i.) (p.* открыться*)*	aprirsi 23
открытый, -ая, -ое	aperto, vacante 31
отличный, -ая, -ое	ottimo *(agg.)* 50
~ от чего	differente / diverso da 50
отложить *(p.) (i.* откладывать*)* денег на что	mettere da parte dei soldi per 58
отменён, -нена, -нено	è stato abolito 40
отменный, -ая, -ое	straordinario 67
отмечать *(i.) (p.* отметить*)*	evidenziare, segnalare, celebrare, festeggiare 38
отмечающийся, -аяся, -ееся	celebrantesi, che si celebra 38
отмокать *(i.) (p.* отмокнуть*)*	umidificarsi, impregnarsi 61
относительно *(avv.)*	relativamente 22
относиться *(i.) (p.* отнестись*)* к чему / кому	riferirsi a 55
отношение *(n.)*	rapporto 17; relazione 31
доброжелательное ~	buone capacità relazionali 31
отойти *(p.) (i.* отходить*)* от чего / кого	allontanarsi (a piedi) da 47
отпад *(inter.) (coll.)*	è uno schianto *(fig.)* 33
отпадный, -ая, -ое *(fig. e coll.)*	splendido, eccezionale, da schianto *(fig.)* 41
отправленный, -ая, -ое	inviato 23

отравиться *(p.)* (*i.* отравляться) чем	avvelenarsi con 37
отражать *(i.)* (*p.* отразить) (*anche fig.*)	riflettere (rispecchiare) 45; (*fig.*) 52
отраслевой, -ая, -ое	settoriale 56
отрасль *(f.)*	comparto 39; settore (industriale) 56
отрегулировать *(p.)* (*i.* регулировать)	regolare 29
отремонтировать *(p.)* (*i.* ремонтировать)	ristrutturare 33; riparare 45
отречение *(n.)* от чего	abdicazione a 40
отрицательно *(avv.)*	negativamente 23
отряд *(m.)*	ordine (zoologico) 11
отставка *(f., solo sing.)*	dimissioni 46
отстать *(p.)* (*i.* отставать) от чего	rimanere indietro rispetto a 36
отсутствие *(n.)*	mancanza 57
отсюда	da qui (moto da luogo) 10
оттащить *(p.)* (*i.* оттаскивать)	trascinare via, staccare (portare via a forza) 27
оттепель *(f.)*	disgelo 52
отучиться *(solo p.)* (*coll.*)	finire gli studi 41
отчёт *(m.)*	rendiconto 50
отчётливо *(avv.)*	nitidamente 29
отыскать *(p.)* (*i.* отыскивать)	trovare (dopo lunga ricerca) 66
офицер *(m.)*	ufficiale (militari) *(sost.)* 38
официальный, -ая, -ое	ufficiale *(agg.)* 46
оформиться *(p.)* (*i.* оформляться)	istituirsi, formarsi 40
оформление *(n.)*	espletamento delle formalità 2
охватить *(p.)* (*i.* охватывать)	abbracciare 52
оценивать *(i.)* (*p.* оценить)	valutare, stimare 24
оценка *(f.)*	valutazione 31
очарование *(n.)*	fascino 15
очередь *(f.)*	turno 24; fila (di attesa) 33
в первую ~ *(fig.)*	soprattutto, in primo luogo 22
стоять *(i.)* (*p.* постоять) в ~и	fare *(i.)* / fare un po' *(p.)* la fila 33
очищать *(i.)* (*p.* очистить) от чего	pulire da 46
очищающий, -ая, -ое	detergente *(agg.)* 43
ошарашенный, -ая, -ое	stupefatto, sbalordito 12
ошибаться *(i.)* (*p.* ошибиться) чем, в чём	sbagliare qs, sbagliarsi in 2

ошиваться *(solo i.) (coll.)*	gironzolare 59
ощутить *(p.) (i.* ощущать*)*	sentire (percepire) 47

П

пагубный, -ая, -ое	nefasto 22
падеж *(m.)*	caso *(gramm.)* 70
пакет *(m.)*	pacchetto (di accordi) 46
палата *(f.)*	camera (di parlamento) 68
палатка *(f.)*	tenda da campeggio 5
палец *(m.)*	dito 16
палочка *(f.)*	bastoncino 62
палуба *(f.)*	ponte di nave 8
верхняя ~	ponte di coperta 8
пальба *(f.)*	sparatoria, fuoco (di armi) 33
паникёр *(m.)*	allarmista 19
папка (о компьютере) *(f.)*	cartella (di computer) 23
пара *(f.)*	paio 39
параллельно *(avv.)*	parallelamente 55
пари *(n., inv.)*	scommessa 20
держать *(solo i.)* ~ на что, что *(cong.)*	scommettere qs, che 20
парик *(m.)*	parrucca 64
парить *(solo i.)*	planare 64
париться *(solo i.)*	fare la banja, fare un bagno di vapore 61
парк *(m.)*	deposito (di veicoli), parco 51
парламент *(m.)*	parlamento 68
пароль *(m.)*	password 25
партия *(f.)*	partito (politico) 10
партнёр *(m.)*	partner (in affari) 46
пастбище *(n.)*	pascolo 61
пастись *(solo i.)*	pascolare 61
Пасха *(f.)*	Pasqua 38
патриотический, -ая, -ое	patriottico 69
паук *(m.)*	ragno 30
паутина *(f.)*	ragnatela 22
певец *(m.) (fig.)*	cantore *(fig.)* 48
пейзаж *(m.)*	paesaggio 48
пейзажист *(m.)*	paesaggista 48
пелёнка *(f.)*	fascia (per neonati) 43

пенсионер *(m.)*	pensionato (persona) 40
пенсия *(f.)*	pensione 18
выйти *(p.) (i.* выходить*)* на ~ию	andare in pensione 18
первая полоса *(f.)*	prima pagina (di giornale) 60
первичный сектор *(m.)*	settore primario 39
первое *(n.)*	primo (piatto di portata) 6
первоклассник *(m.)* / -ница *(f.)*	alunno / -a di prima elementare 18
переборщить *(p.)* *(i.* перебарщивать*) (coll.)*	esagerare, calcare la mano *(fig.)* 20
переваривать *(i.) (p.* переварить*)*	digerire 30
~ *(fig. e coll.)*	soffrire *(fig.)*, sopportare 30
переговоры *(m., solo pl.)*	negoziato *(sost.)*, trattative 32
перед чем	subito prima di 38
передать *(p.) (i.* передавать*)*	trasmettere, dire (riferire) 2
передача *(f.)*	comunicazione, trasferimento, trasmissione 26
Передвижники *(m., solo pl.)*	Itineranti (movimento pittorico) 48
передумать *(p.) (i.* передумывать*)*	ripensarci, cambiare idea 58
переесть *(p.) (i.* переедать*)*	mangiare troppo 24
переехать *(p.) (i.* переезжать*)*	attraversare (con un mezzo) 61
переживание *(n.)*	emozione 33
переживать *(solo i.)* за кого *(coll.)*	essere preoccupato / stare in pena per qn 43
перезагрузить *(p.)* *(i.* перезагружать*)* (компьютер)	riavviare (computer) 25
перейти *(p.) (i.* переходить*)*	attraversare (a piedi) 61
переключить *(p.) (i.* переключать*)*	cambiare (canale TV) 34
~ на что	passare a (cambiare comando) 61
перелёт *(m.)*	volo (trasvolata) 44
перелом *(m.)*	frattura 60
перенимать *(i.) (p.* перенять*)*	assimilare 48
переодеваться *(i.) (p.* переодеться*)*	cambiarsi d'abito 12
переоценивать *(i.) (p.* переоценить*)*	sopravvalutare 24
переписанный, -ая, -ое	registrato (inciso) (video, audio) 65
переписка *(f.)*	corrispondenza (scambio di lettere) 65
переплыть *(p.) (i.* переплывать*)*	attraversare a nuoto 61
перепрыгнуть *(p.) (i.* перепрыгивать*)*	scavalcare 61
~ через что	attraversare con un salto 61
перерыв *(m.)*	interruzione 34
пересекать *(i.) (p.* пересечь*)*	attraversare 13

переселиться *(p.)* *(i.* переселяться*)* куда	traslocare 60
пересесть *(p.)* *(i.* пересаживаться*)* на что	spostarsi (cambiare posto a sedere), trasbordare (cambiare mezzo) 47
переставить *(p.)* *(i.* переставлять*)*	spostare 24
перестать *(p.)* *(i.* переставать*)*	smettere, cessare 4
переступать *(i.)* *(p.* переступить*)* через что	oltrepassare qs 51
пересылка *(f.)*	trasferimento (inoltro) 22
перетереть *(p.)* *(i.* перетирать*)*	spezzare sfregando 18
переулок *(m.)*	vicolo 47
переход *(m.)*	sottopassaggio 36
перечислить *(p.)* *(i.* перечислять*)*	elencare 22
перечитать *(p.)* *(i.* перечитывать*)*	rileggere 2
период *(m.)*	periodo 48
персона *(f.)* *(lett.)*	persona, individuo, persona importante 53
~ нон грата *(dipl.)*	persona non grata *(dipl.)* 53
персонал *(m.)*	personale *(sost.)* 31
персонализированный, -ая, -ое	personalizzato 53
персональный, -ая, -ое	personalizzato 53
перспектива *(f.)* *(anche fig.)*	prospettiva 52; *(fig.)* 41
песня *(f.)*	canzone 26
петь *(i.)* *(p.* спеть*)*	cantare 65
~ под что	cantare con l'accompagnamento di strumento musicale 37
печаль *(f.)*	tristezza 65
печка *(f.)*	stufa 38
пиарщик *(m.)* / -ца *(f.)*	PR (addetto / -a alle pubbliche relazioni) 41
пижама *(f.)*	pigiama 43
пила *(f.)*	sega 41
пир *(m.)*	banchetto 57
~ на весь мир	banchetto luculliano 57
писавший, -ая, - ее	che dipingeva 52
писать *(i.)* *(p.* написать*)*	dipingere, comporre (musica) 48
питание *(n.)*	alimentazione 24; pasto 31; vitto 44
питомец *(m.)*	pupillo 64
пить *(i.)* *(p.* выпить*)*	bere 41
плавник *(m.)*	pinna 11

план *(m.)*	piano (programma) 41; mappa 47
планета *(f.)*	pianeta 22
планировать *(i.) (p.* запланировать*)*	prevedere, pianificare 45
планировка *(f.)*	progettazione 45
пласт *(m.)*	strato 50
платёжный, -ая, -ое	di pagamento 22
платить *(i.) (p.* заплатить*)* за что чем	pagare per qs con 44
платформа *(f.)*	banchina 47; rialzo (suola alta) 61
плевать *(i.) (p.* наплевать*)*	sputare 20
~ на что *(fig. e coll.)*	mollare *(fig.)*, fregarsene di 20
племяшка *(m.) (coll.)*	nipotino (di zio) 27
пленить *(p.) (i.* пленять*) (fig.)*	incantare 66
~ *(lett.)*	catturare (far prigioniero) 66
плёнка *(f.)*	rullino, pellicola (fotografica) 29
плитка *(f.)*	piastrelle 45
плод *(m.)*	frutto 27
плоский, -ая, -ое	piatto *(agg.)* 61
плотно *(avv.)*	ermeticamente 17
площадка *(f.)*	piattaforma 54
площадь *(f.)*	piazza 3; superficie, area 51
плутовка *(f.)*	birbona 66
плюс *(m.)*	più *(sost.)* 31
пнуть *(p.) (i.* пинать*)* что / кого *(coll.)*	tirare calci a 24
победа *(m.)*	vittoria 46
победитель *(m.)*	vincitore 51
побежать *(solo p.) (mon.)*	avviarsi di corsa 43; mettersi a correre 60
побеждать *(i.) (p.* победить*)*	vincere 54
побить *(p.) (i.* побивать*)*	battere 34
побор *(m.)*	tributo 40
побродить *(solo p.) (non mon.)*	vagare per un po' 51
поведение *(n.)*	comportamento 60
повернуть *(p.) (i.* поворачивать*)*	girare *(trans.)* 24
повесть *(f.)*	racconto lungo, romanzo breve, novella 70
повод *(m.)*	briglia 53
по ~у чего	a proposito di 17
пойти *(p.) (i.* идти*)* на ~у	lasciarsi guidare ciecamente da *(fig.)*,
у чего / кого	essere in balìa di 53
повредить *(p.) (i.* повреждать*)*	danneggiare, abbattere 45
повседневный, -ая, -ое	di tutti i giorni 40

повсеместно	dappertutto 22
повсюду	dappertutto 29
повышение *(n.)*	aumento 32
погибнуть *(p.) (i.* погибать, гибнуть*)*	morire (per fattori esterni) 65
поглощать *(i.) (p.* поглотить*)* что	inghiottire, ingozzarsi con / di 33
поговорить *(solo p.)* о чём / ком	parlare per un po' di 39
погодить *(p.) (i.* годить*) (coll.)*	aspettare, attendere 59
погоня *(f.)*	inseguimento 13
податься *(p.) (i.* подаваться*)* куда *(coll.)*	trasferirsi, andarsene 41
подбор *(m.)*	selezione (di personale) 31
подборка *(f.)*	selezione 39
подбородок *(m.)*	mento 16
подвергаться *(i.) (p.* подвергнуться*)* чему	subire qs 40
подвесной, -ая, -ое	sospeso (pensile) *(agg.) (arch.)* 45
подвешенный, -ая, -ое над чем	appeso sopra 34
подвиг *(m.)*	impresa (atto eroico) 60
подгореть *(p.) (i.* подгорать*)*	bruciacchiare *(intr.)* 58
подготовить *(p.) (i.* готовить*)* что / кого к чему	predisporre qs / qn a 29
подготовка *(f.)* к чему	preparazione a 54
подгузник *(m.)*	pannolino 43
поддаваться *(i.) (p.* поддаться*)* чему *(fig.)*	cedere a *(fig.)*, lasciarsi prendere da *(fig.)* 53
поддерживать *(i.) (p.* поддержать*)*	sostenere 43
поддержка *(f.)* при ~е чего / кого	assistenza 25; sostegno, patrocinio 54 col patrocinio di 54
поделать *(solo p.)*	fare un po' 16
поделиться *(p.) (i.* делиться*)* чем с кем	condividere qs con qn 47
подержать *(solo p.)*	tenere un po' (in una certa posizione) 25
подешевле *(agg.)*	un po' più economico / conveniente 44
поджимать *(i.) (p.* поджать*)* (о времени) *(coll.)*	stringere (di tempo), essere ora 58
подзывать *(i.) (p.* подозвать*)* к себе	chiamare a sé 57
подкачать *(p.) (i.* подкачивать*)*	pompare ancora un po' 58
подключение *(n.)* к чему	connessione a 22

подключить *(p.)* *(i.* подключать*)* к чему	connettere a 23; collegare (dispositivi elettrici) a 24
подключиться *(p.)* *(i.* подключаться*)* к чему	collegarsi / connettersi a 22
подкручивать *(i.)* *(p.* подкрутить*)*	avvitare ancora un po' 61
подлизываться *(i.)* *(p.* подлизаться*)* к кому	insinuarsi nelle grazie di qn adulando 30
подлокотник *(m.)*	bracciolo 33
поднатаскать *(p.)* *(i.* поднатаскивать*)* кого в чём *(coll.)*	dare una bella infarinatura a qn in 39
подобран, -а, -о	è scelto ad hoc 33
подобрать *(p.)* *(i.* подбирать*)*	selezionare qs di adatto 27
подозреваемый *(m.)*	(che è) sospettato 59
подозрительно *(avv.)*	sospettosamente 44
подойти *(p.)* *(i.* подходить*)* к чему / кому	avvicinarsi (a piedi) a 37
~ кому для чего	essere adatto a qn per qs 43
подорожать *(p.)* *(i.* дорожать*)*	rincarare *(intr.)* 68
подошва *(f.)*	suola 61
подпевать *(i.)* *(p.* подпеть*)* кому	cantare assieme a qn 37
подписать *(p.)* *(i.* подписывать*)*	stipulare, firmare 46
подписаться *(p.)* *(i.* подписываться*)* на что	abbonarsi a 36
подписка *(f.)* на что	abbonamento a 36
подполье *(n.)*	clandestinità 52
подражать *(solo i.)* чему / кому	imitare qs / qn 52
подробно *(avv.)*	nel dettaglio, dettagliatamente 2
подросток *(m.)*	adolescente 22
подряд	di seguito, consecutivo 68
подсказать *(i.)* *(p.* подсказывать*)*	suggerire 4
подслушать *(p.)* *(i.* подслушивать*)*	origliare 58
подсобить *(p.)* *(i.* подсоблять*)* кому в чём *(coll.)*	aiutare 36; dare una mano a qn in 60
подтверждение *(n.)*	conferma 55
подчинённый, -ая, -ое	subalterno 38
подчинить *(p.)* *(i.* подчинять*)*	sottomettere 50
подъезд *(m.)*	portone, androne, ingresso (di uno stabile) 59
поездка *(f.)*	viaggio 2

поесть *(solo p.)*	mangiare qs / un po' 33
пожар *(m.)*	incendio 24
пожалеть *(p.) (i.* жалеть*)* о чём	pentirsi (rammaricarsi) di 53
пожаловать *(p.) (i.* жаловать*) (ant.)*	fare una donazione, conferire un titolo 70
~ к кому в гости *(coll.)*	venire a trovare 23; fare visita a qn 70
~ куда *(coll.)*	accomodarsi (passare in un locale) 70
пожаловаться *(p.) (i.* жаловаться*)* кому на что / кого	lamentarsi con qn di 18
пожалуй *(inc.)*	forse *(inc.)* 48
пожалуйте! *(coll.)*	prego, si accomodi! 70
пожарный, -ая, -ое	d'incendio 16
пожелать *(p.) (i.* желать*)* кому чего	augurare a qn qs 26
позавидовать *(p.)* *(i.* завидовать*)* кому в чём	invidiare qn per 43
позаимствовать *(p.) (i.* заимствовать*)*	mutuare 69
позволять *(i.) (p.* позволить*)*	permettere (dare la possibilità) 22
~ себе	permettersi 57
поздний, -яя, -ее	tardo 48
позиция *(f.)*	posizione 48
позориться *(i.) (p.* опозориться*)*	fare una figuraccia 64
поиск *(m.)*	ricerca 32
поисковый, -ая, -ое	di ricerca 22
~ая система *(f.)*	motore di ricerca 22
поймать *(p.) (i.* ловить*)*	catturare 55
~ такси *(fig. e coll.)*	prendere un taxi 55
пойти *(solo p.) (mon.)*	avviarsi (a piedi), incamminarsi 43
пока *(avv.)*	per ora 16
показ *(m.)*	proiezione, visione 33
показать *(p.) (i.* показывать*)*	mostrare, far vedere 61
показаться *(p.) (i.* казаться*)*	sembrare 20
показывать *(i.) (p.* показать*)*	dare (un film), proiettare 33
покидать *(i.) (p.* покинуть*)*	lasciare, abbandonare 41
поклониться *(p.) (i.* кланяться*)* чему / кому	inchinarsi innanzi a 51
~ чему / кому *(fig.)*	rendere omaggio a 51
покойный, -ая, -ое	defunto 55
поколение *(n.)*	generazione 54
покопаться *(solo p.) (fig.)*	cercare / rovistare per un po' 44
покорить *(p.) (i.* покорять*)*	sottomettere 70

покрыться *(p.)* (*i.* покрываться) чем	coprirsi di 16
покупатель *(m.)*	acquirente, cliente 55
покупать *(i.)* (*p.* купить)	comprare, acquistare 22
покупка *(f.)*	acquisto 62
полдень *(m.)*	mezzogiorno 34
поле *(n.)*	campo 46
полежать *(solo p.)*	stare sdraiato per un po' 27
ползать *(solo i.) (non mon.)*	strisciare, muoversi rasoterra, gattonare 23
~ (о времени)	passare lentamente (di tempo) *(intr.)* 23
ползти *(solo i.) (mon.)*	trascinarsi a fatica 23; strisciare 46
полистать *(solo p.)*	sfogliare per un po' 12
политизированный, -ая, -ое	politicizzato 69
политически	politicamente 52
политический деятель *(m.)*	politico *(sost.)* 40
полиция *(f.)*	polizia 59
полномочия *(n., solo pl.)*	pieni poteri 32; mandato *(sost.)* 68
полностью	completamente 54
полноценный, -ая, -ое	a tutti gli effetti 22
полным-полно чего *(coll.)*	pieno zeppo di 12
половинка *(f.)*	mezzo numero (scarpe) 55
положено; как ~	come si deve 57
положим *(inc.)*	mettiamo pure *(inc.)* 25
положить *(p.)* (*i.* класть)	mettere, porre (in orizzontale) 25
поломка *(f.)*	guasto *(sost.)* 24
полон, -лна, -лно чего	è pieno di 39
полоса *(f.)*	striscia 50; pagina (di giornale) 60
полоскать *(i.)* (*p.* прополоскать)	fare i gargarismi, sciacquare 16
полотно *(n.)*	tela (quadro) 48
получение *(n.)*	ottenimento 53
получить *(p.)* (*i.* получать)	ottenere 22
получиться *(p.)* (*i.* получаться)	andare bene (per il verso giusto), riuscire 43; risultare 50
получка *(f.) (coll.)*	stipendio 36
польза *(f.)*	vantaggio 61
пойти *(p.)* (*i.* идти) кому на ~у	andare a vantaggio di qn 61
пользователь *(m.)*	utente 22
пользоваться *(i.)* (*p.* воспользоваться) чем	servirsi di, usare 22
~ спросом	essere molto richiesto, fare la parte del leone *(fig.)* 50

полюбить *(solo p.)* кого	innamorarsi di 27
полярный, -ая, -ое	polare 69
помада *(f.)*	rossetto (per labbra) 20
померить *(solo p.) (coll.)*	misurare, provare (vestiti, scarpe) 55
поместить *(p.) (i.* помещать*)*	collocare 25
поместиться *(p.) (i.* помещаться*)* в чём	entrarci, starci 45
помечен, -а, -о чем	è contrassegnato da 61
помечтать *(solo p.)* о чём	sognare per un po' (a occhi aperti) 53
помешать *(p.) (i.* мешать*)* чему / кому	dare fastidio a 59
помещение *(n.)*	locale *(sost.)* 45
помимо чего	oltre a 51
помогать *(i.) (p.* помочь*)* кому в чём	aiutare qn in 44
поморщиться *(p.) (i.* морщиться*)*	fare una smorfia 38
помят, -а, -о	è ammaccato 9
понабрать *(solo p.)* чего *(coll.)*	prendere / raccogliere in grande quantità 62
понадеяться *(p.) (i.* надеяться*)* на что / кого	sperare in, contare su 6
понос *(m.)*	diarrea 17
понятен, -тна, -тно	è comprensibile 2
пообещать *(p.) (i.* обещать*)*	promettere 59
попадаться *(i.) (p.* попасться*)* кому на глаза	capitare davanti a qn 38
попадающий, -ая, -ее куда	che va a finire in 22
попасть *(p.) (i.* попадать*)* куда	andare (a finire), capitare (venire a trovarsi) 3
поправка *(f.)*	ritocco, correzione 27
попробовать *(p.) (i.* пробовать*)*	provare (tentare) 25
попса *(f.) (coll.)*	musica pop 65
попытка *(f.)*	tentativo 36
пора *(f.)*	momento, periodo 45
с тех пор	da allora 45
поражать *(i.) (p.* поразить*)* кого чем	sorprendere 26; sbalordire 51; stupire qn con 70
порой	a volte 50
порошок *(m.)*	polvere 62
портативный компьютер *(m.)*	computer portatile 25
портрет *(m.)*	ritratto *(sost.)* 48
порция *(f.)*	porzione 6

порядок *(m.)*	ordine (assetto) 55
быть в ~дке	essere in ordine 9; essere in regola 13
навести *(p.) (i.* наводить*)* ~	ristabilire l'ordine 40
по ~дку	con ordine 43
привести *(p.) (i.* приводить*)* в ~	mettere in ordine 55
посадить *(p.) (i.* сажать*)*	far sedere 34
~ *(fig.)*	mettere in prigione 34
посвятить *(p.) (i.* посвящать*)* что чему / кому	dedicare qs a 52
посвящать *(i.) (p.* посвятить*)* что чему / кому	dedicare qs a 65
посередине	al centro 47
посетитель *(m.)*	visitatore 51
посетить *(p.) (i.* посещать*)*	visitare 15
посидеть *(solo p.)*	stare seduto per un po' 16
последовать *(p.) (i.* следовать*)* за чем	seguire (venire temporalmente dopo) qs 40
последствие *(n.)*	conseguenza 22
последующий, -ая, -ее	successivo 52
послереволюционный, -ая, -ое	postrivoluzionario 52
пословица *(f.)*	proverbio 19
посмотреть *(p.) (i.* смотреть*)* на что / кого	guardare fisso qs / qn 18
пособие *(n.)*	manuale *(sost.)* 39
посольство *(n.)*	ambasciata 2
поспорить *(p.) (i.* спорить*)* на что, что *(cong.) (coll.)*	scommettere qs, che 67
посредством чего	tramite *(prep.)*, mediante, per mezzo di 25
пост *(m.)*	digiuno *(relig.)* 38
поставить *(p.) (i.* ставить*)* (CD, DVD)	mettere su (un CD, DVD) 26
поставка *(f.)*	fornitura 46
поставленный, -ая, -ое	prefissato 32
постепенно *(avv.)*	gradualmente 27
поститься *(solo i.)*	osservare il digiuno *(relig.)* 38
постоянно *(avv.)*	stabilmente 68
постоянный, -ая, -ое	fisso, permanente *(agg.)* 34
пострадавший *(m.)*, -ая, -ее	vittima 10
построить *(p.) (i.* строить*)*	costruire 41
поступить *(p.) (i.* поступать*)* с кем	fare (comportarsi) / agire con qn 41
посудомоечная машина *(f.)*	lavastoviglie 62

пот *(m.)*	sudore 8
трудиться *(solo i.)* в ~е лица	ammazzarsi di fatica 8
потащить *(solo p.) (mon.)*	trascinare 25
~ *(coll.)*	portare (a piedi) 25
потенциал *(m.)*	potenziale *(sost.)* 45
потерпеть *(solo p.)*	avere un po' di pazienza 19
потёрт, -а, -о	è consumato (liso) 55
потерять *(p.) (i.* терять*)*	perdere 50
потеряться *(p.) (i.* теряться*)*	perdersi 47
потесниться *(p.) (i.* тесниться*)*	ritirarsi 48
потестировать *(solo p.) (coll.)*	testare un po' 25
потеть *(i.) (p.* вспотеть*)*	sudare, sgobbare 58
потечь *(solo p.)*	cominciare a scorrere *(intr.)* 30
потешаться *(i.) (p.* потешиться*)*	scherzare 60
~ над кем	prendere in giro qn 60
потирать *(i.) (p.* потереть*)*	sfregarsi un po' 10
потный, -ая, -ое	sudato 16
поток *(m.)*	flusso 22
потоковый, -ая, -ое	di flusso 22
~ое *(n.)* мультимедиа *(n., inv.)*	streaming 22
потолок *(m.)*	soffitto 45
подвесной ~	controsoffitto 45
потребоваться *(p.)* *(i.* требоваться*)* кому	avere bisogno di 62
потрясти *(p.) (i.* потрясать*) (anche fig.)*	scuotere, sconvolgere *(anche fig.)* 24
потянуть *(p.) (i.* тянуть*)*	tirare 61
поубавить *(solo p.) (coll.)*	ridurre un po' 53
поудобнее *(avv.)*	un po' più comodamente 55
поужинать *(p.) (i.* ужинать*)*	cenare 33
поучаствовать *(solo p.)* в чём *(coll.)*	prendere parte, contribuire a 36
похвала *(f.)*	elogio 66
поход *(m.)*	spedizione (campagna militare) 40
походный, -ая, -ое	da campeggio 5
похудеть *(p.) (i.* худеть*)*	dimagrire 27
почва *(f.)*	suolo 43
почерк *(m.)*	calligrafia 50
почивать *(i.) (p.* почить*) (ant.)*	dormire 70
починивший, -ая, -ее	che ha riparato 24
починка *(f.)*	riparazione 24

почистить *(p.)* *(i.* чистить*)*	pulire 45
~ *(solo p.)* чего *(coll.)*	pelare (sbucciare) una certa quantità 59
почитать *(solo p.)*	leggere per un po' 8
почтальон *(m.)*	postino 36
почтовый, -ая, -ое	di posta 23
~ый ящик *(m.)*	casella di posta 23
пошутить *(p.)* *(i.* шутить*)*	scherzare 40
пощупать *(p.)* *(i.* щупать*)*	tastare 16
поэзия *(f.)*	poesia (genere letterario) 52
поэтапный, -ая, -ое	graduale 27
появляться *(i.)* *(p.* появиться*)*	apparire 13
пояс *(m.)*	cintura 15
права *(n., solo pl.)*	patente 9
правитель *(m.)*	dirigente *(sost.)*, governante *(sost.)* 40
правительство *(n.)*	governo (consiglio dei ministri) 10
правление *(n.)*	governo (amministrazione della cosa pubblica) 68
право *(n.)*	diritto *(sost.)* 40
правовой, -ая, -ое	di diritto 68
православие *(n.)*	ortodossia *(relig.)* 38
православный, -ая, -ое	ortodosso *(relig.)* 38
правый, -ая, -ое	destro *(agg.)* 25
праздничный, -ая, -ое	festivo 38
праздновать *(i.)* *(p.* отпраздновать*)*	festeggiare 38
практически	praticamente 22
пребывание *(n.)*	permanenza 43; soggiorno 61
превосходно *(avv.)*	benissimo, superbamente 43
преданный, -ая, -ое	fedele 50
предбанник *(m.)*	anticamera della banja 61
предел *(m.)*	limite 64
предлагаемый, -ая, -ое	(che è) presentato 54
~ на что	(che è) sottoposto a 54
предлагать *(i.)* *(p.* предложить*)*	proporre 6
предложение *(n.)*	proposta 57
предложенный, -ая, -ое	proposto 54
предмет *(m.)*	materia (di studio) 18; oggetto 20
предок *(m.)*	avo, antenato 69
предоставляемый, -ая, -ое	(che è) messo a disposizione 22
предотвратить *(p.)* *(i.* предотвращать*)*	prevenire 34

предпосылка *(f.)*	presupposto *(sost.)* 52
предпочитать *(i.)* *(p.* предпочесть*)* что чему	preferire qs a 48
предпраздничный, -ая, -ое	di vigilia di una festa 62
предприниматель *(m.)*	imprenditore 54
председатель *(m.)*	presidente 10
представитель *(m.)*	rappresentante *(sost.)* 11
представительный, -ая, -ое	rappresentativo 68
представить *(p.) (i.* представлять*)*	immaginare 15
представиться *(p.)* *(i.* представляться*)* кому	presentarsi a qn 55
представлен, -а, -о	è presentato 51
представление *(n.)*	rappresentazione, spettacolo 64
~ о чём	idea, concezione di / su 57
представлять *(i.) (p.* представить*)*	rappresentare, costituire 17
~ себе кого кем	immaginarsi qn come 57
представляющий, -ая, -ее собой	rappresentante, che rappresenta 22
предстоять *(solo i.)*	essere imminente 53
предупредить *(p.)* *(i.* предупреждать*)* кого о чём	avvertire qn di 4
предусматривать *(i.)* *(p.* предусмотреть*)*	prevedere 54
предшественник *(m.)*	predecessore 52
предшествовать *(i.)* *(p.* воспредшествовать*)* чему	precedere qs 38
предъявить *(p.) (i.* предъявлять*)*	favorire 13; esibire, mostrare (documenti) 62
предыдущий, -ая, -ее	precedente 52
прежде чем *(+ infinito)*	prima di *(+ infinito)* 30
презентация *(f.)*	presentazione (promozionale) 54
преимущество *(n.)*	vantaggio 30
прекрасный, -ая, -ое	ottimo *(agg.)* 8
прекратиться *(p.) (i.* прекращаться*)*	interrompersi 52
премиальные *(solo pl.)*	premi (incentivi) 31
премилый, -ая, -ое *(coll.)*	affascinante, molto carino 34
премьера *(f.)*	prima visione, prima (di uno spettacolo) 34
преобладать *(solo i.)*	predominare 48
преобразование *(n.)*	trasformazione 52
прерывать *(i.) (p.* прервать*)*	interrompere 55
преследуемый, -ая, -ое	(che è) inseguito 13

пресмыкающееся *(n.)*	rettile 30
пресса *(f.)*	stampa (periodica) 36
престижный, -ая, -ое	prestigioso 18
престол *(m.)*	trono 40
преступник *(m.)*	delinquente 60
преступный, -ая, -ое	criminale *(agg.)* 60
прибавляться *(i.)* (*p.* прибавиться) к чему	aggiungersi a 46
прибегать *(i.)* (*p.* прибегнуть) к чему	ricorrere a 70
прибегать *(i.)* (*p.* прибежать)	arrivare di corsa 9
прибывший, -ая, -ее	giunto (arrivato) 46
приватизация *(f.)*	privatizzazione 39
приветливый, -ая, -ое	affabile 66
привлекать *(i.)* (*p.* привлечь) кого чем	attirare qn con 22
привозить *(i.)* (*p.* привезти)	portare (con un mezzo) 25
привыкать *(i.)* (*p.* привыкнуть) к чему	abituarsi a 5
привычка *(f.)*	abitudine 30
войти *(p.)* (*i.* входить) в ~у у кого	prendere l'abitudine 30
привычный, -ая, -ое	abituale, tipico 60
приглашать *(i.)* (*p.* пригласить) кого куда	invitare qn dove 48
приглашение *(n.)*	invito 31
приглянуться *(solo p.)* *(coll.)*	andare a genio 36
пригодиться *(p.)* (*i.* пригождаться)	servire (tornare utile) 5
пригород *(m.)*	dintorni, sobborgo 51
приготовить *(p.)* (*i.* готовить)	preparare 53
приготовлен, -а, -о	è preparato 16
придумать *(p.)* (*i.* придумывать)	escogitare 36
приезжий, -ая, -ее	uno che viene da fuori, forestiero 47
приём *(m.)*	assunzione (di personale) 32
приёмник *(m.)*	ricevitore 26
призадуматься *(p.)* (*i.* призадумываться) *(coll.)*	rimanere un po' sovrappensiero 66
призёр *(m.)*	vincitore (di una gara) 46
признание *(n.)*	riconoscimento 68
признать *(p.)* (*i.* признавать)	riconoscere (accettare) 8
признаться *(p.)* (*i.* признаваться) в чём	riconoscere (ammettere) qs 70

прийтись *(p.) (i.* приходиться*)* *(+ infinito)*	toccare *(+ infinito)* 30
приказать *(p.) (i.* приказывать*)*	comandare 36
~ долго жить	passare a miglior vita 36
приклеиться *(p.) (i.* приклеиваться*)* к чему *(fig. e coll.)*	incollarsi, restare incollato a *(fig.)* 26
приключение *(n.)*	avventura 33
прикольно! *(escl.) (coll.)*	è forte! *(escl.)* 64
прикольный, -ая, -ое *(coll.)*	spassoso, divertente 26
прилежание *(n.)*	applicazione (diligenza) 18
прилёт *(m.)*	arrivo (in aereo, volando) 4
пример *(m.)*	esempio 18
брать *(i.) (p.* взять*)* ~ с кого	prendere esempio da qn 18
принадлежать *(solo i.)* чему / кому	appartenere a 48
принадлежность *(f.)*	appartenenza 22
принести *(p.) (i.* приносить*)*	portare (a piedi) 36
~ *(fig.)*	apportare 34
принцип *(m.)*	principio (norma) 52
принят, -а, -о	è stato accettato 46
принять *(p.) (i.* принимать*) (fig.)*	accettare 52
приобщать *(i.) (p.* приобщить*)* кого к чему	coinvolgere qn in, iniziare qn a 48
припаркован, -а, -о	è parcheggiato 9
припев *(m.)*	ritornello 69
приплыть *(p.) (i.* приплывать*)*	arrivare (a nuoto) 60
природный, -ая, -ое	naturale 39
прислать *(p.) (i.* присылать*)*	inviare 25
присоединение *(n.)* к чему	annessione a 40
приспичить *(solo p.) (coll.)* кому	essere urgentemente necessario 64
приставка *(f.)* (для видеоигр)	console (per videogiochi) 27
пристрастие *(n.)*	gusto (predilezione), passione 65
присутствие *(n.)*	presenza 22
присутствовать *(solo i.)* в чём	essere presente, ricorrere in 50
присутствующий, -ая, -ее	(che è) presente 22
присыпка *(f.)*	talco 43
присяга *(f.)*	giuramento 68
приносить *(i.) (p.* принести*)* ~у кому	prestare giuramento davanti a 68
притеснение *(n.)*	angheria 53

прихватить *(p.) (i.* прихватывать*)*	prendere con sé 5
приход *(m.)*	arrivo (a piedi) 46
приходиться *(i.) (p.* прийтись*) (+ infinito)*	toccare / capitare *(+ infinito)* 3
прихожая *(f.)*	ingresso (di casa), atrio 12
причастность *(f.)* к чему	coinvolgimento in, partecipazione a 46
причащаться *(i.) (p.* причаститься*)*	comunicarsi *(relig.)* 38
причём	inoltre 54; e poi, per giunta 58
приятный, -ая, -ое	amabile, piacevole 45
про что / кого *(coll.)*	su / di (riguardo a) 11
пробежать *(p.) (i.* пробегать*)*	percorrere di corsa 36
~ что *(fig.)*	dare una scorsa a qs, scorrere *(trans.)* 36
пробный, -ая, -ое	di prova 29
проведение *(n.)*	conduzione, svolgimento 31
проверить *(p.) (i.* проверять*)*	verificare 16; controllare 23
провести *(p.) (i.* проводить*) (fig.)*	condurre (effettuare) 25
~ *(solo p.)* кого *(fig. e coll.)*	fregare qn 59
провод *(m.)*	cavo elettrico 23
проводить *(i.) (p.* провести*) (fig.)*	condurre (svolgere) 34
~ (время)	passare (il tempo) 27
проводиться *(i.) (p.* провестись*) (fig.)*	svolgersi, tenersi (avere luogo) 52
проводы *(m., solo pl.)*	festa d'addio 34
прогадать *(p.) (i.* прогадывать*) (coll.)*	rimetterci 45
прогноз *(m.)*	previsione 46
программирование *(n.)*	programmazione 24
программист *(m.)*	programmatore 24
прогулка *(f.)*	passeggiata 53
прогулять *(p.) (i.* прогуливать*) (fig. e coll.)*	saltare (una lezione), marinare (la scuola) 11
~ *(solo p.) (fig. e coll.)*	fare baldoria per un certo tempo 11
прогуляться *(p.) (i.* прогуливаться*)*	fare una passeggiata 47
продавец *(m.)*	venditore, commesso 55
продажа *(f.)*	vendita 31
продвижение *(n.)*	avanzamento 27
~ по службе	promozione sul lavoro 53
продвинутый, -ая, -ое	avanzato 32
проделавший, -ая, -ее	che aveva effettuato 15
проделать *(p.) (i.* проделывать*)*	svolgere, effettuare 70
продержаться *(solo p.)*	resistere per un certo tempo 40

продолжаться *(i.)* *(p.* продолжиться*)*	durare 13
~ чем	proseguire *(intr.)* con 46
продолжительность *(f.)*	durata 33
продолжить *(p.)* *(i.* продолжать*)*	continuare *(trans.)* 34
продукт *(m.)*	prodotto *(sost.)* 31
продуктивный, -ая, -ое	prolifico *(fig.)*, produttivo 67
продукты *(m., solo pl.)*	generi alimentari 62
продукция *(f.)*	prodotti, produzione 32
продумать *(p.)* *(i.* продумывать*)*	pensare (a fondo) 1
проездить *(solo p.)* *(non mon.)*	reggere (durare a lungo) (di un mezzo), viaggiare a lungo 19
проект *(m.)*	progetto 31
проживающий, -ая, -ее	residente 68
прозевать *(p.)* *(i.* зевать*)* *(fig. e coll.)*	farsi scappare *(fig.)* 4
произведение *(n.)*	opera (d'arte) 45; produzione (letteraria) 70
производитель *(m.)*	produttore 31
производство *(n.)*	produzione 39
произойти *(p.)* *(i.* происходить*)*	avvenire 25
происходить *(i.)* *(p.* произойти*)*	succedere, accadere 3; svolgersi 27
происшествие *(n.)*	avvenimento, incidente 52
прок *(m.) (coll.)*	utilità 50
прокатиться *(p.)* *(i.* прокатываться*)*	passare rotolando 40
~ *(fig.)*	propagarsi 40
прокладывать *(i.)* *(p.* проложить*)* что	posare (effettuare la posa / la messa in opera di) 23
проклятый, -ая, -ое	maledetto 9
промышленность *(f.)*	industria 39
промышленный, -ая, -ое	industriale *(agg.)* 39
пронизанный, -ая, -ое чем	trafitto 48
~ *(fig.)*	intriso di 48
проникающий, -ая, -ее	penetrante 45
проноситься *(i.)* *(p.* пронестись*)*	passare di corsa 12
~ мимо чего / кого	sfrecciare accanto / davanti a 12
пропасть *(p.)* *(i.* пропадать*)*	perdersi 1
прописать *(p.)* *(i.* прописывать*)*	prescrivere 17
прописывать *(i.)* *(p.* прописать*)*	prescrivere 16
пропитой, -ая, -ое	da ubriaco 65
проповедовать *(solo i.)*	propugnare, predicare 52
пропускать *(i.)* *(p.* пропустить*)*	lasciar passare 45

пропущенный, -ая, -ое	perso (omesso) 62
прораб (m.)	capo cantiere 39
прорвать (p.) (i. прорывать)	sfondare 46
прорубить (p.) (i. прорубать)	praticare un'apertura con un'accetta 48
просвещённый, -ая, -ое	illuminato (fig.), istruito 36
просвещаться (i.) (p. просветиться) (fig.)	farsi una cultura, illuminarsi (fig.) 39
просить (i.) (p. попросить) у кого что / чего	chiedere a qn (per ottenere) qs 8
прослушать (p.) (i. прослушивать)	ascoltare 34
просмотреть (solo p.)	lasciarsi sfuggire (alla vista) 44
проснуться (p.) (i. просыпаться)	svegliarsi 30
простор (m.)	distesa, spazio 69
пространство (n.)	spazio 45
проступок (m.)	mancanza (pecca) 64
простушка (f.) (coll.)	sempliciotta 20
просуществовать (solo p.)	durare (esistere) per un certo tempo 40
просьба (f.)	richiesta 26
протестантизм (m.)	protestantesimo 38
противоположный, -ая, -ое	opposto 60
противоречивый, -ая, -ое	contraddittorio 22
протокол (m.)	verbale (sost.), CID 9
протягивать (i.) (p. протянуть)	tendere (con la mano), porgere 13
протянуть (p.) (i. протягивать) (coll.)	campare, tirare avanti (fig.) 17
профессиональный, -ая, -ое	di professione 5; professionale 32
профилактический, -ая, -ое	di manutenzione 34
прохлада (f.)	fresco (sost.) 47
проходить (i.) (p. пройти) куда	accomodarsi (passare in un locale) 43
~ мимо чего	passare (a piedi) oltre / accanto 38
~ сквозь / через что	passare (a piedi) attraverso un ostacolo 38
~ (intr.) (fig.)	avvenire, accadere 38
~ что (fig.)	affrontare (una materia) 38
процедура (f.)	procedura 54
процент (m.)	per cento, % 39
процесс (m.)	processo 46
прочий; ко всему ~ему	inoltre 22
прочный, -ая, -ое (fig.)	solido (agg.) (fig.), vasto (fig.) 32
прочтение (n.)	lettura 70
прошлогодний, -яя, -ее	dell'anno scorso 54

прошлое *(n.)*	passato *(sost.)* 53
прощаться *(i.) (p.* попрощаться, проститься*)* с чем / кем	congedarsi da 46
прыгающий, -ая, -ее	saltante, che salta 30
прыжок *(m.)*	salto 64
прямой, -ая, -ое	diretto *(agg.)* 32
псевдоним *(m.)*	pseudonimo 40
публика *(f.)*	pubblico *(sost.)* 67
пугать *(i.) (p.* напугать*)*	spaventare 36
пудра *(f.)*	cipria 20
пузырёк *(m.)*	boccetta, flacone 17
пульс *(m.)*	polso (fisiologico) 16
пуск *(m.)*	avvio, start 25
пустующий, -ая, -ее	vuoto *(agg.)* 45
пустырь *(m.)*	terreno abbandonato 52
путёвка *(f.)*	voucher turistico 44
путешественник *(m.)*	viaggiatore 34
путь *(m.)*	direzione (orientamento) 47
~ *(fig.)*	modo, via *(fig.)* 40
пыл *(m.)*	ardore 53
пылен, -льна, -льно	è polveroso 61
пыль *(f.)*	polvere 41
пытаться *(i.) (p.* попытаться*)*	provare 25; cercare, tentare 52
пытающийся, -аяся, -ееся	che cerca di 52
пытка *(f.)*	tortura 36
пьян, -а, -о	è ubriaco 9
пятёрка *(f.)*	cinque (voto) 11
пятка *(f.)*	tallone 62

Р

рот *(m.)*	bocca 23
работа *(f.)*	opera 51
работы *(f., solo pl.)*	lavori (di emergenza) 34
рабочий *(sost., m.)*	operaio 39
рабочий, -ая, -ее	di lavoro 25
~ий стол *(m.)*	desktop 25
равный, -ая, -ое	paritario 68
радиоволна *(f.)*	onda radio 26
радиопередача *(f.)*	trasmissione radiofonica 26

радиосвязь *(f.)*	collegamento radio, comunicazione via radio 26
радиослушатель *(m.)*	radioascoltatore 26
радиостанция *(f.)*	stazione radio 26
радовать *(i.) (p.* обрадовать*)* кого чем	allietare / rallegrare qn con 26
радоваться *(i.)* (*p.* обрадоваться) чему / кому	rallegrarsi di / per 23
радость *(f.)*	gioia 50
разбить *(p.) (i.* разбивать*)*	distruggere, fracassare 50
развал *(m.)*	crollo *(fig.)* 69
разведён *(m.)* / -дена *(f.)*	è divorziato / divorziata 32
развестись *(p.) (i.* разводиться*) (fig.)*	moltiplicarsi 10
развитие *(n.)*	sviluppo 46
для общего ~ия	per amor di completezza 65
развить *(p.) (i.* развивать*)*	sviluppare 39
развлекательный, -ая, -ое	di intrattenimento 34
развлечение *(n.)*	divertimento 8
разводить *(i.) (p.* развести*)*	separare 13
~ *(anche fig.)*	allargare le braccia, restare perplesso 13
разгадывать *(i.) (p.* разгадать*)*	risolvere (indovinello) 31; decifrare 62
разглядеть *(p.) (i.* разглядывать*)*	vedere bene, distinguere (con la vista) 17
раздавленный, -ая, -ое	sfondato 53
раздать *(p.) (i.* раздавать*)*	distribuire 64
раздеваться *(i.) (p.* раздеться*)*	spogliarsi 12
раздел *(m.)*	sezione 23
разделение *(n.)*	suddivisione 68
раздражение *(n.)*	irritazione 43
раздувать *(i.) (p.* раздуть*)*	gonfiare 53
разинуть *(p.) (i.* разевать*)*	spalancare la bocca 24
различный, -ая, -ое	vario 22
размер *(m.)*	dimensione 25; misura (taglia) 43; numero / misura (di scarpe) 55
разминка *(f.)*	esercizio di riscaldamento 8
разнервничаться *(solo p.) (coll.)*	innervosirsi 3
разнообразный, -ая, -ое	disparato, svariato 22
разносторонний, -яя, -ее	poliedrico 22
разнотипный, -ая, -ое	di vario tipo 22
разнохарактерный, -ая, -ое	di vario genere 22
разоблачение *(n.) (fig.)*	denuncia, smascheramento *(fig.)* 69

разобрать *(p.) (i.* разбирать*)*	prendere tutto, esaurire 33
разобраться *(p.)* *(i.* разбираться*) (coll.)*	sbrogliarsela 41
разогнан, -а, -о	è stato sgomberato 52
разорить *(p.) (i.* разорять*)*	rovinare, mandare in rovina 20
разработка *(f.)*	sviluppo (idea), elaborazione 31
разработчик *(m.) (coll.)*	programmatore 27
разрешение *(n.)*	permesso (autorizzazione) 32
разрешить *(p.) (i.* разрешать*)*	permettere (autorizzare) 55
разрешиться *(p.) (i.* разрешаться*)*	risolversi 53
разрозненный, -ая, -ое	disunito 40
разуваться *(i.) (p.* разуться*)*	togliersi le scarpe 12
разудалый, -ая, -ое *(coll.)*	baldanzoso, spavaldo 41
район *(m.)*	quartiere 52
рак *(m.)*	gambero 40
Рак *(m.)*	Cancro (segno zodiacale) 53
раковина *(f.)*	lavello 61
ракурс *(m.)*	angolazione, scorcio 29
раскалываться *(i.) (p.* расколоться*)*	spaccarsi 16
~ (о голове)	scoppiare (di testa) 16
раскаяться *(p.) (i.* раскаиваться*)* в чём	pentirsi di 59
раскинувшийся, -аяся, -ееся	(che si è) esteso 51
расклеить *(p.) (i.* расклеивать*)*	attaccare (affiggere) 30
раскричаться *(solo p.)*	mettersi a gridare sempre più forte 3
раскрыт, -а, -о	è spalancato 29
расовый, -ая, -ое	razziale 22
распад *(m.)*	disgregazione, crollo 40
распахиваться *(i.) (p.* распахнуться*)*	spalancarsi 57
распиливать *(i.) (p.* распилить*)*	segare in più parti 64
расположен, -а, -о	è situato 51
расположиться *(p.) (i.* располагаться*)*	essere situato, sorgere (trovarsi) 51
расправляться *(i.) (p.* расправиться*)*	raddrizzarsi, spianarsi 18
~ с чем *(coll.)*	sbrigare qs 18
~ с чем / кем	fare giustizia / sbarazzarsi di 18
распростёртый, -ая, -ое	disteso (di braccia, ali) 70
распространение *(n.)*	diffusione 22
распутать *(p.) (i.* распутывать*)*	districare 24
рассвет *(m.)*	alba 47

рассеяться *(p.)* *(i.* рассеиваться*)*	dissolversi 52
рассказ *(m.)*	racconto 70
расслабиться *(p.)* *(i.* расслабляться*)*	rilassarsi 26
расслабляться *(i.)* *(p.* расслабиться*)*	rilassarsi 8
расслабляющий, -ая, -ее	rilassante 16
расследование *(n.)*	indagine 60
расследовать *(biaspett.)* что	indagare su 60
рассмотрение *(n.)*	esame (analisi) 54
расставаться *(i.)* *(p.* расстаться*)* с чем / кем *(anche fig.)*	separarsi, staccarsi da *(anche fig.)* 67
расстраиваться *(i.)* *(p.* расстроиться*)* из-за чего	rammaricarsi (rimanere male) per 70
рассчитать *(p.)* *(i.* рассчитывать*)*	calcolare 1
рассылка *(f.)*	invio plurimo 22
раствориться *(p.)* *(i.* растворяться*)* в чём	dissolversi in 60
~ в чём *(fig.)*	dileguarsi tra 60
растерянный, -ая, -ое	smarrito, sconcertato 12
расти *(i.)* *(p.* вырасти*)*	aumentare *(intr.)*, crescere *(intr.)* 54
растить *(i.)* *(p.* вырастить*)*	allevare, crescere *(trans.)* 56
расцвет *(m.)*	fioritura 48
расцеловаться *(p.)* *(i.* расцеловываться*)*	coprirsi di baci 37
расчёт *(m.)*	calcolo 1
ратный, -ая, -ое *(lett.)*	militare *(agg.)* 60
ратные подвиги *(m., solo pl.)*	gesta militari 60
~ *(iron.)*	grandi imprese 60
рвануть *(solo p.)* *(coll.)*	partire di scatto 5
рваный, -ая, -ое	strappato 55
реагировать *(i.)* *(p.* отреагировать*)*	reagire 25
реализация *(f.)*	realizzazione 54
реализовать *(biaspett.)*	realizzare 54
реалистический, -ая, -ое	realista *(agg.)* 48
реалистичный, -ая, -ое	realista *(agg.)*, improntato al realismo 48
реальность *(f.)*	realismo 33
реальный, -ая, -ое	reale 64
ребята *(m., solo pl.)*	ragazzi 5
ребятишки *(m., solo pl.)* *(coll.)*	bambini, ragazzini 34
революция *(f.)*	rivoluzione 40

режим *(m.)*	regime (modalità) 22
режиссёр *(m.)*	regista 33
резерв *(m.)*	riserva 54
резиденция *(f.)*	residenza 51
резиновый, -ая, -ое	di gomma 61
резкость *(f.)*	nitidezza 29
результат *(m.)*	risultato 18
резюме *(n., inv.)*	riassunto, sommario, curriculum vitae 32
реклама *(f.)*	pubblicità 22
рекомендация *(f.)*	raccomandazione, referenza 31
рекомендуемый, -ая, -ое	(che è) consigliato 55
рекордный, -ая, -ое	da record 51
религиозный, -ая, -ое	religioso *(agg.)* 38
религия *(f.)*	religione 38
ресница *(f.)*	ciglio 20
республиканский, -ая, -ое	repubblicano 68
ресурсы *(m., solo pl.)*	risorse naturali 39
речка *(f.)*	fiumicello, fiume 5
речь *(f.)*	discorso 39
решение *(n.)*	soluzione 31; decisione 53
ристретто *(n. o m.)*	ristretto (caffè) 55
рог *(m.)*	corno 50
род *(m.)*	genere (specie) 11; tipo 51; genere *(gramm.)* 70
роддом *(m.)*	centro di maternità 43
родить *(biaspett.)*	partorire 53
родоначальник *(m.)*	capostipite 48
роды *(m., solo pl.)*	parto 43
рождённый, -ая, -ое	nato 53
рождественская ёлка *(f.)*	albero di Natale 34
рожь *(f.)*	segale 48
розетка *(f.)*	presa elettrica 24
рознь *(f.)*	discordia 51
роман *(m.)*	romanzo 59
романс *(m.)*	romanza 37
романтик *(m.)*	romantico *(sost.)* 46
романтика *(f.)*	romanticismo 33
романтический, -ая, -ое	romantico *(agg.)* 33
романтичный, -ая, -ое	romantico *(agg.)* 57

роскошный, -ая, -ое	lussuoso 51
российский, -ая, -ое	russo (della Federazione Russa) 15
россиянин *(m.)* / -нка *(f.)*	cittadino / -a russo / -a 15
рот *(m.)*	bocca 16
рубанок *(m.)*	pialla 41
рубеж *(m.)*	confine 52
на ~е чего *(fig.)*	a cavallo tra *(fig.)* 52
ругать *(i.)* *(p.* выругать, отругать*)* кого за что	sgridare qn per 64
ругаться *(i.)* *(p.* выругаться*)* ~ матом	imprecare 24 dire parolacce, bestemmiare 39
ругаться *(i.)* *(p.* поругаться*)*	brontolare 3
ругаться *(i.)* *(p.* выругаться, поругаться*)* на кого *(coll.)*	prendersela con qn 50
ругаться *(i.)* *(p.* поругаться, разругаться*)* с кем *(coll.)*	litigare con qn 62
руководивший, -ая, -ее чем	che dirigeva / presiedeva 46
руководитель *(m.)*	dirigente *(sost.)* 31
руководство *(n.)*	direzione (gestione) 32
рукоплескать *(solo i.)* кому	applaudire qn 60
руль *(m.)*	volante *(sost.)* 27
румяна *(n., solo pl.)*	fard 20
ручной, -ая, -ое	manuale (fatto a mano) *(agg.)* 6; manuale (a mano) 45
рушиться *(i.)* *(p.* рухнуть*)*	andare in rovina 57
рыбачить *(solo i.)*	pescare, andare a pesca 13
рыбинспектор *(m.)*	guardapesca 13
рыбный, -ая, -ое	di pesca 13
рыжий, -ая, -ее	fulvo 64
рычажок *(m.)*	levetta 61
ряд *(m.)*	serie 46; fila (sequenza) 52

С

сажать *(i.)* *(p.* посадить*)*	piantare 34
салон *(m.)*	cabina (di aereo) 57
салон *(m.)* красоты	salone di bellezza 20
салфетка *(f.)*	salvietta 43
сам, -а, -о	da solo (senza aiuto), stesso, in persona 51
самодовольство *(n.)*	autocompiacimento 48

самостоятелен, -льна, -льно	è indipendente / autonomo 68
самостоятельно *(avv.)*	in autonomia 31
самочувствие *(n.)*	stato d'animo / di salute 16
сантехник *(m.)*	idraulico 61
сачковать *(solo i.) (coll.)*	battere la fiacca, marinare la scuola, saltare il lavoro 58
сбавить *(p.) (i.* сбавлять*)*	abbassare (ridurre) 19
сбить *(p.) (i.* сбивать*)*	far abbassare 16
сбиться *(p.) (i.* сбиваться*)*	deviare 57
сбор *(m.)*	raccolta 31
сборный, -ая, -ое	misto *(agg.)* 37
сборная солянка *(f.)*	soljanka mista (minestra) 37
~ *(fig.)*	pot-pourri *(fig.)* 37
сбросить *(p.) (i.* сбрасывать*)*	abbassare (diminuire) 19
сватовство *(n.)*	proposta di matrimonio 48
сведение *(n.)*	informazione 1
к ~ию	per tua / Sua informazione 1
сведущ, -а, -е в чём / по чему	è esperto in / di 39
сведущий, -ая, -ее в чём / по чему	competente / esperto *(agg.)* in / di 39
свеж, -а, -о	è fresco 8
свежий, -ая, -ее	fresco *(agg.)* 6
свёкор *(m.)*	suocero (padre del marito) 39
свекровь *(f.)*	suocera (madre del marito) 39
свернуть *(p.) (i.* сворачивать*)*	girare (svoltare) 47
свёрточек *(m.) (coll.)*	pacchettino 59
светлый, -ая, -ое	luminoso 38
светский, -ая, -ое	laico *(agg.)* 68
свидетельство *(n.)*	testimonianza 46
свидетельствовать *(solo i.)* о чём	testimoniare riguardo a 54
свинка *(f.)*	porcellino, maialino 30
свинья *(f.)*	maiale 30
свисток *(m.)*	fischietto 59
свихнуться *(solo p.) (coll.)*	impazzire, sbandare *(fig.)*, perdere la bussola *(fig.)* 26
свобода *(f.)*	libertà 2
свободно *(avv.)*	fluentemente, correntemente 32
свободный, -ая, -ое	libero 31
сводка *(f.)*	bollettino, riassunto 26
связанный, -ая, -ое с чем	correlato con, connesso a 31

связь *(f.)*	relazione, legame 15
священник *(m.)*	sacerdote, prete 38
священнослужитель *(m.)*	ministro del culto 38
священный, -ая, -ое	sacro 69
сглазить *(solo p.)*	fare il malocchio, portare iella 19
сгореть *(p.) (i.* сгорать*)*	bruciarsi, fulminarsi 24
сгоревший, -ая, -ее	bruciacchiato 57
сдаться *(p.) (i.* сдаваться*)* чему / кому	arrendersi, cedere a 41
сдерживание *(n.)*	contenimento 39
сдуру *(coll.)*	senza pensarci, stupidamente 30
сеанс *(m.)*	film, spettacolo (cinema) 33
сегодняшний, -яя, -ее	odierno, di oggi 12
сезон *(m.)*	stagione 48
село *(n.)*	villaggio 37; paese 41
сельский, -ая, -ое	rurale 39
сельское хозяйство *(n.)*	agricoltura 39
сельчанин *(m.)* / -нка *(f.)*	abitante di un villaggio 46
семейный, -ая, -ое	familiare, di famiglia 32
~ое положение *(n.)*	stato civile 32
семейство *(n.)*	famiglia (zoologica) 11
сеновал *(m.)*	fienile 61
сердце *(n.)*	cuore 66
серебрянный, -ая, -ое	d'argento 46
середина *(f.)*	metà 18
сертификат *(m.)*	certificato *(sost.)* 43
серьёзно *(avv.)*	seriamente 1
сестрица *(f.)*	sorellina 66
сесть *(p.) (i.* садиться*)* куда	sedersi 47
~ *(fig.)*	scaricarsi (di dispositivi elettrici) 29
~ на что *(fig.)*	prendere un mezzo 47
сеть *(f.)*	rete, network 22
сжимать *(i.) (p.* сжать*)*	tenere stretto, stringere *(trans.)* 23
сзади	dietro *(avv.)* 23
сидящий, -ая, -ее	(che è) seduto 13
сила *(f.)*	forza 50
силён, -льна, -льно	è forte 44
силуэт *(m.)*	profilo, sagoma 29
символизм *(m.)*	simbolismo 48
символист *(m.)*	simbolista *(sost.)* 52

симпатичный, -ая, -ое	grazioso, carino 45
системный, -ая, -ое	di sistema 23
~ый блок *(m.)*	case (di computer) 24
сказка *(f.)*	fiaba 66
скала *(f.)*	roccia 44
скалолазание *(n.)*	alpinismo 44
скамейка *(f.)*	panchina 47
скандально *(avv.)*	scandalosamente 55
скатерть *(f.)*	tovaglia 37
сквер *(m.)*	giardino pubblico 27
сквозняк *(m.)*	corrente d'aria 29
скелет *(m.)*	scheletro 30
скидка *(f.)* на что	sconto su 62
склад *(m.)*	magazzino, strutturazione 31
склад ума	mentalità, forma mentis 31
складка *(f.)*	piega, cuscinetto (grasso della pelle) 58
складывать *(i.)* *(p.* сложить*)*	sistemare, mettere (in un certo ordine) 34
склонение *(n.)*	declinazione *(gramm.)* 70
скорость *(f.)*	velocità 9
скорпион *(m.)*	scorpione 53
скрежет *(m.)*	cigolio 47
скрипучий, -ая, -ее	cigolante *(agg.)* 53
скрутить *(p.)* *(i.* скручивать*)*	torcere, legare (per immobilizzare) 50
скрываться *(i.)* *(p.* скрыться*)*	nascondersi 20
скукотища *(f.)* *(coll.)*	noia mortale 23
скульптура *(f.)*	scultura 39
скупиться *(i.)* *(p.* поскупиться*)* на что	lesinare su 53
скучать *(solo i.)* от чего	annoiarsi per 23
~ по чему / кому, по чём / ком	provare nostalgia per 63
скучноват, -а, -о	è noiosetto 1
слабительное *(n.)*	lassativo *(sost.)* 59
слабительный, -ая, -ое	lassativo *(agg.)* 59
слабое место *(n.)* *(fig.)*	punto debole *(fig.)* 57
славиться *(solo i.)*	essere glorioso 69
сладкий, -ая, -ое	dolce *(agg.)* 67
сладко *(avv.)*	dolcemente, in modo mellifluo 66
след *(m.)*	impronta 48
следить *(i.)* *(p.* проследить*)* за кем	seguire (tenere d'occhio) qn 3

следовать *(i.)* *(p.* последовать*)* за кем	seguire (andare dietro a) qn 6
~ чему	seguire (attenersi a) 17
следующее *(n.)*	seguente *(sost.)*, ciò che segue 25
следующий, -ая, -ее	prossimo (successivo) 25
следующий, -ая, -ее за кем	che segue qn 50
слеза *(f.)*	lacrima 9
в ~ах	in lacrime 9
слепо *(avv.)*	ciecamente 50
слепой, -ая, -ое	cieco *(agg.)* 17
сливки *(solo pl.)*	panna fresca 41
словосочетание *(n.)*	frase fatta 50
сложен, -жна, -жно	è difficile 15
сложить *(p.)* *(i.* складывать*)*	impilare, addizionare, sommare 34
сложиться *(p.)* *(i.* складываться*)*	formarsi (costituirsi) 52
сложноват, -а, -о	è un po' complicato 67
сложность *(f.)*	complessità 31
сломан, -а, -о	è rotto 61
слон *(m.)*	elefante 30
служба *(f.)*	servizio 25; messa 38
слух *(m.)*	indiscrezione, voce (diceria) 46
ползут ~и	filtrano indiscrezioni, circolano voci 46
слуховой, -ая, -ое	acustico 17
случай *(m.)*	caso (circostanza) 3; evenienza 16
на всякий пожарный ~ *(fig.)*	per ogni evenienza 16
случаться *(i.)* *(p.* случиться*)*	succedere (accadere) 23
слышать *(i.)* *(p.* услышать*)* о чём	sentir parlare di 54
слышащий, -ая, -ее	udente 34
плохо ~	ipoudente 34
слюна *(f.)*	saliva 30
слюнки *(f., solo pl.)*	acquolina 30
смаковать *(solo i.)* *(fig. e coll.)*	gustarsi *(fig.)* 67
смекалка *(f.)*	prontezza (d'ingegno) 11
смело *(avv.)*	coraggiosamente 67
сменить *(p.)* *(i.* сменять*)* что / кого	seguire (succedere), subentrare a 34; sostituire 40
смех *(m.)*	risata 64
смешаться *(p.)* *(i.* смешиваться*)* с чем / кем	confondersi tra / con 60
смешной, -ая, -ое	divertente (comico) 64

смеяться *(solo i.)* над чем / кем	ridere di 57
смириться *(p.) (i.* смиряться*)* с чем	rassegnarsi a 53
смотаться *(p.) (i.* сматываться*)* *(fig. e coll.)*	svignarsela 59
смс (эсэмэска) *(f.)*	SMS 46
смыв *(m.)*	scarico 61
смысл *(m.)*	senso (significato) 15
снаружи	di fuori, dall'esterno 55
снег *(m.)*	neve 46
снежный, -ая, -ое	di neve 46
снизу	di sotto 60
снимать *(i.) (p.* снять*)*	riprendere (girare un film) 33
снова	di nuovo 26
сноха *(f.)*	nuora 41
снят, -а, -о	è stato ripreso (film) 34
снять *(p.) (i.* снимать*)*	toglier(si) (le scarpe, gli abiti) 61
~ грим	struccarsi 64
собеседование *(n.)*	colloquio (di lavoro) 31
собирать *(i.) (p.* собрать*)*	raccogliere 43; riunire 61
собираться *(i.) (p.* собраться*)* куда	apprestarsi ad andare 5
соблаговолить *(p.) (i.* соблаговолять*)* *(+ infinito) (ant.) (iron.)*	degnarsi di *(+ infinito)* 46
соблюдение *(n.)*	rispetto (osservanza) 68
собор *(m.)*	cattedrale 38
собрание *(n.)*	assemblea 10
собрать *(p.) (i.* собирать*)*	raccogliere 12
собраться *(p.)* *(i.* собираться*) (+ infinito)*	apprestarsi a *(+ infinito)* 66
~ где	radunarsi, riunirsi 10
собственно	proprio *(avv.)* 5
~ говоря	veramente, a dire il vero 31; a dir la verità 62
событие *(n.)*	avvenimento 22
совать *(i.) (p.* сунуть*) (coll.)*	ficcare 41
совершать *(i.) (p.* совершить*)*	compiere 24
совершаться *(i.) (p.* совершиться*)*	compiersi, svolgersi 38
совесть *(f.)*	coscienza 33
советовать *(i.) (p.* посоветовать*)*	consigliare 15
советский, -ая, -ое	sovietico 40

современник *(m.)*	contemporaneo (autore) 67
современный, -ая, -ое	moderno 23; attuale, contemporaneo 39
совсем	del tutto 9
согласен, -сна, -сны	è d'accordo 36
согласие *(n.)*	concordia, armonia 26
согласиться *(p.) (i.* соглашаться*)* с чем	concordare / essere d'accordo con qs 22
согласно чему	secondo (conformemente a) 15
согласование *(n.)*	negoziazione 31
соглашение *(n.)*	accordo 46
содержание *(n.)*	retribuzione 60
день без ~ия	giorno di permesso 60
содружество *(n.)*	comunità 40
сожаление *(n.)*	dispiacere (rammarico) 4
к ~ию	purtroppo 4
создавший, -ая, -ее	che fondò 52
создание *(n.)*	realizzazione 54
создать *(p.) (i.* создавать*)*	creare 22
созреть *(p.) (i.* созревать*)*	maturare 52
сок *(m.)*	succo 6
сокол *(m.)*	falco 50
соколик *(m.)*	falconcello 41
~ *(fig. e coll.)*	tesoro *(fig.)* 41
сокровище *(n.)*	tesoro 64
солёное *(n.)*	salato *(sost.)* 43
солидный, -ая, -ое *(fig.)*	vasto *(fig.)*, solido *(agg.) (fig.)*, affidabile, considerevole, imponente *(agg.) (fig.)* 31
сомневаться *(i.)* (*p.* усомниться*)* в чём	dubitare di 27
сомнение *(n.)*	dubbio 70
сонник *(m.)*	libro dei sogni 53
соответственно *(avv.)*	di conseguenza, perciò 38; rispettivamente 61
соответствие *(n.)*	conformità 68
в ~ии с чем	in conformità a 68
соотечественник *(m.)*	connazionale 46
сорока *(f.)*	gazza 29
соседний, -яя, -ее	accanto, vicino *(agg.)* 55
соседский, -ая, -ое	del vicino 59
соседствовать *(solo i.)*	convivere, essere vicino 38

соскучиться *(solo p.)* по чему / кому, по чём / ком	cominciare a sentire nostalgia per 61
сосредоточить *(p.)* *(i.* сосредоточивать*)*	concentrare, riunire 51
состав *(m.)*	composizione 15; cast 33
составить *(p.)* *(i.* составлять*)*	compilare, redigere 9
составленный, -ая, -ое	redatto 6
составляющая *(f.)*	elemento, componente *(sost.)* 39
состояние *(n.)*	patrimonio 29
сотрудник *(m.)*	dipendente *(sost.)*, collaboratore 31
сотрудничество *(n.)*	collaborazione 46
сохранён, -нена, -нено	è conservato 51
сохранение *(n.)*	conservazione 27
сохранить *(p.)* *(i.* сохранять*)*	conservare, salvare (dati del computer) 25
сохранять *(i.)* *(p.* сохранить*)*	mantenere (conservare) 24
социалистический, -ая, -ое	socialista *(agg.)* 10
социально-экономический, -ая, -ое	socio-economico 46
социальный, -ая, -ое	sociale 22
соцреализм *(m.)*	realismo socialista 52
сочинение *(n.)*	composizione 70
сочинять *(i.)* *(p.* сочинить*)*	comporre, scrivere 53
союз *(m.)*	unione 40
спальный, -ая, -ое	da / per dormire 43
~ый конверт *(m.)*	sacco nanna 43
спаржа *(f., solo sing.)*	asparagi 27
спасать *(i.)* *(p.* спасти*)*	salvare 30
спать *(solo i.)*	dormire 37
~ беспробудным сном	dormire come sassi 37
сперва *(coll.)*	prima, dapprima 37
спереть *(p.)* *(i.* переть*)* что у кого *(coll.)*	fregare qs a qn 50
спереть *(p.)* *(i.* спирать*)* *(coll.)*	stringere, schiacciare 66
~ дыханье / -ие *(coll.)*	mozzar(si) il respiro 66
спец *(m.)* в чём / по чему *(coll.)*	esperto *(sost.)* in / di 67
специалист *(m.)* в чём / по чему	specialista in / di 41
специально *(avv.)*	apposta 36
специфический, -ая, -ое	specifico, particolare *(agg.)* 67
спешить *(i.)* *(p.* поспешить*)*	andare di fretta, affrettarsi 60
спешка *(f.)* *(coll.)*	fretta 44

спина *(f.)*	schiena 58
спиртное *(n.)*	bevanda alcolica 53
список *(m.)*	elenco 2; lista 62
спокойненько *(coll.)*	tranquillamente 8
спокойствие *(n.)*	calma 53
способ *(m.)*	espediente, sistema (mezzo) 70
способен, -бна, -бно на что	è capace di 34
способность *(f.)*	capacità (abilità) 24
способный, -ая, -ое	dotato 34
~ на что	capace di 34
справедливость *(f.)*	giustizia 27
справиться *(p.)* *(i.* справляться*)* с чем	farcela con qs 43
справочник *(m.)*	manuale *(sost.)* 27
справочное бюро *(n.)*	ufficio informazioni 4
спрос *(m.)*	richiesta 50
спряжение *(n.)*	coniugazione *(gramm.)* 70
спутник *(m.)*	satellite 53
спутник *(m.)* / -ница *(f.)*	compagno / -a di viaggio, anima gemella 53
спятить *(solo p.)* *(coll.)*	uscire di senno 59
сре́зать *(p.)* *(i.* среза́ть*)*	tagliare 47
~ *(fig.)*	accorciare *(fig.)* 47
срабатывать *(i.)* *(p.* сработать*)*	funzionare 70
сравнение *(n.)*	confronto 15
по ~ию с чем / кем	rispetto a 15
сравнивать *(i.)* *(p.* сравнить*)* что / кого с чем / кем	paragonare qs / qn a 48
сравнять *(p.)* *(i.* равнять*)*	pareggiare 46
сразу	sùbito 29
среди чего / кого	tra, fra (partitivo) 22
средний, -яя, -ее	medio *(agg.)* 11
средство *(n.)*	mezzo (prodotto) 43
~ для стирки	detersivo (per il bucato) 62
срок *(m.)*	fase, termine 43; scadenza, tempo 51; mandato *(sost.)* 68
ссора *(f.)*	discussione 53
ссылка *(f.)* на что	rimando / link a 44
стабильность *(f.)*	stabilità 46
стабильный, -ая, -ое	fisso 53

ставить *(i.)* *(p.* поставить*)* (отметку)	dare / mettere (un voto) 18
стадия *(f.)*	stadio (periodo), fase 46
находиться в ~ии чего	essere in fase di 46
стадо *(n.)*	gregge 61
стандартный, -ая, -ое	standard *(agg.)* 23
становление *(n.)*	formazione 36
станция *(f.)*	fermata (treni, metropolitana) 47
старший, -ая, -ее	il maggiore d'età 18
статус *(m.)* (Интернет)	status (Internet) 64
стать *(p.)* *(i.* становиться*)* чем / кем	diventare qs / qn 30
~ на что	mettersi (in una certa posizione) 27
стать *(solo p.)* *(+ infinito i.)*	cominciare a *(+ infinito)* 48
стать *(sost., f.)*	costituzione fisica, corporatura 15
статья *(f.)*	articolo (scritto) 36
стереть *(p.)* *(i.* стирать*)*	cancellare 29
стиль *(m.)*	modalità 27; stile 48
стимулирование *(n.)*	stimolazione 39
стимуляция *(f.)*	stimolazione 58
стиральный порошок *(m.)*	detersivo in polvere per il bucato 62
стирка *(f.)*	bucato (lavaggio) 62
стих *(m.)*	verso *(sost.)* 67
стихи *(m., solo pl.)*	poesia (componimento) 67
стихотворение *(n.)*	poesia (componimento) 70
стоить *(solo i.)*	valere la pena di 33; costare 58
столик *(m.)*	tavolino, tavolo (di ristorante) 6
столица *(f.)*	capitale *(sost.)* 2
столичный, -ая, -ое	della capitale 51
столкнуться *(p.)* *(i.* сталкиваться*)* с чем / кем	scontrarsi con 53
стоящий, -ая, -ее *(coll.)*	bello, buono, valido, meritevole 26; serio 36
странен, -нна, -нно	è strano 25
странность *(f.)*	stranezza, stravaganza 51
странный, -ая, -ое	strano 16; bizzarro 50
страстный, -ая, -ое	appassionato *(agg.)* 37
стратегический, -ая, -ое	strategico 27
страх *(m.)*	timore 43
страховка *(f.)* *(coll.)*	cavo di sicurezza, assicurazione 64
страшно *(avv.)*	terribilmente 67
стрекоза *(f.)*	libellula 30

Стрелец *(m.)*	Sagittario 53
стрелка *(f.)*	lancetta 23
стремление *(n.)* к чему	aspirazione a 53
стремящийся, -аяся, -ееся	che cerca di 22
стрессоустойчивость *(f.)*	resistenza allo stress 31
строитель *(m.)*	costruttore, muratore 39
стройка *(f.)*	cantiere 39
строка *(f.)*	riga (di scrittura), barra (Internet) 44
строчка *(f.)*	riga 67
струна *(f.)*	corda (di strumento mus.) 37
стручковая фасоль *(f., solo sing.)*	fagiolini 62
струя *(f.)*	getto 45; flusso 51
стрястись *(solo p.) (coll.)*	succedere (di eventi negativi) 17
стыден, -дна, -дно	è vergognoso 36
стыдиться *(i.) (p.* постыдиться*)* чего	vergognarsi di, essere timido per 66
стык *(m.)*	giunzione 52
субтитр *(m.)*	sottotitolo 33
субъект *(m.)*	soggetto *(sost.)* 15
~ *(coll.)*	tipo (individuo) 59
субъективный, -ая, -ое	soggettivo 50
суверенитет *(m.)*	sovranità 68
сугроб *(m.)*	cumulo di neve 46
суд *(m.)*	corte (tribunale) 68
судебный, -ая, -ое	giudiziario 68
судьба *(f.)*	destino 34
судья *(f.)*	giudice 68
сумасшедший, -ая, -ее *(anche fig.)*	folle *(agg.)*, sensazionale 54
супер! *(escl.) (coll.)*	fantastico! *(escl.)* 1
суперосвещение *(n.)*	superilluminazione 29
супруг *(m.)* / -а *(f.)*	coniuge 26
сурок *(m.)*	marmotta 50
сустав *(m.)*	articolazione 16
сутки *(f., solo pl.)*	giorno di 24 ore 34
сутолока *(f.)*	ressa 62
суть *(f.)*	essenza 67
суша *(f.)*	terra (emersa), terraferma 15
существенно *(avv.)*	considerevolmente 23
существительное *(n.)*	sostantivo 70
существо *(n.)*	essere *(sost.)* 50

существовать *(solo i.)*	esistere 22
сфера *(f.) (anche fig.)*	sfera *(anche fig.)* 39; àmbito 54
сферический, -ая, -ое	sferico 52
схватить *(p.) (i.* хватать*)*	afferrare 62
схватка *(f.)*	scontro (combattimento) 46
сходить *(i.) (p.* сойти*)*	scendere (a piedi) 29
сцена *(f.)*	scena 64
сценарий *(m.)*	sceneggiatura 33
счастье *(n.)*; к ~ю	per fortuna 9
счёт *(m.)*	conto 33; punteggio *(sport.)* 46
считанный, -ая, -ое	contato 57
считать *(solo i.)* что / кого чем / кем	considerare qs / qn come 67
считаться *(solo i.)* чем / кем	essere considerato come 38
съесть *(p.) (i.* есть*)*	mangiare 17
сынок *(m.) (coll.)*	figliolo 18
сырный, -ая, -ое	di formaggio 66
сытый, -ая, -ое	sazio 65
сюжет *(m.)*	trama (soggetto) 27; soggetto (artistico) 48

Т

табличка *(f.)*	cartello 57
табор *(m.)*	accampamento (zigano) 37
тайна *(f.)*	segreto *(sost.)* 57
тайный, -ая, -ое	segreto *(agg.)* 68
так называемый, -ая, -ое	cosiddetto 22
тактичен, -чна, -чно	è pieno di tatto 57
талант *(m.)*	talento 62
талантливый, -ая, -ое	di talento 48
талия *(f.)*	vita (girovita) 33
тампон *(m.)*	tampone 62
танк *(m.)*	carro armato 27
тапочки *(f., pl.)*	pantofole 12
тачка *(f.)*	carriola 41
~ *(coll.)*	macchina (auto) 41
тащиться *(solo i.) (mon.)*	trascinarsi 27
~ от чего *(fig. e coll.)*	spaccare *(fig.)*, stravedere / andare pazzo per 27
твердить *(solo i.)*	dire / ripetere (sempre la stessa cosa) 66
творить *(i.) (p.* сотворить*)*	operare, creare 52

творог *(m.)*	ricotta 38
творчество *(n.)*	creazione (creatività), 52; opera (artistica) 67
тёзка *(m. o f.)*	omonimo (con stesso nome) *(sost.)* 65
текущий, -ая, -ее *(fig.)*	corrente (in corso), attuale 53
телеведущий *(m.)* / -ая *(f.)*	presentatore / -trice (della televisione) 34
телевидение *(n.)*	televisione 22
телезритель *(m.)*	telespettatore 34
телек *(m.) (coll.)*	tele (TV) 64
телекоммуникации *(f., pl.)*	telecomunicazioni 39
телепередача *(f.)*	programma (televisivo), trasmissione (televisiva) 34
телесериал *(m.)*	serie TV 34
Телец *(m.)*	Toro (segno zodiacale) 53
тело *(n.)*	corpo 16
тематика *(f.)*	tematica 48; argomento 51
тёмный, -ая, -ое	oscuro 60
темя *(n.)*	cucuzza, sincipite 10
тени *(f., solo pl.)*	ombretto 20
тепло *(n.)*	calore 45
термометр *(m.)*	termometro 43
тесть *(m.)*	suocero (padre della moglie) 39
тётечка *(f.) (coll.)*	tizia 64
тётя *(f.)*	zia 23
~ *(iron. e coll.)*	signora 23
технический, -ая, -ое	tecnico *(agg.)* 25
технологический, -ая, -ое	tecnologico 32
течение *(n.)*	corrente *(sost.)* 11
в ~ чего	nel corso di 10
течь *(solo i.)*	scorrere *(intr.)* 29
тешиться *(i.) (p.* потешиться*) (coll.)*	divertirsi 62
тёща *(f.)*	suocera (madre della moglie) 39
тигр *(m.)*	tigre 30
типа *(coll.)*	tipo, del tipo 30; come (del tipo) 65
типчик *(m.) (coll.)*	tipetto, tizio 59
Тихий океан *(m.)*	Oceano Pacifico 26
тихий, -ая, -ое	calmo, tranquillo 11
тихо *(avv.)*	silenziosamente, quatto quatto 60
тихонько *(coll.)*	silenziosamente, piano piano 23

тишина *(f.)*	silenzio 47
толкование *(n.)*	interpretazione 53
толком *(coll.)*	di preciso 54
толпа *(f.)*	folla 10
томиться *(solo i.)*	tormentarsi 18
тон *(m.)*	tinta, tonalità 45
тонкий, -ая, -ое	fine 20; sottile, delicato (che richiede tatto) 70
тонус *(m.)*	forma (fisica), tono (muscolare) 58
топать *(i.) (p.* топнуть*)*	pestare i piedi 50
топать *(solo i.) (coll.)*	camminare 50
топтать *(solo i.)*	calpestare 59
топтаться *(solo i.)*	scalpitare, segnare il passo sul posto 59
торгово-экономический, -ая, -ое	economico-commerciale 46
торжественный, -ая, -ое	solenne 38
тормоз *(m.)*	freno 47
торопиться *(i.) (p.* поторопиться*)*	andare di fretta 62
торчать *(solo i.)*	stare ritto 29
~ *(fig. e coll.)*	stare impalato 29
тосковать *(solo i.)* по чему / кому, по чём / ком	provare nostalgia per 63
точка *(f.)*	punto 47
точный, -ая, -ое	esatto, preciso 1
тошнотворный, -ая, -ое	nauseabondo 65
трава *(f.)*	erba 16
традиционный, -ая, -ое	tradizionale 37
транспортировка *(f.)*	trasporto 25
тратить *(i.) (p.* потратить*)* (время, деньги) на что	spendere (tempo, soldi) per / in 20
требование *(n.)*	requisito, esigenza 31
требовать *(i.) (p.* потребовать*)* чего от кого	rivendicare / esigere qs da qn 34
тревога *(f.)*	agitazione 46
тревожить *(i.) (p.* потревожить*)*	disturbare 64
тревожиться *(i.)* *(p.* встревожиться*)* за кого	agitarsi, preoccuparsi per qn 9
тревожный, -ая, -ое	inquietante, allarmante 40
тренажёр *(m.)*	attrezzo sportivo 8
тренажёрный зал *(m.)*	palestra (con attrezzi) 44

тренировать *(i.)* *(p.* натренировать*)*	allenare 58
трёхмерный, -ая, -ое	tridimensionale (3D) 27
троекратно *(avv.)*	tre volte 38
тройка *(f.)*	traino a tre cavalli, completo (abito) in tre pezzi 39
тройка *(f.)*	tre (voto) 18; sufficiente (voto) 39
троллейбус *(m.)*	filobus 3
тротуар *(m.)*	marciapiede 60
труба *(f.)*	tubo 61
трудиться *(solo i.)*	faticare 8
трудность *(f.)*	difficoltà 36
трудовой, -ая, -ое	di lavoro 32
трудоспособность *(f.)*	capacità lavorativa 32
труженик *(m.)*	sgobbone 18
трусливый, -ая, -ое	pauroso, vigliacco *(agg.)* 50
трюк *(m.)*	evoluzione (acrobatica), trucco (gioco) 30; numero (acrobatico) 64
трястись *(solo i.)*	tremare 16
тряхнуть *(p.)* *(i.* трясти*)*	scuotere 3
туалет *(m.)*	bagno (toilette) 55
тупик *(m.)*	vicolo cieco 53
тур *(m.)*	viaggio 44
турагентство *(n.)*	agenzia turistica 31
турбулентный, -ая, -ое	turbolento 3
туристический, -ая, -ое	turistico 2
тушь *(f.)*	mascara 20
тщательный, -ая, -ое	scrupoloso, meticoloso 17
тьма *(f.)*	oscurità 54
тьма *(f.)* чего / кого *(fig. e coll.)*	un sacco / una marea di *(fig.)* 54
тяжёлый, -ая, -ое	pesante 25
тянуть *(i.)* кота за хвост *(fig. e coll.)*	tirarla per le lunghe 58

У

убавить *(p.)* *(i.* убавлять*)*	ridurre 53
убегать *(i.)* *(p.* убежать*)*	scappare, correre via 13
убегающий, -ая, -ее	fuggitivo 13
убедить *(p.)* *(i.* убеждать*)* кого в чём	convincere qn di 20
убеждать *(i.)* *(p.* убедить*)* кого в чём	convincere qn di 62
убеждённость *(f.)* в чём	ferma convinzione in / di qs 52

убийство *(n.)*	attentato, assassinio 40
убийца *(m. o f.)*	assassino 60
убить *(p.) (i.* убивать*)*	ammazzare 29
убрать *(p.) (i.* убирать*)*	mettere in ordine 23; eliminare (togliere) 58
уважаемый, -ая, -ое	gentile (appellativo), rispettabile 34
уважать *(solo i.)*	apprezzare, rispettare 41
уважаю! *(escl.) (coll.)*	però! *(escl.)*, niente male! *(escl.)* 67
уважение *(f.)*; из ~ия к кому	per rispetto nei confronti di qn 19
увеличение *(n.)*	aumento 34
увеличить *(p.) (i.* увеличивать*)*	aumentare *(trans.)* 53
уверен, -а, -о в чём	è sicuro di 55
уверенность *(f.)* в чём	certezza in / di 65
уверенный, -ая, -ое в чём	sicuro di 31
увлекаться *(i.) (p.* увлечься*)* чем	appassionarsi di 53
угадать *(p.) (i.* угадывать*)*	indovinare (azzeccare) 62
угодить *(p.) (i.* угождать*)* кому	accontentare qn 8
угол *(m.)*	angolo 60
загнать *(p.) (i.* загонять*)* в ~ *(fig.)*	mettere nel sacco *(fig.)* 60
уголовно-блатной, -ая, -ое	criminale *(agg.)*, della malavita 65
уголок *(m.)*	angolino, posticino 47
угроза *(f.)*	minaccia 50
угрызения *(n., solo pl.)* совести	rimorsi di coscienza 33
удалён, -лена, -лено	è stato allontanato / espulso 46
удалить *(p.) (i.* удалять*)*	eliminare 29
удаться *(p.) (i.* удаваться*)* кому *(+ infinito p.)*	riuscire a *(+ infinito)* 4
удачлив, -а, -о	è fortunato 53
удачно *(avv.)*	per il meglio, con successo 53
удачный, -ая, -ое в чём	riuscito (fortunato) in 53
уделить *(p.) (i.* уделять*)* внимание чему	prestare attenzione a 46
удивительный, -ая, -ое	sorprendente 50
удлинитель *(m.)*	prolunga 24
удобен, -бна, -бно	è comodo 47
удобный, -ая, -ое	comodo *(agg.)* 61
удовлетворительно *(n., inv.)*	sufficiente (voto) 18
удостоверение *(n.)*	autorizzazione (documento) 32
удочка *(f.)*	canna da pesca 5
уехать *(p.) (i.* уезжать*)*	andare via / partire (con un mezzo) 5

ужасающий, -ая, -ее	orribile 15
ужасен, -сна, -сно	è orribile / brutto 17
ужасно *(avv.)*	terribilmente 17
узкий, -ая, -ое	stretto *(agg.)* 45
узнать *(p.)* (*i.* узнавать) о чём	informarsi su 26; venire a conoscenza di 41; venire a sapere 53
уйма *(f.)* чего / кого *(fig. e coll.)*	una moltitudine / marea *(fig.)* / miriade *(fig.)* di 51
указ *(m.)*	decreto, ordine (ordinanza) 51
указан, -а, -о	è indicato 47
указание *(n.)*	indicazione 17
указывать (*i.*) (*p.* указать)	mostrare, indicare 55
укол *(m.)*	iniezione 59
укусить *(p.)* (*i.* кусать)	mordere 59
улавливать (*i.*) (*p.* уловить)	captare 45
улетучиться *(p.)* (*i.* улетучиваться) *(fig. e coll.)*	passare (svanire), volatilizzarsi *(fig.)* 36
улизнуть *(solo p.)* *(coll.)*	sparire (scappare), tagliare la corda *(fig.)* 59
улыбаться (*i.*) (*p.* улыбнуться)	sorridere 20
улыбка *(f.)*	sorriso 32
ум *(m.)*	intelletto, mente, ragione 15
умение *(n.)*	capacità (abilità) 31
уменьшительно-ласкательный, -ая, -ое	diminutivo-vezzeggiativo *(agg.)* 50
уменьшиться *(p.)* (*i.* уменьшаться)	diminuire *(intr.)*, ridursi 15
умереть *(p.)* (*i.* умирать)	morire (per cause naturali) 65
умиротворяющий, -яя, -ее *(lett.)*	rilassante, pacificante 47
умный, -ая, -ое	intelligente 39
умопомрачителен, -льна, -льно *(coll.)*	è fantastico / sbalorditivo 15
уникальный, -ая, -ое	unico 53
унитаз *(m.)*	water 61
унылый, -ая, -ое	triste, malinconico 45
упаковать *(p.)* (*i.* упаковывать)	impacchettare 1
~ вещи	fare le valigie 1
упасть *(p.)* (*i.* падать) куда	cadere 10
упереться *(p.)* (*i.* упираться)	impuntarsi 50
упитанный, -ая, -ое	ben pasciuto 41

упомянуть *(p.)* *(i.* упоминать*)* о чём / ком	menzionare qs / qn 51
упорство *(n.)*	tenacia 53
употребление *(n.)*	uso, assunzione (di cibo) 38
управление *(n.)*	gestione 32
упрёк *(m.)*	rimprovero 53
упрям, -а, -о	è testardo 50
упустить *(p.)* *(i.* упускать*)*	farsi scappare 59
~ *(fig.)*	perdere *(fig.)* 36; lasciarsi sfuggire *(fig.)* 53
уровень *(m.)*	livello 27
уронить *(p.)* *(i.* ронять*)*	lasciar cadere di mano 29
~ *(fig.)*	ledere 29
усаживаться *(i.)* *(p.* усесться*)* где	accomodarsi (mettersi a sedere) 12
усилиться *(p.)* *(i.* усиливаться*)*	rafforzarsi 52
~ *(fig.)*	inasprirsi *(fig.)* 52
ускорить *(p.)* *(i.* ускорять*)*	accelerare 60
условие *(n.)*	condizione 46
услуга *(f.)*	servizio 22
быть к чьим ~ам	essere a disposizione di 8
сфера услуг	sfera dei servizi, settore terziario 39
услышать *(p.)* *(i.* слышать*)*	sentire (con l'udito) 15
усмешка *(f.)*	sogghigno 17
успеть *(p.)* *(i.* успевать*)* *(+ infinito p.)*	fare in tempo a *(+ infinito)* 4
успешный, -ая, -ое	positivo, riuscito *(agg.)* 31
успокаивать *(i.)* *(p.* успокоить*)*	calmare 43
успокоительное *(n.)*	sedativo *(sost.)*, calmante *(sost.)* 59
успокоительный, -ая, -ое	lenitivo, calmante *(agg.)* 16
успокоить *(p.)* *(i.* успокаивать*)*	tranquillizzare, rassicurare 3
уставать *(i.)* *(p.* устать*)*	essere stanco, stancarsi 43
уставиться *(p.)* *(i.* уставляться*)* на что / кого *(coll.)*	guardare fisso qs / qn 50
устанавливаться *(i.)* *(p.* установиться*)*	essere imposto, stabilirsi 68
установить *(p.)* *(i.* устанавливать*)*	installare 25; postare (Internet) 64
устойчивый, -ая, -ое	stabile 50
~ *(fig.)*	idiomatico 50
устраиваться *(i.)* *(p.* устроиться*)* где	accomodarsi, sistemarsi 55
устроен, -а, -о	è fatto / strutturato 23
устроить *(p.)* *(i.* устраивать*)*	organizzare 29
устройство *(n.)*	ordinamento, struttura 10

уступающий, -ая, -ее чему	che è inferiore a 51
уступить *(p.)* *(i.* уступать*)* место кому	cedere il posto a 3
уступка *(f.)*	concessione 50
идущий, -ая, -ее на ~и	che fa concessioni 50
утончённый, -ая, -ое	raffinato 57
уточнять *(i.)* *(p.* уточнить*)*	precisare 6
утренний, -яя, -ее	mattutino, di mattina 47
утюг *(m.)*	ferro da stiro 34
ухмыляться *(i.)* *(p.* ухмыльнуться*)* *(coll.)*	sogghignare 62
ухо *(n.)*	orecchio 17
участвовать *(solo i.)* в чём	partecipare a 51
участие *(n.)* в чём	partecipazione a 31
участник *(m.)*	partecipante *(sost.)* 54
учащённый, -ая, -ое	accelerato 16
учёный *(m.)*	ricercatore, scienziato 54
ученье *(n.)*	studio, conoscenza 54
учитывать *(i.)* *(p.* учесть*)* что	considerare (tenere conto di) 33
учить *(i.)* *(p.* научить*)* кого чему	istruire (insegnare qs a) qn 67
учиться *(solo i.)* на кого *(coll.)*	studiare per diventare qn 41
учуять *(p.)* *(i.* учуивать*)* *(coll.)*	sentire (con l'olfatto), fiutare 47
уют *(m.)*	comfort 45

Ф

факт *(m.)*	fatto *(sost.)* 48
фактически	effettivamente 45
факультет *(m.)*	facoltà (universitaria) 32
фанат *(m.)*	fan, fanatico *(sost.)*, ammiratore 33
фантастика *(f.)*	film di fantascienza 33; libri di fantascienza 67
федеральный, -ая, -ое	federale 10
федеративный, -ая, -ое	federale 68
ферма *(f.)*	fattoria 41
фигура *(f.)*	figura, personalità 52
филологический факультет *(m.)*	facoltà di lettere 32
финальный, -ая, -ое	finale *(agg.)* *(sport.)* 46
финансирование *(n.)*	finanziamento 54
финансовый, -ая, -ое	finanziario 36
финансы *(m., solo pl.)*	finanze 46

финишировать *(biaspett.)*	arrivare (al traguardo) *(sport.)* 46
флаг *(m.)*	bandiera 27
флажок *(m.)*	bandierina 59
фокус *(m.)*	trucco (gioco) 64
фокус-покус	abracadabra 64
фокусник *(m.)*	prestigiatore 64
фон *(m.)*	sfondo 29
формулировка *(f.)*	formulazione 46
фотик *(m.) (coll.)*	macchina fotografica 29
фотка *(f.) (coll.)*	foto 29
фотоаппарат *(m.)*	macchina fotografica 29
фотосессия *(f.)*	servizio fotografico 29
фотосъёмка *(f.)*	ripresa fotografica, servizio fotografico 29
фри *(inv.)*	fritto 41
функционирование *(n.)*	funzionamento 32
функция *(f.)*	funzione 22
футболка *(f.)*	maglietta sportiva 12
футбольный, -ая, -ое	calcistico 46

Х

хан *(m.)*	khan 40
характер *(m.)*	personalità, carattere 32
характеризующий, -ая, -ее	caratterizzante 50
хвалить *(i.) (p.* похвалить*)* кого за что	lodare qn per 57
хвастаться *(i.) (p.* похвастаться*)* чем / кем	vantarsi di 64
хвост *(m.)*	coda 11
быть на ~е у кого	stare alle calcagna di qn 60
хиромантия *(f.)*	chiromanzia 53
хирургический, -ая, -ое	chirurgico 54
хитрый, -ая, -ое	furbo 30
хихикать *(i.) (p.* хихикнуть*) (coll.)*	sghignazzare, ridacchiare 20
хищный, -ая, -ое	predatore 11
хладнокровие *(n.)*	sangue freddo 24
хлопать *(i.) (p.* хлопнуть*)* чем	sbattere qs 41
хлопчатобумажный, -ая, -ое	di cotone 43
ход *(m.) (anche fig.)*	marcia, processione 38; corso *(fig.)* 46
в ~е чего	nel corso di 46

ходить *(solo i.) (non mot.)*	camminare, passeggiare 47
ходячий, -ая, -ее	ambulante *(agg.)* 39
хозяин *(m.)*	padrone, proprietario 32
хозяйство *(n.)*	economia 51
холодный расчёт *(m.)*	ragionamento a mente fredda 53
холодящий, -ая, -ее	raggelante 64
хомяк *(m.)*	criceto 30
хорошенько *(coll.)*	ben benino 30
хоть куда *(coll.)*	ovunque si vada 1
хочешь не хочешь	volente o nolente 36
храм *(m.)*	tempio, cattedrale 38
хранение *(n.)*	archiviazione, conservazione 22
хранимый, -ая, -ое	(che è) protetto 69
хрипы *(m., solo pl.)*	rumori polmonari 16
христианство *(n.)*	cristianesimo 38
Христос *(m.)*	Cristo 38
хромовый, -ая, -ое	cromato 45
худеть *(i.) (p. похудеть)*	dimagrire 33
художник *(m.)*	pittore 48; artista 51
худой, -ая, -ое	magro, smilzo 39
~ *(coll.)*	brutto, cattivo, bucato *(agg.)*, stracciato 39

Ц

царский, -ая, -ое	dello zar 51
цел, -а, -о	è intatto 24
целесообразен, -зна, -зно	è opportuno 25
целлюлит *(m.)*	cellulite 58
целовать *(i.) (p. поцеловать)*	baciare 12
цель *(f.)*	scopo 48
цензура *(f.)*	censura 52
ценность *(f.)*	valore 68
центральный, -ая, -ое	centrale 51
цивильный, -ая, -ое *(coll.)*	come si deve, civile (progredito) 45
цикл *(m.)*	ciclo 67
цирк *(m.)*	circo 30
цирковой, -ая, -ое	circense 64
циферблат *(m.)*	quadrante 23
цифровой, -ая, -ое	digitale *(agg.)* 29
цыган *(m.)*	zingaro *(sost.)* 37

цыганский, -ая, -ое	tzigano *(agg.)* 37
цыкнуть *(p.) (i.* цыкать*)*	zittire 37
цыплёнок *(m.)*	pulcino 37
цыпочки *(f., solo pl.)*; на ~ах	in punta di piedi 37

Ч

чадо *(n.) (ant.) (iron.)*	pargolo 22
чародей *(m.)*	illusionista 64
часовой, -ая, -ое	orario *(agg.)* 15
~ой пояс *(m.)*	fuso orario 15
частный, -ая, -ое	privato *(agg.)* 52
~ый детектив *(m.)*	investigatore privato 60
часть *(f.)*	parte 22
человеческий, -ая, -ое	umano *(agg.)* 34
чемпионат *(m.)*	campionato 46
чепуха *(f.) (coll.)*	sciocchezza 20
червяк *(m.)*	verme 23
червячок *(m.)*	vermicello 23
черепаха *(f.)*	tartaruga 23
черепашка *(f.)*	tartarughina 23
чересчур	troppo 29
черновик *(m.)*	bozza 23
черта *(f.) (anche fig.)*	tratto, caratteristica 48
честное слово *(n.)*	parola d'onore 29
честь *(f.)*	onore 38
четвёрка	quattro (voto) 18
чехол *(m.)*	custodia (fodero) 29
чешуя *(f.)*	scaglia (squama) 11
чинить *(i.) (p.* починить*)*	riparare 24
чинно *(avv.)*	cerimoniosamente 57
чиновник *(m.)*	funzionario 46
чиновничество *(n.)*	funzionari (categoria) 48
член *(m.)*	membro 68
чп *(inv.)* (чрезвычайное происшествие)	emergenza 23
чрезмерный, -ая, -ое	eccessivo 22
чтение *(n.)*	lettura 32
чтиво *(n.) (coll.)*	roba da leggere, letteratura di serie B 67
что за… что / кто *(coll.)*	che razza di… 3

чувство *(n.)*	sentimento 33
чувствовать *(i.)* (*p.* почувствовать) себя	sentirsi 43
чудаческий, -ая, -ое	stravagante 57
чудесный, -ая, -ое *(anche fig.)*	meraviglioso, coi fiocchi *(fig.)* 53
чудище *(m.) (coll.)*	mostro 15
чужой, -ая, -ое	altrui 53
чулок *(m.)*	calza 34
чуткий, -ая, -ое	sensibile 67
чучело *(n.)*	animale imbalsamato / impagliato 30
чушь *(f.) (coll.)*	sciocchezza 29

Ш

шаг *(m.)*	passo 55
шагать *(solo i.)*	camminare 38
шансон *(m.)*	canzonette frivole 65
шапочка *(f.)*	berrettino 43
шахматы *(m., solo pl.)*	scacchi 32
шахтёр *(m.)*	minatore 34
шедевр *(m.)*	capolavoro 15
шептать *(i.) (p.* шепнуть*)*	sussurrare 24
шерсть *(f.)*	pelo (mantello di animale), lana, pelame 11
шестиструнка *(f.) (coll.)*	chitarra a sei corde 37
шея *(f.)*	collo 29
шибко *(coll.)*	parecchio, velocemente 41
шикарный, -ая, -ое *(coll.)*	sciccoso 20
широкий, -ая, -ое	vasto, ampio 69
шить *(i.) (p.* сшить*)*	cucire 55
шишка *(f.)*	bernoccolo 10
школьный, -ая, -ое	scolastico 18
шмыгнуть *(p.) (i.* шмыгать*)* *(fig. e coll.)*	sgusciare *(fig.)* 59
шнур *(m.)*	cavo *(sost.)*, cavetto 24
шоколад *(m.)*	cioccolata 33
шоколадный, -ая, -ое	di cioccolato 33
шоферюга *(m.) (coll.)*	autista da strapazzo 9
штат *(m.)*	personale *(sost.)*, organico *(sost.)* 32
штраф *(m.)*	multa 68

штудировать *(i.)* (*p.* проштудировать) *(iron.)*	studiarsi per benino 39
шуба *(f.)*	pelliccia (capo d'abbigliamento) 1
шум *(m.)*	chiasso, rumore 59
шурин *(m.)*	cognato (fratello della moglie) 60
шустёр, -тра, -тро *(coll.)*	è svelto 20
шустро *(avv.)*	in fretta, sveltamente 59
шутка *(f.)*	barzelletta 10; scherzo 46
шутник *(m.)*	mattacchione 57

Щ

щедр, -а, -о на что	è abbondante / generoso di 46
щедрый, -ая, -ое на что	generoso di 57
щека *(f.)*	guancia 20
щёлканье *(n., solo sing.)* каналов	zapping 34
щёлкать *(i.)* (*p.* щёлкнуть)	scattare (foto) 29
щёлкнуть *(p.)* (*i.* щёлкать)	cliccare 25
щенок *(m.)*	cucciolo 32
~ *(fig. e coll.)*	marmocchio, moccioso 32
щетина *(f.) (coll.)*	barba sfatta 27
щиколотка *(f.)*	caviglia 16

Э

эквилибрист *(m.)*	equilibrista 64
экзаменационный, -ая, -ое	d'esame 11
экзотика *(f.)*	esotismo, cosa esotica 61
экологически	ecologicamente 41
~ чистый, -ая, -ое	biologico 41
экономичный, -ая, -ое	economico (poco costoso) 36
экран *(m.)*	display 29; schermo 34
экскурс *(m.)*	digressione, excursus 40
экскурсия *(f.)*	escursione (gita) 61
эксперт *(m.)* в чём / по чему	intendersi di, esperto in / di 36
экспозиция *(f.)*	mostra, esposizione 51
экспонат *(m.)*	opera esposta 51
электрический, -ая, -ое	elettrico 24
электронка *(f.) (coll.)*	posta elettronica 23
электронный, -ая, -ое	elettronico 22

~ая рассылка *(f.)* новостей	newsletter 36
эмиграция *(f.)*	migrazione 52
эмигрировать *(biaspett.)*	emigrare 52
энергетика *(f.)*	energia (settore energetico) 46
энергия *(f.)*	energia 53
энциклопедия *(f.)*	enciclopedia 39
эпатаж *(m.)*	provocazione 70
эскиз *(m.)*	schizzo 48
эстрада *(f.)*	palcoscenico di varietà, musica leggera 65
эфир *(m.)*	etere 34
эффективно *(avv.)*	efficacemente 31
эффективность *(f.)*	efficienza 32

Ю

юбилей *(m.)*	anniversario 26

южный, -ая, -ое	meridionale *(agg.)*, del sud 30
юный, -ая, -ое	giovane *(agg.)* 46

Я

яблоня *(f.)*	melo 18
являться *(solo i.)* чем / кем	essere qs / qn 2; rappresentare qs / qn 22
явно *(avv.)*	di sicuro 6; chiaramente 26; palesemente 50
ягода *(f.)*	bacca 17
ягодица *(f.)*	gluteo, natica 58
яма *(f.)*	vuoto (d'aria), buca, fosso 3
яркий, -ая, -ое	forte (di luce) 29; fulgido 48
яркость *(f.)*	luminosità 29
ящерица *(f.)*	lucertola 30
ящик *(m.)*	casella 23; cassetta (delle lettere) 36; cassa 57

Perfezionamento del Russo

48 lingue in catalogo

Informazioni su www.assimil.it

MISTO
Carta da fonti gestite in maniera responsabile
FSC® C006037

Impaginazione: Assimil Italia s.a.s. - Via degli Alpini, 3/C - 10034 - Chivasso
Stampa: Vincenzo Bona S.p.A. - Strada Settimo, 370/30 - 10156 - Torino

Stampato in Italia - Ottobre 2018